Rolf Steingruber

Weit ist der Weg nach Daressalaam

Für Heinz Leonhartsberger
meinen damaligen Reisebegleiter und langjährigen Freund

Weit ist der Weg nach Daressalaam

Rolf Steingruber

J.H. Röll

Bibliografische Information der Deutschen Bibliothek
Die Deutsche Bibliothek verzeichnet diese Publikation in der Deutschen Nationalbibliografie;
detaillierte bibliografische Daten sind im Internet über http://dnb.d-nb.de abrufbar.

Gedruckt auf chlorfreiem, alterungsbeständigem Papier.
Satz: Verlag J.H. Röll GmbH
Gesamtherstellung: Verlag J.H. Röll GmbH

Printed in Germany

ISBN: 978-3-89754-422-2

Vielen Menschen sind wir auf dieser Reise begegnet. Manche der Begegnungen waren nur kurz und sehr oberflächlich, andere wiederum länger und intensiver. Nicht wenige von ihnen hatten uns geholfen und so manche unangenehme Situation konnten wir nur durch ihre Hilfe meistern.

Einige vermittelten uns sogar das Gefühl, bei ihnen Heimat gefunden zu haben. Ihnen sei besonders gedankt, wohl wissend, dass sie heute in alle Winde zerstreut leben oder längst nicht mehr unter uns weilen. Sie haben letztlich dazu beigetragen, dass wir unsere Reise so gut überstehen konnten.

Rückblickend waren es gerade die Begegnungen mit all diesen Menschen verschiedenster Nationen und Herkunft, die die schönsten Momente auf dieser abenteuerlichen Fahrt in die Ferne darstellten und bleibende Erinnerungen geschaffen haben.

Die Erkenntnis, dass keine auch noch so schöne und faszinierende Landschaft so tiefe Spuren im Leben eines Menschen hinterlassen kann, wie dies herzliche zwischenmenschliche Begegnungen vermögen, wuchs in uns beiden, als ich 1996 mit dem Aufschreiben dieses Reiseberichts begann.

Was ich bin, das blieb ich anderen schuldig.

Johann Wolfgang v. Goethe

(Torquato Tasso)

Vorwort

Dies ist ein Versuch, nach mehr als 40 Jahren den Verlauf der wohl abenteuerlichsten Reise meines Lebens zu rekonstruieren. Mein damals während der Reise geführtes Tagebuch kam durch unglückliche Umstände zu einem viel späteren Zeitpunkt abhanden. Ohne auch nur im Geringsten daran zu zweifeln, war ich stets der Ansicht gewesen, dass ich die Vielzahl der Erlebnisse in bester Erinnerung behalten würde. Tatsächlich konnte ich mich nach vielen Jahren noch an kleinste Details erinnern. Es war ja auch meine erste wirklich große Fahrt in die unbekannte Ferne gewesen zu einer Zeit, als der Flugtourismus noch in den Kinderschuhen steckte und sich der Normalbürger kaum vorstellen konnte, in abgelegene, noch „wilde" Gebiete unserer guten, alten Mutter Erde zu reisen. Doch zu meinem Leidwesen musste auch ich die herbe Erfahrung machen, dass anscheinend nach einigen Jahrzehnten die Fähigkeit des Erinnerns nachzulassen beginnt. Um also nicht noch mehr an wertvollen Erinnerungen zu verlieren und um dem Drängen meiner Kinder und Freunde nachzugeben, erfolgte ein Festhalten dessen, was in meinem Gedächtnis noch verblieben war.

Als Gedächtnisstütze verwendete ich meinen alten Pass, in dem Grenzübergänge und Visastempel glücklicherweise zeitlich genau festgehalten sind, verschiedene Briefe, die ich damals nach Europa geschickt hatte, sowie die gemeinsame Rekonstruktion vieler Details mit meinem damaligen Begleiter durch dick und dünn, Heinz Leonhartsberger, meinem Freund seit der Studienzeit an der Universität für Bodenkultur (Boku) in Wien. Aus Dankbarkeit und tiefer Freundschaft widmete ich ihm dieses Buch.

Heinz, der von allen nur „Wif" genannt wurde, sollte sich mit seiner unbeschwerten Haltung, seiner fast grenzenlosen Zuversicht und seinem unerschütterlichen Optimismus als idealer Reisepartner herausstellen. Ich war im Gegensatz zu ihm doch in vielen Belangen eher der Vorsichtige, der alles mehrmals abwog, machte mir über vieles mehr Sorgen und tendierte zugegebenermaßen auch mehr in Richtung Pessimismus. Vielleicht gerade deshalb ergänzten wir uns so ideal. So fand doch letztlich alles, was wir gemeinsam beschlossen und auch ausgeführt hatten, trotz unzähliger Widrigkeiten immer einen glimpflichen Abschluss.

Unser Ziel, Ostafrika mit dem Wenigen, das uns zur Verfügung stand, auf dem Landweg zu erreichen, war damals schon ein gewagtes Unterfangen. Wer konnte zu dieser Zeit schon Auskunft geben über jene Länder am Äquator, wo noch riesige Tierherden die Savannen durchziehen sollten? Wer wusste etwas über die Reisebedingungen auf dem Landweg dorthin? So hielten viele diese Idee für unrealistisch, andere für schlichtweg verrückt! Auch Wifs Vater schüttelte damals, als er von unserem Vorhaben erfuhr, bloß ungläubig den Kopf und äußerte ganz lapidar, dass wir beide wohl im Suppentopf landen würden.

Immerhin hatten wir eine, wenngleich auch etwas vage Anlaufstelle für unser Unternehmen: Die im damaligen Tanganjika (heute Tansania) lebende österreichische Familie Knapitsch. Vater Knapitsch, von Beruf Forstwirt und ehemaliger Absolvent der Boku, bewirtschaftete dort schon seit mehreren Jahren gemeinsam mit seiner Frau eine südwestlich von Arusha gelegene Farm. Erhalten haben wir die Adresse über einen Studienkollegen namens Flattnitzer, der mit uns an der Boku studierte. Noch vor unserer Abreise hatten wir nach Tanganjika geschrieben, jedoch keine Antwort mehr erhalten …

Der entbehrungsreichen Tage waren nicht wenige. Der Hunger wurde über große Strecken unser ständiger Wegbegleiter, der zuweilen von einem noch härteren Widersacher abgelöst worden ist: dem Durst. Wochenlang anhaltende, schwere Durchfälle in Ägypten und im Sudan setzten unserer Widerstandskraft arg zu. Die große Hitze bis zum Erreichen des ostafrikanischen Hochlandes, die anstrengenden, stundenlangen Märsche mangels vorhandener Fortbewegungsmittel, die vielen schlaflosen Nächte mit der Wahl, entweder unter dem dicken Schlafsack vor Hitze zu vergehen oder von den Moskitos zerstochen zu werden, waren insgesamt äußerst schwierige Bedingungen, die uns letztendlich nur noch härter gemacht haben. Gegen Ende dieser Reise konnte uns nichts mehr erschüttern.

Ein Belastungsmoment besonderer Art war auch die Tatsache, dass wir nach der Durchquerung des Sudans vor der Gewissheit standen, auf dem gleichen Weg nicht mehr zurückfahren zu können. Wenige Wochen nach unserer Durchreise wurde nämlich die Schiffsverbindung auf dem Assuanstausee für unbekannte Zeit eingestellt und so auch der Dienst auf der zwischen Khartum und dem Stausee befindlichen Eisenbahnlinie. Auf diesem Weg wieder nach Hause zu gelangen war damit unmöglich geworden. Zwar haben sich im Laufe der Reise noch andere Möglichkeiten aufgetan, doch alle sehr vage und mit vielen Unwägbarkeiten versehen.

Doch Wifs Devise, die Dinge auf sich zukommen zu lassen und erst dann, wenn sich das Problem konkret stellt, zu handeln, hat so manches mit Sicherheit leichter ertragen lassen. Es war im Nachhinein betrachtet wohl die einzige Art, ein mit derart unzähligen Unbekannten versehenes Vorhaben in Angriff zu nehmen und nervlich einigermaßen unbeschadet zu überstehen. Einfach verdrängen und erst wenn sich die Situation stellt, dann *„let's cross the bridge over troubled water"!*

Letztlich hatte diese Reise auch gezeigt, dass man mit wenig Geld weit – sogar sehr weit – kommen kann. Allerdings war der Weg als Folge des ständigen Geldmangels gepflastert mit unzähligen Hindernissen, für deren Überwindung wir zuweilen bis an die Grenze des Legalen gehen mussten. Aber vielleicht war es gerade dieser Zustand, der dazu geführt hatte, eine so ungewöhnliche Reise in all ihren Höhen und Tiefen zu erleben, wie es andernfalls niemals der Fall gewesen wäre.

Trotz all der Entbehrungen möchte ich keinen Tag dieser Reise missen. Sie war ein einmaliges Erlebnis, das in dieser Art nicht mehr wiederholt werden kann. Doch sie leben fort, die Erinnerungen an ein Afrika, das es nicht mehr gibt und auch nie mehr geben wird …

Addis Abeba, Juni 2009

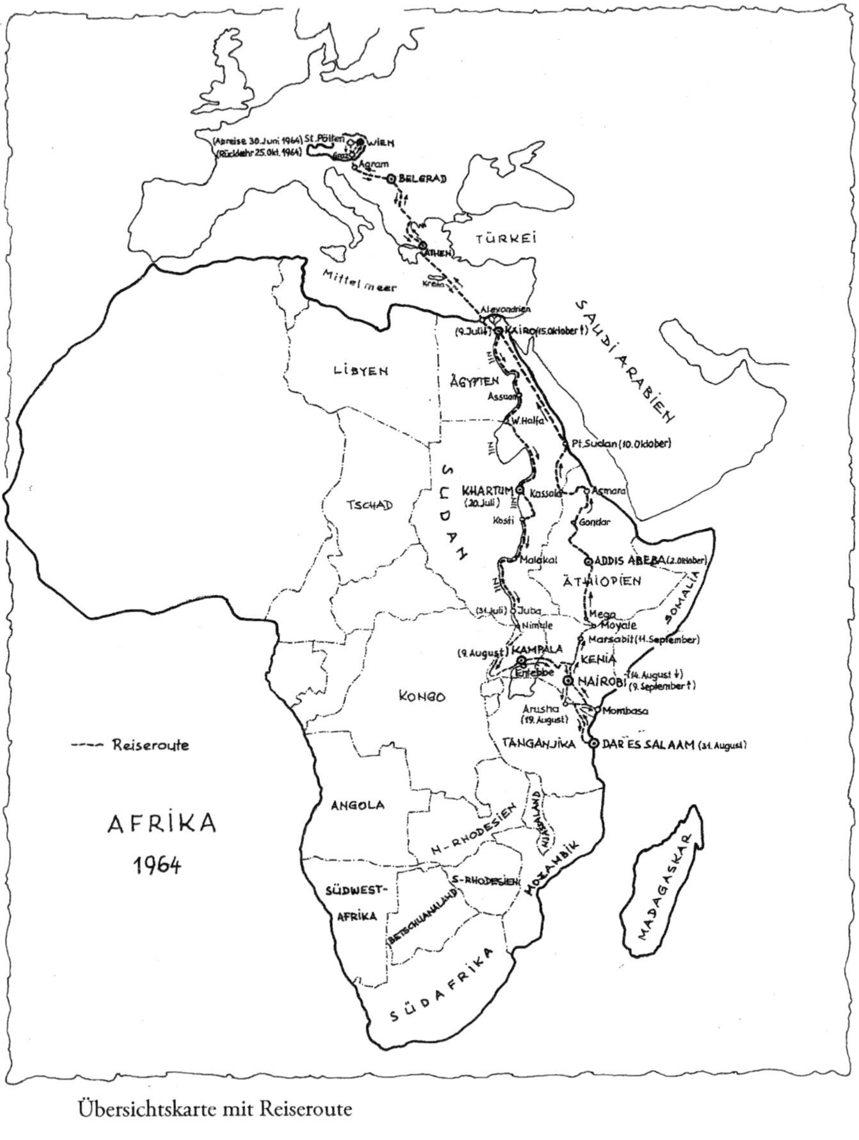

Übersichtskarte mit Reiseroute

Vorgeschichte

Am Anfang waren es acht. Acht Studenten der damaligen Hochschule für Bodenkultur (Boku), die Interesse an einer gemeinsamen Fahrt in den fernen Süden zeigten. Da war anfangs die Rede von einer Mittelmeerumfahrung, dann wieder wurde mit dem Nahen Osten geliebäugelt und letztlich kam auch andeutungsweise eine Fahrt nach Ostafrika ins Gespräch. Es war gerade der Beginn des Wintersemesters 1963 und sämtliche Pläne klangen noch sehr vage und unausgegoren. Da gab es natürlich auch die Frage des Transportmittels zu klären, die bei acht Interessenten in Richtung PKW tendierte. Andernfalls hätten wir ja mindestens vier Motorräder gebraucht. Die Zeit verging, es kam Weihnachten und es waren nur mehr vier übrig geblieben. Für die Abgesprungenen war das alles inzwischen zu unsicher, vielleicht auch zu gefährlich geworden. Und bei den vier Übriggebliebenen stand es außer Frage, dass das einzige Gefährt, das wir uns hätten leisten können, nur ein Citroen 2CV gewesen wäre. Doch wohin mit all dem Gepäck bei so vielen Personen? Von den notwendigen Treibstoff- und Wasservorräten bei der Durchquerung von unbewohnten Wüstengebieten ganz zu schweigen!

Jedes Mal, wenn sich die Gelegenheit bot, setzten wir uns im Studentenheim der damaligen Boku zusammen, um weiter an den Plänen zu schmieden. Die vier Verbliebenen waren Helmut Stephan, Rainer Bergthaler, Heinz Leonhartsberger – Wif genannt – und ich. Mit fortschreitenden Überlegungen tauchten immer mehr Fragen auf, die von Europa aus nicht zu klären waren. Sie mussten also unterwegs, eben dort, wo sie sich gerade stellen würden, gelöst werden.

Im weiteren Verlauf stellte ich fest, dass Wif, verglichen mit den beiden anderen, das meiste Interesse an dem geplanten Vorhaben zeigte. Mit ihm holte ich während unserer Freizeit möglichst viele Informationen ein. Doch die Ausbeute war anfänglich eher mager. Reiseführer von den ins Auge gefassten Ländern und Regionen gab es damals noch keine. Auch das Kartenmaterial, das wir ausfindig machten, war äußerst dürftig. Im österreichischen Touringclub machten wir Bekanntschaft mit einem der Angestellten, der von einer erfolgreichen Mittelmeerumrundung mit dem Auto zu berichten wusste. Hauptprobleme seien Wasser und Treibstoff gewesen! Beides gab es offensichtlich auf nordafrikanischem Boden nur in sehr großen Abständen. Also mussten entsprechende Reserven mitgeführt werden. Zu viert in einem 2CV wäre dies nie zu schaffen! Doch dann machten wir eine zweite Informationsquelle ausfindig, deren Verlässlichkeit und Genauigkeit vermutlich den Ausschlag für die spätere Entscheidung einer Ostafrikareise gegeben haben.

Durch reinen Zufall brachte ich nämlich in Erfahrung, dass mein Cousin Bodo Parisini im Sommer 1963, also ein Jahr zuvor, in Ostafrika gewesen war. Von ihm erhofften wir uns natürlich ganz konkrete Angaben über den Verlauf seiner Reise. Und so war es auch. In einer kleinen Kneipe in der Wiener Innenstadt tat sich für uns eine neue Welt auf. Wir erfuhren eine Fülle interessanter Details, die den Traum einer Ostafrikareise schlagartig in greifbare Nähe rücken ließen. Der Grundstein für die kommende Reise war damit gelegt. Die erhaltenen Informationen entsprachen genau dem, was wir uns im Stillen erhofft hatten und gaben unserer Begeisterung einen unwahrscheinlichen Auftrieb. Wir gerieten regelrecht ins Schwärmen. Schon sah ich uns in der weiten Steppe Ostafrikas von speerbewaffneten Massais umringt, im Hintergrund unter den Schirmakazien die dunklen, massigen Leiber einer Büffelherde. Unserer Fantasie waren keine Grenzen mehr gesetzt!

Als wir diese neuen Informationen unseren beiden Studienkollegen mitteilten – vor allem auch die Tatsache, dass eine derartige Fahrt mit einem Auto ohne Vierradantrieb gar nicht zu schaffen sei und somit aus Kostengründen ausschied – begann sich Helmut Stephan langsam von unserem Vorhaben abzusetzen. Ohne Auto wäre das Ganze zu mühselig, einfach nicht interessant genug. Rainer Bergthaler wiederum hatte große Bedenken, nicht zeitgerecht zum Beginn des nächsten Studienjahres zurück zu sein. Er sollte nicht Unrecht haben …

So blieben zu guter Letzt nur Wif und ich übrig, die dann fest entschlossen im Laufe des Sommersemesters die weiteren Reisevorbereitungen vorantrieben. Mit dem Entschluss, das Abenteuer nun nur zu zweit zu unternehmen, kam erneut die Frage nach dem Transportmittel auf. Vielleicht wäre ein Motorrad doch die beste Lösung? Ich hatte zwar ein Jahr zuvor gemeinsam mit meinem Bruder Ulrich ein gebrauchtes Motorrad, eine Puch 250 TF, gekauft. Doch als Ausgleich für die noch im gleichen Jahr damit unternommene Skandinavienreise mit Rainer Bergthaler musste ich ihm dieses Mal das Fahrzeug für seine Urlaubsreise überlassen. So schlug letztlich Wif vor, sich gleichfalls eine gebrauchte Puch TF zu kaufen, mit der wir dann die Reise unternehmen könnten. Damit aber war das Transportmittelproblem noch keineswegs gelöst. Uns wurde nämlich bald klar, dass wir mit diesem Motorrad keinesfalls bis nach Ostafrika gelangen würden. Da musste doch unter anderem das größte Land Afrikas, der Sudan, durchquert werden. Menschenleere Wüsten im Norden, endlose und im Sommer völlig unpassierbare Sümpfe im Süden! Keine Chance, zu zweit auf einem Motorrad dort durchzukommen. Also würde uns wohl nichts anderes übrig bleiben als das Fahrzeug irgendwo im nördlichen Afrika, vermutlich noch in Ägypten, zurückzulassen. Die Weiterreise müsste dann mit öffentlichen Verkehrsmitteln oder per Autostopp erfolgen.

Vor der Abreise musste ich allerdings noch eine mir selbst auferlegte Hürde schaffen: die zweite Staatsprüfung! Sie war in der zweiten Junihälfte angesetzt, also knapp vor unserer geplanten Abfahrt. Was geschieht, falls ich sie nicht schaffen sollte? Eigentlich hätte ich dann von der Reise zurücktreten müssen, um den Sommer über für den nächsten Anlauf zu lernen. Doch diesen Gedanken verdrängte ich, so ganz nach der Art von Wif. Zudem wäre es einem Verrat gleichgekommen an einer Sache, in die wir gemeinsam so viel Energie, Zeit und Enthusiasmus gesteckt hatten. Nein, einen Rückzieher so knapp vor Reiseantritt durfte es einfach nicht geben! Ich würde es schon, ich musste es einfach schaffen! Und so war es auch. Regelrecht erleichtert ob der bestandenen Prüfung ging ich mit noch mehr Euphorie an die letzten Vorbereitungen.

Nicht zu glauben, an welche Vielzahl von großen und kleinen Dingen wir denken mussten. Da war zuerst das Motorrad, für das wir neben Werkzeug und einigen wichtigen Ersatzteilen noch diverse

Behelfsmittel wie Draht, Schrauben, Unterlagscheiben, Isolierband und Klebstoff mitgenommen haben. Dann folgte eine platzsparende Küchenausrüstung, einschließlich Kocher vom Typ „Enders-Baby“ und Benzinflasche. Einige Konserven und Suppenpackerln* sollten für den Anfang der Reise dienen. Gleichfalls unentbehrlich war ein Minimum an Medikamenten. Die Tropenmedizin – zumindest in Österreich – steckte damals noch in ihren Anfängen. Kaum ein Arzt wusste, worauf wir uns einzustellen hatten. Doch der warnenden Worte gab es viele. Höllische Angst hatten wir vor der Bilharziose, einer Krankheit, die beim Kontakt mit Wasser übertragen wird. Winzige, mit freiem Auge nicht sichtbare Tierchen, eine Art von Filarien, würden die Haut durchdringen und sich dann im Körper vermehren. Blut im Harn oder Stuhl wären die ersten Zeichen dieser bedrohlichen Krankheit. Ohne Behandlung bestünde keine Chance auf Überleben. Was allerdings bei Befall zu unternehmen wäre, war uns zum damaligen Zeitpunkt völlig unklar und scheinbar nicht nur uns! Für die mit Gewissheit eintretenden Durchfälle erstellte uns der Arzt einen „Dreistufenplan“. Zuerst war die Einnahme von Kohletabletten indiziert, die beim Scheitern durch Madribon, ein Sulfonamid, abzuösen wären. Sollten alle Stricke reißen, dann müssten wir auf ein Antibiotikum zurückgreifen. Davon haben wir allerdings nur eine einzige kleine Packung, ein unverkäufliches Muster, geschenkt bekommen. Ohne es allerdings zu wissen, wären wir damit im Bedarfsfall nicht weit gekommen! Wir hüteten jedenfalls dieses Medikament wie einen Augapfel. Es stellte für uns so etwas wie den letzten Rettungsanker dar. Dann folgten die Impfungen, für uns wiederum eine reine Kostenfrage. Im damaligen tropenmedizinischen Institut in Wien ließen wir uns deshalb lediglich gegen Typhus, Paratyphus und Cholera impfen – ein Unding, wie man heute weiß! Und die lebensnotwendige Gelbfieberimpfung war uns einfach zu teuer. Zudem meinten wir, dass diese in den endemischen Gebieten mit Sicherheit billiger sein würde und dies war auch so. Dass gegen Malaria

* Tütensuppen.

die nötige Menge an Resochin mitzunehmen war, erübrigt sich fast zu erwähnen. Hier zu sparen, wäre falsch am Platz gewesen.

Für Bekleidung und die Übernachtungen – unser Budget sah für Letztere nichts vor* – galt gleichfalls das Gesetz des Minimums. Schließlich musste alles auf dem Rücken getragen werden können. So stellte ein dünner, grünfarbener Anorak als Wind- und Wetterschutz, drei Militärhemden, zwei lange Hosen, zwei Garnituren Unterwäsche, drei Paar Socken und leichte Wanderschuhe zusammen mit einem Schlafsack und einer Plastikplane als Unterlage die gesamte Ausstattung dar. Das sollte für drei Monate reichen, aus denen letztlich vier wurden.

In unseren Reisepässen waren nur zwei Visa eingetragen: Die Sichtvermerke für Jugoslawien und Ägypten. Länder des ost- und nordostafrikanischen Raumes waren in Wien gar nicht vertreten. Für unser Motorrad mussten wir uns noch ein „carnet de passage" besorgen. Dafür war beim Touringclub eine beträchtliche Summe zu hinterlegen. Ich erinnere mich nicht mehr an die Höhe. Glücklicherweise konnte Wif das Geld von seinen Eltern borgen.

Noch ein kleines Detail, um die unzähligen, auf dieser Reise zu überwindenden Schwierigkeiten besser nachvollziehen zu können: Für Verpflegung, fallweiser Unterkunft, Fahrtkosten sowie diverse Anschaffungen während der viermonatigen Reise hatte jeder von uns ganze 6.000 öS (heute ca. 440 EURO oder 1.000 DM damals) zur Verfügung. Mehr war es nicht! Kein Wunder also, dass ich am Ende dieser Reise 25 kg weniger auf die Waage brachte.

Nach monatelangen Vorbereitungen war es dann endlich so weit …

---

* Heutzutage geradezu unfassbar, mit welch naiven Vorstellungen wir die Reise geplant hatten.

Der Reiseverlauf

Aufbruch gen Süden

Es herrschte sommerliches Wetter, als wir am 30. Juni 1964 gegen Mittag mit einer gelben Puch TF von St. Pölten aus in Richtung Süden aufbrachen. Wif war mit dem Motorrad bereits am frühen Vormittag, aus seiner Heimatstadt Melk kommend, bei uns in St. Pölten eingetroffen. Von hier, dem damaligen Wohnsitz meiner Familie, würde nun unser weiterer gemeinsamer Weg bis hinunter in das ferne Ostafrika führen. Mit uns hatten wir ein paar Küchenutensilien, Essensvorräte für die erste Zeit, etwas Kleidung, zwei Rucksäcke und zwei Fotoapparate.

Mit zehn Jahren konnte Wifs Motorrad schon auf ein beachtliches Alter zurückblicken. Das tat aber der Sache gar keinen Abbruch. Ich kannte die Vorzüge und Schwächen dieses 250 ccm-Modells sehr gut von einer das Jahr zuvor unternommenen Skandinavienreise. Die TF, wie wir sie fast liebevoll nannten, war ein extrem gutmütiges Gefährt. Trotz der vielen, meist kleinen Pannen, war sie immer wieder zum Laufen zu bringen. Und richtig kaputt ging einfach nichts. Diese Maschine war noch ein Produkt aus einer Zeit, als es nicht für notwendig erachtet wurde, mit geringsten Kosten ein Maximum an Leistung herauszuholen. So war sie, abgesehen von den häufigen Eingriffen mit Kerzenschlüssel und Schraubenzieher, ein Fahrzeug, das einen nie im Stich ließ. Wohl deshalb entstand bei der normalerweise recht nüchternen Betrachtungsweise für technische Gegenstände fast so etwas wie ein Vertrauensverhältnis, das sich eigentlich nur zwischen höheren Lebewesen entwickeln dürfte. In der Tat war die TF bereits auf der Skandinavienreise zu einem treuen Mitstreiter geworden, der mir richtig ans Herz gewachsen ist.

Allerdings wäre es wohl keine TF gewesen, wenn sich nicht schon etwa fünfzig Kilometer südlich von St. Pölten, am Annaberg, das erste Problem angekündigt hätte. Wir hatten auf der mit Pflastersteinen besetzten Straße gerade einige Kehren hinter uns gebracht, als die Maschine plötzlich zu rucken begann. Gleichzeitig waren aus dem Kettenkasten heftige, schlagende Geräusche zu hören. Sofort hielten wir am Straßenrand an und sahen nach. Durch die hohe Belastung

– zwei Personen samt Gepäck – hatte sich bereits auf dem kurzen Wegstück die Kette derart gedehnt, dass sie nun herauszuspringen drohte. Kein Problem, die Sache war rasch behoben. Doch der Vorfall gab uns in Anbetracht der vielen, vor uns liegenden Kilometer zu denken. Dann kurz hinter Mariazell verfuhren wir uns das erste Mal, da wir meinten, der Weg nach Graz ginge über Terz. Bald merkten wir den Irrtum und kehrten um. Straßenkarten für die gesamte Strecke bis nach Ägypten hatten wir keine mit. Wir waren nämlich fest überzeugt, für Südosteuropa und den angrenzenden „Nahbereich" ausreichende Geografiekenntnisse zu besitzen. Offensichtlich hatten sie gereicht, denn es blieb bei diesem einen „Ausrutscher".

Während der gesamten Fahrt hatten wir schönes Wetter. Wir ließen Graz hinter uns und übernachteten kurz vor Spielfeld in einer rechts abseits der Straße gelegenen Bauhütte. Diese erste Nacht wurde zum Prüfstein für die Eignung unserer Schlafsäcke. Während ich mich in meinem mit echten Daunen gefüllten amerikanischen Armeeschlafsack richtig wohl fühlte, fror Wif ganz jämmerlich. Sein dünner Deckenschlafsack war also nicht das Richtige für unsere Breiten. Doch dieser Nachteil sollte sich bald ändern!

Die Kälte des Morgens trieb Wif früh aus den Federn. In Spielfeld ließen wir uns in Erwartung der großen Hitze einen besonders kurzen Haarschnitt verpassen. Auch mussten wir noch am Scheinwerfer etwas reparieren lassen. Dann aber näherte sich der große Moment. Es war für uns das erste Mal im Leben, dass wir Österreich für so lange Zeit den Rücken kehren würden. Und schon schossen mir ganz unwillkürlich Gedanken durch den Kopf wie: Wann würden wir unsere Heimat wiedersehen und was würde sich bis dahin alles ereignet haben? Wie würden wir uns in den fremden Ländern verständigen können? Deutsch würde wohl oder übel in der „Schublade" landen müssen und unsere dürftigen Englischkenntnisse reichten kaum über das übliche Schulniveau hinaus. Von wem konnten wir Hilfe erwarten, falls wirklich größere Probleme auftauchen würden? Jetzt würde es ernst, bald würden wir ganz allein auf uns gestellt sein!

Mit gemischten Gefühlen ging es über die Grenze. Doch rasch waren alle Bedenken vergessen und wir strebten voller Tatendrang in flotter Fahrt auf kurvenreicher Straße durch dichte Laubwälder über Marburg nach Zagreb (Agram). Kurz hinter der Stadt hatten wir einige Mühe, die Autobahn – „Autoput“ in lokaler Sprache genannt – nach Belgrad zu finden. Schlecht beschilderte Umleitungen brachten Verwirrungen und die von Anrainern erhaltenen Auskünfte waren nicht immer sofort zielführend. Nicht zuletzt hinderte uns auch die große Zahl wassergefüllter Schlaglöcher am raschen Vorankommen. Verkehr gab es so gut wie keinen. Dafür suhlten sich mit sichtlichem Vergnügen ein paar Schweine in den größeren Wasserlöchern. Auch fanden große Gänseherden die Fahrbahn als geeigneten Sammelplatz für gemütliches Beisammensein. Mit lautstarkem Geschnatter und drohendem Zischen gaben sie nur äußerst unwillig den Weg frei. Gehörten diese recht ungewöhnlichen Verkehrsverhältnisse mit den meist etwas verwahrlosten, oft baufälligen Häusern beiderseits der Straße nicht schon zu unseren Vorstellungen über den Balkan? Und dazwischen friedliche Bilder von bei uns längst verschwundener ländlicher Idylle. Nur wenige Kilometer entfernt von Österreich hatte ich das Gefühl, als befänden wir uns bereits in einer gänzlich anderen Welt!

Nach umständlicher und zeitraubender Fahrt erreichten wir endlich die Autoput, auf der es nun relativ zügig voranging. Etwa 100 km weiter, bei Nova Gradiska, fuhren wir ab und übernachteten auf dem Heuboden eines Bauerngehöftes. Die Leute erschienen uns bettelarm. Voller Mitleid kochten wir für sie eine warme Suppe und schenkten ihnen noch zum Abschluss das letzte Stück Schokolade. Wir sollten die nächsten vier Monate keine mehr zu sehen bekommen.

Kurze, stakkatoartige Klopfgeräusche weckten uns am Morgen. Ein Specht suchte sich sein Frühstück in einem nahe gelegenen Baum des zum Gehöft gehörenden Obstgartens. Durch die zahlreichen Dachluken flogen Vögel ein und aus. Während wir noch im Liegen dem luftigen Treiben zusahen, spürte ich plötzlich etwas Sanftes, Pelziges an meinem Gesicht. Es waren kleine Kätzchen, die sich, angezogen von der wohligen Wärme unserer Schlafsäcke, an uns schmiegten. Dann tauchte auch noch ein kleiner Bub in der Dachbodenluke auf, dessen Neugierde wohl stärker war als die Furcht vor uns beiden Fremden.

Nach dem Frühstück ging es weiter auf der monotonen, beinahe schnurgeraden Autoput in Richtung Belgrad. Dumpfe Kippgeräusche beim Überfahren der Fahrbahnplatten ließen deutlich auf ihren schlechten Zustand schließen. Von Zeit zu Zeit streikte unsere Maschine. Der Motor wurde heiß, ohne dass wir die eigentliche Ursache entdecken konnten. Dabei fuhren wir doch nur gemütliche achtzig Stundenkilometer und auch die Außentemperatur war alles andere als hoch. Es kam sogar zu einigen „Kolbenfressern", die jedoch die gutmütige TF ohne weitere Folgen überstand*. Schon fast routinemäßig wurden bei jedem Halt die Zündkerze gereinigt und die Vergaserdüsen durchgeblasen. Von einem zügigen Vorwärtskommen konnte auch an diesem Tag keine Rede sein.

Im Laufe des Nachmittags verschlechterte sich das Wetter. Als es zu nieseln begann, fuhren wir bei Velika Plana von der Autoput ab. Bei den ersten Häusern fragten wir wieder vorsichtig, ob wir übernachten dürften. Die Leute waren ausgesprochen gastfreundlich. Gleich boten sie uns als Willkommenstrunk einen Slibowitz an. Wohin wir wohl fahren würden, meinten wir zu verstehen. Mangels sprachlicher Verständigungsmöglichkeiten zeichneten wir den weiteren Verlauf unserer Reise auf ein Stück Papier. Das Staunen war groß, als sie Ländernamen wie Ägypten, Sudan und Ostafrika zu lesen bekamen. Unter den Leuten setzte ein reges Palaver ein. Ihren ungläubigen Blicken nach war unschwer zu entnehmen, dass sie uns nicht ganz ernst nahmen. Welch absurde, ja geradezu verrückte Idee, hinunter zu den wilden Schwarzen nach Afrika zu fahren! Da mussten noch einige Slibowitze durch unsere Kehlen fließen. Es regnete noch immer, als wir gegen halb 10 Uhr abends ziemlich benebelt schlafen gingen.

Schnaps im heißen Kaffee zu morgendlicher Stunde war sicherlich eine nette Art, den Tag unbeschwert zu beginnen. Für im Auf-

---

* Vor der Abreise hatten wir noch zur Kontrolle den gesamten Motor zerlegt und beim Zusammenbau neue Dichtungen verwendet. Zwar passten diese genau, sie hatten aber offensichtlich eine kleine Ölbohrung verlegt, die wir nicht beachtet hatten. So kam es in der Folge zu einer Beeinträchtigung des Kühlsystems.

Reiseverlauf St. Pölten – Kairo

bruch befindliche Motorradfahrer war sie allerdings weniger geeignet. Unsere Gastgeber waren da anderer Ansicht, weshalb auch alle Versuche scheiterten, ihr Angebot auszuschlagen. So bestiegen wir anschließend nicht nur unbeschwert, sondern auch reichlich angeheitert unser Motorrad. Der Regen hatte in der Nacht aufgehört, doch der Himmel blieb weiterhin grau und bedeckt. Ohne besondere Vorkommnisse erreichten wir Belgrad. In der Stadt herrschte dichter Verkehr. Einige altmodische Straßenbahnzüge rumpelten gemächlich die Straßen entlang. Nichts vermochte unser Interesse zu wecken, weshalb wir rasch die Ausfahrt nach Süden suchten.

Durch flaches Land mit ausgedehnten Feldern beiderseits der gut ausgebauten Schnellstraße ging es in flotter Fahrt weiter bis Skopje. Ganz gleich, wo wir anhielten und war es nur ganz kurz, scharten sich sofort unzählige staunende Kinder um unser Motorrad. Die weißen Sturzhelme mit den orangegetönten Schutzbrillen verliehen uns offenbar ein ungewöhnliches Aussehen. Für sie waren wir wohl Vertreter einer fremden Welt.

Der Tag ging zur Neige. Lange Schatten hatten bereits die Niederungen und Hänge erfasst, nur noch die Kuppen der umliegenden Hügel leuchteten im roten Abendlicht. Vor uns tauchte schon das im tiefen Süden Jugoslawiens gelegene Städtchen Titov Veles auf. Zu unserer Überraschung war die Durchfahrtsstraße überfüllt mit auf- und abflanierenden Menschen. Nur im Schritttempo kamen wir voran. Alles war auf den Beinen, anscheinend die gesamte Bevölkerung des Städtchens, um ihre allabendliche Promenade abzuhalten. So ganz nach südlicher Lebensphilosophie: regelmäßig sehen und gesehen werden!

Lange suchten wir nach einer geeigneten Stelle zum Übernachten. Unter einer Brücke am südlichen Stadtausgang hofften wir, unser verdientes Plätzchen entdeckt zu haben. Doch als wir uns dem ersten Brückenpfeiler näherten, machten uns mehrere fette Hausschweine die Stelle streitig. Ihr lautes Grunzen klang bedrohlich. Wir wichen, ohne lange zu überlegen, roch es doch überall sehr intensiv nach … Schweinen!

Enttäuscht kehrten wir in die Stadt zurück. In der Zwischenzeit war es völlig dunkel geworden. Die Menschen hatten sich in die Häuser zurückgezogen. Nur noch kaltes Neonlicht begleitete uns auf der buchstäblich leer gefegten Straße. Unweit der nördlichen Stadteinfahrt entdeckten wir einen schmalen, holprigen Weg hinauf in die Weinberge. An einer halbwegs ebenen Stelle schlugen wir zwischen den Weinstöcken unser bescheidenes Lager auf. Es war eine unruhige Nacht. Helles, auf- und abschwellendes Surren um uns herum kündigte sie an. Ob es nun Gelsen* oder gar schon Moskitos waren, diese Frage stellte sich in jenem Moment nicht. Sie hinderten uns jedenfalls am Einschlafen und lieferten uns so einen leisen Vorgeschmack dessen, was uns über viele Wochen dieser Reise – zumindest in den heißen und feuchten Klimazonen – erwarten würde.

Noch im Halbschlaf verspürte ich auf einmal einen Juckreiz, der abklang und kurze Zeit später an anderer Stelle wieder einsetzte. Richtig, es gab hier nicht nur fliegende Besucher, sondern auch noch erdgebundene, hüpfende Wesen. Sie gingen vorzugsweise des Nachts ihren Neigungen nach. Nach getaner Mahlzeit hinterließen sie auf der Haut dicht aneinander gereiht, kleine rote Punkte. Bei jedem länger anhaltenden Biss juckte es entsprechend, weshalb der Körper ganz unbewusst im Schlaf versuchte, mit einer kurzen Bewegung den Quälgeist loszuwerden. War wieder Ruhe eingekehrt, wurde unmittelbar daneben ein neuer Biss angesetzt. So entstanden auf der Haut, fein säuberlich, einer Perlenschnur gleich, die roten Bisshinterlassenschaften dieser nachtaktiven Besucher. Einmal in der Kleidung eingenistet, hielten sie ihrem Gastgeber uneingeschränkte Treue. Bei uns in Mitteleuropa kannte man sie ja nur vom Hörensagen: die Flöhe!

Ein merkwürdiges Scharren und schmatzende Laute weckten uns. Es war noch finster und die Uhr zeigte erst halb 4 Uhr früh! Ein dunkler Schatten am Boden in unmittelbarer Nähe unserer Schlafstätte bewegte sich langsam an uns vorbei. Kein Grund zur Aufregung. Es war nur ein Igel auf seinem nächtlichen Streifzug durch sein Revier. Er suchte und träumte wohl von fetten Würmern, wir dagegen noch

* Mücken.

von einem kräftigen Abendessen. Aber dieses frühe Wecksignal kam gar nicht so ungelegen. Schon tauchte ein Weinbauer auf, der unweit von unserem Lager zu arbeiten begann. Meinte er etwa, wir hätten der Trauben wegen hier in den Weingärten übernachtet? Keinesfalls wollten wir uns diesem Verdacht aussetzen. Also war es besser, so rasch wie möglich aufzubrechen. Alles andere als ausgeschlafen und ohne Frühstück ging so die Reise in den frühen Morgenstunden weiter. Der zeitige Aufbruch stellte aber eine gute Voraussetzung dar, um wenigstens an diesem Tag eine größere Strecke hinter uns zu bringen. Titov Veles war noch im morgendlichen Dämmerschlaf, als wir, weit und breit die einzigen Verkehrsteilnehmer, die Stadt durchquerten. Rasch begann es Tag zu werden. Die pastellartigen Farben des Morgenhimmels wichen bald einem kräftigen Blau. Kein Wölkchen war zu sehen. Und so sollte es für die nächsten Wochen auch bleiben.

Seit dem frühen Aufbruch lenkte ich das Motorrad. Die frische Morgenluft tat gut und vertrieb den letzten Rest an Müdigkeit. Unsere Straße führte nun durch eine trockene, fast karstig anmutende Hügellandschaft, die zunehmend felsigen Charakter annahm. Endlich eine willkommene Abwechslung zur bislang eher monotonen Landschaft, dachte ich mir gerade, als plötzlich vor uns ein großes schwarzes Loch auftauchte. Aha, ein Straßentunnel, und schon fuhren wir völlig arglos mit vollem Elan hinein. Schlagartig umgab uns absolute Finsternis. Der Tunnel war unbeleuchtet! Beim abrupten Übergang vom hellen Tageslicht in das stockdunkle Tunnelinnere war selbst unser Scheinwerferlicht kaum wahrzunehmen, das ich vergessen hatte, bei Tagesanbruch abzudrehen. Die Situation wurde kritisch. In panikartiger Reaktion nahm ich das Gas weg und bremste bei gezogener Kupplung so fest wie möglich. Die Motordrehzahl sank und mit ihr erlosch fast zur Gänze das sowieso nur sehr schwache Scheinwerferlicht. Wir sahen praktisch nichts mehr! Sofort gab ich wieder Gas. Gerade noch rechtzeitig, um vor mir im angehenden Scheinwerferlicht die sich rasch nähernde rechte Tunnelwand zu erkennen. Nach dem ersten Schreck meinte ich, in der Dunkelheit leicht nach rechts abgekommen zu sein, aber dann erkannte ich das Problem. An dieser Stelle begann nämlich eine Linkskurve, während wir geradeaus weitergefahren waren. Das war aber knapp gewesen! Weiter versuchte ich, mit geringer Geschwindigkeit das Fahrzeug möglichst in der Straßenmitte zu halten. Dennoch gerieten wir wiederholt bedenklich nahe an die grob ausgebrochenen Felswände. Zum Glück waren wir allein unterwegs. So konnten wir ohne größeres Risiko die gesamte Fahrbahnbreite beanspruchen. Vorgewarnt von diesem Ereignis durchfuhren wir die nächsten Tunnel mit größter Vorsicht.

Der felsige Straßenabschnitt blieb hinter uns und wir gelangten in eine sanfte Hügellandschaft. Wenig später öffnete sich ein weites, flaches Tal, in dem sich die trägen, schlammbeladenen Wasser des Vardar in Richtung Mittelmeer bewegten. Die Grenze nach Griechenland wurde rasch und problemlos überquert. Unmerklich nahmen Landschaft und Siedlungen südlichen Charakter an. Auf der streckenweise sehr kurvenreichen Straße entstand der Eindruck, als würde diese sämtliche Städte und Dörfer Nordgriechenlands miteinander verbinden wollen. Schnell lehrten uns die chaotisch anmutenden Verkehrsverhältnisse in den größeren Ansiedlungen, dass es mit abnehmendem Breitengrad durchaus von Vorteil war, dem Stärkeren stets den Vorrang zu überlassen. In den kleineren Dörfern dagegen verlief alles noch etwas friedvoller. Die zahlreichen Gänseherden auf den Straßen waren für uns nichts Neues. Langsam durch sie hindurch oder an ihnen vorbeigefahren, stellten sie keine Gefahr dar. Bloß mit dem zügigen Vorankommen war es wieder einmal vorbei!

Irgendwo in der kargen Hügellandschaft stand ein Hirte am Straßenrand und spielte Flöte. Seine Schafe gleich nebenan, Rücken an Rücken dicht aneinander gedrängt, suchten derweil nach verwertbaren Pflänzchen. Wir hielten und stellten den Motor ab. Schon drangen liebliche, etwas melancholisch anmutende Töne an unsere Ohren. Sie passten in diese einsame, menschenleere Landschaft. Unsere unerwartete Anwesenheit störte den Hirten keineswegs. Unbeirrt setzte er seine Weisen fort. Schön wäre es jetzt gewesen, sich auf den nächsten Stein zu setzen und diese Melodien samt Landschaft einwirken zu lassen. Doch leider drängte die Zeit, wir mussten weiter.

Gerade für heute hatten wir uns viel vorgenommen. Ein kurzer Abschiedsgruß mit erhobener Hand und wir setzten unsere Fahrt fort.

Lange noch hörte ich die einfachen Weisen des Hirten in meinen Ohren nachklingen. Weiter führte die Straße durch sonnenverbranntes Land. Da erblickten wir in einiger Entfernung vor uns zum ersten Mal das offene Meer. Ein tiefdunkles Blau eingesäumt von einer gelbbraunen Landschaft. Sofort verband ich dies mit der Vorstellung vom Tor zur großen, weiten Welt und von der unbekannten Ferne, die dort lockte und rief!

Um die Mittagszeit machten wir an einer kleinen Quelle Rast, aßen ausgiebig und packten bei dieser Gelegenheit unser gesamtes Gepäck um. Das Wetter war gut, die Luft allerdings so diesig, dass wir von dem in der Nähe befindlichen Berg Olymp nur die Umrisse erahnen konnten. Gestärkt strebten wir in zügiger Fahrt und voller Unternehmungsgeist weiter über Larissa gen Süden. Mittlerweile war es ziemlich heiß geworden. Vom Zylinder unserer Maschine stieg eine enorme Hitze auf. Offensichtlich schienen ihr die hohen Temperaturen nicht sonderlich zu behagen, denn die Motorleistung begann spürbar nachzulassen. Glücklicherweise kam es zu keinen Ausfällen. Mehrmals durchquerten wir weite, trockene Ebenen, die im Westen von kahlen Bergketten begrenzt wurden. Einige gerade für den Verkehr freigegebene Teilstücke der im Bau befindlichen Autobahn nach Athen ließen uns unerwartet rascher vorankommen. Mautstellen gab es noch keine.

Gegen Abend erreichten wir ein hügeliges Gebiet und suchten rechts abseits der Straße im Schutz eines etwas höher gelegenen Olivenhains eine Stelle zum Übernachten. Überall, wohin das Auge fiel, nur karger, steiniger Boden mit schütterem Bewuchs. Hier ein einigermaßen bequemes Plätzchen zum Schlafen zu finden war keine leichte Sache. Die Nacht wurde ausgesprochen unruhig. Schon kurz nach Einbruch der Dunkelheit hörten wir wieder das unverkennbare helle Zzzzzz … der ersten Moskitos. Selbst zu vorgerückter Stunde wollte die Luft nicht mehr richtig abkühlen. Kaum hatte ich etwas Schlaf gefunden, wurde Wif unruhig. Irgendetwas spürte er im Fußbereich seines Schlafsacks. Wenig später kam ihm die alarmierende Erkenntnis, dass das, was da so rege krabbelte, im Inneren sein musste! Böser Vorahnung folgend, schlüpfte er hastig aus der Umhüllung und schlug mehrmals von außen sehr kräftig mit einem Schuh darauf. Dann öffnete er vorsichtig den Schlafsack. Die Spannung stieg. Was mochte sich da wohl im Inneren seines Schlafsackes verkrochen haben? Im Schein der Taschenlampe sahen wir am unteren Ende etwas Gelbes, Längliches mit vielen seitlichen Fortsätzen. Es war ein großer Tausendfüßler – einer von jener Sorte, deren Bisse äußerst schmerzhaft sein konnten. Zum Glück war Wif nichts passiert! Trotz dieses ersten Zwischenfalls mit südlichem Bodengetier – wir hatten eher an Schlangen und Skorpione gedacht – war es eigentlich erstaunlich, dass wir überhaupt noch den Versuch machten, weiter zu schlafen.

Helles Sonnenlicht drang durch das grüne Blätterdach des Olivenhains. Gleich galt unser erster Gedanke dem gestern erlegten Tausendfüßler, der nun eingehend untersucht wurde. Das Tier war mindestens 10 cm lang, fast so breit wie ein Finger und von bernsteingelber Farbe. Seine wahrhaft ausgeprägten klammerartigen Beißwerkzeuge flößten selbst noch im leblosen Zustand gehörigen Respekt ein. Vielleicht war es ratsam, ab jetzt nicht mehr ungeschützt auf dem Boden zu schlafen? Zumindest sollte dies die logische Schlussfolgerung aus dem nächtlichen Erlebnis sein.

Nach einem bescheidenen Frühstück brachen wir auf. Heute, am sechsten Tag unserer Reise, mussten wir unbedingt das erste größere Etappenziel erreichen: Athen, die Hauptstadt Griechenlands. Im Vergleich zu den letzten Tagen war es schon am Vormittag unangenehm warm. Auf guter Straße fuhren wir zuerst am Meer entlang, dann landeinwärts und etwas später kamen wir am Thermophylenpass vorbei, jener berühmten Gedenkstätte lange zurückliegender kriegerischer Ereignisse aus dem alten Griechenland. Nun folgte karstiges, unbewohntes Hügelland, auf dem nur mehr spärliches Gestrüpp wuchs. Wenn da nicht der strahlendblaue Himmel gewesen wäre, hätte die Gegend wahrhaft trostlos ausgesehen. Des Öfteren legten wir kurze Stopps ein, um ein Überhitzen der Maschine zu verhindern. So ging es weiter, stets in südlicher Richtung, bis sich auf einmal vor uns unter einer großen, graublauen Dunstglocke ein endloses Häusermeer auftat. Athen war erreicht, eine der geschichtsträchtigsten Städte der Welt lag zu unseren Füßen. Uns jedoch erschien sie an diesem Tag eher nichtssagend. Eine riesige Ansammlung grauer, ungepflegter Häuser ohne einen Flecken Grün. Verwinkelte Straßenzüge, ein unbeschreibliches Verkehrsgewirr, alles erfüllt vom Lärm der Fahrzeuge und deren Abgasen. Großstadt sein wollen – und dabei hatten noch ganze Stadtviertel Dorfcharakter. Das zusammengefasst waren also die Attribute, die ich von dieser Stadt in Erinnerung behalten habe. So gut es ging, versuchten wir möglichst rasch durch die Stadt nach Piräus zu gelangen, den südlich des Häusermeeres gelegenen Hafen von Athen. Einmal erheischten wir einen kurzen Blick auf die Akropolis, deren weiße, auf einer kleinen Anhöhe errichtete Tempelbauten sich deutlich gegen den blauen Himmel abhoben.

An einer gefälligen Stelle am Meer ließen wir uns nieder. Eine Dose Makrelen, begleitet von Weißbrot und einer Wassermelone, bildete ein frugales Mittagessen. Im Hafen gegenüber waren die grauen Silhouetten von mehreren Kriegsschiffen zu erkennen. Wie wir später erfuhren, war es die bekannte sechste Flotte der Vereinigten Staaten, die seit Längerem im Mittelmeerraum weilte – darunter auch ein Flugzeugträger. Wie ein mächtiges Bollwerk hob er sich vom Rest der Flotte ab. Schon seit einiger Zeit lagen diese Schiffe hier vor Anker, um bei aufflammenden Konflikten im östlichen Mittelmeer rasch vor Ort zu sein.

Den ganzen Nachmittag verbrachten wir mit Baden und süßem Nichtstun. Das Wasser erschien uns fast zu warm und brannte fürchterlich in den Augen. Langsam begann sich die Sonne zu neigen und verlor zunehmend an Leuchtkraft – Zeit, sich nach einer geeigneten Übernachtungsmöglichkeit umzusehen. Nach längerem Suchen konnten wir uns mit einer Stelle direkt unter der Einflugschneise des Flughafens anfreunden und beschlossen, dort zu campieren. Endlich ein Abend, an dem wir ausreichend Zeit hatten. Es war das erste Mal seit unserer Abreise aus Österreich und so versuchten wir, unsere Kochkünste mit einem etwas ungewöhnlich anmutenden Gericht:

Nockerl* mit Sardinen! Weshalb gerade ein Menü, dem sicherlich nur wenige Menschen uneingeschränkte Zustimmung geben würden? Ein Jahr zuvor auf meiner ersten Skandinavienreise hatte mein damaliger Begleiter, Rainer Bergthaler, dieses Gericht an einem Tag großen Hungers vorgeschlagen. Nach anfänglicher Skepsis war mir dieses Gericht dann als durchaus schmackhaft in Erinnerung geblieben. Vielleicht, weil bekanntlicherweise der Hunger der beste Koch ist? Jedenfalls hatte ich an diesem Abend Wif davon erzählt. In seiner Funktion als Chefkoch stimmte er nach kurzem Zögern zu, wohl auch deshalb, weil es rasch zubereitet werden konnte. *„Gar nicht so übel"*, war sein Kommentar nach der ersten Kostprobe und mit zustimmendem Kopfnicken wurde dieses Gericht in unsere Menüliste aufgenommen. Es folgte eine warme und geräuschvolle Nacht inmitten einer Umgebung voller Unrat.

Ein helles Klingelgeräusch weckte uns am nächsten Morgen. Nicht einmal hier hatte man seine Ruhe, waren meine ersten Gedanken. Was hatte denn ein Radfahrer hier zu suchen? Kein Radfahrer, bloß ein zudringlicher Verkäufer, der einen kleinen Handwagen mit sich führte, hinter dessen Glasscheiben er Essbares feilbot. Schließlich ließen wir uns zu einer Mehlspeise überreden, für die wir dann 20 Drachmen (!) berappen mussten. Zu spät stellten wir fest, dass das viel zu teuer gewesen war. An die Möglichkeit zu handeln hatten wir gar nicht gedacht. Schön blöd, da hatten wir uns kräftig über's Ohr hauen lassen. Dabei hatte ja keiner diesen Kuchen haben wollen, der überdies völlig ausgetrocknet war und so gut wie nach nichts schmeckte. So etwas würde uns kein zweites Mal passieren! Erfahrungen dieser Art veränderten unsere zu Beginn der Reise noch wenig ausgeprägten Verhandlungskünste rasch und grundlegend. Wie lautete doch jener Spruch, der diese Lebenserfahrung genau wiedergibt: „Der Mensch ist ein Lehrling, erst die Zeit macht ihn zum Meister!"

In Piräus führte unser erster Weg zu einem Schifffahrtsbüro. Bereits am Nachmittag des nächsten Tages würde das nächste Schiff nach Alexandria abgehen. Das passte sehr gut in unsere Planung.

* Kleine, länglich geformte Klöße aus Weizenmehlteig.

Bald darauf waren wir im Besitz eines Fahrscheines für die Strecke von Piräus nach Alexandria und wieder zurück – allerdings zu einem bedeutend höheren Fahrpreis als angenommen, selbst mit dem billigsten Tarif auf offenem Deck. Da stand es außer Frage, unser Motorrad mitzunehmen. So ganz ungelegen kam diese Erkenntnis nicht. Bereits insgeheim hatten wir beide befürchtet, dass bei noch höheren Temperaturen unser Motorrad gänzlich den Dienst versagen könnte. Also fuhren wir zur österreichischen Botschaft in der naiven Hoffnung, vielleicht dort irgendwo unser Gefährt bis zur Rückkehr abstellen zu können. Doch die war just an diesem Tag geschlossen. Erst am nächsten Morgen war wieder Dienst angesagt.

Was tun mit einem angebrochenen Vormittag? Uns fiel nichts Besseres ein, als die nächsten Stunden am Hafen zu verbringen, wo es eigentlich immer etwas Interessantes zu sehen gab. Es roch nach Salzwasser, Fisch und Dieselöl. Ein paar altersschwache Kähne lagen am Kai, die Schiffsrümpfe übersät mit unzähligen Rostflecken. Ausgelaufenes Öl malte bunt schillernde Flecken auf dem Wasser. Nichts regte sich, nicht einmal Katzen waren zu sehen, die sich normalerweise gerne in der Nähe der Fischablageplätze aufhielten. Als dann die Hitze des Nachmittags aufkam und über den aufgeheizten Flächen die Luft zu flimmern begann, zogen wir es vor, wieder baden zu gehen. Eine Melone, dies hatten wir schon festgestellt, war in heißen Ländern ein idealer Zeitvertreib. Also kauften wir eine und fuhren hinaus an eine Stelle, wo wir problemlos ins Wasser gehen konnten. Träge verrannen die nächsten Stunden. Der Tag verabschiedete sich langsam und ohne besondere Vorkommnisse. Es war fast so wie die berühmte Ruhe vor dem großen Sturm. Am nächsten Tag würden wir das gute, alte Europa verlassen. Dann endlich würde unser großes Abenteuer seinen Lauf nehmen. Wie am Tag zuvor bot sich erneut nur die Einflugschneise des Flughafens zum ungestörten Campieren an.

Der Tag des Aufbruchs in die weite Ferne hatte begonnen. Vorbei waren die Stunden der Muße. Jetzt hieß es, rasch zu handeln und der Reihe nach die einzelnen Schritte zu erledigen. Zuerst musste die Unterstellung des Motorrades geregelt werden. Also fuhren wir wieder zur österreichischen Botschaft. Doch wie es häufig bei Auslandsvertretungen zu sein pflegte, konnte uns diese nicht weiterhelfen. Zu allem Überfluss stellte sich noch heraus, dass wir eigentlich ohne unser Gefährt das Land gar nicht verlassen durften! Längst hatten wir den diesbezüglichen Einfuhrvermerk auf der letzten Seite von Wifs Pass vergessen. Beim Hauptzollamt würden wir darüber Näheres erfahren. Dort verwies man uns weiter an das Hafenzollamt. Rückfrage des Hafenzollamtes bei der österreichischen Botschaft, ob denn unsere Geschichte mit der Fahrt nach Afrika überhaupt stimmen würde. Wenig später erfolgte dann der Beschluss, dass das Motorrad während unserer Abwesenheit in einer Garage abgestellt werden konnte. Natürlich nicht umsonst. Also griffen wir schweren Herzens tief in unsere Taschen und bezahlten an den rasch herbeigeholten Garagenbesitzer 150 Drachmen. Dies würde gerade für hundert Tage reichen, fügte er noch in erwartungsvollem Unterton hinzu, während seine Augen rasch zwischen den Geldscheinen und uns hin- und herwechselten. Etwas Verschlagenes steckte wohl auch in ihm. Egal, für uns war die Sache vorerst erledigt, selbst für den Fall, dass wir diese Frist nicht einhalten sollten. Keinesfalls würden wir für eine in unseren Augen völlig unnütze Ausgabe noch mehr auslegen! Wieder einer von diesen unvorhergesehenen Posten, mit denen wir nicht gerechnet hatten.

Ein netter, Deutsch sprechender Zollbeamter half uns rasch bei der Erledigung der Formalitäten. Unser Motorrad hatten wir vorher schon in der Garage abstellen müssen. Er blieb sogar noch eine Dreiviertelstunde länger im Dienst, damit wir ja nicht unser Schiff verpassten. Zurückgekehrt in die Garage, begannen wir rasch mit dem Umpacken unseres Hab und Guts. Beim Anblick dieses luftigen und ziemlich heruntergekommenen Baus konnte ich mich für einen Moment der düsteren Gedanken kaum erwehren. Ob wir denn unser Fahrzeug jemals wiedersehen würden? Stand dem Garagenbesitzer nicht buchstäblich die Schlitzohrigkeit ins Gesicht geschrieben? Doch die Entscheidung war nun einmal gefallen, es gab kein Zurück mehr! Vorsorglich bauten wir noch schnell den Unterbrecher aus. Dann schulterten wir unsere schweren Rucksäcke, in denen alle Habseligkeiten für die nächsten drei oder mehr Monate verstaut waren. Noch ein kurzer, wehmütiger Blick zur gelben TF und ab ging es in raschen Schritten zum Hafen. Dort wartete bereits unser Schiff mit dem Namen Lydia, das um 16 Uhr 45 ablegen würde.

Auf See

Ein leises Zittern ging durch das gesamte Schiff, als die schweren Motoren zu drehen begannen. Im Heckbereich wallte und brodelte das Wasser unter der Kraft der mächtigen Schrauben. Große Wirbel lösten sich und zogen gemächlich ihre Kreise. Ganz langsam entfernte sich das Schiff von der Kaimauer und drehte in Richtung Hafenausfahrt. Unmerklich gewann es an Geschwindigkeit. Zuerst folgten wir noch der Küste bis zum Kap Sunion, dann ging es hinaus auf das offene Meer. Bald waren die letzten Konturen des Festlandes im diesigen Nachmittagslicht verschwunden. Einige kleine Inseln zogen noch links und rechts vorbei, dann waren wir auf hoher See. Nichts als blaues Meer, soweit das Auge reichte. Auf Wiedersehen, du uns vertrautes Europa, was wohl würde uns auf der anderen Seite des Mittelmeeres erwarten?

Nun waren die Bande zu Europa endgültig gekappt. Keine Anlaufstelle mehr vor uns bis nach Ostafrika. Wieder wurde mir – und dieses Mal mit aller Deutlichkeit – bewusst, dass wir ab jetzt ganz auf uns gestellt sein würden. Und diese Gedanken ließen unwillkürlich ein leises Magendrücken aufkommen. Würden wir es auch wirklich schaffen, uns in der Fremde durchzuschlagen, in der kein Mensch mehr unsere Sprache sprach? Wir wussten nur zu gut, dass in den nächsten Monaten Briefe der einzige Kontakt zur Heimat waren, sofern diese je an ihren Bestimmungsort gelangen würden! Unsere Briefe in Richtung Heimat konnten es vielleicht noch schaffen, aber wie würde es mit denen von zu Hause sein? Wo und wie sollten uns denn Nachrichten erreichen, wenn wir ständig auf Achse sein würden? Bodo, mein Cousin aus Wien, hatte uns dafür einen guten Tipp gegeben. Mit dem Zusatzvermerk „poste restante“, also postlagernd, auf der Vorderseite des Briefumschlages gab es die Möglichkeit, sich Briefe schicken zu lassen. Diese Einrichtung wäre an allen Hauptpostämtern der größeren Städte Afrikas vorhanden. Telefonieren als Kontaktaufnahme schlossen wir allein schon aus Kostengründen aus und wer weiß, ob es überhaupt funktioniert hätte.

Ablenken und sich anderen Dingen zuwenden war oft ein probates Mittel gegen sorgenvolle Gedanken. Also sahen wir uns auf dem Schiff um und trafen auf Deck zufällig drei österreichische Studenten. Nicht ohne gewissen Stolz erzählten sie uns von ihrer geplanten Reise über Ägypten in den Libanon, nach Syrien und weiter in die Türkei. Da wollten wir ihnen die Illusion von der Einmaligkeit ihres wagemutigen Vorhabens nicht rauben und verschwiegen unser wahres Ziel. Zudem wussten wir selbst noch nicht, ob unser Unternehmen gelingen würde.*

Unsere Billigfahrkarten deckten lediglich die reinen Transportkosten ab. Anrecht auf ein Bett in einer Kajüte hatten wir nicht. So blieb keine andere Wahl, als sich irgendwo auf dem freien Deck niederzulassen. Nach längerem Suchen fanden wir ein windgeschütztes Plätzchen neben einem Treppenabgang in die darunterliegende Deckebene. Langsam begann es zu dämmern und die Lufttemperatur wurde erträglich. Rebellierendes Knurren in der Magengegend erinnerte daran, dass wir den ganzen Tag über noch keine Gelegenheit zum Essen gehabt hatten. Groß war die Auswahl nicht. Mehrere von Österreich mitgebrachte Suppenpäckchen, Fisch- und Schmalzfleischdosen, dazu etwas Weißbrot und eine noch rasch vor der Abreise gekaufte Wassermelone stellten unsere gesamten Vorräte dar. Der Gedanke an eine Suppe reizte nicht allzu sehr bei der noch vorherrschenden Wärme. So suchten wir in unseren Rucksäcken nach den Dosen. Doch die von der Tageshitze stark aufgewärmten Konserven in der Hand dämpften sofort unser Hungergefühl. Allein die Vorstellung, aufgewärmten Thunfisch aus der Dose essen oder das Weißbrot in flüssiges Schmalzfleisch eintauchen zu müssen, verdarb uns jegli-

* Eine Reise auf dem Landweg durch den Sudan nach Ostafrika hatte damals kaum jemand für machbar gehalten oder dies als reines Hirngespinst und pure Angeberei abgetan.

chen Appetit. Die Schiffsküche war gleichfalls kein Ausweg. Selbst einfache Menüs lagen außerhalb der Reichweite unseres Portemonnaies. So kauten wir jeder langsam an einer trockenen Scheibe Weißbrot. Für eine gewisse Zeit vermochte das den Hunger zu vertreiben. Die Nacht auf dem harten Bretterboden des Schiffdecks wurde etwas gewöhnungsbedürftig. Zum Ausgleich durften wir noch lange den Sternenhimmel bewundern, der durch die sanften Bewegungen des Schiffes vor unseren Augen langsam hin und her schwankte.

Im leichten Dunst des Morgenlichts tauchte vor uns eine bläuliche Silhouette auf. *„Da vorne ist Kreta"*, meinte mit ausgestreckter Hand eine ältere Dame, die an der Reling stand. Die bereits um fünf Uhr aufgehende Sonne hatte uns aus den Schlafsäcken gelockt. Nicht lange und die Insel verschwand am nordwestlichen Horizont. Wieder nur noch offenes Meer. Auf der weiten, fast glatten Wasserfläche suchten unsere Augen vergebens nach irgendeinem Anhaltspunkt. Da ganz weit vorne, wo sich die Blicke in der Ferne verloren, müsste Afrika liegen. Doch bis dorthin war es noch ziemlich weit, würden wir doch laut Fahrplan erst am Vormittag des nächsten Tages in Alexandria eintreffen.

Wir machten Bekanntschaft mit einem Schweizer namens Heinz Brunner. Ein Kenner Afrikas aus früheren Reisen, der sich veranlasst sah, uns Neulingen gute Tipps geben zu müssen. Wenig hilfreich, wie sich in der Folge herausstellen würde. Wiederholt brüstete er sich, dass selbst in Afrika das Reisen einfach und problemlos sei. Er habe dafür nur eine kleine Reisetasche bei sich! Diese Kunst, mit einer derartigen Minimalausrüstung auf große Fahrt zu gehen, löste bei uns insgeheim Bewunderung aus. Wie schaffte er es bloß, dieser Heinz, mit so wenig Ausrüstung unterwegs zu sein? Unsere auf das Nötigste zusammengestrichene Ausstattung erschien dagegen wirklich sehr aufwändig. Doch schon bald lüftete sich sein Geheimnis. Heinz verfügte nämlich über genügend Geld, sodass Restaurantbesuche und Übernachtungen in Hotels keine Rolle spielten. Wurde das Geld knapp, schickte ihm sein Vater sofort welches nach. So mit Minimalgepäck zu reisen, dachten wir, war keine Kunst. Keine Kochausrüstung, keine Nahrungsmittel, keinen Schlafsack bei sich, nur etwas Bekleidung. Da wären unsere Rucksäcke auch zu handlichen Gepäckstücken geschrumpft! Unsere anfänglich sehr hohe Meinung von unserem Schweizer Mitreisenden begann zu bröckeln.

Gegen Mittag kam wieder starker Hunger auf. Was wäre es für ein Vergnügen gewesen, jetzt ein richtiges Schnitzel mit Kartoffelsalat oder eine Torte mit Schlagobers* essen zu dürfen! Doch damit war es nun vorbei, auf derartige Genüsslichkeiten würden wir noch lange warten müssen. So begnügten wir uns mit der Melone, die für eine Weile das Hungergefühl in Schach hielt. Am Abend folgte dann das letzte Stück Weißbrot mit einer Dose Schmalzfleisch. Der Versuchung erlegen, hatten wir doch eine Dose geöffnet und bloß unsere gestrige Vorahnung bestätigt gefunden. Stumm und missmutig betrachteten wir den Inhalt der Dose, der in der Wärme eine breiig flüssige Konsistenz angenommen hatte. Und satt wurde davon keiner, das Hungergefühl blieb. So erlebten wir bereits auf dem Schiff einen ersten Vorgeschmack jenes Zustands, der uns wiederholt auf großen Abschnitten dieser Reise begleiten würde. Die Zeiten karger Nahrungsversorgung kündigten sich an …

Erste Begegnung mit Afrika

Seit der Früh standen wir an der Reling und blickten voller Erwartung nach Süden. Vor uns breitete sich das Meer aus, dessen Oberfläche so spiegelglatt war, als hätte man Öl darauf gegossen. Unablässig tasteten unsere Augen den weiten Horizont ab, doch vorerst war nichts zu erkennen. Dort irgendwo in südlicher Richtung musste doch die Küste zu sehen sein! Unsere Mägen knurrten mächtig. Brot hatte es keines mehr gegeben, so auch kein Frühstück an diesem Morgen. Die Zeit verging, die Sonne stand hoch über uns und wir wurden langsam unruhig. Mangels Brot fiel auch das Mittagessen aus. Dann endlich waren sie zu sehen – ganz schwach im roten Dunst des südlichen Horizonts, die ersten Konturen der afrikanischen Küste. Regelrecht

* Schlagsahne.

unscheinbar, ja fast nichtssagend im ersten Augenblick. Trotzdem begann die Spannung zu steigen, würden wir doch beide in Kürze zum ersten Mal den Fuß auf einen fremden Kontinent setzen! Und schon eilten sie voraus, die fantasievollen Gedanken an die faszinierende Welt des Orients mit ihren Wundern aus „Tausendundeinernacht“, eilten hin zu den mächtigen Pyramiden am Rande der Sahara und nicht zuletzt zur Lebensader Ägyptens, zu dem aus dem fernen Süden heranströmenden Nil.

Lange währten sie nicht, die Träumereien, schon wurden sie unterbrochen von Gedanken an ganz banale Dinge des künftigen Alltags. Wie würden wir uns ernähren? Was musste getan werden, um Durchfallerkrankungen zu vermeiden? Würde Trinkwasser regelmäßig und in ausreichender Menge verfügbar sein?* Mehr noch beschäftigte uns die ungelöste Frage der Fortsetzung unserer Reise in den Süden. Wegen der im Südsudan schwelenden Stammesunruhen wurden angeblich keine Visa mehr an Ausländer, geschweige denn an Touristen, erteilt. Und „last but not least“ machte uns noch ein weiteres Problem Sorgen: Ägyptens strenge Devisenkontrollen. Das Land hatte massive wirtschaftliche Schwierigkeiten, weshalb alle Besucher bei der Einreise ihren gesamten Bestand an fremden Währungen deklarieren und bei Geldwechsel alle Umtauschbescheinigungen aufbewahren mussten, um nicht der Versuchung zu erliegen, auf dem Schwarzmarkt zu einem weitaus günstigeren Kurs die Landeswährung einzutauschen.

Für finanzschwache Reisende, zu denen auch wir gehörten, stellte die enorme Kursdifferenz eine fast nicht zu umgehende Versuchung zur Kosteneinsparung dar. So würde uns im Prinzip nur jedes Mittel recht sein, wenn es zur Entlastung unseres Reisebudgets führte. Vor diesem Tatbestand hatten wir keinerlei Skrupel, bei Bedarf dem ägyptischen Fiskus ein Schnippchen zu schlagen. Eine aus unserer Sicht keineswegs verwerfliche Einstellung. Sollte doch der ägyptische

* Taschenwasserfilter oder entkeimende Tabletten gab es damals noch nicht auf dem Markt.

Staat mehr gegen Korruption und echte Anstrengungen zur Gesundung der eigenen Wirtschaft unternehmen!

Aber wie brachte man einen Teil seines Geldes unbemerkt ins Land? Schon kursierte das Gerücht, dass bei der Einreise eine intensive Leibesvisite stattfände. Jeder müsse sich bis auf die Unterhose ausziehen. Ausgehöhlte Schuhabsätze böten vielleicht noch eine letzte Chance, fremdes Geld unbemerkt ins Land zu schmuggeln. Doch wen es erwischte, dem drohten heftige Gefängnisstrafen. Was das in Afrika bedeutete, wussten wir zum Glück in diesem Moment noch nicht!

Langsam wurden die Umrisse von Gebäuden sichtbar. Eine Art Sultanspalast in rosa Tönen tauchte auf, so ganz und gar den fantasievollen Bildern eines von bunten Farben erfüllten Orients entsprechend. Dann nahmen die Häuser kein Ende mehr. Kein Zweifel, in Kürze würden wir in Alexandria eintreffen. Erstaunlich, dass selbst in der Nähe des Hafens die Luft noch vergleichsweise kühl war. Nicht mehr lange und uns würden in den stickigen Abfertigungsräumen die Schweißperlen auf der Stirn stehen.

Um halb zwei Uhr legten wir endlich an. Erster Kontakt mit dem schwarzen Kontinent! Doch vorerst war alles eher ernüchternd. Kaum waren wir an Land, hatten wir das Gefühl, in eine Art Kaserne geraten zu sein. In forschem Kommandoton forderten uns uniformierte Beamte auf, Papiere auszufüllen, unter anderem auch die berüchtigte Devisenerklärung. Die Zeit verstrich. Im Abfertigungsbereich herrschte mittlerweile ein heilloses Durcheinander und die Hitze tat ihr Übriges. Wohin man blickte, nur Reisende, die dabei waren, ihr Gepäck aus-, ein- und umzupacken. Über allem lastete ein lautstarkes Stimmengewirr. Plötzlich forderte mich ein grimmig dreinblickender Beamter mit pechschwarzem Schnurbart zur persönlichen Leibesvisitation auf. Allein schon sein drohender Gesichtsausdruck sollte wohl gefügig machen. Offensichtlich schienen die ägyptischen Beamten mit den angekündigten Kontrollen Ernst zu machen! Zuerst musste ich den Hosengürtel entfernen. Derartiges hatte bislang noch niemand von mir verlangt! Fast fühlte ich mich schon in meiner Würde verletzt! Intensiv beäugte er meinen Gürtel.

An ihm war wirklich nichts zu entdecken, auch keine verdächtigen Verdickungen, mochte er ihn auch noch so oft von innen nach außen und wieder zurück wenden. Wortlos wurde er mir wieder ausgehändigt. Die Hose durfte ich anbehalten. Dann setzte das Verhör ein. Nach wenigen Minuten ließ er mich völlig überraschend laufen, seine bedrohlich klingenden Worte noch im Ohr. Augenscheinlich hatte ich die Kontrolle erfolgreich überstanden – nicht nur ich, sondern auch Wif. Sein freudig erleichterter Gesichtsausdruck verriet sofort, dass auch er ungeschoren davon gekommen war. Eigentlich hätte uns auch gar nichts passieren können. Wir hatten es aufgrund der vielen Gerüchte einfach nicht gewagt, falsche Angaben auf der Devisendeklaration zu machen. Unverständlich jedoch, dass niemand unseren mitgebrachten Devisenbestand überprüft hatte.

Mit einem Gefühl der Erleichterung verließen wir das Abfertigungsgebäude und gelangten völlig übergangslos in ein im ersten Augenblick kaum erfassbares städtisches Chaos. Auf dem großen Platz vor dem Hafengebäude wimmelte es nur so von Menschen, ganz gleich, wohin man schaute. Alles schien gleichzeitig in alle Richtungen zu drängen. Aber auch beladene Esel, Handkarren und Pferdefuhrwerke zwängten sich mitten hindurch. Regelrecht eingekeilt in diese bewegende Masse versuchten ein paar antiquierte Autos vergebens, lautstark hupend voranzukommen. Über diesem heillosen Gewirr an Fahrzeugen und Menschen lastete ein die Ohren strapazierender Geräuschpegel, der überlagert wurde von Eselschreien, Pfiffen und Autohupen, die sich wie kurze Existenznachweise einzelner Individuen in der Verkehrsmasse anhörten. Ein unglaublicher Lärm, der zusammen mit befremdenden Gerüchen im ersten Augenblick unsere Sinne verwirrte. Das also war der Orient, der lang erwartete Orient, der aber recht gewöhnungsbedürftig erschien. Ganz anders hatten wir ihn uns vorgestellt, aber er war deswegen nicht minder interessant. Beim Anblick all dieser vorbeidrängenden Menschen in ihren langen, weißen Gewändern oder einer Art gestreifter Pyjamas kamen wir uns etwas deplatziert vor. Umso mehr, als wir auch noch mit so fremdartigen Tragevorrichtungen wie Rucksäcken unterwegs waren. Etwas verunsichert blickten wir uns an. Wohin sollten wir nun gehen bei all diesem Durcheinander und wen konnten wir im Bedarfsfall um Auskunft fragen? Hier wurde uns auf einmal so richtig bewusst, dass von jetzt an das einzige Mittel der Verständigung nur mehr die englische Sprache sein würde. Unser Schulenglisch war leider mehr schlecht als recht. Damit künftig unsere Sätze wenigstens am Anfang etwas runder klangen, wurden jedes Mal unsere Fragen genau vorformuliert, ja fast auswendig gelernt. Unschwer vorzustellen, dass Verständigungsschwierigkeiten bereits vorprogrammiert waren.

Kaum ein paar Schritte entlang des Hafengebäudes gegangen, trafen wir einen weiteren Tramper namens Uli. Ein Schweizer, der mit dem gleichen Schiff angekommen war und ebenso in den Sudan weiterfahren wollte. Also taten wir uns zusammen – drei fremde junge Männer umgeben von lautstarkem Leben und Treiben. Die Stadt war riesig und bald erkannten wir die Aussichtslosigkeit unserer Absicht, zu Fuß bis zur Ausfahrt nach Kairo marschieren zu wollen. Eine Pferdedroschke sollte den Zeitaufwand reduzieren. Doch auch damit war in dem Verkehrsgewühl kein rascheres Fortkommen möglich. Beim Aussteigen wurden wir noch dazu kräftig übers Ohr gehauen. Zehn Piaster musste jeder von uns für die kurze Strecke berappen. Die anschließende Fahrt mit einem Bus bis fast an den Stadtrand kostete hingegen nur einen Piaster pro Person! Wiederum hatten wir Lehrgeld bezahlt in Unkenntnis der Preise und Gebräuche in dieser für uns so fremden Welt.

Gleich an der Endstation der Buslinie begannen wir mit dem Autostoppen. Nicht allzu lange, dann nahm uns ein PKW nach El Amriah mit. An einer großen Straßengabelung wurden wir abgesetzt. Links Richtung Süden führte die „Desert Road", so hieß die Straße nach Kairo. Geradeaus weiter ging es nach El Alamein, bekannt durch eine Panzerschlacht im Zweiten Weltkrieg. So standen wir an der Abzweigung und warteten. Wohin wir blickten, nur halbfertige Bauwerke in üblicher Allerweltsarchitektur. Dazwischen ein paar Palmen und der gelbe Sand der angrenzenden Wüste. Von Autos, die in Richtung Kairo fuhren, war vorerst nichts zu sehen. So begannen wir unsere ersten Eindrücke mit dem Fotoapparat festzuhalten. Für die Ortsansässigen stellten die drei Fremden am Straßenrand eine echte Sensation dar, die nicht ohne Folgen blieb. Schon bald waren wir umringt von einer großen Kinderschar. Der Geräuschpegel stieg und auch unsere Sorge, ob denn bei all dem Trubel um uns herum unsere eigentlichen Absichten für vorbeikommende Fahrzeuge noch erkennbar waren. Endlich tauchte ein Auto auf, drinnen zwei weiße Frauen. Wir verließen schnell den uns umgebenden Ring an Kindern und winkten. Das Fahrzeug kam näher, verringerte sein Tempo, fuhr jedoch zu unserer Enttäuschung an uns vorbei. Es war aber ganz deutlich zu erkennen gewesen, dass die beiden Frauen über uns gesprochen hatten. Stellte etwa gar unser Aussehen ein Hindernis für eine Mitnahme dar? Das Fahrzeug entschwand unseren Blicken. Was blieb uns übrig, als weiterhin zu warten, erneut umringt von der lärmenden Kinderschar. Sorgenvoll betrachteten wir die Sonne. Sie stand schon ziemlich tief und einmal untergegangen, würde uns wohl niemand mehr mitnehmen. Da kam nach ein paar Minuten das an uns vorbeigefahrene Auto wieder zurück und hielt. Kurz darauf saßen wir zu fünft im Wagen und die Fahrt ging weiter. Und welch ein Zufall: Zwei Österreicherinnen, eine junge Physiotherapeutin namens Eva Sixt und ihre Mutter, waren auf dem Weg nach Kairo. Was hätten wir uns mehr wünschen können! Später erfuhren wir, dass die beiden Damen in der Tat über uns diskutiert und sich dann doch entschlossen hatten, uns mitzunehmen!

Rasch blieben die letzten Häuser dieses kleinen Vorortes Alexandrias hinter uns. Auf der schnurgerade verlaufenden Desert Road ging es am Rande des Nildeltas direkt nach Kairo. Beiderseits des pechschwarzen Asphaltbandes nur noch Kiesflächen und viel Sand. Dann und wann vereinzelte Beduinenzelte, vor denen ein paar ausgemergelte, halb verhungerte Esel standen, dazwischen schrecklich verwahrloste Hunde. Im fahlen Abendlicht der untergehenden Sonne verlor sich am Horizont der dunkle Asphaltstreifen unserer Straße. Rasch wurde es dunkel und wir machten kurze Rast am Straßenrand, irgendwo inmitten der Wüste. Die beiden Frauen schenkten uns etwas Brot, Käse und Weintrauben. In kürzester Zeit war alles verschlungen, hatten wir doch seit dem Vortag nichts mehr gegessen! Mit besänftigtem Magen wuchs auch wieder das Interesse am Umfeld und so bewunderten wir zum ersten Mal den prachtvoll funkelnden Sternenhimmel Afrikas. Weiter ging es in die dunkle Nacht hinein. Nun meldete sich auch der Durst. Also hielt Eva Sixt an der nächsten Tankstelle, wo wir uns den Luxus einer gemeinsamen Coca-Cola leisteten. Doch was für ein Trugschluss. Kurze Zeit später waren wir genauso durstig wie zuvor. Und kaum eine weitere halbe Stunde gefahren, kündigten leichte Krämpfe im Unterleib erste Veränderungen in der Darmflora an. Alarmierende Vorboten eines Zustandes, der uns die nächsten Wochen nicht mehr loslassen würde. Wir nahmen dies als Anlass und hielten fest, dass offensichtlich allein schon das Einatmen der ägyptischen Luft der Darmaktivität zu ungeahnter Beschleunigung verhelfen würde.

In Kairo eingetroffen, herrschte bereits stockfinstere Nacht. Eva Sixt wohnte etwas außerhalb in dem am Südrand der Metropole gelegenen Vorort Heluan. Sie bot uns ihre Dachterrasse zum Schlafen an. Ein nettes Angebot, das keinen besonderen Aufwand bedeutete. Rasch war auf dem Betonboden eine einfache Liegestatt errichtet. Doch selbst zu fortgeschrittener Stunde war es unerträglich heiß, wohl auch deshalb, weil die tagsüber aufgeheizte Betonfläche der Terrasse wie ein Backofen strahlte. Dies störte jedoch keineswegs die unzähligen Kakerlaken, die für die Nacht das gesamte Umfeld zu ihrem Reich erklärt hatten. Das dreiste Volk ließ sich durch nichts vertreiben – auch nicht durch das warnende Beispiel plattgedrückter Artgenossen. Die ganze Nacht über fühlten wir uns in einer Art Belagerungszustand. Widerliches Viehzeug, das sich auf ganz unverschämte Art und Weise überall breitmachte!

Unser Motorrad kurz nach der Abfahrt am Annaberg

Der letzte der unbeleuchteten Tunnel liegt hinter uns

Landschaft am Vardar-Fluss im Süden des ehemaligen Jugoslawiens

Übernachtung im Freien am Thermophylenpass

Wif holt den Tausendfüßler aus seinem Schlafsack

Adieu Europa – Überfahrt von Piräus nach Alexandria

Sultanspalast vor der Landung in Alexandria

Altmodische Straßenbahnen poltern durch Alexandria

An der Straßenabzweigung nach Kairo

Kairo, die Metropole am Nil

Kairo war erreicht und damit eine weitere Etappe Richtung Süden geschafft. Früher war Kairo der Ausgangspunkt für alle Expeditionen ins Innere Schwarzafrikas gewesen, aber auch ein wichtiger Dreh- und Angelpunkt für die verschiedenen Handelsströme des vorderen Orients. Sich der Wichtigkeit dieser Stadt bewusst, hatte das englische Kolonialreich begonnen, von hier aus seine Fühler nach Süden auszustrecken, und hatte es geschafft, einen durchgehenden Besitzanspruch bis hinunter zum Kap der Guten Hoffnung zu errichten. Und Kairo war geblieben, was es schon seit Langem war: eine interessante Mischung aus westlich orientierter Geschäftigkeit und orientalischem Laissez-faire.

Beim Erwachen quälten uns heftige Bauchschmerzen. Kaum die Toilette erreicht, ging es auch schon los. Starker Durchfall und noch dazu Übelkeit! Aber was half es, wir konnten ja nicht der netten Familie Sixt zur Last zu fallen. Außerdem mussten wir so rasch wie möglich in die Stadt, um unsere Weiterfahrt nach Süden zu organisieren. Vorsichtshalber ließen wir unsere Rucksäcke im Kofferraum von Eva Sixts Wagen zurück. Dies verschaffte uns mehr Bewegungsfreiheit für unsere diversen Wege. Für nur acht Piaster gelangten wir mit einem Bus zu der im Stadtzentrum befindlichen Jugendherberge. Dort würden wir die kommenden Tage übernachten. Uli, der Schweizer, trennte sich nun von uns und zog seiner Wege. Vielleicht würden wir uns irgendwo auf der Fahrt nach Süden, sofern eine Weiterreise überhaupt möglich war, wieder treffen.

Hoch stand schon die Quecksilbersäule auf dem Hauptplatz im Stadtzentrum. Wieder bestaunten wir das rege Leben und Treiben, das offensichtlich keinerlei Gesetzmäßigkeiten unterworfen war. Trotz Ampeln herrschte ein chaotischer Verkehr, die Rotlichtphasen wurden schlicht ignoriert. Die Luft war erfüllt von Motorenlärm, ungeduldigem Gehupe und lautstarken Rufen der ambulanten Straßenhändler, die überall ihre Waren feilboten. Auf den Gehsteigen drängte und schob sich das Volk vorbei an kleinen Ständen, die allerlei Obst und Gemüse verkauften. Zwischen den Autos polterten

Straßenbahnen luftigster Bauart, an deren Außenseiten ganze Trauben von Menschen hingen. Bei jeder sich bietenden Gelegenheit, also auch während der Fahrt, wurde auf- und abgesprungen. Die schon leicht antiquierte 63er Straßenbahnlinie in Wien war dagegen eine supermoderne Verkehrseinrichtung! Wie sollte hier ein Schaffner, sofern es ihn überhaupt gab, den Überblick wahren? Auch wir hatten uns in der Folge mit dieser unentgeltlichen Art des Mitfahrens angefreundet. Nur war bald die berechtigte Frage aufgekommen, was wohl anstrengender war: Das ständige Ausweichen und Geschiebe und Gedränge durch die vielen Menschen auf den holprigen Gehsteigen oder das krampfhafte seitliche Hängen an der Außenseite der Wagen?

Mit dem Taxi ging es weiter zur österreichischen Botschaft. Ein eigens dort bestätigter Studentenausweis würde uns zu gegebener Zeit eine Ermäßigung für die geplante Bahnfahrt nilaufwärts verschaffen. Anschließend wieder zu Fuß in der Stadt unterwegs, setzten ganz plötzlich starke Bauchkrämpfe ein. Ja, wo war es denn möglich, mitten im dicht bevölkerten Zentrum Kairos sein Geschäft – noch dazu ein sehr dringendes – zu verrichten? Das in der Nähe befindliche Hiltonhotel bot sich als rettender Ort an. Mit ernstem Gesicht und zusammengekniffenen Pobacken betraten wir raschen Schrittes die Eingangshalle. Vor den Toiletten baute sich sofort dienstbeflissen ein schwarzer Lakai auf, einige Handtücher auf dem Unterarm höflich anbietend. Mit verkrampftem Lächeln und einer abwinkenden Handbewegung umrundeten wir rasch den etwas verdutzten Hoteldiener. Keine Sekunde mehr als unbedingt notwendig durfte bis zum Erreichen der rettenden Toilettenschüssel vergehen, sonst wäre alles unweigerlich in den Hosen gelandet. Wir schafften es buchstäblich in letzter Sekunde! Ergänzend dazu noch eine interessante Feststellung: Da fand im eigenen Körper ein wahrhaft verzweifelter Kampf statt. Ein von inneren Kräften ausgelöster und kaum mehr beeinflussbarer „Freiheitsdrang“ von nicht mehr verwertbarer Nahrung gegen den bewusstseinsgesteuerten Willen, dem gesamten Verlauf eine einigermaßen kontrollierte, sagen wir zivilisierte Note zu geben. Unglaublich, welch eine Erleichterung sich nach der erfolgreichen Beendigung dieses Konfliktes anbahnte. Die krampfartigen Schmerzen setzten aus und schon erschien das Leben wieder lebenswert. Doch leider hielt dieser Zustand nicht lange an. Bald würden die Krämpfe wiederkehren und der Eilmarsch zum Hotel war wieder angesagt. So hielten wir uns vorsichtshalber in den kommenden Stunden in der Nähe des Hiltonhotels auf. Immerhin konnten wir diesen unfreiwilligen Besuchen einen weiteren Pluspunkt abgewinnen. Die „Sitzungen" fanden in gut klimatisierten Toilettenanlagen statt. Da drinnen hätten wir es auch noch länger ausgehalten.

Die bittere Erfahrung dringender Toilettenbesuche lehrte uns, künftig beim Gang durch die Stadt stets ein Hotel im Auge zu behalten. Die Vorwarnfrist war äußerst knapp. Schon bei den ersten Anzeichen hieß es, sofort alle Aktivitäten abzubrechen und ohne Umschweife den nächsten Ort der Erleichterung anzupeilen.

Am späten Nachmittag dieses ersten Tages in der Stadt, als Tagestemperatur und Darmtätigkeit etwas nachließen, fassten wir den Mut, hinaus an den westlichen Stadtrand zu fahren. Dort befanden sich die Pyramiden von Gizeh. Es waren ihrer drei mit der höchsten, der Cheopspyramide. Schon von Weitem waren die unverwechselbaren Umrisse zu sehen. Einst außerhalb der Stadt Kairo gelegen, schwappte heute die Häuserflut bereits bis dorthin. Doch gleich hinter diesen Monumentalbauten begann Richtung Westen noch immer das unendliche Sandmeer der Sahara. Ein Großteil des Geländes um die Pyramiden sollte von der sogenannten Sahara City, einem um die Pyramiden angelegten Stadtviertel, beansprucht werden. Nicht mehr lange und die edlen, Jahrtausende alten Bauwerke würden von nichtssagenden Neubauten umzingelt sein, sofern es sich Ägypten nicht noch anders überlegte. Von allen Seiten stürzten sich „flattergewandgekleidete" Führer auf uns. Das schreckte uns ab und wir flüchteten in den nächsten abfahrenden Bus. Trotzdem, wir nahmen uns vor, wiederzukommen, wenn mehr Zeit und Nerven zur Verfügung stünden.

Wir hätten die Jugendherberge nicht später erreichen dürfen. Innere Zwänge drängten uns sofort zur Toilette. Dort erwartete uns eine weitere Überraschung. Wie gewohnt, zog ich nach getanem

Werk die Wasserspülung, blieb aber noch sitzen. Es hätte sich ja noch die „Nachhut“ ankündigen können. Doch kein gewohntes Rauschen setzte ein, sondern ein kaum hörbarer Wasserstrahl landete von unten kommend genau zwischen den Pobacken. Erschrocken sprang ich auf und drehte mich um. Alles war nass, so eine verdammte Schw…! Da war tatsächlich am hinteren Ende auf der Innenseite der Toilettenschüssel etwas versteckt ein hochgebogenes Metallröhrchen zu sehen. Nur die Spülung ziehen und schon spritzte das Wasser in hohem Bogen heraus! Nun denn, andere Länder, andere Sitten! Aha, das erklärte auch das fehlende Toilettenpapier.

Die Nacht wurde zur echten Qual. Die Luft stand nur so in den kleinen Schlafräumen der Jugendherberge. Durchzug war wegen der verwinkelten Bauweise so gut wie keiner vorhanden. Die drückende Hitze ließ uns kaum schlafen und die Moskitos gaben keinen Frieden. Das über den Körper gezogene Leintuch löste das Problem keineswegs. Spätestens beim Auftreten der ersten Schweißperlen auf der Stirn wurde es entfernt und schon waren sie wieder da. Das an- und abschwellende helle Surren ihrer Flügelschläge war nicht zu überhören. Ganz aufgeregt sausten sie hin und her – vielleicht höchst verärgert wegen des vorübergehend verwehrten „Zutritts“. Was tun? Die einzige, jedoch wenig erfolgreiche Abwehrmaßnahme war rasches Hinschlagen an jene Stelle, wo ein Biest gerade angesetzt hatte, kostbares Blut für seine künftige Brut zu tanken. Besonders unangenehm war es im Gesichtsbereich, denn bei mehrmaliger Wiederholung war es vorerst mit dem Schlaf vorbei. Dabei mochten sicherlich einige Exemplare ihr Leben gelassen haben, aber es waren ihrer einfach zu viele. Die darauf folgenden Nächte sollten nicht besser werden. Setzte uns schon der Durchfall bedingte Flüssigkeitsverlust arg zu, würde nun der Schlafmangel weiter zur Schwächung unserer körperlichen Verfassung beitragen. Schon erstaunlich, dass wir unter diesen Bedingungen überhaupt noch ein Auge zumachen konnten.

Die Sudanesische Botschaft am nächsten Morgen. Dort setzte ein langes Palaver ein. Es gipfelte in der Bedingung, dass ein Visum für den Sudan erst dann ausgestellt werden konnte, wenn wir eines von Kenia vorlegten. Warum gerade für Kenia war uns nicht ganz verständlich. Da hätte ein Visum vom direkt südlich des Sudans liegenden Uganda schon eher Sinn gemacht. Aber wir wollten mit Fragen den Sachverhalt nicht weiter verkomplizieren. Alle weiteren Versuche, den Beamten umzustimmen, schlugen fehl. Da setzten ganz plötzlich Bauchkrämpfe ein und relativierten sofort die Wichtigkeit unseres Visumproblems, zumindest vorerst. Uns blieb keine andere Wahl, als die Verhandlungen sofort abzubrechen. Dies wiederum gefiel unserem Gesprächspartner gar nicht. Ein noch rasch aufgesetztes künstliches Lächeln sollte als Entschuldigung für den soeben erfolgten kulturellen Stilbruch gelten. Dann verließen wir im Eilschritt die Botschaft und steuerten auf schnellstem Weg das nächste Hotel an.

Impfung gegen Gelbfieber war angesagt, unabdingbar für die weitere Fahrt in den Süden. Spätestens im Sudan würde danach gefragt und ohne diesen Schutz normalerweise die Einreise verweigert werden. In Wien hätte die Impfung für jeden von uns unerschwingliche 400 öS gekostet, hier verlangten sie bloß ein paar Piaster. Nachdem sich der Verdauungsapparat wieder etwas beruhigt hatte, begaben wir uns ins städtische Gesundheitszentrum. Dieses war für alle Arten von Impfungen zuständig. Welche Ansprüche an Hygiene mochte es hier wohl geben, kam mir gleich beim Betreten des Gebäudes in den Sinn. Wir hofften das Beste. Nach dem Vorbringen unseres Anliegens durften wir in einem einfach ausgestatteten Raum Platz nehmen. Demonstrativ wurden von einer freundlichen Krankenschwester zwei Nadeln aus einem Sterilisator entnommen und vor unseren Augen nacheinander auf zwei Spritzen gesteckt. Für jeden von uns eine, das war immerhin schon etwas. Auch wenn die Nadeln leicht verbogen und darauf ein paar dunkle Korrosionsspuren zu erkennen waren. Etwas verunsichert, wollte ich die Frage nach der am Gerät eingestellten Temperatur stellen. Eigentlich waren meine Zweifel noch tiefer angesiedelt: Funktionierte denn das Gerät überhaupt richtig, um die Nadeln auch ordentlich erhitzen zu können? Doch bevor ich im Geist meine Bedenken auf Englisch einigermaßen vorformulieren konnte, war es bereits vorbei. Immerhin konnte unser Gegenüber gut die Spritzen setzen, denn ich hatte überhaupt nichts gespürt. Doch die Zweifel blieben. Ja, was nahm man nicht alles in Kauf, wenn

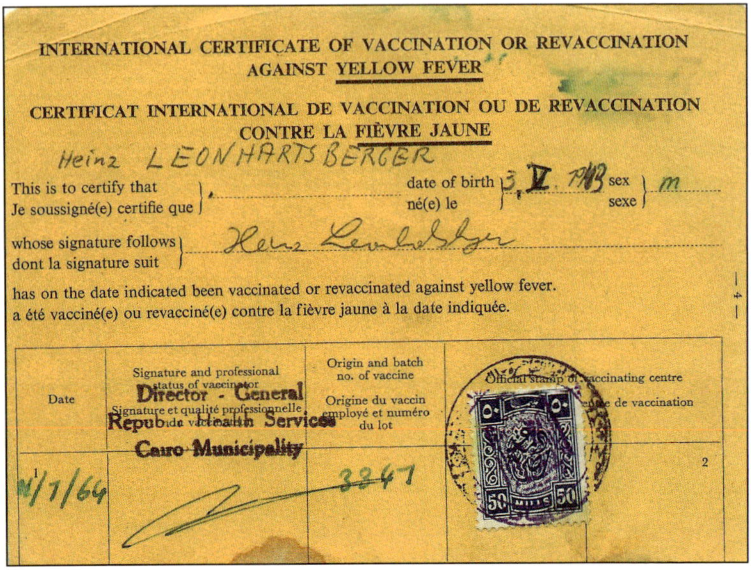

INTERNATIONAL CERTIFICATE OF VACCINATION OR REVACCINATION
AGAINST YELLOW FEVER

CERTIFICAT INTERNATIONAL DE VACCINATION OU DE REVACCINATION
CONTRE LA FIÈVRE JAUNE

This is to certify that / Je soussigné(e) certifie que: Heinz LEONHARTSBERGER
date of birth / né(e) le: 3. V. 1913
sex / sexe: m

whose signature follows / dont la signature suit: Heinz Leonhartsberger

has on the date indicated been vaccinated or revaccinated against yellow fever.
a été vacciné(e) ou revacciné(e) contre la fièvre jaune à la date indiquée.

Date	Signature and professional status of vaccinator / Signature et qualité professionnelle du vaccinateur	Origin and batch no. of vaccine / Origine du vaccin employé et numéro du lot	Official stamp of vaccinating centre / Cachet officiel du centre de vaccination
1/7/64	Director - General Republic Health Services Cairo Municipality	3347	2

Wifs Gelbfieberimpfung

neben den niedrigen Kosten der Impfung diese auch noch von einer hübschen Krankenschwester verabreicht wurde und das mit einem wohlwollenden Lächeln!

Obwohl eine Gluthitze über der Stadt lastete, der heiße Wind die Lippen austrocknete und die Augen brennen ließ, wollten wir den Rest des Tages für einen abermaligen Besuch der Pyramiden nutzen. Die Buslinie dorthin kannten wir bereits und an der Endstation ausgestiegen ragten die drei Bauwerke vor einem unvermittelt aus dem Boden. Alles steinerne Zeugen einer verschwundenen Hochkultur, vor etwa 4000 Jahren errichtet. Vor diesen Kolossen stehend, wurde einem unwillkürlich bewusst, wie winzig klein doch wir Menschenkinder waren. Aber es waren auch Menschenkinder gewesen, die zu Tausenden, ja Abertausenden in jahrzehntelanger, mühevoller Arbeit diese monumentalen Bauwerke geschaffen hatten. Was musste das für eine Schinderei gewesen sein, die riesigen, tonnenschweren Sandsteinquader ohne moderne Hilfsmittel in so luftige Höhen zu hieven! Eine der drei Pyramiden, die Cheopspyramide, überragt sogar den Stephansdom, dessen Spitze 136 Meter erreicht und das wollte schon etwas heißen. Da hinauf zu klettern wäre doch eine besonders sportliche Herausforderung gewesen! Die regelmäßig angeordneten Quadersteine an den Außenflächen boten sich geradezu an. In einer guten Viertelstunde sollte es zu schaffen sein, natürlich unter Aufbietung aller Kräfte. Doch wo waren sie denn geblieben, unsere Kräfte? Die anhaltenden Durchfälle und der Schlafmangel hatten fest an ihnen gezehrt. Dazu noch diese schreckliche Hitze. Nein war der Beschluss, das würden wir uns jetzt nicht antun. Wir verschoben das Unterfangen auf unsere Rückkehr im September, wenn es weniger heiß sein würde. Doch würden wir überhaupt hierher zurückkehren, ging es mir gleich durch den Sinn? Die Gerüchte, die in Kairo unter den Rucksacktouristen kursierten, hatten auch uns erreicht. In wenigen Wochen würde am kürzlich fertig gestellten Assuanstaudamm der Einstauvorgang einsetzen und damit über kurz oder lang alle Schiffsanlegestellen und auch die Eisenbahnstation in Wadi Halfa unter Wasser gesetzt. So war die Reise nach Ostafrika noch auf dieser Route möglich, nicht aber die Rückkehr. Demnach war ein Wiedersehen mit Kairo alles andere als sicher. Auch nicht tragisch, denn so angetan waren wir ja nicht von dieser Stadt. Auf eine der Pyramiden wären wir jedoch gerne gestiegen.

Ganz noch in Gedanken versunken, stürzten sich auf einmal mit lautem Geschrei einige Einheimische in wehenden Beduinengewändern auf uns. Ach, das kannten wir ja schon vom letzten Mal. Wir müssten doch unbedingt mit einem ihrer Kamele reiten. Um Ruhe zu haben, willigten wir nach kurzem Verhandeln ein. Ein wenig neugierig waren wir schon, wie es uns da „oben“ ergehen würde. Schon das Aufsteigen war reichlich ungewöhnlich, denn völlig unerwartet hob das Biest zuerst sein Hinterteil. Den vorderen Sattelknauf fest umklammert, konnte ich im letzten Moment den Sturz kopfüber nach vorn verhindern. Dann ging die vordere Hälfte des Tieres in die Höhe. Wiederum rettete der Knauf das Wegkippen nach hinten. Erneut hob sich die hintere Hälfte und so schaukelte sich das Tier mit den langen, schlaksigen Beinen nach oben, bis es dann mit arrogant erhobenem Kopf in die Runde blickte. Doch einmal die luftige Endposition erreicht, machte sich ein erhabenes Gefühl breit. Hoch oben sitzend, fühlte man sich wahrlich wie ein kleiner König, der auf sein Reich herabblickt. Und sobald sich das Kamel in Bewegung setzte, bedurfte es keiner weiteren Erklärungen, weshalb dieses Tier auch den Namen Wüstenschiff trug. Zu guter Letzt gab es auch noch ein Foto zur Erinnerung. Erste Flüche in Arabisch kamen uns zu Ohren, als wir beim Abschied den Kameltreibern zu wenig Bakschisch gaben.

Fluchtartige Rückkehr in die Stadt wegen aufkommender Bauchkrämpfe. Trotz Laufschritt erreichten wir dieses Mal Sekunden zu spät das rettende Hotel. Weitere Details erspare ich dem Leser. Und was sollten wir mit den klatschnassen Hosen nach der provisorischen Reinigung in der Toilette machen? Es gab dafür keinen Ersatz. Also, nicht lange zögern, das nasse Zeug anziehen und einfach losmarschieren. Das war zu Beginn etwas gewöhnungsbedürftig, da die Hosenbeine an den Beinen regelrecht klebten. Doch dank der niedrigen Luftfeuchtigkeit und vorherrschenden Hitze war alles im Nu wieder trocken.

Dritter Tag in Kairo. Es war Vormittag, wir befanden uns in der kenianischen Botschaft und beantragten ein Visum. Zu unserer Überraschung erfuhren wir, dass Österreicher gar keines benötigten! Eine erfreuliche Nachricht für unser Budget, doch eine Bestätigung, dass wir keines brauchten, wollte man uns nicht aushändigen. Also standen wir da und waren so klug wie je zuvor. Denn ohne diesen Nachweis waren die Sudanesen nicht gewillt, uns ein Visum zu erteilen. Und für die Weiterreise in den Süden war nun einmal das sudanesische Visum unabdingbar. Schon von anderen Trampern aus der Jugendherberge wussten wir, dass die Sudanesen Schwierigkeiten machen würden. Im Süden des Landes schwelten schon seit Längerem Unruhen und so war es gar nicht sicher, ob überhaupt eine Einreiseerlaubnis erteilt würde.

Was für Alternativen bestanden denn für unsere weitere Reise im Falle eines abschlägigen Bescheides? Abgesehen von der herben Enttäuschung war vorerst gar nichts klar. Eine Fahrt in Richtung Westen nach Libyen und weiter um das Mittelmeer hätte sich vielleicht angeboten oder etwa in die andere Richtung nach Vorderasien? Niemand in der Jugendherberge wusste Bescheid und auch an anderer Stelle waren keine Informationen zu erhalten. Wieder war guter Rat teuer!

Keine weiteren Aufgaben standen mehr auf der Tagesordnung, also durchstreiften wir am frühen Nachmittag die Altstadt. Die mehrere Stockwerke hohen und ziemlich heruntergekommenen Wohnblöcke bildeten regelrechte Häuserschluchten, durch die sich dichter Verkehr zwängte. So wie in den vergangenen Tagen brannte auch an diesem Tag unbarmherzig die Sonne herab. Nicht ein einziges Wölkchen war am Himmel zu sehen, das, wenn auch nur für kurze Zeit, etwas Erleichterung hätte bringen können. Wenn irgendwie möglich, folgte unser Weg den vorhandenen Schattenflächen. Dies half etwas gegen die Sonneneinstrahlung, der überall herrschenden Hitze konnten wir damit jedoch nicht entrinnen. Gleichfalls nicht zu entrinnen war den Klängen arabischer Musik. Allerorts entwich sie mit hoher Lautstärke den Bars und Esslokalen. Auf Dauer für Besucher aus dem Abendland nicht leicht zu ertragen, deren Toleranzgrenze bald erreicht war. Fliegende Händler gehörten genauso zum Straßenbild wie die stark überladenen Pferdegespanne. Gezogen von völlig ausgemergelten Kleppern, die bei jeder Gelegenheit auf brutalste Weise geschlagen wurden. In einem besonders krassen Fall versuchten wir den Wagenführer vom unnötigen Schlagen seines Pferdes abzubringen. Nur Unverständnis und Empörung schlug uns entgegen. So war eben das traurige Los aller Nutztiere Afrikas: schwerste Arbeit, wenig Futter und ständige Misshandlung. Was verstanden denn die übersensiblen Europäer von derartigen Dingen, dachte sich wohl der Wagenführer.

Ungewollt gerieten wir auch in abseits gelegene Gassen. Mitteleuropäisch verwöhnte Sinnesorgane gelangten dort schnell auf den Prüfstand. Genauso dürfte es im Mittelalter in unseren Städten ausgesehen und gerochen haben. Wahre Berge von Unrat an allen Ecken und Enden, die niemand entfernte. Üble Geruchswolken lasteten schwer in den schmalen Gassen, kein Lufthauch regte sich. Den offenen Kanälen entwich intensiver Geruch irdischer Vergänglichkeit. Herausgerissene oder frei verlegte Elektrokabel an den Außenwänden der Häuser, Fensterrahmen, die schon lange keine Scheiben mehr gesehen hatten und angeschlagene Straßenleuchten verstärkten noch den Eindruck beginnender Auflösung. Scherben, Öllachen und verrottender Abfall begleiteten uns auf unserem Weg durch eine wenig bekannte Welt. Niemand störte sich daran, denn inmitten dieser Ansammlungen von Unrat wieselten Groß und Klein herum, so als wäre dies das Normalste in ihrem Leben. Kinder spielten zwischen den Abfällen in ihren pyjamaartigen Gewändern. Männer in besserer Kleidung strebten mit unbeweglicher Miene und leicht gebeugter Haltung, die obligate Aktentasche fest unterm Arm geklemmt, ihrem Ziel entgegen. Dann und wann vergrößerten sie für einen Moment die Schrittweite, um ihre blankgeputzten Schuhe nicht in den Kontakt mit den unangenehmen Überresten menschlichen Wirkens zu bringen. Und wie gingen wir mit dieser wenig Ordnungselemente aufweisenden Welt um? Schon nach kurzer Zeit waren wir in der Lage, selbst diesem Übergangszustand vom Diesseits ins Jenseits einen Vorteil abzugewinnen. Quälte uns die Verdauung, dann hockten wir uns mit heruntergelassener Hose seelenruhig an einen der mit Unrat gefüllten Gräben und ließen den Dingen freien Lauf. Diese rasche und unkomplizierte Art der Erleichterung hatte unbestritten ihre Vorteile im Vergleich zu den Verzweiflungsgängen in die verschiedenen Stadthotels! Niemand nahm Anstoß daran. Das beruhigte sehr und wir empfanden es letztlich als gar nicht mehr anstößig. Oder war etwa in der Zwischenzeit unser Anstandsgefühl so weit abgestumpft, dass wir den Bezug zu unserer eigenen Kultur bereits verloren hatten?

Am Abend waren wir bei Frau Sixt in Heluan. Nichts Erfreuliches hatten wir zu berichten, nur über die scheinbare Aussichtslosigkeit, unseren Reiseweg Richtung Süden fortsetzen zu können. *„Gebt bloß nicht auf“*, ermunterte sie uns. Wir sollten es nochmals an der sudanesischen Botschaft versuchen. Sie kannte die Araber. Mit ein bisschen Verhandlungsgeschick und etwas „Nachhelfen“ würden wir gewiss das Visum erhalten. Spät abends in die Jugendherberge zurückgekehrt, überdachte ich vor dem Einschlafen nochmals unsere Situation. Hatten wir denn wirklich noch eine Chance, bei den sich auftuenden administrativen Widrigkeiten weiter in den Süden zu gelangen? Eigentlich hing doch alles nur von diesem verflixten Visum für den Sudan ab! Allein schon der Gedanke, nach Hause zurückkehren zu müssen, ohne den Kilimandscharo gesehen zu haben, erschien mir geradezu unerträglich. All die Hoffnungen und vielen Erwartungen, die wir in diese Reise gesetzt hatten, durften doch nicht an einem einzigen Visum scheitern! Wie hätten wir außerdem vor unseren Freunden und Studienkollegen dagestanden. Natürlich hatten sie nicht die geringste Ahnung von den unzähligen Hürden, die sich im Verlauf einer so ausgefallenen Reise aufbauen konnten. Vermutlich würden sie sich nur lustig machen über uns und anführen, dass sie von Anfang an nicht an einen Erfolg dieser Reise geglaubt hatten. Nichts als Enttäuschung und Schande über uns, wenn wir das gesteckte Ziel nicht erreichen würden. Noch während des Einschlafens hörte ich die ermutigenden Worte Eva Sixts im Ohr …

Gestärkt mit Mut und neuen Hoffnungen sprachen wir gleich am darauf folgenden Tag in der sudanesischen Botschaft vor. Der für die Ausstellung der Visa zuständige Konsul war nicht anwesend. Wir sollten doch morgen wieder vorbeikommen. Irgendwie beschlich mich dieses Mal das dumpfe Gefühl, dass dieses Hinauszögern der Visumserteilung auch mit unserem Aussehen zusammenhängen könnte. Hinterließen wir nicht mit unserer Kleidung schlichtweg einen äußerst ärmlichen Eindruck? War es nicht offensichtlich, dass wir mit hoher Wahrscheinlichkeit im Sudan nicht viel Geld zurücklassen würden? Demnach waren wir für das Land auch keine interessanten Besucher! Oder wollten sie nur keinen Ärger haben für den Fall, dass mit uns irgendetwas schiefgehen sollte? Rückflugscheine nach Europa besaßen wir keine, auch nicht genügend finanzielle Reserven, um im Fall gesundheitlicher Schwierigkeiten den Rücktransport per Flugzeug bezahlen zu können. Sie waren nicht ganz so unberechtigt, die mutmaßlichen Bedenken der Botschaft.

Vielleicht hatte ich mir wieder einmal zu viel den Kopf zerbrochen. Wir setzten jedenfalls trotz der bestehenden Schwierigkeiten die Abreisevorbereitungen fort, so als ob das Visum schon gesichert wäre. Wir wollten ja gleich nach dessen Ausstellung startbereit sein.

So führte der nächste Weg zum Bahnhof, um nähere Auskünfte über die weitere Route nach Süden einzuholen. Dort erfuhren wir, dass selbst die beiden per Schiff auf dem Nil zu befahrenden Abschnitte – der Assuanstausee im Süden Ägyptens und die Flussstrecke von Kosti nach Juba im Südsudan – unter der Regie der Eisenbahn liefen. Für die insgesamt 4.300 km lange Strecke von Kairo bis hinunter in den tiefen Süden war nur ein einziger Fahrschein zu lösen! Allerdings musste dieser wegen der Grenzüberschreitung im Stadtbüro der Sudanrailways beschafft werden. Dort angekommen, standen wir vor verschlossenen Türen. Pech gehabt!

Am Hiltonhotel konnten wir gerade noch rechtzeitig das Schlimmste verhindern, gab es doch in dessen Nähe keine Abwasserkanäle zur raschen Abhilfe. Auf dem Weg zurück in die Jugendherberge trafen wir einen Deutschen, der uns von einer ausgesprochen günstigen Rückreisemöglichkeit erzählte. Für sage und schreibe ganze 160 DM* gäbe es eine Schifffahrtslinie von Mombasa in Kenia nach Bombay an der Westküste Indiens. Von dort weiter nach Europa zu fahren, wäre dann kein Problem mehr! Leider halfen derartige Hinweise wenig, solange wir Ostafrika nicht erreicht hatten. In der Zwischenzeit waren zu unserer Überraschung noch weitere Österreicher in der Jugendherberge eingetroffen. Jeder wusste von irgendwelchen Neuigkeiten zu berichten und die Gerüchteküche erhielt reichlich Nachschub.

Nun waren wir schon vier Tage in Kairo und trotz der vermehrten Einnahme von Kohletabletten trat keine Besserung unseres bereits etwas angeschlagenen Zustandes ein. Langsam machte uns das Sorgen. Auch die Flüssigkeitsaufnahme wurde zu einem Problem, denn schon kurz nach jedem Trinken gelangte alles wieder „ungefiltert“ ins Freie. Diese schmerzhaften Durchfälle wurden letztlich zum bestimmenden Element des Tagesablaufes. Alles musste sich ihnen unterordnen.

So gut es ging, hielten wir uns auch beim Essen an die hygienischen Grundregeln. Einmal jedoch war der Hunger zu groß und wir

* Oder 81,70 Euro.

schafften es einfach nicht, an den überall am Straßenrand angebotenen, sandwichartigen Fladenbroten vorbeizugehen. Obwohl wir uns des Risikos voll bewusst waren, war der Versuchung einfach nicht zu widerstehen. Wie köstlich schmeckte doch die Füllung aus Tomaten, Bohnen und allerlei beigemischtem Grünzeug! Doch postwendend kamen die Antwort und dann die Reue.

Nach all diesen ersten Erfahrungen zogen wir eine vorläufige Bilanz: Wollten wir hier noch länger unter derartigen Bedingungen durchhalten, dann mussten wir unseren Flüssigkeitshaushalt unter Kontrolle bringen. Andernfalls würde es mit uns und unserer Reise rasch zu Ende gehen. So versuchten wir es anfangs mit Coca-Cola. Das stopfte zwar etwas, konnte aber auf Dauer nicht die Lösung sein, denn das Getränk war viel zu teuer und löschte den Durst nicht. Milch war unser nächster Gedanke. Wohl etwas billiger, löschte auch sie nicht den Durst, es sei denn in unvertretbar großen Mengen. Dies verkraftete wiederum unser Budget nicht. Ratlosigkeit begann sich auszubreiten. Dann aber entdeckten wir die Antwort auf unser Problem: große, grüne Wassermelonen, die um diese Jahreszeit an jeder Ecke angeboten wurden. Melonen verfügen über viel Flüssigkeit, in der auch Zucker und verschiedene Mineralstoffe enthalten sind. Sie sind absolut keimfrei und waren überall für ein paar Piaster zu haben. Mit Abstand stellten sie die günstigste und gesündeste Form der Flüssigkeitsaufnahme dar. So wurde der Melonenverzehr zu einer Hauptbeschäftigung um die Mittagszeit. Wenn über der Stadt brütende Hitze lastete, alle Geschäfte geschlossen waren und wir die Zeit bis zum Nachmittag überbrücken mussten. Mit einer einzigen, bis zu sage und schreibe zehn Kilogramm schweren Melone war nach einer einstündigen Prozedur der Durst beseitigt. Auch unser Verdauungsapparat honorierte dies mit einer angemessenen Ruhepause. Für den Melonenverzehr entwickelten wir eine besondere Essmethode, bei der kein Tropfen der kostbaren roten Flüssigkeit verloren ging. Nach dem Anschnitt des einen Endes der länglichen Melone wurde sie in eine vertikale Lage gebracht, um nun mit dem Schweizer Messer das Fruchtfleisch, stets von innen nach außen bis zu einer bequemen Tiefe, herauszuschneiden. Dann erst wurde der Rand abgeschnitten und der nächste Aushöhlprozess konnte einsetzen. So ging es Schritt für Schritt tiefer ohne auch nur einen einzigen Tropfen zu vergeuden. Diese etwas ungewöhnliche Form der Flüssigkeitsaufnahme wurde schließlich zur angenehmsten Tätigkeit des Tages. Wir saßen dabei im wohltuenden Schatten eines Baumes oder auf einer der vielen Bänke am luftigen Ufer des Nils und sahen den gemächlich vorbeiziehenden Nilbarken zu …

Der fünfte Tag in Kairo brachte keine Neuigkeiten. Unser Besuch an der sudanesischen Botschaft verlief wieder erfolglos. Das Geld wurde langsam knapp, also wechselten wir in einem der unzähligen Bazars der Stadt einen kleinen Betrag. Natürlich zum Schwarzmarktkurs. Bei dieser Gelegenheit vergaß Wif seine Kamera und entdeckte den Verlust erst am Abend. Für eine Suche war es an diesem Tag zu spät.

Der nächste Morgen brachte eine Überraschung. Wifs Kamera, man glaubt es kaum, lag noch genau an der gleichen Stelle, wo er sie am Vortag hatte liegen lassen. Welch ein Glück und vielleicht auch gutes Omen, mit dem der neue Tag begann. Erneuter Anlauf bei der sudanesischen Botschaft. Und so als ob all unsere Gebete erhört worden wären, hatten wir dieses Mal Erfolg. Mit Unterstützung eines jungen Burschen, dessen Onkel der Konsul war, bekamen wir endlich die heiß ersehnten Visa ausgehändigt. Fast ungläubig und mit gewissem Stolz betrachteten wir die Eintragungen in unseren Pässen. Natürlich war die Sache nicht ganz umsonst. Ein kostbares englisches Pfund* wechselte den Besitzer als Anerkennung für den erwiesenen Dienst. Doch im Gesicht des Empfängers machten sich Unzufriedenheit und Enttäuschung breit. Ganz offensichtlich war für ihn der Schein bloß ein bescheidenes Almosen, mehr nicht. Mit entwaffnender Miene zeigten wir ihm unsere nach oben gedrehten Handinnenflächen und zogen die Schultern leicht hoch. Wir würden ja gerne, aber … Ein gut verständliches Zeichen von verhinderter Bereitschaft, mehr war nicht drin. Es durfte uns nicht weiter berühren. Unser Ziel war erreicht, der Weg in den Süden war endlich frei!

* Damals 72 öS oder umgerechnet 5,25 Euro.

Jetzt allerdings war schnelles und wohlüberlegtes Handeln angesagt. Laut Fahrplan fuhr der Zug nach Assuan bereits heute Nachmittag um 16 Uhr ab. Im Laufschritt eilten wir zum Büro der Sudanrailways. Dort erhielten wir gleich einen neuen Dämpfer. Zwar konnte die Fahrt auf ägyptischem Hoheitsgebiet in lokaler Währung bezahlt werden, doch für den im Ausland gelegenen, weitaus größeren Teil der Strecke von Wadi Halfa an der Grenze zum Sudan bis hinunter zur Endstation im fernen Juba waren harte Devisen hinzublättern. An die 50 englische Pfund wollten sie dafür haben! Du meine Güte, einen derartigen Betrag in Devisen zu bezahlen, würde unseren finanziellen Ruin bedeuten. Dafür würde unser Geld nicht reichen. Im ersten Augenblick waren wir sprachlos. Eine weitere Hürde auf dem Weg nach Süden hatte sich aufgetan.

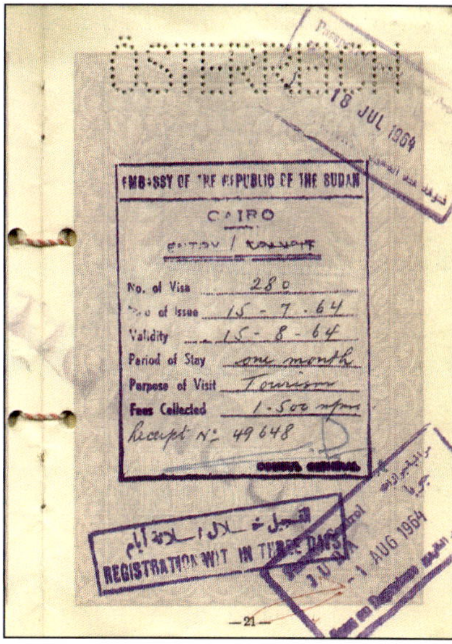

Sudanesisches Visum

Die Enttäuschung in unseren Gesichtern lesend, fügte der Beamte gleich hinzu, dass wir keineswegs bei ihm im Büro den Betrag in Devisen zu begleichen hätten. Es konnte der Fahrpreis für die besagte Strecke im Ausland auch in ägyptischen Pfund bezahlt werden, allerdings nur gegen Vorlage einer offiziellen Umtauschbescheinigung*, die zumindest die Höhe des Fahrpreises abdeckte.

Wie hatte es überhaupt zu diesem finanziellen Engpass kommen können? Noch vor Antritt der Reise waren wir von der mehr als naiven Vorstellung ausgegangen, die gesamte Strecke von Kairo hinun-

* Mit dieser Umtauschbescheinigung würde sich dann Sudanrailways die heißbegehrten Devisen von der Bank zurückholen.

ter bis nach Juba unentgeltlich mitfahren zu dürfen. Sei es mit der wohlwollenden Zustimmung des Schaffners irgendwo auf dem Dach eines Waggons, sei es später mit Hilfe des Kartenkontrolleurs auf dem Deck des Flussdampfers. Deshalb hatten wir für diese lange Etappe kaum Geld eingeplant. Dass sich nun dieses abenteuerliche Wunschdenken als Illusion erwies, weil offensichtlich die Bahnverwaltung besser funktionierte als angenommen, war nun zu unserem Problem geworden.

Wir rekapitulierten kurz und waren uns einig. Den Großteil unserer Devisen nur für die Bahnkarten zu opfern, wäre leichtsinnig gewesen. Die weitere Reise wäre dann in Frage gestellt, vor allem die anschließende Rückreise! Wollten wir unsere Fahrt in den Süden fortsetzen, mussten die Kosten für die besagte Bahn-Schiffsstrecke in tragbarem Rahmen bleiben. Mit billigem Schwarzgeld konnten wir uns die Strecke leisten, doch nur damit. Und dies wiederum unterband die Sudanrailways mit dem Vorlegen der besagten Umtauschbescheinigung. Ausreichend Geld auf dem Schwarzmarkt zu besorgen, war nicht das Problem. An jeder Straßenecke konnte dies erfolgen. Doch wie war an einen Nachweis ranzukommen, für die Strecke im Sudan die erforderliche Summe in Devisen eingetauscht zu haben, ohne es tatsächlich getan zu haben?

Die Sachlage begann sich zu klären. Dreh- und Angelpunkt stellte also die besagte Umtauschbescheinigung in der geforderten Höhe dar. Würden wir diese einmal in unseren Händen haben, war alles Weitere kein Problem mehr. Nun folgte auch die Erkenntnis, dass die gewünschte Umtauschbescheinigung eigentlich die Schwachstelle im bestehenden Kontrollsystem darstellte. Und diese Schwachstelle galt es nun zu nutzen. Mit einer Barzahlung in Devisen hätten wir nämlich keine Chance gehabt. Entweder zahlen oder aufgeben. Nicht so mit einer Umtauschbescheinigung. Da könnte ja eventuell etwas „nachgeholfen“ werden, nämlich ganz in unserem Sinne.

Allmählich begann unser Plan konkrete Formen anzunehmen, der sich rein theoretisch sehr einfach anhörte. Wie schon erwähnt, stellte die Umtauschbescheinigung für unser „Vorhaben“ das entscheidende Papier dar, das jedoch nur über eine Bank zu erhalten war. Also blieb uns, dem Zwang der Situation folgend, keine andere Wahl als dort das „Ding“ zu drehen. Und wie? Zuerst würden wir auf der Bank ganz offiziell nur einen geringfügigen Betrag eintauschen und anschließend die Umtauschbescheinigung so abändern, dass sie mindestens den in Devisen zu zahlenden Fahrkartenanteil abdeckt. Nach dem erfolgten Geldwechsel auf dem Schwarzmarkt könnte dann im letzten Schritt mit der manipulierten Umtauschbescheinigung der Kauf der Bahnkarten erfolgen. So weit, so gut.

Unter dem Motto, dass zuweilen auch der Zweck die Mittel heiligt, gingen wir an die Umsetzung unserer Idee. Nach einem Testtausch von einem Pfund bei der nächstgelegenen Bank sahen wir uns den Umtauschbeleg näher an. Dann kehrten wir zum Bankschalter zurück und wechselten dieses Mal schweren Herzens sechs englische Pfund. Wiederum trug Wif auf dem Formular seinen Namen und die Passnummer ein, dieses Mal jedoch waren beide Angaben mit kleinen „Fehlern“ versehen. Dies sollte sich zu einem späteren Zeitpunkt als sehr nützlich erweisen. Der Bankbeamte merkte nichts. Und warum gerade sechs Pfund? Noch ein wenig Geduld, die Antwort kommt gleich. Also sechs wertvolle englische Pfund gegen sechs nur wenig Kaufkraft darstellende ägyptische! Objektiv betrachtet, war das nur ein lächerlicher Betrag, aber uns blutete fast das Herz, als wir die zerknitterten und ausgebleichten Lappen in der Hand hielten. Doch zu sentimentalen Gefühlsregungen war jetzt keine Zeit. Wir mussten rasch handeln, der Count-down lief bereits. Als Nachweis des Eintausches erhielten wir wieder einen Beleg, genau so einen, wie er beim Fahrkartenkauf im Büro der Sudanrailways als Beweis für den erfolgten Geldwechsel abzugeben wäre. Doch dann hätte uns bei der Ausreise an der Grenze der Nachweis für die Devisenkontrolle gefehlt. So händigte uns nach kurzem Zögern der Bankangestellte auch noch das Original der Wechselbescheinigung aus. Für uns, so erklärten wir ihm, wäre dieses Original besser als der zweite noch vorhandene Durchschlag. Wenig später bat ich den gleichen Bankangestellten, mir doch für einen Augenblick seinen Kugelschreiber zu borgen. Kurz darauf retournierte ich ihm den meinen. Er bemerkte es nicht. Weshalb den Kugelschreiber? Die Erklärung folgt sogleich. Nun brauchten wir noch Kohlepapier. Doch wie hieß dieses verflixte Papier auf Englisch und wo war es erhältlich? Lange suchten wir in verschiedenen Papier- und Buchhandlungen, bis wir endlich durch einen Hinweis in ein Fotogeschäft gelangten. Dort gab es tatsächlich welches und es wies noch dazu den gleichen Farbton auf wie das von der Bank verwendete. Wunderbar, somit hatten wir alles Notwendige beisammen und konnten nun ans „Werk" gehen. Den Kugelschreiber des Bankangestellten zur Hand wandelte ich mit gut nachgeahmtem Schriftbild das Original und mit dem untergelegten Kohlepapier auch gleichzeitig die Kopie der Bankbescheinigung zweckentsprechend ab: Aus dem in Worten geschriebenen Betrag des Originalbelegs – nämlich sechs (Pfund), also *„six"* – wurden im Handumdrehen *„sixty"* und bei dem in Zahlen festgehaltenen Betrag wurde bloß eine Null an die Zahl 6 angehängt. Das Ergebnis sah verblüffend echt aus. Das Schriftbild beider Papiere war hinsichtlich Farbton, Form und Inhalt völlig identisch und somit über jeglichen Zweifel erhaben. Es sah in der Tat so aus, als hätten wir sechzig Pfund und nicht sechs gewechselt! Zwar hatten wir jetzt laut dieser Umtauschbescheinigung etwas mehr gewechselt als die erforderlichen 50 Pfund, aber das tat nichts zur Sache. Nun zurück zur Frage, weshalb wir gerade sechs Pfund gewählt hatten? Nicht nur wegen der einfachen Prozedur einer raschen zehnfachen Vermehrung, sondern weil die Zahl sechs im Englischen auch jene kleinste Zahl ist, die durch bloßes Hinzufügen eines „ty" eine derart einfache Vervielfältigung erlaubt! Wir wollten und mussten ja den zu wechselnden Betrag so niedrig wie möglich halten.

Nun aber war äußerste Vorsicht angesagt. Um nicht noch am gleichen Tag den Sudanrailways die Möglichkeit zu geben, die Devisen bei der Bank einzufordern und damit die Manipulation aufzudecken, warteten wir mit dem Fahrkartenkauf bis knapp vor der Abfahrt des Zuges. Wenn dann am nächsten Tag die Sache auffliegen sollte, wären wir bereits „über alle Berge". Uns noch auf dem Weg nach Süden bis zur Grenze zum Sudan abzufangen, erschien uns höchst unwahrscheinlich.

Aufbruch nach Süden

Ganze sechs Tage waren seit unserer Ankunft in Kairo verstrichen. Sechs kostbare Tage, ohne auch nur einen Schritt vorangekommen zu sein. So war es wirklich an der Zeit, die Weiterfahrt anzutreten. Mit der Aussicht auf die schon sehnsüchtig erwartete Abreise wich nun auch der Druck, der die letzten Tage auf uns gelastet hatte. Problemlos wurde auf dem Schwarzmarkt die noch fehlende Summe in ägyptischen Pfund eingetauscht und zusammen mit der manipulierten Wechselbescheinigung erstanden wir am frühen Nachmittag die begehrten Fahrkarten. Es war kaum zu glauben. Nur sage und schreibe 350 österreichische Schillinge* kostete so jeden von uns die weite Strecke von Kairo über Khartum bis hinunter nach Juba. Natürlich jeweils in der niedrigsten Klasse der beiden Verkehrsmittel Bahn und Flussschiff. Das Büro behielt das Original der Wechselbescheinigung und retournierte uns den Durchschlag als Nachweis für die Devisenkontrolle bei der Ausreise. Alles war so planmäßig verlaufen.

Nun aber war bis zur Zugabfahrt keine Zeit mehr zu verlieren. Doch zurück in der Jugendherberge bemerkten wir zu unserem Schrecken, dass wir unsere Rucksäcke gar nicht hatten. Richtig, die befanden sich noch immer im Kofferraum von Eva Sixts Auto! Gleich nach der Ankunft in Kairo hatten wir diese Lösung gewählt, um nicht immer mit den schweren Rucksäcken durch die Stadt gehen zu müssen. Rasch wurde die Mutter in Heluan angerufen, die uns zu unserer großen Erleichterung mitteilte, dass ihre Tochter gerade im Hilton Hotel schwimmen sei. Die Strecke von der Jugendherberge zum Hotel war uns wohl bekannt und überdies nicht weit. Tatsächlich entdeckten wir Frau Sixt am Swimmingpool und wurden von ihr direkt zum Bahnhof gebracht. Knappe zehn Minuten vor Abfahrt des Zuges trafen wir ein. Noch ein herzliches Dankeschön für all die gewährte Unterstützung und im Eilschritt ging es klopfenden Herzens in die mit Menschen überfüllte Abfahrtshalle. Die Zeit drängte. Nicht auszudenken, die Folgen, wenn wir diesen Zug

* Entspräche heute 25,09 Euro oder 58,33 DM damals.

verpasst hätten! Tags darauf wäre schon mit Sicherheit die Fahndung auf unseren Fersen gewesen. Ja, zuweilen braucht man schon eine gute Portion an Glück, um weiterzukommen.

Aber noch waren wir auf dem Bahnhof und fragten uns, welcher von den hier stehenden Zügen wohl der richtige für uns war? Anzeigetafeln, die weiterhalfen, gab es keine. Offenbar musste dies der reisewillige Fahrgast selbst wissen. Nach einigem Fragen fanden wir ihn endlich in diesem heillosen Durcheinander. Mit etwas Drängeln schafften wir es gerade noch ein paar Meter in den Gang des letzten Waggons. Dann ging nichts mehr. Nicht nur, dass alle Sitzplätze bereits besetzt waren, auch im Gang war schon alles voll mit Passagieren und gestapeltem Gepäck. Doch wir waren keineswegs die letzten Mitfahrer. Unentwegt zwängten und schoben sich noch mehr Leute unter entsprechender Lärmentwicklung in den Waggon. Es war unfassbar, mit welchen Unmengen an Gepäck die Leute hier reisten! Langsam wurde die Drängelei unerträglich. Ohne heftige Diskussionen und aufbrausende Wortgefechte ging hier offenbar gar nichts.

Kurz nach 16 Uhr ertönten einige kurze, helle Pfiffe. Langsam rollte der Zug an. Wir verließen den Bahnhof und das endlose Häusermeer Kairos begann, an uns vorüberzuziehen. Die monotonen Fahrgeräusche der rollenden Räder und das regelmäßige Klopfen beim Überfahren der Schienenstöße ließen allmählich die Aufregung unter den Fahrgästen verebben. Der Blick so mancher Mitreisenden wurde leer, die Schwere ihrer Augenlider begann langsam zu wirken. Langsam kehrte Ruhe ein. Alles schien nun überstanden zu sein und wir hofften auf einen friedlichen Verlauf der Zugfahrt, auch wenn der uns zur Verfügung stehende Platz es gerade erlaubte, die Füße etwas in seitlicher Richtung zu bewegen. Nach wie vor waren auf beiden Seiten Wohnviertel zu sehen. Der Moloch Stadt wollte uns anscheinend nicht loslassen. Als endlich die Besiedlungsdichte nachzulassen begann und sich ein Ende des Häusermeeres ankündigte, tauchte die Industriestadt Heluan auf. Wieder nichts als farblose, schmutzig graugelbe Bauwerke, Fabrikhallen und dergleichen. Und dann der Bahnhof. Ein gehöriger Schreck durchfuhr uns beim Anblick der Massen, die dort auf dem Bahnsteig warteten. Wollten die etwa alle

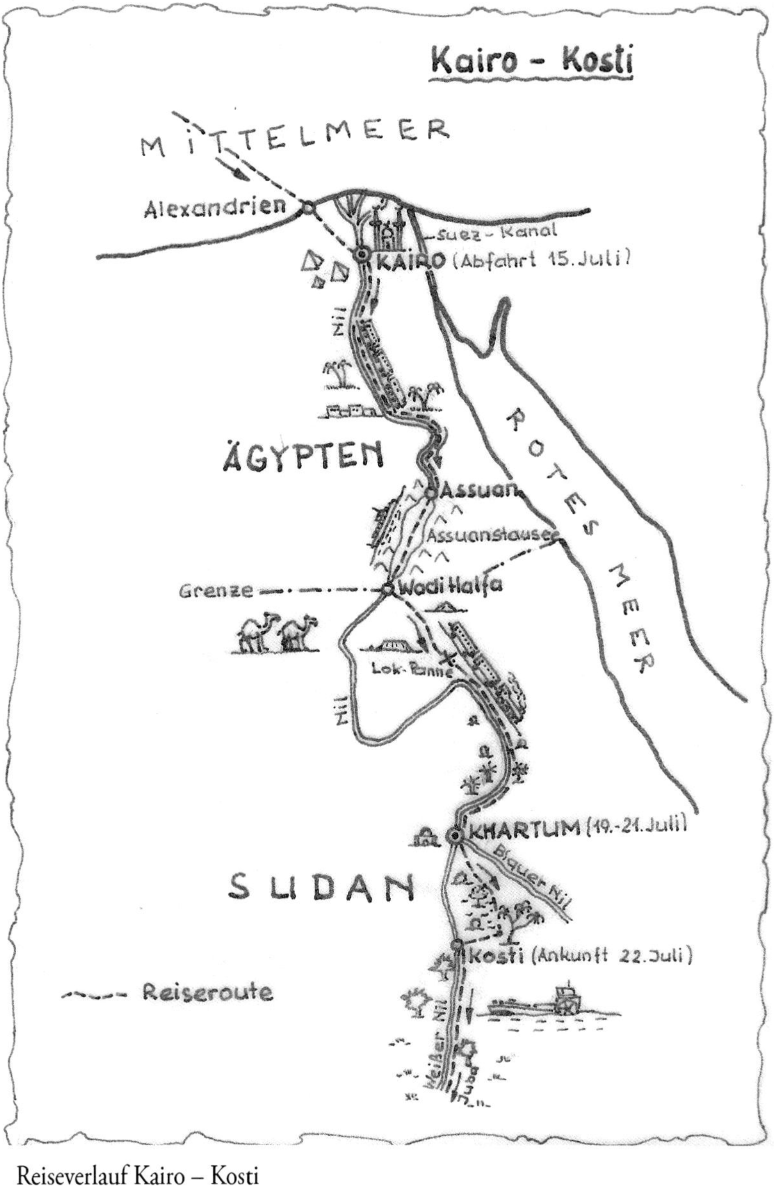

Reiseverlauf Kairo – Kosti

mitfahren? Kaum angehalten, begann von Neuem das soeben überstandene Chaos. Nur dieses Mal in gesteigerter Form. Alle Gänge und Eingangsbereiche der Waggons waren bereits brechend voll. Ein Zusteigen auf normalem Weg war also nicht mehr möglich. Dies schien jedoch hierzulande kein Hinderungsgrund zu sein. Kurzerhand wurden von außen die Fenster aufgerissen und diese als Einstiegsmöglichkeiten und Zuladeluken in Anspruch genommen. Vergebens wurde versucht, die Fensterverschlüsse von innen zuzuhalten. Mensch und Material drängten unweigerlich herein, begleitet von unglaublicher Lärmentwicklung. Ein heilloses Wirrwarr entstand zwischen den zusammengepferchten Zuginsassen und den eindringenden Reisewilligen, die ohne besondere Rücksichtnahme sogar auf den sitzenden Fahrgästen herumtrampelten. Schwere Mehlsäcke und Bündel undefinierbaren Inhalts wanderten über den Köpfen der Reisenden hin und her. Wie da noch irgendjemand sein Zeug wieder finden sollte, war uns schleierhaft. Schließlich folgten auch noch ein paar Käfige mit Hühnern durch das Fenster des benachbarten Abteils. Zwei Exemplare des Federviehs gelangten ins Freie und suchten panikartig ihr Heil in der Flucht. Aufgeregt gackernd und flatternd retteten sie sich in irgendeine Nische im Gepäckbereich. Die Luft war voller Federn, Mehl und Staub. Ein ohrenbetäubender Lärm erfüllte das Waggoninnere. Unfassbare Reisebedingungen. Ich fragte mich bloß, ob wir das alles einigermaßen gut überstehen würden. Bis zur Endstation vor Assuan waren es ja noch viele Kilometer und Stunden. Endlich ging ein heftiger Ruck durch den Waggon. Der Zug setzte zur Weiterfahrt an. Langsam beruhigten sich die Gemüter, die heftigen Auseinandersetzungen unter den Reisenden verstummten. Bald war nur noch das monotone, einschläfernde Klopfen der Räder zu hören – bis zur nächsten Station. Dann begann alles wieder von vorn …

Die Dämmerung setzte ein. Viel war nicht mehr von der Landschaft zu sehen, die weiterhin dicht besiedelt zu sein schien. Noch immer standen wir auf dem Gang und waren heilfroh, nichts von den teils recht gewaltsam verlaufenen Zusteigemanövern abbekommen zu haben – einmal abgesehen von den unvermeidbaren Rempeleien der vorbeidrängenden Fahrgäste. Das seit der Abfahrt in Kairo Erlebte vermittelte uns den Eindruck, als würde der Zug in jedem Nest anhalten und mit ihm halb Ägypten auf die Reise gehen. Nach Einbruch der Dunkelheit galt unser Interesse wieder mehr dem unmittelbaren Umfeld. In der Zwischenzeit hatten wir uns wenigstens so viel Freiraum verschafft, dass wir auf unseren Rucksäcken sitzend wenigstens eine halbwegs erträgliche Position einnehmen konnten. Doch jeder Millimeter hinzu gewonnener Platz hatte regelrecht erkämpft werden müssen. Gab man auch nur kurzfristig nicht Acht, war der gerade gewonnene Freiraum schon wieder verloren. Und trotz dieser widrigen Umstände übermannte uns schließlich der Schlaf.

Alles andere als ausgeruht wurden wir vom anbrechenden Tag geweckt. Vom Gang aus blickten wir durch das daneben befindiche Abteil hinaus auf eine freundliche, ja fast liebliche Landschaft, die langsam an uns vorüberzog. Es war das obere Niltal, in dessen Mitte sich die Fluten des längsten Flusses Afrikas langsam nach Norden bewegten. Blaues Wasser, an beiden Ufern begleitet von schmalen, hellgrünen Streifen der Ufervegetation, aus der immer wieder Palmengruppen wie kleine Pinsel herausragten. Gleich dahinter auf der anderen Seite des Tals begannen die kahlen Hügelketten der Sahara. Wohl schon die ganze Nacht waren wir dem Fluss gefolgt. So würde es die nächste Zeit auch bleiben. Nur vereinzelt waren entlang des Flusses kleine Siedlungen zu sehen, deren dicht aneinander gereihte Lehmhäuser sich in dem Grün der Uferbereiche regelrecht zu ducken schienen. Malerisch hoben sich die Boote mit den leicht geschwungenen Dreiecksegeln aus weißem Leinen von der glatten, tiefblauen Wasseroberfläche ab. Was für ein wohltuender, friedlicher Anblick im Vergleich zu den chaotischen, teils bedrückenden Bildern der vergangenen Tage! Ein Blick zurück ins Waggoninnere ließ eine gewisse Erleichterung aufkommen. Wohl hatten sich die Reihen in der Zwischenzeit etwas gelichtet, aber Hoffnung auf einen freien Sitzplatz gab es keine!

Es war Mittag, als wir den Ort Shellal erreichten. Hier endete die Niltalbahn. Im Waggon war es mittlerweile recht warm geworden und dies trotz der geöffneten Fenster, die etwas Durchzug erlaubten.

Oberes Niltal

Doch beim Aussteigen schlug uns eine Welle derart heißer Luft entgegen, dass es uns fast den Atem verschlug. Auch kein Wunder, das große Thermometer am Bahnhof verkündigte 44 Grad im Schatten! Noch fehlten zehn Kilometer bis zum Assuanstausee, die mit einem Bus gefahren werden mussten. Auch im Innern des Busses war es unerträglich heiß. Alles war heiß, ganz gleich, was man anfasste, die Türgriffe, die Halterungen und Sitze aus abgewetztem Kunstleder. Das konnte ja gut werden. Beim Aussteigen nach einer fast viertelstündigen Fahrt wiederum nichts als schreckliche Hitze, die heiße und trockene Luft brannte förmlich in den Augen. Die Sonne, fast senkrecht im Zenit stehend, knallte erbarmungslos herab. Selbst die großen Wassermassen des nahe gelegenen Stausees schafften es nicht, die Lufttemperatur auf ein erträgliches Maß zu senken.

Straße und Schiene blieben hinter uns, wir wechselten aufs Wasser. Zwei Tage Schifffahrt erwarteten uns auf dem Assuanstausee. Dann erst würden wir zum ersten Mal in unserem Leben mit einer Wüste und ihren Eigenheiten Bekanntschaft machen. Eine Art Landebrücke führte auf das Deck des am Ufer des Sees verankerten Schiffes, das die kommenden Tage auch unsere Unterkunft sein würde. Kaum an Deck angekommen, führten provisorische Geländer zu einem einfachen Verschlag. Grenzkontrolle hieß es und ehe wir zu irgendeiner Reaktion fähig waren, verlangten zwei Beamte unsere Pässe. Siedend heiß lief es mir über den Rücken. Was wäre, wenn …

wenn eine Suchmeldung aus Kairo bereits vorliegen sollte? Wif hatte doch beim Tausch seinen Namen mit Passnummer angeben müssen. Außerdem konnten weitere Angaben wie jung, männlich und weißer „Backpacker“ vorliegen. Das würde allemal reichen, um uns leicht zu identifizieren und festzunehmen. Dann wäre es aus mit unserem Traum von Ostafrika. Mein Innerstes drängte zur Umkehr, doch es war zu spät. Nur äußerst widerwillig reichte ich dem Beamten meinen Pass. Im Augenwinkel sah ich noch, wie Wif gerade den seinen dem anderen Beamten aushändigte. Jetzt würden sie uns gleich austreten lassen. Krampfhaft blickte ich zur Seite, um mich ja nicht zu verraten. Unerträglich, die Situation, mein Herz klopfte zum Bersten. Da hörte ich meinen Namen, ich reagierte nicht, hörte ihn nochmals, dieses Mal etwas lauter. Langsam drehte ich den Kopf zurück und sah in der ausgestreckten Hand des Beamten meinen Pass. „Na, nimm ihn schon“, zeigte die auffordernde Handbewegung. Fast ungläubig griff ich nach dem Pass und hörte gleichzeitig ein freundliches *„Have a nice trip“*! Tiefes Durchatmen, sie waren ganz umsonst gewesen, die ausgestandenen Ängste. Vielleicht die gerechte Antwort auf eine unlauter begangene Handlung. Gut, dass die ägyptische Fahndung nicht so fit war.

Noch ganz unter dem Eindruck des gerade Erlebten suchten wir auf dem frisch geschrubbten Holzdeck nach einer passenden Stelle zum Schlafen. Erst jetzt begann es uns zu dämmern, welch ein Glück wir wieder einmal gehabt hatten. Das hätte ja böse enden können. Doch nun hieß es, sich neuen Herausforderungen zuzuwenden. In der Vorahnung des Kommenden belegten wir gleich sicherheitshalber eine ausreichend große Fläche, indem wir unsere Schlafsäcke entrollen. Und es kam, wie es kommen musste. Das mitfahrende Volk wurde immer mehr, bald ging das Gerangel und Geschiebe um die letzten freien Plätze los. Nicht allzu lange und alles um uns herum war dicht mit Menschen und ihrer Habe besetzt. Wiederum eine glückliche Fügung, dass wir als eine der ersten das Schiff betreten hatten! Und schon setzte klammheimlich ein „territorialer Machtkampf“ ein. Ohne Unterlass versuchten die unmittelbaren Nachbarn jede kleine Unaufmerksamkeit unsererseits zur Rückeroberung des von uns beanspruchten Terrains zu nutzen. Wirklich keine leichte Aufgabe, die einmal belegte Fläche dauerhaft zu okkupieren. Schließlich durften wir unsere kleine Lagerstätte nicht mehr aus den Augen lassen. Stets war einer von uns beiden anwesend und hielt Wache. Trotz dieser Vorsichtsmaßnahme blieben uns Platzkämpfe nicht erspart. Schon bald mussten wir erkennen, dass verbale Erklärungsversuche, eben schon früher da gewesen zu sein, wenig fruchteten. Physische Methoden wie Schubsen und letztlich entschlossenes Drücken verhalfen weit besser zur Klarstellung der Dinge. Irgendwie hatten wir es dann doch geschafft, unverrückbare „Territorialgrenzen" zu errichten, die in der Folge auch respektiert wurden.

Zwischenzeitlich hatte das gesamte Deck eher das Aussehen eines Flüchtlingslagers angenommen, in dem die abgesteckten „*Claims*" das einzige Ordnungselement darstellten. Jetzt, wo der Kampf ausgestanden war, jeder ein Stück des Decks vorübergehend sein „Eigen" nennen durfte und Erschöpfung zur Ruhe zwang, war der Moment gekommen, sich etwas näher mit unserem Umfeld zu beschäftigen. Was für eine unglaubliche ethnische Vielfalt, die hier an Deck zu sehen war! Vom tiefschwarzen Südsudanesen in weißen, wallenden Gewändern bis hin zum blassweißen Engländer in kurzen Hosen war alles vertreten. Ganze Familien mit Kind und Kegel lagerten auf dem Holzboden und begannen das unterbrochene Tagesgeschäft wieder aufzunehmen. Alles wollte nach Süden, wo es doch für die nächsten tausend Kilometer nur Wüste und keine nennenswerten Siedlungen gab! Wohin wollten die denn alle fahren, fragten wir uns wiederholt. Vielleicht stellten sich unsere Mitreisenden die gleiche Frage über uns?

Auf dem Stausee

Irgendwann am Nachmittag legte das Schiff ab. Aufkommender Fahrtwind brachte sofort etwas Kühlung und vertrieb die brütende Hitze an Bord. Im Bereich der Anlegestelle war der Stausee nicht sonderlich breit. Vom gewaltigen Staudamm, der über hundert Meter hoch sein sollte und an der Basis eine nur schwer vorstellbare

Dicke von mehr als einem Kilometer einnahm, war nichts zu sehen. Beide Ufer waren völlig kahl, die steilen Felswände gewannen rasch an Höhe. Später lockerten grüne Dattelpalmenhaine an den flachen Uferzonen die öde, wüstenhafte Landschaft etwas auf. Wiederholt tauchten geradezu geisterhaft kleine und scheinbar verlassene Siedlungen auf. Vielleicht waren die Menschen wegen des sich bereits im Steigen befindlichen Wasserspiegels schon evakuiert worden? Oder war es noch die anhaltende Hitze des Tages, die an einem versteckten Ort Ruhe gebot?
Endlich wäre wieder einmal ausreichend Zeit zum Kochen vorhanden gewesen. Wie lange war es denn wohl her, dass wir dazu Gelegenheit gehabt hatten? Jedenfalls sicher nicht auf afrikanischem Boden. Doch wir begnügten uns vorerst mit einem einfachen Reisgericht, anschließend gab es kräftigen schwarzen Tee. Alles nur Vorsichtsmaßnahmen zur Beruhigung der noch immer angeschlagenen Darmflora. Übrigens noch ein unschätzbarer Vorteil der eigenen Küche: Der weiteren, unerwünschten Zufuhr kleiner, aber höchst unangenehmer Darmmitbewohner wurde ein Riegel vorgeschoben. Doch wir ahnten, dass dies bei den bevorstehenden Reisebedingungen nur eine kleine Erholungspause vor dem nächsten Sturm sein würde! Anschließend war wohlverdiente Ruhe angesagt. Die harten Schiffsplanken taten unserem Schlafbedürfnis keinen Abbruch. Sicher eine Folge der letzten, nahezu schlaflosen Nacht, aber auch des ständigen Fahrtwindes, der angenehme Kühlung brachte und lästige Moskitos vertrieb.

Eigentlich hatten wir zumindest in Ufernähe Bäume, Sträucher und saftige Wiesen erwartet. Doch davon war auch am folgenden Tag nichts zu sehen, nur völlig vegetationslose Berghänge, die uns über viele Stunden auf beiden Seiten des Stausees begleiteten. Unterbrochen wurden sie manchmal von schmalen, kilometerlangen Sandstreifen, auf denen schütteres Gras wuchs. Wenn überhaupt, dann schien die lebensspendende Wirkung des Wassers nur wenige Meter weit zu reichen.

Doch abgesehen vom etwas kargen Charakter der Uferlandschaft herrschte auf dem Schiff eine ausgesprochen friedliche und erholsame Atmosphäre. Zeit und Gelegenheit, nach der mühsamen

Bahnfahrt wieder Energie zu sammeln. Und zu tun gab es eigentlich auch nichts. So beobachteten wir das Leben und Treiben auf Deck und ließen die wüstenartige Landschaft an unseren Augen langsam vorbeiziehen. Die Breite des Stausees variierte stark, von einigen hundert Metern bis zu mehreren Kilometern. Welch eine Ruhe doch so eine riesige Wasserfläche auszustrahlen vermochte! Rundgänge auf dem Schiff – genau genommen handelte es sich um mehrere Schiffe, die durch stählerne Trossen miteinander verbunden waren – boten genügend Bewegungsfreiheit. Ein Gefühl von Enge kam nicht auf. Von Zeit zu Zeit lotete einer der Schiffsmannschaft die Wassertiefe aus. Sein tief dunkelbraunes Gesicht und die Hände stellten im hellen Sonnenlicht einen unglaublichen Kontrast zu seiner weißen Kleidung dar. Am Bug eines der Schiffe stehend, tauchte er eine lange Holzstange wiederholt ins Wasser. Weshalb sollte es so weit vom Ufer entfernt noch Untiefen geben? Bald erfuhren wir, dass es wandernde Sandbänke waren, die von Zeit zu Zeit Ärger machten. Die Gefahr des Auflaufens wäre nicht auszuschließen. Doch das wäre alles nur Routinesache, wurde uns mitgeteilt. Falls wir aufsitzen würden, wüsste die Mannschaft schon, wie vorzugehen wäre. Hoffentlich stimmte das auch, dachten wir mit Blick auf die weite Wasserfläche, auf der sich hin und wieder einige weiße Wasservögel niedergelassen hatten. Und weiter verstrichen in aller Ruhe die Stunden …

Zeit war auch vorhanden, um Bekanntschaften mit Reisenden zu machen, die so ferne Ziele wie wir vor Augen hatten. Da waren zwei Engländer, die an der Universität Nairobi studierten. Beide hatten dieses Mal eine andere Form der Rückreise von ihren Ferien in England gewählt. So ganz nebenbei erzählte der eine von den Schwierigkeiten, denen die weiße Bevölkerung seit der Unabhängigkeit Kenias ausgesetzt wäre. Wegen der zunehmend untragbaren Lebensbedingungen würde seine Familie wahrscheinlich nach Südrhodesien, dem späteren Simbabwe, auswandern.* Ohne die geringste Kenntnis von den politischen Vorgängen in Ostafrika zu haben, war das Erzählte

* Falls seine Familie tatsächlich diesen Schritt unternommen haben sollte, dann kam sie bloß vom Regen in die Traufe.

bald wieder vergessen. Erst zu einem späteren Zeitpunkt sollten wir mit der ganzen Tragweite dieser Problematik konfrontiert werden. Auch lernten wir einen jungen Deutschen namens Wolfgang Schenk kennen, der gleichfalls nach Ostafrika unterwegs war. Wolfgang entpuppte sich als ein ausgesprochen netter und umgänglicher Mitreisender. Einige Wochen später würde er uns in Nairobi aus einer ziemlich unangenehmen Situation helfen. Seinen Lebensunterhalt wollte er sich in Kenia als Taxidermist* verdienen.

Trotz dieser friedfertigen Verhältnisse an Bord hatten wir beide schon am Vormittag Anlass zu nicht unerheblichen Spannungen gegeben. Was war passiert? Bereits am Morgen dieses Tages war uns das Trinkwasser ausgegangen, Grund genug, nach Ersatz Ausschau zu halten. Dabei war uns das Wasserversorgungssystem auf dem Schiff nicht lange verborgen geblieben. Gleich in der Nähe unserer Schlafstelle gab es einen Wasserhahn, dessen Betätigung tatsächlich ganz klares Wasser hervorzauberte. Was für eine freudige Überraschung, denn die Alternative, nämlich gelbbraunes Nilwasser zu trinken, war nicht gerade verlockend. Im Nu füllten wir unsere Plastikflaschen. Dass sich unser Wasserproblem so schnell und einfach lösen würde, hätten wir nicht gedacht. Doch wir hatten die Rechnung ohne den Wirt gemacht! Kaum waren die Flaschen gefüllt, da baute sich auch schon hinter uns eine große, kräftige Gestalt auf. Ganz in weiß gekleidet, den Turban kunstvoll um den Kopf gewickelt, so stand er da, die breiten Hände an den Hüften abgestützt, den finsteren Blick auf uns gerichtet. Vorn, an einem braunen Ledergürtel trug er deutlich sichtbar ein schwertartiges langes Messer, das zweifellos seiner drohenden Haltung weiteren Nachdruck verlieh. Offensichtlich verfügte dieser Mann über die Wassernutzungsrechte auf dem Schiff. Denn mit unmissverständlicher Drohgebärde wies er auf die Konsequenzen unserer Handlung hin. Entnommenes Wasser müsse mit klingender Münze bezahlt werden und ohne Bezahlung gäbe es kein Wasser! Was? Nun sollten wir auch schon für ganz ordinäres Wasser bezahlen? Das ging uns ganz und gar gegen den Strich. Zwar

---

* Tierpräparator.

verlangte er nicht viel, doch für den Ankauf von Wasser war nichts eingeplant und dabei sollte es so bleiben! Unser Zögern machte den Meister ziemlich wütend und er begann, unter wildem Gestikulieren lautstark auf uns einzureden. Hart bleiben, hieß unsere Devise, für normales Wasser würden wir nichts bezahlen und damit basta! Daraufhin entfernte er wutschnaubend den Drehgriff des Wasserhahnes, wendete sich wortlos ab und verschwand schnellen Schrittes im mittleren Schiffsaufbau. Erstmal konnte das uns egal sein. Unsere Flaschen waren ja gefüllt!

Doch die trockene Luft und hohen Temperaturen würden bald ihren Tribut fordern. Mit ein paar zubereiteten Teekesseln würde unser Wasservorrat schnell zur Neige gehen. Dies wusste unser Meister nur zu gut, der in versteckter Position all unsere Bewegungen verfolgte. Er war überzeugt, dass wir noch im Laufe des Tages Wasser benötigen würden und dann würde für ihn die große Stunde kommen. Wir dagegen nahmen unsere Lage vorerst weniger ernst und ließen in Ruhe die Dinge auf uns zukommen. Doch eines wussten wir bereits jetzt: Es würde eine neue Herausforderung geben, nämlich in der Folge den Wassermeister auszutricksen, denn ohne Trinkwasser würden wir nicht weit kommen.

Irgendwie erinnerte mich unsere fast bübisch verspielte Haltung an die Streiche von Max und Moritz. Ja, dem Typ würden wir nun einen Streich spielen müssen, er ließ uns ja keine andere Wahl. Nach kurzem Überlegen erfolgte der Beschluss, bei sich bietender Gelegenheit den Wasserhahn genauer anzusehen. Etwas später tat einer von uns so, als hätte er sich rein zufällig der Wasserentnahmestelle genähert. Kein Problem, es war ein gängiges Modell, dieser Wasserhahn. Der drehbare Verschluss war mit einem einfachen Vierkant versehen, auf den das Drehrad aufgesetzt wurde. Wie konnte also der Hahn auch ohne dieses kleine Rad, das sich im Gewahrsam des Wassermeisters befand, betätigt werden? Eine Zange besaßen wir nicht, auch keinen passenden Schraubenschlüssel. Plötzlich funkte es! Wir hatten doch unsere Schweizer Messer, deren Dosenöffner mit einer angedeuteten Vierkantausnehmung versehen waren! Die konnte vielleicht passen. In einem unbeobachteten Moment erfolgte ein kurzer Versuch. Tatsächlich, nur eine kleine Drehung mit dem flach aufgesetzten Dosenöffner und schon begann das Wasser zu sprudeln. Hurra, damit wäre rein technisch die Aufgabe gelöst. Unser Freund ahnte nichts. So gut er konnte, verfolgte er jede unserer Bewegungen und ließ uns kaum aus den Augen. Doch die Zeit arbeitete für uns, denn zu zweit konnten wir die Situation leichter durchstehen als er. Dieser wartete indes immer noch sehnsüchtig auf den Moment, in dem wir ihn ganz klein und reumütig um Wasser anbetteln würden. Dann würde er seine Stärke auskosten und diesen beiden Giaurs[*] zeigen, wer hier das Sagen hatte.

Die Mittagszeit kam und es wurde heißer und heißer. Unsere Wasserreserven waren schon wieder am Ende. Dies konnte auch unser Meister unschwer mitverfolgen. Als wir nämlich den Topf mit dem letzten Wasser auf unseren Benzinkocher setzten, waren daneben ganz deutlich die beiden leeren Plastikflaschen zu sehen. Mehr als eine dünne Maggisuppe gab es nicht zu Mittag. Da kamen rein zufällig ein paar Matrosen vorbei, die beim Anblick unseres kargen Mittagsmahls nur ein mitleidiges Lächeln übrig hatten. Wir aber konterten selbstsicher und zeigten mit demonstrativ angewinkeltem Unterarm, dass diese Suppe viel Kraft für uns bedeutete. Lautes Auflachen, das wollte uns natürlich keiner abnehmen und so mussten wir unsere Kräfte unter Beweis stellen. Wif war Spezialist im „Hakel Ziehen“[**], ich dagegen wusste mich gut beim „Armdrücken“[***] zu behaupten. Also forderten wir die Matrosen der Reihe nach zu einem kleinen Kräftemessen heraus. Und siehe da, selbst noch ganz ungläubig über den Erfolg, gingen wir wenig später ausnahmslos als triumphierende Sieger hervor – eben Dank der kräftespendenden Suppen aus dem Päckchen!? Tief beeindruckt und mit hängenden Köpfen, in der Zwischenzeit war ihre Zahl auf zwölf angestiegen, zogen die Matrosen von dannen. Wer hätte das gedacht! Beim schieren Kräftemessen mit zwei so jungen, dahergelaufenen Kerlen zu unterliegen, die

* Ungläubige.

** Eine im Süden des deutschen Sprachraums verbreitete Form des Kräftemessens unter Männern.

*** Dito.

sich noch dazu von so merkwürdigen Dingen wie Päckchensuppen ernährten. Das war alles andere als aufbauend.

Zurück zu unserem Wasserproblem, das schon bald nach dem Verzehr der Suppe akut wurde. Nicht mehr allzu lange würde es dauern, bis die Stunde für ihn, unseren Wassermeister, schlug. Denn spätestens nach der Siesta würden die beiden Fremden zu ihm kommen müssen, aber dann … Derlei Gedanken mochten ihm zu diesem Zeitpunkt durch den Kopf gegangen sein. Wir jedenfalls legten uns nach dem Kräftemessen auf die ausgebreiteten Schlafsäcke schlafen. Zumindest taten wir so. In Wirklichkeit beobachteten wir ganz genau unseren Widersacher, der offensichtlich mit Langeweile und Müdigkeit zu kämpfen hatte. Sein Bett lockte, denn nichts ging bei dieser Hitze über ein geruhsames Mittagsschläfchen. Unsere Rechnung ging bald auf. Nicht lange und er verschwand in seinem Gemach. Nun waren wir an der Reihe. Sicherheitshalber warteten wir noch ein wenig, dann schritten wir zur Tat. Rasch musste es gehen. Bei der Zapfstelle angelangt, zog Wif sein Schweizer Messer aus der Hosentasche, klappte den Dosenöffner heraus, setzte ihn auf den Vierkant, drehte gegen den Uhrzeigersinn und schon lief das Wasser. Rasch waren beide Wasserflaschen gefüllt und wenig später befanden wir uns wieder auf unserer Lagerstätte. So als wäre nichts gewesen, doch in der schönen Gewissheit, für die nächsten Stunden genügend Wasser zu haben. So begann auch für uns die wohlverdiente Siesta.

Es war bereits später Nachmittag, als wir aufwachten. Die schräg einfallenden Sonnenstrahlen hatten schon viel von ihrer auszehrenden Kraft verloren. Der Herr über das trinkbare Schiffswasser lehnte unweit von uns am Geländer des Ganges, der zu den Kabinen führte und wartete ungeduldig. Lange konnte es ja nicht mehr dauern und er sah schon neben der Hoffnung auf die dringend erforderliche Genugtuung klingende Münzen in die Tasche seines mantelartigen Gewandes verschwinden. Meinte er jedenfalls. So schien nun der Zeitpunkt für unser Schauspiel gekommen zu sein. Nach einigem Strecken und Dehnen richteten wir uns auf. Betont langsam nahm Wif den Kocher in Betrieb, sicher sehr zur Verwunderung des großen Meisters. Ohne Wasser war diese Arbeit doch völlig sinnlos!

Dann, welch' ein Ausdruck von Ungläubigkeit in seinem Gesicht, als ich eine unserer Wasserflaschen unter dem Schlafsack hervorholte und demonstrativ Wasser in den Teekessel goss. Das ging doch nicht mit rechten Dingen zu, musste er sich wohl gedacht haben. Die beiden hatten doch vorhin kein Wasser mehr gehabt! Das wusste er ganz genau, denn er hatte es doch selbst beobachtet! Und nun so etwas. Doch kein Zweifel, das, was die beiden da in den Teekessel gossen, war klares Wasser. Wie zum Teufel waren sie zu Wasser gekommen, er hatte doch den Drehgriff am Wasserhahn ganz sicher entfernt! Ganz verstohlen blickten wir in bestimmten Abständen zu ihm hinüber. Noch immer auf dem Gang stehend und die Hände fest um das horizontale Rohr des Geländers geklammert, bebte er sichtlich vor Wut. Was konnte er schon tun, doch rein gar nichts, er war dieser Situation völlig hilflos ausgesetzt. Wir jedenfalls kosteten unseren Vorteil aus und winkten ihm noch ganz unverschämt mit der halbvollen Flasche zu. Was waren denn das für Hundesöhne, diese elenden Ungläubigen, am liebsten würde er, wenn er gekonnt hätte …

Der Tag ging zur Neige und wir erreichten ohne Zwischenfälle Wadi Halfa, das irgendwo am südlichen Ende des Stausees lag. Hier war unsere Schifffahrt zu Ende. Doch der Landgang war erst am nächsten Tag angesagt. Also würden alle Passagiere nochmals auf dem Schiff übernachten. Und wie stand es mit unseren Wasserreserven? Nach dem Abendessen und Kochen von Tee waren beide Flaschen schon wieder leer. Unglaublich welche Wassermengen der Mensch bei dieser Hitze brauchte! Abermals stellten wir die leeren Flaschen ganz demonstrativ neben unseren Kocher. Wir waren satt und der Durst war vorerst kein Anliegen. Dieses Mal nahm sich unser „Freund" vor, uns unter gar keinen Umständen mehr aus den Augen zu lassen. Zwar hatte er bereits schon einmal alle Vorkehrungen getroffen, um die Wasserentnahme sicher zu kontrollieren, doch irgendwie hatten es die beiden geschafft und waren an das kostbare Nass herangekommen. Nur wie, das war unklar und überhaupt wurmte ihn der ganze Vorfall sehr. Wer wusste, mit wem diese Fremden aus dem Abendland verbündet waren? Schon sein Großvater hatte diesen Ungläubigen nicht vertraut … Dieses Mal durfte es kein

Entkommen geben! Die Nacht war lang und morgen, das wusste er aus Erfahrung, würde der Landgang nicht in aller Frühe stattfinden. Die beiden würden also noch vorher Wasser brauchen.

Während wohl wieder Gedanken dieser Art durch seinen Kopf gingen, begaben wir uns ganz gemütlich zur Ruhe – allerdings nicht, ohne ihm vorher mit wohlwollender Geste eine gute Nacht zu wünschen. Im Flüsterton erfolgten noch letzte Absprachen, dann wurde abwechselnd gewacht, ohne dass er es merkte. Übrigens gar keine leichte Aufgabe für denjenigen, der gerade wach zu bleiben hatte. Und wieder begann die Zeit für uns zu arbeiten. Gegen 22 Uhr weckte mich Wif, nun war ich dran. Von Zeit zu Zeit riskierte ich mit leicht geöffneten Augen einen kurzen Blick hinüber zum Gang, wo unser Gegenüber reichlich unbequem auf einem kleinen Hocker saß, Arme und Kopf auf das Geländer gestützt. Er hatte alle Mühe, sich zu vorgerückter Stunde noch aufrecht zu halten. Müde vom langen Tagesgeschehen kämpfte er gegen den aufkommenden Schlaf an. Eigentlich schon verrückt, sich bloß des Wassers wegen die ganze Nacht um die Ohren schlagen zu wollen. Was wohl in seinem Kopf gerade vor sich ging? Vielleicht gab es gar keinen Grund mehr, sich weiterhin zu quälen, mochte er vielleicht denken? Diese Fremden schliefen ja ganz tief und fest, also müsste ein kurzes Nickerchen möglich sein. In der Zwischenzeit würde sicher nichts passieren … Und richtig. Gegen Mitternacht verschwand er. Wieder an der Zeit, rasch zu handeln. Doch gar so einfach war die Aufgabe dieses Mal nicht, bei dem schummrigen Licht über die auf dem gesamten Deck dicht an dicht schlafenden Mitreisenden zu steigen, ohne jemanden zu wecken. Schon bei der geringsten Unruhe hätte der Wassermeister wieder auftauchen können. Nur ja keinem Schlafenden auf die Finger oder sonst wohin steigen, nur sich ja nicht mit einem Fuß in eines der Wickeltücher oder Decken verheddern, mit denen die Schlafenden zugedeckt waren. Ein Sturz auf die darunterliegenden Passagiere hätte den sofortigen Abbruch unseres Vorhabens bedeutet. Und schon gar nicht über am Boden stehende Schüsseln oder Blechtöpfe stolpern, denn dann wäre mit Sicherheit gleich das halbe Deck wach und mit ihm der Wassermeister.

Jede auch noch so kleine freie Fläche nützend für ein sicheres und geräuschloses Auftreten, stiegen wir vorsichtig und mit viel Bedacht über die am Boden liegenden Gestalten. Ein Balanceakt auf einem Seil konnte auch nicht viel schwieriger sein, so ging es mir kurz durch den Sinn. Es dauerte weit länger als gedacht, aber irgendwie schafften wir es dann doch trotz der zahlreichen Widrigkeiten bis zum Wasserhahn. Niemand wurde geweckt, kein verdächtiges Geräusch war zu hören, alles schlief weiter tief und fest. Wenig später waren auch die Flaschen gefüllt. Zugegeben, mein Herz klopfte vor Aufregung, denn wer weiß, was uns zugestoßen wäre, hätte er uns dabei erwischt! Vorn an seinem Gürtel trug er ständig dieses lange Messer, ein wahres Monstrum aus alten Tagen, gut aufbewahrt in einer breiten, ledernen Scheide. Wie oft mochte er diese Waffe schon verwendet haben? Die auffällige und bei Ärger sich stets dunkelrot verfärbende Narbe, die schräg über sein Gesicht verlief, war sicher ein stummes Zeugnis vergangener, nicht gerade friedlich verlaufener Auseinandersetzungen! Also nichts wie weg. Zurückgekehrt an unseren Liegeplatz, versteckten wir die Wasserflaschen und streckten uns mit einem Wohlgefühl der Erleichterung auf die Schlafsäcke. Das wäre wieder einmal geschafft. Jetzt konnten wir in aller Ruhe dem nächsten Tag entgegen schlafen. Doch an Schlaf war vorerst nicht zu denken. Die nächtliche Wasserholaktion hatte nämlich jegliches Schlafbedürfnis vertrieben. So betrachteten wir auf dem Rücken liegend den über uns befindlichen Sternenhimmel, der für eine Weile die Gedanken der irdischen Schwerkraft entfliehen ließ. Mit Eifer suchten wir nach dem Kreuz des Südens. Vergebens, da glich keines der Sternbilder einem Kreuz. Oder waren es etwa unsere kläglichen Astronomiekenntnisse, die dafür nicht ausreichten? Wie auch immer, ungeachtet dessen genossen wir weiterhin die prachtvoll funkelnde Sternenwelt, bis das Hinübergleiten in die Traumwelt den Tag beendete.

Trotz einer etwas kurz geratenen Nacht waren wir am nächsten Morgen bei guter Laune. Schließlich war es beruhigend zu wissen, dass unsere Wasserflaschen voll waren. Der erste Blick galt dem Wassermeister, der natürlich schon auf seinem Posten harrte in der Gewissheit, zumindest an diesem Tag seinen großen Triumph auskosten zu können. Ohne Wasser gab es keinen Tee am Morgen. Den brauchte jeder Mensch in diesen extrem trockenen Lagen unserer Erde, denn der Durst nach einer Nacht war groß. Überdies meinte er, noch einen weiteren Trumpf in der Hand zu haben, von dem wir zu diesem Zeitpunkt noch nichts wussten. Weder beim Landgang in Wadi Halfa noch auf der anschließenden Weiterfahrt mit der Bahn bis Khartum gab es Trinkwasser. Zumindest nicht in annehmbarer Qualität. So war jeder Reisende aus Europa gut beraten, sich bei ihm entsprechend einzudecken. Doch so weit waren wir noch nicht. Der Tag hatte gerade begonnen und keiner machte Anstalten, an Land zu gehen.

Der Herr über das Trinkwasser ließ uns keinen Moment außer Augen. Am Geländer des Ganges abgestützt, blickte er sichtlich genüsslich mit siegessicherer Gewissheit in die Runde. Der Gang war etwas höher angelegt als das Deck und so hatte er von dort aus einen recht guten Überblick, wie sich die Deckpassagiere langsam auf den neuen Tag vorbereiteten. Auch die beiden Fremden da drüben rollten gerade ihre Schlafsäcke zusammen, um anschließend zu frühstücken. Nun würde es nicht mehr lange dauern, bis „seine" Stunde schlug. Für ihren Tee brauchten sie Wasser und dieses Mal hatten sie keines. Da war er sich gewiss. Vergangene Nacht hatte er sein Wassersystem wirklich fest unter Kontrolle gehabt! Meinte er zumindest.

Und wie es zuweilen im Leben läuft, konnte sie auch dieses Mal nicht ausbleiben. Die bitterherbe Enttäuschung gepaart mit gezähmter Wut, die in ihm aufgestiegen sein mochte, als er mit ungläubigem Blick und Fassungslosigkeit feststellen musste, dass ihm die Mächte erneut nicht wohlgesinnt waren. Denn in schon fast böswilliger Absicht zelebrierten wir in geradezu rituell anmutender Weise vor seinen weit geöffneten Augen die Zubereitung unseres allmorgendlichen Tees. Wieso hatten diese beiden Hundesöhne – bei Allah und seinem Propheten – schon wieder Wasser? Ja, es bestand wieder kein Zweifel, sie hatten tatsächlich Wasser! Das konnte keinesfalls mehr mit rechten Dingen zugehen, er hatte doch dieses Mal die ganze Nacht kein (?) Auge zugedrückt! Ganz mit sich und seinen Gedanken beschäftigt, fand er in diesem Augenblick wohl keine Ruhe, während wir in aller Gemütsruhe und wiederholt verstohlen zu ihm blickend, unseren Tee abgossen. Dann der Gipfel an „ungläubiger" Herausforderung und Frechheit. Mit den Bechern Tee in der Hand prosteten wir ihm noch zu. Deutlich war zu sehen, wie sich seine Hand fester um den Griff seines großen Messers spannte. Unschwer zu ahnen, was gerade in ihm vorging. Wenn er nur dürfte, wie er gerne wollte, dann würde er diesen Bastarden aus dem von Unzucht geplagten Okzident eine ordentliche Lektion fürs Leben erteilen. Es war sicher besser, den wahren Umfang seiner düsteren Vergeltungsgedanken gar nicht zu kennen. Wir beendeten unser bescheidenes Frühstück und packten anschließend in aller Ruhe unsere Rucksäcke.

Durch die Wüste

Endlich war es so weit. Die Reisenden durften über einen provisorisch angebrachten Landesteg von Bord gehen. Etwas weiter entfernt standen einige einfache Bretterbuden mit ein paar Leuten davor, dazwischen überall gelber Sand. Das schien also der Ort Wadi Halfa zu sein. Von einer Eisenbahnstation war vorerst nichts zusehen. Mit geschulterten Rucksäcken standen wir in der Menge und warteten geduldig, bis auch wir den Landesteg betreten konnten. Da begann uns, ohne es selbst zu einem späteren Zeitpunkt begründen zu können, auf einmal das Gewissen zu plagen. Alle Passagiere an Bord hatten für ihr Wasser einen Obolus entrichten müssen, nur wir nicht. Vielleicht musste unser Wasserhüter mit diesem Geld gar seine Familie ernähren? Dann wäre unser Verhalten nicht korrekt gewesen. Doch sei es, wie es sei, aus diesem Konflikt waren wir als klare Sieger hervorgegangen. Der Triumph war ganz auf unserer Seite, also, was wollten wir noch mehr? So entschlossen wir uns, ihm doch ein paar Piaster zu geben als Ausgleich für eventuell erlittenes Unrecht. Und siehe da, diese Handlung hatte sich mehr als gelohnt. Als Dank für die paar Münzen machte er uns sofort aufmerksam, dass es wichtig wäre, noch vor dem Verlassen des Schiffes die Wasserflaschen aufzufüllen. Bis Khartum würde es nämlich kein Trinkwasser mehr geben!

Wir waren betroffen, ja fast beschämt ob dieser Aufmerksamkeit. Damit hatte keiner von uns gerechnet nach all dem, was vorgefallen war. Da wollten wir ihn im Gegenzug in unser Geheimnis einweihen. Eine kurze Demonstration mit dem Schweizer Messer am Wasserhahn bei entferntem Drehgriff und unser Meister kam aus dem Staunen nicht heraus. Natürlich wollte er auch so ein Messer haben. Höflich, aber bestimmt, mussten wir ablehnen. Dieses vielseitig einsetzbare Werkzeug war mittlerweile zu einem unentbehrlichen Reisebegleiter geworden.

So hatte die Geschichte mit dem Wasser noch ihr gutes Ende gefunden. Vom Glauben befreit, dass diese Fremdlinge mit überirdischen Mächten verbündet seien und sich überdies als ganz normale Menschen erwiesen hatten, schüttelte er uns beim Verlassen des Schiffes sogar die Hand. Er war offensichtlich mit sich zufrieden und wir hatten Wasser für die kommende Strecke nach Khartum. Zwei Liter pro Person für die nächsten eineinhalb Tage waren sicher nicht viel, aber besser als nichts!

Über wackelige Bretter ging es an Land. Durch losen Sand stapften wir hinauf zu den einfach gezimmerten Holzbuden, die sich als die Einreiselokalitäten in den Sudan entpuppten. Von dort aus sahen wir sie. Ein paar leere gelbfarbene Eisenbahnwaggons, die in einiger Entfernung so ganz verloren im Wüstensand standen. Mehr war es vorerst nicht. Das war sie also, die Eisenbahnstation von Wadi Halfa. Nachdem wir die Pässe vorgelegt und wieder in mehreren Formularen die Namen dreier Generationen unserer Familien aufgeführt hatten, folgte die Impfkontrolle. Da bahnte sich auf einmal etwas sehr Merkwürdiges an. Auf Anordnung einiger uniformierter Beamter sollten sich alle Einreisewilligen in einer Reihe aufstellen. Keine leichte Aufgabe bei dem bestehenden Durcheinander, das eher einem quirligen Ameisenhaufen glich. Doch langsam formte sich so etwas wie eine Reihe aus Menschen unterschiedlichster Herkunft in zum Teil recht illustrer Bekleidung. Und dies alles geschah unter freiem Himmel im tiefen Wüstensand. Die Reihe wurde länger und länger. Erst jetzt war zu erkennen, wie viele Menschen mit uns auf dem Schiff unterwegs gewesen waren. Sie alle wollten weiter mit der Bahn nach Süden fahren – so wie wir. Den Beginn dieser endlosen Schlange bildeten wir, schließlich hatten wir als erste die Einreiseformalitäten erledigt. Und schon folgte die nächste Anordnung: „Hosen runterlassen!“ In Anbetracht der Ferne unserer Zivilisation und möglichen Nähe eigenwilliger Sitten und Gebräuche eines fremden Landes befiel uns eine ungute Vorahnung. Zuerst trauten wir unseren Ohren nicht. Doch als alle begannen, an ihren Hosenhalterungen unterschiedlichster Fertigung herumzunesteln, kam bei uns erster Widerstand auf. Was das wieder zu bedeuten hatte, fragten wir höchst unwillig einen der Beamten. „Gelbfieberimpfung“, kam es barsch und ohne weiteren Kommentar zurück. Was, Gelbfieberimpfung? Wie Schuppen fiel es uns von den Augen, richtig, das betraf uns ja nicht! Mit dem Gefühl der Überlegenheit und wieder gewonnener Selbstsicherheit zogen wir sofort unsere gelben Impfpässe hervor. Wenig später durften wir aus der Reihe treten, dank der in Kairo erfolgten Schutzimpfung. Große Erleichterung machte sich breit, denn für alle anderen Reisenden gab es kein Entrinnen. Das rüde Geschehen, das sich nun vor unseren Augen abspielte, glich vom Ablauf und verwendeten Instrumentarium her eher einer Impfkampagne für Großvieh. Mit einer großvolumigen Spritze, so einer, die Veterinärmediziner im Normalfall verwendeten und einer einzigen (!) Nadel überdurchschnittlicher Größe wurde einer nach dem anderen geimpft – ohne große Umstände und ohne vorherige Desinfektion einfach so in die Pobacke gejagt. Beim Anblick der riesigen Spritze lief mir ein leichter Schauer über den Rücken. Zuweilen war ein kurzer Aufschrei zu hören, mal leise, mal eher heftig. War es etwa der Ischiasnerv oder etwas anderes Empfindliches, das gerade getroffen worden war? Verglichen damit durfte die individuelle Impfung im städtischen Gesundheitszentrum von Kairo mit den leicht korrodierten Nadeln doch als eine Entwicklungsstufe höher angesetzt werden. Für uns jedenfalls, die zum Glück nicht Betroffenen und damit bloßen Betrachter, war das Ganze ein amüsanter Vorgang, den wir mit einem ungläubigen Kopfschütteln begleiteten. Schade, das wäre die Gelegenheit für ein einmaliges Foto gewesen! Doch wegen der zahlreichen Grenzbeamten wagten wir nicht, die Kameras hervorzuholen.

Noch bevor die Welle der Reisenden zum Zug hinüberschwappte, nutzten wir unseren zeitlichen Vorsprung und stapften durch den tiefen Sand hinüber zu den verlassen dastehenden Waggons. Einfache Bauweise, aber hoffentlich solide, waren unsere ersten Gedanken. Von der Lokomotive fehlte vorerst jede Spur. Damit sollte es also weiter durch die Nubische Wüste bis nach Khartum gehen, viele hunderte Kilometer durch völlig menschenleeres Gebiet. Wenn das nur gut ging! Weg mit den sorgenvollen Gedanken, jetzt hieß es, zuerst einmal einen vernünftigen Sitzplatz zu ergattern, dann würden wir weitersehen. Dieses Mal hatten wir ja gute Aussichten. Doch unser Staunen war groß, als wir das Innere der Waggons näher zu Gesicht bekamen.

Die Sudanrailways verfügte damals über vier Klassen und so hatten wir, um Kosten zu sparen, Fahrkarten für die billigste, also vierte Klasse, gekauft. Die erste Klasse hatte Glasfenster, gepolsterte Sitzbänke und verfügte über Ventilatoren. Die zweite Klasse musste sich ohne Ventilatoren zufriedengeben. Dann kam die dritte Klasse mit einfachen, aus dünnen Latten beschlagenen Holzbänken. Noch waren die Fenster verglast. Und die vierte Klasse? Da gab es keine Scheiben mehr in den Fenstern, sondern nur noch mobile Bretterverschläge, die mit einem gelochten Ledergurt in verschiedenen Positionen arretiert werden konnten. Das Innere der Waggons war ein einziges großes Abteil mit zwei Reihen grob gezimmerter Holzbänke entlang der Waggonaußenwände. Mehr war es nicht.

Rasch waren zwei „Fensterplätze“ besetzt, die Rucksäcke neben uns auf den Boden gestellt. Noch waren wir die einzigen in diesem geräumigen Waggon. Doch nicht mehr lange. Schon war das Stimmengewirr zu hören, es kam näher und wurde lauter. Die Reisenden drängten heran, die Türen wurden aufgeschlagen und Leben kam in den Waggon. Bald war jeder nur erdenkliche Platz besetzt, so auch der gesamte Boden. Irgendwie sahen die Mitreisenden in ihren traditionellen Gewändern noch eine Spur urwüchsiger aus als jene, die mit uns durch das Niltal gereist waren. Viele hatten bereits eine dunkle Hautfarbe. Mit ihren weißen, um den Kopf gewickelten Turbanen und wallenden Umhängen waren es echte Vorboten aus fremden Landen. Einige der regelrecht verwegen aussehenden Gestalten erinnerten mich sofort an jene malerischen Figuren, die ich beim Lesen der Karl-May-Romane im Geiste stets vor Augen gehabt hatte.

So mancher Fahrgast begann noch vor der Abfahrt zu essen. Die verschiedenen mitgebrachten Speisen waren entweder in runde Gefäßen gefüllt oder nur in braunem, fetttriefendem Papier eingewickelt. Befremdende Gerüche erfüllten bald das gesamte Waggoninnere. Mit gemischten Gefühlen sahen wir zu. Hunger hatten wir überhaupt keinen. Es war mehr der Durst, der uns Sorgen machte. Die lange Dauer der bevorstehenden Fahrt quer durch die Nubische Wüste verlangte nach einer strengen Rationierung unseres Wasservorrates – bei Bedarf nur ein paar Schlucke und danach wieder so lange wie möglich ausharren. So zumindest stellten wir uns das vor. Immer noch wanderten schwere Bündel und Säcke hin und her. Die eine oder andere Platzverteilung wurde unter großem akustischem Aufwand wieder verändert. Da ertönte ein heller Pfiff. Neugierig beugten wir uns aus dem Fenster und siehe da, eine Lokomotive kam angefahren. Eine richtige Dampflok, die fauchte und zischte, so wie ich sie aus meiner frühen Jugendzeit in Erinnerung hatte.

Irgendwann am Nachmittag fuhren wir ab. Ein kräftiges Rucken ging durch den Waggon, begleitet von metallischen Schlägen der mehrmals aufeinander prallenden Puffer, dann setzte sich der Zug langsam in Bewegung. Bald war das Niltal unseren Augen entschwunden. Nur noch die leeren, weiten Ebenen der Nubischen Wüste, die beiderseits der Bahnlinie vorbeizogen. Hin und wieder unterbrachen kleine Tafelberge die eintönige Landschaft, mitunter auch kegelförmige, mit großen Felsblöcken bedeckte Hügel. Der Blick in Fahrtrichtung rief unwillkürlich die Vorstellung wach, in ein schieres Nichts hineinzufahren. So als würden wir irgendwo hinfahren, wo es keinen Anfang und kein Ende zu geben schien. Bis zum Horizont erstreckte sich gelber Sand, der von dunklen Kiesflächen unterbrochen wurde. Beim Anblick dieser leblosen Landschaft kehrten ganz unwillkürlich die Gedanken zum Wasser zurück. Gar keine Frage, ohne dieses flüssige Gut gäbe es in dieser Gegend kein langes Überleben. Jeder von uns hatte zwei Liter als Reserve, doch würde das auch wirklich für diese Wüstendurchquerung reichen? Auf dem Schiff hatte jeder von uns vier Liter am Tag verbraucht! Und wenn es eine längere Panne geben sollte, was würde dann geschehen? Lieber erst gar nicht daran denken, denn diese trüben Gedanken belasteten nur unnötig das Gemüt. Es würde schon schiefgehen …

Mit mäßiger Geschwindigkeit rollte der Zug durch das weite, flache Land, stets dem schmalen Band des Gleiskörpers folgend, das sich weit vor uns in der unendlichen Weite in nichts auflöste. Für uns beide war es die erste Begegnung mit einer Wüste. Es fehlten bloß Kamele und Sanddünen zum perfekten Klischee. Davon war vorerst nichts zu sehen. Eigentlich hätte sie schon etwas mehr bieten können, diese Nubische Wüste, als nur monotone Landschaft, dachte ich mir zuweilen. Hoffentlich würde es in den kommenden eineinhalb Tagen etwas mehr Abwechslung geben.

Da tauchten mitten in der Einsamkeit ein paar Häuser auf. Direkt an der Bahnlinie. Sicher eine Art von Fata Morgana, meinten wir im ersten Augenblick, denn was hatten Häuser in diesen menschenleeren Weiten überhaupt verloren. Der Zug verlangsamte sein Tempo und hielt. Tatsächlich, eine kleine Eisenbahnstation, das hätten wir nicht erwartet. Um das schlichte Bahnhofsgebäude gruppierten sich einige Lehmhütten, sonst nur Sand. Dunkelbraune Buben mit lockigem, schwarzem Haar in Pyjamakleidung boten in runden Metallkannen heißen Tee an. Mehr gab es nicht. Eine Ortsbezeichnung hatte die Station nicht, bloß eine Nummer. Und Stationen dieser Art würden noch mehrere kommen, deren Nummern die einzige Möglichkeit darstellten, den Reisefortschritt grob mitzuverfolgen. Denn die Landschaft blieb weiterhin unverändert und die einzelnen Stationen sahen alle gleich aus.

Seit einiger Zeit kreisten Geier über dem Zug. Spielend konnten sie mithalten bei den knapp 40 km pro Stunde, die wir fuhren. Immer wieder tauchten sie auf, weite Kreise über dem fahrenden Zug ziehend. Fiele jemand aus dem Zug, er würde von ihnen sofort entdeckt und ohne Hilfe zum willkommenen Opfer werden. Auf solche dunklen Gedanken kam bloß jemand, der durch die glaslosen Fensteröffnungen die leblose Landschaft betrachtete, in der es, allein auf

Durch die Nubische Wüste

sich gestellt, kein Überleben gab. Das mitfahrende Volk hatte gewiss keine derartigen Sorgen und zeigte auch nicht das geringste Interesse an dem, was draußen zu sehen war. Die meisten Reisenden hatten es sich auf der am Boden befindlichen Strohauflage gemütlich gemacht, dösten oder schliefen im dämmrigen Licht des Wageninnern ihrem Ziel entgegen. Endlich tauchte ein Schaffner auf. Als er unsere Fahrscheine kontrollierte, begann er zuerst herumzudrucksen, meinte aber dann mit Blick auf unser Umfeld, dass die vierte Klasse mit Stroh auf dem Fußboden doch nicht das Richtige für uns wäre. Er schlug uns vor, in den vorderen Waggon hinüber zu wechseln, dort gäbe es zumindest die dritte Klasse. Ja, warum eigentlich nicht? Und so saßen wir kurze Zeit später auf lackierten Holzbänken mit darüber befindlichen Gepäckablagen. Nunmehr zu sechst im Abteil hatte auch die ewige Drängelei ihr Ende gefunden. Entsprang diese Tat des Schaffners einem Anflug von Mitgefühl oder war es ihm etwa gar peinlich, uns zwei Europäer unter derartigen Bedingungen in seinem Land reisen zu sehen? Wie auch immer, befreit von diesem stallartigen Umfeld samt seinen etwas rüden Insassen fanden wir die dritte Klasse schon weit ansprechender. Dass weiterhin der feine, vom fahrenden Zug aufgewirbelte Staub durch Ritzen den Weg ins Innere fand, gehörte einfach zu einer Fahrt durch die Wüste.

Lange währte diese angenehme Überraschung nicht, denn schon gegen Abend wurde Wif ganz plötzlich übel. Sein Zustand verschlechterte sich zusehends. Die Abstände zwischen den Toilettenbesuchen wurden immer kürzer. Als er dann noch zu brechen begann, war rasches Handeln geboten. Den Ratschlägen des Studentenarztes der Wiener Uni folgend diagnostizierten wir den Krisenzustand „zwei". Brechdurchfall müsste mit dem Sulfonamid Madribon behandelt werden. Wif nahm die entsprechende Dosis, dazu etwas Wasser.

Langsam wurde es Nacht. Trübes Licht erfüllte die Abteile und Gänge. Wif schien auf das Medikament nicht anzusprechen. Müde und sichtlich geschwächt legte er sich einfach auf den Gang des Waggons und versuchte zu schlafen. Ich aß ein wenig von einer mir angebotenen Banane. Den Rest der schon völlig matschigen Frucht warf ich angewidert aus dem Fenster. Zu fortgeschrittener Stunde folgte ich Wif und legte mich auch auf den Fußboden des Ganges, den Rucksack als Kopfpolster nützend. Immer wieder wurde ich munter, wenn Fahrgäste in nicht gerade rücksichtsvoller Weise über uns hinweg stiegen. Auch ließ der harte und vom Fahren arg durchgerüttelte Boden keinen richtigen Schlaf zu, bis letztlich doch die Müdigkeit siegte.

Ruckartige Stöße weckten mich. Es war bereits taghell. Der Zug hatte angehalten. Langsam richtete ich mich auf. Noch halb verschlafen und total müde von der vergangenen Nacht hatte ich das Gefühl, wie durch den Fleischwolf gedreht worden zu sein. Jede Bewegung tat weh. Vor mir lag Wif auf dem Boden. Regungslos. Er schlief noch tief und fest. Ein kurzer Blick aus dem Fenster ließ sofort die Frage aufkommen, weshalb der Zug wohl angehalten hatte? Von einer Station war nichts zu sehen, auch keine Anzeichen menschlichen Wirkens. Dafür jede Menge Wüstensand. Kein Zweifel, wir standen mitten in der Wüste, offenbar irgendwo in der Mitte des Nichts! Doch, nun hörte ich es, ein hohes, pfeifendes Zischen aus der Richtung des Zuganfanges. Ich beugte mich aus dem Fenster und sah ganz vorn eine große weiße Dampfwolke entweichen. Von der Lokomotive war nichts zu sehen. Schon begann das mitfahrende Volk in Scharen die Waggons zu verlassen. Beim Anblick der aussteigenden Mitreisenden schüttelte ich bloß den Kopf. Unglaublich, welche Menschenmassen mit so einem Zug befördert werden konnten, ging mir kurz durch den Sinn. Wenig beeindruckt von dem hohen Pfeifgeräusch und der vorn entweichenden, weißen Dampfwolke bildeten die Menschen kleine Grüppchen und begannen zu palavern.

Noch ein kurzer Blick auf Wif, der weiterhin am Boden des Ganges liegend fest schlief, dann stieg auch ich aus. Irgendetwas musste da vorn an der Spitze des Zuges passiert sein. Dort strömten weiterhin unter starker Geräuschentfaltung große Mengen von Wasserdampf aus. Eigentlich konnte das ja nichts Gutes bedeuten. Gleich stieß ich auf die beiden Engländer, die wir während der Schifffahrt auf dem Assuanstausee kennengelernt hatten. Auch Wolfgang Schenk gesellte sich zu uns. Auf dem Weg nach vorn verdichteten sich unsere Vermutungen. Da musste wohl irgendetwas am Antriebssystem der Lokomotive geborsten sein! Noch immer entwich unter lautem Zischen heißer Wasserdampf. In eine dichte Wolke gehüllt, waren von der Lokomotive nur vage die Umrisse zu erkennen. Nach und nach wurde das Zischen schwächer und der sich in der extrem trockenen Luft rasch verflüchtigende Wasserdampf gab den Blick auf die Antriebsmechanik der Lokomotive frei. Die Ursache des abrupten Stillstandes war sofort zu erkennen. Offensichtlich hatte sich während der letzten Kilometer der Verbindungsbolzen zwischen Pleuelstange und Schubstange gelockert, bis er schließlich ganz aus seinem Sitz gerutscht war. Als unmittelbare Folge kippte die frei gewordene Pleuelstange zu Boden, bohrte sich in den Gleiskörper, wurde vom noch fahrenden Zug nach hinten gedreht und schlug beim anschließenden Hochschleudern ein Loch in die hintere Kesselwandung. Gleichzeitig musste wohl die entlastete Schubstange samt Kolben mit aller Kraft an die vordere Verschlussplatte des Antriebszylinders geprallt sein und zertrümmerte diese. Durch die so entstandenen Öffnungen konnte der hochgespannte Wasserdampf ungehindert ins Freie strömen, die Antriebsleistung setzte aus und somit nahm die Fahrt ein jähes Ende. Und das alles „somewhere in the middle of nowhere“, also irgendwo in der Mitte des Nichts.

Da stand also unser Zug und die Frage stellte sich, was nun weiter geschehen würde? Ein klarer Fall von Totalschaden, denn an eine Reparatur vor Ort zu denken war völlig ausgeschlossen. Noch während wir uns erste Gedanken über den weiteren Verlauf der Reise machten, tauchte auf einmal Wif auf. Wohl noch etwas schwach auf den Beinen, ging es ihm doch deutlich besser. Das Medikament hatte also seine Wirkung gezeigt. Mit kurzem Kopfschütteln quittierte er wortlos den Anblick der stark beschädigten Lokomotive. Große Ratlosigkeit breitete sich aus, denn was konnten wir schon groß tun? Nach einiger Zeit kehrte der Lokführer von seinem Suchgang zurück, in der Hand den verloren gegangenen Bolzen. Damit war für ihn die Sache erledigt. So in der Art, wie man eben eine Routinehandlung zum Abschluss brachte. In Gesellschaft des Heizers setzte er sich in aller Ruhe mit verschränkten Beinen vor die Lokomotive auf die Schienen und beide begannen Tee zu kochen. Ein wahrhaft köstlicher Anblick. Auf unsere vorsichtige Frage, was denn nun als Nächstes geschehen würde, folgte zuerst eine abwinkende Handbewegung. Dann kam sehr selbstsicher in knappen Worten zurück: *„Don't worry, gentlemen, remain calm. They will get us as soon as possible."* Erstaunt und ungläubig blickten wir uns an. Uns so bald wie möglich holen? Wie denn, es gab doch weit und breit kein Telefon, um eine Nachricht übermitteln zu können? Rauchsignale kannten die sicher nicht und die Trommelsprache war auch nicht eine Erfindung der Araber. Nirgends eine Spur menschlicher Besiedlung, die zu Hoffnung Anlass geben konnte! Ein kurzer Rundumblick bestätigte dies. Nur unbewohntes, trostloses Land um uns herum und gelber Wüstensand. Aber die beiden mussten es ja wissen.

Für die beiden sorglosen Teetrinker war die ausgefallene Lok mitten in der Wüste vorerst kein Grund zur Aufregung. Vielleicht verhinderte ein derartiges Verhalten auch Panik unter den Reisenden? Die meisten erahnten wohl gar nicht die kritische Lage, in der wir uns befanden. Doch bei mir kamen bereits erste Gedanken an verdurstende Wüstenfahrer auf, die nicht genügend Wasser mit sich hatten. Grundsätzlich traf dies auch auf uns zu und sogleich erinnerte ich mich an die großen, mit Wasser gefüllten Tonkrüge, die in jedem Waggon der vierten Klasse standen. Ihren Inhalt hatten wir wegen der zweifelhaften Qualität des Wassers nur verächtlich zur Kenntnis genommen. Doch in Notsituationen war dieses Wasser vielleicht besser als gar keines! Derlei Überlegungen beschäftigten mich, aber Konsequenzen wurden daraus keine gezogen. Niemand dachte auch nur im Entferntesten an eine mögliche Katastrophe. Immerhin hielten wir, vielleicht für die Nachwelt(?), den Schaden auf einigen Bildern fest.

Die Zeit verging und mit zunehmendem Sonnenstand stiegen die Temperaturen. Über den heißen Schienen begann es zu flimmern, am Horizont waberten die aufgeheizten Luftschichten. Die Reisenden zogen sich langsam in die schützenden Waggons zurück. Bald war jeglicher Laut verstummt. Es herrschte mittägliche Stille oder war es etwa die beginnende Grabesstille über dem liegen gebliebenen Zug?

Die Stunden lähmender Wartezeit verrannen nur langsam. Mittlerweile war es unangenehm heiß geworden, kein Lufthauch regte sich. Schatten gab es nur in den Waggons, wo aber auch die Hitze nur so stand. Aber sie boten wenigstens Schutz vor den Sonnenstrahlen. Die Mehrzahl der Reisenden döste in den Abteilen sitzend oder liegend vor sich hin. Einfach zu heiß für irgendeine andere Tätigkeit. Obwohl die vergangene Nacht schlimm gewesen war, konnte ich nicht schlafen. Zu viele unverarbeitete Gedanken schwirrten durch den Kopf. Von Zeit zu Zeit blickten wir nach vorne, denn Hilfe konnte ja nur vom Süden kommen. Doch außer dem Gleis, das sich in einiger Entfernung in der flimmernden Hitze in nichts auflöste, war nichts zu sehen. Ob heute noch Ersatz, ob er denn überhaupt kommen würde? Niemand wusste es, nicht einmal der Zugführer. Längst hatte er sich zurückgezogen und schlief. Eigentlich die vernünftigste Tätigkeit unter diesen Bedingungen. Ein Blick auf unsere Wasserflaschen ließ Sorge aufkommen. Trotz größter Zurückhaltung hatten sie bereits einen besorgniserregenden Tiefstand erreicht. Wie lange würden wir damit noch durchhalten können? Und was dann? Bloß noch das Wasser in den Tonkrügen der vierten Klasse, sofern überhaupt noch welches drinnen war.

Es war schon vorgerückter Nachmittag, als in der Ferne über dem Schienenstrang ein dunkler Punkt auftauchte. Langsam wurde er größer. Konnte das die erhoffte Erlösung sein? Die Spannung stieg und mit ihr die Hoffnung. Der dunkle Punkt nahm Formen an. Unglaublich, da kam sie tatsächlich angefahren, die Ersatzlokomotive! Allgemeine Erleichterung machte sich breit. Kurzes Palaver der beiden Lokführer, dann wurde die neue Lok schnell angekuppelt und die alte abschleppfähig gemacht. Einige schrille Pfiffe übertönten den aufkommenden Lärm in den Abteilen und langsam setzte sich der Zug in Bewegung. Das sich anbahnende Zugdrama mitten in der Wüste hatte so eine unerwartet glückliche Wende genommen.

Mit Wif ging es weiter aufwärts. Erster Hunger war ein gutes Zeichen für die voranschreitende Besserung. Leider gab es nur den kläglichen Rest angequetschter Bananen, die wir am Vortag von wohlmeinenden Mitreisenden geschenkt bekommen hatten. Wie auch immer, mit einer gewissen Genugtuung rekapitulierten wir unsere Entscheidung über die erfolgreich getroffene Medikation.

Und weiter rollte der Zug nach Süden. Die aufgelaufene Verspätung machte einen guten halben Tag aus. Bald mussten wir erkennen, dass unsere Lage bei Weitem nicht so dramatisch gewesen war, wie wir anfänglich geglaubt hatten. Denn schon nach einer guten Stunde Fahrt tauchten die ersten Dornenbüsche auf, dann und wann gesellten sich auch kleinwüchsige Akazien hinzu. Als wir dann noch ein paar Rinder sahen, überraschten uns die ersten Lehmhütten keineswegs mehr. Und wo Menschen lebten, musste es auch Wasser geben, war der einfache Folgeschluss.

Unser Zug hielt kurz. Weshalb war wieder unklar, denn außer ein paar Lehmhäusern gab es nichts zu sehen. Da zog ein unweit der Bahnlinie gelegener Brunnen unsere Aufmerksamkeit auf sich. Ein im Kreis gehendes Ochsenpaar förderte über ein primitives Eimerkettensystem Wasser zutage. Die quietschenden Laute der einfachen Mechanik waren weit zu hören. Das mussten wir uns näher ansehen. Neugierig beugten wir uns über den Brunnenrand und blickten in ein tiefes, schwarzes Loch, in dem auf der einen Seite des Rades die Eimer verschwanden und gefüllt auf der anderen wieder auftauchten. Modriger Geruch strömte uns entgegen.

Bald war Abu Hamed, die erste Stadt nach der Durchquerung der Nubischen Wüste, erreicht. Nach kurzer Unterbrechung fuhren wir weiter nach Atbara, wo die defekte Lok abgekuppelt wurde. Jetzt ging es in flotter Fahrt durch flaches Land mit dichter werdender Vegetation bis nach Khartum. Es war bereits dunkel, als wir dort eintrafen. Vor dem Eingang des etwas heruntergekommenen Bahnhofsgebäudes stehend, stellte sich gleich die Frage nach einer Unterkunft, natürlich einer unentgeltlichen. Von der Landeshauptstadt Khartum wussten wir so gut wie nichts, außer dass es am anderen Nilufer den Stadtteil Omdurman geben sollte mit dem Grabmal des einst gefürchteten Mahdi. Doch davon später. Irgendwo in einer völlig unbekannten Stadt bei Dunkelheit herumzustreifen war ein sinnloses Unterfangen. So beschlossen wir, gleich am Bahnhof nach einer geeigneten Schlafstelle Ausschau zu halten. Alles andere als einladend war es dort. Doch dann bot sich eine etwas abseits gelegene Ecke voller Gerümpel für unsere Zwecke an. An zwei Seiten schützendes Mauerwerk, die beiden anderen Seiten noch offen. Zerbrochene Betonziegel, alte Blechschüsseln, leere Konservenbüchsen und Plastikkram wurden sorgfältig entfernt, bis genügend Freiraum zum Schlafen vorhanden war. Mit herumliegendem Draht und blechernen Gegenständen fertigten wir kunstvoll an den beiden offenen Seiten unserer Schlafstätte eine in der Dunkelheit nicht sichtbare Absperrung an. Sie sollte Schutz bieten und zugleich als Vorwarnsystem für nächtliche Besucher dienen. Gedanken an ein Abendessen kamen gar nicht auf, es war vielmehr der Durst, der uns plagte. Schon seit Stunden herrschte gähnende Leere in unseren Wasserflaschen. Nicht einmal unsere total verschmutzten Hände konnten wir waschen. Mit dem Wunschgedanken an ein herrlich kühles Bier, gekrönt von einer wunderschönen Schaumhaube, schlief ich ein.

In der Stadt des Mahdi

Trotz harter Betonunterlage schliefen wir ganz gut, auch nicht verwunderlich nach der letzten, recht geräuschvollen Nächtigung im fahrenden Zug. Unentdeckt geblieben waren wir auch für unliebsame Besucher nächtlicher Streifzüge. Dennoch trieb es uns so rasch wie möglich weg von dieser Schlafstätte, die sich bei Tageslicht noch abträglicher präsentierte: Halb Müllablageplatz, halb zusammengebrochenes Gebäude, von dem nur mehr die Grundmauern standen. Vielleicht auch eine Erklärung für den ungestörten Schlaf?

Wir nutzten die Kühle des Morgens und schlenderten durch die uns wenig ansprechende Hauptstadt des Sudan. Nichts konnte unsere Aufmerksamkeit auf sich ziehen und so war dies Anlass, über den bisherigen Reiseverlauf nachzudenken. Dabei wurde uns zum ersten Mal bewusst, welch große Entfernung uns schon von unserer Heimat trennte. Irgendwo im hohen Norden, jenseits der endlosen Weiten der Sahara und des Mittelmeeres wohnten unsere Familien, lebten unsere Freunde, war unser gewohntes Zuhause. Drei Wochen waren schon seit unserer Abreise von St. Pölten vergangen. Drei lange Wochen voller interessanter, aber auch befremdender Eindrücke. Besonders sie gaben Anlass, auch einmal unser als selbstverständlich erachtetes Wertesystem zu überdenken. Von Kindheit an vertraut, waren viele Einrichtungen unserer Heimat etwas ganz Alltägliches, über die sich niemand weiter den Kopf zerbrach. Sie waren einfach da, funktionierten klaglos und waren deshalb nichts Besonderes. Wie sah es dagegen in anderen Ländern aus, besonders hier im fernen Süden, wo ganz offensichtlich viele Dinge keineswegs eine Selbstverständlichkeit darstellten? Beim Versuch, noch vor unserem Stadtbesuch am Bahnhof die leeren Wasserflaschen zu füllen, erfuhren wir eine herbe Enttäuschung. Dem Wasserhahn entwich nur eine schwach fließende, braune Brühe. Vermutlich waren es weit mehr Länder als wir erahnten, in denen Wasser ein knappes Gut, eine echte Kostbarkeit, darstellte. Nicht so wie bei uns zu Hause, wo es jederzeit und scheinbar unbegrenzt aus jedem Wasserhahn sprudelte. Apropos zu Hause, ganz klammheimlich schlich sich die Erkenntnis ein, dass unsere Heimat eigentlich doch eine sehr schöne war. Dort verlief alles in geordneten Bahnen, es herrschte Verlässlichkeit und bei Bedarf war auch alles erhältlich …

Weshalb wohl kamen uns gerade hier, in Khartum, diese abwägenden Vergleiche von Wert und Ordnung in den Sinn? Vermutlich, weil die Stadt wirklich nichts zu bieten hatte, was unseren Erwartungen hinsichtlich einer Landeshauptstadt entsprochen hätte. Ge-

Lebenszeichen nach Hause aus Khartum

wiss, eine beachtliche Ansammlung von Häusern und Gebäuden mit großer Flächenausdehnung, wo es aber offensichtlich nichts Interessantes oder Sehenswertes zu entdecken gab. Die wenigen, im modernen Stil gehaltenen Bürohäuser im Stadtzentrum sahen eher aus wie alleingelassene Vorboten westlicher Zivilisation. Zwischen den nichtssagenden Gebäuden mit ihren oft heruntergekommenen Fassaden war es unerträglich heiß. An den Straßenrändern wurde in kleinen, aus Brettern und Wellblech zusammengenagelten Buden Essbares angeboten. Doch allein schon Geruch und Aussehen nahmen uns jeglichen Appetit. Und dies trotz des Hungers, der langsam, aber sicher nicht mehr von uns weichen wollte. Die Müllabfuhr – existierte so etwas überhaupt? – kam offensichtlich ihren Aufgaben nicht nach. In dieser eher abweisenden Welt kamen wir uns vor wie zwei ausgesetzte Menschenkinder, verlassen von allem, was bislang Rahmen und Ordnung bildete. Dieses Gefühl, sich irgendwo in absoluter Fremde fernab der Heimat aufzuhalten und niemanden zu kennen, an den wir uns im Notfall hätten wenden können, wurde vermutlich noch dadurch verstärkt, dass es außer uns beiden in der

Stadt keine Europäer oder Weiße zu sehen gab. Zumindest schien es anfänglich so zu sein.

Es gab keine Zweifel: Zum ersten Mal auf dieser Reise durchliefen wir einen seelischen Tiefgang mit leicht depressiven Zügen. Selbst den stets locker über den Dingen stehenden Wif hatte es erfasst. Und während wir in Gedanken versunken durch die gesichtslose Stadt schlenderten, kam es völlig unerwartet zu einer Wende. Uli, unser Schweizer Reisegefährte aus dem unteren Niltal, tauchte plötzlich auf und schloss sich uns an. Endlich wieder jemand, der unsere Sprache verstand und mit dem wir uns aussprechen konnten. Sofort kam ein Gefühl von wiedergewonnener Gemeinsamkeit auf mit der interessanten Feststellung, dass auch der Eindruck des Ausgesetztseins in der Fremde rasch in den Hintergrund trat. Denn abgesehen von Ulis Gegenwart hatte sich eigentlich gar nichts verändert. Nach wie vor war das Straßenbild beherrscht von dunkelhäutigen Menschen aller Schattierungen. Pechschwarze Niloten aus dem tiefen Süden mit interessanten Narbenmustern im Gesicht waren genauso vertreten wie die zuweilen doch recht hellhäutigen Nordsudanesen arabischer Abstammung. Ein interessantes Völkergemisch, dem bei näherer Betrachtung bestimmt einiges abzugewinnen gewesen wäre, hätte es nicht diese unerträgliche Hitze, den bohrenden Hunger und ständigen Durst gegeben! Lediglich die langen, schattigen Alleen in der Nähe des Nils boten etwas Schutz vor der Sonne. Fern des Trubels und Menschengewirrs der Innenstadt herrschte unter den ausladenden Bäumen Ruhe und Frieden.

Uli schlug vor, den Stadtzoo zu besuchen. Es gab ja sowieso nichts zu sehen, also warum denn nicht. Doch die Reue folgte auf dem Fuß. Was für ein trauriges Bild bot sich hier dem Besucher! Was war übrig geblieben von der einst so stolzen afrikanischen Fauna? Es tat uns in der Seele weh, sehen zu müssen, unter welch unwürdigen Bedingungen hier die Tiere gehalten wurden. Insgeheim kam der Wunschgedanke auf, besonders den auf kleinstem Raum gehaltenen Löwen die Freiheit zu schenken. Doch weit würden die armen Kreaturen vermutlich nicht kommen. Schließlich noch eine weitere Erkenntnis: Es bedurfte offensichtlich des Besuches einer so deprimierenden Einrichtung wie dieses Zoos, um im nördlichen Afrika wenigstens noch ein paar wilde Tiere zu Gesicht zu bekommen.

Wiederholt waren Gerüchte über die Unruhen im Süden des Landes zu hören. Die dort lebende und mehr unter christlichem Einfluss stehende schwarze Bevölkerung begann sich gegen den dominierenden Norden islamischer Prägung aufzulehnen. Für Uli ein zu großer Risikofaktor, weshalb er seine Reisepläne in den fernen Süden verwarf. Er beschloss, vorerst noch hier zu bleiben, um vielleicht zu einem späteren Zeitpunkt die unmittelbar südlich an Khartum grenzende Region zu bereisen. Elender Schlappschwanz, dachten wir, hier schon die Reise aufzugeben und das nur wegen fallweiser im Süden auftretender Konflikte! Anders dagegen die beiden auf der Anreise kennengelernten Engländer, denen wir zufällig in der Stadt begegneten. Sie hielten an ihrer Absicht fest, weiter bis nach Uganda zu fahren.

Mehrmals gingen wir zum Bahnhof, ohne etwas über eine Weiterfahrt nach Süden in Erfahrung zu bringen. Dann endlich stand es fest. Auf der schwarzen Tafel am Bahnhofseingang wurde in weißer Kreide die Abfahrt eines Zuges nach Kosti angekündigt. Bereits am Nachmittag des nächsten Tages sollte der Zug abfahren. Kosti, eine unbedeutende Kleinstadt, befand sich ca. 400 km südlich von Khartum und lag direkt am Ufer des Weißen Nil. Dort, am Ende unserer Eisenbahnreise, würde uns ein neues Abenteuer erwarten: die Durchquerung der endlosen Sumpfgebiete des Südsudans. Um diese Jahreszeit konnten sie nur auf dem Wasserweg bereist werden. Doch noch waren wir nicht so weit …

Die Weitläufigkeit Khartums hinderte uns daran, den am westlichen Nilufer gelegenen historischen Stadtteil Omdurman zu besuchen. Dort sollte sich auch das Grabmal des Mahdis befinden, jenes islamischen Führers, dessen fanatische Reiterscharen im 19. Jahrhundert von der damaligen Kolonialmacht England nur mit großen Verlusten niedergeschlagen werden konnten. Erst viele Jahre später las ich von diesen Ereignissen in einem faszinierenden Buch über die Entdeckung der Quellen des Nils. Der einstige Verteidiger der Stadt Khartum, der englische General Gordon, kämpfte wochenlang gegen die anstürmende Übermacht des Mahdis. Vergebens, die zu seiner Unterstützung entsandten Truppen Englands trafen wenige Tage zu spät ein. Die Horden des Mahdis hatten bereits ausnahmslos alle Fremden niedergemetzelt. Den Kopf von Gordon auf eine Lanze gespießt, galoppierten die kriegerischen Reiter im Siegestaumel und unter wildem Geheul triumphierend durch die Stadt. Das war vor weit über hundert Jahren, als England versuchte, vom Norden her seinen Einfluss bis zu den Quellen des Nils und weiter nach Süden auszudehnen.

Hätte ich damals von diesen historischen Ereignissen gewusst, wären wir sicher über den Fluss nach Omdurman gegangen. Weniger des Mahdis wegen als vielmehr aus Respekt vor dem damaligen Verteidiger Khartums. Doch vermutlich hätten wir als Ungläubige die Stätte gar nicht betreten dürfen. Wie auch immer, ohne das Wissen um diese dramatischen Ereignisse in der Geschichte des Sudans hatte es einfach keinen Anlass gegeben, den langen Marsch in der Hitze auf sich zu nehmen.

Fotografieren in der Stadt und auch auf dem Land war nur mit besonderer Erlaubnis möglich. Dafür war das Tourist Office zuständig. Nachdem wir nichts Besseres vorhatten, stellte der Weg dorthin auch keinen größeren Zeitverlust dar. Nach der Herstellerfirma des Fotoapparates wurde gefragt und auch die Brennweite des zugehörigen Objektivs wollte der Officer wissen. Und wir mussten unterschreiben, keine Motive mit diskriminierender Wirkung zu fotografieren. Die Beschränkung gelte auch für strategische Einrichtungen, fügte er noch mündlich hinzu. Strategische Einrichtungen, was für welche gab es denn hierzulande, fragten wir uns etwas überrascht. Ach richtig, die einst von den Engländern gebaute Brücke über den Nil nach Omdurman! Sie war übrigens die einzige Brücke auf dem gesamten Nil flussaufwärts von Kairo und wir hatten sie nicht einmal zu Gesicht bekommen. Gut, und die diskriminierenden Aufnahmen? Kein Ablichten von nackten Menschen, vor allem von Frauen. Dies sei strengstens verboten, erklärte uns der Officer mit ernster Miene.

Eine abermalige Übernachtung auf dem Unratgürtel des Bahnhofs fand keiner von uns gut. So begann am späten Nachmittag die

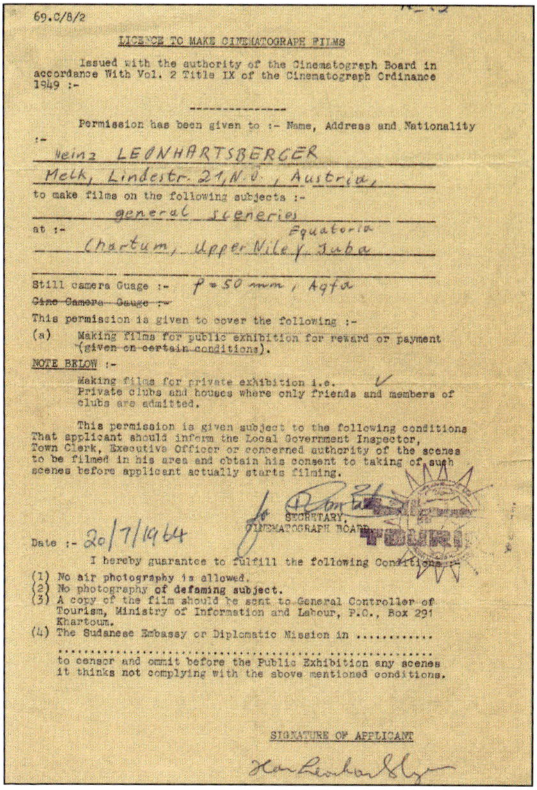
69.C/8/2

LICENCE TO MAKE CINEMATOGRAPH FILMS

Issued with the authority of the Cinematograph Board in accordance With Vol. 2 Title IX of the Cinematograph Ordinance 1949 :-

----

Permission has been given to :- Name, Address and Nationality :-

Heinz LEONHARTSBERGER

Melk, Lindestr. 21, N.Ö., Austria,

to make films on the following subjects :-

general sceneries

at :-

Chartum, Upper Nile, Equatoria, Juba

Still camera Guage :- f = 50 mm, Agfa

~~Cine Camera Gauge :-~~

This permission is given to cover the following :-

(a) ~~Making films for public exhibition for reward or payment (given on certain conditions).~~

NOTE BELOW :-

Making films for private exhibition i.e. ✓
Private clubs and houses where only friends and members of clubs are admitted.

This permission is given subject to the following conditions That applicant should inform the Local Government Inspector, Town Clerk, Executive Officer or concerned authority of the scenes to be filmed in his area and obtain his consent to taking of such scenes before applicant actually starts filming.

for SECRETARY,
CINEMATOGRAPH BOARD

TOURI

Date :- 20/7/1964

I hereby guarantee to fulfill the following Conditions :-

(1) No air photography is allowed.
(2) No photography of defaming subject.
(3) A copy of the film should be sent to General Controller of Tourism, Ministry of Information and Labour, P.O., Box 291 Khartoum.
(4) The Sudanese Embassy or Diplomatic Mission in ....
....
to censor and ommit before the Public Exhibition any scenes it thinks not complying with the above mentioned conditions.

SIGNATURE OF APPLICANT

Fotoerlaubnis für Wif

Suche nach etwas Besserem. Vergebens, im weiteren Umkreis des Bahnhofs war keine geeignete Stelle zu finden. Es war schon knapp vor Sonnenuntergang, als sich auf einmal der Himmel zu verfärben begann. Eigentlich ein durchaus normales Ereignis, doch das ungewöhnlich intensive Rotbraun, das vom Westen her aufstieg, wirkte fast bedrohlich. Was mochte das wohl zu bedeuten haben? Doch die Erklärung folgte schneller als uns lieb ist. Rasch verfinsterte sich der Himmel, in den Baumkronen hob ein Rauschen an, starker Wind kam auf und schon war er da – der Sandsturm. In Sekundenschnelle war die Luft mit feinem Sand und Staub erfüllt. Die Sicht reichte nur wenige Meter. Schnell flüchteten wir in eine öde Betongarage und ließen das Naturschauspiel über uns ergehen. Überall war Sand, in den Augen, in den Ohren und selbst zwischen den Zähnen begann es zu knirschen. Wenig später setzte ein heftiger Sturzregen ein und befreite die Luft von den herumwirbelnden Sandpartikeln. Gleichzeitig begann es abzukühlen, welch wunderbare Erleichterung nach dieser drückenden Hitze!

Als der Regen aufhörte, lag bereits tiefe Nacht über der Stadt – zwecklos nach weiteren Schlafmöglichkeiten Ausschau zu halten. Wäre denn die Garage so viel schlechter als der Bahnhof? Wenigstens lag drinnen kein Gerümpel herum, das es zu beseitigen gab. Kurzerhand erfolgte der Beschluss, hier unser Nachtlager aufzuschlagen. Doch kaum die Schlafstätte hergerichtet und niedergelegt, da griffen sie auch schon an. In regelrechten Scharen stürzten sie sich auf uns und ließen uns keine Ruhe mehr: Moskitos! Daran hatten wir nicht gedacht. Wann hatte es wohl für die Biester in dieser leeren Betongarage die letzte „Mahlzeit" gegeben? Ihrer Aggressivität nach zu urteilen musste es schon sehr lange her gewesen sein. Sich durch Zudecken zu schützen, ging nicht. Sofort wurde es unter dem Schlafsack unerträglich heiß. So fiel der größte Teil dieser Nacht dem aussichtslosen Kampf gegen die geflügelten Plagegeister zum Opfer. Heute denke ich, dass diese Nacht sicher eine der schlimmsten auf unserer Reise war.

Auf dem Bahnhof

Die Abfahrt des Zuges war für 16 Uhr angesetzt. Wir hielten uns in der Nähe des Bahnhofs auf. Die vorherrschende Hitze nahm auch jede Lust, noch irgendetwas Größeres zu unternehmen. Außerdem riet die Erfahrung, schon einige Stunden vor der Zugabfahrt auf dem Bahnhof zu sein. In der Annahme, genau das Richtige getan zu haben, wurden wir beim Betreten des Bahnhofgeländes eines Besseren belehrt. Nicht nur wir hatten so gedacht. Überall wimmelte es nur so von Menschen, von den Unmengen an herumliegendem Gepäck ganz zu schweigen. Du meine Güte, wenn die alle mitfahren wollten, dann brauchten wir ja gleich mehrere Zugeinheiten!

Mitten auf dem weiten Bahnhofsgelände standen vier Waggons. So als wären sie bei einem Verschiebevorgang vergessen worden. Eine Lokomotive war keine zu sehen. Doch mit diesen vier Waggons brauchten wir gar nicht mehr zu rechnen. Sie waren von den Reisenden bereits gestürmt und brechend voll. Nicht die geringste Chance, auch nur irgendeinen Platz zu ergattern. Das konnte und durfte doch nicht alles sein, was an diesem Tag an Einheiten nach Süden fahren sollte, sagten wir uns. Da mussten noch weitere Waggons hinzukommen, schließlich war das gesamte Bahnhofsgelände voll besetzt mit potenziellen Mitfahrern. Die Gleise waren bei all den herumstehenden, hockenden und sitzenden Menschen kaum mehr zu sehen. Plötzlich kam Bewegung in die Menge. Von rechts heranrollend näherten sich mehrere Waggons den bereits stehenden. Ein kurzer metallischer Aufprall und die Einheiten standen. Zwei Bahnhofbedienstete eilten herbei und kuppelten die neuen Waggons an. Jetzt aber hieß es rasch zu handeln, wollten wir je zu einem Platz kommen! Unsere Taktik für das Erhalten eines Sitzplatzes war kurz vorher beschlossen worden. Wif übernahm die beiden Rucksäcke und ich stürzte den Waggons entgegen. Ohne behindernden Rucksack war ich mit Ellbogentechnik und anderen kleinen „Unfeinheiten" den anderen an Beweglichkeit weit überlegen. Rasch kämpfte ich mich zwischen den drängenden Leibern bis zum nächsten Trittbrett durch. Noch ein paar kräftige Schubser und ich war im Inneren des Waggons. Zwei Fensterplätze waren sofort besetzt. Da kam auch schon Wif, der mir die Rucksäcke von außen durch das Fenster ins Abteil reichte. Wenig später saß er neben mir. Große Erleichterung und tiefes Durchatmen. Dann schallendes Lachen. Richtig stolz waren wir über den erfolgreichen Ablauf dieser Aktion. Das hatten wir wieder einmal gut gemacht!

Derweil tobte draußen an den Eingängen der Waggons eine wahre Schlacht, Sitz- und Stehplätze schwanden in Windeseile. Es war nur noch eine Frage der Zeit, bis alles besetzt war. Überall drängelte es, von allen Seiten waren laute Rufe und Schreie zu hören. Unaufhörlich strömten die Massen herein, das Schubsen und Schieben wollte kein Ende nehmen. Schließlich wollten alle mitfahren. Nicht lange und sämtliche Abteile quollen buchstäblich über vor lauter Menschen und Gepäck, Gänge und Plattformen waren brechend voll bis hin zum Eingangsbereich. Kein Millimeter freier Platz mehr. Doch das war noch lange kein Grund, das Drängen von außen aufzugeben. Der ohrenbetäubende Lärm verlieh dem Geschehen noch mehr Hektik und so manche der Handlungen waren von regelrechter Aggressivität begleitet. Lauthals und mit drohenden Gebärden kundgegebene Absichten konnten sich anscheinend besser durchsetzen als jene, die sich friedlicher gaben. Regelrechte Platzangst kam auf beim Anblick der Unmengen an Gepäck, die jeder Reisende mit sich schleppte. Da waren schwer gepackte Jutesäcke, bunte Stoffbündel, geflochtene Körbe und Behältnisse merkwürdigster Art zu sehen, die nur mehr über die Köpfe der Passagiere hinweg weitergereicht werden konnten. Bei diesem Durcheinander war es doch unmöglich zu wissen, wem die Gepäckstücke gehörten und wohin sie wandern sollten? Wir schüttelten nur noch verständnislos die Köpfe. Jetzt begannen sich auch noch unbeschreibliche Gerüche auszubreiten, die bald das gesamte Waggoninnere beherrschten.

Auf den Trittbrettern hingen weiterhin ganze Trauben von Reisewilligen. Sie wollten auch dann nicht ablassen, als der Zug zum wiederholten Male zur Abfahrt pfiff. Mittlerweile musste wohl eine Lokomotive gekommen und angehängt worden sein. Das ganze Manöver war bei dem vorherrschenden Lärm völlig untergegangen. Die Menschen an den Eingängen wollten nicht ablassen, obwohl es ganz offensichtlich keine Möglichkeit mehr zum Mitfahren gab. Nun schritt die Polizei ein. Mit kräftigen Schlagstöcken prügelte sie unkontrolliert auf die Menschen ein, um sie vom Zug fernzuhalten. Volle Schüsseln fielen zu Boden, ihr Inhalt entleerte sich, Säcke platzten, Leute schrieen und stürzten – das Chaos war perfekt! Bei uns entstand der Eindruck, als wäre dies der verzweifelte Versuch einer Bevölkerung, ihre von Feinden bedrohte Stadt noch im letzten Augenblick verlassen zu wollen.

Mehrere aufeinander folgende, schrille Pfiffe kündigten die unmittelbar bevorstehende Abfahrt an. Kurz darauf war ein schweres Stampfen und Fauchen zu hören. Doch nichts tat sich. Kein Ruck war zu spüren, keinen Millimeter bewegten sich die Waggons vorwärts. Wir beugten uns weit aus dem Fenster. Gewiss, die Räder der Lokomotive drehten sich, aber sie drehten sich auf der Stelle! Zu groß war die angehängte Last der Waggons oder zu gering das Gewicht der Lokomotive. Eine recht einfache Beziehungsproblematik aus dem Reich der Mechanik. Da gab es nur eine Lösung. Ein Teil der Waggons musste wieder abgehängt werden. Eine andere Lok mit mehr Gewicht und höherer Zugkraft gab es wohl nicht. Als diese Notwendigkeit erkannt und auch sofort in die Tat umgesetzt wurde, mussten die beiden letzten Waggons daran glauben. Sie wurden abgehängt. Welch' ein Glück, dass wir uns weiter vorn befanden. Kaum mit dem Abkoppeln begonnen, kam erneut Bewegung in die Massen. Vom sicheren Sitzplatz aus konnten wir nun den zweiten Teil des Dramas um eine Mitfahrgelegenheit verfolgen. Was sich da vor unseren Augen abspielte, war kaum mehr in Worte zu fassen. Geradezu panikartig stürzte das Volk aus den beiden abgehängten Waggons und versuchte sofort wieder, weiter vorn einzusteigen. Aber dort gab es keinen freien Platz mehr. Alles war schon doppelt und dreifach besetzt, einfach zum Bersten voll! Einige Verwegene begannen, auf die Dächer der Waggons zu klettern, andere setzten sich auf die Puffer oder versuchen mit aller Gewalt, sich noch irgendwo an den mit Menschen vollgestopften Eingängen festzukrallen.

Die Polizei, die sich vorübergehend zurückgezogen hatte, griff erneut ein. Mit unglaublicher Brutalität schlug sie auf die außen an den Waggons hängenden Reisewilligen ein. Schreie, Flüche und wilde Auseinandersetzungen höchster physischer Intensität kennzeichneten die Zeit bis zum zweiten Abfahrversuch.

Weiter gen Süden

Schon beinahe die Hoffnung aufgegeben, setzte sich der Zug dann doch in Bewegung. Ganz langsam, fast unmerklich begann er von der Stelle zu rollen. Doch über das Schritttempo hinaus schaffte er es offenbar nicht und dabei blieb es vorerst. Inzwischen war es Spätnachmittag geworden. In gemächlichem Tempo verließen wir die Stadt Richtung Süden. Nach und nach entschwanden langsam die letzten Häuser unseren Blicken, dann ging es hinein in eine offene Grassavanne mit lockerem Baumbestand. Regelrecht hohes, grünes Gras wuchs hier, gänzlich unerwartet nach dem bisher Gesehenen. In unverändertem Tempo schlich unser Zug dahin. Das kam für so manchen Reisenden einer Aufforderung gleich, nun auszusteigen, um hinter dem nächsten Busch endlich sein dringendes „Geschäft" zu verrichten. Nach den vielen Wartestunden auf dem Bahnhof war es kein Wunder. Sichtlich erleichtert schafften sie es dann ohne große Mühe, im hinteren Bereich des Zuges wieder aufzuspringen. Natürlich mussten auch wir dieses Spielchen ausprobieren. Denn wer konnte schon von sich behaupten, aus einem fahrenden Zug ausgestiegen zu sein, um Blumen zu pflücken und anschließend wieder mit demselben Zug die Fahrt fortgesetzt zu haben! Selbst wenn dies nicht ganz der Wahrheit entsprach, weil in einer afrikanischen Grassavanne außer Gras und ein paar Bäumen nichts weiter wächst. Schon gar keine Blumen.

Unser Interesse an diesem anfänglich ganz amüsanten Zeitvertreib ließ bald nach und so zogen wir es vor, lieber vom Abteil aus die Weite dieser völlig unberührten Landschaft vorüberziehen zu lassen. Nichts als eine riesige grüne Grasfläche, aus der ein paar Bäume herausragten. Begann nun die afrikanische Wildnis, von der wir schon lange schwärmten? Es fehlten bloß noch Antilopen, Zebras und Giraffen. Da steckten auf einmal ein paar sudanesische Studenten ihre Köpfe ins Abteil. Sie fanden es gar nicht gut, dass wir als Weiße und Besucher ihres Landes in einem derart schlecht ausgestatteten Waggon reisen würden. Wir sollten doch zu ihnen in einen Waggon zweiter Klasse kommen. So fand wiederum ein unerwarteter Wechsel von beinharten Holzbänken zu weich gepolsterten Sitzen statt, in denen wir regelrecht versanken. Im ersten Augenblick schon etwas gewöhnungsbedürftig. Dann kamen Fragen. Ziel und Zweck unserer Reise im Sudan? Weshalb wir freiwillig in der vierten Klasse fahren würden und dies noch dazu als Weiße? Das konnten die Studenten einfach nicht verstehen. Wir müssten doch viel Geld haben und demzufolge auch standesgemäß reisen. Da verschwiegen wir lieber den wahren Grund unseres Substandardreiseniveaus und ersparten ihnen vielleicht so eine Enttäuschung.

Langsam erlahmte unsere Unterhaltung. Der Gesprächsstoff ging zu Ende. Schon längst hatten wir feststellen müssen, dass unsere bescheidenen Englischkenntnisse keineswegs dazu geeignet waren, sich länger über eine bestimmte Sache zu unterhalten, geschweige denn, tiefschürfende Themen zu diskutieren. Vermutlich hatten dies auch die Studenten erkannt, denn es dauerte nicht lange und sie verabschiedeten sich. Vielleicht wussten sie von ihresgleichen in einem anderen Abteil, wo es sich besser unterhalten ließ.

Nun waren wir allein im Abteil. Stille und Ruhe nach dem vorausgegangenen Chaos beim Einsteigen am Khartumer Bahnhof. Im Gegensatz zu den unteren Klassen waren die Abteile in diesem Waggon lange nicht so überfüllt. So sahen wir uns um und trafen zu unserer Überraschung Wolfgang und die beiden Engländer, die ebenso auf der Suche nach einer ruhigen Bleibe waren. Sofort taten wir uns zusammen und belegten unser Abteil, um eventuellen künftigen Platzansprüchen anderer vorzubeugen. Endlich gab es ausreichend Platz, um für die nächsten Stunden die Beine ausstrecken zu können.

Und weiter rollte unser Zug in gemütlichem Tempo gen Süden, hinein in die schier endlose Grassavanne. Kaum merklich gewann er dann doch an Geschwindigkeit. Der Tag ging zur Neige und die Nacht brach herein. Sichtlich ermüdet vom Einstiegsgerangel am Khartumer Bahnhof stellten sich alle Mitreisenden, so auch wir, langsam auf die Nachtruhe ein. Die monotonen Gleisgeräusche und das rhythmische Klopfen der Räder beim Überfahren der Schienenstöße drückten schwer auf die Augenlider. Bald fanden auch wir den wohlverdienten Schlaf in den sanften Ruhekissen der Sudan Railways.

Gleich nach dem Aufwachen fiel der erste Blick aus dem Fenster. Nein, das konnte ja gar nicht wahr sein! Für einen Moment kamen Zweifel an der Funktionsfähigkeit meines Sehsinnes auf. Wir waren doch mitten in Afrika, irgendwo im Grassavannengürtel und nicht … Doch wir träumten nicht, es war Wirklichkeit. Vor dem Fenster des Waggons erstreckte sich bis an den Horizont eine riesige Wasserfläche, die langsam vorbeizog. Mahnmalen gleich ragten aus ihr einzelne Bäume heraus. Mit einem Schiff auf einem riesigen Stausee unterwegs, wäre die passende Antwort auf das Gesehene gewesen. Wir aber waren doch mit der Bahn unterwegs! Alles reichlich verwirrend im ersten Moment. Doch dann wurde es klar. Offensichtlich durchquerten wir gerade eine weite Ebene, die während der Regenzeit völlig überschwemmt wurde. Doch wie konnte unser Zug so problemlos durch eine überschwemmte Ebene fahren? Neugierig beugten wir uns aus dem Fenster. In der Tat rollte der Zug auf einem schmalen Damm, die Gleise gerade noch frei über dem Wasser liegend. Und schon bald machten wir eine weitere interessante Feststellung: Das optisch und akustisch Wahrgenommene stimmte keineswegs überein. Im Abteil sitzend vermittelte nämlich der Blick aus dem Fenster eher den Eindruck, auf der Oberfläche eines riesigen Gewässers dahin zu gleiten. Das Gehör wiederum vernahm die Fahrgeräusche des rollenden Zuges. Schon schwierig, diese an sich widersprüchlichen Sinneseindrücke richtig zu verarbeiten. Dazu mussten wir uns schon ganz bewusst aus dem Fenster lehnen und zu den unter uns hinweg huschenden Eisenbahnschwellen schauen.

Seit geraumer Zeit lag das Überschwemmungsgebiet hinter uns. Unverändert führte die Gleistrasse geradeaus weiter nach Süden bis wir in Sennar eintrafen. Kaum war etwas in Erinnerung geblieben von diesem wohl wenig beeindruckenden Ort, weder bei mir, noch bei Wif. Richtig, da gab es einen Bahnhof, ein paar Hallen und Gleise. Von Sennar führte nun die Bahnstrecke direkt in Richtung Westen, bis wir ein paar Stunden später in dem kleinen, am Ufer des Weißen Nils gelegenen Städtchen Kosti einrollten. Hier nahm am frühen Nachmittag des 22. Juli die für uns bisher längste Bahnfahrt ihr Ende.

Pyramiden von Kairo

Mohammed Ali Moschee in Kairo

Wanderung durch Kairos Altstadt

Lotse auf dem Assuanstausee

Wadi Halfa – Abfahrt des Zuges durch die Nubische Wüste

Namenlose Haltestelle in der Nubischen Wüste

Technisches Versagen der Lokomotive verursacht unerwarteten Halt in der Nubischen Wüste

Schwerer Schaden am Antriebssystem der Lokomotive

Wartende Fahrgäste am Bahnhof von Khartum

Auf einem schmalen Weg ging es hinunter zum Fluss, wo das Schiff bereits auf die mit dem Zug eingetroffenen Passagiere wartete. Unser neues Fortbewegungsmittel war nichts anderes als ein Schubschiffverband von eindrucksvoller Größe: im Heckbereich ein mit wuchtigen Schaufelrädern ausgestattetes Hauptschiff, seitlich und davor weitere sieben Einheiten, die mit dicken Stahltrossen fest vertäut waren. Alles solide, schier unverwüstliche Konstruktionen aus massivem Stahlblech.

Alle hinzugekommenen Passagiere sollten auf dem Hauptschiff untergebracht werden. Dort waren jedoch sämtliche Schlafstellen der dritten und letzten Klasse* bereits vergeben. Auf der Suche nach einer brauchbaren Schlafgelegenheit für die nächsten zehn Tage widerfuhr uns dann etwas völlig Unerwartetes. Versehentlich gerieten wir in einen großen, unter Deck gelegenen Schlafsaal. Schon wenige Meter hinter dem Eingang hob ein lautes Geschrei an. Nach dem ersten Schreck blickten wir verunsichert in die Runde. Bevor wir zu irgendeiner Reaktion fähig waren, umringte uns eine Gruppe hagerer und wirklich grimmig aussehender Weiber. Überall nur abweisende Gebärden und wild herumfuchtelnde Arme. Auf ein derartig entschlossenes Verhalten waren wir überhaupt nicht vorbereitet. Was zum Kuckuck hatten wir denn schon wieder falsch gemacht? Aber sich noch mehr den Kopf zu zerbrechen über unsere ungemütliche Lage, kamen wir gar nicht. Eines dieser auf uns eher bedrohlich wirkenden Geschöpfe zog sein langes Messer. Diese unmissverständliche Geste genügte. Schnellstens machten wir kehrt und verließen den Schlafsaal. Was waren denn das für Frauen, die hier so entschlossen ihr „Territorium" verteidigten? Allesamt barfuß hatten sie um die Hüften einfache Wickelröcke geschlungen, deren einstige Farben oder gar Muster nicht mehr zu erkennen waren. Die Oberkörper hatten sie nur dürftig mit irgendwelchen, zum Teil schon arg zerschlissenen Tüchern bedeckt. Manche trugen oberhalb der Gürtellinie gar

* Eine vierte Klasse gab es nicht an Bord.

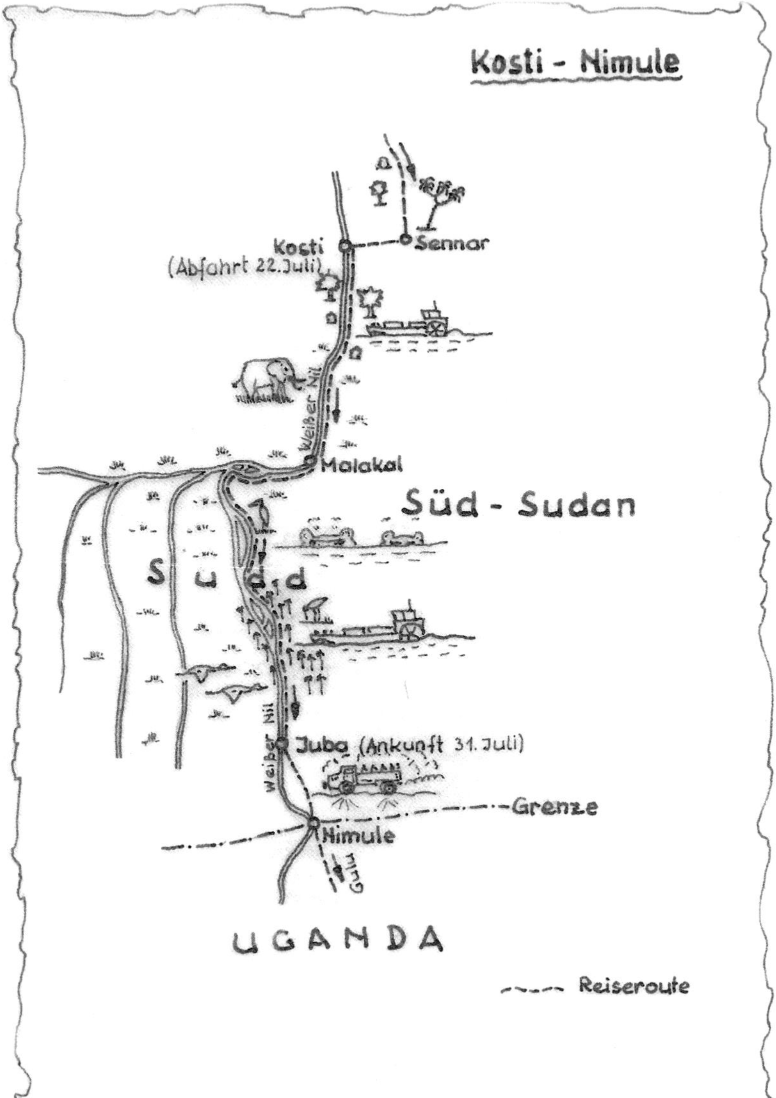

Reiseverlauf Kosti – Juba – Nimule

nichts. Auffallend war bei allen die Ausbildung der Brüste, die wegen ihrer Form am besten als „Tütenbrüste" – ein treffender Ausdruck von Wif – beschrieben werden konnten. Auch die jüngeren Frauen konnten dieses Gen nicht leugnen.

Wieder zurück an Deck atmten wir erleichtert auf. Keiner von uns hatte mit derart impulsiven Begegnungen seitens der afrikanischen Frauenwelt gerechnet. Der Anblick dieser zerlumpten und ausgesprochen ungepflegt aussehenden Gestalten verfolgte uns noch eine Weile. Allein die Gebisse, die diese Frauen hatten, waren eine echte Katastrophe! Mehrheitlich schwarzbraun gefärbte Stummel, die während ihres lautstark hervorgebrachten Protestes deutlich hervorgetreten waren. Dazu diese feuchte Aussprache. Allein schon der Gedanke daran ließ ein leichtes Schaudern über meinen Rücken ziehen. Ob die wohl alle verheiratet waren oder wie nannte sich diese Form des Zusammenlebens im südlichen Sudan? Die Gewissheit jedenfalls, sich die nächsten zehn Tage in ständiger Nähe derart abweisend gebärdender Menschen aufhalten zu müssen, verhalf nicht gerade zu seelischen Freudensprüngen. Und das Problem unserer Nächtigung war noch immer nicht gelöst! Was sollte nun geschehen? Irgendwo auf dieser schwimmenden Ansammlung von Schiffen musste es doch eine Schlafgelegenheit für uns beide geben!

In unserer Ratlosigkeit fassten wir den Mut und sprachen direkt den Kapitän an. Mit unserer Schiffskarte dritter Klasse hatten wir natürlich keinerlei Anspruch auf etwas Besonderes. Aber wir wollten auch nicht mehr als ein kleines, bescheidenes und vor allem ruhiges Plätzchen, wo wir uns getrost niederlassen konnten. Der Kapitän zeigte Verständnis für unsere Lage. Er wies Wif und mir eine kleine luftige Kammer zu. Jetzt erst kam die Frage auf, wo denn Wolfgang und die beiden Engländer Unterschlupf gefunden haben mochten? Bei dem anfänglichen Durcheinander an Bord hatten wir nämlich alle drei aus den Augen verloren. Wenn nicht anders, würden sie sich sicher auch an den Kapitän wenden.

Die vier Wände unserer kleinen Kammer waren aus leichten, mit Moskitodrahtnetz bespannten Holzrahmen gebaut. Der Boden aus Holz war sauber geschrubbt, der Raum gerade groß genug, um bequem unsere beiden Schlafsäcke ausbreiten zu können. Herz, was willst du mehr! Dieses großzügige Angebot begeisterte uns regelrecht. Getrennt von der Masse der Mitfahrenden verfügten wir so über einen geradezu gemütlichen Raum, der uns noch dazu vor den allgegenwärtigen Moskitos schützte. Wahrlich ein guter Start für die zehn Tage währende Schiffsreise in den tiefen Süden des von Stammesunruhen geschüttelten Sudan. Allerdings hatte der Kapitän gleich durchblicken lassen, dass dieser Traum nicht von Dauer sein konnte. Und schon wenig später wurde uns mitgeteilt, dass wir, sobald andere Schlafgelegenheiten frei würden, in die großen Säle übersiedeln müssten. Doch getreu nach Wifs Devise, sich erst dann den Kopf zu zerbrechen, wenn das Problem vor einem stand, genossen wir vorerst diesen zeitlich begrenzten Luxus in der stillen Hoffnung, dass er möglichst lange anhalten mochte.

Nachdem wir uns es gemütlich eingerichtet hatten, gingen wir auf die Suche nach Trinkwasser. Weder Rohrleitungen, noch Wasserhähne waren auf dem Hauptschiff zu entdecken, ganz zu schweigen auf den angetäuten Nebenschiffen. Etwas enttäuscht blieb uns keine andere Wahl als unseren Teekessel in das gelbbraune Nilwasser zu tauchen. Abgekocht dürfte es damit keine Probleme geben!

Irgendwann am Nachmittag legten wir ab. Fast unmerklich begann sich unser Schiff, einer schwimmenden Insel gleich, auf dem träge dahinfließenden Strom zu bewegen. Die letzten Häuser von Kosti blieben hinter uns. Dann war nichts mehr zu sehen außer der Wasserfläche mit den grünen Uferstreifen, die uns die nächsten zehn Tage begleiten würden. Die lange Fahrt in den unbekannten Süden mitten ins Herz Afrikas hatte begonnen.

Schweres rhythmisches Klatschen, vermischt mit dem Rauschen fließenden Wassers, drang an meine Ohren. Es waren die großen Schaufelräder unseres Schubschiffes, die uns scheinbar unermüdlich Stunde für Stunde weiter flussaufwärts schoben. Immer weiter nach Süden, immer tiefer hinein in die Unendlichkeit des Sudd, der größten zusammenhängenden Sumpffläche Afrikas. Gedankenverloren stand ich am Heck des Schubschiffes und beobachtete, wie die großen Antriebsräder mit ihren breiten Schaufeln immer wieder ganze

Büschel von Wasserhyazinthen erfassten, hochwirbelten und zurück ins Wasser schleuderten. Einige von ihnen blieben an den Querstreben des Radantriebs hängen. Nach einer gewissen Zeit rissen sie sich los und tauchten dann im Heckwasserbereich wieder auf.

Wie breit nun der Weiße Nil hier war, vermochte niemand zu sagen. Das wahre Ausmaß seiner Größe blieb nur zu vermuten. Deutlich trennten die schmalen und beinahe schwarz wirkenden Uferstreifen das gesamte Blickfeld vom Schiff aus in zwei etwa gleich große Bereiche. Da war zum einen vorne der Schiffsrand mit Reling und der hell schimmernden Wasserfläche bis hinüber zu den weit entfernten Ufern und zum andern darüber die Kuppel des von hohen, hellgrauen Wolken bedeckten Himmels, dessen indirektes Licht den Eindruck der unendlichen Weite dieser Wasserlandschaft noch unterstrich. Nur ab und zu blinzelte die Sonne kurz zwischen den Wolken hindurch. Seit wir Khartum verlassen hatten, hatte es keinen einzigen Sonnentag mehr gegeben. Auch nicht weiter verwunderlich, denn hier herrschte ja gerade Regenzeit.

Trotz der Vielzahl neuer Eindrücke in einer uns noch völlig fremden Umgebung kehrten schon am ersten Tag auf Wasser unsere Gedanken zurück zu ganz einfachen, aber letztlich lebenswichtigen Dingen. Der uns zur Verfügung stehende Proviant würde, die Einhaltung eines strikten Sparprogramms vorausgesetzt, bestenfalls noch weitere vier Tage reichen! Dann war aber endgültig Schluss. Eigentlich war ja geplant gewesen, noch vor der Abfahrt in Kosti Proviant einzukaufen, doch die angelaufene Zugverspätung hatte dies unterbunden. Nun würden wir laut Fahrplan am vierten Tag den Ort Malakal anlaufen, die nächste und einzige Einkaufsmöglichkeit auf der gesamten Strecke bis hinunter nach Juba. Für uns also ein unbedingtes Muss, dieser Stopp in Malakal, andernfalls würde es für die Weiterfahrt recht traurig aussehen. Mit einem kleinen Zettel in der Hand sah ich uns schon von Geschäft zu Geschäft eilen, da es ja selten alles in einem gab. Dabei würde sich unser Einkaufszettel sowieso nur auf das Allernötigste beschränken. Noch waren wir ahnungslos, noch wusste keiner von uns, dass uns bald eine weitere, viel schlimmere Zerreißprobe bevorstehen würde, die uns während der weiteren Schiffsfahrt hart zusetzen sollte.

Schon für das erste Abendessen auf Schiff gab es kaum Auswahl. Die bescheidene Bilanz: Alles zusammengelegt hatten wir noch sieben Päckchen Fertigsuppen sowie sechs Fischkonserven. Mehr war es leider nicht! Nicht einmal ein Stück Brot hatten wir dazu. Und die Fischdosen hatten allesamt Umgebungstemperatur angenommen. Warmer Thunfisch oder gar warme, ölige Sardinen so ganz ohne Brot weckten bei mir sofort ein Gefühl des Widerwillens, ja beinahe des Ekels. Selbst der aufgekommene Hunger änderte nichts an dieser Haltung. Auch wurde sofort die Erinnerung wach an das breiig flüssige Schmalzfleisch, das wir in unserer Verzweiflung auf dem Schiff von Athen nach Alexandria verzehrt hatten. Doch da hatten wir wenigstens noch etwas Brot zur Verfügung gehabt. Wie dem auch sei, als Folge dieses kulinarischen Engpasses würden für mich Fischkonserven über viele Jahre ein rotes Tuch sein.

Nach einer Suppe und dem obligaten Tee begann die erste Nacht auf dem Schiff. Schwer lastete die schwüle Luft auf uns. Dennoch konnten wir uns über die Aufenthaltsbedingungen in unserer kleinen Behausung nicht beklagen. Die feinen Drahtgitter der Wände ließen jeden noch so leichten Lufthauch passieren. Zudem war unser Terrain von vornherein „abgesteckt", wir brauchten es gegenüber niemandem zu verteidigen. Schlichtweg ganz wunderbare Schlafbedingungen. Konnte es denn nicht die ganze Schiffsreise über so bleiben? Welchem anderen Zweck sollte dieser kleine und vor Moskitos sichere Raum sonst dienen?

Irgendwann in der Nacht wurden wir wach. Kein Licht war zu sehen, völlige Dunkelheit um uns. Doch es waren ganz deutlich Geräusche und auch Stimmen zu hören. Manchmal eher verhalten, dann wieder in barschem Kommandoton. Dunklen Schatten gleich liefen auf einmal Gestalten hin und her, jemand schien Anordnungen zu geben. Was sollte denn diese Unruhe mitten in der Nacht? Da musste etwas Ungewöhnliches vor sich gehen, das nicht für jedermanns Augen bestimmt war. Dunkles, geheimnisvolles Afrika, die Neugier siegte. Rasch waren lange Hose und Hemd übergezogen, dann verließen wir noch etwas verschlafen unsere gute Kammer. An der Reling auf der Backbordseite standen einige Leute und starrten hinaus in die finstere Nacht. Nur ihre dunklen Umrisse waren zu sehen. Was gab es denn da zu sehen, um diese Nachtzeit? Unweit vom Schiff ein kaum wahrnehmbarer schwarzer Streifen, das musste wohl das rechte Flussufer sein. Nur wenig hob es sich vom Wasser und dem darüber liegenden etwas helleren Himmel ab. Da, auf einmal sahen wir ein Licht in dieser unheimlichen Finsternis, das mal stärker, dann wieder schwächer wurde. Genau auf der Höhe des Flussufers. Jetzt verstanden wir. Der Kapitän bereitete ein Anlegemanöver vor. Doch wer sollte hier abseits jeglicher Zivilisation und Landeeinrichtungen bei stockdunkler Nacht aus- oder zusteigen? Näher und näher kamen wir dem Lichtschein, der sich als schlichte Petroleumlampe in der Hand einer dunklen Gestalt entpuppte. Einmal in Rufweite wurden kurze Sätze in Arabisch ausgetauscht. Nun waren noch weitere Leute am Ufer auszumachen. Bewegung kam auf, ein starkes Brett wurde herangeschleppt und kurze Zeit später war die Verbindung zum Schiff hergestellt. Reichlich gespenstisch sah das alles aus, zumal wir für das gesamte Manöver mitten in der Nacht keine Erklärung finden konnten. Doch diese ließ nicht lange auf sich warten. Nun wurden wir Zeugen eines Vorganges, der wohl in der Geschichte des schwarzen Kontinents schon unzählige Male in allen Varianten abgelaufen war. Aus der Dunkelheit war plötzlich das unverkennbare Klirren von schweren Eisenketten zu vernehmen. Dann setzte ein ganz merkwürdiges, fast rhythmisches Rasseln ein, das sich langsam näherte. Und ehe wir uns über den Ursprung näher Gedanken machen konnten, da tauchten sie auch schon auf. Zuerst trauten wir unseren Augen nicht, aber es war in der Tat ein Anblick, der gut in die fantasievollen Erzählungen Karl Mays vom Sudan gepasst hätte! Langsamen schweren Schrittes gingen sie auf den provisorischen Landungssteg zu, einer hinter dem anderen. Der Steg begann zu schwanken. Mehr und mehr bog er sich durch. Jeden Augenblick, so dachten wir, würde er unter ihrer Last brechen. Aber was war das für ein erschreckender Anblick. Alles ausgemergelte, bis auf die Knochen abgemagerte und in zerfetzte Lumpen gehüllte

Männer, die an den Hand- und Fußgelenken grobgefertigte Metallschellen trugen. Durch schwere Eisenketten waren sie alle unentrinnbar aneinander geschmiedet. Mühsam schleppten sie sich an Bord. Wir konnten es nicht fassen. Das konnte, das durfte doch nicht wahr sein! Wir befanden uns in der zweiten Hälfte des 20. Jahrhunderts und nicht etwa hundert Jahre früher, als der Handel mit Sklaven noch zum alltäglichen Erscheinungsbild des Schwarzen Kontinents gehört hatte! Oder waren das etwa keine? Wie auch immer, was sich da vor unseren Augen abspielte, war erschütternde Wirklichkeit. Eine schier endlose Kette menschlicher Körper wankte langsam über den Holzladen an Bord, begleitet von diesem metallenen Klirren und Gerassel. So wie sie gekommen waren, verschwanden diese dunklen Schatten im Inneren des Schiffsrumpfes. Bald war der ganze Spuk vorbei, verschluckt von der alles umgebenden Finsternis. Das Geklirr verstummte, die Ruhe der afrikanischen Nacht kehrte wieder ein. Es wären Gefangene, hieß es anschließend. Sie sollten weiter in den Süden transportiert werden. Deshalb also der Platzmangel auf dem Schiff, denn für diese Gefangenen war ein eigener Schlafsaal reserviert worden. Tief beeindruckt von dem Gesehenen kehrten wir in unser Schlafgemach zurück. Noch lange redeten wir darüber, bis uns endlich der Schlaf übermannte. Ich dachte, in dieser Nacht von wilden Sklavenjagden und orientalischen Märkten, auf denen Sklaven feilgeboten wurden, geträumt zu haben.

Es war taghell, als wir die Augen öffneten. Der erste Morgen auf dem Schiff hatte bereits begonnen. Kühle Luft umgab uns und eine erstaunliche Ruhe, nur das sanfte Rauschen des vorbeigleitenden Wassers war zu hören. Gleich nach dem Frühstück war sie fällig, die erste größere Erkundungsrunde auf unserer schwimmenden Unterkunft. Sogleich fielen uns wahre Berge von Zwiebelsäcken auf, die auf dem Deck des Nachbarschiffes lagerten. Etwa 800 Tonnen sollten es sein. Mit etwas Fantasie hätte es sich um Säcke voller saftiger Äpfel handeln können, so schön rund und groß erschienen von außen diese Zwiebeln. Wohin sie transportiert wurden und wer diese großen Mengen wohl essen würde, ist meiner Erinnerung entfallen. Diese Zwiebeln würden jedenfalls in den kommenden Tagen eine äußerst wichtige Rolle spielen und auch langfristige Auswirkungen auf meine Essgewohnheiten haben.

So brechend voll wie auf dem Schiff am Assuanstausee war es hier noch lange nicht. Vielleicht auch deshalb, weil sich das aus stabilem Stahlblech gefertigte Deck mit zunehmendem Sonnenstand derart aufheizen würde, dass jemand, der barfuß darauf zu gehen versucht, es sicher kein zweites Mal wiederholen würde. Wohl aus diesem Grund zog es die Mehrzahl der Passagiere vor, den größten Teil des Tages im geschützten Inneren zu verbringen. Vorsichtig steckten wir kurz unsere Köpfe in alle betretbaren Räumlichkeiten, tunlichst darauf bedacht, den Saal mit den angriffslustigen Weibern zu vermeiden. Aus Platzgründen lagerte ein Großteil des Reisegepäcks auf den verschiedenen Decks im Freien. Schon erstaunlich, was sich hier im Herzen Afrikas alles Reisegepäck nennen durfte. Von prall gefüllten Säcken unterschiedlicher Größe über in frischen Bananenblättern eingewickelte Bündel unbekannten Inhalts bis hin zu kunstvoll geflochtenen Körben war alles vorhanden. Mengen- oder Gewichtsbegrenzungen gab es offenbar nicht. Und fast hätte ich es vergessen: Vierbeiniges „Lebendgepäck" war auch noch da. Es waren Ziegen, die angebunden waren oder frei herumlaufend ihre neue Umgebung erkundeten. Noch gab es ausreichend Platz auf Deck. Doch es wäre nicht Afrika gewesen, wenn nicht im Laufe der Reise das Gepäck zunehmen sollte, wie auch die Anzahl der Reisenden, die bei den kleinen Stopps irgendwo entlang der Flussufer zustiegen. Lediglich das als Reiseproviant fungierende Lebendgepäck sollte im Laufe der Fahrt weniger werden.

Auf unserer Erkundungstour durch das Schiff stoßen wir auch auf die Toiletten. Drei Einheiten gab es davon in der dritten Klasse. Ein Modelltyp, der gemeinhin als türkisches Klo bekannt ist: eine Art flacher Schüssel also, darauf zwei Trittflächen und ein Loch, dazu noch eine richtige Wasserspülung mit einer Ziehvorrichtung. Eigentlich müsste die Funktionsweise unmissverständlich sein. Doch gegen Ende des dritten Tages sollten die Toiletten nicht mehr zu gebrauchen sein, zumindest nicht für europäische Zeitgenossen. Unter dem breiten Türschlitz am Boden, wohl für Belüftungszwecke so gedacht, begann nämlich langsam, aber sicher eine braune, zähflüssige Masse hervorzuquellen. Was hatten die Benutzer wohl angestellt? In böser Vorahnung des Kommenden öffnete ich vorsichtig die nach innen aufgehende Tür, deutlich den Widerstand von unten spürend. Als die Öffnung gerade so breit war, um den Kopf hineinstecken zu können, sah ich die Bescherung. Unter dem großen Andrang waren die Toilettenschüsseln buchstäblich unter einem Berg von Exkrementen verschwunden. Offensichtlich wusste die Mehrzahl der Reisenden nichts mit der Spültechnik zur Fäkalienbeseitigung anzufangen. Doch selbst dieser Zustand hielt die Leute noch immer nicht von der weiteren Benutzung ab. Brav wurden die Toiletten weiter frequentiert. Unverständlich, wie unter derartigen Bedingungen viele der Reisenden selbst barfuß in dieser Sch… noch stehen konnten! Vielleicht hätte eine bildhaft dargestellte Gebrauchsanweisung oder Kurzschulung das Ärgste verhindern können? Sei es wie es sei, trotz ihrer Einfachheit waren diese Toiletten ganz offensichtlich keine akzeptable Einrichtung für die hiesigen Verhältnisse an Bord!

Uns war nach dieser herben Erfahrung nichts anderes übrig geblieben als nach einer Alternative Ausschau zu halten. Nicht lange und sie war gefunden: die Reling. Verwendbar natürlich erst nach Einbruch der Dunkelheit. Mit entblößtem Hinterteil am obersten Rohr sitzend und die Füße an der darunterliegenden Verstrebung eingehakt konnte auf einfache Weise das „Plumpskloprinzip" nachempfunden werden. Und alles landete gleich im Wasser. Rasch gewöhnten wir uns an diese luftige und geradezu geruchsfreie Alternative. Doch auch sie hatte ihre Schwächen. Die nach Einbruch der Dunkelheit ausschwirrenden Moskitoschwärme waren allgegenwärtig und selbst vorübergehend entblößte Stellen wurden rasch entdeckt.

Nun zurück zum Ablauf des zweiten Tages. Gegen Mittag wurde es unangenehm heiß. Die Luft war bleiern und lastete schwer auf Mensch und Natur. Eine hellgraue Wolkenschicht ließ das gefilterte Sonnenlicht nur in stark diffuser Form herabscheinen. Doch es hatte nur wenig von seiner Kraft eingebüßt. Alle Reisenden mieden nun die stark aufgeheizten Stahlplanken des Decks. Nur noch ein Gedanke bestimmte unser Handeln: Wo gab es eine schattige Stelle mit etwas Fahrtwind, von der wir uns etwas Kühlung erwarten konnten? Ganz vorne auf dem Schiff fanden wir sie, eine überdachte Stelle, von der aus in aller Ruhe die Flusslandschaft beobachtet werden konnte, die gemächlich an uns vorüberzog. Nur langsam verrannen die Stunden. Erst gegen Abend wurde es etwas kühler und später sogar erträglich in unserem Kämmerlein.

Es war ja keineswegs so, dass wir uns nicht unserer Sonderstellung hinsichtlich der Unterbringung bewusst waren. Dass dieser Zustand möglichst lange anhalten mochte, war unser größter Wunsch. Doch dem war nicht so. Schon in dieser zweiten Nacht trat eben das Unausweichliche ein, als zu fortgeschrittener Stunde wieder Unruhe aufkam. Sie kündigte ein Ereignis an, das uns für die restliche Zeit bis zum Ende der Schiffsreise recht unangenehme Folgen bringen sollte.

Heftiges Klopfen direkt am Holzrahmen unserer Schlafstätte ließ uns auffahren. Wer um Himmels willen wollte denn um diese Uhrzeit noch etwas von uns? Unmittelbar vor uns waren die dunklen Umrisse eines Menschen vor dem Moskitodrahtnetz zu erkennen. Es war jemand der Schiffsmannschaft. In aufgeregtem Ton gab er uns zu verstehen, dass wir uns für die Übersiedlung in eine andere Schlafstätte bereit machen sollten. Verd… und das mitten in der Nacht. Musste denn das sein, wo alles stockfinster war und wir nur riskierten, uns den Hals zu brechen! Aber wir hatten ja keine andere Wahl als der Aufforderung zu folgen. Nicht lange und unsere gesamte Habe war gepackt. Mit geschulterten Rucksäcken verließen wir die regelrecht lieb gewonnene Schlafstätte und gingen zur Backbord gelegenen Seite des Schiffes. Denn von dort schien wiederum die ganze Unruhe auszugehen. Wie in der Nacht zuvor hatten sich bereits mehrere Leute eingefunden, die abgestützt auf die Reling, scheinbar interessiert in Richtung Ufer schauten. Wir zogen es vor im Hintergrund zu bleiben und warteten gespannt auf die Dinge, die da kommen würden. Draußen war es stockdunkel. Eine dichte Wolkendecke ließ weder Mond- noch Sternenlicht durchdringen. Außer dem kaum wahrnehmbaren, dunklen Uferstreifen, auf dem ein winziger Lichtschein Hinweis auf menschliche Anwesenheit gab, war vorerst nichts zu sehen. Wiederum musste dieses Licht am Ufer mit der Unruhe an Bord zusammenhängen, zumal unser Schiff langsam darauf zuzusteuern begann. Unser Verdacht wurde bald bestätigt. Der Moment dürfte gekommen sein, die „Gefangenen“ wieder abzusetzen. Einfach irgendwo mitten in dieser unergründlichen Wildnis und das natürlich bei stockfinsterer Nacht! Vermutlich um den Vorgang möglichst unbemerkt geschehen zu lassen. Schon hörten wir wieder dieses Furcht und Schauer erregende Rasseln der schweren Ketten, das aus dem Schiffsinneren zu uns herauf drang. Das Rasseln wurde stärker, dazu noch hin und wieder ein dumpfes Poltern, so als würde ein massiver Gegenstand auf eine feste Unterlage fallen. Dann tauchten sie auf, diese Jammergestalten, wie die Schemen der Nacht. Im schwachen Lichtschein herbei geholter Petroleumlampen waren die einzelnen Menschen kaum zu erkennen. Wieder das gleiche Bild erschöpfter, nur in Lumpen und Fetzen gehüllter Gestalten, die sich Silhouetten gleich der Reihe nach langsam über den schwankenden Holzsteg an Land bewegten. Dieses Mal gaben wir acht. Es waren ausschließlich Schwarze, die aneinander gekettet das Schiff verließen. Kein hellhäutiger Araber aus dem Norden war dabei! Einer fiel besonders durch seine gekrümmte Haltung und den scheinbar unbeholfenen Gang auf. Beim näheren Hinsehen wunderte es gar nicht. Zwischen den leicht gegrätschten Beinen hielt er krampfhaft eine große Eisenkugel fest, die mit einer Kette zusätzlich an seiner Fußfessel befestigt war. Die Kugel für längere Zeit zu halten, fiel ihm sichtlich schwer. Vermutlich entglitt sie ihm von Zeit zu Zeit und fiel dann zu Boden. So war es wohl er, der vorhin das Poltern ausgelöst hatte. Warum gerade er diese schwere Kugel zu schleppen hatte? Eine Flucht war doch unmöglich. Er war wie alle anderen an Ketten gefesselt, zum Vordermann und auch nach hinten zum nächstfolgenden. Oder handelte es sich gar um einen ganz gefährlichen Gefangenen oder besonderen Widerstand leistenden Sklaven, weshalb die Vorsichtsmaßnahmen verdoppelt worden waren? Nur wenige Minuten dauerte dieses makabre Schauspiel. Dann waren alle verschwunden, verschluckt von der finsteren Nacht.

Noch immer starrten wir ungläubig in die Richtung, wo die Kolonne des Jammers verschwunden war, als urplötzlich große Hektik

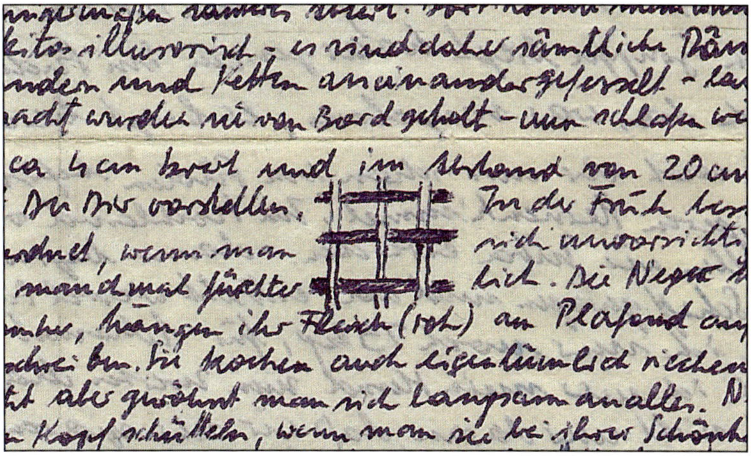

kiten illusorisch – es sind daher sämtliche Bän
nden und Ketten aneinandergeschweißt – la
acht wurden sie von Bord geholt – nur schlafen wi
ca 4 cm breit und im Abstand von 20 cm
Der Bett vorstellen. In der Früh ben
ndet, wenn man sich unvorsichti
manchmal früher lich. Die Neger
mher, hängen ihr Fleisch (roh) am Plafond au
chreiben. Sie kochen auch eigentümlich riechen
t aber gewöhnt man sich langsam an alles. N
Kopf schütteln, wenn man sie bei ihrer Schönh

Briefausschnitt mit Stahlbandrost

an Bord aufkam. Der Kampf um die soeben frei gewordenen Schlafplätze im Inneren des Schiffes hatte begonnen. Die Lage mahnte zu raschem Handeln, wenn wir nicht wieder leer ausgehen wollten. Mit Hilfe jenes Bootsmannes, der uns vorhin die bevorstehende Übersiedlung angekündigt hatte, erreichten wir über Treppen und schmale Gänge rasch unsere neue Schlafstätte. So waren wir die ersten, die sie betreten durften. Oh Schreck, was erwartete uns da! Beim Anblick der Innenausstattung wehrte sich im ersten Moment alles. Zu Ende war das gemütliche Dasein in unserer kleinen, niedlichen und sauberen Kammer. Da standen wir nun in einem großen Schlafsaal der dritten Klasse, dessen Fußboden, Decke und Wände aus unverwüstlichen Stahlplatten zusammengeschweißt waren. Alles schien aus Stahl und Eisen gemacht zu sein, ja selbst die Betten, die in drei übereinander liegenden Ebenen angeordnet waren! Je vier senkrechte Rohre, am Fußboden und an der Decke verschraubt, stellten die einzelnen Stützkonstruktionen dar. Daran waren in unterschiedlicher Höhe drei horizontale Rahmen aus Winkelstahl befestigt. Und in diesen befanden sich die eigentlichen Bettroste: Ein Geflecht aus etwa vier Zentimeter breiten Stahlbändern, die in Abständen von zwanzig Zentimetern in Längs- und Querrichtung gespannt waren!

Matratzen gab es keine, auch keine einfachen Unterlagen, die die einschneidende Wirkung des groben Geflechts aus Stahlbändern hätte abmildern können. Zugegeben, im Nachhinein betrachtet war diese spartanische Ausstattung sicherlich die einzig vernünftige Lösung. Andernfalls hätten nächtliche Parasiten unter geradezu paradiesischen Verhältnissen gesicherte Lebensbedingungen vorgefunden und dem Schmutz wäre nicht zu entrinnen gewesen!

Doch zu derlei Gedanken war keine Zeit. Es galt Schlafplätze zu belegen und diese mit aller Überzeugungskraft gegen das anstürmende Volk zu verteidigen. Da waren sie auch schon wieder, diese zahnlückenbewehrten, hageren Gestalten weiblichen Geschlechts. Unverkennbar auch die strengen Gerüche, die sie wie eine „Aura" ständig verfolgten. Es würde noch eine ganze Weile dauern, bis unsere empfindlichen Nasen vor diesem Ansturm kapitulierten. Wohl mit sich selbst schwer beschäftigt, ließen uns die Frauen dieses Mal in Frieden. Rasch suchten wir uns ein Bettgestell in der einen Ecke des Schlafsaales, um wenigstens nur eine Seite verteidigen zu müssen. Flugs breiteten wir unsere Schlafsäcke auf dem mittleren und oberen Gestell aus. Die auf die untere Ebene gelegten Rucksäcke sollten allen potenziellen Interessenten klar machen, dass diese drei Schlafstätten bereits besetzt waren. Lange würde dieser Besitzanspruch nicht währen, das wussten wir. Unsere beiden Betten jedenfalls waren für die nächsten Tage gesichert und das dritte könnte vielleicht Wolfgang oder einem der beiden Engländer, die gleichfalls irgendwo an Bord waren, dienen. So zumindest dachten wir. Nun erfolgte die erste Liegeprobe. Schon nach kurzer Zeit zeigten sich die Tücken dieser Bettroste. Weder Schlafsack noch zusätzlich darunter gelegte Kleidungsstücke konnten die übergroßen Abstände zwischen den Stahlbändern ausgleichen. Ganz gleich, wie ich mich legte, nach kürzester Zeit tat mir alles weh. Nach längerem Liegen, wie wir bald feststellen würden, hinterließen die Bänder deutliche Abdrücke am Körper. Zudem würde die Rückenlage die einzige sein, mit der es sich auf dieser spartanischen Unterlage einigermaßen annehmbar schlafen ließ. Sie verteilte auch am besten das Körpergewicht, wenngleich der Stahlbandrost den Pobacken jedes Mal regelrecht quadratische Formen verpasste. Es würde einiger Nächte bedürfen, bis Müdigkeit und Resignation auch dieses Problem gelöst hatten.

Noch immer waren Reisende auf Bettensuche. Schon sorgten wir uns, wie wir noch eine Weile die untere Schlafebene halten könnten, als auf einmal einer der beiden Engländer auftauchte. Regelrecht erleichtert nahm er sofort das von uns freigehaltene Bett in Anspruch. Wir waren zufrieden. Damit war die gesamte Dreieretage in europäischer Hand. Eventuelle Differenzen, ausgelöst durch unterschiedliche soziokulturelle Eigenheiten in diesem vertikal begrenzten Lebensraum, waren so ausgeschlossen. Sein Kompagnon, so erfuhren wir, hatte in einem anderen Schlafsaal gerade noch den letzten Platz ergattert.

Nun waren wir in diesem unsympathischen Schlafsaal gelandet, wo es bis zum Ende der Fahrt auszuharren galt. Überfüllt mit Menschen unbekannter Herkunft, Sprache und nur wenig Kontakt mit der Zivilisation würde es sicher nicht lange ausbleiben, bis unsere Schlafstätte zum Abbild ihrer Gewohnheiten geworden war. Zwar hatten wir in den vergangenen Wochen gelernt, uns an allerlei bis dahin unvorstellbare Situationen zu gewöhnen, und meinten, das Schlimmste bereits überstanden zu haben. Doch nun mussten wir die schmerzliche Erfahrung machen, dass dieser Anpassungsprozess noch keineswegs zu Ende war. Denn wie befürchtet herrschten schon nach kurzer Zeit in unserem kollektiven Schlafgemach geradezu unfassbare Zustände. So hatten die lieben Leutchen unter anderem die besonders „erfreuliche" Angewohnheit, bei nur jeder passenden Gelegenheit den im Mund angesammelten Speichelvorrat mit gezielter Technik in weitem Bogen ins Freie zu befördern. In kürzester Zeit war der Fußboden mit einer glitschigen, schmierigen Schicht überzogen. Die im Saal herrschende hohe Luftfeuchtigkeit tat ihr Übriges. Wir mussten höllisch achtgeben, um nicht auszurutschen. Das Gefühl, sich darauf fortzubewegen, kam dem Begehen eines eisglatten Gehsteiges im Winter sehr nahe. Nur mit dem feinen Unterschied, dass jede noch so unsanfte Landung auf dem Gehsteig zumindest eine saubere Angelegenheit gewesen wäre. Hier dagegen rief allein die Vorstellung, unfreiwillig großflächigen Kontakt mit dieser schmierigen Schicht zu erhalten, einen Brechreiz hervor. Aber das war noch lange nicht alles. Auch waren es nicht die Schwärme grünschillernder Schmeißfliegen, die angezogen von diesen menschlichen Absonderungen unsere Sinnesorgane strapazierten. Hauptschuld an unserem beginnenden Missbehagen war der Umstand, dass unsere schwarzen Mitreisenden damit begannen, an allen möglichen Stellen der Schlafsaaldecke rohe Fleischstücke und Frischfisch für den späteren Verzehr aufzuhängen. Eine in unseren Augen etwas ungewöhnliche und wenig zweckmäßige Form der Lebensmittelaufbewahrung. Wärme und Feuchtigkeit erzeugten nämlich in kürzester Zeit wahre Geruchsorgien, eine unzweifelhafte Aufforderung für frenetische Annäherungsversuche sämtlicher Fliegen von nah und fern. Bald waren die einzelnen Stücke von dichten Wolken herumschwirrender, dicker Exemplare umgeben, die um jeden Fressplatz stritten. Keine Reaktion bei den jeweiligen Besitzern, die mit stoischer Miene diesem beschleunigten Abbauvorgang zusahen. Es schien sie nicht im Geringsten zu stören, das gehörte wohl einfach dazu. Sicherlich, ganz nüchtern betrachtet, war dies doch der natürliche Weg, den alle organischen Produkte nahmen, wenn sie nicht konserviert oder rasch verbraucht wurden. Nur dass der gesamte Vorgang in den Tropen etwas beschleunigt wurde. Weitere Gedanken zu diesem Thema überlasse ich der Fantasie des Lesers. Unschwer vorzustellen, weshalb die folgenden Tage und Nächte nicht zu den angenehmsten meines Lebens zählen.

Es brauchte schon etwas Zeit am nächsten Morgen, die von den Stahlbändern malträtierten Muskeln und Gliedmaßen wieder in Form zu bringen. Mittlerweile hatten die sonderbaren Geruchskomponenten südsudanesischer Lebensart auch den letzten Winkel des Schlafsaals erobert. Nach dem Trinken des Frühstückstees sah die Welt gleich besser aus. Mit bedächtigen Schritten verließen wir das rutschgefährdete Terrain des Schlafsaals. Draußen auf Deck atmeten wir tief durch. Der frische Fahrtwind, der Blick auf das offene Wasser und eine von Menschenhand noch unberührte Natur ließen die Erinnerungen der letzten Nacht rasch in den Hintergrund treten.

Nun trafen wir auch Wolfgang. Er hatte auf einem anderen Schiffsteil Unterschlupf gefunden. Doch die Bedingungen dort schienen nicht viel besser zu sein. Und da war auch noch Heinz an Bord, der verwöhnte Schweizer. Ihn hatten wir auf der Mittelmeerüberfahrt kurz kennengelernt. Geld, das wussten wir bereits, spielte bei ihm keine Rolle. Natürlich gab er sich nicht mit einer so niederen Schiffsklasse ab. Und er kam nicht umhin, sich wiederholt damit zu brüsten, bei finanziellen Schwierigkeiten nur ein Telegramm nach Hause schicken zu müssen, und schon würde ihm sein Vater Geld in die nächst größere Stadt schicken. Mit so viel Flüssigem in der Tasche zu reisen, war, wie schon einmal erwähnt, das Reisen wirklich keine Kunst. Sein gesamtes Gehabe fand bei uns kaum mehr Aufmerksamkeit. Dieser von ihm gewonnene Eindruck sollte sich zu einem späteren Zeitpunkt nur noch bestätigen. Heinz wusste nämlich wiederholt von einer Bar in Mombasa zu erzählen, die seiner Ansicht nach das Erlebnis schlechthin für einen jungen weißen Mann in Afrika wäre. Wir müssten sie, die Rainbow Bar, unbedingt besuchen! Das haben wir dann auch zu einem späteren Zeitpunkt getan …

Wir saßen an der Reling unseres Schiffes und genossen die aufkommende Frische des Abends. Im letzten Tageslicht zogen die Ufer wie schmale, dunkle Bänder vorbei, hinter denen sich eine uns unbekannte Welt verbarg. Da drang vom benachbarten Schlafsaal eine für europäische Ohren sehr ansprechende Melodie herüber. Anfangs eher leise und verhalten, dann jedoch laut und mit kräftiger Stimme gesungen. Es waren die beiden Engländer, die gerade in guter Stimmung eines ihrer Lieblingslieder, den sogenannten „Southafrica Song“, zum Besten gaben. Wir würden dieses fröhliche Lied in den nächsten Tagen noch öfter zu hören bekommen. Einem Ohrwurm gleich, setzte sich die Melodie rasch in unserem Gedächtnis fest. All die vielen Jahre danach haben wir sie nicht vergessen. Der Refrain ist eine Aufzählung feiner Dinge, von denen die damalige südafrikanische Jugend träumte: „Popcorn and Chewing gum, Peanuts and Bubble gum, Pepsi Cola, Ginger Beer and Canada dry ...“

Es war der 25. Juli. Der vierte Tag unserer Schiffsfahrt hatte gerade begonnen. Fast unmerklich begannen sich die verschiedenen

Decks zu füllen. Aufkommender Platzmangel zwang die Leute, unter freiem Himmel zu lagern. Ganze Großfamilien mit Hab und Gut einschließlich Kochutensilien und Essensvorräten breiteten sich nach allen Seiten aus. Die anfänglich als so angenehm empfundene Bewegungsfreiheit nahm merklich ab. Das normale Gehen wurde nach und nach durch ein ständiges Hinwegsteigen über liegende Personen und deren persönliche Habseligkeiten abgelöst. Häufiger als mir lieb war, verhedderte ich mich dabei in irgendwelchen Gewändern, Tüchern oder Decken. Doch abgesehen von einem kurzen, unverständlichen Gemurmel schien es die Betroffenen kaum zu stören. Vermutlich gehörte das auch zum Alltag auf Deck. Wir dagegen empfanden die Situation zunehmend als lästig, weil sie die Fortbewegung immer mühseliger gestaltete. Doch abgesehen davon war es ungemein interessant, dem Leben und Treiben der schwarzen Mitreisenden zuzusehen. So wurde das Essen direkt auf Deck in großen Kesseln auf Holzkohlenfeuer zubereitet. Hatten die Konstrukteure an diese Möglichkeit gedacht, als sie die Schiffe fast gänzlich aus massiven Stahlblechen gebaut hatten? Gleich daneben stand recht teilnahmslos und seinem Schicksal schon ergeben der vierbeinige Lebendproviant in Form von Ziegen. Etwas vertrocknetes Grünfutter, lieblos auf dem Deck verstreut, war der klägliche Rest letzter irdischer Lebensfreude, bevor auch sie in den nächsten Tagen in den brodelnden Kesseln verschwinden würden. Das, was sie von sich gaben, kollerte oder rann hinter ihnen, der Schwerkraft folgend, irgendwo hin. Auch das störte niemanden. Wenn das Essen fertig war, hoben Frauen den großen Kessel vom Feuer und stellten ihn unweit davon auf den Stahlblechboden. Mit einem massiven Schöpflöffel aus Metall, der gut in jede Großküche gepasst hätte, wanderte dann der Inhalt in eine bauchige Blechschüssel, aus der dann gemeinsam gegessen wurde. So manch undefinierbares Zeug schwamm in der kräftespendenden Fleischbrühe, die mit sichtlichem Genuss verzehrt wurde. Nicht uninteressant war auch die Art, wie gegessen wurde. Dazu nahmen um so eine große Schüssel voll rötlichbrauner Brühe fünf bis sechs Personen Platz, alle sitzend mit verschränkten Beinen. Jeder von ihnen nahm sich ein Stück brotartiger Substanz, tauchte sie zuerst in eine Schüssel mit Nilwasser, um nach kurzem Abtropfen daran herumzukneten, bis sie von einheitlicher Konsistenz war. Mit dem Daumen erhielt das Ganze in der leicht gewölbten Innenfläche der Hand die endgültige Passform. Nun wurde, einem Schöpfer gleich, die Hand samt dieser geformten Masse bis zur Hälfte in die Brühe getaucht, davon etwas einbehalten und anschließend alles mit einer geschickten Drehbewegung einschließlich der vier Finger in den Mund gesteckt. Die breiten und fest zusammengedrückten Lippen sorgten beim langsamen Herausziehen der Finger dafür, dass der Inhalt auch wirklich im Mund verblieb. Ein paar Kau- und Schluckbewegungen, dann folgte das nächste Stück Brot. Unüberhörbares Schmatzen, Schlürfen und Rülpsen begleitete den gesamten Vorgang. Offensichtlich schmeckte es allen recht gut. Anschließend folgte noch in aller Ruhe der Tee, um dann, von den Anstrengungen der ersten Halbzeit des Tages erschöpft, über die horizontale Lage in die wohlverdiente Siesta zu gleiten. Fast neidvoll mussten wir zur Kenntnis nehmen, dass die Einheimischen allesamt weit besser versorgt waren als wir! Die hatten wohl gewusst, was sie auf der Deckkategorie erwartete, und dementsprechend vorgesorgt. Uns dagegen blieb nur noch wenig. Gemeinsam eine warme Fischkonserve mit matschigem Weißbrot, das Wif von einem Mitreisenden erhalten hatte, hinunterzuwürgen oder sich an einer dünnen Fertigsuppe zu vergnügen. Mehr konnten wir uns pro Mahlzeit nicht leisten. Deshalb warteten wir schon sehnsüchtig auf den Zwischenstopp in Malakal, einem kleinen Städtchen am rechten Ufer des Nils. Dort sollte es, zumindest vom Hörensagen, einige richtige Geschäfte geben und damit berechtigte Hoffnung auf Aufstockung unserer schwindenden Nahrungsmittelvorräte. Danach würde es bis Juba, der Endstation unserer Schiffsreise, nichts mehr geben.

Gegen Ende des vierten Tages war es endlich soweit. Malakal, die kleine und schon lange herbeigesehnte Stadt am rechten Ufer des Nils würden wir in Kürze anlaufen. Doch statt wie vorgesehen zu Mittag trafen wir erst gegen 20 Uhr ein. Offensichtlich hatte unser Schiff die bei der Abfahrt schon vorhandene Verspätung nicht mehr wettmachen können. Stockfinstere Nacht herrschte, als wir an Land gingen. Etwas verunsichert und enttäuscht stolperten wir die dunklen, unebenen Straßen entlang. Kein Mensch war zu sehen, offenbar waren wir die einzigen unterwegs. Nur mit Mühe waren die Silhouetten der Häuser beiderseits der Straßen zu erkennen. Nirgends ein Licht, so stellte sich auch gar nicht die Frage nach offenen Geschäften. Was für ein Pech! Im Grunde genommen gar nicht so überraschend, denn dieses Malakal war ja auch nichts anderes als ein fernab jeglicher Zivilisation gelegenes Nest ohne Strom und Wasser. Während vieler Monate, wenn die Regenfälle das gesamte Umland unter Wasser setzten, war die Stadt nur vom Nil aus zu erreichen. Verzweifelt irrten wir umher, immer noch in der Hoffnung, einen kleinen Laden zu finden. Da entdeckten wir ein spärliches Licht, das durch eine offene Tür auf die Straße fiel. Gott sei Dank, vielleicht hatten wir noch eine Chance! Voller Zuversicht betraten wir einen kleinen Raum, der von einer trüben Petroleumlampe etwas erhellt wurde. Doch was wir sahen, konnte die vorhandene Enttäuschung kaum verringern: ein paar verstaubte Konservendosen und verschiedene Packungen unbekannten Inhalts auf einem notdürftig zusammen genagelten Holzregal, dazu einige geöffnete Säcke auf dem Betonboden. Sonst war im schummrigen Licht der Lampe nichts zu sehen. Große Ratlosigkeit in unseren Gesichtern. Und zum ersten Mal kamen regelrechte Zweifel auf ob der Richtigkeit unseres Entschlusses, auf derart spartanische Art Afrika bereisen zu wollen. Was zum Teufel hatte uns in dieses traurige Nest verschlagen, fern der Heimat, weit ab von den Annehmlichkeiten unserer Zivilisation und das alles noch mit knurrendem Magen. Dabei hatten wir doch alles genau überlegt und uns auf diesen Einkauf gut vorbereitet, um endlich für ein paar Tage vom Hunger und den Fischkonserven loszukommen. Und nun diese Pleite!

Trotz des eher abweisenden Angebots konnten und wollten wir uns nicht damit abfinden, mit leeren Händen zurück auf das Schiff zu gehen. So begannen wir das Innere des kleinen Verkaufsladens nach Essbarem zu durchforsten. Das Ergebnis war, wie konnte es auch anders sein, äußerst mager. Ein Kilogramm weißer Bohnen, ein paar Zwiebeln und ein sich eher gummiartig anfühlendes Stück

Weißbrot wechselten den Besitzer. Mehr durch Zufall entdeckten wir noch ein auf den Boden gefallenes Päckchen Nudeln und zuletzt eine Rolle uralter Kekse. Dies musste nun zusammen mit dem kläglichen Restbestand aus Österreich – vier Fertigsuppen und drei Fischkonserven, die wir Dank strikter Rationierung noch hatten – für die nächsten sechs Tage (!) reichen. Zu viel zum Sterben, aber auch zu wenig zum Leben.

Zurückgekehrt auf das Schiff erfolgte auch bald die Abfahrt. Wir aber blickten nun harten Zeiten entgegen. Die wohl bisher längste Hungerperiode unseres Lebens hatte ihren unerbittlichen Lauf genommen. Mehr und mehr würden sich unsere Gedanken nur um das eine Thema drehen: Wann würde es wieder ausreichend zu essen geben, wann etwas, was uns richtig schmeckte? Das wunderbare Gefühl eines wohlgefüllten Magens rückte mit einem Mal in unerreichbare Ferne. Die Stimmung an diesem Abend war gedrückt. Doch wollten wir überleben und die Reise fortsetzen, dann gab es, wie so oft auf dieser großen Fahrt, nur die eine Devise: Durchhalten und nur nicht aufgeben!

Schon seit dem Beginn der Schiffsreise in Kosti hatten wir nicht mehr genug zu essen. Und die paar in Malakal erstandenen Lebensmittel konnten unser Problem auch nicht lösen. In unserer Verzweiflung begaben wir uns am fünften Tag auf Nahrungssuche, durchaus bereit, für Essbares auch zu bezahlen. Doch im gesamten Schiffsbereich der dritten Klasse wurde nichts angeboten. Alle Passagiere dort waren Selbstversorger. Das einzig sichtbar Verzehrbare auf dem Schiff, nun abgesehen von den Vierbeinern, war der Inhalt der Zwiebelsäcke, von denen ganze Berge frei auf Deck lagerten. Doch Zwiebeln standen bei mir nicht gerade hoch im Kurs. Selbst meine Mutter hatte es trotz verschiedenster Zubereitungskünste nicht geschafft, mir in meiner Jugendzeit die Zwiebeln etwas näher zu bringen. Vielleicht war der Hunger auf Deck noch nicht groß genug, um ihnen mehr Interesse entgegen zu bringen? Obwohl wir unsere kläglichen Vorräte weiterhin streng rationierten, gingen sie unabwendbar zur Neige. Schon bald könnte der Hunger zu einem echten Problem werden, denn ein hungriger Magen lässt rasch das Interesse am Umfeld schwinden, geschweige denn Freude oder Spaß empfinden. Schließlich würde dann alles außer der Nahrungsaufnahme zu nebensächlichem Beiwerk degradiert.

Und so geschah es, dass ich trotz vehementer Abneigung ganz unbewusst in immer kürzeren Abständen nach den vielen Zwiebelsäcken zu schielen begann. Ich ertappte mich bei der Vorstellung, eine von diesen dicken, saftigen Zwiebeln würde vor mir auf einem Teller liegen und zu meinem großen Erstaunen waren auf einmal regelrecht lustvolle Gedanken an Gaumenfreuden nicht mehr fern. Vielleicht würden sie gar nicht so schlecht schmecken, vielleicht lag ich bloß falsch mit meinem Vorurteil? Der quälende Hunger setzte mir immer mehr zu und so begann sich langsam, aber sicher die seit Kindestagen ablehnende Haltung aufzuweichen. Die Versuchung stieg und irgendwann war der Moment gekommen.

Ausgerüstet mit dem Schweizer Messer schlichen wir nach Einbruch der Dunkelheit zum Zwiebellager. Wir achteten sehr darauf, dass uns niemand sah. Vorsichtig entlang senkrechter Aufbauten des Schiffes oder in geduckter Haltung ging es von einer uneinsehbaren dunklen Stelle zur nächsten. Zwischendurch verharrten wir jedes Mal, um kurz die Lage zu prüfen. Alles war ruhig, kein Mensch war zu sehen. Bei den Säcken angekommen, musste alles sehr rasch gehen, denn es hätte ja ein Wächter vorbeikommen können. Die Klinge geöffnet, rasch ein paar Schnitte und schon kollerten die ersten Zwiebeln aus dem Sack. So mochten es wohl Max und Moritz, die beiden Lausbuben in Wilhelm Buschs Geschichten, auch getan haben. Die Zwiebeln waren groß, wohlgeformt und fühlten sich ganz fest an. Vier davon verschwanden in meinen ausgebeulten Hosentaschen. Wif verstaute die gleiche Menge. Das würde für ein bis zwei Tage reichen. Für einen Augenblick spukte es mir durch den Kopf, ob wir nicht dadurch zu Dieben geworden waren? Unsinn, kam umgehend die unausgesprochene Antwort, wir handelten wirklich nur aus reiner Not. Außerdem wären wir jederzeit bereit gewesen, dafür zu bezahlen. Doch dafür hatte sich auf dem Schiff keine Zuständigkeit finden lassen. Und weiter: Was machten denn schon die paar Zwiebeln im

Vergleich zu den unzähligen Tonnen, die hier auf dem Schiff lagerten. Gehörte das nicht in die Kostenkategorie „Transportschwund"?

So hielt die Zwiebel Einzug in unsere ärmliche Küche und fand dort ihren festen Platz. Ich hatte ihr Unrecht getan, der armen Zwiebel, denn sie schmeckte weitaus besser als gedacht. Nach und nach wurde sie zu einer geradezu unentbehrlichen Zutat für viele unserer Speisen und war in der Folge gar nicht mehr wegzudenken. Hier auf Deck rückte sie fast zwangsläufig zur Königin in allen Menüs auf, zumal die Quelle schier unerschöpflich schien. Bald kam uns jede Art der Zubereitung gelegen, ob in gerösteter, gedünsteter und sogar roher Form. Einfach hineingebissen wie in einen großen Apfel, auch wenn dabei die Tränen nur so liefen. Was so ein tiefgreifender Hunger nicht alles bewirken und verändern konnte!

Trotz der Vorzugsposition, die die Zwiebel eingenommen hatte, versuchten wir einmal etwas Abwechslung in unseren eintönigen Speisezettel zu bringen. Mit den in Malakal erstandenen Bohnen sollte ein Salat zubereitet werden, so ganz in der Art nach meiner Mutter Küche. Dafür war aber noch eine Aufgabe zu lösen. Alle Zutaten waren vorhanden – außer Essig. Doch woher diesen nehmen? In der Bordküche versuchten wir dem Koch unser Anliegen vorzubringen, denn keiner von uns wusste das englische Wort für Essig. Wer lernte denn schon dieses Wort in der Schule und mein Kleinsttaschenwörterbuch war über derart wenig praktizierte Vokabeln erhaben. Ja, wir brauchten etwas von dieser bräunlichen Flüssigkeit, die er, der Koch, in allen Salaten verwenden würde. Letztlich scheiterten alle Erklärungsversuche. Wollte er uns nicht verstehen oder lag es an unserer Unfähigkeit, unser Anliegen verständlich darzulegen? Wir kapitulierten. Vielleicht wurde auf diesem Schiff niemals Salat gegessen, einfach weil es gar keinen gab? Doch unser Vorhaben scheiterte nicht nur am fehlenden Essig. Nach dem Einweichen über Nacht und einer halbstündigen Kochzeit hatten die Bohnen nichts an ihrer ursprünglichen Festigkeit verloren. Wohl eine ganz besonders resistente Art, die raueste Transport- und Lagerungsbedingungen schadlos überstand und sich auch dem Endverbrauch energisch widersetzte. Doch so einfach wegschütten wollten wir sie nicht. Vielleicht konnte eine gehörige Portion feingeschnittener Zwiebeln mit Salz und ordentlich Pfeffer darauf etwas helfen. Es änderte nur wenig am Tatbestand und das erwünschte Geschmackserlebnis blieb aus. Dafür erhielten unsere Kaumuskeln ein intensives Sondertraining.

Der Sudd

Hinter Malakal wurde der Nil deutlich schmaler. Zumindest schien es so. Manchmal erreichte das offene Wasser kaum noch eine Breite von 200 Metern. Dafür nahm die Strömung zu und verringerte ganz erheblich die Fahrgeschwindigkeit unseres Schiffes. Es bedurfte schon geschickter Manövriertechnik, um unseren schwerfälligen Schiffsverband durch die zahlreichen Flussbiegungen zu steuern. Dann und wann war ein kurzes, lautes Aufplätschern zu hören. Anschließend sofortige Stille. Vielleicht ein großes Krokodil, das vom Schiff aufgeschreckt rasch ins Wasser geflüchtet war? Oder gar eines der Nilpferde, die hier überall leben sollten? Die zu Beginn der Fahrt von Schilfrohr und meterhohem Gras eingesäumten flachen Ufer mit dahinter aufragenden Bäumen, zwischen denen hin und wieder einzelne kleine Zeugenberge zu sehen waren, lagen hinter uns. Soweit das Auge reichte, beherrschten nun weite, mit Papyrus bewachsene Ebenen das Landschaftsbild. Eine nicht enden wollende grüne Pflanzenwüste, durch die sich der mächtige Fluss seinen Lauf bahnte. Riesige schwimmende Pflanzenteppiche mit den hellblauen Farbtupfen blühender Wasserhyazinthen erweckten immer wieder den Eindruck von Ufernähe, was sich aber bei genauerem Betrachten als Täuschung entpuppte. Nur dort, wo die dicht aneinandergereihten, hochgewachsenen dünnen Stängel des Papyrus eine regelrechte Wand bildeten, die abweisend, fast beängstigend und geheimnisvoll erschien, war das Ufer nicht weit entfernt. Vom Schiff ausgelöste Wellen ließen diese langstieligen Pflanzen mit ihren am oberen Ende wedelartig ausgeformten Stielenden für kurze Zeit rhythmisch hin und her tanzen, um anschließend wieder in regungsloser Stille zu verharren. Was alles verbarg sich wohl dahinter? Kein Blick vermochte das dichte Grün zu durchdringen!

So wenig sich nun die Landschaft änderte, so wenig unterschieden sich auch die nächsten Tage voneinander. In einem Brief an meine Freundin und spätere Frau schrieb ich folgende Zeilen: Dienstag, der 28. Juli. *„Es regnet fast jeden Tag. Auch kein Wunder, denn wir haben hier im Süden des Sudan gerade Regenzeit. Seit zwei Tagen ist die Landschaft unverändert. Links und rechts an den beiden Flussufern befindet sich ein fünf Meter hoher Pflanzenwall aus ganz sonderbaren Gewächsen*. Besonders des Nachts ist so eine Nilfahrt unglaublich spannend. Wenn der Himmel bedeckt ist, was zurzeit häufig der Fall ist, muss zur Orientierung ein starker Scheinwerfer eingeschaltet werden. Wie von Geisterhand betrieben tastet dann ein kräftiger Lichtstrahl, einem schmalen Finger gleich, den gesamten vor uns liegenden Flussabschnitt ab. Dann wird vorübergehend die Ufervegetation in ein gespenstisches Licht getaucht. Auch die zahlreichen schwimmenden Inseln, die völlig lautlos an uns vorbei zu schweben scheinen, heben sich ganz geheimnisvoll von der tiefschwarzen Wasseroberfläche ab. Während der Fluss im Unterlauf oft stundenlang geradeaus verlief, windet er sich nun in engen Kurven durch die riesigen Sümpfe. In drei Tagen werden wir Juba erreicht haben, dann ist unsere Nilfahrt zu Ende …“*

Papyruswälder am Oberlauf des Nils

Noch befanden wir uns auf dem Schiff, das seit einer Woche unser schwimmendes Heim darstellte. Weiterhin gleitete die weite

* Damals wussten wir noch nicht, dass es Papyrus war.

Landschaft des Südsudan gemächlich an uns vorüber. Sie war zu einem festen Bestandteil unseres Tagesablaufs geworden. Weiterhin auf beiden Seiten des Flusses nur dicht bewachsene Ufer und so weit wir sehen konnten, nur Wasser und undurchdringlicher Papyrus. Sie waren die bestimmenden Elemente eines der größten Biotope unserer Erde. Mitsamt unserem schwimmenden Schiffsverband stellten wir doch nur ein winziges Etwas dar in dieser endlosen Weite des Sudd, jener scheinbar noch unberührten Sumpflandschaft im großen Sammelbecken des weißen Nils.

Je tiefer wir in den Süden vordrangen, desto häufiger kamen ausgesprochen interessant aussehende Bewohner des umliegenden Sumpflandes an Bord, die ganz offensichtlich noch wenig Kontakt mit der Zivilisation gehabt hatten. Meist waren es große, sehnige, zum Teil noch splitternackte Gestalten, deren Gesicht und Oberkörper mit weißer Farbe bemalt waren. An den Armen und Beinen trugen sie häufig massive Ringe aus Bronze oder dunklem Holz. Kaum einer der Männer, der nicht eine lange Lanze mit Eisenspitze trug oder über dessen Schulter nicht ein Köcher mit Pfeil und Bogen hing. Ihr martialisches Aussehen war wirklich beeindruckend für uns Besucher aus fernen Landen. Vermutlich bedurfte es nicht viel, um sie auf den Kriegspfad zu schicken. An den breiten Hüftgürteln aus derbem Leder hing allerlei undefinierbares Zeug, vermutlich auch Amulette gegen Krankheiten und böse Geister. Es waren schon imposante Gestalten, diese kohlrabenschwarzen und wild aussehenden Kerle, die sich mit unglaublicher Selbstsicherheit auf dem Schiff fortbewegten. Genauso viel Aufmerksamkeit erregten manche der weiblichen Schönheiten, die stundenlang fast unbeweglich auf dem Deck saßen und langstielige, mit bunten Verzierungen und schwarzen Lederbändern geschmückte Pfeifen rauchten. Nicht nur, dass sie ganz reizvoll aussahen, sie hatten auch etwas Würdevolles an sich. Vielleicht waren es Häuptlingstöchter? Aber es sollte an dieser Stelle nicht verschwiegen bleiben, dass nicht alle so apart aussahen. Unter den zugestiegenen Frauen gab es auch welche, bei deren Anblick *„einem der Bissen schon im Halse stecken bleibt"* (Zitat aus meinem bereits angeführten Brief).

Wollten wir jedoch einen dieser stolzen Vertreter des Südsudan fotografieren, stürzten sich sofort westlich gekleidete Sudanesen auf uns und drohten, uns die Kameras wegzunehmen. Vom Hunger arg geschwächt, waren wir an keiner Auseinandersetzung interessiert und ließen ohne Widerrede davon ab. Später bedauerten wir unser rasches Nachgeben. Die Begegnungen mit den letzten, von der Zivilisation noch wenig berührten Menschen waren einmalige Erlebnisse, die nun nicht mehr wiederholt werden können.*

Recht unterschiedlich sahen sie aus, die Angehörigen der Stämme im Südsudan. Die drei größten und wichtigsten unter ihnen, die Schilluk, Nuer und Dinka, lebten alle im Einzugsgebiet des Weißen Nils. Vertreter von ihnen waren uns schon vorher in den nördlichen Landesteilen aufgefallen. Mit der Zeit gelang es uns sogar, aufgrund der Physiognomie, der Hauttönung und großflächigen Narbenmuster auf den verschiedenen Körperteilen die Stammeszugehörigkeit zu erkennen.

Doch was halfen all diese Fähigkeiten in Anbetracht unserer schwindenden Lebensmittelvorräte! Gedanken, wie wir wohl am besten die nächsten Tage überstehen würden, beschäftigten uns viel mehr. In der Zwischenzeit hatte sich unser täglicher Speisezettel auf eine mit Nudeln lokaler Herstellung verdickte Fertigsuppe und zwei Scheiben Brot reduziert. Die letzte Dose Fisch war mittlerweile auch nur mehr in der Erinnerung vorhanden. Als belebende Erfrischung gab es noch „Zitronennilwasser". Wegen Benzinknappheit durfte nur mehr am Abend Tee zubereitet werden. Kein Wunder also, dass der Hunger ins Zentrum aller Überlegungen gerückt war und uns keine Sekunde mehr losließ.

Längst hatten wir den Wendekreis des Krebses gequert. Die Sonne, sofern sie sich zeigte, stand nun im Norden. Allerdings noch sehr steil. Eine Orientierung mit ihrer Hilfe war tagsüber kaum möglich

---

* Die knappe Anzahl mitgenommener Filme stellte ein weiteres Handicap dar. Ganze sechs Patronen (!) hatte jeder von uns dabei. Mehr konnten wir uns damals gar nicht leisten. So entstand zwangsläufig die Einstellung, dass vor dem Erreichen des eigentlichen Reiseziels Ostafrika nur ein paar Erinnerungsbilder gemacht werden durften. Ein schwerwiegender Fehler, den ich bis heute zutiefst bereue.

und der Fluss mit seinen zahlreichen Windungen und ständigem Richtungswechsel tat das Übrige. So blieb nur mehr der Sternenhimmel, der nun Abend für Abend nach dem Auflösen der Wolkendecke in seiner ganzen traumhaften Pracht zu sehen war. Stundenlang saßen wir an der Reling und bewunderten das myriadenfache Funkeln am nachtschwarzen Firmament. Von Astronomie hatten wir beide, wie bereits erwähnt, nur wenig Ahnung. Es reichte bloß für das Auffinden so bekannter Sternbilder wie das des Großen Wagens. Auch den Polarstern konnten wir gerade noch am Horizont ausmachen. Allerdings war er mit fortschreitender Reise immer tiefer gesunken und so kam erneut die Frage nach dem Erscheinen des „Kreuz des Südens" auf, dem wohl bekanntesten Orientierungsmittel auf dem südlichen Sternhimmel. Doch wo war es denn, dieses berühmte Kreuz, von dem in vielen Erzählungen und Büchern geschwärmt wurde? Es musste wegen seiner Einmaligkeit und Schönheit doch deutlich zu sehen sein! Eines Nachts glaubten wir, es entdeckt zu haben. Ein regelmäßiges Kreuz mit einem Stern im Schnittpunkt der beiden Achsen war zu sehen. Und nachdem wir meinten, dass dieser mittlere Stern im Süden liegen würde, erklärten wir kurzer Hand dieses Sternbild zum Kreuz des Südens.* Doch selbst mit dieser nächtlichen Orientierungshilfe war der Süden nicht immer leicht zu finden, weil das Schiff wegen des stark schlängelnden Flusslaufes unentwegt seine Richtung änderte. Wir jedenfalls waren mit dieser Entdeckung zufrieden und beließen es dabei.

Tagein, tagaus hörten wir das sanfte Rauschen des vorbeiströmenden Nilwassers, hörten das gleichmäßige Stampfen der großen

* Erst viele Jahre später sollte ich erfahren, dass dieses Sternbild keineswegs das besagte Kreuz gewesen war. Was wir nämlich als Kreuz des Südens festgehalten hatten, war nichts anderes als der unterste Teil vom Skorpion, dessen Schwanzbereich auch eine kreuzförmige Ansammlung von Sternen aufweist. Und dass dieses Kreuz Ende Juli am abendlichen Sternenhimmel tatsächlich im Süden steht, bewies doch nur unsere Fähigkeit, trotz fehlender Orientierungsmittel die richtige Himmelsrichtung einigermaßen geortet zu haben. Als ich dann das erste Mal das echte Kreuz bewusst zu sehen bekam, war ich anfänglich etwas enttäuscht. Kein symmetrisches Sternbild, auch kein Mittelstern und außerdem nur eine Orientierungshilfe zum Auffinden der südlichen Richtung.

Dieselmotoren, die unablässig die breiten Schaufelräder am Heck des Schubschiffes drehten. Mit jedem Arbeitstakt, mit jeder Umdrehung ging es weiter hinein in den unbekannten Süden, entfernten wir uns immer mehr von unserer Heimat. Langsam ging jegliches Gefühl für die Entfernung verloren. Alles war so unfassbar weit und groß. Es gab keinen Anfang mehr und kein Ende, keinen Anhaltspunkt für das Erfassen von Zeit und Raum. Langsam, ganz langsam drang sie in unser Bewusstsein, diese unermessliche Weite des Landes, in der wir schon seit vielen Tagen unterwegs waren. Und uns wurde hier mit aller Deutlichkeit klar, dass das Gefühl, das wir Menschen im Laufe unserer Evolution für die Entfernung entwickelt hatten, eine relative Größe darstellte. Es war weniger die Anzahl der zurückgelegten Kilometer als vielmehr der Aufwand an Zeit maßgebend, der zur Überwindung dieser Entfernung erforderlich wurde! Wohl noch ein Überbleibsel aus archaischen Zeiten, als Strecken ausschließlich zu Fuß durchmessen worden waren und sich so im Laufe der Entwicklungsgeschichte des Menschen ein universelles „Entfernungszeitgefühl" entwickelt haben musste.

Und weiter schob sich unser Schiffsverband nach Süden, unablässig gegen die weiter zunehmende Strömung des Flusses ankämpfend. Unverändert auf beiden Ufern die meterhohe Vegetation, hinter der, einem dichten grünen Vorhang gleich, alles verborgen blieb. Unverändert auch der Fluss, der sich in dieser flachen Landschaft weiterhin in unzähligen Seitenarmen mit vielen Windungen und Schleifen verlor. Zum ersten Mal sahen wir in einer kleinen Bucht Nilpferde. Ganz niedlich anzusehen, wenn nur die beiden Nasenlöcher und das Augenpaar samt den kurzen, runden Ohren aus dem Wasser ragten. Scheinbar träge und unbeweglich verfolgten sie unser vorbeifahrendes Schiff, jederzeit bereit, bei Gefahr abzutauchen. Das gesamte Sumpfgebiet war, wie konnte es bei diesem wasserreichen Biotop auch anders sein, ein wahres Vogelparadies. Ein idealer Lebensraum für unzählige Storchenarten, Ibisse, Kraniche, Reiher, Kormorane, Gänse und Enten, die dieses weite Land zwischen Himmel und Wasser bevölkerten. Einmal bekamen wir sogar einen ausgewachsenen Elefanten zu Gesicht. Doch kaum erspäht, verschwand er wieder im grünen Dickicht.

Auch hier im Oberlauf des Nils waren so gut wie keine Dörfer zu sehen. Sie lagen vermutlich irgendwo abseits und gut versteckt in sicherer Entfernung vom Flussufer. In dem flachen Land wechselte der Nil wohl häufig sein Bett und kilometerweite Ausuferungen während der Regenzeit waren keine Seltenheit. An offensichtlich vereinbarten Stellen entlang der Ufer warteten Menschen mit ihrer Habe geduldig auf eine Mitfahrgelegenheit. Wurde dann kurz angelegt, gelangten sie über eine schmale Holzbohle auf das Schiff. Zuweilen tauchten auf dem offenen Wasser auch Einbäume auf, wie aus dem Nichts, darin ein bis zwei hochgewachsene Niloten. Mit kräftigen Paddelschlägen oder langen Holzstangen steuerten sie geschickt das Schiff an und banden kurz ihr schwimmendes Gefährt irgendwo an der Bordkante fest. Dann wurden schwere Körbe an Bord gewuchtet, Fische bündelweise hochgeworfen und selbst ganze Bananenfruchtstöcke mit noch grünen Früchten landeten auf dem heißen Blech des Decks. Dabei wurde kaum ein Wort gewechselt. So unvermutet wie die baumlangen Kerle aufgetaucht waren, so rasch waren sie nach dem Ende des Tauschvorganges wieder in der grünen Wildnis verschwunden. Dieser ambulante Handel wurde offenbar sehr geschätzt, denn die einheimischen Passagiere und auch die Schiffsküche konnten sich so mit frischer Ware eindecken.

Mittwoch, der 29. Juli. In dem gleichen Brief an meine Freundin hielt ich fest: *„Heute scheint seit langem wieder einmal die Sonne. Nur ein paar Stunden von ihr und schon wird es unerträglich heiß. Gestern stand ich mit Wolfgang Schenk bis 23 Uhr am Bug unseres Schiffes. Es sind vor allem die Nächte, die so eine Nilfahrt zu einem einzigartigen Erlebnis werden lassen. Einmal weitete sich ganz unerwartet der Fluss zu einem riesigen See. Bald waren die Ufer nicht mehr zu erkennen. Tagelang hatten sie uns begleitet. Sie waren zu einem vertrauten Bild geworden und nun ist auf einmal nichts mehr um uns außer Wasser. Ganz hilflos, regelrecht ausgesetzt und winzig klein kamen wir uns vor auf dieser dunklen, weiten Wasserfläche, in der sich nur die Sterne spiegelten. Über uns Sterne, unter uns Sterne, es war als schwebten wir irgendwo* *im freien Raum, wo es keine Trennung zwischen Himmel und Erde gibt. An einer Halbinsel legten wir kurz an. Neger gingen an Land und verschwanden, gebeugt von der Last großer Säcke, in der dunklen, geheimnisvollen Tropennacht. Bewaffnete Askaris überwachten den gesamten Vorgang. Das Dunkel der Nacht gab dem Ganzen einen spannenden, ja fast geheimnisvollen Rahmen. Es hätte ganz hervorragend in einen Dschungelabenteuerfilm gepasst."**

In der Not ändert sich so manches. Da kann es durchaus passieren, dass selbst fest vereinbarte Prinzipien vorübergehend fallen gelassen werden. Und so kam es, dass Wif in den letzten Tagen der Flussreise einer im Prinzip durchaus verständlichen Versuchung erlag. Vom Geruch und Hunger angelockt, hatte er sich schon wiederholt in der Nähe der Kochstätten der Schwarzen aufgehalten. Nicht lange und sein Interesse für fremde Kochkünste wurde mit einer Einladung zu einem Mittagessen belohnt. Doch so schnell ging das nicht vonstatten. Vorher musste noch die Hauptzutat der Mahlzeit, eine Ziege, geschlachtet und zubereitet werden. Wif schilderte mir danach in sehr detaillierter Weise seinen „Einstand" in die südsudanesische Küche: *„Zwei der Männer machten sich ans Werk. Nach Landessitte musste zuerst das Tier geschächtet werden. Das war alles andere als ein schöner Anblick und gewiss nichts für empfindliche Gemüter. Das Schneidwerkzeug, ein stumpfes Messer, taugte überhaupt nichts, so dass das Durchtrennen der Kehle des armen Tieres mehr einem Säbeln als einem Schneiden glich. Als dann das zappelnde Tier endlich ausgeblutet war, wurde auf der Innenseite des einen Hinterlaufes ein kleiner Schnitt angebracht und das umliegende Fell mit einem Stock vom Fleisch gelöst. Anschließend schob einer der Männer den Stock langsam immer tiefer in die Öffnung und trennte so mit fächerförmigen Drehbewegungen das gesamte Fell vom Körper. Danach wurde der Stock gegen ein Stück dünnes Bambusrohr ausgetauscht und mit kräftiger Lunge Luft hineingepustet, wodurch sich das Fell ballonartig aufblähte. Gleichzeitiges Drehen des Tierkörpers erleichterte das Verteilen der eingeblasenen Luft. Letztlich*

* Dieser schon wiederholt zitierte Brief hatte anschließend Jahrzehnte überdauert und mir beim Verfassen dieser Reiseerlebnisse wertvolle und längst vergessene Details geliefert.

noch ein rascher Schnitt von einem Laufende zum anderen und schon war mit einigen geschickten Bewegungen der Inhalt herausgestülpt. In Kopfhöhe abgeschnitten blieb dann ein sackförmiger Körper übrig, aus dem später durch Zunähen der Öffnungen ein Wassersack entsteht." Hmm, eine höchst interessante Verwertung des Fells, doch wie war denn das Essen, fragte ich neugierig mit einem Ausdruck von Ungläubigkeit. Ohne den Mund zu verziehen, setzte Wif recht nüchtern seine Schilderung fort: *„Ja, die Ziege wurde dann zerlegt und alles samt den Innereien in den Kessel voll kochendem Wasser geworfen. Nichts ist von dem Tier übrig geblieben außer dem Kopf und den vier Hufen. Aus den notdürftig gereinigten Gedärmen haben sie vorher kunstvoll kleine Zöpfchen geflochten, die dann als besondere Leckerbissen der Brühe beigefügt wurden. Die eine Köchin streute noch ein paar pulverförmige Substanzen und etwas Kleinzeug hinein, anschließend blieb nur noch umrühren und warten. Es dauerte ziemlich lange, bis das Essen endlich fertig war."* Wie es geschmeckt hatte, fragte ich Wif schon etwas neugierig. *„Ziemlich scharf, das Zeug, aber gar nicht so übel. So eine Art von Gulasch würde ich sagen. Doch viel habe ich davon nicht essen können."* Und die Zöpfchen? *„Die habe ich mitgegessen, einfach so …"* Doch selbst diese keineswegs negative Aussage hatte nichts an meiner Grundhaltung ändern können. Allein schon der Anblick dieser großen Kessel mit ihrem brodelnden Inhalt drehte mir den Magen um. Nicht einmal im Traum hätte ich so etwas vorgesetzt bekommen wollen. Selbst meine wiederholt vorgebrachten Bedenken, sich bei dieser Art von Nahrungsaufnahme vielleicht verdauungsbeschleunigende Kleinstlebewesen einzuhandeln, konnten Wif nicht von einer Wiederholung abhalten. Im Grunde genommen waren meine Bedenken unbegründet, denn stundenlang gekochte Brühen sind absolut steril und damit unbedenklich. Aber der von den Esspartnern vollzogene „Schöpfvorgang" mit den bloßen Fingern und das anschließende Abschlecken …?!

Wieder einmal saßen wir auf Deck und unterhielten uns mit Wolfgang. Es war schon dunkel, da geriet bei einem Steuermanöver das Schiff zu nahe ans linke Flussufer und brachte für kurze Zeit recht geräuschvoll die Ufervegetation in Unordnung. Mit dumpfem

Schlag fielen zwei verschlafene Kormorane und ein Bienenfresser auf das Deck. Rasch, ehe sich die Vögel vom Schreck erholen konnten, langte Wolfgang zu. Von Beruf Tierpräparator liquidierte er sie fachgerecht. Endlich etwas Fleisch zwischen den Zähnen, war mein erster Gedanke. Doch Wolfgang wehrte sofort mit unmissverständlicher Handbewegung ab: *„Ungenießbar, diese Kormorane, sie haben ein tranig schmeckendes Fleisch und der Bienenfresser würde nicht einmal einen hohlen Zahn füllen. Alles nur Federn und viel Luft dazwischen."* Gewiss, ohne Hunger hätte ich niemals auch nur einen Gedanken in diese Richtung verschwendet. So aber wurde ganz unbewusst jede sich nur bietende Gelegenheit auf Essbarkeit überprüft. Wie doch der Hunger das Denken und Handeln des Menschen auf den reinen Überlebenstrieb reduzieren kann! Und die drei Vögel, was sollte mit ihnen geschehen? Wolfgang würde spätestens in Nairobi, wo er in einer großen Firma seinen Beruf auszuüben plante, die drei Vögel fachgerecht präparieren. Und wieder klang die Melodie des Südafrikasongs vom benachbarten Schlafsaal zu uns herüber: „… Popcorn and Chewing gum, Peanuts and Bubble gum …" Den beiden Engländern ging es gewiss besser als uns.

Neunter Tag auf dem Fluss. Vor einem Monat hatten wir Österreich verlassen. So als wäre dies ein Anlass zu feiern, konnte Wif bei einer kurzen Landung irgendwo im Busch äußerst billig zwei lebende Tauben erstehen. Das große „Fressen" wurde es wohl nicht, aber dieses Wenige war immer noch besser als nichts. Denn am Vortag war auch das letzte mit Nudeln angereicherte Suppenpackerl aufgebraucht worden. Seitdem hatten wir nichts mehr zu essen. Zurück auf dem Schiff ging Wif sogleich ans Werk. Ruckartig zog er an den Köpfen der beiden Vögel, rupfte rasch die Federn und gab nach dem Ausweiden das Fleisch in einen Topf mit Wasser. Nun hieß es geduldig warten. Ob das jemals etwas werden würde, fragte ich mich beim Zusehen mit verhaltener Skepsis und dies trotz des nagenden Hungers. Und leider bewahrheiteten sich meine Zweifel. Das Salz ging aus und unser Benzinvorrat reichte nicht mehr zum Garkochen des Federviehs. So wurde aus den in den Mund fliegenden gebratenen Tauben nichts mehr, halbroh und äußerst zäh blieb das Endprodukt.

Selbst der gute Wille, mit dem Wenigen etwas Wohlschmeckendes zu machen, hatte nichts ändern können. Doch im Verlgeich zu dem tags zuvor zu Ende gegangenen Einheitsmenü, der eingedickten Maggisuppe, stellten für uns die Tauben eine willkommene Abwechslung dar. Als besonderen Luxus zu diesem Mittagessen tranken wir noch den kärglichen Rest unseres schwarzen Tees. Seit Tagen schon wurden die Teeblätter mehrmals aufgebrüht, doch nun waren auch sie zu Ende. Wenigstens war auf dem Fluss kein einziges Mal das Wort „Durst“ gefallen. Zwiebeln und Wasser, dies gab es auf und um das Schiff in Hülle und Fülle. Davon würden wir noch bis zum Ende der Schifffahrt leben müssen.

Medikamente standen in Afrika hoch im Kurs. Je größer und bunter die Pillen, desto besser waren sie. Und das schwarze Volk an Deck wusste nur zu gut, dass die weißen Passagiere stets größere Mengen davon bei sich hatten. So blieben auch wir von der Nachfrage nicht verschont. Ob nun berechtigt oder nicht, trugen die schwarzen Mitreisenden mit größtem theatralischem Geschick ihre Wehwehchen vor. Verklebte Augen, besonders bei Kindern, oder entzündete Wunden waren ja leicht zu diagnostizieren, aber alle im Körperinneren versteckten Leiden? Doch unabhängig davon: Warum nicht etwas abgeben, wenn es selbst nicht benötigt wurde? So hatten Wifs Behandlungskünste schon kurz nach dem Beginn der Schiffsreise eine unerwartete Nachfrage ausgelöst, die gegen Ende der Fahrt derart anstieg, dass unser Medikamentenbestand schwindsuchtartige Veränderungen annahm. Zuletzt verblieb nur noch eine größere Anzahl von Tabletten gegen niedrigen Blutdruck. Nur waren diese klein, weiß und damit nichtssagend, weshalb sich bei deren Verteilung große Enttäuschung in den schwarzen Gesichtern breitmachte.

Die noch auf Deck lebenden Ziegen hatten in der Zwischenzeit viel an Substanz verloren. Hervortretende Knochen, eingefallene Rücken und klapperdürre Läufe erweckten den Eindruck eines baldigen Zusammenbruchs. Zwar von der Optik her nicht vergleichbar, doch von der Tendenz her ähnlich, waren auch bei uns die Veränderungen nicht ausgeblieben. Seit der Abreise aus Österreich hatte ich bereits sieben Kilogramm an Gewicht verloren.* Eine unbeabsichtigte Bilanz, die so mancher bei uns zu Hause liebend gerne als Erfolgserlebnis verbuchen würde. Denn selbst der verstärkte Verzehr von Zwiebeln konnte das Problem der defizitären Kalorienaufnahme nicht lösen. Unsere körperliche Verfassung verschlechterte sich zusehends. In unserer Verzweiflung begannen wir gegen Ende der Schiffsreise sogar Merfentabletten (gegen Halsweh) zu lutschen. Ihr süßer Geschmack weckte zumindest die Illusion, wieder etwas Nahrhaftes zu sich genommen zu haben.

Die Folgen zunehmender Körperschwäche blieben nicht aus. In den letzten Tagen auf Schiff bereitete mir selbst in der Früh das Aufstehen sichtliche Mühe. Immer schwerer fiel mir diese morgendliche Prozedur, die nur mehr langsam und in kleinen Etappen vor sich ging. Versuchte ich, rascher aufzustehen, wurde mir sofort schwarz vor den Augen – mit der Gefahr, auf den total verschmutzten Stahlboden zu stürzen. Sogar das Waschen eines Hemdes, es war übrigens das zweite Mal (!) auf dieser Reise, gestaltete sich zu einer energieraubenden Tätigkeit. Nach einer Stunde sank ich völlig erschöpft auf das Bett. Doch dieser leidvolle und von zermürbendem Hunger geprägte Zustand reichte offenbar noch immer nicht, um bei mir eine grundsätzliche Haltungsänderung bei der Nahrungsaufnahme hervorzurufen. Selbst am Ende der Flussfahrt war ich nicht bereit, aus den Schüsseln unserer schwarzen Schiffsnachbarn etwas Essbares herauszufischen. Offensichtlich lag die Hemmschwelle zur Überwindung meiner tiefen Abneigung noch immer zu hoch.

Mittlerweile hatten auch die Aufenthaltsbedingungen im großen Schlafsaal ein schier unerträgliches Ausmaß erreicht. Temperatur und Luftfeuchtigkeit waren spürbar angestiegen. Allein schon diese drückende Hitze lähmte jeglichen Unternehmungsgeist. Dazu war der gesamte Raum erfüllt von Verwesungsgerüchen unterschiedlichsten Grades. Viele von den Fleischstücken und Fischen baumelten schon

* Laut meines schon mehrmals erwähnten Briefs. Es gab auf Deck eine Dezimalwaage, um transportierte Güter (Säcke) zu wiegen.

über eine Woche von der Decke oder klebten an den Wänden des Schlafsaals.

Vermutlich hätte eine gute körperliche Verfassung alles leichter ertragen lassen. So aber litt mit sinkender Widerstandskraft auch unsere psychische Belastbarkeit. Doch wir gaben nicht auf, auch das schlimmste Leiden musste einmal ein Ende haben. Gegen Ende dieser Flussfahrt konnte uns jedenfalls nichts mehr erschüttern, waren wir durch nichts mehr aus dem Gleichgewicht zu bringen. Abgestumpft und unempfindlich geworden gegen sämtliche Begleiterscheinungen schwarzafrikanischer Lebenswelt hatte uns vielleicht der im Menschen verankerte Selbsterhaltungstrieb geholfen, alles mit stoischem Gleichmut hinzunehmen und zu ertragen.

Ostafrika in Reichweite

Am Vormittag des 31. Juli war es so weit. Noch an diesem Tag würden wir in Juba einlaufen. Die Nachricht von der baldigen Beendigung der Schiffsreise gab uns wieder Auftrieb. Das Ende der zehntägigen Hungerperiode rückte in greifbare Nähe. Der Gedanke, bald wieder richtig essen zu können, gut und ausreichend und vor allem etwas anderes als die traurige Einheitskost der vergangenen Tage, ließ uns nicht mehr los. Doch es war besser, vorerst nicht weiter daran zu denken, denn die Erfahrung lehrte, in diesen Belangen vorsichtig zu sein. Die Enttäuschung folgte oft rasch auf dem Fuß.

Zeit und auch Gelegenheit, wieder einmal kurz Bilanz zu ziehen. Hinter uns lag eine intensiv erlebte Zeit. Fünf Wochen waren wir schon unterwegs. Fünf Wochen mit zum Teil sehr schwierigen Belastungsproben, an die wir nicht einmal im Traum gedacht hatten. Doch die Vielzahl unangenehmer Erlebnisse, allen voran dieser schreckliche Hunger, hatte uns weder den Mut genommen noch unseren Unternehmungsgeist gedämpft. Mit Zuversicht und ein bisschen Glück konnte es also weitergehen.

Langsam und mit viel Bedacht begannen wir unsere Habseligkeiten zu packen. Zwischendurch wurden kurze Pausen eingelegt, um wieder etwas zu Kräften zu kommen. Noch war von der Stadt nichts zu sehen. Weiterhin nur dicht bewachsene Uferstreifen mit hohen Bäumen auf beiden Seiten des Flusses, unberührt von der Hand des Menschen. Wiederholt ging ein sehnsüchtiger Blick nach vorn, aber dort hatte sich auch nichts geändert. So verging letztlich der ganze Tag, bis endlich gegen Abend in einiger Entfernung am Ufer die ersten Häuser von Juba zu sehen waren. Wie viele Tage schon hatten wir keine Häuser, keine richtigen Häuser mehr gesehen? Doch bereits am nächsten Tag folgte die Erkenntnis, dass auch die Provinzhauptstadt Juba, abgesehen von den wenigen Gebäuden aus massivem Mauerwerk, nichts als eine große Ansammlung von einfachen Lehmbauten und traditionellen Strohhütten war.

Es dämmerte bereits, als endlich nach zehn langen Tagen der große Moment gekommen war. Langsam näherte sich unser Schiffsverband dem Ufer, wo hunderte von Menschen dicht gedrängt auf einer befestigten Landungsstelle unsere Ankunft erwarteten. Die vorerst nur unterschwellig vorhandene Geräuschkulisse hob unmerklich an und gewann dann an Stärke. An Bord herrschte große Hektik. Der Aufregung und dem Drängen nach zu schließen, schien jeder die Absicht zu haben, als Erster an Land gehen zu wollen. Ähnliches, nur in umgekehrtem Sinne, dachten sich wohl auch die Massen an der Kaimauer. Während ein relativ solid wirkender Landungssteg mit seitlichen Handläufen herangeholt und in Position gebracht wurde, setzte plötzlich heftiger Regen ein. Es prasselte nur so herab und in Kürze waren alle Drängenden bis auf die Haut klitschnass. Das tat aber dem Elan der Leute keinen Abbruch. Und wieder war das gleiche verrückte Bild zu beobachten wie am Bahnhof von Khartum. Kaum wurde der Steg zur Benutzung freigegeben, setzte ungestüme Dynamik ein. Die einen drängten von Bord, die anderen stürmten an Bord. In der Mitte des Landungssteges prallten sie aufeinander und schon war der Stau perfekt. Da nützten auch keine wilden Schreie und Ausrufe der Empörung. Koste es, was es wolle, mit aller Macht schoben und quetschten sich die Menschen aneinander vorbei. Dass bei dieser außer Kontrolle geratenen Drängelei niemand ernsthaft verletzt wurde oder gar ins Wasser fiel, gehörte zu den unerklärlichen Phänomenen dieses Kontinents.

Ohne Grund zur Eile warteten wir geduldig auf den Moment, an dem sich die Lage entspannen würde. Einfach amüsant, diesem unkontrollierbaren Chaos zusehen zu dürfen, das nun, langsam vom Mantel der Nacht zugedeckt, mehr in akustischer Form zum Ausdruck kam. Da blieb uns wieder nur ein verständnisloses Kopfschütteln. Was für ein unnötiger Nerven- und Kräfteverschleiß, der bei etwas mehr Ordnungswillen problemlos hätte vermieden werden können.

Es regnete noch immer in Strömen, als wir beschlossen von Bord zu gehen. Obwohl mittlerweile das schlimmste Gedränge am Landungssteg abgeflaut war, gab es immer noch genügend Menschen, die im Halbdunkel zwischen Schiff und Kaimauer hin- und herpendeln wollten. Schwer drückte der Rucksack auf unsere schwachen Beine, sodass wir etwas unsicher von Bord wankten. Total durchnässt fanden wir in einer einfachen, nahe der Anlegestelle gelegenen Herberge Zuflucht. Doch eine Nacht für 1,50 sudanesische Pfund war uns zu teuer. Zu allem Übel mussten wir noch erfahren, dass in der Stadt kein einziges Restaurant mehr geöffnet hatte. Wegen Dunkelheit und Regen wäre alles schon geschlossen. Uns blieb keine andere Wahl, als den nächsten Tag abzuwarten. Und das mit ständig knurrendem Magen! Eine bittere Pille, die wir so knapp vor dem ersehnten Ziel wieder einmal schlucken mussten.

Während wir auf das Nachlassen des Regens warteten, machten wir Bekanntschaft mit einem Deutschen. Gerade aus Uganda gekommen, verpasste er uns mit einer Reihe von Neuigkeiten gleich einen gehörigen Dämpfer. Rasch wurde uns klar, dass der Weg zurück in die Heimat kein leichter werden würde. Auch unsere Geldreserven für die Rückreise würden nicht mehr reichen. Kein Zweifel: Wir hatten ganz offensichtlich die Kosten der gesamten Reise unterschätzt. Zusammengefasst nun das Wesentliche der soeben erhaltenen Informationen, die alles andere als ermutigend waren. Unsere erste, ins Auge gefasste Rückreiseroute, nämlich mit einem Schiff von Mombasa in Kenia bis hinauf nach Suez zu fahren, würde allein für jeden von uns 800 DM* kosten. Ausgeschlossen, dieser Betrag entsprach nahezu unserem gesamten Startkapital für die Reise! Die zweite Möglichkeit, es von Nairobi aus auf dem Landweg über Äthiopien nach Französisch-Somaliland (Djibouti) zu versuchen, führte durch konfliktträchtiges Gebiet. Ganze Militärkonvois würden bis auf den letzten Mann niedergemacht, teilte uns der Deutsche mit. Die sogenannten „Shiftas", also die Aufständischen von Nordkenia und aus dem angrenzenden Somalia, würden im Konfliktfall nicht lange zögern. Gefangene wurden nicht gemacht! Zwei deutsche Studenten wären noch vor drei Wochen durchgekommen. Einem wurde das Ohr abgeschossen, der zweite am Arm verletzt. Diese Variante schien also auch „passé" zu sein. Das also waren die Neuigkeiten aus dem Mund eines schon weit in Afrika herumgekommenen Gleichgesinnten.

Uns würde wohl oder übel nichts anderes übrig bleiben, als die gleiche Strecke wieder zurückzufahren. Doch auch da wussten wir bereits, dass wegen des begonnenen Einstaus des Assuanstaudammes in wenigen Wochen die Schiffsverbindung Wadi-Halfa – Assuan für unbestimmte Zeit unterbrochen sein würde. So auch die Eisenbahnlinie von Khartum hinauf bis an die ägyptische Grenze. Entweder in Khartum oder spätestens in Port Sudan am Roten Meer wäre auch diese Strecke zu Ende. Weiter nach Norden gab es nichts mehr und diesen Streckenabschnitt mit dem Flugzeug zu machen, wäre für uns unerschwinglich.

Wohl gäbe es, rein theoretisch, noch zwei weitere, allerdings sehr vage Rückreisevarianten. Da wäre zum einen der Seeweg von Mombasa hinüber nach Indien und von dort auf dem Landweg nach Europa oder, falls alle Stricke reißen sollten, mit einer arabischen Dhow, einem traditionellen Segelboot, von Ostafrika die Überquerung nach Arabien zu wagen. Schon sah ich uns im Sturm kentern und umzingelt von gierigen Haien mitsamt der Ladung untergehen. Doch einmal arabischen Boden unter den Füßen dürfte laut den erhaltenen Informationen der weitere Weg nach Europa nicht mehr problema-

* Etwa 400 Euro.

tisch sein. Sogar vor einer Durchquerung Saudi-Arabiens auf dem Kamelrücken würden wir nicht zurückschrecken. Und sollten wir den zahlungskräftigen Golfstaat Kuwait erreichen, wären sowieso alle finanziellen Sorgen vorbei. Kuwait suchte nämlich damals dringend Blutspender und honorierte diese großzügig. Eine einzige Blutspende würde reichen, um die restlichen Reisekosten nach Hause abzudecken. Übrigens wären dort auch ausländische Reisepässe ein gefragtes Gut, das beim Verscherbeln viel Geld bringen würde. Doch dieser Idee konnten wir nichts abgewinnen, so etwas gehörte sich einfach nicht. Wie dem auch sei, einen Makel hatten diese beiden Varianten gemein: Unsere Rückkehr nach Österreich würde frühestens Ende Oktober, Anfang November möglich sein, was angesichts des bereits Anfang Oktober beginnenden Wintersemesters nicht in Frage kommen durfte. Wir waren ratlos …

Weiterhin prasselte der Regen mit unverminderter Heftigkeit herab. Lange noch unterhielten wir uns mit dem Deutschen über alle Rückreisemöglichkeiten nach Europa und den damit verbundenen Schwierigkeiten und Risiken. In dieser einfachen Herberge im tiefen Schwarzafrika hörte sich beim trüben Licht einer Petroleumlampe alles reichlich unwirklich an. Da wurde über Reiserouten in Ländern gesprochen, von denen keiner von uns beiden auch nur die geringste Ahnung hatte! Alles war vage und schien auch nicht gerade ungefährlich zu sein. Eine bizarre Mischung aus Wunschvorstellungen, Hoffnungen, Abenteuerlust und Bedenken vor nicht kalkulierbaren Folgen schwirrte durch unsere Köpfe. Fest stand jedenfalls, dass wir im Moment nicht mehr wussten, wie, wann und über welche Route wir in unsere Heimat zurückkehren würden. Doch sich deswegen schon jetzt die gesamte, noch vor uns befindliche Reise verderben zu lassen, kam nicht in Frage. Vor allem Wif, der unerschütterliche Optimist, war steter Fürsprecher einer derartigen Philosophie gewesen. Und im Nachhinein betrachtet hatte er Recht gehabt. Jede andere Haltung hätte uns nur unnötig belastet, uns die Freude am Reisen getrübt, jedoch nichts an den Gegebenheiten verändert. So ertrugen wir alles Weitere unter dem Motto, dass wir sowieso keine andere Wahl hätten als abzuwarten, bis uns ein glücklicher Zufall irgendetwas in die Hände spielen würde. Gar keine schlechte Einstellung für schwierige Lebenslagen wie gerade dieser.

Mittlerweile war es schon spät geworden und auch der Regen hatte nachgelassen. Es war an der Zeit einen Unterschlupf für die Nacht zu suchen. Unweit der Herberge entdeckten wir auf dem gemauerten Steinboden unter einer Terrasse einen trockenen Platz. Das reichte für diese Nacht. Trotz Müdigkeit konnten wir nicht einschlafen. Ohne ein Wort zu wechseln lagen wir noch lange wach. Das vorhin Erfahrene ließ uns keine Ruhe. Unentwegt kreisten die Gedanken im Kopf, fanden aber zu keiner Lösung. Wahrlich, unsere Lage war wenig ermutigend, doch hatten wir andererseits bis jetzt nicht alles recht gut meistern können? Weshalb sollte es nicht mit ein wenig Glück so weitergehen? In diesem Augenblick des Zweifelns und der Ratlosigkeit schlich sich bei mir ganz unterschwellig noch eine ganz andere, bereits schon einmal gemachte Erkenntnis ein. Von jetzt an waren wir wirklich ganz auf uns gestellt. Kein schützendes Umfeld war mehr vorhanden, wie es noch die Bahn und anschließend das Schiff dargestellt hatten. Wir waren nun allein, allein fern der Heimat, allein mitten im Herzen dieses so fremden Kontinents. Alles, was vor uns lag, war unbekannt, denn außer ein paar Hinweisen und Tipps von anderen Reisenden unseres Schlags wussten wir so gut wie nichts über das, was uns erwartete. Ein Gefühl, das mir in diesem Moment fast den Boden unter den Füßen wegzog. Derart vertieft war ich in Gedanken, dass vorübergehend sogar der Hunger in den Hintergrund getreten war. Jetzt aber meldete er sich wieder mit unverminderter Heftigkeit.

Plötzlich hörten wir sie. Es war das erste Mal, seitdem wir uns in Schwarzafrika befanden. Lange schon hatten wir darauf gewartet. Der Wind trug sie von der anderen Seite des Flusses zu uns herüber, mal ganz leise, fast lauernd, dann wieder unbändig laut und aggressiv: dumpfe, schwere Trommelschläge. Manche kamen von weit her, andere klangen sehr nah, so als ob unweit des anderen Flussufers abgeschickt. War dieses auf- und abschwellende Rollen der Trommelschläge nicht eine Nachricht? Richtig, seit diesem Abend gab es ja einige Weiße in der Stadt, also Grund genug zur Freude. Morgen würde es dann ein wunderbares Fest geben, eine willkommene Abwechslung im vielleicht sonst eher eintönigen Speisezettel. Natürlich waren das alles nur gedankliche Spielereien. Doch ganz unerwartet überfiel sie mich, diese Angst, die Vorstellung vom Gefressen werden, die noch in uns allen irgendwo tief verwurzelt steckt. Auch ein Relikt aus grauer Vorzeit, als der Mensch noch Bestandteil so mancher Nahrungskette war und demzufolge dieses schicksalhafte Dasein zum Alltag gehörte. Solche und ähnliche Gedanken beschäftigten mich, bis letztlich die Müdigkeit siegte. Und weiter kam es herüber, das dumpf wirbelnde Tam-Tam der Trommeln aus stockdunkler, geheimnisvoller Nacht, vom Wind über den Fluss getragen.

Die Nacht verlief ohne besondere Vorkommnisse. Alles in bester Ordnung auf dem Steinboden unter der Terrasse. Sehr zu meiner Erleichterung. Wie sich doch Gelesenes, Gehörtes und Erfahrenes zu fantasievollen Gedanken formen konnten. Der Regen hatte inzwischen aufgehört. Dicke, tiefliegende Wolken bedeckten den Himmel. Noch vor dem Frühstück war unser erster Weg zum Immigration-Office, um die Ausreiseformalitäten zu erledigen. Wir wollten auf jeden Fall bereit sein für die erste Mitfahrgelegenheit weiter nach Süden. Dann aber gab es keinen Grund mehr, dem schon so viele Tage ertragenen Hunger weiter standzuhalten.

Im nächstbesten „Restaurant“, einer aus ungehobelten Brettern zusammen gezimmerten Bude mit Wellblechdach, bestellten wir uns ein kräftiges Essen, ohne groß zu fragen nach einem möglichen Angebot. Rasch musste es gehen und viel musste es sein, alles andere war Nebensache. Zur Bekräftigung unseres Wunsches bildeten wir mit beiden nach unten geöffneten Handflächen vor uns auf dem Tisch einen imaginären Berg nach, also ein unmissverständlicher Wunsch nach einer ausgiebigen Portion. Der Wirt reagierte erstaunlich schnell. Uns wurde etwas aufgetischt, vergleichbar vielleicht mit einem Gulasch, sehr fett und mit Nudeln vermischt. Dazu gab es Weißbrot. Es sah ganz passabel aus und roch wirklich gut. Ohne auch nur einen Augenblick zu zögern, schlangen wir im wahrsten Sinne des Wortes die ersten Bissen regelrecht hinunter. Auch wenn es beim Schlucken im Hals heftig kratzte. Doch das Verlangen nach Essbarem war größer als diese ersten Warnsignale. Erst als ich wiederholt etwas entdecken musste, das auf sehr rüde Schlacht- und Fleischverarbeitungsmethoden schließen ließ, begann meine anfängliche Begeisterung rasch zu sinken. Dieses Kratzen stammte nämlich von unzähligen Knochensplittern, die in den Fleischstücken und in der Soße verborgen waren. So hieß es trotz des Heißhungers höllisch aufzupassen, um sich nicht an den spitzen Stücken zu verletzen. Wif meinte zwar, dabei süffisant lächelnd, dass alles, was „oben" reingeht, auch „unten" wieder rauskäme, aber trotzdem. Mit gedämpftem Appetit stocherte ich vorsichtig in der Soße herum. Ich wendete einige größere Fleischbrocken und hielt erschrocken inne. Die dicken, fettunterlegten Hautreste waren besetzt mit langen, widerlich grauweiß gesprenkelten Borsten. Das war zu viel des Guten! Selbst der noch immer ungebändigte Hunger konnte das spontane Aufkommen von Ablehnung nicht verhindern. Angewidert schob ich zuerst die Fleischstücke an den Tellerrand, dann den ganzen Teller zur Seite. Erstaunt musste ich feststellen, dass selbst nach so langer Zeit des Hungerns noch immer ein gewisser Anspruch an Esskultur vorhanden war.

Die letzte Hürde

Weiter in den Süden bis hinunter zur Grenze nach Uganda führte eine Allwetterpiste. Allerdings auf der anderen Seite des Nils. Weit und breit die einzige Verbindung, die auch in der Regenzeit befahren werden konnte. Und die Tatsache, dass diese einfache Erdstraße in unregelmäßigen Abständen nur von LKWs befahren wurde, genügte, um eine Vorahnung von ihrem Zustand zu erhalten. Und diese LKWs fuhren immer dann ab, wenn sie voll beladen waren. Feste Abfahrtszeiten gab es also nicht.

Alle mit dem Schiff eingetroffenen Europäer wollten so rasch wie möglich weiterfahren. Hier in Juba blieb keiner. Auch einige Inder und ein paar Ugander waren dabei, die zurück in ihre Heimat wollten. Uganda, welch einen Zauber rief dieser Name in mir hervor. Das lang ersehnte Ostafrika war tatsächlich in greifbare Nähe gerückt.

Vorbei dann der Unrat, die Hitze und auch die Moskitos, die uns regelmäßig geplagt hatten. Ob nun angebracht oder auch nicht, wir verbanden jedenfalls mit dem Land Uganda nur Schönes, Angenehmes und das Ende aller Entbehrungen.

Mit einer kleinen Fähre gelangten wir auf die andere Seite des Nils. Dort, wo auch die LKWs nach Uganda abfuhren. Wir erkundigten uns an mehreren Stellen, doch nichts deutete darauf hin, dass es noch an diesem Tag eine Mitfahrgelegenheit in den Süden geben würde. Wiederholt kursierten Gerüchte von abfahrbereiten LKWs, aber dabei blieb es auch. Dicke schwarze Wolken brauten sich am Himmel zusammen, als uns am späten Nachmittag ganz unerwartet die Nachricht von der Abfahrt eines LKW erreichte. Noch heute würde er nach Süden losfahren. Rasch hatten wir ihn ausfindig gemacht, einen vom Wind, Wetter und schlechten Pisten gezeichneten Straßenveteran, der mitten im Innenhof eines großen Gehöftes stand. Unzählige Beulen und Dellen erinnerten an unliebsame Begegnungen. Unentgeltlich mitzufahren war ausgeschlossen und Alternativen gab es nicht. Das wusste der LKW-Fahrer nur zu gut.

Es wurde Abend, bis wir endlich abfahrbereit waren. Jeden Augenblick drohten die regenschwangeren Wolken ihre Last abzuladen. In der Ferne jenseits des Nils waren auf einmal dumpfe Trommelschläge zu hören, die mal stärker wurden, dann wieder verebbten. Sollte das etwa wieder uns gelten, eine Nachricht also, dass die Weißen drauf und dran waren, die Flucht zu ergreifen? Es herrschten Unruhen im Süden und wir waren wiederholt ermahnt worden, vorsichtig zu sein. Was hatte doch Wifs Vater vor unserer Abreise so nebenbei geäußert? Seine zynische Bemerkung vom Suppentopf war mir sofort wieder präsent. Als wir dann endlich auf die Ladefläche des LKW klettern durften, waren Gedanken dieser Art rasch verdrängt. Einladend sah es hier oben wahrlich nicht aus. Die gesamte Ladefläche bestand aus dickem Stahlblech, so auch die Seitenwände. Überall lag sperriges Zeug herum. Dazwischen eine geeignete Sitzgelegenheit zu finden, war keine einfache Aufgabe. Möglichst in Richtung Fahrerkabine rücken, dort in der Nähe des Fahrzeugschwerpunktes gab es bekanntlicherweise während der Fahrt die geringsten Stöße. Wif, auf der Suche nach etwas Sitzkomfort, setzte sich einfach auf den Koffer eines indischen Mitfahrers, der diesen gerade an einem freien Platz fein säuberlich hingelegt hatte. Einer, der hierzulande einen Koffer besaß, war schon etwas Besseres und unterschied sich damit vom gewöhnlichen Fußvolk, das nur mit Säcken und Bündeln reiste. Doch der Koffer war mehr Schein als Sein. Dem Äußeren nach zu schließen, war es eine Art Lederkoffer, doch wie sich bald herausstellen sollte, bestand er nur aus gewöhnlicher Pappe und war überdies noch halb leer. Doch kein Wort des Protestes kam über die Lippen des Inders. Lediglich sorgenvolle Blicke wegen der sich bereits ankündigenden Verformungen an seinem instabilen Eigentum. Vermutlich ahnte er schon das Unausweichliche. Wif aber tat so, als ginge ihn das alles nichts an. Nicht weit davon fand ich an der rechten Bordwand einen halbwegs geeigneten Platz zum Sitzen. Reichlich hart war das gesamte Umfeld, doch wie hieß das bekannte Sprichwort: Besser schlecht gefahren als gut gelaufen! Neben dem LKW stand eine junge Sudanesin, eine Schüssel frisch geernteter Erdnüsse auf ihrem Kopf. Mit Interesse verfolgte sie das gesamte Lademanöver. Sie schenkte uns ein paar Handvoll davon, auf denen noch etwas Erde haftete. Da wir nichts anderes zu tun hatten, begannen wir neugierig, die noch feuchten Schalen zu öffnen. Ihr Inhalt war halbweich, der Geschmack für unsere Gaumen etwas gewöhnungsbedürftig.

Kräftiges Schütteln der Ladefläche kündigte den Start des Motors an. Anfänglich war das Schütteln so stark, dass selbst die Nieten an der einen Seite der Wagenkabine zu tanzen begannen. Endlich war es so weit und unser Fahrzeug setzte sich langsam in Bewegung. Selbst im Stadtbereich war die breite Ausfallstraße übersät mit wassergefüllten Schlaglöchern, ganz zu schweigen von der anschließenden Piste, die uns hinaus in das Dunkel der Nacht führte. Nichts dämpfte die harten Schläge und Stöße des fahrenden LKW. Da würde es wohl nichts mit dem Schlafen werden, war mein erster Gedanke. Ein paar Tonnen Säcke mit Getreide auf der Ladefläche hätten für angenehmeres Fahren gesorgt, wie wir noch im Laufe dieser Reise feststellen würden. Eine Erfahrung besonderer Art war das Durchfahren der mehrere Meter großen, wannenartigen Vertiefungen, die sich zuweilen in ununterbrochener Folge ablösten. Keiner auf der Ladefläche konnte sich dann den heftigen Schlingerbewegungen der Ladefläche entziehen. Dagegen half nur ein kräftiges Verspreizen der Hände und Beine in dem Ladegut, um nicht mit Schwung an der gegenüberliegenden Bordwand zu landen. Wie anstrengend doch das Mitfahren in einem LKW sein konnte! Zu allem Übel wurde mir durch dieses heftige Auf und Ab auch noch schlecht, wohl verstärkt durch die vorhin verzehrten rohen Erdnüsse, die unbedingt wieder ins Freie wollten.

Stundenlang rollte und polterte unser LKW über die unebene Piste nach Süden. Bald wusste ich nicht mehr, wo und wie ich mich am besten platzieren und festhalten sollte. Die Unnachgiebigkeit von Ladefläche und Bordwand zeigte ihre Wirkung. Alles tat weh, die Arme und Beine, der Rücken und natürlich auch der Allerwertes-te. Mittlerweile hatten wir noch eine weitere, recht eindrucksvolle Erfahrung beim Überfahren von größeren Bodenwellen sammeln dürfen. Im Prinzip handelte es sich um einen dynamischen Schleudervorgang, der auch als besonderer Gag in einem Vergnügungspark Anwendung finden könnte – natürlich in etwas abgewandelter Form. Auf unserem LKW hatte das besonders für die im hinteren Bereich der Ladefläche sitzenden Passagiere so seine Tücken. Beim Überfahren des höchsten Punktes einer Welle hob nämlich jedes Mal das gesamte Ladegut einschließlich der mitfahrenden Passagiere ab, um nach kurzer Schwebephase mit gehöriger Wucht auf die mit Stahlblech ausgekleidete Ladefläche zu krachen. Vorsicht vor harten Gegenständen, das konnte sehr wehtun. Am nächsten Tag würde es eine Menge blauer Flecken geben!

Plötzlich bremste der LKW und hielt. Ungeduldig begann der Fahrer zu hupen. Ich merkte, dass ich in der Zwischenzeit trotz der Widrigkeiten kurz geschlafen haben musste. Doch was war geschehen, weshalb hielt der Fahrer und hupte des Nachts irgendwo mitten im afrikanischen Busch? Um uns herrschte doch absolute Finsternis. Die Neugier war größer als der Schmerz in allen Gliedmaßen. Etwas schwerfällig richteten wir uns auf und blickten über das Führerhaus nach vorn. Mehrmals musste ich mir den Schlaf aus den Augen reiben, um das Gesehene auch begreifen zu können. Keine fünfzig Meter vor uns lag etwas mitten auf der Piste. Eine unförmige graue Masse, unbeweglich und undefinierbar. Erneutes Hupen, dieses Mal noch länger und eindringlicher. Da begann sich dieses Etwas zu bewegen. Zuerst mutete es fast an wie ein vorsintflutliches Unwesen, das sich aufzurichten begann. Nicht gerade Angst, aber ein ungutes Kribbeln kam auf. Gut, dass wir uns hoch oben auf einem LKW befanden. Etwas Helles, Längliches war zu sehen, das sich langsam erhob. Nun war es ganz deutlich im Scheinwerferlicht zu erkennen. Es waren weiße Stoßzähne. Ein Rüssel wurde sichtbar, dann der ganze Kopf eines Elefanten. Und nicht nur ein Elefant, eine ganze Gruppe hatte es sich in einer großen Mulde direkt auf der Piste zum Übernachten gemütlich gemacht. Jetzt wurden sie aufgeschreckt von den starken Huptönen und geblendet vom grellen Licht der Scheinwerfer. Das aber passte ihnen ganz und gar nicht. Sichtlich unwillig hoben mehrere Tiere ihre mächtigen Schädel. Wiederum drückte der Fahrer kräftig auf die Hupe und drehte die Scheinwerfer in raschem Wechsel auf und ab. Die Elefanten machten keine Anstalten, ihre Ruhestätte zu verlassen. Auf einmal erhoben sich zwei der großen Tiere und lösten sich von der Gruppe. Direkt in unsere Richtung gedreht gaben sie mit erhobenem Rüssel und wild schlagenden Ohren ihren Unwillen kund. Lautstarkes Trompeten verstärkte noch die optischen Warnsignale. Mit schneller Bewegung legte der Fahrer den Rückwärtsgang ein, prompt gefolgt von einer geräuschvollen Antwort aus dem Getriebe, dann fuhr er ein Stück zurück. Wer Elefanten gut kennt, der weiß um die Bedeutung dieser Geste Bescheid: Wir respektieren euch und lassen euch in Frieden, doch gebt uns bitte den Weg frei! Und wirklich, ganz gemächlich drehten sich die massigen Leiber zur Seite und verschwanden in der Dunkelheit, langsam gefolgt vom Rest der Gruppe. Diese erste Begegnung mit wildlebenden Elefanten hinterließ bei uns einen tiefen Eindruck. Von Schlaf war keine Rede mehr.

Durchgerüttelt und reichlich müde trafen wir kurz nach Mitternacht in Nimule ein. Die Grenze nach Uganda war erreicht. Vor dem ugandischen Grenzposten wurde Halt gemacht. Nun, ganz so nach Paradies sah es hier noch nicht aus. Das spärliche Licht einer direkt von der Decke herabbaumelnden Glühbirne schaffte es nur mit Mühe, den spartanisch eingerichteten Büroraum zu erhellen. Hinter einem leeren Schreibtisch saß, mehr einem Schatten gleich, der ugandische Grenzbeamte. Sein verschlafenes Gesicht war untrüglicher Beweis für die Unterbrechung seiner Nachtruhe. Keine ideale Voraussetzung bei mangelhaften Grenzpapieren. So erwartete uns nach mehrmaligem Hin- und Herblättern in unseren Pässen gleich eine unangenehme Überraschung. Der Beamte kam zur Erkenntnis, dass wir für Uganda gar kein Visum hätten. Dem konnten wir nichts entgegnen. Also war für ihn die Sache ganz einfach. Wir sollten doch schnell zurück nach Khartum fahren und uns dort eines besorgen. Du lieber Gott, schoss es mir durch den Kopf, der wusste offensichtlich gar nicht, wovon er redete! Hatte er denn überhaupt eine Ahnung, was das bedeutete, wieder zurück bis in die sudanesische Hauptstadt zu fahren, die da jenseits der großen Sümpfe irgendwo im fernen Norden lag? War er denn jemals dort gewesen, um zu begreifen, was für Auswirkungen ein derartiges Ansinnen auf den weiteren Verlauf unserer Reise haben würde? Mindestens vier Wochen würde das in Anspruch nehmen!

Ein langwieriges Palaver setzte ein. Für uns war die Sache klar. Eine Rückkehr nach Khartum war ausgeschlossen. Sie hätte das Ende unserer Reise nach Ostafrika und damit das Ende unseres Traums bedeutet. Jetzt hieß es also, mit aller Redekunst den Beamten von der Unmöglichkeit seiner Idee zu überzeugen. Zuerst begannen wir mit sachlichen Argumenten, denn allein schon aus Zeit- und Geldmangel hätten wir uns diesen zusätzlichen Umweg gar nicht leisten können. Der Beamte hörte geduldig zu. Dann setzten wir auf das soziale und menschliche Register, wiesen auf unseren geschwächten Körperzustand und die Notwendigkeit hin, uns so rasch wie möglich wieder zu Hause bei unseren Eltern melden zu müssen. Für sie seien wir schon seit Wochen verschollen. Dies müsse er doch verstehen, zumal eine Benachrichtigung vom fortschrittlichen Uganda aus wesentlich schneller ginge als vom rückständigen Sudan. So etwas hörte er natürlich gerne, das war Honig um seinen nicht vorhande-

Nun, ganz so wie erträumt sollte es nicht werden, aber weitaus schöner und angenehmer als das bisher Erlebte.

Frohen Mutes bestiegen wir den LKW und die Fahrt ging weiter. Nicht einmal das heftige Rütteln konnte uns mehr am Einschlafen hindern. Nach geraumer Fahrt hielt unser Fahrzeug. Die Zeiger der Uhr standen erst auf 3 Uhr früh. Völlig verschlafen dachten wir sofort an Elefanten. Nein, dieses Mal waren es keine. Alles aussteigen, hörten wir den Fahrer rufen, die Fahrt sei hier zu Ende. Total geschafft erhoben wir uns und streckten langsam unsere durchgerüttelten Glieder. Von Wifs Unterlage, dem Pappkoffer seines indischen Nachbarn, war nicht mehr viel zu erkennen. Fast zur Unkenntlichkeit deformiert, hatte der Koffer kaum mehr Ähnlichkeit mit seinem ursprünglichen Aussehen. Die unzähligen harten Stöße und kurzen Luftsprünge Wifs während der Fahrt hatten ihn auf Aktentaschenstärke zusammengedrückt. Die Seitenteile waren ausgebeult und die Schlösser demoliert. Vielleicht hätte er im vollen Zustand der Belastung besser standgehalten? Der Inder schwieg, doch sein langes Gesicht sprach Bände. Aber es war nun einmal geschehen …

Wir kletterten von der Ladefläche und sahen uns um. Das war ja kaum zu fassen! Über uns befanden sich sogar Straßenleuchten, richtige, moderne Peitschenleuchten entlang einer asphaltierten Straße! Nun erst wurde uns langsam klar, dass wir in einer Stadt angekommen sein mussten. Es war Gulu, die erste ugandische Stadt nach der Grenze. Schwerfällig schulterten wir unsere Rucksäcke und marschierten gemeinsam mit Wolfgang Schenk und den beiden Engländern, die gleichfalls auf dem Lastwagen mitgefahren waren, los. Bei einem überdachten Gehsteig an einer größeren Straße kam einer der Gruppe auf die Idee, doch auf den sauber gefegten Betonplatten die verbleibenden Stunden bis zum Morgen zu verbringen. Gesagt, getan. Rasch war eine einfache Schlafstätte hergestellt und schon war ich im Reich der Träume.

Auf dem Weißen Nil kurz nach der Abfahrt von Kosti

Teilansicht unseres Schiffsverbandes

Schwimmende Wasserhyazinthen auf dem Nil bei Malakal

Schaufelradantrieb unseres Schiffsverbandes

Tapp, tapp, tapp, klopfartige Geräusche weckten uns am nächsten Morgen. Es waren regelmäßige Schritte, die rasch näher kamen, kurz ihre Taktfolge änderten, um sich dann ebenso rasch wieder zu entfernen. Schon folgten die nächsten. Irgendwie hörte sich das fast so an, als ob in kurzen Abständen jemand über uns hinweg steigen würde. Nun drängte auch der Lärm vorbeifahrender Autos in mein Bewusstsein. Vorsichtig öffnete ich die Augen und blinzelte, auf dem Rücken liegend, nach oben. Das, was ich im ersten Augenblick wahrnahm, konnte ich nicht gleich in meine Sinneswelt einordnen. Über mir sah ich ein auf dünnen Säulen ruhendes Vordach und wieder hörte ich Schritte, die näher kamen. Ein Schatten huschte über mich hinweg. Deutlich konnte ich die Schuhsohlen erkennen, die einen Augenblick über mir schwebten und schon waren sie verschwunden. Wieso war das möglich? Da stimmte doch irgendetwas nicht! Ungläubig hob ich etwas den Kopf und nach einem kurzen Blick nach rechts und links fiel mir sofort wieder alles ein. Die Müdigkeit nach der langen Fahrt mit dem LKW, der sauber gefegte und überdachte Gehsteig als regelrechte Einladung für eine passende Schlafstelle …

Taghell war es und das geschäftige Treiben der ugandischen Kleinstadt Gulu hatte längst eingesetzt. Was blieb den morgendlichen Fußgängern anderes übrig, als auf dem Weg zu ihrem Ziel über diese in Schlafsäcke gehüllten Gestalten zu steigen, die da reichlich unverschämt mitten auf dem Gehsteig einer stark frequentierten Straße lagen. Noch dazu unmittelbar vor dem Eingang eines kleinen Geschäfts. Eine höchst peinliche Situation. Doch kaum aus unseren Schlafsackhüllen befreit, gab es eine angenehme Überraschung. Nach einer äußerst freundlichen Begrüßung lud uns der Besitzer des Ladens gleich zu einem Frühstück ein. Was für eine nette Willkommensgeste Ugandas nach dem eher unfreundlichen und schmuddeligen Sudan!

Hier trennte sich nun unsere kleine Gruppe. Die beiden Engländer und Wolfgang wollten ohne Unterbrechung gleich weiter nach Nairobi fahren. Wir dagegen beabsichtigten nun, unsere geplante

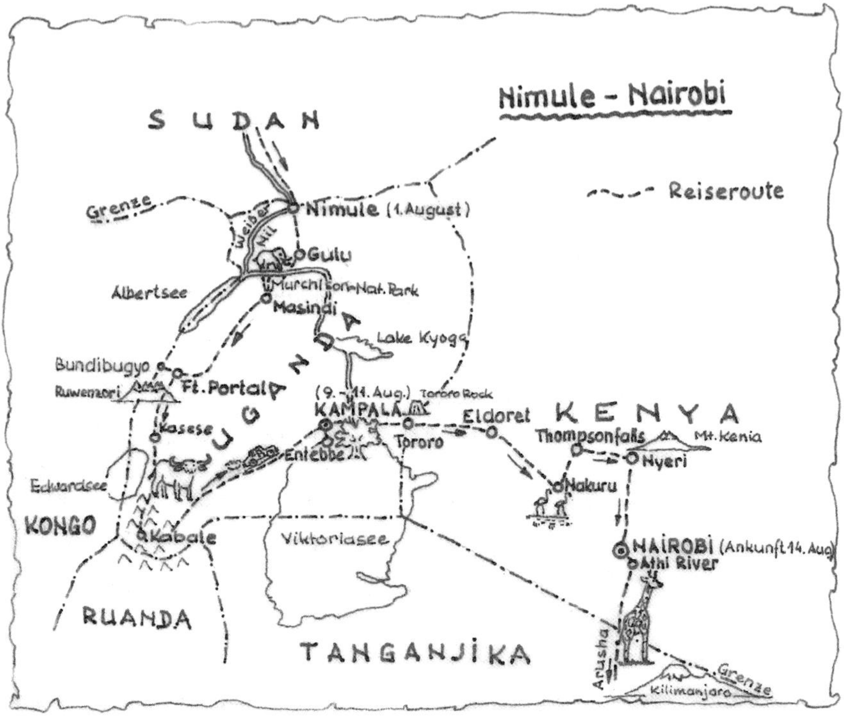

Reiseverlauf Nimule – Nairobi

Rundreise durch Uganda anzutreten. Rasch vereinbarten wir noch mit Wolfgang ein Treffen in Nairobi bei seiner künftigen Arbeitsstelle, der Zimmerman's Factory. Dann ein kurzes Adieu und wir waren wieder allein.

Unser erster Weg führte zum Postamt, dessen – so glaube ich mich zu erinnern – in kräftigem Braunrot gehaltene Außenwände geradezu makellos erschienen. Vor dem Gebäude lag nichts umher, es herrschte eine wohltuende Sauberkeit. Auch drinnen war alles aufgeräumt und in bester Ordnung. Keine Risse in den Wänden, kein abblätternder Putz, keine heraushängenden Drähte oder Steckdosen. Nirgends lag ein Stück Papier am Boden. Auch das „schwarz-weiße" Schalterpersonal zeigte sich von seiner besten Seite. Hatte denn die schwarze Bevölkerung dieses Landes so viel mehr Ordnungsliebe als die Araber, fragten wir uns unwillkürlich.* Wie auch immer, es tat gut, wieder einmal geordnete Verhältnisse vorzufinden. Nach Wochen unbekannten Aufenthaltes gab es endlich Gelegenheit für ein kleines Lebenszeichen nach Hause mit dem Hinweis, uns doch per „poste restante" nach Nairobi zu antworten. Kampala, die Hauptstadt Ugandas, hatten wir bereits vor unserer Abreise als erste verlässliche Postanlaufstelle angegeben.

Unsere Fahrt nach Süden ging weiter. Per Autostopp wollten wir zuerst nach Masindi fahren. Das ging am besten an der entsprechenden Stadtausfahrt. Unglaublich, wie sauber die gesamte Stadt war. Die Straßen waren ordentlich gefegt, nirgends lag Unrat herum. Auch die Häuser mit ihren schön verputzten und in hellen Pastellfarben gehaltenen Außenwänden strahlten Sympathie und Freundlichkeit aus. Entlang liebevoll gepflegter Gärten mit kurz gehaltenem Rasen erreichten wir bald die Ausfallstraße nach Masindi. Am Stadtrand als Abschiedsgruß Blumenbeete und blühende Sträucher. Was für ein Gegensatz zu Ägypten und dem Sudan! Im Vergleich dazu erschien uns Uganda geradezu paradiesisch schön.

Wir warteten nicht lange, dann hielt ein PKW. Sechs Kinder, eine Frau und der Fahrer schauten uns erwartungsvoll an. Acht weiße Augenpaare in kohlschwarzen, rundlichen Gesichtern. Etwas beengt, aber dennoch rundherum zufrieden, saßen wir wenig später zu zehnt in dem Fahrzeug. Die Fahrt führte durch flaches Land, vorbei an ausgedehnten Mais- und Ananasfeldern. Als der Wagen von der Hauptstraße abbog, überreichte uns der freundliche Fahrer, ein Lehrer, zum Abschied eine frische Ananas. Noch nie in meinem Leben hatte ich eine gesehen, geschweige denn in der Hand gehalten. Ohne lange Wartezeit ging es auf der Ladefläche eines LKW weiter. Der erhöhte Standort bot gute Aussicht und frischen Fahrtwind, der uns um die Nasen wehte. Weitläufiges Steppenland trat an die Stelle landwirtschaftlicher Nutzflächen. Interessiert hielten wir Ausschau nach

* Die Antwort sollte erst Jahrzehnte später kommen: Keineswegs, denn Uganda, die ehemalige Kronkolonie Englands, war damals nur wenige Jahre zuvor in die Unabhängigkeit entlassen worden und an vielen wichtigen Verwaltungsstellen saßen immer noch englische Beamte, die für Ordnung, Sauberkeit und Rechtssinn sorgten.

Wild, doch außer braungelbem Steppengras und einzeln stehenden Bäumen zu beiden Seiten der Straße bekamen wir nichts zu sehen. Bei den Karuma Falls änderte sich kurzzeitig das Landschaftsbild. In der Mitte eines breiten Tales war auf der linken Seite der Brücke eine ganze Serie von Katarakten zu sehen. Hier rauschten von Absturz zu Absturz die schäumenden Wasser des Weißen Nils und zwängten sich zwischen dunklen Felsen hindurch. Zu unserem Bedauern verließ schon wenig später der LKW die Hauptstraße und fuhr auf einer staubigen Piste weiter. So standen wir wieder am Straßenrand und warteten. Bis zum Einsetzen der Dunkelheit würde es nicht mehr lange dauern. Langsam wurden wir unruhig, denn weit und breit war kein Haus und leider auch keine Menschenseele zu sehen. Hier in offener Landschaft zu übernachten, würde uns gar nicht behagen. Wer weiß, was sich hier des Nachts so alles herumtrieb. Löwen jagten doch auch bei Dunkelheit und Hyänen waren dann selten fern. Unruhe und Spannung stiegen. Wie so häufig auf dieser Fahrt war uns das Glück hold. Ein LKW tauchte auf und nahm uns mit. Auf der Ladefläche gleich hinter dem Fahrerhaus fanden wir ausreichend Platz. Kaum losgefahren, da prasselte auch schon ohne Vorwarnung ein starker Regenguss herab. Eng drückten wir uns an das Fahrerhaus und waren so einigermaßen vor dem Regen geschützt. Allerdings nur solange der LKW eine bestimmte Geschwindigkeit hielt. Mit leicht durchnässtem Rücken trafen wir kurz nach Einbruch der Dunkelheit in Masindi ein.

Wo war es möglich unentgeltlich zu übernachten, wenn nicht bei der Polizei? Auch ein Tipp von meinem Cousin Bodo. Also gingen wir ohne große Umschweife zur Polizeistation und baten um Bereitstellung einer einfachen Schlafstätte. Für diesen Moment hatten wir schon fest geübt und uns ein einfaches Sprüchlein, unser *„East-African Saying"*, zurechtgelegt, das wir in der Folge schon im Schlaf auswendig können würden. Es würde uns treu und mit viel Erfolg durch ganz Ostafrika begleiten:

> „We are two Austrian students travelling through your beautiful country and now we want to ask you wether it's possible to

stay one or two nights with you. We don't need any comfort, we don't need a bed, we only need a dry place under a roof. Look, we have sleeping bags."

Gewiss eine sehr naive, doch eindeutige Art, unser Anliegen in ungeübtem Englisch vorzubringen. Und wirklich, unser Sprüchlein hatte sich als sehr erfolgreich erwiesen. Wer konnte schon so wenig Mitgefühl zeigen und diesen, fast kindlich vorgebrachten Wunsch abschlagen? Meist waren die Umstände recht dürftig, ja zuweilen sogar beklemmend, wenn zur Abwechslung einmal eine Gefängniszelle winkte und wir dann die Nacht buchstäblich hinter verschlossenen Gittern verbringen mussten. Doch bis auf eine einzige Ausnahme hatten wir damit immer ein Dach über dem Kopf.

Apropos hinter Gittern: Dies durften wir, wohl in abgeschwächter Form, gleich bei diesem ersten Versuch auskosten. Anfänglich etwas überrascht ob unseres etwas ungewöhnlichen Anliegens zeigten uns die diensthabenden Polizeibeamten eine kleine Zelle, in der wir uns auf dem harten Betonboden ausbreiten durften, unversperrt hofften wir! Hier konnten wir uns wenigstens in Sicherheit wiegen, denn selbst in Nord-Uganda kursierten Gerüchte über Stammesunruhen. Unsere naive Fantasie münzte dies natürlich sofort um in eine unmittelbare Bedrohung aller Fremden, die hier unterwegs waren. Völlig unbegründet, wie sich in der Folge herausstellte. An diesem Abend wurde in aller Ruhe gekocht und ausgiebig gegessen. Was für ein wohliges Gefühl, endlich wieder mit einem vollen Magen schlafen gehen zu dürfen. Dann richteten wir, so wie jeden Abend, unsere Schlafstellen ein. Der beinharte Betonboden verlangte jedoch eine besonders sorgfältige Vorbereitung, denn wie lautete doch schnell das bekannte Sprichwort: Wie man sich bettet, so liegt man! So diente als erste Lage die dünne Plastikplane, mit der jeder seinen Schlafsack tagsüber einwickelte. Dann kamen das Hemd einmal gefaltet und die lange Hose gestreckt als zweite Schicht hinzu und darauf als Krönung der Schlafsack. Der zusammengerollte Anorak diente als Kopfpolster. Alles andere als weich und angenehm, aber sie war wenigstens sauber, diese Betonunterlage. Die Zellentür blieb in der Tat unverriegelt.

Abenteuer Murchison Nationalpark

Vor uns eine rotbraune Piste, beide Ränder eingerahmt von mannshohem Elefantengras, das einer grünen Mauer gleich keinerlei Blick in die umliegende Landschaft zuließ. Hätte nur wenige Meter hinter uns eine Antilope gestanden, wir hätten sie gar nicht sehen können. Wenn es nun keine Antilope wäre, sondern … ein Löwe, was dann? Keine Angst, wir würden in Kürze erfahren, dass es Löwen in freier Wildbahn außerhalb der Nationalparks gar nicht mehr gab.

Seit Tagesanbruch schon standen wir an dieser Piste, die gleich hinter dem Stadtrand von Masindi zum Murchison Nationalpark abzweigte, und warteten auf eine Mitfahrgelegenheit. Nach Stunden mussten wir erkennen, dass es gar nicht so einfach war, abseits der großen Verkehrsachsen per Autostopp voranzukommen. Erst gegen Mittag tauchte das erste Fahrzeug auf und hielt an. Ein Trupp afrikanischer Parkwächter, alle im Besitz großkalibriger Gewehre, war auf dem Weg in den Park. Angeblich, um irgendwelchen „bösen“ Elefanten den Garaus zu machen. Wir waren bestürzt. Welchen Grund hätten denn Elefanten in einem Park, bösartig zu werden? Wenn nun auch schon Parkwächter begannen, auf Elefanten zu schießen, dann war unser Traum von friedlich vorbeiziehenden Elefantenherden wohl längst ausgeträumt. Wie gern würden wir doch einmal bei Tageslicht und in freier Wildbahn ausgewachsene Elefanten mit mächtigen Stoßzähnen sehen.*

Die Parkwächter durften uns nicht mitnehmen, also warteten wir geduldig weiter. Kurz nach Mittag kam eine Horde Schulkinder vorbei. Viel Palaver und Geschrei nach Stunden ruhigen Wartens. Alle wollten unsere Adressen, alle wollten uns schreiben und natürlich wollten uns alle ihre Schulhefte zeigen. In kindlicher Schrift geformte Sätze wie *„my father is a fat man“* lösten bei uns leichtes Schmunzeln aus.

* Nur wenige Jahre später, als der Schwergewichtsboxer Idi Amin als Präsident an die Macht kam, wurden unsere Bedenken traurige Wirklichkeit. Seine mit automatischen Waffen ausgerüstete Soldateska dezimierte in kurzer Zeit den gesamten Wildbestand der Naturparks Ugandas.

Natürlich war es keineswegs alltäglich in Masindi weiße, an der Straße wartende *„students"* zu sehen. Außerdem passten wir mit unserem Alter und Körpergröße nicht in das Bild eines *„student"*. Dieser Ausdruck wurde nämlich in den ländlichen Gebieten Ostafrikas für Schüler der Grundschulen verwendet. Auch machten wir die Erfahrung, dass es für Schwarzafrikaner völlig unvorstellbar war, einfach als Tourist andere Länder zu bereisen. Geschäfte abschließen, Verwandtenbesuche und Teilnahme an Seminaren der Entwicklungshilfe, das waren in ihren Augen – und das gilt fast ausnahmslos bis heute – die einzigen Beweggründe, sich in die Ferne zu begeben.

Später tauchte eine alte Frau auf, in der Hand einen ganzen Bananenfruchtstand. Mindestens fünfzig Bananen waren darauf, die sie alle an den Mann bringen wollte. Lächerliche 50 ostafrikanische Cents* wollte sie dafür haben. Sofort waren wir uns handelseinig. Sichtlich zufrieden steckte sie das Geld weg. Immerhin hatte sie sich nun den weiteren Weg zum Markt erspart. Außerdem wer wusste schon, ob sie auch wirklich alle Früchte verkauft hätte. Besser den Spatz in der Hand als die Taube auf dem Dach – dachte sie sich vielleicht! Die gekaufte Bananensorte war für uns neu. Derart kleine und eher gedrungen wirkende Bananen hatten wir noch nie gesehen. Die fast papierdünnen Schalen waren von kräftig gelber Farbe. Schon als wir die erste Banane probierten, waren wir hellauf begeistert. Das war ganz und gar nicht der fade Geschmack jener Sorten, die in Europa angeboten wurden. In der Tat hatten diese kleinen, sympathischen Vertreter der krummen Früchte ein wunderbares Aroma, waren ausgesprochen süß mit einem angenehm säuerlichen Nachgeschmack. Doch sie würde nicht lange währen, diese erfreuliche Entdeckung. Es war wie mit allen in größeren Mengen verzehrten süßen Nahrungsmitteln. Die anfängliche Begeisterung ließ rasch nach und unweigerlich näherte sich der Moment, wo wir selbst diese Bananen nicht mehr sehen konnten. Der Kauf eines ganzen Bananenfruchtstandes – und war er noch so günstig gewesen – förderte natürlich diese Problematik. Trotz der wohlmeinenden Absicht, alle Früchte essen zu

* Damals etwa öS 1,80 oder 0,13 Euro.

wollen, bevor sie dem Verderb anheimfielen, war bei der großen Anzahl der Früchte kein Ende in Sicht. Wie auch immer, die nächsten Stunden vertrieben wir uns mit dem Essen von Bananen.

Die Sonne sank und mit ihr auch die Hoffnung auf eine Mitfahrgelegenheit. Den ganzen Tag hatten wir geduldig am Rande der Piste gewartet. Nur wenige Fahrzeuge kamen vorbei und keines machte Anstalten, in die gewünschte Richtung abzubiegen. Wie sehr hatten wir uns auf den Besuch des wildreichen Murchison Nationalparks mit seinem grandiosen Wasserfall gefreut! Nun war er nach langer und mühevoller Anreise zum Greifen nah und es wollte sich partout keine Mitfahrgelegenheit anbieten. Schon eine harte Geduldsprobe, dieses lange Warten am Rande des Parks.

Wir standen noch immer an der Abzweigung und warteten. Doch die Chancen einer Mitfahrgelegenheit begannen zu sinken. Gleich hinter uns wiegte sich sanft das dicht stehende Elefantengras im kühlen Abendwind. Die goldfarbenen Spitzen der Gräser leuchteten im letzten Sonnenlicht. Die Welt um uns herum begann sich auf die schmale Piste vor uns mit den seitlichen Graswänden zu beschränken. Ihre Schatten ließen die holprige Fahrbahn fast blauviolett erscheinen. Rasch wurde es dunkel. Zu so später Stunde fuhr wohl niemand mehr in den Park. Enttäuscht schulterten wir die Rucksäcke und stapften zurück zur Polizeistation. Die Beamten waren keineswegs überrascht, als wir auftauchten. Sie wussten wohl, dass es eben nicht leicht war, in dieser abseits gelegenen Gegend ohne eigenes Fahrzeug voranzukommen. Wieder schliefen wir wohlbehütet *„under a dry roof"*.

Noch vor Sonnenaufgang waren wir auf den Beinen und warteten an der Abzweigung zum Park. Wieder vergingen Stunden, bis endlich gegen zehn Uhr die lang ersehnte Mitfahrgelegenheit kam. Jetzt aber konnte es losgehen, hinein in einen der schönsten Tierparks von Uganda. Kaum den Parkeingang durchfahren, begann die Spannung zu steigen. Seit wie vielen Monaten schon redeten wir darüber, Elefanten, Büffel oder anderes afrikanisches Großwild aus nächster Nähe erleben zu dürfen. Unentwegt blickten wir nach beiden Seiten, doch das hohe Elefantengras verwehrte hartnäckig jeden Blick in die dahinter befindliche Landschaft. Fast schnurgeradeaus nach Norden führte das rotbraune Band der Piste durch eine sanfte Hügellandschaft. Später gab eine etwas niedrigere Grasart die Sicht frei. Doch trotz achtsamer Blicke nach links und rechts konnten wir in dem Meer aus grünem Gras kein Wild entdecken. Dann, wir waren schon wieder eine Weile gefahren, erblickten wir in größerer Entfernung die ersten Büffel und auch ein paar Elefanten. Alle zu weit entfernt, als dass sie besonderes Interesse hätten wecken können. Schon erinnerten wir uns an die gestrige Begegnung mit den bewaffneten Wildhütern. Waren sie etwa gar der Grund, weshalb nun alle Tiere die Nähe der Piste mieden?

So weitläufig hatten wir uns den Park gar nicht vorgestellt, denn es dauerte ziemlich lange, bis wir endlich in einiger Entfernung vor uns das Tal des Weißen Nils auftauchen sahen. Bald darauf standen wir am Ufer des Flusses und blickten auf dieselben braungelben Fluten, auf denen wir vor gar nicht so langer Zeit viele Tage gen Süden gefahren waren. Selbst hier schon wies der Nil eine imposante Breite auf. Eine kleine Fähre brachte uns hinüber an das nördliche Ufer, wo sich ein paar Kilometer weiter entfernt an erhöhter Stelle die Paara Lodge befand. Die Lodge, dies hatte bereits der lokale Reiseführer angekündigt, war für unsere Reisekasse gleich ein paar Nummern zu groß. Ein ganzes englisches Pfund pro Nacht* hätte dieser Luxus für jeden von uns gekostet! Unmöglich, hatten wir doch wegen der unerwartet hohen Fahrtkosten bis nach Ostafrika unseren weiteren Tagessatz pro Kopf bereits auf 12 öS** herabsetzen müssen! Durch Zufall lernten wir den Schullehrer des gleich daneben liegenden Dorfes kennen. Bereitwillig bot er uns bis zum nächsten Morgen ein Klassenzimmer als Übernachtungsgelegenheit an. Allerdings müssten wir, so der Lehrer, am nächsten Morgen die Unterkunft rechtzeitig räumen, um bei den *„students"* keinen schlechten Eindruck zu hinterlassen. Dies sagten wir auch zu.

---

* Also 72 öS oder 5,25 Euro.

** 0,87 Euro!

Bis zum Dunkelwerden hatten wir noch genügend Zeit. Da wir uns mitten im Park befanden, war die erste Safari zu Fuß angesagt. Die schweren Rucksäcke blieben im Klassenzimmer, lediglich unsere Kameras nahmen wir mit. Weit war der Fluss nicht entfernt und in der flachen, von zahlreichen Büschen und Bäumen durchsetzten Uferlandschaft müsste es genügend Wild geben! Aber gerade deshalb war auch Vorsicht geboten. Wer konnte schon wissen, was sich so alles hinter dem nächsten Busch verbarg! Kurzer Halt unter einem „sausage tree", der mit seinen langen, herabhängenden wurstartigen Früchten unsere Aufmerksamkeit erregte. Vorsichtig bewegten wir uns weiter durch hüfthohes Gras von Busch zu Busch, möglichst jedes Geräusch vermeidend. Plötzlich sahen wir unweit vor uns zwischen den grünen Büschen etwas dunkles Massiges. Ein Büffel, ein Elefant oder …? Erst als das Tier den mächtigen Kopf hob, bestanden keine Zweifel mehr. Es war ein ausgewachsener Elefant, der gerade seinen Hunger an den Zweigen eines größeren Strauches stillte. Das war sie, die Gelegenheit, um aus nächster Nähe ein erstes Foto von einem Elefanten schießen zu können! Doch wie sollten wir ein halbwegs eindrucksvolles Bild mit unseren einfachen Kameras erhalten, die nur mit einem Normalobjektiv ausgestattet waren? Es blieb uns keine andere Wahl als näher heranzugehen. Das war leichter gesagt als getan. Elefanten sehen zwar schlecht, hören dafür umso besser! Deshalb näherten wir uns nur ganz langsam und in kleinen Schritten, jedweden Laut oder hastige Bewegungen vermeidend. Die Kameras hielten wir „schussbereit" vor die Augen, um bei Bedarf sofort abdrücken zu können. Der Elefant schien keine Notiz von uns zu nehmen. Weiterhin rupfte er mit seinem Rüssel einen Zweig nach dem anderen, die anschließend in aller Ruhe verzehrt wurden. Zugegeben, trotz dieser scheinbar friedlichen Situation herrschte Spannung in der Luft. Vor Aufregung spürte ich ganz deutlich meinen Puls am Hals schlagen, mein Herz klopfte wesentlich rascher als normal. Unvermittelt kam der Gedanke auf, ob es sich vielleicht gar um den Hauselefanten der Lodge handeln könnte, also um ein halbzahmes Tier. Allein diese Vorstellung ließ die aufgekommene Spannung sofort wieder sinken. Durch den Sucher betrachtet, sah der Elefant noch immer recht klein aus. Also warum nicht noch ein Stückchen näher herangehen? Tief durchatmen und wieder einen Schritt nach vorn tun. Langsam, ganz langsam wurde so der Abstand zwischen uns und dem Dickhäuter kleiner, sein Abbild im Sucher immer größer. Es war wirklich ein mächtiges Tier, das da vor uns seine Abendmahlzeit zu sich nahm. Deutlich hoben sich die kräftigen Stoßzähne vom dunklen Körper ab, von denen allerdings einer halb abgebrochen war. Jetzt merkte ich, dass sich auf meiner Stirn ein paar Tropfen Schweiß gebildet hatten, meine Hände fühlten sich feucht an und auf den Brillengläsern schlug sich Wasserdampf nieder. Wenn es wirklich der Hauselefant sein sollte, warum dann diese nervenzehrende Belastung? Nun, weil es eben nicht sicher war! Noch einen Schritt näher wagten wir uns, damit das Foto auch wirklich schön und eindrucksvoll würde. Nur noch ein kleines Stück weiter und dann könnte eigentlich abgedrückt werden. Gerade als ich mich anschickte, zur Vorsorge schon einmal ein Bild zu machen, platzte sie, die vermeintliche Sicherheit, wie eine Seifenblase. Ruckartig drehte der Elefant seinen Kopf herum, klappte die Ohren bedrohlich nach vorn und donnerte ohne Vorwarnung los – leider genau in unsere Richtung. Abdrücken und sofort losrennen waren die einzigen Gedanken, die diesen Augenblick bestimmten. Doch der Elefant war weit schneller als wir. Während wir in unserer Verzweiflung wie verrückt links und rechts an den Büschen vorbeilaufen mussten, folgte der Koloss einer geraden Linie. Rasch kam er näher. Für ihn gab es keine Hindernisse. Das war also das unrühmliche Ende der großen Afrikareise, ging es mir blitzartig durch den Kopf. Kaum die Nase ins wirkliche Afrika hineingesteckt, wurde man schon vom erstbesten Elefanten niedergetrampelt! Das Rauschen von dichtem Buschwerk, das Knacken der Äste und das dumpfe Stampfen des Tieres riefen bei uns geradezu panikartige Kraftanstrengungen hervor. Vielleicht verlieh uns die Angst ums nackte Überleben außergewöhnliche Kräfte und wir stellten gerade Armin Harrys* Kurzstreckenweltrekord über 100 Meter in den Schatten. Schließlich riskierten wir beide, mehr

* Der Deutsche Armin Harry war damals Weltrekordhalter im 100-m-Sprint.

oder minder gleichzeitig, noch im vollen Lauf einen kurzen Blick nach hinten in der Gewissheit, in der nächsten Sekunde vom Elefanten überrannt zu werden. Doch wo war er? Da war kein Elefant mehr zu sehen! Offensichtlich waren die letzten Sekunden der Wahrnehmung vom Hirn nicht mehr richtig „übersetzt" worden, so sehr waren alle Handlungen vom nackten Überlebenstrieb geleitet gewesen. Tatsächlich, vom Elefanten war nichts mehr zu sehen. Wohin war er bloß verschwunden? Völlig außer Atem und mit zitternden Knien entdeckten wir ihn kurz darauf. Er stand genau wieder vor dem gleichen Busch und setzte seine Mahlzeit fort, wie gehabt. Er musste wohl gleich nach seiner kurzen Attacke an den Fressplatz zurückgekehrt sein. Die Blätter dieses Strauches hatten es ihm sichtlich angetan! Vom Verhalten der Elefanten, die gerne lästige Störenfriede mit Scheinangriffen in die Flucht schlagen, hatten wir damals noch nichts gewusst. Schwer atmend und mit laut pochendem Herzen standen wir da und sahen uns an. So eine Pleite! Gleich bei der allerersten Begegnung mit einem Elefanten mussten wir kläglich Reißaus nehmen. Das nächste Mal würden wir besser auf der Hut sein!

Nachdem sich Herz und Kreislauf wieder eingependelt hatten, schöpften wir erneut Mut und begannen, nach anderen Motiven Ausschau zu halten. Mit Elefanten wollten wir im Moment nichts zu tun haben. Das Erlebnis von vorhin steckte uns noch in den Knochen. Schon war sie da, die nächste Gelegenheit. Eine ganze Herde von dickleibigen Flusspferden lag völlig regungslos unweit des Ufers im Wasser. Im schrägen Seitenlicht der fortgeschrittenen Nachmittagssonne sahen sie aus wie breite, abgerundete Felsen, die aus dem Nass herausschauten. Wieder standen wir vor dem gleichen Problem mit unseren Objektiven. Im Sucher erschien alles so nichtssagend, einfach zu klein, um interessant wirken zu können. Also blieb uns nichts anderes übrig als uns wiederum Schritt für Schritt langsam dem Ufer zu nähern. Nichts bewegte sich, kein Laut war zu hören. Von manchen Tieren waren gar nur die Ohren- und Augenpaare zu erkennen. Der Anblick dieser friedlich im Wasser dösenden Herde strahlte so viel Ruhe aus, dass wir uns sogar ins Wasser wagten, um mit ein paar weiteren Schritten noch näher an die Tiere heranzukommen. Welch ein belustigender Anblick für einen abseits stehenden Beobachter, uns zwei Parkbesucher, die Kamera vor die Augen haltend und bis zu den Waden im Wasser stehend, zu sehen. Und das alles nur in der Hoffnung, ein imposantes Foto von Flusspferden mit nach Hause nehmen zu können. Nun, mehr brauchte es auch gar nicht, denn fast ruckartig erhob sich eines der Tiere aus dem Wasser. Offensichtlich der Leitbulle, der vermutlich unsere Annäherungsversuche gar nicht so lustig fand. Oh Schreck, was für ein Koloss tauchte da so unvermittelt vor uns auf! Dort, wo er gerade stand, war es keineswegs so tief, wie wir angenommen hatten. Das Verhalten des Bullen war unmissverständlich. Er machte Anstalten, uns anzugreifen. Ohne lange zu überlegen, drückten wir rasch auf den Auslöser und dann nichts wie weg! Glücklicherweise gab das Flusspferd rascher auf als der Elefant. Es blieb bei der Drohgebärde. Erste Bilanz für uns: Die Gegend hatte ihre Tücken und es war einfach zu riskant, zu Fuß auf Fotosafari zu gehen. Das hatten wir gerade mit aller Deutlichkeit zu spüren bekommen. Kaum eines der größeren Exemplare der hiesigen Tierwelt erspäht, hatten wir schon kurze Zeit später die Flucht ergreifen müssen. Dabei waren beide Begegnungen noch äußerst glimpflich verlaufen. Nicht auszudenken, wenn einem von uns etwas passiert wäre!

Kein Zweifel, zu Fuß unterwegs in einem afrikanischen Wildpark war ein ausgesprochen leichtsinniges Unterfangen. Beunruhigend war außerdem die Feststellung, dass Abenteuerlust und Neugier ganz offensichtlich den noch aus grauer Vorzeit stammenden Sicherheitsinstinkt unterdrücken konnten. Immerhin zogen wir aus dem gerade Erlebten die Lehre, dass es für den weiteren, ungetrübten Reiseverlauf wohl besser war, auf Nahaufnahmen von afrikanischem Großwild zu verzichten. Unsere einfache Fotoausrüstung war für derartige Wunschvorstellungen nicht geeignet. Ehrlich gesagt hatten wir uns die Begegnungen mit der afrikanischen Tierwelt auch wesentlich unproblematischer vorgestellt. Wir wollten doch nur ein paar eindrucksvolle Bilder mit nach Hause bringen und dabei nicht gleich zu Gejagten werden! Monate später, als wir die Dias von dem angreifenden Elefanten in aller Ruhe betrachteten, war dieses Erlebnis bereits zu einem besonderen Mosaikstein unserer Reiseerinnerungen geworden. Wir wollten ihn keinesfalls mehr missen.

Langsam setzte die Dämmerung ein. Es war an der Zeit, den Tierpark zu verlassen und wieder in Richtung Schule zu gehen. Die Lust am Fotografieren und an weiteren Begegnungen mit Großwild war vorerst gedämpft. Jetzt fehlte ja bloß, dass uns zu guter Letzt noch ein Löwe oder ein anderes Raubtier über den Weg lief. Dann aber wäre das Maß voll! Ohne lange zu überlegen, schlugen wir die direkte Richtung zur Piste ein, die hinauf zum Ort führte. Doch bald mussten wir erkennen, dass wir uns wesentlich weiter von ihr entfernt hatten als angenommen. Gleichfalls nicht bedacht hatten wir die tropenbedingte, sehr kurze Übergangszeit vom Tag zur Nacht. So legten wir kräftig zu, stets bedacht, jeden größeren Busch in gehörigem Respektabstand zu umgehen. Eine gute Vorsichtsmaßnahme gegen Elefanten oder Büffel, aber wenig wirksam gegen Löwen. Die waren in dem hohen, gelbgrünen Gras, besonders in geduckter Haltung, auch bei geringer Entfernung nicht mehr zu sehen. Jedenfalls hätten wir nicht die geringste Chance gehabt, davon zu laufen. Stets dieses Bild vom lauernden Löwen vor Augen zuckten wir bei jedem verdächtigen Geräusch zusammen. Erleichterndes Aufatmen, als endlich nach längerem Marsch die Piste vor uns auftauchte. Höchste Zeit, denn in der Zwischenzeit war die Nacht hereingebrochen. Kein Problem, auf der Piste waren wir ja in Sicherheit. Meinten wir. Getrost konnten wir uns nun auf den Heimweg machen und begannen, unsere soeben erlebten Eindrücke auszutauschen. Wir waren keine hundert Meter gegangen, als Wif durch Zufall kurz nach rechts blickte. Ruckartig hielt er inne. Stumm zeigte er mit ausgestreckter Hand auf den etwas höher gelegenen Pistenrand. Was er denn hatte, fragte ich mich etwas zweifelnd. Da standen doch nur ein paar Bäume, deren dunkle Silhouetten sich gegen den schwach erleuchteten Abendhimmel abhoben. Doch als ich genauer hinsah, fuhr mir ein gehöriger Schreck durch die Glieder. Das waren gar keine Baumstämme, sondern die kräftigen Läufe einer großen Elefantenkuh, die mit ihrem Jungen wenige Meter neben uns auf dem überhöhten Rand der Piste stand. Völlig regungslos standen sie da, nicht der leiseste Laut war zu hören.

Entweder sahen Elefanten des Nachts noch weniger als tagsüber oder der Wind stand gerade günstig. Anders konnten wir uns im Moment dieses ungewöhnliche Verhalten nicht erklären. Es war auch nebensächlich! Bevor so richtig Panik aufkommen konnte, brachten wir uns mit raschen Schritten in sichere Entfernung. Die Elefantenkuh und ihr Junges lösten sich im Dunkel der Nacht auf. Noch einmal gut gegangen …

Schwacher Lichtschein zeigte uns den Weg zum Dorf. Es dauerte nicht lange und wir betraten heil und unversehrt das leere Schulgebäude. Jetzt erst waren wir in Sicherheit. Unser leichtsinniger Ausflug ins Reich der afrikanischen Tierwelt hatte ein glimpfliches Ende genommen. Doch kaum waren Bedrohung und damit Angst vor den wilden Tieren abgeklungen, da trat an deren Stelle ein in der Rangfolge menschlicher Belastungsfaktoren niedriger angesiedeltes Problem. Es meldete sich ganz mächtig der Hunger. Den ganzen Tag waren wir ohne etwas zu essen unterwegs gewesen. Also musste es diesen Abend etwas Deftiges geben. So versuchten wir das erste Mal auf dem afrikanischen Kontinent Nockerl zu kochen, dazu sollte es eingedenk Rainer Bergthalers Menüvorschlag wieder Ölsardinen geben. Wir hatten nämlich beim Durchsuchen der Rucksäcke noch eine letzte Dose aus Österreich entdeckt, die wir nun auf diese Weise verwerten wollten. Rasch gingen wir ans Werk. Mittlerweile waren wir so gut eingespielt, dass jeder seine Aufgaben im Schlaf kannte. Einheimisches Mehl hatten wir noch in Masindi gekauft, ein Ei kam hinein, dazu Wasser und etwas Salz. Während Wif den Teig anrührte, bereitete ich heißes Wasser zu. Mit einem Esslöffel wurden dann der Reihe nach fein säuberlich die Nockerl aus dem Teig geformt und langsam in das wallende Wasser gegeben. In der Zwischenzeit hatte der Hunger weiter zugenommen, sodass alle Gedanken beim Thema Essen mündeten. Gleich war es so weit und ich begann, den Tisch zu decken. Da kam von Wif eine besorgniserregende Nachricht. Die Nockerl würden nicht aufschwimmen. Ganz im Gegenteil, sie sanken nacheinander auf den Topfboden und bildeten dort einen einzigen Brei. Dies wäre nicht normal und würde nichts Gutes bedeuten, meinte er. Was sollten wir tun, denn der am Topfboden befindliche

Brei würde nur noch anbrennen. Wif überlegte kurz und schlug dann so als letzten Rettungsanker vor, den noch nicht verbrauchten Teig mit einem weiteren Ei zu verfestigen. Also wurde der alte Brei samt kochendem Wasser ausgeleert, frisches Wasser aufgestellt und wieder geduldig gewartet, bis das Wasser kochte. Unser Hungergefühl wurde langsam, aber sicher auf das Äußerste strapaziert. Doch auch der zweite Versuch schlug fehl und dies trotz verbesserter Teigqualität. Weder längeres Warten noch größere Abstände zwischen dem Hinzufügen der einzelnen Nockerln in das kochende Wasser änderten etwas am Sachverhalt. Also war auch das zweite Ei verloren! Was für eine Enttäuschung so knapp vor dem Ende des Kochens. Fassungslos starrten wir in den Topf und wollten es einfach nicht glauben. Das Wasser darin wallte heftig, doch der Teig machte nicht die geringsten Anstalten, vom Boden des Topfes abzuheben. Schließlich kündigte leichter Verbrennungsgeruch das klägliche Ende unserer Kochkunst an. Unerklärlich das Ganze, was hatten wir denn falsch gemacht? So wurde eben wieder einmal die Sardine zur Königin des Abendessens, dazu gab es feingeschnittene Zwiebeln, trockenes Weißbrot und den üblichen Schwarztee. Ein wahrhaft karges Mahl als Antwort auf unseren Bärenhunger. Des Rätsels Lösung auf unseren Fehlschlag sollte nicht lange auf sich warten lassen: Bald würden wir erfahren, dass das lokal hergestellte Mehl für diesen Zweck einfach zu grob gemahlen war.

Enttäuscht suchten wir nach einer geeigneten Schlafstelle. Wo sollten wir überhaupt schlafen? Unten auf dem harten Betonboden oder auf den höher gelegenen und etwas weniger harten, aber sehr schmalen Holzbänken der Schüler. Die Eingangstür zum Klassenraum war alles andere als dicht. Ganz besonders ärgerlich war der breite Türspalt an der Unterseite, der Kriech- und Bodentieren ungehinderten Zugang bot. Also entschieden wir uns für die Holzbänke. Sie waren so schmal, dass zum Schlafen nur die Rückenlage in Frage kam. Und die Einhaltung einer zentralen Liegeposition verlangte diszipliniertes Schlafen. Jede unbeabsichtigte Drehbewegung zur Seite würde unweigerlich zum Absturz führen. Kaum war das Licht abgedreht und die reichlich unbequeme Schlafposition eingenommen, als ein verräterisches, helles Iiiiiiiiii… an bereits Verdrängtes erinnerte. Ach richtig, da waren sie ja wieder, diese schrecklichen Quälgeister. Zu warm war es, um sich in den schützenden Schlafsack verkriechen zu können, und alle Versuche, die Moskitos auf Distanz zu halten, scheiterten erfahrungsgemäß. Irgendwann wurden wir vom Schlaf übermannt. Und zukünftig wussten wir: Übernachte nach Möglichkeit nicht in der Nähe eines Flusses ohne entsprechenden Moskitoschutz! Aber woher hätten wir den auch nehmen sollen?

Nach dieser ungemütlichen Nacht dem Wunsch des Lehrers zu folgen, fiel uns gar nicht schwer. Unausgeschlafen, aber rechtzeitig verließen wir das Klassenzimmer. Draußen empfing uns eine wunderbar kühle Morgenluft. Weshalb konnte es drinnen nicht genauso angenehm sein? Ja, die ungeschützten Betonziegelmauern des Bauwerkes heizten sich tagsüber durch die Sonneneinstrahlung derart stark auf, dass sie des Nachts die gespeicherte Wärme gar nicht zur Gänze abbauen konnten. So war es leider.

Ein paar Bananen zum Frühstück mussten reichen. Dann aber hielt uns nichts mehr ab von unserem heutigen Tagesziel, dem Murchison Wasserfall, der etwa zehn Kilometer flussaufwärts der Fähre lag. Die Piste dorthin verlief jedoch auf der anderen Seite des Flusses. So setzten wir mit der kleinen Fähre hinüber und warteten in Ufernähe auf eine Mitfahrgelegenheit. Schon nach kurzer Wartezeit kam sie angefahren. Eine wahre Klapperkiste von Auto, der Fahrer ein Engländer mit Frau und drei Kindern. Uns konnte der Zustand des Wagens egal sein, solange das Vehikel fuhr. Für uns überdies ein Glück, dass der Engländer, von Süden kommend, ganz offensichtlich die Abzweigung zum Wasserfall übersehen hatte. Also hieß es für ihn umdrehen und wieder ein Stück zurückfahren. Leicht eingepfercht im hinteren Teil des Wagens verließen wir das Niltal und bogen kurze Zeit später nach links in Richtung Wasserfall ab. Die Piste wurde zunehmend schlechter. Trotz vorsichtiger Fahrweise setzten wir immer wieder mit dem überladenen Auto auf. Unmittelbar nach der Querung einer kleinen, aber sehr steinigen Furt kam das Unvermeidliche. Ein flach ausstreichender Felsrücken war etwas zu hoch. Recht geräuschvoll schlugen wir auf, dann knirschte es kräftig an der Unterseite des Wagens. Das war dem Engländer nun doch zu viel. Er hielt an und meinte in ganz trockener, typisch englischer Art, dass dieser ständige Bodenkontakt seinem Fahrzeug nicht gut täte. Er sähe als Lösung keine andere Möglichkeit, als uns abzusetzen. Wir trauten unseren Ohren nicht. Was? Mitten im Nationalpark aussteigen? Mit dem Hinweis auf die wilden Tiere leisteten wir ersten Widerstand. Doch der Engländer blieb unbeeindruckt. Auch unser Einwand, es seien doch nur mehr sieben Meilen, also elf Kilometer, bis zum Ziel, konnte nichts mehr an seinem einmal gefällten Entschluss ändern. Uns blieb nichts anderes übrig als auszusteigen …

Der Wagen setzte ohne uns die Fahrt fort. Das Motorengeräusch verstummte, um uns nur eine merkwürdige Stille. Und diese Stille war schon irgendwie beunruhigend, wenn nicht sogar beklemmend. Kein Vogelgezwitscher war zu hören, nicht einmal das allgegenwärtige Zirpen der Zikaden. Glücklicherweise gelangte auch kein Schnauben, Stampfen oder gar Brüllen eines größeren Tieres an unsere Ohren.

Da standen wir nun allein mitten im Nationalpark auf dieser roten Lateritpiste, beiderseits eingesäumt von mannshohem Elefantengras. Eigentlich war es ja strengstens verboten, sich ohne den Schutz eines Autos im Park aufzuhalten. Aber was hätten wir tun sollen? Wieder tauchte die während dieser Reise so oft gestellte Frage auf: „Und wie geht es weiter? Einfach warten, bis das nächste Fahrzeug kommt?“ Das schien bei der hiesigen Verkehrsdichte eine äußerst ungewisse Angelegenheit zu sein. Unser Wunsch war es doch, so schnell wie möglich zum Wasserfall zu kommen. Nach kurzem Überlegen beschlossen wir weiterzugehen. Nicht lange und schon beschäftigten sie uns. Es waren jene Gedanken, die unweigerlich aufkommen, wenn ein Menschenkind so schutzlos durch die Naturlandschaft Afrikas wandert. Schließlich steckte das gestrige Erlebnis noch sehr in den Knochen. Also, was würde uns denn widerfahren, wenn sich in geringer Entfernung vor oder hinter uns das Elefantengras teilte und ein Löwe oder Büffel auf der Piste erschien? Angeblich waren doch Büffel die unberechenbarsten Tiere Afrikas. Rasch auf einen der wenigen Bäume klettern, die sich in der Nähe der Piste befanden, war unsere einzige Antwort auf diese Herausforderung. Etwas Besseres fiel uns im Moment nicht ein. So legten wir für jeden zu durchquerenden Pistenabschnitt ein bis zwei Bäume als Zufluchtpunkte fest. Sie wären im kritischen Fall sofort zu besteigen, notfalls ohne Rucksack. Ein paar größere Steine in die Hosentasche gefüllt, erhöhten das Gefühl scheinbarer Sicherheit. Mit diesen Vorkehrungen setzten wir unseren Weg fort. Da gab ganz unerwartet das hohe Gras auf der rechten Wegseite den Blick in ein weites Tal frei. Prompt sahen wir in vielleicht hundert Metern Entfernung einige Elefanten. Sie zogen in die gleiche Richtung wie wir. Elefanten in unmittelbarer Nähe, das ließ die Spannung sofort wieder ansteigen. Gleichzeitig kamen wir zu der besorgniserregenden Erkenntnis, dass das hohe Gras im Bedarfsfall kaum Vorwarnzeit gewähren würde. Und außerdem würden uns vermutlich die Tiere schon längst vorher gehört oder gewittert haben. Solche und ähnliche Gedanken ließen uns nicht mehr los. Gespannt lauschten wir auf jedes verdächtige Geräusch. Ein leises Rascheln hinter uns im hohen Gras trieb den Pulsschlag schlagartig in die Höhe. Keine zwanzig Meter entfernt querte eine Antilope die Piste. Wieder eine Bestätigung, dass wir im Ernstfall bei einem Raubtier gar keine Chance hätten. Kaum daran gedacht und ausgesprochen, drang plötzlich ein scharfer Geruch in unsere Nasen. Kein Zweifel, den kannten wir vom Zoo her. Es war der intensive Geruch von Raubkatzen! Höchste Alarmstufe war angesagt! Schnurstracks eilten wir zum nächsten Baum. Wif kletterte als Erster hinauf. Aus der Höhe würden wir einen weit besseren Überblick haben und mit etwas Glück sogar die Raubtiere erspähen können. Außerdem wären wir dann in Sicherheit! Dachten wir, ohne zu ahnen, dass die meisten Raubkatzen Afrikas auch sehr gut klettern können.

Wif hatte bereits den ersten größeren Ast erreicht und ich war im Begriff zu folgen, als ein Motorengeräusch zu vernehmen war. Aus der gleichen Richtung, woher wir gekommen waren. Ein Fahrzeug tauchte auf und näherte sich langsam, bis es auf der Höhe unseres Baumes hielt. Sehr gut, genau im richtigen Moment gekommen, dachte ich erleichtert. Jetzt konnte es gleich weitergehen. Drinnen im Auto saß eine vielköpfige indische Familie, vorn die Eltern, hinten mehrere Kinder unterschiedlichen Alters. Platz war kaum vorhanden, doch unter den derzeitigen Gegebenheiten war jede noch so bescheidene Mitfahrgelegenheit allemal ratsamer als die Fortsetzung zu Fuß. Sichtlich verwundert über zwei Weiße, die sich mitten in dieser Wildnis mit einem allein stehenden Baum beschäftigten, beugte sich der Fahrer vorsichtig aus dem Auto und rief uns zu: *„Hey, what are you guys doing up there? Did you see any lions?“* Nein, aber es wären Löwen in der Nähe, nach denen wir gerade Ausschau hielten, erwiderten wir prompt, ohne zu ahnen, dass das wohl nicht die passende Antwort gewesen war. Denn mehr brauchte der Inder nicht zu hören. Ohne auch nur einen weiteren Ton von sich zu geben, zog er blitzartig seinen Kopf zurück, ließ den Motor aufheulen und raste los, als ob der Teufel hinter seiner Seele her wäre. Reichlich verdutzt sahen wir dem Wagen nach, bis das Motorengeräusch in der Ferne verebbte. Kaum zu glauben, was für überängstliche Menschen es doch gab. Etwas konsterniert blickten wir uns an und schüttelten die Köpfe. Da hatten wir wohl einen grundlegenden Fehler gemacht! So etwas durfte uns bei der nächsten Gelegenheit nicht mehr passieren.

Jetzt kletterte auch ich auf den Baum, denn sicher war sicher! Um uns – so weit das Auge reichte – nur hohes, dichtes Gras, das einem grünen Teppich gleich das wellige Land bedeckte. In einiger Entfernung war wieder das gleiche Tal von vorhin zu sehen, darin mehrere dunkle Flecken. Sie bewegten sich alle langsam in eine Richtung. Wieder waren es Elefanten auf Futtersuche. Intensiv suchten wir mit unseren Augen das umliegende Gelände ab. Doch so sehr wir uns Mühe gaben, die gefürchteten Raubtiere bekamen wir nicht zu Gesicht.

Mittlerweile war es Mittag geworden, der Himmel bedeckt mit einer dicken grauweißen Wolkenschicht. Kein Lüftchen regte sich und eine unangenehme Schwüle lastete auf der Landschaft. Da könnte ein kurzer kräftiger Regenguss schon etwas für Abkühlung sorgen. Nicht lange und mich überfiel der Gedanke: Was tun, wenn bis zum Abend kein Auto mehr vorbeikommen würde? Oben auf dem Baum sitzend übernachten? Irgendwie konnte ich diesem Gedanken nichts abgewinnen. Also besser, vorerst nicht weiter darüber nachzudenken, denn noch war der Abend fern. Da saßen wir nun, die zwei Afrikaabenteurer, oben auf einem völlig kahlen Baum und betrachteten die umliegende Graslandschaft. Gewiss, ein recht schönes, gefälliges Grün nach allen Seiten, doch auf Dauer war es wirklich nicht allzu erhebend. Plötzlich riss mich ein Motorengeräusch aus meinen Gedanken. Langsam kam es näher. Aus der gleichen Richtung wie vorhin rollte langsam eine alte Mercedeslimousine heran und hielt. Dieses Mal waren es drei Erwachsene und vier Kinder, wieder alles Inder, die neugierig zu uns herauf blickten. Und ohne Übergang kam gleich die erste Frage nach den Löwen, mit unsicherer Stimme vom Fahrer hervorgebracht. Inzwischen hatten wir dazu gelernt. Kein Sterbenswörtchen von irgendwelchen Raubtieren, da waren wir uns einig! Etwas verlegen räusperten wir uns und erzählten ihnen von der guten Aussicht, die so ein exponierter Platz bieten würde. Unten würde doch das hohe Gras jegliche Sicht verwehren. Nun nur nicht die Konversation abbrechen lassen! Gleich hakten wir nach und fragten, wie weit es denn noch bis zum Wasserfall wäre? Dies natürlich mit dem Hintergedanken, wenigstens bis dorthin mitgenommen zu werden. Vielleicht noch fünf Kilometer, aber viel zu gefährlich zu Fuß, kam als Antwort. Das dachten wir auch. Diese Einsicht führte letztlich bei den Indern zur Erfüllung unseres Wunsches.

Mit je einem Kind auf dem Schoss ging die Fahrt weiter. Allerdings nur bis zum Wasserfall und keine Meile weiter, gab uns der Fahrer zu verstehen! Nach einer guten Viertelstunde erreichten wir einen großen Parkplatz. Von hier ginge es zu Fuß weiter, meinten die Inder in knappen Worten und schon machten sie sich auf und davon. Hinweistafeln oder Wegweiser gab es keine. Die waren auch nicht nötig, denn das Donnern des Wassers war unüberhörbar. Wenig später standen wir an jener Engstelle, wo der weiße Nil siebzig Meter in die Tiefe stürzte. Unglaublich, wie sich die gewaltigen Wassermassen zwischen den Felswänden hindurchzwängten und mit hoher Geschwindigkeit in den Abgrund stürzten. Es donnerte so gewaltig, dass die Luft regelrecht bebte. Eine Verständigung war kaum möglich. Feine Wassertröpfchen begannen sich auf meinen Brillengläsern niederzuschlagen. Wir suchten nach einer Stelle, von der aus ein Blick in den unterhalb liegenden Bereich des Wasserfalls möglich war. Eine etwas höher auf der linken Talflanke gelegene Stelle schien sich dafür zu eignen. Aber es war nicht gerade ungefährlich, im völlig durchnässten Gras den steilen Hang hinauf zu klettern. Sicherheitshalber hielten wir uns an den kräftigen Grasbüscheln fest. Einmal ausgerutscht gäbe es kein Halten mehr! Der Gedanke, in den tosenden Abgrund zu stürzen, ließ mich für einen Moment erschaudern. Doch kurz darauf wurden wir mit einem atemberaubenden Blick in die tief unter uns liegende kesselartige Schlucht belohnt. Ein wahrhaft grandioses Schauspiel, diese enormen Wassermassen in den Abgrund stürzen zu sehen. Was für eine gewaltige Energie da freigesetzt wurde! Beim Erreichen des Talbodens bäumte sich der ungebändigte Wasserstrom erneut zu einer gewaltigen Welle auf, so als ob der Fluss mit dieser abrupten Gefällsänderung nicht einverstanden sei. Doch in dem großen, von steilen Wänden begrenzten Kessel beruhigte sich das Wasser wieder, bevor es seinen Weg durch das Tal nach Westen fortsetzte.

Zurückgekehrt zum Parkplatz sprachen wir den nächstbesten Fahrer an. Wiederum ein Inder und, wie sich bald herausstellen sollte, auch einer der ängstlichen Sorte. So entstand bei uns der Eindruck, dass offensichtlich die Inder nicht gerade zu den mutigsten Menschen unseres Planeten zählen dürften. Oder war das bislang Erlebte reiner Zufall? Wie auch immer, schon beim bloßen Zuhören unserer Schilderungen über die Erlebnisse des letzten Tages fuhr ihm wiederholt der Schreck in die Glieder. Sein Verhalten forderte geradezu heraus, unseren Erzählungen noch mehr Dramatik anzudichten, um sich anschließend an seinen übertriebenen Reaktionen zu ergötzen. Er selbst habe, so beteuerte er wiederholt, noch nie einen Löwen zu Gesicht bekommen. Zum Glück sahen wir auch keinen bis zum Parkausgang, denn wir hatten berechtigte Sorgen, er könnte bei der Begegnung mit einer Großkatze nicht nur die Nerven, sondern auch die Kontrolle über sein Fahrzeug verlieren. In Masindi angekommen, setzte er uns direkt vor der Polizeistation ab. Erleichtert standen wir wieder auf eigenen und vor allem sicheren Beinen. Den Polizisten erzählten wir ausführlich von unseren Erlebnissen und versicherten gleichzeitig, dass diese dritte Übernachtung auch wirklich die letzte sei.

Eine erfreuliche Überraschung

Es war Mittagszeit. Wir saßen am Straßenrand im lichten Schatten einiger Eukalyptusbäume, vor uns ein kochender Topf mit Reis, unweit davon unsere geöffneten Rucksäcke, dazwischen am Boden verstreut die Küchenutensilien.

In der Früh hatten wir uns gleich in der Nähe der Polizeistation an die Straße Richtung Hoima gestellt und auf ein Fahrzeug gewartet. Vorher noch bekamen wir schnell einen speziellen Passierschein ausgestellt, dies wegen angeblicher Stammesunruhen für die Strecke bis Hoima. Kaum Verkehr auf der Straße und von den vorbeikommenden Autos wollte keines anhalten. War denn das Risiko zu groß, Fremde mitzunehmen in einer von ethnischen Spannungen erschütterten Gegend, oder war es schlicht nur Pech? Später verlegten wir unseren Standplatz etwas weiter in Richtung Ortsausgang, um aus dem Blickfeld der Polizei zu gelangen. Gegen Mittag wurde uns langweilig. Da kam Wif auf die Idee, mit dem Kochen des Mittagessens zu beginnen. Nach alter Tramperweisheit kommt nämlich spätestens dann mit hoher Wahrscheinlichkeit ein Auto angefahren. Nur wären wir dann nicht mitfahrbereit, zumindest waren dies meine Zweifel. Wif dagegen war zuversichtlich und meinte, es unter allen Umständen zu schaffen, wohl wissend, dass die Zeitspanne zwischen dem Auftauchen eines Fahrzeuges und Anhalten sehr knapp sein würde. Also begannen wir mit dem Kochen von Reis. Mit der Aussicht, etwas im Magen zu haben, könnte der weitere Tag mit weitaus mehr Zufriedenheit angegangen werden. Bald kochte das Wasser, der Reis wurde hinein geschüttet, die Flamme des Kochers klein gedreht und der Deckel darauf gegeben. Anschließend setzten wir uns ins Gras und warteten. Dann kam er angefahren.

So als ob die alte Tramperweisheit wieder einmal ihre Bestätigung erfahren müsste, näherte sich uns tatsächlich ein Lieferwagen.

Irgendwie hatten wir ihn auch zu spät bemerkt. Lustlos hob ich den Arm und winkte halbherzig in der Annahme, er würde sowieso nicht anhalten. Und prompt tat er es! Schöne Bescherung, der brodelnde Topf mit Reis, der brennendheiße Kocher, unsere herumliegenden Sachen! Es war kaum zu schaffen, alles in der Kürze zusammenzupacken und mit ins Auto zu nehmen. Ob der Fahrer überhaupt so lange warten würde? Doch andererseits war es vielleicht die einzige Mitfahrgelegenheit des Tages. Wif ließ sich mit seiner Kochausrüstung nicht aus der Ruhe bringen. Derweil verstaute ich unter größtem Zeitdruck das herumliegende Zeug in die Rucksäcke und lief voraus zum Wagen. All seine Balancekünste mobilisierend folgte Wif wenig später mit dem Topf voll halbgarem Reis in der einen und dem heißen Kocher in der anderen Hand. Der Fahrer des Wagens war uns wohlgesinnt und zeigte Geduld. Hinten im voll gefüllten Laderaum des Lieferwagens zwängten wir uns hinein. Eingepfercht zwischen allerlei sperrigem Zeug bekamen wir von der weiteren Landschaft nicht viel zu sehen. Außerdem war da noch unser Reistopf, auf den wir stets achtgeben mussten, damit er nicht umkippte.

Hoima, der nächste Ort auf dem Weg nach Fort Portal, war bald erreicht. Gleich am Ortseingang wurden wir abgesetzt. In der Zwischenzeit war der Reis gar geworden. Unsere Mägen forderten mit allem Nachdruck ihre Zuteilung. Grund genug, sich gleich am Straßenrand niederzulassen, um endlich mit einer Dose Corned Beef den Reis essen zu können. Doch das Schicksal schien es nicht zu wollen. Ohne ein Zeichen gegeben zu haben, blieb zu unserer Überraschung ein weiterer PKW stehen. Der Fahrer, ein junger englischer Lehrer namens Eddie, fragte, ob wir denn ein Problem hätten. Nein, eigentlich nicht, aber ... Bevor wir zu Ende reden konnten, setzte Eddie fort, dass er allein unterwegs sei auf einer Rundreise durch Uganda und, sofern wir Interesse hätten, er uns mitnehmen könnte. Töricht, so ein großzügiges Angebot auszuschlagen. Wer wusste schon, wann und ob sich je wieder so eine einmalige Gelegenheit bieten würde. Also ging die Reise ohne Unterbrechung nach Südwesten weiter. Wiederum hielt Wif den Topf in den Händen, begleitet vom heftigen

Knurren unserer Mägen. Auch wenn sie unser Mittagessen gekostet hatte, sollten wir diese Mitfahrgelegenheit nicht bereuen.

Bevor wir Hoima verließen, war eine weitere Durchreisegenehmigung einzuholen. Stammesrivalitäten auf der Strecke zwischen Hoima und Fort Portal erforderten dies. Das Papier diene unserem eigenen Schutz, versicherte uns die Polizei. Ja, aber wie sollte uns im Bedarfsfall dieses lausige Stück Papier helfen, fragten wir uns wenig später. Konnten die Unruhestifter überhaupt lesen und anerkannten sie derartige Papierstücke? Doch der administrativen Auflage Genüge getan, ging die Fahrt weiter. Die kurvenreiche Straße führte durch besiedeltes Hügelland. Überall Mischkulturen aus Mais, Kassava und anderen Feldfrüchten. Dazwischen verstreut und gut versteckt hinter dem satten Grün der Bananenstauden die malerischen Rundhütten, von denen meist nur die kegelförmigen Strohdächer zu sehen waren. Blaugraue Rauchschwaden stiegen aus ihnen träge nach oben. Ein Bild der Ruhe und des Friedens, nicht die leisesten Anzeichen von Unruhen waren festzustellen. Dennoch knisterte es unentwegt, vielleicht auch nur in unserer Fantasie. Sie, die Unzufriedenen, könnten doch hinter jeder Kurve stehen, die Macheten fest umklammert und jederzeit bereit, gegen ihr vermeintlich widerfahrenes Unglück mit allen Mitteln anzukämpfen.

Eddie war von Beruf Lehrer und ein typischer Vertreter der vornehmen britischen Art. Schmales Gesicht, dunkelblonde Haare, Brillenträger und nicht gerade der Redseligste. Nur zögernd kamen wir mit ihm ins Gespräch. Mit unseren kläglichen Englischkenntnissen war es allerdings recht mühselig, eine halbwegs vernünftige Unterhaltung zu führen. Nach und nach bekamen wir mit, dass er nichts dagegen hatte, uns weiter auf seiner geplanten Reise quer durch ganz Uganda mitzunehmen. Ob das Angebot nun auf reiner Menschenfreundlichkeit beruhte oder nur seinem Sicherheitsbedürfnis entsprang, war für uns unerheblich. Seine Reiseroute würde jedenfalls bis hinunter nach Süd-Uganda führen und dann sogar weiter bis nach Kampala! Welch einmaliges Angebot, zumal es den Anschein hatte, dass Autostopp hierzulande nicht sehr gängig war.

Im Land der Nebelberge

Ohne Zwischenfälle erreichten wir am späten Nachmittag Fort Portal, ein kleines, sehr hübsches Städtchen an den Ausläufern des Ruwenzori gelegen. Der Ruwenzori war mit seinen über fünftausend Metern Afrikas dritthöchster Berg und lag südwestlich der Stadt direkt an der Grenze zum Nachbarland Kongo. Allein schon in seinem Namen schwang etwas Besonderes, wenn nicht sogar Geheimnisvolles mit. Nur wenig hatten wir von diesem kaum bekannten Gebirgsmassiv und seiner einmaligen Vegetation in Erfahrung bringen können. Aufsteigende feuchte Luftmassen aus dem westlich liegenden Kongobecken sorgten für monatelang anhaltende schlechte Witterung mit dichter Wolkenbildung und Regen, die eine Besteigung dieses Berges nur während der kurzen niederschlagsfreien Perioden erlaubte. Allein der Anmarsch durch die mit dichten Flechten und Moosen bewachsenen Nebelwälder und ausgedehnten Hochmoore würde viele Tage dauern. Und darüber wartete eine Hochgebirgsregion mit eisbedeckten Gipfeln unbekannten Schwierigkeitsgrades. Trotz dieser Schwierigkeiten hatte uns dieses mitten im Herzen Afrikas gelegene Bergmassiv schon seit Langem fasziniert. Nun mussten wir von Eddie erfahren, dass es zurzeit keine Möglichkeit gab, näher an den Ruwenzori heranzukommen. Die Wege seien unpassierbar, die gesamte Gebirgsregion in dichte Wolken gehüllt und das schon seit Monaten*. An diesem Tag waren zum ersten Mal wieder die Vorberge dieses Fünftausenders zu sehen. Für eine Wanderung in seinen lang gestreckten Bergtälern oder gar für eine Besteigung war eine günstigere Jahreszeit – die Monate Januar oder Februar – zu wählen. Wirklich schade, gern hätten wir etwas mehr von diesem sagenhaften Berg gesehen, war er doch zum Greifen nahe!

Eddie konnte in Fort Portal bei einem Freund übernachten. Wir dagegen schätzten die unentgeltliche Übernachtung bei der Polizeistation. Kurz vor unserer Trennung schlug er noch vor, am

* Es dauerte noch 46 Jahre, bis der Traum einer Besteigung des Ruwenzori endlich in Erfüllung ging.

nächsten Tag ein kleines Pygmäendorf mit dem etwas schwer auszusprechenden Namen Bundibugyo zu besuchen. Keine Frage, natürlich waren wir dabei. Pygmäen lebten bekanntlich im Urwald und eine Fahrt dorthin würde für uns etwas ganz Besonderes darstellen.

Tags darauf standen wir am frühen Morgen vor der Polizeistation und warteten auf Eddie. Ein Landrover hielt. Der Fahrer, ein englischer Lehrer, fragte uns nach kurzem Wortwechsel, ob wir mit der Polizei Schwierigkeiten hätten. Keineswegs, mit einem Landsmann von ihm sei der Besuch eines Pygmäendorfes geplant. Da brachte er uns zum Stadtausgang mit dem Hinweis, dass Eddie auf dem Weg zum Pygmäendorf dort sowieso vorbeikommen müsse. Beim Verabschieden bot er uns noch an, die kommende Nacht bei ihm zu verbringen. Und leicht schmunzelnd fügte er hinzu, dass eine Übernachtung bei der Polizei doch nicht so ganz das Wahre sei, *isn't it so*? Nun, mit seiner Vermutung hatte er sicher nicht ganz Unrecht! Wenige Minuten später erschien Eddie mit der Nachricht, dass wir für den Besuch des Pygmäendorfes eine Sondergenehmigung benötigten. Also wieder zurück zur Polizeistation. Dann aber war der Weg frei zu den kleinen Menschen, die im ständigen Dämmerlicht des Tropenwaldes lebten.

Es war noch früher Vormittag, als wir die Stadt verließen. Nur wenige Menschen waren unterwegs. Bald verschwanden die letzten Felder, dichter, undurchdringlicher Bergwald beiderseits der schmalen Erdstraße trat an ihre Stelle. In unzähligen Kurven wand sich die Straße entlang eines südlich abfallenden Berghanges nach Westen, stets der gleichen Höhe folgend. Schade, dass die üppige Vegetation kaum einen Blick in die umliegende Landschaft zuließ. Vor uns erhoben sich die steilen Vorberge des Ruwenzori-Massivs, die mit jeder Umfahrung eines Geländerückens näherrückten. Tief hängende Wolken ließen allerdings nur wenig von ihnen erkennen. Da tauchte ganz unvermittelt ein halbverrostetes Schild mit dem unverkennbaren Symbol „Achtung Linkskurve“ auf. Eddie, sonst eher wortkarg, taute beim Anblick dieses Schildes kurz auf und ließ sich sogleich zu einer kurzen Bemerkung hinreißen: *„Look, a bend!“* Wie viele Kurven schon hatten wir bis hierher durchfahren und nun auf einmal dieses

Verkehrszeichen als Hinweis für die Art der Straßenführung. Eine skurrile Situation, die uns letztlich alle drei lautstark auflachen ließ. Weshalb mitten in dieser verlassenen Gegend dieses einsame Schild? Vielleicht das einzige Überbleibsel einer während der Kolonialzeit gut beschilderten Piste! Die anderen Hinweisschilder, alle aus gutem Stahlblech und Eisenrohren gefertigt, waren wohl im Laufe der Zeit von der Bevölkerung zu allerlei handlichem Werkzeug zweckentfremdet worden.

Kaum merkbar begann die kurvenreiche Straße nach Norden zu drehen. Linker Hand ein tief eingeschnittenes Tal, die steilen Flanken dicht mit Regenwald bewachsen. Nun begannen wir langsam an Höhe zu verlieren. Für einen kurzen Augenblick gaben die hohen Bäume die Sicht nach Nordwesten frei. Im diesigen Licht der Ferne war das silbergraue Band eines mäandrierenden Flusslaufes in einer tiefer gelegenen Ebene zu erkennen. Es war der Semliki, der weiter im Norden in den Weißen Nil mündet. Lange ging es bergab, bis wir endlich den Fuß des umfahrenen Berges erreicht hatten. Das mühselige Kurvenfahren lag nun hinter uns. Auf ebener Straße ging es geradeaus weiter, mitten hinein in einen richtigen Urwald. Genau so, wie er in manchen Büchern beschrieben wurde. Es wurde regelrecht düster. Riesige Bäume verschluckten das Tageslicht, dicke Lianen wanden sich an mächtigen Baumstämmen hoch. Auf beiden Seiten rückte der undurchdringliche Wald in erdrückende, ja fast bedrohliche Nähe. Die Piste wurde so schmal, dass Eddies Auto gerade noch durchkam. Und schon kam es wieder auf, dieses aus den Urzeiten der Menschheit stammende Gefühl von Angst. Die Vorstellung nämlich, dass jeden Augenblick irgendein Untier aus dem Gebüsch stürzen und uns als leichte Beute nehmen könnte. Alles nur Auswüchse einer blühenden Fantasie, nichts dergleichen geschah. Nur ein paar vom Fahrgeräusch des Autos aufgeschreckte Vögel flatterten aufgeregt von dannen.

Langsam wich das beklemmende Halbdunkel. Es wurde heller, gedämpftes Tageslicht wurde durch das Kronendickicht gefiltert und schon ließ die Spannung nach. An einer kleinen Waldlichtung hielten wir an. Unter den hohen Bäumen waren einige mit Stroh und breiten Blättern bedeckte Hütten zu erkennen. Sonnenstrahlen, langen schmalen Fingern gleich, durchdrangen das Blattwerk der Baumkronen, erhellten die von blauem Rauch erfüllte Luft und glitten hinunter bis zu den Behausungen. Unverkennbarer Geruch von verbranntem Holz stieg in unsere Nasen. Da tauchten auch schon die ersten Kinder auf. Und sofort fiel uns auf: Die hatten aber merkwürdige Gesichter, sie erschienen uns eigentlich eher alt! Doch halt, das waren ja gar keine Kinder! Es waren Erwachsene, wie wir nun beim genaueren Hinsehen feststellen mussten. Kein Zweifel, wir waren bei den Pygmäen angekommen! Ihr kleinwüchsiger Körperbau war den Bedingungen im Urwalddickicht bestens angepasst. Ein treffendes Beispiel Darwinscher Evolutionslehre.

Wenige Meter vor uns blieben sie stehen und betrachteten uns Neuankömmlinge. Viel trugen sie nicht am Körper. Ein einfacher Lendenschurz aus grünen Blättern und ein bis zwei lederartige Riemen um den Oberkörper, mehr war es nicht. Kleine Gebilde, die an den Riemen baumelten, waren vermutlich Amulette. Von Kindheit an getragen sollten sie Schutz vor bösen Geistern und Krankheiten bieten. So standen sie vor uns und warteten, eine Mischung aus Neugier und Spannung war ihren Gesichtern zu entnehmen. Jetzt hieß es auszusteigen, diese einmalige Begegnung mussten wir unbedingt festhalten. Wann hätten wir jemals wieder so eine Gelegenheit? Hoffentlich würden sie nicht ungehalten oder gar aufdringlich werden, wenn wir die Kameras hervorholten. Kaum zu Ende gedacht, trat das Befürchtete schon ein. Unmissverständlich wurde uns zu verstehen gegeben, dass es Fotos nur gegen Bezahlung gäbe. Wir waren enttäuscht. Mit so einem ausgeprägten merkantilen Verhalten hatten wir nicht gerechnet. Bis in diese entlegene Gegend war der von den Touristen importierte Tauschbegriff „Geld gegen Fotos" schon gelangt! Pygmäen hin oder her, wir ließen uns nicht erpressen. Unser selbst auferlegter Fotografierkodex erlaubte keine Kompromisse. Entweder ungestellte Aufnahmen in einer natürlichen Umgebung oder wir verzichteten darauf. Dieses Verhalten der einheimischen Bevölkerung passte einfach nicht in unser ungetrübtes, noch von reichlich naiven Vorstellungen geprägtes Afrikabild. Auch ein Besuch des nahen Dorfes, und sei er noch so kurz, konnte ohne klingende Münze nicht erfolgen. Rasch schwand unser Interesse an den Urwaldbewohnern. Es wurde Zeit, wieder an die Rückfahrt zu denken. Eddie hatte damit weniger Probleme und ließ sich zu einigen „erkauften" Bildern hinreißen.

Wif, der für kurze Zeit verschwunden war, tauchte wieder auf, in der Hand das Fell eines Colobusaffen. Unbemerkt hatte er sich vom Auto entfernt und war schon nach kurzer Zeit mit einem der anwesenden Pygmäen handelseinig geworden. Nur zehn Schillinge hatte das Fell gekostet, ein ausgesprochen günstiger Handel. Ein paar Fotos vom Dorf hätten uns mindestens zwanzig gekostet, einfach zu viel für unsere Reisekasse, selbst ohne Fotografierkodex.

Colobusaffen werden besonders wegen ihres langen und auffallend hübschen Fells mit schwarzweißer Zeichnung gejagt. In weiten Sprüngen fliegen sie, Schatten gleich, durch die Baumkronen. Sie sind auch hervorragende Kletterer. Später erfuhren wir, dass diese Tiergattung unter Naturschutz steht. Naturschutz in Afrika? Die auf Papier geschriebenen Worte und Paragrafen waren doch Erfindungen der Weißen! Also auch für diese bestimmt und nicht für Schwarzafrikaner. Übrigens sollte uns dieses Fell viel später, nämlich am Ende unserer Reise, noch einen wertvollen Dienst erweisen.

Hinter uns blieben die kleinen Erdenbürger, die, auf der Straße stehend, uns noch lange nachschauten. Dann die erste Kurve und schon waren sie verschluckt vom dunkelgrünen Dickicht des Urwalds. Noch gaben sie sich zufrieden mit ein paar um die Hüften gebundenen Blättern, aber wie lange noch? Mit der Zufahrtsstraße war der Kontakt zur Außenwelt hergestellt, Bedürfnisse wurden geweckt und so war es nur noch eine Frage der Zeit, bis alles der Vergangenheit angehören würde! Auf der Rückfahrt hinauf ins kühle Hochland kamen erste Zweifel auf ob unserer so kategorisch ablehnenden Haltung bezüglich bezahlter Fotos. Hätten wir nicht wenigstens ein Bild von der Begegnung mit diesen Urwaldbewohnern machen sollen? Schon begannen wir, es zu bedauern, aber nun war es zu spät! So blieben von unserer ersten und einzigen Begegnung mit den Pygmäen nichts als unsere Erinnerungen und das Colobusfell. Irgendwie doch schade ...

Ein dumpfer metallischer Schlag auf der Unterseite des Autos ließ uns anhalten. Es roch nach Benzin. Kurz unter das Auto geblickt, sahen wir sofort das Malheur. Einem dünnen Faden gleich lief Treibstoff aus. Ein Stein hatte ein Loch in den Benzintank geschlagen. Die Situation wurde kritisch. Würden wir es noch bis nach Fort Portal schaffen? Schnell stiegen wir wieder ein, Eddie gab Gas, denn jede Minute zählte! Beim Gedanken an eine Übernachtung in dieser einsamen Waldgegend, wo noch Büffel und Raubtiere hausten, wurde mir ziemlich mulmig. Die Nadel der Benzinuhr stand auf Null, als die ersten Häuser der Stadt auftauchten. Erleichterung machte sich breit, das war gerade noch einmal gut gegangen! Eddie setzte uns ab und steuerte sofort die nächste Werkstatt an. Nächster Treffpunkt war das Haus des englischen Lehrers, der uns an diesem Morgen zu sich eingeladen hatte. In der Zwischenzeit hatten wir mitbekommen, dass auch Eddie dort untergebracht war.

Der Weg dorthin führte am Markt vorbei. Unter den Vordächern der flachen, langgestreckten Gebäude wurden fein säuberlich getrennt Gemüse und Früchte angeboten. Eine unglaubliche Vielfalt an Farben und Formen, dazwischen das bunte Leben und Treiben der Menschen. Nicht alle Verkäufer fanden in den Marktgebäuden Platz. Sie mussten ihre Produkte auf den davor befindlichen freien Flächen anbieten. Direkt am Boden liegend, der Sonne und dem Regen ausgesetzt, konnte nur mit günstigeren Preisen kauffreudiges Volk angelockt werden. Verdorbenes Gut landete in der nächsten Schlammpfütze. So mancher Geruch weckte Erinnerungen an Ägypten oder den Sudan. Hier entdeckten wir zum ersten Mal auch rote Bananen. Wesentlich größer und kräftiger als die gelben Sorten, wollten wir wissen, wie sie schmeckten. Der Versuch wurde eine herbe Enttäuschung. Wenig später wurde uns erklärt, dass rote Bananen nur in gekochtem Zustand genießbar waren. Gekochte Bananen? Für diesen Gedanken konnten wir uns überhaupt nicht erwärmen. Also blieb es bei der Empfehlung.

Fort Portal war ein wunderschönes Städtchen. Schattige Alleen durchzogen die auf flachen Hügeln angelegten Wohnviertel – dunkelgrüne Nandiflametrees mit ihren feuerroten Glocken in stetem Wechsel mit den gefiederten und zartgrünen Blättern der Jacarandabäume, deren blauviolette Blütenstände sich gerade zu entfalten begannen. Bougainvilleas in allen Farben säumten die gepflegten Gartenanlagen. Wahrlich, ein herrliches Farbenspiel, das unwillkürlich den Wunsch aufkommen ließ, noch ein wenig länger zu verweilen. Doch Eddie wollte morgen schon weiter.

Das Haus des englischen Lehrers am Rand der Stadt war rasch gefunden. Der Besitzer empfing uns mit freundlicher Geste und uns fiel nichts Besseres ein als ihn in schlechtem Englisch gleich an sein Übernachtungsangebot vom Morgen zu erinnern, nämlich, dass wir bei ihm doch schlafen könnten. Sichtlich belustigt ob unserer Äußerung kam umgehend in leicht ironischem Tonfall: *„... so and now you want to sleep?“* Leicht verlegen räusperten wir uns. Naja, zum Schlafengehen sei es wirklich etwas zu früh, es war doch erst drei Uhr nachmittags! Unweit seines Wohnhauses wies er uns in einem leer stehenden Nebengebäude ein einfaches Zimmer zu. Anschließend lud er uns zu sich ein. Im Garten blühte gerade eine Forsythia. Während wir den Strauch mit seinen unzähligen gelben Blüten bewunderten, erfuhren wir von unserem Gastgeber, dass er ihn anlässlich der Geburt seiner Tochter Cynthia gepflanzt hatte. Im ersten Moment meinten wir nicht ganz richtig zu hören, denn in der Lautsprache hören sich nämlich seine Worte wie eine Wiederholung an: *„... so I planted a Forsythia for Cynthia!“* Auf dem ausladenden Ast eines unweit davon stehenden Jacarandabaumes saß völlig regungslos eine große Agame.* Selbst beim Näherkommen rührte sie sich nicht von der Stelle. Regelrecht versteinert sah sie aus in einer Farbe, die ganz der Rinde des Baumes angepasst war.

Wir betraten das geräumige, mit viel Geschmack eingerichtete Wohnzimmer. In der einen Ecke lag regungslos ein Hund. Ein großes, überaus kräftiges Tier mit einem mächtigen Brustkorb. Sein Fell

* Echse.

hatte die Farbe von verdorrtem Steppengras. Bei unserem Erscheinen hob er nicht einmal den Kopf. Wohl krank, war unser erster Gedanke, doch sein Besitzer klärte uns sofort auf. Der Hund hätte sich in der letzten Nacht mit einem Leoparden herumgeschlagen und war dabei ziemlich verletzt worden! Wir trauten unseren Ohren nicht. Ein Leopard auf nächtlicher Pirsch und das mitten in einem Wohnviertel! Es gab es also doch noch, dieses wilde, geheimnisvolle Afrika, in dem Zivilisation und Wildnis unmittelbar aufeinanderprallten. Genau so und nicht anders hatten wir uns Afrika vorgestellt, wo das Leben noch für interessante und spannende Überraschungen sorgen konnte. Was würden wir dafür geben, auch einmal einen Leoparden zu Gesicht zu bekommen! Sein Hund sei, so der Gastgeber wieder ganz in der trockenen Art seiner Landsleute, die beste Lebensversicherung für seine Tochter Cynthia, die gerade einmal vier Jahre zählte.

Als Gegenleistung für diesen netten Empfang wollten wir die Familie samt Eddie zu einem typisch österreichischen Essen einladen. Warum nicht zu einem Kaiserschmarrn, schlug ich ohne lange zu überlegen vor. Allerdings musste ich im gleichen Augenblick eingestehen, noch nie in meinem Leben ein derartiges Gericht zubereitet zu haben. Aber das konnte doch nicht so schwer sein. Die Zutaten kannte ich und alles Weitere würde sich schon finden. Gedacht, getan. Ich begann mit der Zubereitung des Teiges: Mehl, Eier, etwas Salz und Zucker, Milch hinzu und das Ganze fest verrühren. Dann gab ich Fett in einen unserer Campingtöpfe, erhitzte es und leerte den ganzen Teig hinein. Der Topf war etwa zu zwei Dritteln gefüllt. Nach ein paar Minuten begann ich zu rühren in der Annahme, dass die unterste Schicht schon fertig sein müsste. Tatsächlich war in der Nähe des Topfbodens etwas mehr Widerstand zu spüren. So wiederholte ich in kurzen Abständen das Rühren in der Hoffnung, dass auf diese Weise der gesamte Teig schrittweise in einen wohlschmeckenden Kaiserschmarrn umgewandelt werden würde. Doch meine Rechnung ging nicht auf. Allen Anstrengungen zum Trotz blieb der Topfinhalt teigartig. Er wollte partout nicht die Konsistenz eines Kaiserschmarrns annehmen. Irgendetwas hatte ich da wohl falsch gemacht, aber was nur schon wieder? Noch gab ich nicht auf und rührte emsig weiter, aber es wurde beim besten Willen kein Kaiserschmarrn. Der Topfinhalt blieb weiterhin eine pampige, teigige Angelegenheit. Eddie, der schon neugierig war ob der köstlichen österreichischen Spezialität, beugte sich über den Topf und runzelte die Stirn. Dann sprach er aus, was ich bislang nicht zu sagen gewagt hatte: *„Daraus wird wohl nichts mehr, mein Freund."* Und ich musste ihm kleinlaut zustimmen. Ein weiterer Fehlschlag und dieser nur wenige Tage nach dem Problem mit den Nockerln! Es war wie verhext. Wiederum würde ich erst Jahre später durch Zufall erfahren, weshalb das Ganze hatte schiefgehen müssen. Doch selbst, wenn ich es geschafft hätte, den Schmarrn in richtiger Konsistenz herzustellen, wäre das Essen eine äußerst trockene Angelegenheit geblieben. Ich hatte nämlich nicht daran gedacht, dass ein richtiger Kaiserschmarrn niemals ohne Zwetschkenröster oder Kompott serviert wird! Von den fehlenden Rosinen ganz zu schweigen.

Unser Gastgeber befreite uns von dieser Peinlichkeit. Wir sollten doch den weiteren Abend bei ihm verbringen. In seinem gemütlich eingerichteten Wohnzimmer versorgte uns seine Frau, eine ausgesprochen hübsche Ägypterin, mit kühlem Bier und einigen Snacks. Welch ein Labsal, das erste Bier seit unserer Abreise von Österreich! Und wie köstlich es doch schmeckte aus einem richtig schönen Glas! Lauschige Schallplattenmusik im Hintergrund schaffte eine gepflegte Atmosphäre und ließ in dieser angenehmen Gesellschaft ein Gefühl von Geborgenheit aufkommen, so als wären wir hier zu Hause. Wif bekam eine Rothmanns angeboten, die erste seines Lebens. Sie schmeckte ihm derart gut, dass er von nun an nur mehr zu dieser Marke griff. Seit Langem hatten wir uns wieder als Europäer gefühlt. Spät gingen wir zu Bett. Die Kühle des Abends tat gut. Die Kochpanne schon wieder vergessen, schliefen wir ohne Moskitos tief und fest.

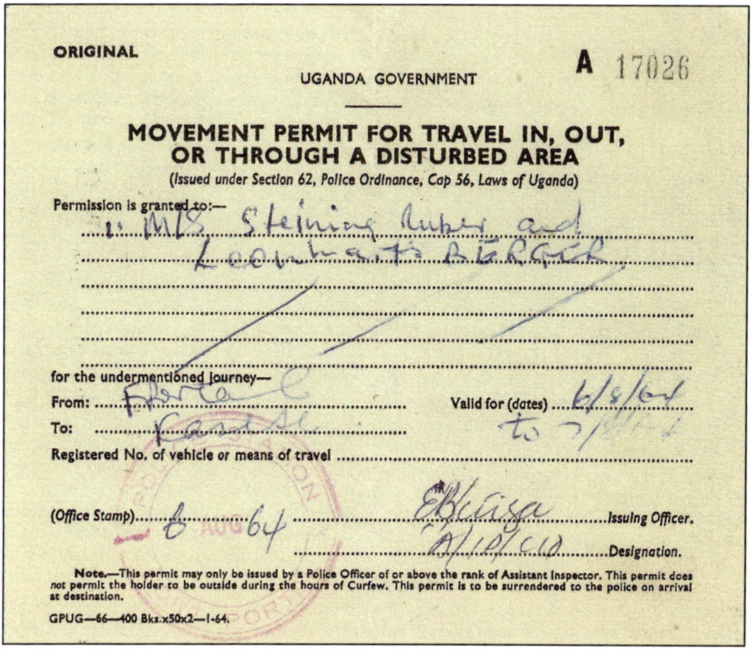

ORIGINAL

A 17026

UGANDA GOVERNMENT

MOVEMENT PERMIT FOR TRAVEL IN, OUT, OR THROUGH A DISTURBED AREA

(Issued under Section 62, Police Ordinance, Cap 56, Laws of Uganda)

Permission is granted to:—

for the undermentioned journey—

From: .... Valid for (dates) 6/8/64 to 7/8/64

To: ....

Registered No. of vehicle or means of travel ....

(Office Stamp) 6 AUG 64 .... Issuing Officer.

.... Designation.

Note.—This permit may only be issued by a Police Officer of or above the rank of Assistant Inspector. This permit does *not* permit the holder to be outside during the hours of Curfew. This permit is to be surrendered to the police on arrival at destination.

GPUG—66—400 Bks.x50x2—1-64.

Reiseerlaubnis durch Unruhegebiet (West-Uganda)

Exotische Gewächse am Wegesrand

Gut ausgeruht verließen wir am Vormittag gegen zehn Uhr Fort Portal. Eddie musste sich noch vorher ein weiteres „road permit“ für die Fahrt bis nach Kasese, den nächstgelegenen Ort Richtung Süden, ausstellen lassen. Schon bald hinter der Stadt begann die Straße an Höhe zu verlieren und mit jedem Kilometer wurde es trockener. Vor uns endlose Weiten mit gelbem Gras, das sich wie ein riesiger Teppich bis an den Horizont erstreckte. Mitten in dieser trockenen Landschaft tauchten merkwürdige Gebilde auf. Zuerst vereinzelt, dann in kleinen Gruppen. Sie waren schon von Weitem zu sehen. Deutlich hob sich ihr dunkles Grün vom hellen Steppengras ab. Mehrere Meter hoch werden diese Trockenheit liebenden Sonderlinge des Pflanzenreichs. Es waren Kandelabereuphorbien, die mit ihrem Stamm und den seitwärts steil aufragenden Ästen wie eigenwillig geformte Kerzenständer aussahen. Und weiter rollten wir durch ein von Menschenhand noch unberührtes Land.

Wir durchfuhren den Ort Kasese, ein nichtssagender Ort mit ein paar gesichtslosen Häusern, mehr war es nicht. Bald darauf erschien am linken Straßenrand ein großer, aufrecht stehender Betonring mit der Aufschrift *„Equator"*. Ein breiter heller Strich quer über die Asphaltstraße kennzeichnete zusätzlich diesen bedeutenden geografischen Ort. Nach dem obligaten Erinnerungsfoto betraten wir nun das erste Mal im Leben die andere Hälfte unserer Weltkugel. Unwillkürlich kamen mir Gedanken auf, was denn hier anders sein könnte als in den nördlichen Breiten unserer guten Erde? Richtig, die Orientierung mit der Sonne konnte im Gelände zum Problem werden. Doch diese stand nicht erst seit diesem Tag im Norden. Auch waren auf der südlichen Hemisphäre die Sicheln des Mondes vertauscht, weil der Mond aus dortiger Sicht im Norden steht. So galt das Bild für den zunehmenden Mond ab nun für die abnehmende Phase. Eigentlich alles nur eine Frage der Gewohnheit und schon rollten wir weiter gen Süden.

Überall Euphorbiengruppen, die mit ihrem dunklen Grün das weitläufige Landschaftsbild unterbrachen. Entlang des Elisabeth Nationalparks sahen wir kleine Rudel von Antilopen und Gazellen, die in dieser Weite gänzlich untergingen. Dann tauchten Elefanten auf. Ein Einzelgänger, nicht allzu weit von der Straße entfernt, weckte unser besonderes Interesse. Wir konnten der Versuchung nicht widerstehen und baten Eddie, doch kurz anzuhalten. Der graue Koloss mit seinen prächtigen Stoßzähnen war sein Foto wert, aber wie üblich zu weit entfernt für unsere schwachen Objektive. Wir mussten, ob wir wollten oder nicht, aussteigen und näher rangehen. Die Erinnerung an unser Erlebnis im Murchisonpark wurde sofort wieder wach. Eigentlich hatten wir uns dort vorgenommen, auf Nahaufnahmen größerer Tiere zu verzichten. Doch an so einem Prachtkerl nur vorbeizufahren, ging einfach nicht!

Vorsichtig näherten wir uns ihm, die Kamera schussbereit. Kurz nach hinten geblickt war unser Fahrzeug schon ein gutes Stück entfernt. Langsam gingen wir weiter, ganz vorsichtig, um den Elefanten nicht zu stören. Der Abstand zu ihm wurde kleiner, der zum Auto immer größer. Die Spannung stieg und schon klopfte das Herz wieder bis zum Hals. Alle Muskeln waren angespannt und im Bedarfsfall zu Höchstleistung bereit. Doch bevor wir nahe genug für ein wirklich schönes Foto waren, kam abermals das Unerwartete. Ohne auch nur ein Warnsignal von sich zu geben, stürmte der Elefant los. Natürlich wiederum genau in unsere Richtung. Unglaublich, wie rasch dieser Koloss seine Massen beschleunigen konnte. Ganz aufgeregt hörten wir Eddie aus der Entfernung rufen: *„Hurry up, guys, he is charging!"* Eigentlich eine völlig unnötige Aufforderung. Was bei einem angreifenden Elefanten zu tun war, wussten wir nur zu gut. Und aus dem eindrucksvollen Foto war wieder nichts geworden. Außer Atem erreichten wir das Auto. Längst hatte der Dickhäuter umgedreht und sein Tagesgeschäft wieder aufgenommen. Immer dasselbe mit diesen Elefanten! Ein richtiges Teleobjektiv würde uns viel Ärger und Risiken ersparen und dann hätten wir schon längst die gewünschten Bilder.

Wir erreichten den Kazinga-Kanal, eine schmale, aber natürliche Wasserverbindung zwischen Lake George und Lake Edward. Mit einer kleinen Fähre, die eigentlich ein mit viel Fantasie umgebauter Traktor war, setzten wir auf das südliche Ufer über. Und weiter ging es, Kilometer für Kilometer, in dieser scheinbar endlosen und völlig menschenleeren Steppenlandschaft dahin.

Es war schon später Nachmittag, als die Sonne nochmals kurz durch die im Westen stehenden dichten Wolken drang. Ihre schräg einfallenden Strahlen tauchten die Landschaft in pastellfarbene Töne von besonderem Reiz. Auf einmal war links der Straße in vielleicht knapp hundert Metern Entfernung eine ganze Büffelherde zu sehen. Dicht zusammengedrängt hoben sich die dunklen, massigen Körper deutlich von dem rötlichgelben Gras ab. In unsere Richtung gedreht bildeten sie mit ihren leicht gesenkten Schädeln eine wehrhafte Einheit, die schier unbezwingbar erschien. Das einfallende Seitenlicht gab dem Ganzen noch eine dramatische, vielleicht sogar furchterregende Note. Ein eindrucksvolles Zeugnis von der noch ungebrochenen Kraft afrikanischer Wildnis. Nur zu schade, dass wir nicht stehen blieben. Eddie hatte es sehr eilig. Bis zu unserem Ziel lagen noch viele Kilometer vor uns und es war uns dringend abgeraten worden, in der Dunkelheit zu fahren.

Vor uns baute sich im letzten Abendlicht ein dunkles Massiv auf. Es war das Kigezi-Hochland, dessen dichter Regenwald den Namen *„impenetrable forest"* oder „undurchdringlicher Wald" trug. Über dieses Hochland und damit durch den Wald führte unser weiterer Weg zum nächsten Ziel, nach Kabale, der größten Distriktstadt im Süden des Landes. Allein schon der Name des zu durchquerenden Waldes und die aufkommende Dunkelheit gaben der Fantasie reichlich Nahrung. Die Straße, die in der flachen Steppenlandschaft fast schnurgerade verlaufen war, begann nun, als einfache Erdpiste in zahlreichen Windungen anzusteigen. Immer höher führte sie ins Bergland, die Luft wurde spürbar kühler und über den Bergkonturen im Westen verabschiedete sich in goldgelben Farben das letzte Tageslicht. Im zarten Blau der hereinbrechenden Nacht konnten wir noch einige kleine Dörfer ausmachen. Ihre dicht aneinander gedrängten Hütten klebten fast traumverloren an den steilen Hängen der Berge. Wir hatten schon beträchtlich an Höhe gewonnen, als wiederholt neben der Straße seltsame Gebilde auftauchten. Im letzten Tageslicht fast nur noch als Silhouetten wahrzunehmen, gediehen die übermannshohen Gewächse nur in diesen Höhenlagen und bei hoher Luftfeuchtigkeit. Wie Scherenschnitte hoben sie sich gegen den stahlblauen Nachthimmel ab. Es waren botanische Vertreter einer anderen Welt. Bald umgab uns tiefe Dunkelheit. Die Sicht beschränkte sich nun auf den kleinen, vom Scheinwerferlicht erhellten Bereich der Naturstraße. Links und rechts der schmalen Straße begannen die dunklen Wände des *„impenetrable forest"*, abrupt und geheimnisvoll. Immer wieder liefen Tiere in großen Sätzen knapp vor dem Auto über die Piste. Meist waren es irgendwelche Nager, aber auch kleine Räuber wie Ginster- und Zibetkatzen mit auffällig gezeichneten Fellen und schwarzweiß geringelten Schwänzen, die von einer Seite zur anderen huschten. Es war spät abends, als wir nach einer längeren, zum Teil sehr kurvigen Talfahrt in Kabale eintrafen. Eddie machte vor einem einfachen Hotel Halt. Doch selbst dieses war für unser mageres Budget unerschwinglich. So wendeten wir uns wieder an die Polizei, die uns im Amtsraum unentgeltlichen Unterschlupf gewährte.

Weiter gen Osten

Peinliches Erwachen in der Amtsstube. Noch völlig verschlafen wurden wir erst gegen halb 8 Uhr munter. Pünktlich um diese Zeit setzte auch schon reger Besuch ein. Warum hatten uns die Beamten nicht rechtzeitig geweckt? Verschämt krochen wir aus unseren Schlafsäcken, alle Blicke waren auf uns gerichtet. Mitten im Amtsraum standen da zwei Europäer in Unterwäsche, die noch dazu nicht gerade die sauberste war. Gewiss kein alltäglicher Anblick in einer ugandischen Polizeistube. In aller Hektik verstauten wir unser Schlafzeug und verließen beinahe fluchtartig das Gebäude.

Draußen war es wunderbar kühl. Mit raschen Schritten gingen wir auf der von hochgewachsenen Eukalyptusbäumen gesäumten Hauptstraße zum Stadtrand. Die Stadt schien noch zu schlafen, nur wenige Menschen waren zu dieser Stunde unterwegs. Dicke Wolken umhüllten die umliegenden Bergspitzen. Die Luft war erfüllt vom Geruch verbrannten Eukalyptusholzes. Ein ganz interessanter Geruch, dem wir in den Hochlagen Ostafrikas noch öfter begegnen würden. Schnell wurde noch als weitere Wegzehrung ein Bananenfruchtstand erstanden. Da tauchte auch schon Eddie auf.

Rasch ging es weiter auf gut ausgebauter Asphaltstraße. Tagesziel war die etwas nördlich vom Viktoriasee gelegene Hauptstadt Kampala. Allerdings waren es bis dahin noch einige hundert Kilometer. Schon bald hinter Kabale wand sich die Straße durch eine mit dichtem Gras bewachsene Hügellandschaft. Mitten in einer Linkskurve musste Eddie scharf bremsen. Unweit vor uns war im ersten Moment nur eine braune Barriere zu erkennen, die die Straße versperrte. Darüber waren hunderte spitze und stark gebogene Gegenstände zu sehen, die sich unentwegt gegenseitig verschoben. Es war eine große Herde rotbraungefärbter Rinder, die gerade die Straße querte. Ein eindrucksvolles Bild, diese lebende Wand, die von einer Vielzahl mächtiger, nach oben gebogener Hörner gekrönt wurde. Die lauten Rufe und Stockschläge der Hirten halfen nur wenig. Geduldig warteten wir bis die Straße frei war. „*Ankole Cattle*",* informierte uns Eddie in seiner wortkargen Art. Manche dieser fast Angst einflößenden Hörner maßen mehr als einen Meter von Hornspitze zu Hornspitze.

Ebenes Land breitete sich vor uns aus. Bebaute Felder beiderseits der Straße und relativ dicht besiedeltes Gebiet bis zur Hauptstadt Ugandas. Eddie setzte uns im Stadtzentrum unweit des Hauptpostamtes ab. Übermorgen wollten wir uns wieder treffen und anschließend gemeinsam das letzte Stück bis nach Tororo nahe der kenianischen Grenze fahren. Dort würden dann endgültig unsere Wege auseinandergehen.

Voller Erwartungen erkundigten wir uns am Schalter „poste restante" nach hinterlegter Post. Ob diese Einrichtung für Reisende ohne feste Adresse auch wirklich funktionierte? Und siehe da, uns wurden gleich mehrere Briefe überreicht. Welch eine unbeschreibliche Freude, als wir sie in unseren Händen hielten. Es waren die ersten Nachrichten von zu Hause, seit wir Österreich verlassen hatten! Voller Erwartungen und beinahe etwas ungeduldig öffneten wir nur wenige Meter vom Schalter entfernt die Briefumschläge. Wie beruhigend war es zu erfahren, dass daheim alles in bester Ordnung war. Doch in diesem Moment wurde uns bewusst, wie sehr auch Wifs Eltern und meine Mutter auf ein Lebenszeichen von uns gewartet haben mussten! Mit Absicht hatten wir nie etwas von unseren Schwierigkeiten geschrieben, denen wir wiederholt ausgesetzt gewesen waren. Oder hatten sie vielleicht doch etwas geahnt? Ungleich mehr würden sie bei jeder erhaltenen Nachricht aufgeatmet haben in der Gewissheit, dass wir beide wohlauf und noch nicht „im Suppentopf" gelandet waren!

Da standen wir nun vor dem Postamt, die geöffneten Briefe noch in den Händen haltend. Wir sahen die vertrauten Schriftzüge, die Briefmarken und Poststempel. Alles Botschaften aus unserer Heimat, die durch die Erlebnisse der vergangenen Wochen einen ganz

* Eine in Uganda heimische Rinderrasse.

anderen Stellenwert erhalten hatten. Gedankenverloren betrachtete ich sie weiter, diese Briefe, die auf einmal in meinem Blickfeld zu verschwimmen begannen. Und gleichzeitig hoben meine Gedanken ab, schwebten davon und eilten dahin zurück, woher wir gekommen waren. Im Geiste sah ich auf einmal die riesigen Sümpfe des Sudan unter mir hinwegziehen, dann die endlosen Sandflächen der Nubischen Wüste. Weiter ging es das Niltal hinunter, vorbei am endlosen Häusermeer von Kairo. Schon war das Binnendelta des Nils zu sehen, wo sich die mit gelbem Schlamm beladenen Fluten des Nils ins Meer ergossen. Ohne Unterbrechung flogen die Gedanken weiter über das blaue Meer, stets gegen den makellos glatten Horizont. Land kam in Sicht, unzählige Berge und Täler zogen rasch vorüber, sanfte Hügel tauchten auf, fruchtbare Ebenen und ein silbernes Band. Es war die Donau. Meine Gedanken waren an den Ausgangspunkt unserer Reise zurückgekehrt, in jene Welt, die wir vor sechs Wochen verlassen hatten.

Lautes Palaver von ein paar vorbeilaufenden schwarzen Jugendlichen riss mich aus meinen Gedanken. Etwas verwundert sah ich mich um und schon war ich wieder zurück im Land des Sonnenscheins, wo es nie richtig kalt wurde und die Bäume das ganze Jahr über grüne Blätter trugen. Und auf einmal wurde mir bewusster denn je, welch eine riesige Distanz uns bereits von unserer Heimat trennte.

Überschaubar, ruhig und ein Ort des Friedens, so präsentierte sich uns die sechzigtausend Einwohner zählende Hauptstadt Kampala.* Erstaunlich sauber für eine afrikanische Hauptstadt mit vielen modernen Gebäuden in gut erhaltenem Zustand. Dazwischen überall Bäume, deren Grün die auf mehreren Hügeln errichteten Stadtviertel regelrecht verschluckte. Wenig Verkehr war auf den Straßen, die Leute waren durchweg freundlich und niemand belästigte uns. Leuchtende, fast kitschige und weithin sichtbare Farbflecke in den verbauten Gebieten entpuppten sich als Hindutempel – ein Zeugnis der in diesem Land stark vertretenen indischen Bevölkerungsgruppe. Nicht zu übersehen, dass die meisten Geschäfte Indern gehörten.

* Vierzig Jahre später eine Million!

Auch die indische Küche war überall gegenwärtig. Bei vielen Restaurants und vor allem an den zahlreichen kleinen Imbissbuden roch es nach Safran, Curry und anderen, sehr fremdartigen Gewürzen indischer Kochkunst.

Den ganzen Tag über hatten wir uns von den in Kabale gekauften Bananen ernährt und so waren die Folgen nicht ausgeblieben. Wir konnten sie einfach nicht mehr sehen, geschweige denn essen. Die Vertreter der krummen Früchte waren schlichtweg in „Ungnade" gefallen. Dabei war erst ein Bruchteil des großen Fruchtstandes verzehrt worden! Unbequem – um nicht zu sagen lästig – war auch der Umstand, sie überall hin mitnehmen zu müssen. Zudem: Welchen Eindruck hatten wir wohl hinterlassen, wenn wir im städtischen Milieu bei jeder Gelegenheit mit einem angebrochenen Bananenfruchtstand in der Hand auftauchten! Lange Rede kurzer Sinn: Wir wollten ihn loswerden. Dies zumindest dachte sich jeder von uns beiden, ohne es dem anderen gleich sagen zu wollen.

Gegen Abend suchten wir das Hauptquartier der Polizei auf. Unser Sprüchlein in der gewohnt freundlichen Form vorgebracht erwirkte bei den wachhabenden Beamten kein Verständnis. Eher ablehnend reagierten sie auf unser Anliegen. Es gäbe keinen freien Platz mehr, lediglich einige Gefängniszellen wären noch unbesetzt. „Macht nichts", versicherten wir ihnen umgehend, wir wollten doch nur einen *„dry place under a roof"*! Etwas erstaunt ob unserer Hartnäckigkeit wurde schließlich eine der Zellen geöffnet. Die massive Eisengittertür quietschte jämmerlich, dann wurde sie hinter uns geschlossen. Mit einem lauten metallischen Klacken rasteten die schweren Verschlüsse ins Schloss. Eine kurze Drehung mit einem großen Schlüssel und wir waren eingesperrt, im wahrsten Sinn des Wortes hinter Schloss und Riegel! In solchen Fällen war es immer gut, kein schlechtes Gewissen zu haben. So waren wir guter Dinge und begannen in aller Ruhe mit der Zubereitung des Abendessens. Dabei fiel unser Blick wiederholt auf den leidigen Bananenvorrat, der weiter abgebaut werden musste. Also versuchten wir, als Nachspeise einige der Früchte zu frittieren. Mit etwas zerriebenem Würfelzucker darauf schmeckten sie gar nicht so schlecht. Endlich einmal etwas anderes als die Bananen in roher Form! Hart und unnachgiebig war der Betonboden, den wir in gewohnter Weise mit ein paar Lagen Kleidung etwas verträglicher gestalteten.

Etwas ungelenk erhoben wir uns am nächsten Morgen. Trotz der sorgfältig hergerichteten Unterlage waren der dämpfenden Schichten zu wenig gewesen. Wie unnachgiebig so ein harter Betonboden doch sein konnte! Nach ein paar Dehn- und Streckbewegungen ging es wieder. Beim Zubereiten des Frühstücks sahen wir uns etwas um. Sie war schon sehr befremdlich, unsere nähere Umgebung. An drei Seiten massive, schwarz gestrichene und in den Boden und in die Decke eingelassene Gitterstäbe, die vierte Seite eine mit grauer Ölfarbe bemalte Betonwand. Über uns und unter uns auch nur Beton, doch ohne Farbanstrich. Solide und zweckmäßig, es reichte vollkommen für das sichere Festhalten von unliebsamen Zeitgenossen. Ohne Mitwirkung von außen gäbe es sicher nicht die geringste Chance, sich unbemerkt von hier zu entfernen. Bei all der nüchternen Betrachtung unseres Umfeldes schlich sich dann doch ein beklemmendes Gefühl in der Magengegend ein. Sie war schon sehr ungewöhnlich, unsere Form der Trennung von der Außenwelt. Aber eingedenk unseres guten Gewissens, so zumindest beruhigten wir uns, war das Ganze nur eine Formsache. Bald würden wir uns wieder unter das normale Volk mischen dürfen. Und richtig, als wir nach dem Frühstück mit den gepackten Rucksäcken vor der Gittertür standen, wurden wir von einem grinsenden Beamten unter lautem Schlüsselgerassel an die frische Luft gesetzt. Sie war nicht gerade komfortabel gewesen, diese Nacht, doch hatten wir nicht schon schlechter geschlafen?

Heute stand ein Ausflug nach Entebbe auf dem Programm. Die direkt am Ufer des Viktoriasees gelegene Stadt war von Kampala aus schnell zu erreichen. Besonders sehenswert sei laut Eddie der botanische Garten. Mit öffentlichen Verkehrsmitteln könnten wir rasch an den Stadtrand gelangen, die weitere Strecke bis Entebbe per Autostopp wäre dann kein Problem mehr. Ärgerlich war bloß, dass wir noch immer unseren Bananenfruchtstand hatten. Obwohl er in der Zwischenzeit an Gewicht verloren hatte, stellte er weiterhin ein lästiges Objekt dar. Und mit den unzähligen ausgefransten Bruchstellen entlang des Stiels, wo die einzelnen Bananen auf alsbaldigen Verzehr gewartet hatten, sah er aus, als wäre er für eine gewisse Zeit von Ratten heimgesucht worden. So fassten wir an der Autobushaltestelle den Entschluss, ihn los zu werden. Im Gedränge des Einsteigens blieb er einfach hinter uns am Boden liegen. Wenige Augenblicke später saßen wir erleichtert im Bus. Doch die Freude währte nur kurz, denn schon tauchte er wieder auf. Zwei kleine schwarze Hände umklammerten fest den grünen Stiel, dahinter ein grinsendes Gesicht mit weiß blitzenden Zähnen. Ein Bub streckte uns die Bananenansammlung freudestrahlend entgegen. Sicher hatte er uns die ganze Zeit über genau beobachtet und meinte nun treuherzig, dass wir diese wohl vergessen hätten. Also, da hatten wir ihn wieder, diesen leidigen Restbestand von Bananen um einen grünen Stiel. Offensichtlich gab es keine andere Wahl, als die Früchte selbst zu essen. Doch halt, warum nicht als Anerkennung ein paar davon dem Kleinen abgeben? Und schon wechselte ein beachtlicher Teil den Besitzer. Sichtlich zufrieden zog der Bub von dannen. Wir allerdings betrachteten den verbliebenen Rest der Früchte weiterhin mit missmutigen Blicken. Wenig später griffen wir uns beide an den Kopf. Warum hatten wir ihm nicht gleich den ganzen Bestand geschenkt!

Am Stadtrand begannen wir zu stoppen, sofort hielt ein Auto. Auf fast schnurgerader Straße durchquerten wir ebenes Land, beiderseits der Fahrbahn intensiv genutzte Kulturflächen. Dazwischen überall kleine Hütten aus einfachem Mauerwerk oder Holzbrettern. Es dauerte nicht lange und wir trafen in Entebbe ein. Nach kurzem Fußmarsch standen wir am Eingang zum botanischen Garten – ohne Bananen. In einem unbeobachteten Moment hatten wir sie liegen gelassen und dieses Mal erfolgreich. Vor uns erstreckte sich die weitläufige Gartenanlage bis hin zu den Ufern des Viktoriasees. Dass hier Engländer bei der Entstehung Pate gestanden hatten, war auf den ersten Blick zu erkennen. Wohin sich das Auge wendete, überall ein teppichartiger grüner Rasen, auf dem unzählige Ziersträucher sowie Bäume unterschiedlicher Art wuchsen. Zeit hatten wir zur Genüge und so konnten wir in aller Ruhe die Schönheiten der tropischen Pflanzenwelt bewundern. Besondere Aufmerksamkeit zogen drei große, im Dreieck angeordnete Königspalmen auf sich, die wie Säulen majestätisch in den blauen Himmel ragten. Aber es gab auch interessante Vertreter der Urwaldvegetation. Riesige, in Gruppen angeordnete Bäume mit weit ausladenden Ästen und gewaltigen Kronen, die oft stockwerkartig angeordnet waren. Wir standen gerade am Rand einer Baumgruppe und bestaunten die mächtigen Äste, als wir einige Regentropfen verspürten. Ein kurzer, prüfender Blick in den blauen Himmel machte uns stutzig. Keine einzige Regenwolke war zu sehen! Da, schon wieder einige Tropfen. Äußerst merkwürdig, woher mochten sie denn kommen? Etwa gar flüssige Ausscheidungen der Bäume oder herabtropfender Tau? Ein paar Schritte weiter und erneut das gleiche Phänomen. Das konnte doch nicht mit rechten Dingen zugehen! Ein lautes Kreischen, das ganz plötzlich und direkt über uns in den ausladenden Ästen ausbrach, brachte des Rätsels Lösung. Unglaublich, da saß doch glatt eine ganze Gruppe von Meerkatzen auf den Ästen und pinkelte offensichtlich mit größtem Vergnügen auf uns herab. Beim Namen des Zeus, das wollten wir uns nicht gefallen lassen! Doch weit und breit kein Stein, kein Stück Holz, nur Rasen und feiner Schotter auf den Wegen. Auf der Suche nach möglichen Wurfgeschoßen entdeckten wir unweit von uns einen eher kleinwüchsigen Baum mit kugelrunden Früchten, die an langen schnurartigen Stielen herabhingen. Sie waren von handlicher Größe und beinhart. Genau das war es, was wir brauchten. Doch die Früchte waren fest mit ihren Stielen verbunden. Ohne das Schweizer Messer hätten wir passen müssen. Dann aber begannen wir mit dem Gegenangriff. Die Kugeln von unten steil nach oben zu werfen und damit auch noch zu treffen, war keine einfache Angelegenheit. Als dann eher unerwartet und vermutlich zu sanft das letzte verfügbare Geschoss auf einem dieser frechen Kerle landete, hatte dieser keine bessere Idee, als mit der gleichen Frucht wieder zurück zu schießen. Beinahe hätte er uns getroffen! Welche Ungerechtigkeit, dachten wir. Von dort oben mit Hilfe der Schwerkraft herab zu schießen, war wirklich keine Kunst. Fast empört ob dieser Unverfrorenheit sahen wir uns erstaunt an. Das grenzte ja an regelrechte „Kriegserklärung“! Jetzt war ein echter Anlass zu gezielter Gegenwehr gegeben! Ohne zu zögern versorgten wir uns mit weiterer „Munition" und kurz darauf prasselte ein richtiger Geschosshagel nach oben. Mittlerweile schon recht gut eingeschossen, blieb der Erfolg nicht aus. Ein Affe wurde von der vollen Wucht eines der Wurfgeschosse getroffen. Unter lautem Gekreisch trat er die Flucht in höhere Regionen an. Kurz darauf markierten wir einen zweiten Volltreffer. Fast hätte es den Affen vom Ast gerissen. Ein heller, quiekender Schrei und schon suchte er sein Heil in sicheren Höhen, gefolgt vom Rest der Bande. Rasch verloren wir sie aus den Augen. Irgendwo in den oberen Stockwerken der Bäume hatten sie sicheren Schutz gefunden und wir die Ruhe.

Äußerst zufrieden zogen wir weiter und standen etwas später am Ufer des Viktoriasees. Benannt zu Ehren der englischen Königin Viktoria, die zum Zeitpunkt der Entdeckung des Sees das britische Empire regiert hatte. Wasser, unendlich viel Wasser, breitete sich vor unseren Augen aus. Vergebens suchten sie einen Halt. Mit seinen knapp 69.000 km^2 ist der Viktoriasee nach dem Lake Superior in Nordamerika flächenmäßig der zweitgrößte Süßwassersee der Welt. Am sandigen Strand sitzend sahen wir dem Spiel der sanften Wellen zu, die lautlos auf uns zukamen und sich im flachen Ufer verliefen. Eine wunderbare Ruhe herrschte hier, weit und breit war kein Mensch zu sehen. Unsere Blicke schweiften hinaus in die Ferne, tasteten sich am Horizont entlang, wo sich gerade dunkle Gewitterwolken aufbauten. Mitten in diesem Kontinent hatten wir das Gefühl, am Strand eines Meeres zu sitzen, denn vom anderen Ufer des Sees war nichts zu sehen. Erste Regentropfen ermahnten zur Umkehr. Außerhalb des botanischen Gartens meldete sich dann der Durst, also suchten wir in der Stadt nach etwas Trinkbarem. Gut gekühlte Pepsi-Cola in Halbliterflaschen wurde angeboten, warum denn nicht einmal das Konkurrenzprodukt von Coca-Cola probieren? Und so machten wir zum ersten Mal Bekanntschaft mit der braunen Flüssigkeit in Pepsiflaschen. War es der große Durst oder schmeckte uns das Zeug wirklich besser als Coca-Cola? In der Folge gab es also nur mehr Pepsi, sofern wir uns den Luxus überhaupt leisten konnten.

Wir standen an der Ausfahrt Richtung Kampala und hatten noch nicht einmal mit dem Winken begonnen, als eine große, schwarze

Mercedeslimousine hielt. Nette Geste, uns so ohne weiteres mitzunehmen. Der schwarze Fahrer im dunklen Anzug mit Krawatte entpuppte sich als Minister. Sehr redegewandt verwickelte er uns sofort in ein recht interessantes Gespräch. Natürlich ging es um Politik und um die Entwicklung dieses gerade unabhängig gewordenen Landes. Die mangels guter Englischkenntnisse eher einseitig geführte Unterhaltung kam rasch auf den Punkt. Auf unsere Frage nämlich, weshalb denn alle Geschäfte und Handwerksbetriebe bis auf Schuster in indischer Hand seien, holte er mächtig aus. Mit einem warnenden, ja fast drohenden Unterton begann er seine Anklage. Der Inder sei der afrikanische Jude. Wenn er nicht aufhöre, seine Gewinne ins Ausland zu transferieren, dann würde er eines Tages gehen müssen.* Dann kam er auf Hitler zu sprechen, den er als *„great man"* bezeichnete. Er habe doch Deutschland aus der Zwischenkriegsmisere herausgeholt, als die Siegermächte des Ersten Weltkrieges versucht hatten, über die Reparationskosten das Land so viel wie möglich auszubeuten. Unseren vorsichtigen, in holprigem Englisch vorgebrachten Einwand, dass jedoch die weitere Entwicklung letztlich zu einem wesentlich schlechteren Ergebnis geführt habe, winkte der Minister mit unfair geführten Methoden der Weltpolitik ab. Er jedenfalls sähe bei den in Uganda lebenden Indern Parallelen zu den Juden im damaligen Deutschland. Mit unlauteren Geschäftspraktiken würden auch die Inder das ganze Land rücksichtslos ausbeuten. Nichts würde vor Ort bleiben, keine Investitionen getätigt und das gesamte Kapital außer Landes geschafft werden. Wir schwiegen. Rassenpolitische Probleme dieser Art lagen uns noch gänzlich fern. In Unkenntnis der tatsächlichen Verhältnisse Ostafrikas hatten wir uns auch noch keine eigene Meinung bilden können. Noch reichlich unbefangen ließen wir vorerst alle Eindrücke und Erlebnisse auf uns einwirken. Doch irgendwie sagte uns das Gefühl, dass er gar nicht so Unrecht gehabt haben mochte mit seinen Aussagen.

---

* Wenige Jahre später machte der ugandische Präsident Idi Amin diese Drohung wahr. Prompt brach die gesamte Versorgung des Landes zusammen.

Tags darauf um neun Uhr morgens erschien Eddie mit seinem Wagen vor der Polizeistation. Unsere Route führte nun weiter nach Osten. Nächster Anlaufpunkt war die nahe der kenianischen Grenze gelegene Stadt Tororo. Unterwegs noch ein kurzer Halt am großen Wasserkraftwerk der Jinja Fälle, wo der weiße Nil durch eine Staumauer gebändigt dem Land den dringend erforderlichen Strom lieferte. Ein wenig von unseren ersten Wasserbaukenntnissen inspiriert, hielten wir vergebens Ausschau nach einer Hochwasserentlastung. Es gab gar keine! Etwas ungläubig schüttelten wir die Köpfe. Gänzlich unmöglich, dass bei Hochwasser der gesamte Abfluss des Nils durch die Turbinen abgeleitet werden konnte. Doch die Erklärung folgte bald: Der Viktoriasee mit seiner knapp 69.000 km^2 großen Oberfläche lag nämlich im Einstaubereich des Kraftwerks und somit diente der See gleichzeitig als riesiges Rückhalte- und Ausgleichsbecken. Um den Wasserspiegel auch nur einen Meter ansteigen zu lassen, bedurfte es bereits unvorstellbar großer Wassermassen. So hatten die Ingenieure getrost auf ein Entlastungsbauwerk verzichten können. Wohl eines der wenigen großen Speicherkraftwerke der Welt, das ohne eine derartige Einrichtung auskam. Der gepflegte Rasen vor dem sehr nüchtern konzipierten Kraftwerksbau entsprach guter englischer Tradition. Farbenprächtige Bougainvilleas und knallrot blühende Flammenbäume gaben der Anlage einen gefälligen Rahmen.

Wir erreichten die Stadt Tororo. Unübersehbar ihr Wahrzeichen, der Tororo Rock, ein wuchtiger und steil aus der flachen Landschaft herausragender Felsen. Hier trennten sich unsere Wege. Eddie bog nun nach Norden ab, während wir weiter Richtung Osten zur kenianischen Grenze wollten. Adieu Eddie, mit deiner Bereitschaft, uns durch ganz Uganda mitzunehmen, hast du uns einen großen Dienst erwiesen. So eine einmalige Gelegenheit würde sich auf der gesamten Reise nicht mehr wieder ergeben.

Nun waren wir wieder auf unser Glück angewiesen. Im grenznahen Bereich herrschte kaum Verkehr, die Mitfahrgelegenheiten brachten uns nur wenige Kilometer weiter. Kurz hinter Tororo querten wir die Grenze nach Kenia. Ein einfaches Schild kündigte den Wechsel in ein anderes Land an. Ohne anzuhalten, fuhren wir weiter. Warum denn anhalten? Wir befanden uns doch innerhalb der ostafrikanischen Wirtschaftsgemeinschaft, der neben Uganda auch Kenia und Tanganjika angehörten. Mit einheitlicher Währung, dem *East African Shilling*, gemeinsamen Transport- und Kommunikationseinrichtungen und regionaler Aufgabenteilung der größeren Produktionsstätten hatten diese Länder beste Voraussetzungen für eine stabile und kontinuierliche Entwicklung erfahren. Doch würde es auch so bleiben?*

Nur unmerklich stieg die Straße an. Sie führte nun hinauf in die Weiten des kenianischen Hochlandes. Lange Wartezeiten zwischen den kurzen Fahretappen boten uns wenigstens Gelegenheit, die Gegend etwas eingehender zu betrachten. Vor Eldoret verwandelte sich die bis dahin fast unberührte Naturlandschaft in eine regelrechte Kulturlandschaft. Mehr und mehr beherrschten großflächige und gut gepflegte Felder das Landschaftsbild. Es war ausgesprochen kühl und hätte es da nicht die Eukalyptusbäume gegeben, dann hätte diese Landschaft mit ihren sauber begrenzten und geradlinig verlaufenden Feldrändern auch durchaus in Europa sein können. Dazu überall wunderschöne Farmhäuser, umgeben von hohen Bäumen und

* Nur fünf Jahre später hatte ich Gelegenheit, als Teilnehmer eines vom Berliner Seminar für landwirtschaftliche Entwicklung organisierten Erfahrungsaufenthaltes an der gleichen Stelle die kenianische Grenze zu überqueren. Doch was für Veränderungen hatten sich schon nach so wenigen Jahren eingestellt! Ich war regelrecht erschüttert. Nichts, aber auch gar nichts mehr erinnerte an die alte Grenze. Flache, barackenähnliche Abfertigungsgebäude, Neonleuchten, Stacheldraht, Schlagbaum und lästige Grenzbeamte hatten das einstige Schild ersetzt. Steril, unangenehm und bürokratisch waren die Abfertigungsmethoden. So wie es in der Zwischenzeit an fast allen schwarzafrikanischen Grenzen zum normalen Erscheinungsbild geworden war. Und alle Gemeinsamkeiten eines aufstrebenden ostafrikanischen Wirtschafts- und Lebensraumes waren der Reihe nach zerplatzt wie Seifenblasen.

liebevoll angelegten Gärten, deren Anblick allein schon ein echtes Vergnügen war.

Wieder einmal warteten wir. Unweit der Straße standen zwei sehr hübsche Landhäuser mit Reetdach. Ein malerischer Anblick inmitten einer grünen Landschaft. Kein Fahrzeug war weit und breit zu sehen. So nutzten wir die Wartezeit und sahen uns eines der beiden Häuser etwas näher an. Es schien unbewohnt zu sein. Auch das zweite, in unmittelbarer Nachbarschaft befindliche und nicht minder hübsche Haus mit einem geradezu unbeschreiblich schönen Blumengarten stand gleichfalls verlassen da! Wo waren denn die Bewohner geblieben? Reichlich merkwürdig, dass keine Menschenseele zu sehen war. Da musste wohl etwas vorgefallen sein. Mittlerweile war auch uns zu Ohren gekommen, dass anlässlich der vor kurzem stattgefundenen Unabhängigkeit sämtliche weißen Bewohner des Landes vor eine schwierige Entscheidung gestellt worden waren: Entweder die kenianische Staatsbürgerschaft annehmen, dann durften sie im Land bleiben oder die englische weiter behalten, was bedeutete, das Land verlassen zu müssen. Wahrlich keine leichte Entscheidung. Doch viele der Weißen hatten es letztlich schweren Herzens vorgezogen, Kenia den Rücken zu kehren. Die unsichere Zukunft, Angst vor Repressalien und wirtschaftlichen Benachteiligungen waren genügend Beweggründe gewesen, um irgendwo in der weiten Welt ein neues Leben zu beginnen. Die meisten waren nach Südrhodesien* oder Südafrika ausgewandert, andere nach Australien, in der Hoffnung, damit ein besseres Los gezogen zu haben. Dabei waren viele der Weißen bereits in Kenia geboren, hier aufgewachsen und hatten dieses Land als ihre eigentliche Heimat betrachtet! Nur mit ein paar Koffern in der Hand auszureisen und alles andere zurücklassen zu müssen, war in der Tat ein hartes Schicksal.

Vorsichtig betraten wir das erste Haus. Das Innere machte den Eindruck, als seien die Besitzer erst gerade weggegangen. Noch schien alles da und noch unversehrt zu sein: die wunderschönen, sehr gemütlich wirkenden Holzmöbel, der aus Bruchstein gemauerte Ka-

* Heute Zimbabwe.

min, die Glasvitrine mit verschiedenen Memorabilia sowie ein hübscher, von der Holzdecke herabhängender Lüster. Sogar langstielige, allerdings bereits verdorrte Blumen steckten noch in einer großen tönernen Vase. Wir standen mitten im Wohnzimmer und sahen uns an. Plötzlich spürten wir die Stille, die uns umgab. Eine eigenartige, fast unheimliche Stille. Uns wurde auf einmal bewusst, dass wir so ganz ohne Erlaubnis in eine private Sphäre eingedrungen waren. Vielleicht war doch noch jemand anwesend? Langsam rückwärtsgehend verließen wir den Raum und gingen hinaus ins Freie. Vorsichtig schlossen wir die Tür, so als würden wir einen unerlaubt betretenen heiligen Ort wieder verlassen. Es war in der Tat niemand mehr da.

Das soeben Erlebte stimmte uns nachdenklich und begleitete uns noch eine ganze Weile. Wohin mochten diese Menschen wohl gezogen sein, warum hatten sie alles zurückgelassen? Und dieser traumhafte Garten, der noch gepflegte, saftiggrüne Rasen, die mit viel Liebe angelegten Blumenbeete, die unzähligen Bäume und Ziersträucher? Was würde mit all dem geschehen? Gab es denn wirklich keine andere Lösung, als zu gehen und alles zurückzulassen? Langsam begann die ganze Tragik der mit diesen politischen Verwerfungen verbundenen menschlichen Schicksale in unser Bewusstsein zu dringen. Hier war uns gerade mit aller Deutlichkeit vor Augen geführt worden, dass in diesem Land trotz scheinbaren äußeren Friedens tiefgreifende Veränderungen stattfanden, deren Folgen noch nicht abzusehen waren …

Zurück blieben die verträumten Farmhäuser und die mit ihnen verbundenen menschlichen Schicksale. Lange noch beschäftigte mich das gerade Erlebte. Hatte es wirklich keine Lösung gegeben, die es den weißen Farmern ermöglicht hätte, weiter im Land zu bleiben? Für ein Land wie Kenia wäre es nur von Vorteil gewesen. Diese Menschen waren gestandene Landwirte, die mit ihrer Überschussproduktion die Märkte Kenias weiter bedient hätten. Und letztlich waren diese Farmen nichts anderes als kleine Entwicklungszentren, die Kenia doch so dringend benötigte. Wer nun würde diese Farmen übernehmen? Regierungs- oder Parteigünstlinge, die von Landwirtschaft keine Ahnung hatten? Rasch würden diese Farmen heruntergewirtschaftet sein und was dann? Auch wenn es eines Tages wieder aufwärts gehen sollte, bedeutete der gesamte Vorgang einen unwahrscheinlichen Zeitverlust in der Entwicklung des Landes. War den Verantwortlichen der Regierung Kenias nicht bewusst, welch enormen Schaden sie damit angerichtet hatten oder stand politischer Starrsinn und Uneinsichtigkeit an vorderster Stelle? Warum gab es keine annehmbaren Kompromisslösungen, wo doch unser ganzes Leben von Kompromissen bestimmt wird? Nun erinnerte ich mich wieder an die Worte des englischen Studenten auf dem Nildampfer. Die in Kenia lebenden Weißen, in erster Linie Engländer, würden als einzigen Ausweg die Auswanderung in den Süden Afrikas sehen …

An der Asphaltstraße angelangt, begannen wir wieder zu stoppen. Weiterhin nur Lokalverkehr, meist weiße Farmer, die per Auto oder Traktor unterwegs waren. Alles ausgesprochene Kurzstreckenfahrer, die das nächste Farmhaus oder Feld ansteuerten. Wir dagegen hatten so ferne Ziele wie Nairobi oder gar Daressalam vor Augen. Da kam ein grüner Jeep angefahren, eine junge blonde Frau, den Wind in den Haaren, saß hinter dem Steuer. Sie blieb nicht stehen. Ganz verklärt blickten wir ihr nach, sahen ihr langes, hellblondes Haar im Fahrtwind wehen, bis sie dann in einiger Entfernung links in eine kleine Nebenstraße abbog. Also deshalb hatte sie nicht angehalten! Unsere Blicke verharrten dort, wo wir sie aus den Augen verloren hatten. Kaum zu glauben, uns erschien sie fast wie ein Wesen aus einer anderen Welt.

Der nächste Anlaufpunkt war erreicht. Es war Eldoret, eine moderne Kleinstadt, die in über 2500 m Höhe mitten im kenianischen Hochland lag. Beeindruckend das gepflegte Stadtbild mit breiten, gut unterhaltenen Straßen, unterstrichen noch durch unzählige schöne Gärten und schattige Alleen. Nirgends waren herumlungernde Leute zu sehen. Das Gefühl in Afrika zu sein, kam hier gar nicht auf. Auch die Stadteinfahrten waren mit viel gärtnerischem Geschick arrangierte Kunstwerke blühender Natur. Ein netter Willkommensgruß für Ankommende und ein freundliches Auf Wiedersehen für Abreisende. Auffallend waren die vielen Geschäfte, die eine große Auswahl an landwirtschaftlichem Gerät und Produktionsmitteln anboten. Auch kein Wunder bei den zahlreichen modernen und intensiv bewirtschafteten Betrieben im Einzugsgebiet der Stadt. Fruchtbare Böden und ein gemäßigtes Klima mit ausreichenden Niederschlägen stellten geradezu ideale Bedingungen für eine hochproduktive Landwirtschaft dar. Der Tag ging langsam zur Neige, sinnlos, noch weiterfahren zu wollen. Beinahe schon routinemäßig wendeten wir uns an die Polizeistation, wohl wissend, dass wir für Kenia gar kein Visum besaßen. Glücklicherweise kam auch niemand auf den dummen Gedanken, uns danach zu fragen.

Die Nacht war ausgesprochen kühl. Endlich zeigten sich die Vorteile meines dicken Armeeschlafsackes. Wif dagegen kämpfte vergebens gegen die Kälte an, sein Leichtmodell war für derartig niedrige Temperaturen ungeeignet. Am nächsten Morgen war er stark erkältet. Nur ein heißer Tee schaffte es, aus ihm ein paar krächzende Worte hervorzubringen. Sein Zustand würde sich die folgenden Tage kaum verändern. Als wir aufbrachen, war der Himmel wolkenverhangen. Nur zeitweilig blitzte die Sonne kurz durch die Wolken. Es blieb weiterhin sehr kühl. Wieder ging es nur in kleinen Etappen weiter. 9.150 Fuß über dem Meer, also beachtliche 2.790 Meter, stand auf einer großen, gelben Tafel, die gleichzeitig die Querung des Äquators ankündigte. In dieser Höhe schien es überhaupt nicht mehr richtig warm werden zu wollen. In weiten, lang gezogenen Schleifen führte die Straße durch schwach besiedeltes Land, mal hinauf, dann wieder hinunter. Immer wieder boten sich weite Blicke in den afrikanischen Grabenbruch, dessen Tiefe aufgrund der enormen Breite der Täler gar nicht zur Geltung kommen wollte.

Seit Stunden standen wir wieder irgendwo am Straßenrand. Wir waren allein, keine Menschenseele ließ sich blicken. Da entschloss sich Wif, ein Anliegen in Angriff zu nehmen, das ihn schon seit Wochen beschäftigte: seine große Zehe. Kurz vor unserer Abreise war er mit seinem Motorrad in der Melker Au gestürzt. Seitdem drückte der Nagel und nach längeren Fußmärschen schmerzte die Zehe stark. Wiederholt war auch Eiter ausgetreten. Da sich bislang keine Besserung eingestellt hatte, griff Wif kurzerhand zum Schweizer Messer und hebelte mit vorsichtigen Bewegungen den Nagel aus seinem Bett. Kein schöner Anblick, dieser abstehende Nagel mit dem darunter liegenden, stark entzündeten Nagelbett. Nicht lange, dann war das lästige Ding vollständig entfernt und Wif hatte ab diesem Zeitpunkt wieder Ruhe.

Weiter ging es auf fast menschenleeren Hochflächen dahin. Später begann die Straße, langsam, aber stetig abzufallen. Wir verließen das Hochland und trafen gegen Abend in Nakuru ein. Nur mehr etwa tausend Meter über dem Meer gelegen war es hier deutlich wärmer. So überraschte es keineswegs, dass wir in dem von der Polizeistation zur Verfügung gestellten Raum nicht allein waren. Der gesamte Deckenbereich war voll besetzt mit ihnen. Geduldig warteten sie alle auf „ihre" Stunde. Natürlich, was sollte es denn sonst sein als Unmengen von Moskitos in Ruheposition. Diejenigen, die es nicht erwarten konnten, drehten bereits ihre ersten Warteschleifen. Nur noch bis zum Erlöschen der Lampe, dann würde das Ausschwärmen zum nächtlichen Angriff kommen. Dem aber wollten wir zuvorkommen. So entbrannte noch zu vorgerückter Stunde ein längeres Gefecht, denn selbst nur wenige Überlebende dieser Blutsauger konnten eine Nacht äußerst unruhig werden lassen. Mit den Handtüchern rückten wir zuerst schlagend, dann zu Rollen geformt und gegen die Decke werfend, der Vielzahl dieser Plagegeister zu Leibe. Erst als wir überzeugt waren, den letzten Vertreter dieser aus unserer Sicht wohl unnötigsten Geschöpfe der Evolution ins Jenseits befördert zu haben, legten wir uns nieder. Mit der Kühle war es vorerst vorbei, gut für Wifs Gesundheitszustand.

Bis zu den Waden standen wir im warmen Wasser, die Schuhe eingesunken in den schlammigen Grund des unweit südlich der Stadt befindlichen Lake Nakuru. Den Fotoapparat fest in der Hand haltend, sahen wir sie in einiger Entfernung im flachen Wasser stehen. Riesige Flamingokolonien, die diesen extrem seichten und großflächigen See zu einer Attraktion besonderer Art machten.

Frühmorgens waren wir von einem indischen Autofahrer an den Rand des Sees gebracht worden. Anfänglich hatten wir nichts Besonderes entdecken können, bloß ein weißrosa Schimmern, ganz knapp über der Wasseroberfläche und in beträchtlicher Entfernung vom Ufer. Erst bei näherem Hinsehen war es uns dann klar geworden. Dort draußen standen dicht gedrängt tausende, abertausende Flamingos im seichten Wasser, allesamt den Kopf nach unten und gerade dabei, mit umgekehrtem Schnabel den sodahaltigen Schlamm nach Nahrung zu filtern. Ein ungewöhnlicher, regelrecht faszinierender Anblick, den wir unbedingt mit dem Fotoapparat festhalten wollten. Doch wiederum die bittere Erkenntnis, dass für unsere Normalobjektive die Vögel einfach zu weit weg waren. Also war uns nichts anderes übrig geblieben, als die Hosen hochzukrempeln und samt den Schuhen ins Wasser zu steigen. Zu fast allem waren wir bereit, wenn es galt, ein schönes Bild zu machen. Weniger erbaulich allerdings war der Gedanke, was sich so alles an unliebsamem Getier in afrikanischen Gewässern aufhalten könnte, das nichts Besseres vorhatte, als sich sofort beim Kontakt in die Haut hineinzubohren. Oder gar ein kleines Stück herauszubeißen! Aus diesem Grund hatten wir vorsichtshalber unsere Schuhe angelassen.

Langsam und bedächtig wateten wir weiter. Kleine Luftblasen, hellglitzernden Perlen gleich, stiegen in tänzelndem Rhythmus hoch, als wir im knöcheltiefen Schlamm einsanken. Schritt für Schritt ging es langsam voran, um so weit wie möglich den Abstand zu den Vögeln zu verringern. Doch allzu weit schafften wir es nicht. Plötzlich erfüllte ein in Worten kaum beschreibbares Klatschen und Rauschen die Luft. Einem nicht wahrnehmbaren Kommando folgend erhoben sich gleichzeitig tausende Vögel. Von den kräftigen Flügelschlägen wurde die Oberfläche des Wassers regelrecht aufgepeitscht. Rasch rissen wir die Kameras hoch und drückten ab. Für ein gutes Foto waren wir aber noch immer zu weit entfernt. Als würde sich ein ganzer Teppich rosafarbener Lebewesen erheben, so flogen sie auf und davon. Schon bald war der einzelne Flamingo in dieser sich stets verändernden Ansammlung von Vögeln nicht mehr zu erkennen. Bloß noch eine diffuse Wolke aus einer Vielzahl von kleinen Punkten rasch wechselnder Helligkeit, die sich weit entfernt an einer anderen Stelle im See wieder niederließ. Recht kurz, leider zu kurz, hatte dieses einmalige Naturschauspiel gedauert. Etwas enttäuscht wateten wir zum Ufer zurück. Das war uns alles viel zu schnell gegangen.

Breite Schilfgürtel machten den Großteil des Sees nur schwer zugänglich. Aussicht, an anderer Stelle nochmals Flamingos zu sehen, bestand deshalb kaum. Schweren Herzens gaben wir auf und gingen mit triefnassen Schuhen zurück zur Polizeistation. Gegen 14 Uhr brachen wir auf. Die für relativ starken Verkehr bekannte direkte Verbindung nach Nairobi reizte wenig. Eine etwas nördlich davon verlaufende Naturstraße wurde uns als nette Alternative empfohlen. Thompsonfalls* hieß der nächste Ort, den wir an diesem Tag noch erreichen wollten. Neuntausend Fuß hoch gelegen und nur etwa eine knappe Autostunde nordöstlich von Nakuru entfernt. Einziger Nachteil solcher Nebenstraßen war der schwache Verkehr. Endlich blieb ein Wagen stehen und nahm uns mit. Kaum hatten wir Nakuru verlassen, begann die Straße, in vielen lang gezogenen Kurven wieder anzusteigen. Anfänglich begleitete uns noch dichte Vegetation beiderseits der schmalen Erdstraße. Mit zunehmender Höhe trat steppenartiges Gras an deren Stelle, dann und wann unterbrochen von kleinen Baumbeständen, deren Äste mit langen, gelblichen Bartflechten besetzt waren. Im seitlich einfallenden Nachmittagslicht waren diese eigenartigen Gewächse schon von Weitem zu sehen. Die Gegend war nur spärlich besiedelt. Am späten Nachmittag näherten wir uns dem Ziel. Hier den gleichnamigen Wasserfall zu finden, sei ganz einfach, meinte unser Autofahrer, ein Engländer aus Thompsonfalls. Er befände sich linker Hand unweit der Piste. Von dort seien es nur mehr wenige Kilometer bis zur Ortschaft. Als wir ausstiegen, gab es keinen Zweifel mehr. Das donnernde Rauschen des herabstürzenden Wassers führte uns direkt dorthin. Wenig später bot sich uns ein wahrhaft malerischer Anblick. Wir standen am Rand einer schmalen Schlucht, in die das bräunliche Wasser eines kleinen Flusses 85 Meter senkrecht in die Tiefe stürzte. Üppige Vegetation gedieh an den steilen Flanken unterhalb des Wasserfalls. Auf einem schmalen und rutschigen Pfad stiegen wir hinunter zum Flussbett. Unten empfing uns feiner Nebel, der vom Wasserfall herübergetragen wur-

* Heute Nyahuruhu.

de. Nicht lange und schon waren Gesicht, Haare und meine Brille von unzähligen Wassertröpfchen bedeckt.

Mit leicht durchfeuchteten Kleidern saßen wir am Pistenrand. Wir waren allein. Weit und breit war kein Mensch zu sehen, auch kein Fahrzeug. Bis zu den ersten Häusern von Thompsonfalls dürfte es doch weiter entfernt sein als angenommen, denn es waren nirgends Zeichen menschlichen Wirkens zu erkennen. Dunkle Wolken zogen auf, die letzten Sonnenstrahlen überzogen die Landschaft mit einem rötlichen Schimmer. Hell hoben sich die von den Bäumen herabhängenden Bartflechten gegen den tiefschwarzen Himmel ab. Eine dramatisch schöne Abendstimmung entfaltete sich vor unseren Augen, die fast vergessen ließ, dass es höchste Zeit war, einen sicheren Unterschlupf zu finden. Wollten wir, kaum einigermaßen getrocknet, nicht gleich wieder völlig durchnässt werden, blieb uns nur die Flucht nach vorn in Richtung Thompsonfalls. Mit geschulterten Rucksäcken marschierten wir in raschen Schritten los. Als wir den Ortsrand erreichten, war es bereits stockfinster. In dem kleinen Ort war die Polizeistation rasch gefunden. Gerade noch rechtzeitig, denn nun öffnete der Himmel seine Schleusen. Immerhin hatten wir dieses Mal für die etwas erstaunten Polizeibeamten einen überzeugenden Grund, uns vor Regen und Dunkelheit in Sicherheit zu bringen. Während die herabprasselnden Regentropfen das über uns befindliche Wellblechdach so heftig dröhnen ließen, dass kaum eine Verständigung möglich war, wurde eine Dose Corned Beef mit Reis in ein wohlschmeckendes Abendessen verwandelt. Fleisch gab es nämlich nur einmal in der Woche, meist an einem Donnerstag. Und dies bislang nur aus der Dose.

14. August, der Tag, an dem wir Nairobi, Kenias Hauptstadt, erreichten. Bis dahin lagen noch viele Kilometer vor uns, die meist auf Nebenstraßen gefahren werden mussten. Wir durften keine Zeit verlierens und brachen früh auf. Der erste von der Polizeistation abfahrende Jeep nahm uns mit. Unsere Route führte weiter durch dünn besiedeltes Hochland bis nach Nanyuki, einer Kleinstadt nordwestlich des Mt. Kenia gelegen. Mitten in der Stadt entdeckten wir einen Fleischerladen, der auch überall in Europa hätte sein können.

Angeregt von seinem ansprechenden Äußeren kam Wif auf die glorreiche Idee, einmal ein Stück frisches Fleisch zu kaufen. Nach den bisherigen Erfahrungen hatten wir ja gar nicht einmal gewagt, daran zu denken. Etwas unsicher betraten wir den Verkaufsraum. Ein kurzer prüfender Blick auf die Arbeitsflächen und die Glasvitrine mit den darin ausgelegten Fleischstücken bestätigte den ersten Eindruck. Alles war peinlich sauber und selbst die Wände waren weiß gefliest. Da war schon der Besitzer, ein Engländer, der uns sofort bei der Auswahl behilflich war. Ob wir uns dieses große und ganz magere Stück Rindfleisch, das er uns anbot, überhaupt leisten konnten? Besorgt dachte ich an unsere knappe Kasse. Als wir den Preis hörten, waren wir überrascht und willigten ohne Umschweife ein.

Sehr zufrieden über den getätigten Kauf zogen wir von dannen. Mit rohem Fleisch im Gepäck reiste es sich allerdings weniger gut. Also ließen wir uns gleich am südlichen Stadtrand neben der Straße nieder und begannen mit der Zubereitung des Mittagessens. Die Vorfreude war groß, war es doch das erste frische Fleisch, das wir seit unserer Abreise aus Österreich erstanden hatten. Da durfte die „Donnerstag-Fleischregel“ einmal gebrochen werden. Bald entwichen dem kochenden Topf wohlriechende Düfte, die allein schon den Mund wässrig machten. Beflügelt durch die in Gedanken bereits zubereitete Köstlichkeit zauberte Wif sehr gekonnt eine Art Saftfleisch mit Tomaten und Zwiebeln herbei. Mit Gewürzen sah es eher schlecht aus in unserer Küche. Weder Paprika noch Pfeffer gab es. Bei der nächsten Reise unbedingt daran denken! Trotzdem wurde es ein wahres Festessen für unsere wenig verwöhnten Mägen, die schon nach kurzer Zeit zum Platzen gefüllt waren. Die Folgen blieben nicht aus. Trägheit setzte ein und wir hatten große Mühe dagegen anzukämpfen. Am liebsten hätten wir uns jetzt ins Gras gelegt und ein Mittagsschläfchen gehalten. Nairobi lockte überhaupt nicht und so kostete uns der anstehende Aufbruch einiges an Überwindung. Das übrig gebliebene Fleisch wurde sorgfältig verpackt und mitgenommen. Und wir wussten schon, was es zum Abendessen geben würde.

Eigentlich musste im Südosten der Mt. Kenia zu sehen sein. Doch eine dichte Wolkendecke versteckte hartnäckig Afrikas zweithöchsten Berg. Wir liebäugelten wiederholt mit einer Besteigung. Doch alles, was wir bislang über diesen Berg in Erfahrung gebracht hatten, überstieg bei Weitem unsere Möglichkeiten. Zudem war es im Moment wegen der schlechten Witterungsverhältnisse nicht ratsam, den Aufstieg zu wagen. Dieser führte durch dichten, unwegsamen Regenwald, nicht ungefährlich wegen der dort lebenden Waldbüffel. Für das gesamte Unterfangen waren mindestens zwei Wochen anzusetzen und demnach Träger unentbehrlich. Das allein schon hätte eine Menge Geld gekostet. Auch fehlte uns die nötige Ausrüstung, besonders für den Gipfelbereich, wo schwieriges Klettern angesagt war. Also blieb es weiterhin bei diesem Wunsch.*

Mit einem Militär-LKW ging es nun auf guter Asphaltstraße weiter nach Süden. Zuerst noch weitläufige, fast unbewohnte Baumsavannenlandschaft, später ging es durch landwirtschaftlich genutztes Gebiet mit rasch ansteigender Besiedlungsdichte. In Thika, einer weiter südlich gelegenen Kleinstadt, gab es wieder einen Wasserfall zu sehen. Allerdings konnte er mit seiner geringeren Fallhöhe nicht mit dem des Vortages mithalten. Gut versteckt unter dem dichten Blätterdach eines Galeriewaldes war er selbst aus nächster Nähe nicht zu sehen. Kaum ein Sonnenstrahl, der bis zum Wasser vordrang. Lianenumschlungene Baumriesen unterhalb des Absturzes schafften mit ihren kräftigen, bis ins dunkle Wasser reichenden Wurzeln eine düstere Atmosphäre.

Zuweilen gab es auch selbstlose Taxifahrer. Wir standen am Stadtrand von Thika. Ein Taxi kam angefahren und hielt. Wir zögerten. Kein Problem, meinte der kenianische Fahrer, wenn wir kein Geld hätten, könnten wir auch so mitfahren. Bis ins Zentrum von Nairobi, wohin auch er fahren müsse. Das ließen wir uns nicht zweimal sagen. Bald war die Hauptstadt von Kenia erreicht. Die große Stadt mit ihren unzähligen Häusern unterschiedlicher Bauart beeindruckte uns nur wenig. Dicht gedrängte Holzhütten an der Peripherie, moderne Hochhäuser im Zentrum. Jedenfalls sahen wir fürs Erste nichts, was unsere Aufmerksamkeit hätte erregen können.

---

* 41 Jahre später ging er in Erfüllung.

Gleich wieder zur Polizei zu gehen, rief bei uns eingedenk der in Kampala gemachten Erfahrungen gewisse Bedenken hervor. Also suchten wir nach einer billigen Alternative. Irgendjemand hatte uns die Adresse vom YMCA* gegeben, deren Unterkünfte recht billig sein sollten. Zu unserem Pech befand sich aber Nairobis YMCA-Herberge ziemlich weit draußen am Stadtrand, in der Lower Kabete Road. So schauten wir vorher noch schnell am Hauptpostamt vorbei. Gleich zwei Briefe von meiner Freundin wurden mir ausgehändigt, jedoch kein Brief von meiner Mutter. Das machte mir Sorgen, es würde doch nichts passiert sein?! Doch Wif hielt eine erfreuliche Nachricht bereit. Seine Eltern hätten einen Brief von Herrn Knapitsch erhalten und diesen gleich nach Arusha weitergeleitet. Sie hatten auf Nummer sicher gehen wollen, damit uns dieser Brief auch wirklich erreichte.

Der lange Marsch zum YMCA begann. Endlose und geradeaus verlaufende Straßenzüge lagen vor uns. Bald drückten die Rucksäcke, dann auch die Schuhsohlen. Warum versuchten wir es nicht innerhalb einer so großen Stadt mit Autostopp? Wir hatten Glück und wurden unweit unseres Ziels abgesetzt. Ein gesichtsloses Gebäude mit ausgesprochen spartanisch gehaltenen Unterbringungsmöglichkeiten erwartete uns. Nirgends eine Möglichkeit, etwas zurückzulassen oder wegzusperren. Also keine Lösung für einen mehrtägigen Aufenthalt. Somit war klar, dass wir uns am nächsten Tag nach etwas Besserem umsehen mussten. Dazu verlangten die hier auch noch zwei ostafrikanische Schillinge (7,20 öS oder etwas mehr als einen halben Euro) für eine Nacht! Viel zu viel, aber wir hatten keine andere Wahl mehr, denn in der Zwischenzeit war es draußen dunkel und kalt geworden. Was tun mit dem angebrochenen Abend? Ausgiebig essen und bald schlafen gehen. Mit etwas Tomatensoße, Reis und Zwiebeln wurde das vom Mittag übrig gebliebene Fleisch zu deftigem Reisfleisch verarbeitet. Nach einem kräftigen Schwarztee legten wir uns zufrieden nieder. Ein unschätzbares Gefühl machte sich breit. Die Zeiten des ewigen Hungers, der Hitze und lästigen Moskitoschwärme schienen nun endgültig vorbei zu sein.

* Young Men's Christian Association.

Neugierige Schüler bei Masindi (Uganda)

Angreifender Elefant im Murchison Nationalpark

Unfreiwillige Wanderung durch den Murchison Nationalpark
(im Hintergrund Elefanten)

Die Murchisonfälle

Äquatorüberschreitung bei Kasese

Merkwürdige Gewächse im Kigezi-Hochland

Kostengünstige Verpflegung – Wif mit Bananenfruchtstand in Kabale

Parlament im Zentrum von Kampala

An den Ufern des Viktoriasees

Verlassenes Farmhaus bei Eldoret (Kenia)

Vor Thompsonfalls zieht ein Unwetter auf

Der Thomsonfall

Campus der Universität von Nairobi

Eine neue Hürde

Kühl und wolkenverhangen war der nächste Tag. Gleich nach dem Frühstück nahm uns jemand ins Stadtzentrum mit. Wir suchten einen verlässlichen Ort, wo wir auch unsere Habseligkeiten zurücklassen konnten. Nicht vergessen hatten wir den Hinweis eines der englischen Studenten an Bord des Nildampfers im Sudan, dass es an der Universität günstige Übernachtungsmöglichkeiten gäbe. Die Universität kannte jeder, also war sie rasch gefunden. Auf der Suche nach dem Verwaltungsgebäude stapften wir über die ausgedehnten, grünen Rasenflächen des Universitätscampus. Platz schien bei der Planung dieser Institution keine Rolle gespielt zu haben. Ohne Umschweife zeigte ein uns offensichtlich wohlgesinnter Verwalter *„a place, where students use to sleep"*. Dieser Ort entpuppte sich als ein kleiner, aber sauber gehaltener Raum, über den wir verfügen durften. Die Tür war verschließbar, der Schlüssel blieb in unseren Händen. Wunderbar, genau das Richtige, mehr wollten wir doch nicht. Und als Studenten brauchten wir nicht einmal zu bezahlen! Von unseren schweren Rucksäcken befreit, machten wir uns gleich an die Stadtbesichtigung. Doch bevor wir die Universität verließen, sahen wir uns noch etwas auf dem Campus um. Eingebettet in das saftige Grün eines gut gepflegten Rasenteppichs unbekannten Ausmaßes standen auf dem weitläufigen Gelände ausgesprochen modern gestaltete Gebäude. Einige fielen sofort wegen ihrer architektonisch sehr eigenwilligen Formgebung auf. Im Vergleich dazu sah unsere alte, ehrwürdige „Boku" (Universität für Bodenkultur) in Wien sehr bescheiden, ja fast veraltet und hausbacken aus. Unwillkürlich kam die Frage auf, wie es wohl dazu gekommen war, dass mitten in Schwarzafrika ein Entwicklungsland über eine derart moderne Ausbildungsinstitution verfügen konnte. Und wo waren denn die Früchte einer solchen Einrichtung zu sehen? Wo steckten denn all die Absolventen und was machten sie landesweit? Abgesehen von den weißen Farmen hatten wir bislang recht wenig an eigenen Initiativen zu sehen bekommen. Unbestritten, in unseren Gedanken verbarg sich ein bisschen Neid, denn auch wir hätten gern für unsere Universität eine derart schöne und vor allem großzügig geplante Anlage gehabt. Nicht zu vergessen, dieser erste Eindruck war sehr oberflächlich, denn wie das Innere dieser eindrucksvollen Bauwerke aussah und was dort geboten wurde, erfuhren wir nicht. Im August herrschte auch in Afrika kein Uni-Betrieb. Wie auch immer, der gesamte Campus hinterließ bei uns einen nachhaltigen Eindruck.

Von dem anschließenden Stadtbummel blieb wenig in Erinnerung. Im Zentrum waren nicht nur moderne Bürohäuser zu sehen, sondern zu unserer großen Überraschung auch noch gut erhaltene Fachwerkhäuser aus der Kolonialzeit, die ganz unwillkürlich an südwestdeutsche Kleinstädte erinnerten. Doch abgesehen davon hinterließ die Stadt bei uns keinen besonderen Eindruck. Der Verkehr hielt sich in Grenzen, auch waren nicht allzu viele Fußgänger unterwegs. Niemand sprach uns an, niemand wollte uns etwas verkaufen. Ohne auch nur einen Gedanken an unsere Sicherheit zu verlieren, konnten wir uns völlig frei und ungezwungen in der Stadt bewegen.*

Zeit und Gelegenheit, um wieder ein Lebenszeichen nach Hause zu senden und noch schnell ein paar Zeilen an die Familie Knapitsch mit Postadresse in Arusha im nördlichen Tanganjika zu schreiben, um unser baldiges Erscheinen anzukündigen. Der Tag ging zur Neige und wir kehrten zurück in die Universität. Die warme Suppe, besonders aber der heiße Tee, taten gut, denn mit dem Einbruch der Dunkelheit wurde es unangenehm kalt. In den Niederungen bildete sich sogar Nebel. Wir schliefen ganz ausgezeichnet in unserem kühlen Kämmerlein.

Jetzt waren wir schon so lange in Afrika und hatten ihn noch immer nicht zu Gesicht bekommen. Wo hielt er sich denn versteckt, der König der Tiere? Es war wirklich an der Zeit, ihn auch einmal aus der Nähe beobachten zu können: einen kräftigen ausgewachsenen Löwen mit dichter Mähne, dessen Anblick Respekt einflößte. Im Nairobi-Nationalpark, der direkt vor den Toren der Stadt lag, sollten noch einige Exemplare anzutreffen sein. Also setzten wir den Be-

* Nur noch wenige Jahre sollten vergehen, bis ein derartig ungestörter Stadtbummel nur mehr mit entsprechenden Vorsichtsmaßnahmen möglich sein würde, ganz besonders nach Einbruch der Dunkelheit.

such dieses Parks auf unser heutiges Programm. Nach einem kurzen Streifzug durch die Stadt stoppten wir hinaus zum Nationalpark, wo uns direkt am Parkeingang der Wärter einen „Lift“, zu Deutsch: eine Mitfahrgelegenheit, weiter hinein in den Park verschaffte. Der Zufall wollte es, dass es gerade zwei Österreicher waren, zwei eher schräge Vögel, die uns auf diese Weise mitnehmen mussten. Was die beiden wohl in Kenia trieben, war nicht herauszubekommen. Ihr „Ottakringer Englisch“ tat jedenfalls weh in unseren Ohren. Wir schämten uns fast für diese Art von Landsleuten.

Erstaunlich viele Tiere gab es in diesem kleinen Naturpark. Der Eindruck von Weitläufigkeit und unberührter Savannenlandschaft konnte allerdings bei der Kleinheit des Parks nicht aufkommen. Dann aber kam endlich der Moment, wo wir den ersten, mit großer Spannung erwarteten Löwen entdeckten. Doch die Begegnung wurde zu einer echten Enttäuschung! Nur wenige Meter von der Piste entfernt lag er im Gras und ruhte. Alle Viere von sich gestreckt in bequemer Seitenlage. Ja, nicht nur Menschen ruhten gerne um die Mittagszeit. Eher gelangweilt hob der „König“ für einen Moment gemächlich seinen Kopf und würdigte uns keines Blickes. Es fehlte bloß, dass er noch zu gähnen begann. Schon legte er seinen Kopf zur Seite und setzte die Siesta fort. Das war er also, der berühmte und gefürchtete Herrscher der Steppe! Ein Gefühl von Respekt oder gar Furcht wollte bei einem derartigen Verhalten nicht aufkommen. Unweit davon trabten ein paar Warzenschweine vorbei. Nicht das geringste Anzeichen von Angst war ihnen anzumerken. Kopf und Körper bildeten eine unbewegliche Einheit, nur die Beine bewegten sich rasch hin und her. So ganz nach ihrer Art waren die Schwänzchen aufgestellt. Da konnte sich der eine Österreicher die Bemerkung nicht verkneifen, dass in Afrika doch *„alles den Schwanz in der Höhe habe!“*

Wie rotbraune Bänder durchzogen die schmalen Lateritpisten den Park. Hinweisschilder gab es kaum. Erst nach längerem Suchen gelang es den beiden, die Ausfahrt zu finden. *„This is the main road to Nairobi …“*, drang in breitem Ottakringer Englisch zu uns in den hinteren Teil des Wagens. Äußerst „informativ“, dieser herablassende

Hinweis. Nein, so was, wer hätte das gedacht! Die Straße führte auch nach Rom, wenn man lange genug die Richtung beibehielt.

Zurückgekehrt in die Stadt wurden wir in der Nähe des Zentrums abgesetzt. Ein knappes „Auf Wiedersehen", das war alles. Sehr enttäuscht waren wir von unseren Landsleuten. Sie hätten uns ja wenigstens auf ein Bier einladen können. Zurückgekehrt zur Uni mussten wir unser nettes Kämmerlein räumen. Es sei nur für Durchreisende gedacht, wurde uns mitgeteilt. Schade, immer wenn es begann, nett zu werden, mussten wir weichen. Hier hätten wir es noch gut eine Weile aushalten können. So blieb uns der Weg zur Polizei nicht erspart, die uns nach einigem Überlegen eine der Gefängniszellen zuwies.

Am 17. August bahnte sich etwas Unangenehmes an. Unsere Einreise nach Kenia war ohne Visum möglich gewesen, doch für den weiteren Aufenthalt wurde nun eines verlangt. Die Ausstellung war allerdings mit einer enormen Hürde verbunden. Jeder Antragsteller musste als Beweis seiner finanziellen Unabhängigkeit über einen Rückflugschein ins Heimatland verfügen oder den stolzen Betrag von 150 englischen Pfund* vorweisen können! Dies entsprach übrigens dem Gegenwert eines Flugscheines nach Hause. Andernfalls würde ihm das Visum verweigert. Verflixt, das waren wahrlich alles andere als gute Nachrichten für uns. Wir zogen Bilanz. Gerade noch 70 Pfund hatten wir in der gemeinsamen Reisekasse. Das reichte nicht einmal als Nachweis für einen von uns! Was tun, um aus dieser Zwickmühle herauszukommen? Wie auch immer, Probleme waren da, um gelöst zu werden. So begab sich Wif, der unerschütterliche Optimist, guten Mutes als Erster in die Höhle des Löwen, in das Immigration Office. Er ging von der Annahme aus, dass derartige Auflagen keineswegs so streng gehandhabt würden, und war überzeugt, mit etwas Glück und Überredungskunst das Ziel schon zu erreichen. Als er wenige Minuten später wieder am Eingang erschien, ahnte ich schon an seinem Gesichtsausdruck, dass etwas schiefgelau-

* Mit dem damaligen Kurs von 72 öS/Pfund sind das mehr als 10.000 öS oder 730 Euro!

fen war. Was war passiert? Weit sei er mit seinen Erklärungen nicht gekommen, meinte Wif. Nach einer kurzen Überprüfung unseres gesamten und nicht ausreichenden Bestandes an Banknoten hatte der Schalterbeamte kurzerhand seinen Pass eingezogen. In freundlichem, aber bestimmtem Ton habe Wif die Zusicherung erhalten, ihn beim Vorlegen des bewussten Betrages wieder zu erhalten – dann natürlich versehen mit einem Aufenthaltsvisum.

Wir standen vor dem Gebäude und waren im ersten Moment wirklich ratlos. Mit derart rigiden Auflagen hatten wir nicht gerechnet. Ohne Wifs Pass gab es keine Weiterreise, ohne Pass waren wir gezwungen, in Nairobi zu bleiben. Vorläufiges Ende der Reise? Nein, nur nicht aufgeben, es gab immer eine Lösung! Etwas abseits im Schatten der Eukalyptusbäume einer kaum befahrenen Nebenstraße kam uns unter anderem wieder in den Sinn, wie wir damals in Ägypten doch recht erfolgreich das Devisenproblem für die Beschaffung der Bahnkarten von Kairo nach Juba gemeistert hatten. Auch diese Hürde erschien anfänglich fast unbezwinglich, doch dann hatten wir sie geschafft. Nach längerem Grübeln bahnte sich eine Idee an. Das Schlüsselwort dafür war Wolfgang Schenk. Ihn hatten wir ja auf der Anreise durch den Sudan kennengelernt. Wir wussten, dass er in der Zwischenzeit längst in Nairobi eingetroffen sein musste. Für eine nicht näher bekannte Zeit wollte er bei der Zimmermanns Factory seinen Beruf als Tierpräparator ausüben. Nett und hilfsbereit wie er war, würde er uns mit Sicherheit aus der Patsche helfen.

Ohne Umschweife machten wir uns sofort an die Umsetzung dieser Idee. Schon ging es zur Factory, die sich ziemlich weit außerhalb der Stadt in einem westlichen Vorort Nairobis befand. Wolfgang war bald gefunden. Hocherfreut uns wiederzusehen, lud er uns zum Abendessen ein. Gleich für diesen Abend. Ohne große Umschweife kamen wir auch auf unser Missgeschick beim Immigration Office zu sprechen. Wolfgang hatte von diesen Auflagen auch schon gehört und zögerte keinen Augenblick. Beim Abendessen würde er uns einen Scheck über den noch fehlenden Betrag aushändigen.

Äußerst zufrieden mit diesem Ergebnis kehrten wir in die Stadt zurück und verbrachten den Rest des Tages mit einem Rundgang durch das Zentrum. Am Abend stoppten wir erneut hinaus zur Factory. Dort wurde uns mit Wolfgangs Beziehungen eine einmalige Gelegenheit geboten: Ein Abendessen ohne mengenmäßige Beschränkung! Anfänglich wollten wir unseren Ohren nicht trauen. Doch tatsächlich, in der Werkskantine gab es ein Essen mit feststehendem Preis und jeder durfte sich nehmen, so viel und so oft er wollte! Was für eine einmalige Chance für uns, die in diesen Belangen alles andere als verwöhnt waren. So etwas würde bestimmt nicht so schnell wiederkommen! Eine erste beachtliche Portion wurde konsumiert, der mehrere folgten. Im wahrsten Sinn des Wortes schlugen wir uns den Bauch bis zum Platzen voll – vielleicht in der Ausübung eines unbewussten Vorsorgedenkens für künftige schlechte Zeiten. Dies aber funktioniert bekanntlich beim Homo sapiens nur sehr bedingt. Schon bald nach dem Essen wurde Wif plötzlich auffallend schweigsam, im Gesicht merkwürdig weiß und er begann zu schlucken. Kurz darauf musste er sich entfernen. Er dürfte wohl mit dem Vorsorgedenken etwas übertrieben haben. Doch abgesehen davon kam die Situation hier in der Werkskantine einem Vergleich mit dem Schlaraffenland sehr nahe.

Spät nachts brachen wir auf, in unseren Händen den von Wolfgang versprochenen Scheck in Höhe von 80 Pfund. Das war nämlich genau jener Betrag, der uns noch zum Erreichen der 150 Pfund-Schwelle gefehlt hatte. Ausreichend für einen von uns und was machte dann der andere? Davon später, die Lösung war schon „in der Schublade". Irgendeine Sicherheit wollte Wolfgang nicht haben, er würde uns vertrauen. Und falls wir nicht mehr mit dem Geld zurückkehrten, *„dann,"* so Wolfgang in knappen Worten, *„… bin ich um eine Erfahrung reicher geworden."* Schließlich kannte er lediglich unsere Vornamen.

Es war stockdunkle Nacht. So gut es ging, marschierten wir am rechten Straßenrand in Richtung Nairobi. Ein Scheinwerferpaar tauchte hinter uns auf und erhellte das vor uns liegende Straßenstück. Wenigstens für kurze Zeit etwas zu sehen, dachte ich. Das Fahrzeug kam näher und hielt auf unserer Höhe. Wir wurden aufgefordert einzusteigen. Erst jetzt erkannten wir, dass es ein Taxi war. So angenehm es auch gewesen wäre, zu vorgerückter Stunde mitgenommen zu werden, doch für derartige Dienste hatten wir kein Geld eingeplant. Also konnten wir auch die Fahrt nicht bezahlen. Der Taxifahrer, ein Kenianer, konnte es kaum fassen, dass Weiße kein Geld hatten. Nach kurzem Wortwechsel forderte er uns dennoch auf, einzusteigen. Er müsse in die Stadt fahren, egal, ob mit oder ohne uns. Das leuchtete ein und schon fuhren wir los. Während der Fahrt begann uns das Gewissen zu plagen. Vielleicht dachte er sich insgeheim, dass wir ihm trotz unserer Beteuerungen doch etwas geben würden und seien es nur ein paar Schillinge! Das Problem beschäftigte uns die ganze Fahrt über. Letztlich siegte wieder der Appell an unsere Abmachung vor dem Antritt der Reise. Für Autofahrten war nichts eingeplant gewesen, schon gar nicht für ein Taxi und so sollte es auch bleiben. Dem Taxifahrer waren wir sehr dankbar, denn der Marsch wäre ein langer geworden. Um Mitternacht trafen wir in der Polizeistation ein und verbrachten eine weitere Nacht in sicherem Gewahrsam.

Ein wichtiger Tag brach an. An diesem Tag würde die Entscheidung fallen, ob wir uns weiter im Lande aufhalten durften oder nicht. Was tun, wenn wir abschlägigen Bescheid erhielten? Wie würden dann die kenianischen Behörden weiter mit uns verfahren? Ohne Pass könnten wir nicht mehr weiterreisen. Es bliebe nur mehr der Weg zur österreichischen Botschaft, um danach ausgeflogen zu werden. Abgeschoben in der Art unerwünschter Personen, die von der Justiz verfolgt wurden. Was für ein unrühmliches Ende für unsere so verheißungsvoll begonnene Reise! Peinlich für uns und unsere Eltern, belustigend für unsere Freunde, die nicht an die Durchführbarkeit dieser Reise geglaubt hatten. Derartige Gedanken lasteten wie dunkle Wolken über mir. So weit durfte es gar nicht kommen, sagte ich mir aufmunternd zu. Positiv denken und heraus aus diesem negativen Gedankenkarussell.

Kaum hatte die Bank ihre Pforten geöffnet, standen wir schon am Schalter und lösten den Scheck von Wolfgang ein. Nun verfügten wir über ein „Gesamtvermögen“ von insgesamt 150 Pfund. Am Immigration Office angekommen, sammelte Wif all seine Kräfte, atmete tief durch und ging hinein. Bange Minuten verstrichen. Schaffte er es dieses Mal oder würde der Beamte Verdacht wittern und weitere Sicherstellungen fordern? Derlei Gedanken gingen mir schon wieder durch den Kopf. Da tauchte auch schon Wif auf und strahlte übers ganze Gesicht. Es hatte geklappt. Er war stolzer Besitzer eines kenianischen Visums! Nun war ich an der Reihe. Für das weitere Vorgehen hatten wir uns schon etwas ausgeheckt. Dabei hieß es, gut zu überlegen und ja keinen Fehler zu begehen. Eines war klar: Gleich hineinzugehen bei all der Ähnlichkeit unserer Situation wäre ein törichtes Verhalten. Außerdem sollte das Vorweisen der erforderlichen Summe nicht gleich durchschaubar sein. So gingen wir abermals zur Bank, um die vorhandenen Geldscheine gegen andere auszutauschen. Was der Bankbeamte wohl gedacht haben mochte? Das konnte uns ja egal sein. Hauptsache war, dass sich nun die 150 Pfund aus anderen Geldnoten zusammensetzten.

Wir warteten eine gute Stunde, dann betrat ich, ausgestattet mit dem abgewandelten Bündel an Geldscheinen, das Immigration Office. Sogleich kam mir wieder die bange Frage in den Sinn, ob denn der zuständige Beamte im Office dieses Mal nicht doch etwas merken würde. Nur die Ruhe bewahren, es würde schon schiefgehen. Am Schalter angekommen legte ich meinen Reisepass hin und blätterte fast schon demonstrativ die Geldscheine auf die Schalterplatte. Der Beamte sah mich an, stutzte für einen Augenblick und überlegte. War da nicht schon vorhin ein ähnlich aussehender Weißer hier gewesen mit etwas verblasstem Militärhemd und kakifarbener langer Hose? Und was für ein Zufall. Der vor ihm stehende Antragsteller war auch Österreicher! Das war ja höchst interessant! Er nahm meinen Pass, dann das Geld und zählte sichtlich missmutig die vorgelegten Geldscheine. Ja, die Summe stimmte! Er legte das Geld beiseite und begann, erneut wahllos im Pass zu blättern. Ich hatte den Eindruck, dies diente bloß dazu, Zeit zu gewinnen. Vermutlich überlegte er gerade fieberhaft, was getan werden müsste, wenn … sein aufkommender Verdacht zutreffen sollte, dass die ganze Angelegenheit auf einem simplen Schwindel beruhte. Genau verfolgte ich seine Augen, die unter den zusammengezogenen Augenbrauen ganz starr auf den Pass gerichtet waren. Mit Sicherheit interessierte ihn gar nicht mehr, was

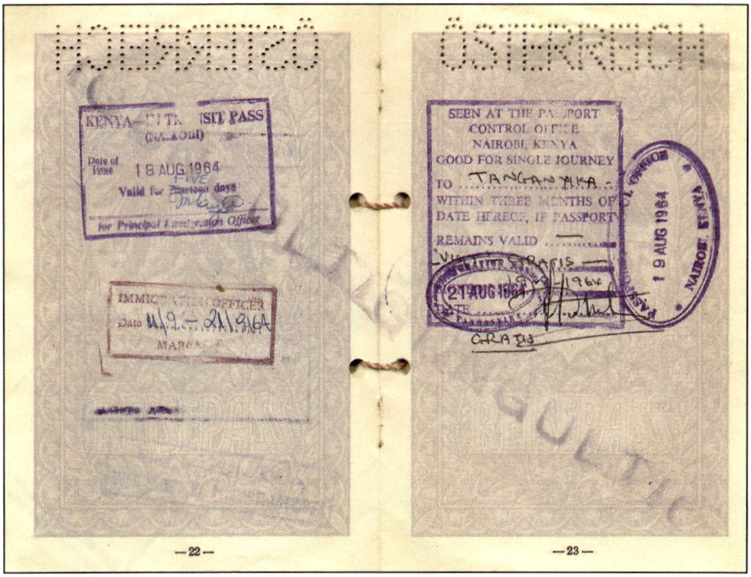

Links Visum für Kenia, rechts für Tanganjika

dort drinnen stand, denn für ihn war der Sachverhalt klar: Da war etwas nicht in Ordnung. Doch was sollte er tun? Die vorgelegten Geldscheine stimmten genau mit der angeforderten Höhe überein und auch der Pass war in Ordnung! Da war einfach nichts zu machen. Ihm waren die Hände gebunden. Kein Wort kam über seine Lippen. Einmal noch tief durchgeatmet, dann legte er den Pass vor sich hin. Mit unbeweglicher Miene knallte er den Stempel hinein, strich die auf der Stampiglie vorgesehene Dauer von vierzehn Tagen durch und setzt darüber „five". Nicht gerade viel, aber es reichte für den Moment. Sichtlich verärgert schob er mit forscher Handbewegung den Pass samt den Geldscheinen über die Schalterplatte. Ein nicht zu beschreibendes Hurra-Gefühl kam in mir auf. Wir hatten gewonnen! Doch rein äußerlich ließ ich mir nichts anmerken. Nur ja keinen Fehler im letzten Augenblick begehen. Ich tat so, als wäre das alles die selbstverständlichste Sache der Welt. Eigentlich konnte es mir doch egal sein, ob er das Spiel durchschaut hatte oder nicht. Mein einziger Gedanke war, mit dem begehrten Dokument in der Hand möglichst rasch das Office zu verlassen. Der Beamte würdigte mich keines Blickes. Das war sie: die Rache des kleinen Mannes.

Höchst zufrieden mit diesem Erfolg wollten wir am nächsten Tag das Spiel wiederholen. Dieses Mal für das Visum von Tanganjika. Doch im Laufe des Tages erfuhren wir, dass Österreicher – welch ungewöhnliche Ausnahme – hierfür kein Geld vorzulegen hätten. Also stoppten wir sofort hinaus zu Wolfgang, gaben ihm die geliehene Summe zurück und verabschiedeten uns.* Er hatte uns für die weitere Reise einen wirklich großen Dienst erwiesen, denn was hätten wir ohne ihn nur gemacht? Mit der Gewissheit, dass es nun wirklich das letzte Mal sein würde, übernachteten wir abermals bei der Polizei.

Es geht weiter nach Süden

Ungeduldig warteten wir vor der Vertretung von Tanganjika, die erst um neun Uhr Einlass gewährte. Wir waren erstaunt. Kein aufwändiges Ausfüllen von Formularen erwartete uns. Vergleichsweise rasch erhielten wir das Visum in unsere Pässe mit dem Vermerk „gratis" eingetragen. Allerdings geschah dies nicht sofort. Erst als wir im Brustton der Überzeugung und mit entschlossener Stimme dem Beamten erklärten, richtig zu liegen mit der Behauptung *„Austrians are free of charge"* wurde nach Einsicht in die Unterlagen gleich zweimal im Pass der Vermerk „gratis" eingetragen. Damit war endlich der weitere Weg nach Süden frei.

Bevor wir Richtung Süden nach Arusha ins benachbarte Tanganjika aufbrachen, erfolgte noch eine kurze Rekapitulation unserer finanziellen Lage. Sie war alles andere als erfreulich. Anlässlich der Visumbeschaffung war uns nämlich so richtig bewusst geworden, dass wir bereits mehr als die Hälfte unseres gemeinsamen Reisebudgets verbraucht hatten. Dabei war der Wendepunkt unserer Reise

* Es würden 41 Jahre vergehen, bis ich ihn, den erfolgreichen Tierpräparator, wieder am Telefon zu hören bekam. In der Zwischenzeit Vater von zwei Söhnen, die beide in Afrika aufgewachsen waren, hielt sich der nun in Deutschland wohnhafte Wolfgang weiterhin für einige Monate im Jahr auf dem schwarzen Kontinent auf.

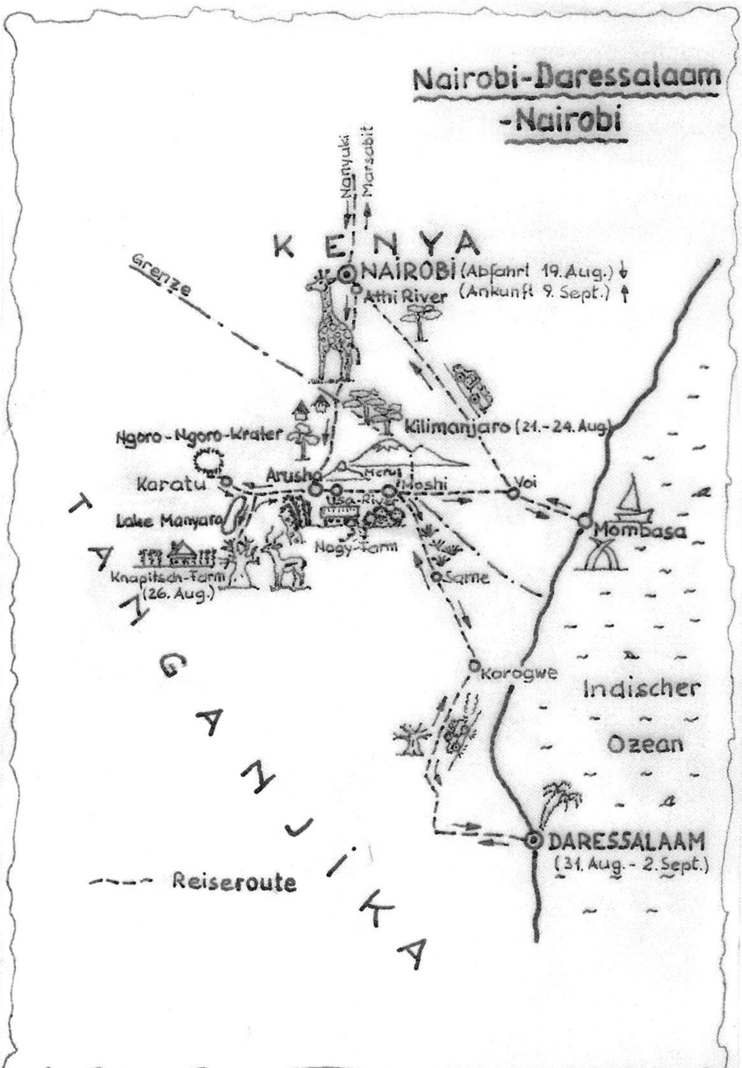

Reiseverlauf Nairobi – Daressalaam – Nairobi

– Daressalam in Tanganjika – noch längst nicht erreicht! Im Klartext hieß dies, dass ab nun noch mehr gespart werden musste.

In dem südöstlich von Nairobi gelegenen kleinen Vorort Athi-River gabelte sich die Straße. Geradeaus führte sie weiter nach Mombasa, rechts ging es Richtung Süden nach Tanganjika, wohin auch wir wollten. Ein Engländer in einem Landrover hielt und nahm uns mit. Rasch blieben die letzten Häuser zurück, dann nur noch eine staubige Piste, offenes Buschland, trockenes Gras und dornenbewehrte Akazien. Die kleinen Rudel von Gazellen nahe der Straße ließen sich vom Lärm unseres Fahrzeuges nicht stören. Tief hing eine dichte Wolkendecke über uns, kein Sonnenstrahl drang hindurch. Nach längerer Fahrt durch menschenleeres Hügelland erreichten wir Namanga. So hieß der Ort an der Grenze nach Tanganjika. Häuser waren keine zu sehen, nur ein einfaches Schild mit wenigen Worten erinnerte den Reisenden, dass er nun in ein anderes Land hinüberwechselte. „*Now you are entering Tanganyika*" war in schwarzen Buchstaben auf gelbem Grund zu lesen. Mehr war es nicht. Das also war die Grenze zum südlichen Nachbarland.

Noch vor der Grenze sahen wir die ersten Massai. Mit ihren roten Umhängen waren sie schon von Weitem als unübersehbare Farbflecken in der offenen Steppenlandschaft zu erkennen. Unser Fahrer runzelte bei ihrem Anblick die Stirn und stufte sie als „*the most stupid people in the world*" ein. Warum wohl, fragten wir ihn. „*They decline any progress. They prefer to stick to their traditions. And modern agriculture isn't their business*", klärte er uns auf. Nun, wenn die nicht wollten, dann sollte es eben so sein, dachten wir, ohne uns vorerst weiter den Kopf zu zerbrechen. Denn bekanntlich hielten Nomaden weit mehr an ihren althergebrachten Sitten und Bräuchen fest als sesshafte Volksgruppen. Solange sie zufrieden waren und ihrem traditionellen Lebensrhythmus folgten, war es ja durchaus in Ordnung. Außerdem nutzten Nomaden im Regelfall nur die trockenen Naturräume unserer Erde für ihr Vieh. Konkurrenz mit anderen Bewirtschaftungsformen trat also kaum auf. Problematisch konnte es allerdings werden, wenn Nomaden in landwirtschaftlich genutzte Gebiete oder Naturparks vordrangen. Oder im umgekehrten Sinne, wenn die Landwirtschaft versuchte, mit Bewässerung in Trockengebieten zu einem höheren Nutzungspotenzial zu gelangen. Dies war dann der Fall, wenn die Bevölkerung und ihr Viehbestand rasch anwuchsen.* Konflikte waren dann vorprogrammiert. Die abfällige Bemerkung unseres Fahrers über die Massai galt wohl derartigen Beispielen.

Einmal die sprachliche Hemmschwelle durchbrochen, war die weitere Unterhaltung mit unserem Fahrer sehr aufschlussreich. Zum ersten Mal erhielten wir von einem Ortsansässigen zahlreiche Informationen über die aktuellen politischen Gegebenheiten in Tanganjika, dem größten der drei ostafrikanischen Länder und im Besonderen auch über die dort lebenden Europäer und deren Chancen nach dem Erreichen der Unabhängigkeit. *„Farming is over in Africa"*, kam in leicht resignierendem Unterton von seinen Lippen und er meinte damit in erster Linie die Aussichten für die weißen Farmer. Nach seinen Worten bestünde wenig Hoffnung, dass diese auch noch nach der Unabhängigkeit ihre Farmen weiter bewirtschaften dürften.

Auch der weiteren Entwicklung Ostafrikas stand unser Fahrer mit großem Pessimismus gegenüber, so als ob er das kommende Geschehen bereits vorausgeahnt hätte. Er hatte einen guten Einblick in die laufenden Vorgänge der gesamten Region. Zudem verstand er es, mit der richtigen Einschätzung um die wahren Machtverhältnisse sehr nüchtern die sich anbahnenden politischen und wirtschaftlichen Veränderungen vorauszusagen.** Es war zusammengefasst die Geschichte über das bevorstehende Ende einer sicher sehr interessanten, aber auch beschwerlichen Epoche der weißen Besiedlung in Ostafrika und über den Beginn einer neuen, anderen Zeit mit besorgniserregenden Vorzeichen. Nach und nach wurde bei uns das Bewusstsein geweckt für die Probleme eines uns bis dahin noch gänzlich unbekannten

* Letztlich war dies zum größten Problem für einen Großteil der Länder Schwarzafrikas geworden und galt nicht nur für nomadisierende Stämme.

** Der spätere Verlauf der Ereignisse sollte ihm Recht geben. Mehrere Jahrzehnte sozialistischer Regierung brachten das spätere Tanzania an den Rand des wirtschaftlichen Ruins. Geldentwertung, Repressalien, häufig wiederkehrende Versorgungsengpässe sowie der allgegenwärtige Kontrollapparat eines ineffizienten und schikanösen Staates reichten aus, um den Großteil der weißen Farmer zum Abwandern zu bewegen.

Lebensraumes. Nur zu dumm, dass unsere schlechten Englischkenntnisse keine flüssige Konversation erlaubten. Gerne hätten wir noch mehr über Land und Leute erfahren.

Ab dem Grenzort Namanga gab es wieder Asphalt. Im ersten Moment mutete er an wie ein Fremdkörper in dieser von Menschenhand noch scheinbar unberührten Steppenlandschaft. Doch es sollten auch seine Vorteile als recht bequeme und staubfreie Einrichtung zur raschen Fortbewegung nicht verschwiegen werden. Bald hinter der Grenze bog das Fahrzeug von der Hauptstraße ab. Wir stiegen aus, verabschiedeten uns und sahen dem Wagen nach, der hinter einer großen Staubwolke unseren Blicken entschwand. Wie interessant wäre es gewesen, noch länger mitzufahren! Der Motorenlärm verebbte und es wurde still. Nun standen wir am Straßenrand und warteten. Nirgends war eine Menschseele zu sehen. Auch ohne Sonnenschein lastete die Wärme des Tages über der Steppe. Kein Lüftchen regte sich. Mutter Natur hielt ihren Mittagsschlaf. Selbst die feingliedrigen kleinen Blätter der Akazien erschienen wie erstarrt, so als wollten sie die uns umgebende, unglaubliche Stille nicht stören. So angenehm vielleicht ein Schläfchen gewesen wäre, uns beschäftigte in dieser Situation vielmehr die Frage, wie lange es wohl bei dem schwachen Verkehr noch dauern würde, bis das nächste Fahrzeug auftauchte. Kaum ausgesprochen kam es auch schon angefahren und nahm uns mit.

Fast schnurgerade führte das graue Band der Asphaltstraße durch offenes, ebenes Land nach Süden. Irgendwo in der Ferne verlor es sich in dieser weiten Steppenlandschaft. Auf beiden Seiten der Straße war viel Wild zu sehen. Braungefleckte Giraffen mit ihren langen Hälsen, die sich in graziöser Manier an uns vorbei bewegten, neugierig herüberblickende Antilopenrudel und kleine Herden von Zebras und Straußen zwischen den allgegenwärtigen Schirmakazien bestätigten jenes Bild von Ostafrika, das wohl jeder in sich trägt. Vor uns im Süden erhoben sich aus der flachen Landschaft die blassblauen Konturen eines höheren Berges und verschwanden etwas höher in der dichten Wolkendecke. War dies etwa der Kilimandscharo? Unser Fahrer, auch ein Engländer, schüttelte den Kopf. Dieser kegelförmige Berg sei der Mt. Meru. Mit seinen viertausendsechshundert Metern war er der zweithöchste Berg Tanganjikas. Auch ein erloschener Vulkan, der westlich vom Kilimandscharo aus der ostafrikanischen Hochebene herausragte. An den flach ansteigenden Nordhängen würden englische Farmer großflächig Weizen anbauen. Dabei deutete er mit leicht ausgestreckter Hand nach vorn. Jetzt sahen auch wir sie: gelb leuchtende Felder, die in der diesigen Ferne regelrecht in der Luft zu schweben schienen. Fruchtbare, aus Vulkanasche entstandene Böden und kühles, regenreiches Klima erbrächten in dieser Höhe ausgezeichnete Erträge. Bei richtiger Bewirtschaftung müsste hier niemand Hunger leiden, das Land keine Nahrungsmittelimporte tätigen, klärte uns der Fahrer auf. Was würde geschehen, wenn nun die Weißen gingen? Wiederum folgten skeptische Worte …

In weitem Bogen führte die Straße um das breite Massiv des Mt. Meru, dessen Spitze weiter in dichten Wolken versteckt blieb. Die ersten Häuser von Arusha tauchten auf. Nach dem Durchqueren der Außenbereiche erreichten wir das Stadtzentrum. Gleich neben dem Uhrturm in unmittelbarer Nähe des Postamtes wurden wir abgesetzt. Dort wurde uns am „poste restante“-Schalter ein einziger Brief ausgehändigt. Seine Vorderseite war übersät mit Stempeln unterschiedlichster Herkunft. Der Absender löste gleichzeitig Freude und Erleichterung aus. Es war die lang erwartete Nachricht von Herrn Knapitsch. Doch weshalb die große Zahl von Poststempeln? Ganz offensichtlich musste der Brief eine wahre Odyssee hinter sich gebracht haben. Mit dem Datum der verschiedenen Stempel fanden wir rasch die Erklärung. Dass er uns überhaupt erreicht hatte, grenzte schon fast an ein Wunder. Von Herrn Knapitsch in Arusha aufgegeben, führte der Postweg zuerst nach Wien ins Studentenheim, wo Wif das Jahr über gewohnt hatte. Da er wegen der bereits begonnenen Sommerferien nicht mehr anwesend war, ging der Brief weiter an sein Elternhaus in Melk. Dort aber war auch niemand mehr zugegen, denn seine Eltern verbrachten gerade zu diesem Zeitpunkt ihren Urlaub in St. Lambrecht in der Steiermark. Wenn ein Brief aus dem fernen Tanganjika eintraf, so dachte vermutlich ein beflissener Postbeamter im Melker Postamt, dann müsste dieser wohl sehr wichtig

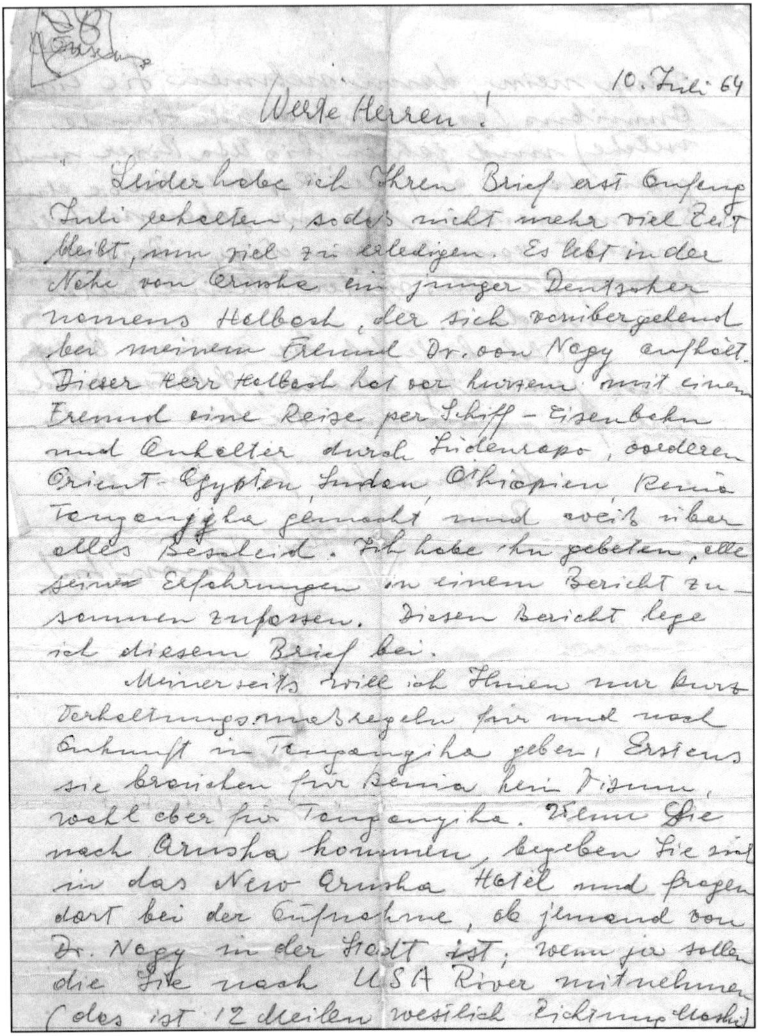

10. Juli 64

Werte Herren!

Leider habe ich Ihren Brief erst Anfang Juli erhalten, sodass nicht mehr viel Zeit bleibt, um viel zu erledigen. Es lebt in der Nähe von Arusha ein junger Deutscher namens Holbach, der sich vorübergehend bei meinem Freund Dr. von Nagy aufhält. Dieser Herr Holbach hat vor kurzem mit einem Freund eine Reise per Schiff – Eisenbahn und Anhalter durch Südeuropa, vorderen Orient – Egypten, Sudan, Äthiopien, Kenia, Tanganjika gemacht und weiß über alles Bescheid. Ich habe ihn gebeten, alle seine Erfahrungen in einem Bericht zusammenzufassen. Diesen Bericht lege ich diesem Brief bei.

Meinerseits will ich Ihnen nur kurz Verhaltungsmaßregeln für und nach Ankunft in Tanganjika geben. Erstens sie brauchen für Kenia kein Visum, wohl aber für Tanganjika. Wenn Sie nach Arusha kommen, begeben Sie sich in das New Arusha Hotel und fragen dort bei der Aufnahme, ob jemand von Dr. Nagy in der Stadt ist; wenn ja sollen die Sie nach USA River mitnehmen (das ist 12 Meilen westlich Richtung Moshi)

Brief von Herrn Knapitsch

sein. Also wurde der Brief weiter zu den Eltern nach St. Lambrecht geleitet. Und die Eltern in St. Lambrecht schickten ihn postwendend weiter an Wif, also an die nächste von uns angegebene Adresse: poste restante, Arusha in Tanganjika. So war der Brief nach wochenlanger Irrfahrt wieder an seinen Ausgangspunkt zurückgekehrt und hatte auch noch seinen Empfänger erreicht. Das gab es sicher nicht alle Tage! Und möglich geworden war das alles mit einer einzigen Briefmarke aus Tanganjika. Hoch lebe die Verlässlichkeit der Post!

Gespannt und fast ein wenig aufgeregt öffneten wir den Brief und begannen zu lesen. Bald stießen wir auf den wichtigsten Hinweis. Wegen der Abgelegenheit der Knapitsch-Farm sollten wir vorerst weiter zum östlich von Arusha gelegenen Ort Usa River fahren und dort nach der Farm eines gewissen Dr. Andreas von Nagy fragen. Herr Nagy, ein guter Freund der Familie, würde uns dann schon weiterhelfen. Jetzt konnte eigentlich nichts mehr schiefgehen.

Mit diesem Brief in der Hand waren wir schlagartig eine große Sorge los, denn was hätten wir ohne ihn gemacht? Nur mit der Postanschrift allein – eine schlichte Postfachnummer in Arusha – wäre die Farm von Herrn Knapitsch niemals zu finden gewesen. Wir wussten bloß, dass sie weit abseits des großen Straßennetzes lag, irgendwo mitten im Busch südlich des Lake Manyara.

Arusha war damals eine kleine, nette Verwaltungsstadt mit knapp 30.000 Einwohnern,* die jedoch, wie so viele größere Ansiedlungen in Ostafrika, bereits zwei Gesichter aufwies. Da war zum einen der europäisch geprägte Teil mit hübschen, gut unterhaltenen und solide gebauten Wohnhäusern. Helle Außenwände, verandaartige Vorbauten, aus dunklem Holz gefertigte Fenster- und Türrahmen und darüber die nach vier Seiten abfallenden Dachflächen mit roten Ziegeln gaben ihnen ein gefälliges Äußeres. Selbst die Verwaltungsgebäude mit weiß getünchten Außenwänden hatten etwas Ansprechendes. Fast ausnahmslos waren die Häuser von gepflegten Gärten umgeben, jede freie Fläche mit Rasen bedeckt und eingesäumt von Ziersträuchern aller Art. Durch die Wohnviertel führten alleenartige Straßen, deren große Bäume mit ausladenden Kronen kühlen Schatten spendeten. Weithin leuchteten die knallroten Blüten der Nandi-Flammenbäume in den dunkelgrünen Baumkronen.

---

* Im Jahre 2005 tummelten sich bereits 600.000 Menschen im Einzugsbereich der Stadt!

Der andere Teil der Stadt war afrikanisch geprägt. Halbfertige Zweckbauten in üblicher Allerweltsarchitektur säumten die größeren Straßen. Meist Häuser mit grauen Betonziegelwänden ohne Verputz und Anstrich. Häuser, die nie mehr bessere Zeiten sehen würden und mangels Unterhalt von Anfang an dem Verfall preisgegeben waren. Fenster und Türen wurden häufig nur mit primitiven Holzverschlägen oder Wellblechtafeln verschlossen. Gewiss, aus den groben Wänden herausragende elektrische Drähte, die an einer Glühbirne endeten, ein aus einfachen Kanthölzern primitiv gezimmerter Dachstuhl und oben darauf als Krönung ein verbeultes und bereits Rost ansetzendes Wellblechdach waren alles Zeichen von vorherrschender Armut. Doch etwas mehr Gefälligkeit mit einem Eimer Farbe und ein paar grünen Sträuchern oder Bäumen hätte weder geschadet noch viel mehr gekostet. Offensichtlich beschränkten sich die Ansprüche der Schwarzafrikaner an Wohnkultur auf das Allernotwendigste. Grelle, in Naivmalerei gehaltene Schilder an den Geschäften, Bars und einfachen Hotels sollten Kundschaft anziehen. Besonders die an der westlichen und nördlichen Peripherie der Stadt gelegenen Einfallstraßen boten ein wenig einladendes Bild. Eingesäumt von unzähligen Primitivunterständen aus krummen Holzstehern und Strohmatten waren so ganze Straßenzüge in lokale Märkte umgewandelt worden. Hier spielte sich jedenfalls tagsüber das Leben und Treiben der schwarzen Bevölkerung ab. Groß und klein, alt und jung wuselten umher. Da wurde gehandelt und gefeilscht, aber auch Essen in dampfenden Töpfen und brodelnden Kesseln für hungrige Passanten zubereitet. Ein unübersichtliches Durcheinander, wo sich so manches Huhn und auch Vierbeiner ihr Fressen suchten. Kein grüner Fleck, keine Bäume, die das trostlose Bild etwas aufgelockert hätten. Aber diese Zustände schienen wohl niemanden weiter zu stören. Auch nicht, dass Rauch und Unrat zuweilen die Luft mit merkwürdigen, eher befremdlichen Gerüchen erfüllten.

Zwischen diesen beiden, von unterschiedlichen Kulturbildern und natürlich auch Mittelverfügbarkeit geprägten Stadtteilen befand sich ein kleiner Stadtkern. Dort standen zum Teil eng aneinandergereiht auch mehrstöckige Gebäude, in denen die Mehrzahl der besseren Geschäfte und Büros untergebracht war. Grünanlagen waren dort eher rar. Rege Geschäftigkeit beherrschte das Straßenbild. Auffallend viele Inder waren Ladenbesitzer, die alles feilboten, von der Kleidung über Nahrungsmittel bis zu den Reiseandenken für Touristen. Eher nüchtern gehalten und optisch weniger ansprechend war so das Zentrum eine Art „Schnittstelle“ für die beiden, sehr unterschiedlich gewachsenen Stadtteile afrikanischer und europäischer Prägung.

War damals für Afrika wirklich die Stunde des großen Aufbruchs gekommen, wie es der erste Präsident von Tanganjika, später Tansania, prophezeite? Erhebliche Zweifel waren angebracht. Doch unzweifelhaft war, dass auch dieses Land, so wie die meisten Länder Schwarzafrikas, am Beginn tief greifender Veränderungen stand. Das alte, traditionelle Afrika war im Schwinden begriffen und das neue begann sich der Zukunft zu zuwenden. In den folgenden Jahrzehnten konnte in fast allen Ländern die gleiche Entwicklung beobachtet werden. Es waren die Folgen eines ungebremsten Bevölkerungswachstums, sich rasch verändernder menschlicher Werte und eines Trends in Richtung Verstädterung: viele Menschen auf engstem Raum, desolate hygienische Verhältnisse und zunehmende Kriminalität. Auch das flache Land blieb nicht verschont. Eine totale Verhüttelung und Zersiedlung des Lebensraumes setzte ein, vornehmlich in der Nähe größerer Städte und in klimatisch günstigen Regionen. Auch führte die unangepasste Bewirtschaftung der Böden zusammen mit einer starken Zunahme des Viehbestandes in vielen Landesteilen zur Degradierung der natürlichen Lebensgrundlagen. Gleichzeitig begann sich eine Kluft aufzutun zwischen wenigen Reichen und vielen Armen. Glücklicherweise war es zum Zeitpunkt unseres Besuches noch nicht so weit …

Ein kleines Paradies

Mit der erfreulichen Nachricht von Herrn Knapitsch in der Hand brachen wir auf und gelangten per Autostopp nach etwa zwanzig Kilometern Fahrt durch baumbesetztes Buschland in den östlich von Arusha gelegenen Ort Usa River. Fast hätte man ihn übersehen können: ein paar Häuser beiderseits der Asphaltstraße, meist gut versteckt hinter großen Bäumen oder hoch gewachsenen Hecken. Die Nagy-Farm kannte jedermann. Sie befand sich auf der linken Straßenseite, direkt am östlichen Ende des Ortes. Gleich dahinter erstreckte sich weiter in Richtung Moshi die offene Steppenlandschaft. Vor der Einfahrt zur Farm wurden wir abgesetzt. Die schmale, leicht ansteigende und mit etwas Schotter befestigte Zufahrt zur Farm, die in einen kleinen, runden Platz mündete, säumten blühende Bougainvilleasträucher. Gleich hinter dem Platz war das in weißer Farbe getünchte Hauptgebäude. Im rechten Teil des Gebäudes zierten zwei große Stoßzähne den bogenförmigen Eingang vor einem halboffenen Raum. Links und rechts vom Hauptgebäude befanden sich mehrere kleine Häuser, alle ebenerdig und unweit voneinander liegend. Eines davon auf der rechten Seite, ganz als Holzblockhaus ausgeführt, fiel sofort auf durch seinen ausladenden, dunkellila blühenden Bougainvilleastrauch, der fast das gesamte Gebäude einnahm. Über dem Eingang leuchtete das helle Elfenbein eines mächtigen Stoßzahnes.

Ohne es zu ahnen, betraten wir nun ein kleines Paradies. Gleich vor dem Hauptgebäude hieß uns eine junge Frau willkommen. Es war Gerhild, eine der beiden Töchter der Familie Knapitsch. Sie war so etwas wie die rechte Hand des Farmbesitzers. Ihn lernten wir auch gleich kennen. Dr. Andreas von Nagy, alter ungarischer Adel, war ein großer, hagerer Mann, um die fünfzig, mit leicht grau durchsetztem Bart, zurückgekämmtem Haar und ausgeprägten Geheimratsecken. Im Jahre 1959 hatte er das Anwesen erworben und es in den darauf folgenden Jahren nach und nach ausgebaut. Dr. Nagy sprach ein akzentfreies Deutsch und konnte, wie wir bald feststellen würden, ausgesprochen interessante Jagdgeschichten und Safarierlebnisse zum Besten geben. Er ging auch auf Großwildjagd, meistens für seine Gäste aus Europa, jedoch streng nach den Regeln europäischer Jagdkunst. Dr. Nagy war nicht nur Jäger, sondern auch Heger, der in seinem Jagdrevier stets nach dem Rechten sah. Kranke oder verletzte Tiere pflegte er auf einem zugekauften Nachbargrundstück gesund. Später sollte einmal ein kleines „*wildlife sanctuary*“ daraus entstehen zum absoluten Schutz der dort gehaltenen Tiere. Und dann wurden wir auch noch von der Köchin des Hauses begrüßt: Rosa Lerch, eine Innsbruckerin, von eher kleiner, kräftiger Statur, aber immer freundlich und hilfsbereit. Schon bald würden wir feststellen, dass sie ihr Metier ganz vortrefflich beherrschte. Alles ausgesprochen nette Leute, die uns sehr herzlich empfingen, sodass wir uns gleich von Anfang an wie zu Hause fühlten. Etwas abseits vom Hauptgebäude lag auf der linken Seite auf dem Weg zum Bach das Gästehaus. Ein kleines, sehr hübsch gehaltenes Häuschen mit weißem Außenanstrich und einigen Jagdtrophäen an den Wänden. Die Innenausstattung war einfach und sauber gehalten. Darin würden wir die nächsten Tage untergebracht sein.

Kurz nach Einbruch der Dunkelheit unterbrachen ein paar helle Glockenschläge die Stille der beginnenden Nacht. Abendessen war angesagt. Nun lernten wir auch noch Runhild kennen, die zweite Tochter der Familie Knapitsch. Von gleicher schlanker Statur wie ihre Schwester, nur etwas jünger, war sie in ihrem Wesen eher zurückhaltend. Sie erledigte alle Sekretariatsaufgaben der Farm. Leicht gedämpftes Licht empfing uns im Speisezimmer. Im ersten Moment trauten wir unseren Augen nicht. Vor uns war eine große, längliche Tafel, die mit einem blütenweißen Tischtuch geradezu festlich gedeckt war. Fast ein wenig eingeschüchtert nahmen wir Platz. Schließlich verlangte ein derartiger Rahmen auch entsprechendes Verhalten. Was für ein gediegenes Besteck sah ich da vor mir liegen, gleich für mehrere Gänge fein säuberlich platziert, dazu edles Porzellan. Kunstvoll gefaltete Servietten steckten in den Wassergläsern! Die Tür zur Küche ging auf. Ein schwarzer Diener erschien im Livree und weißen Handschuhen. Gekonnt servierte er die Speisen in glänzenden Metallschüsseln. Kaum zu fassen, mit einer derartigen Aufwartung hatte keiner von uns beiden gerechnet. In unserer etwas heruntergekommenen Kleidung kamen wir uns im ersten Moment schon ein wenig deplatziert vor. Doch solche Gedanken wurden rasch verdrängt beim Anblick der verschiedenen Gerichte, die uns serviert wurden. Ganz besonders blieb bei mir die Nachspeise in guter Erinnerung. Es war ein köstlich schmeckender Fruchtsalat aus einer bunten Mischung würfelig geschnittener tropischer Früchte mit etwas Zucker und Zitronensaft. Gut gekühlt serviert in silbernen Schalen! Es war übrigens der erste Fruchtsalat in meinem Leben. Das Essen war so hervorragend, dass wir bei keinem Gang etwas übrig ließen. Eigentlich nicht ganz die feine Art, doch es sei uns verziehen. Nach den langen Zeiten der Entbehrungen nun in einem derart kultivierten Ambiente speisen zu dürfen, war für uns eine gänzlich unerwartete, ja einmalige Gelegenheit, die wir voll auskosten wollten. Nur für kurze Zeit wieder ein bisschen Lebensqualität aufnehmen zu dürfen. Mehr sollte es auch gar nicht sein! Wir hatten dies schon bitter nötig, ohne zu ahnen, dass sich der Aufenthalt auf der Nagy-Farm als Einmaligkeit im gesamten Verlauf der Reise herausstellen würde.

Dieses traumhafte Abendessen beschäftigte mich noch lange. Da kamen auch recht merkwürdige Gedanken in den Sinn: War denn ein derartiger Rahmen mit seinem formalen Ablauf nicht etwas übertrieben? Dies mochte ja durchaus sein. Aber letztlich kam ich zu der Erkenntnis, dass gerade dieser Kontrast, dieser Wechsel im Tagesrhythmus auch zu den Reizen des Lebens gehörte. Raus aus dem Arbeitsalltag und hinein in eine andere Welt, wenn auch nur für eine kurze Zeit. Je rauer das Lebensumfeld, desto wichtiger war die Pflege zivilisierter Umgangsformen. Ein Kleiderwechsel unterstrich noch den formalen Charakter, eben das Besondere. Schließlich ging ja auch keiner mit dem Arbeitshemd und in Blue Jeans ins Theater. Auch das sollte nichts Alltägliches, sondern stets etwas Besonderes bleiben!

Lange noch plauderten wir bei Tee in dem gleich daneben befindlichen halboffenen Raum. An der hinteren Wand befand sich ein gemauerter Kamin, in dem ein kleines Holzfeuer knisterte. Unzählige Jagdtrophäen, Speere, Schilder und traditionelle Ausrüstungsgegenstände der dort lebenden Massai hingen an den Wänden. Die beiden am bogenförmigen Eingangsbereich angebrachten gewaltigen Stoßzähne eines Elefanten fügten sich gut in das Gesamtbild ein. Der flackernde Widerschein des Holzfeuers verlieh den an den Wänden angebrachten Trophäen – das Gehörn eines Kaffernbüffels maß von Spitze zu Spitze 162 cm (!) – ein fast gespenstisches Aussehen.

Gemütlich in weich gepolsterten Holzstühlen sitzend folgten wir gespannt den interessanten Schilderungen von Dr. Nagy. Unglaublich, was dieser Mann schon alles erlebt hatte und worüber er zu erzählen wusste. So nach und nach erschloss sich uns eine neue Welt. Es war ein völlig anderer Lebensstil, der hier gelebt und gepflegt wurde verglichen mit unserem doch eher eintönigen und reglementierten Leben im zivilisierten Europa. Langsam begann ich, Gefallen zu finden an der Art, wie die Menschen hier lebten, Gefallen an ihrer Einstellung und am ungezwungenen Umgang miteinander. Ganz unbewusst begann ich, sie zu beneiden. So würde auch ich gerne einmal leben wollen. In mir kam das unbestimmte Gefühl auf, dass hier noch so etwas wie die große Freiheit gefunden und gelebt werden konnte. Erst gegen zwei Uhr morgens gingen wir ins Bett, ganz unter dem Eindruck der Vielfalt unzähliger Geschichten und Erzählungen aus einer uns unbekannten Welt. Oft hatten wir geglaubt, nur zu träumen …

Ein wohlverdienter Ruhetag war angesagt. Wir genossen das liebe Nichtstun und sahen uns auf dem Farmgelände näher um. Gleich nebenan gab es auf dem Nachbargrundstück eine kleine Tierfarm, wo wir uns in aller Ruhe und aus nächster Nähe ein paar seltene Antilopen und größere Vögel ansehen konnten. Hier ließ Dr. Nagy auch kranke und verletzte Tiere gesund pflegen. Unweit des Gästehauses floss ein Bach, direkt am westlichen Rand des Anwesens. Sein Rauschen erinnerte an die Gebirgsbäche unserer Heimat. Das Bett wies ein beachtliches Gefälle auf und ließ das klare, aus den bewaldeten Südhängen des Mt. Meru herabfließende Wasser rasch über groben Kies und abgeschliffene Steine sprudeln. Dicht aneinander gereiht säumten hochgewachsene Bambusstauden die beiden Uferböschungen. Zahlreiche kreischende Vögel tummelten sich im Geäst. Auch Buschbabies, winzige Halbaffen, sollten darin hausen. Doch als ausgesprochene Nachttiere hielten sie sich tagsüber im hohen Dickicht gut versteckt.

An diesem Tag lernten wir Horst Halbach kennen. Ein junger Deutscher, der auf ähnliche Weise wie wir, jedoch über Äthiopien, nach Ostafrika gelangt war und sich hier auf der Farm etwas Geld für seine geplante Weiterreise nach Südafrika verdienen wollte. So wusste er auch viel über Äthiopien zu erzählen, ein Land, von dem wir bislang so gut wie nichts in Erfahrung hatten bringen können. Von ihm hörten wir auch das erste Mal, dass die Schwarzen sehr vom Nichtstun angetan wären und sich, wo immer die Möglichkeit bestünde, vor der Arbeit drücken würden. Tagtäglich könne er dies auf der Farm erleben! Unumwunden gesagt, sie wären schlichtweg faul. Im ersten Augenblick störte mich beinahe diese Aussage. Das passte nicht in unser ungetrübtes Bild von den hier lebenden Menschen. Nie hatten wir mit ihnen Probleme. Ihr Verhalten uns gegenüber war, nun abgesehen von manchen Beamten, stets freundlich und unkompliziert. Allerdings hatten wir auch nicht mit ihnen zusammenarbeiten müssen, noch in diesen Belangen eigene Erfahrung sammeln können, weshalb das von Horst so kritisierte Nichtstun für uns vorerst kein Thema war.*

Am späten Vormittag tauchte einer der schwarzen Bediensteten der Farm auf. Wir sollten ihm doch unsere schmutzige Wäsche zum Waschen aushändigen. Ein kurzer Blickwechsel mit Wif und ohne ein Wort zu wechseln, dachten wir in diesem Moment genau das Gleiche: Eigentlich hätten wir ihm die gesamte Wäsche übergeben müssen, denn kein Stück mehr war sauber. Doch unsere Wäsche war mittlerweile derart schmutzig geworden, dass wir uns schämten, diese so auszuhändigen. Einfach unzumutbar, das Waschen jemandem anderen zu überlassen. Überdies hätten wir mit dieser Wäsche bestimmt an Ansehen verloren. So zog der Bedienstete unverrichteter Dinge von dannen. Klammheimlich verrichteten wir diese Arbeit selbst und ließen die Wäsche im Zimmer trocknen.

Trotz kleiner Wascheinlagen wurde es ein Tag wohltuender Erholung und Entspannung. Und die hervorragende Qualität des Essens am Abend zuvor bildete keine Ausnahme. Gar nicht verwunderlich bei einer Tiroler Köchin! Wir aßen jedes Mal bis zum Platzen und so blieb auch nie etwas in den Schüsseln übrig. Sehr zum Leidwesen

---

* So kann ich es mir nach den vielen Jahren späterer Berufstätigkeit in Afrika an dieser Stelle nicht verkneifen, festzuhalten, dass Horst mit seiner Ansicht nicht ganz so daneben gelegen hat.

des Bedienungspersonals. Einen derartigen „Kahlschlag“ hatte dieses Haus wohl noch nie erlebt. Unfassbar, wie diese gefräßigen Fremden auch noch die letzten Reste der einzelnen Gänge verzehren konnten. Allen voran war es der Koch, der mit unserer Esslust die meisten Probleme hatte. Von Mal zu Mal verfinsterte sich sein Blick. Mit sichtlicher Ungeduld sah er unserer baldigen Abreise entgegen. Diese aufkommenden Unstimmigkeiten hatten jedoch unserem Essvergnügen keinen Abbruch getan. Essen, faulenzen und in den Tag hinein leben, Herz, was willst du mehr! Immerhin war es der erste Tag auf dieser Reise, den wir uns für Erholung und Kräftesammeln gegönnt haben.

Der Schnee des Kilimandscharo

Gestärkt und gut ausgeruht wollten wir nun ein Unterfangen in Angriff nehmen, von dem wir seit Langem schwärmten: Die Besteigung des Kilimandscharo, Afrikas höchstem Berg. Mit seinen knapp sechstausend Metern stellte dieser erloschene Vulkan für uns ein echtes Traumziel dar. Mein bislang höchster Berg war das Hochtor* im Gesäuse mit etwa zweitausendzweihundert Metern, Wif dagegen konnte nur auf den Schöpfl im Wienerwald verweisen, der nicht einmal die tausend Meter Grenze erreichte. Eigentlich hätten wir den „Kili“, wie wir ihn ganz verliebt nannten, von Usa River aus schon sehen müssen. Doch vorerst verhinderte eine dichte Wolkendecke hartnäckig den Blick dorthin.

Jeder auf der Farm war von unserem Unternehmungsgeist beeindruckt und meinte, uns hilfreiche Ratschläge geben zu müssen. Einer davon machte uns besonders Angst. Am letzten Tag des Anstiegs müssten wir unter allen Umständen noch vor Sonnenaufgang den Gipfel erreichen und spätestens beim Erscheinen der Sonne wieder den Abstieg antreten. Anderenfalls würde die intensive Sonneneinstrahlung zu Erblindung und schweren Verbrennungen an der Haut, also in erster Linie im Gesicht, führen. Diese eindringliche

* Berg in den Ennstaler Alpen.

Warnung würde uns später mit Sorge während des gesamten Aufstiegs begleiten, da wir weder eine Sonnenbrille noch irgendeine wirkungsvolle Creme gegen die starke UV-Strahlung hatten. Und was machten wir gegen die Kälte, für die wir überhaupt nicht gerüstet waren? Wir durchforsteten unseren mageren Kleidungsbestand und nahmen praktisch alles mit. Zwei von der Tiroler Köchin herbei gezauberte lange Unterhosen und weitere zwei Paar Socken würden uns beim Endspurt sehr hilfreich sein. Das musste für die Besteigung reichen.

Unsere Rucksäcke durften nicht schwer sein. Also nahmen wir wirklich nur das Allernötigste mit. Schlafsack, Wasserflasche, Kochutensilien, ein paar Nahrungsmittel und etwas Reservewäsche gegen die Kälte stellten die gesamte Ausrüstung dar. Pläne mit Aufstiegsrouten oder gar Beschreibungen hatten wir nicht. Wir wussten bloß, dass irgendwo kurz hinter Himo die Aufstiegsroute begann. Alles Weitere würde sich von selbst ergeben. Versehen mit den guten Ratschlägen und ein paar Sandwiches, die uns die nette Köchin noch in den Rucksack steckte, ging es hinaus auf die Straße. Das nächste Abenteuer nahm seinen Lauf.

Nicht lange, dann nahm uns ein leerer LKW bis Moshi mit. Auf der nach hinten offenen Ladefläche war reichlich Platz. Die hohen Seitenwände waren mit Holzbrettern verkleidet, die so manchen Spalt zum Hinauslugen freiließen. Schnurgerade führte die Asphaltstraße durch die weite, etwas südlich zwischen dem Mt. Meru und dem Kilimandscharo gelegene Ebene. Nahezu menschenleeres Gebiet, hie und da einige Schirmakazien auf beiden Seiten der Straße, dazwischen immer wieder Giraffen und Antilopen. Ganz vereinzelt strohgedeckte Rundhütten, umgeben von kleinen Feldern. Die starken Fahrgeräusche des LKW unterbanden jegliche Unterhaltung. Wiederholt blickten wir neugierig durch die Bretterritzen der Seitenwände des LKW nach draußen. Auf einmal sahen wir „ihn“, mitten in einem Wolkenloch. Hoch über uns, unerwartet hoch, thronte die weiße Eiskappe des Kilimandscharo. Keineswegs so einladend, wie sie auf unzähligen Ansichtskarten zu sehen war. Eher drohend, ja fast abweisend wirkte sie. Der Anblick von Schnee und Eis vor dem

Zwischen Mt. Meru und Kilimandscharo

fahlgrauen Himmel ließ trotz der vorherrschenden Wärme ein leichtes Schaudern aufkommen. Etwas ungläubig sahen wir uns an und hatten in diesem Augenblick die gleichen Gedanken. Da hinauf sollten wir? Hatten wir uns nicht zu viel zugemutet? Ob wir die Besteigung nicht völlig unterschätzt hatten? Erste Zweifel ob der Machbarkeit kamen auf. Das Rumpeln und Poltern des LKW vertrieb rasch die zweifelnden Gedanken. Bald verschwand der Gipfel hinter der Wolkendecke und mit ihm auch die visuelle Belastung.

In Moshi wurden wir von der Polizei abgefangen. Ein lästiges Verhör begann. Wo denn unser Geld sei, war nach dem Reisepass die zweite Frage. Wir hätten alles bei Dr. Nagy in Usa River zurückgelassen, auf dem Berg würden uns weder Geld noch der Pass weiterhelfen, kam als Erklärung zurück. Überdies hätten wir aus Gewichtsgründen alles nicht unbedingt Erforderliche zurückgelassen, fügten wir ergänzend hinzu. Sie halfen vorerst wenig, diese Beteuerungen, auch wenn sie noch so logisch und glaubwürdig vorgebracht worden waren. Die Zeit verstrich und wir wurden langsam nervös. Noch an diesem Tag wollten wir die erste Hütte an der unteren Waldgrenze erreichen. Endlich, gegen 15 Uhr ließ uns die Polizei laufen. Kostbare Zeit war mittlerweile verloren gegangen, die es nun wieder einzubringen galt. Für die nächsten Kilometer nach Hoima und weiter in Richtung Berg bis zum Ende des öffentlichen Straßennetzes erhielten wir noch eine Mitfahrgelegenheit. Dann ging es zu Fuß weiter. Wenig später erreichten wir den Anfang der Aufstiegsroute, neben der ein einfaches Holzhaus stand. Wir hielten kurz. Nur der Besitzer, ein Engländer, war anwesend. Der schlichte Aufenthaltsraum mit ein paar Tischen und Bänken ließ auf eine Art Raststätte schließen, die von den vorbeikommenden Bergsteigern zur Stärkung und Erfrischung aufgesucht wurde. Für derartige Annehmlichkeiten war jetzt keine Zeit mehr, denn wir wollten unbedingt noch vor dem Einbruch der Dunkelheit die erste Hütte erreichen.

Es war bereits 16 Uhr, als wir mit zügigen Schritten den Aufstieg begannen. Nur noch zwei Stunden Tageslicht, dann würde die Dunkelheit einbrechen. Vorerst ging es auf einem schmalen Güterweg bergan durch ausgedehnte Bananen- und Kaffeeplantagen, die uns auf beiden Seiten des Weges begleiteten. Um Kräfte zu sparen, wurde kein Wort gewechselt. Langsam gewannen wir an Höhe. Die Strecke zog sich sehr und bot keine Abwechslung, immer nur Bananenstauden und Kaffeesträucher. Arbeitende Bauern auf den Feldern waren keine zu sehen. Endlich tauchten vor uns die dunklen Umrisse der ersten Bäume des Bergwaldgürtels auf. Hier endete das kultivierte Land. Wenig später wurde die bereits tief stehende Sonne von den hohen Bäumen verschluckt. Reichlich düster war es unter ihnen. Die Vorstellung, im Finstern einen Wald in den Tropen durchqueren zu müssen, behagte uns gar nicht. So strebten wir, ohne uns eine Pause zu gönnen, in unvermindertem Tempo weiter bergan. Just bei Einbruch der Dunkelheit lockerte sich der Baumbestand und kurz darauf standen wir am Rand einer kleinen Waldlichtung. Im letzten Abendlicht war unweit von uns eine kleine Holzhütte mit gemauertem Fundament zu sehen. Es war die Bismarckhütte,* die erste Unterkunftsmöglichkeit von insgesamt drei auf dem Weg zum Gipfel. Unser Tagesziel war erreicht. Doch es gab keine gute Nachricht. Eineinhalb ostafrikanische Schillinge würde die Übernachtung kosten. Dies war zu viel für uns und eine Ermäßigung für Studenten gab es auch nicht. Der Hüttenwirt blieb unnachgiebig. Guter Rat war wieder einmal teuer. Nach einem kurzen Rundgang um die Hütte wurde das Schlafen im Freien gleich verworfen, allein schon der Raubtiere wegen. Also, was blieb dann noch übrig? Wir hielten uns vorerst im Aufenthaltsraum auf und warteten. Eine Idee zur Lösung unseres Problems begann heranzureifen …

Mittlerweile war es Nacht geworden. Die wenigen Gäste zogen sich in die Schlafräume zurück. Im leeren Aufenthaltsraum begann es langsam kühl zu werden. Wir warteten noch, bis es still wurde in der Hütte und alle Lichter erloschen waren. Dann verließen wir mit geschulterten Rucksäcken den Raum und verschlossen die Eingangstür. Draußen gingen wir mit leisen Schritten um die Hütte herum und kletterten wenig später über das offene Küchenfenster wieder hinein. Wohlige Wärme empfing uns. Rasch waren die Schlafsäcke am hölzernen Fußboden der Küche ausgebreitet. Unser Nachtlager war fertig. Zwar knurrte der Magen heftig, doch wir wollten weder Licht noch Lärm machen, um ja nicht aufzufallen. Kaum in horizontaler Lage nahm rasch die Müdigkeit von uns Besitz. Lange dürften wir nicht geschlafen haben, als mit einem kräftigen Schlag die Küchentür aufgestoßen wurde. Helles Licht blendete uns. Im Türrahmen stand der Hüttenwirt, in der Hand eine Petroleumlampe. Wir waren entdeckt. Verd…, woher wusste er, dass wir uns hierher zurückgezogen hatten? Hatten das etwa vor uns auch schon andere versucht? Es war nicht der geeignete Moment, sich weiter darüber den Kopf zu zerbrechen. Lautstark warf er uns hinaus. Mittlerweile war es 22 Uhr geworden. Vom Lärm des Vorganges geweckt, gab uns ein mit-

* Nunmehr als Mandarahütte bekannt. Heute haben die Hütten am Kilimandscharo, abgesehen von der am höchsten gelegenen, andere Namen. Ich verwende jedoch weiterhin jene, die damals noch in Gebrauch waren und aus der Zeit des alten Deutsch-Ostafrika stammen.

fühlender Hüttengast den Tipp, noch etwa eine gute Stunde weiter bergauf zu gehen. Dann würden wir an der oberen Baumgrenze etwas abseits vom Pfad auf der linken Seite eine einfache Holzfällerhütte vorfinden. Sie würde sich als Übernachtungsmöglichkeit gewiss eignen. Dieser wohlgemeinte Vorschlag hatte nur einen Haken. Um die Hütte zu erreichen, musste der vor uns liegende Waldgürtel durchquert werden. Also mitten in stockdunkler Nacht durch ein Gebiet gehen, wo sich Büffel, Elefanten und Leoparden aufhielten! Mit einem beklemmendem Gefühl traten wir hinaus in die Finsternis.

Kühle Luft empfing uns. Vom nahen Bergwald schlug uns modriger Geruch entgegen. Wir fröstelten leicht, wohl nicht nur der Temperatur wegen. Unsere Augen mussten sich erst wieder an die Dunkelheit gewöhnen. Ganz schwach konnten wir in einiger Entfernung die Umrisse des Waldes erkennen, der vor uns wie eine schwarze Wand da stand. Die dichte Wolkendecke über uns ließ alles noch dunkler erscheinen. Ob wir nun wollten oder nicht, es gab keine andere Möglichkeit als loszugehen. Hunger und Müdigkeit waren auf einmal spurlos verschwunden, verdrängt vom drohenden Anblick des Bergwaldes, durch den wir des Nachts weiter ansteigen sollten. Eigentlich eine völlig absurde Idee! Wäre es nicht besser, klein beizugeben und die Übernachtung zu bezahlen? Doch dann fassten wir den Mut und marschierten durch das taunasse Gras auf die dunkle Wand zu. Mit jedem Schritt kam sie etwas näher, diese finstere, so bedrohlich wirkende Wand. Schwer zu sagen, wie weit wir noch entfernt waren. Es war ja kaum etwas zu erkennen. Deutlich spürte ich am Hals das dumpfe Klopfen meines Herzens und es kam nicht nur vom Gehen. Eine unbestimmte Mischung aus Angst und Unbehagen hatte von uns Besitz ergriffen. Sie begleitete uns und ließ uns nicht mehr los. Der Waldrand war erreicht. Wir ahnten ihn mehr, als dass wir ihn wahrnehmen konnten. Wif sah ich gar nicht mehr im Dunklen. Ich wusste vielmehr, dass er unmittelbar hinter mir stehen musste. Wer ging nun voraus, wer wagte die ersten Schritte hinein in dieses dunkle Nichts, in dem Tausende von Gefahren lauerten?

Da würden wir nie lebend hindurch kommen, war der erste Gedanke. Rasch würden wir willkommene Opfer eines auf der Lauer liegenden Raubtieres werden. Leoparden sollte es ja zur Genüge geben. War aufgefressen werden schlimmer als im Suppentopf zu landen? Derlei verrückte, aber auch bedrückende Gedanken durchrasten in unkontrollierter Folge meinen Kopf. Angst und Verzweiflung auf der einen Seite, dann wieder Mut und Bereitschaft, es doch zu wagen, auf der anderen. Hatten wir bis jetzt nicht alles geschafft? Dann würden wir es auch dieses Mal meistern. Solche Gedanken beruhigten. Also los, hinein in das Abenteuer, es würde schon schiefgehen. Ich machte den Anfang. Der schmale Pfad war steil, uneben und glatt vor Nässe. Schritt für Schritt tasteten wir uns voran, rutschten immer wieder aus, taumelten von einer Unebenheit zur anderen. Zu sehen gab es nichts, absolute Finsternis umgab uns. Da, auf einmal berührte mich etwas im Gesicht. Eine merkwürdige, fast zarte Berührung. Ich schreckte sofort zurück und stieß heftig an Wif. Nur mit Mühe konnten wir das Gleichgewicht halten. Was war das, da unmittelbar vor mir? Etwa ein Spinnennetz, auf dem eine dicke, fette Spinne mit kräftigen Beißwerkzeugen auf ihre Opfer lauerte? Ein plötzlicher Schauer durcheilte meinen Körper. Gänsehaut kam auf. Wenige Worte wechselten wir im Flüsterton. Nur die verhaltene Antwort von Wif verriet mir, wo er gerade stand. Guter Rat war teuer. Was sollten wir tun? Ich fasste Mut. Langsam, ganz langsam und vorsichtig streckte ich wieder meine Hand aus. Ungefähr dorthin, wo ich vorhin diese merkwürdige Berührung gehabt hatte. Und wirklich, da war es wieder, ich hatte es ganz deutlich gespürt. Es gab nach, war weich und etwas feucht. Kein Schlag, auch kein Schmerz war zu spüren. Also konnte es nicht ganz so gefährlich sein, oder? Nochmals ganz langsam in die gleiche Richtung tasten und etwas fester zugreifen. Ganz vorsichtig zog ich daran, bis Widerstand zu spüren war. Auf einmal wurde mir alles klar. Erleichtert atmete ich auf. Das Nachgiebige, Weiche und Feuchte war nichts anderes als eine von den unzähligen Baumflechten, die langen Bärten gleich, von den Ästen der Bäume herunterhingen. Im Flüsterton teilte ich diese Erkenntnis Wif mit. Also Entwarnung und Zuversicht. Weiter ging es steil den Hang hinauf und mit jedem Schritt tiefer in den Wald. Langsam gewöhnten wir uns an diese befremdliche Umgebung, die unter Ausschaltung des Sehsinnes alle anderen Sinne auf das Höchste angespannt hielt. Wirklich lästig war der ständige Kontakt mit diesen nasskalten Flechten, vor allem im Gesicht und an den Händen. Regelrecht sehnsüchtig starrten wir immer wieder nach vorn, starrten in das stockdunkle Nichts in der Hoffnung, doch etwas wahrnehmen zu können. Wann kam es, das gnädige Ende dieses Verzweiflungsmarsches?

Wir wechselten die Reihenfolge, Wif ging nun voraus. Vielleicht eine gute Viertelstunde weiter, da stieß ich plötzlich an ihn. Aus irgendeinem nicht ersichtlichen Grund war er stehengeblieben. Ganz leise hörte ich, dass vor uns etwas sei. Ich schaute in die vermeintliche Richtung und tatsächlich, gar nicht weit von uns entfernt waren die vagen Umrisse von etwas Hellem zu erkennen. Dieses vage Bild wurde schlagartig zur Gewissheit. Da vorn auf unserem Weg musste es etwas geben. Nur was um Gottes willen war es mitten in dieser Finsternis? Eigentlich hatten wir ja die ganze Zeit auf etwas Bedrohliches gewartet und nun schien der Augenblick gekommen zu sein. In diesem Moment hob über uns ein Rauschen in den Baumkronen an. Und zu unserem großen Schrecken begann sich das Wesen auch noch zu bewegen. Gebannt blickten wir nach vorn. Auf einmal fuhr es mir wie ein Blitz durch die Glieder. Jeder Zweifel war ausgeschlossen. Da vorn auf dem steilen Pfad saß ein … ein Leopard! Umrisse und Farben sprachen dafür. Gelbes Fell mit schwarzen Flecken. Jetzt waren auch die dunklen Augen deutlich zu erkennen. Er bewegte sich nur ganz wenig und kehrte stets in seine ursprüngliche Haltung zurück. Mein Gott, was sollten wir hier ganz allein mitten im nächtlichen Wald und fern jeglicher Hilfe tun? Davonlaufen hatte keinen Sinn. Wohin auch bei der Dunkelheit? Das Tier hätte uns sofort eingeholt und das wäre dann unser sicheres Ende gewesen. Wir mussten also zusammenbleiben und Ruhe bewahren. Nur so hatten wir eine Chance. Im Flüsterton wechselten wir ein paar Worte. Es war mehr ein Hauchen als ein Sprechen. Wir überlegten kurz. Die ganze, so mühselig hinter uns gebrachte Strecke wieder zurück zu gehen, verwarfen wir. Völlig ausgeschlossen, wer wusste schon, was uns da wieder alles erwarten würde? Und der Weg weiter nach oben? Eigentlich müssten wir ja den Großteil des Waldgürtels bereits durchquert haben. Bis zum oberen Rand konnte es nicht mehr allzu weit sein. Somit dürfte das Ende dieses nervenzehrenden Aufstieges in greifbare Nähe gerückt sein. Den Weg fortzusetzen erschien also wesentlich vernünftiger. Doch das Weitergehen bedeutete die unmittelbare Konfrontation mit dem vor uns befindlichen Raubtier. Oder weiter stehenbleiben und warten, bis es von dannen zog? Das konnte aber Stunden dauern und vielleicht kamen dann noch weitere Artgenossen hinzu. Also blieb keine andere Wahl als zu handeln und weiter zu gehen! Im Stillen hofften wir natürlich, dass das Tier im entscheidenden Augenblick das Weite suchen würde.

Wir nahmen unsere Rucksäcke vom Rücken und schulterten sie verkehrt. Also vor den Brustkorb zum Schutz vor einem eventuellen Angriff durch das Tier. Dann holten wir unsere Schweizer Messer aus der Hosentasche und öffneten die große Klinge. Fest umklammert in der Hand, verlieh es doch ein gewisses Gefühl von Sicherheit, wenngleich objektiv betrachtet, es nur eine scheinbare war. Denn bei einem Angriff des Tieres hätte das aufgeklappte Messer wohl kaum etwas genützt. Dies war auch egal. Im besagten Moment gab es uns nicht nur Sicherheit, sondern auch den Mut, diese Herausforderung anzunehmen. Vielleicht würde der Leopard beim Anblick zweier Gestalten, die sich ihm langsam, aber entschlossen näherten, kneifen und davon laufen.

Mit laut klopfendem Herzen und nun Seite an Seite setzten wir einen behutsamen Schritt vor den anderen, den Leoparden keine Sekunde außer Acht lassend. Doch zu unserem Entsetzen wich dieser nicht von der Stelle. Keinen Millimeter, er saß wie angegossen vor uns auf dem ansteigenden Pfad. Dass er unsere Annäherung völlig ignorierte, konnten wir einfach nicht fassen. Und schon begann sich langsam die Angst in Panik umzuwandeln. Was geschah, wenn er nicht wich? Die Spannung stieg bis zum Zerreißen. Da hob plötzlich wieder das Rauschen in den Baumkronen an. Unsere Sinne waren so sehr auf das Tier fixiert, dass wir gar nicht gemerkt hatten, dass es in der Zwischenzeit viel heller geworden war. Deutlich waren Umrisse und Konturen, ja sogar Baumstämme zu erkennen. Und wieder begann der Leopard, sich in der ihm etwas eigenen Art zu bewegen. Zugegeben, seine Bewegungen erschienen uns schon etwas merkwürdig. Seltsam, irgendwie wiederholten sie sich in gleicher Weise. Das Rauschen in den Bäumen setzte aus und das Tier verharrte wieder auf der Stelle. Da fiel uns ganz plötzlich ein Stein, nein, ein ganzes Gebirge vom Herzen! Wir waren in unserer überhitzten Fantasie und ständigen Angst, in diesem Wald mit Sicherheit einem wilden Tier zu begegnen, einer simplen optischen Täuschung erlegen. Der „Leopard" vor uns entpuppte sich als ein heller Fleck, den das Mondlicht nach dem Durchdringen des Blätterdaches auf dem Boden abgebildet hatte. In der Zwischenzeit hatten wir nämlich die Obergrenze der Wolkendecke überschritten und so konnte das kräftige Mondlicht durch das Blätterdach der Bäume auch den Waldboden erreichen! Die bizarre Form des auf dem Boden abgebildeten Umrisses hatten wir in unserer erregten Fantasie als Leopard interpretiert. Und die merkwürdigen Bewegungen waren mit dem Wind, der sanft die Baumkronen und damit auch das helle Abbild des Mondlichtes bewegt hatte, entstanden.

Erleichterung machte sich breit und die Hoffnung auf ein baldiges Ende des Waldes gab uns die Kraft, rasch weiterzumarschieren. Nur keine Sekunde mehr verlieren! Das Mondlicht vertrieb die beklemmende Dunkelheit. Mittlerweile war auch der Weg flacher geworden. Der Baumbestand begann sich zu lichten. Bald darauf standen wir im Freien auf einer vom Mondlicht durchfluteten Wiese. Hinter uns der dunkle Wald, vor uns in einiger Entfernung und etwas abseits des Weges die schemenhaften Umrisse der Holzfällerhütte. Im wahrsten Sinn des Wortes eilten wir auf sie zu. Ein Betonboden, drei Wände und ein Dach, noch Wünsche? Hundemüde legten wir uns nieder und schliefen sofort ein. Es war nach Mitternacht.

Grelles Tageslicht weckte mich. Die Sonne stand schon ziemlich hoch am Himmel und schien mir direkt ins Gesicht. Ich öffnete den Schlafsack und richtete mich auf. Vor mir bis an den Horizont erstreckte sich ein weißes Wolkenmeer. Es sah aus wie eng zusammengeschobene Wattebäusche. Darüber ein strahlend blauer Himmel. Im taunassen Gras funkelten die Tautropfen wie tausend kleine Edelsteine. Wif war auch schon munter. Rasch schlüpften wir aus den Schlafsäcken und traten wortlos ins Freie. Erwartungsvoll blickten wir in jene Richtung, wo wir ihn, unseren „Kili", vermuteten. Und da war er auch. Geradezu vorsichtig lugte der schneebedeckte Gipfelbereich hinter einem flach ansteigenden Geländerücken hervor. Ein wundervoller Anblick, der sofort unseren Unternehmungsgeist beflügelte. Die morgendliche Luft war glasklar und so erschien der Berg zum Greifen nah. Keine Sekunde wertvolle Zeit verlieren. Wir würden ihn, wir mussten ihn schaffen!

Nur ein kurzes Frühstück, die aufkommende Spannung ließ uns einfach keine Ruhe mehr. Dann erfolgte der Aufbruch. Wir stapften durch taunasses Gras, bis wir den schmalen, jedoch gut ausgetretenen Pfad erreichten. Leicht ansteigend, schlängelte er sich nun von einem Höhenrücken zum nächsten. Der Gipfel des Kili verschwand, tauchte später wieder auf, um bald darauf wieder zu verschwinden. Die Zeit verstrich und wir hatten den Eindruck, dem ersehnten Ziel kaum näher zu kommen. Kleine Gruppen meist junger Bergsteiger kamen uns entgegen. Dem Aussehen nach wohl alles Engländer. Hatten sie es geschafft, hatten sie alle den Triumph in der Tasche? Manche trugen geflochtene Graskränze im Haar. Ein Zeichen des Gipfelsieges? Mit einem aufmunternden *„Hello"* und einer kurz zum Gruß angehobenen Hand gingen sie an uns vorbei. Andere dagegen erschienen eher deprimiert, passierten ohne den Kopf zu heben. In manchen Gesichtern war Enttäuschung, ja fast Verbitterung zu erkennen. Sichtlich hatten sie unter den Strapazen gelitten und vielleicht den Berg gar nicht geschafft. Später erfuhren wir, dass nur etwa jeder dritte den Gipfel erreichen würde! Niemand der Rückkehrer trug etwas. Dies besorgten eigens angeheuerte Träger. Wir dagegen trugen alles selbst.

Unentwegt schlängelte sich der Pfad durch eine hochalpine Wiesenlandschaft. Mit zunehmendem Tagesablauf löste sich allmählich die unter uns liegende Wolkendecke auf und gab den Blick in die Ferne frei. Eine gelbbraune Steppenlandschaft, von der Sonne verbrannt, erstreckte sich bis an den dunstigen Horizont. Unablässig ging es weiter, ohne zu rasten. Es war kurz nach Mittag, als wir uns eine Viertelstunde Rast gönnten. Eine Kleinigkeit wurde gegessen, dann setzten wir den Aufstieg fort. Längere Zeit schon hatten wir den Gipfel nicht mehr zu Gesicht bekommen. Dagegen baute sich rechts vor uns ein anderer Vulkan auf, der östlich des Kilimandscharo gelegene, 5300 m hohe Mt. Mawenzi. Ein Fünftausender ohne Schnee, dessen stark zerklüfteter Gipfelaufbau aus rötlichbraunem Basalt sich eher abweisend zeigte. Auf der rechten Seite des Pfades tauchten in einer kleinen Senke mächtige, mehrere Meter hohe Gewächse auf. Es waren Senezien, hochalpine Pflanzen, die es nur in Ostafrika in Höhen um dreieinhalbtausend Metern zu sehen gab. Mit ihrem dicken, rauen Stamm und den eigenwilligen, fast kugelförmigen Blattkronen aus grünen, fleischigen Blättern passten sie so ganz und gar nicht in das Klischee uns bekannter Pflanzenformen. Irgendwie glich ihr Aussehen Abkömmlingen einer außerirdischen Welt. Einsam und verlassen standen sie in der Weite dieser Landschaft. Richtig klein kamen wir uns daneben vor.

Der Weg zog sich dahin und wollte partout kein Ende nehmen. Endlich, gegen 16 Uhr erschien vor uns etwas unterhalb des Pfades eine Hütte. Es war die Petershütte* auf 3800 m. Eine Gruppe von Bergsteigern, in der Mehrzahl Engländer, empfing uns mit großem Hallo. Alle wunderten sich, dass wir ohne Führer und Träger unterwegs waren. Mit gewissem Stolz antworteten wir, dass es bei uns in Österreich üblich sei, bei Bergtouren das Gepäck selbst zu tragen. Und einen Führer brauchten wir schon gar nicht, das Gelände sei doch denkbar einfach! Die Frage nach der Übernachtung hatte sich schnell erledigt. Der gleiche Preis wie in der Bismarckhütte. Eineinhalb Schillinge pro Person. Kein weiterer Kommentar, dies war nicht in unserem Reisebudget vorgesehen. Umringt von zahlreichen Hüttengästen schulterten wir kurzerhand die Rucksäcke. Alle rieten uns dringend vom Weitermarsch ab. Es sei schon vier Uhr nachmittags. In zwei Stunden würde die Sonne untergehen und die nächste Hütte – die Kibohütte – wäre zehn Meilen weiter. Sechs Stunden reine Gehzeit wären dafür erforderlich! Dies sei unter keinen Umstän-

* Heute heißt sie Horombohütte.

den mehr zu schaffen, zumal wir ja schon den ganzen Tag marschiert und alles andere als frisch und munter wären. Die Ratschläge waren nicht von der Hand zu weisen. Wir überlegten kurz, dann rangen wir uns zum Entschluss durch, doch weiter zu gehen. Ob wir wollten oder nicht, es waren wiederum die Übernachtungskosten, an denen es scheiterte.

Mit den guten Wünschen aller, die hier übernachteten, brachen wir auf. Bald waren wir wieder ganz allein. Diese Österreicher mussten verrückt sein, hatten sich wohl die meisten gedacht! Weiter führte der Pfad bergan. Nicht lange und die Hütte war unseren Blicken entschwunden. Vom Gipfel des Kili war nichts zu sehen. Beharrlich versteckte er sich wieder hinter einem der zahlreichen Höhenrücken, die das gesamte Bergmassiv umgaben. Da tauchte linker Hand ein kleines Schild auf mit dem wichtigen Hinweis *„Last waterpoint"*. Wir füllten die Wasserflaschen auf und verzehrten noch rasch das letzte Sandwich, das uns die Innsbrucker Köchin mit auf den Weg gegeben hatte. Dann ging es weiter bergan, nicht allzu steil, dafür aber stetig. Müdigkeit wurde spürbar und auch die dünne Luft machte uns langsam zu schaffen. Längst hatten wir die Viertausendmetergrenze überschritten, als gegen halb sieben die Sonne hinter einem Hangrücken verschwand. Kaum war sie untergegangen, wurde es schlagartig bitterkalt. Jetzt hieß es, keine weitere Sekunde zu verlieren. Alles, was noch an restlicher Kleidung vorhanden war, musste rasch angezogen werden. Das Anziehen der zusätzlichen Unterwäsche bereitete gewisse Probleme, weil wir vorher das Hemd und die lange Hose ausziehen hätten müssen. Ausgeschlossen bei dieser Kälte. Allein der Gedanke daran ließ einen Schauer über den Körper laufen. So suchten wir nach Brennbarem im näheren Umkreis. Mit einem Feuer war es vielleicht zu schaffen. Verdorrte, strauchartige Pflanzen sowie strohartige Gräser wurden zu einem großen Haufen zusammengetragen. Das Feuerzeug kurz hingehalten und schon brannte das Zeug wie Zunder. In Sekundenschnelle entwickelte sich ein großer Feuerball, begleitet von heftigem Knistern und Knacken des brennenden Materials. Wohlige Wärme verbreitete sich. Doch die Kurzlebigkeit eines „Strohfeuers" ist altbekannt. Also rasch aus den Klamotten und so schnell wie möglich alles Verfügbare wieder anziehen, um für die Kälte der kommenden Nacht gewappnet zu sein. Wir hatten den Umkleidevorgang noch nicht beendet, schon verglomm auch das Feuer. Zwischendurch mussten wir höllisch aufpassen, um ja keinen Steppenbrand zu entfachen. Mehrmals nämlich hatte das Feuer Anstalten gemacht, nach verschiedenen Seiten auszubrechen. Unglaublich, mit welcher Geschwindigkeit sich die Flammen in das trockene Gras hineinfressen konnten, besonders bei aufkommenden Wind.

Das Feuer war erloschen, unsere Vorkehrungen gegen die Kälte durch die Anwendung der Mehrschichttechnik* beendet. Etwas eingeschränkt fühlten wir uns schon in dieser uns ungewohnten Bekleidungsfülle. Doch immer noch besser als frieren. Insgesamt trug nun jeder von uns drei Garnituren Unterwäsche und dazu eine lange Unterhose, darüber zwei Militärhemden, den dünnen Anorak und die lange Hose am Körper. Zwei Paar zusätzliche Socken sollten die Füße vor der Kälte schützen. Für die Hände gab es vorerst nichts. Als Kopfschutz diente die Anorakkapuze.

Aufbruch, es konnte weitergehen. Das war leichter gesagt als getan, denn sie wollten nicht mehr so recht, unsere Beine. Aber im Freien zu übernachten, kam auch nicht in Frage. Dafür waren wir gar nicht ausgerüstet, schon gar nicht Wif mit seinem dünnen Deckenschlafsack. Es kostete einige Überwindung, bis unser gesamter Bewegungsapparat wieder einigermaßen funktionierte. Keineswegs überraschend, waren wir nun schon den ganzen Tag unterwegs ohne uns eine echte Pause gegönnt zu haben. Langsam, fast bedächtig, setzten wir einen Schritt vor den anderen, unsere Blicke starr auf den dunklen, unebenen Weg gerichtet. Doch die Müdigkeit ließ uns nicht mehr los und auch das Gehen wurde zusehends mühseliger. Hinter der dunklen Silhouette des Mt. Mawenzi schob sich langsam die helle Scheibe des Mondes hervor. Sein Licht erleichterte etwas das Gehen auf dem steinigen Pfad. Ganz unmerklich begann das Gelände abzuflachen und bald darauf standen wir auf einem breiten, ausgedehnten Sattel. Absolute Stille umgab uns. Die Ebene vor uns

* Möglichst viele Lagen an Kleidung übereinander.

war übersät mit dunklen Lavabrocken, dahinter erhob sich die vom Mond angestrahlte Ostflanke des Kili. Milchigweiß leuchtete der Schnee vom Kraterrand herab. Über allem das Funkeln von Tausenden von Sternen am tiefschwarzen Nachthimmel. Ein wahrhaft fantastischer Anblick, der für kurze Zeit die Müdigkeit vergessen ließ. Doch nur nicht stehenbleiben, nur nicht rasten und sei es noch so kurz. Denn dies würde jedes Mal einen regelrechten Kampf gegen die Signale bedeuten, die ständig vom Körper ausgingen. Uns blieb nur eine einzige Möglichkeit und die hieß weitergehen und durchhalten. Irgendwo vor uns, direkt am Fuß des Gipfelaufbaues, musste die Kibohütte, unser nächstes Ziel, liegen.

Auf dem ebenen Sattel kamen wir anfänglich rasch voran. Doch bald begann das Gelände erneut anzusteigen, die Schritte wurden kürzer, die Pausen öfter und immer länger. Unsere Kräfte begannen nachzulassen. So quälten wir uns im wahrsten Sinn des Wortes weiter. Der Atem ging schwer und das Herz klopfte so stark, dass ich vermeinte, die Schläge bis in den Kopf zu spüren. Wir waren buchstäblich am Ende unserer physischen Leistungsfähigkeit, als vor uns im Mondlicht ein heller, regelmäßiger Fleck auftauchte. Es war die Blechwand einer Hütte. Endlich geschafft, das Ziel in greifbarer Nähe! Die Aussicht auf ein nahes Ende gab uns wieder Auftrieb. Noch eine letzte Anstrengung, dann standen wir gegen halb elf nachts vor der in 4700 m gelegenen Kibohütte. In Wirklichkeit waren es mehrere kleine Blechschachteln, die im nahen Umkreis beisammen standen. Es war totenstill. Im kalten Mondlicht wirkten die einfachen Bauwerke wie Elemente einer Geisterstadt. Nichts regte sich, also öffneten wir vorsichtig die blechbeschlagene Eingangstür der vermeintlichen Haupthütte. Sie ächzte und knarrte. Da tauchte schon aus dem dunklen Inneren eine Gestalt auf. Es war ein Inder, der uns leise begrüßte. In fast kameradschaftlicher Form kam er sofort auf das Wesentliche. Drinnen an der Stirnseite der Hütte gäbe es noch zwei leere Schlafgelegenheiten. Es war ein Stockbett aus Stahl mit Matratzen darauf. Bevor er sich wieder niederlegte, fragte er uns noch, ob wir nicht morgen früh mit auf den Gipfel wollten. Mehr als ein schwaches Nicken kam nicht von uns. Aufbruch sei um halb eins, also in zwei Stunden, um noch vor Sonnenaufgang auf dem Gipfel zu sein.

Ohne ein Wort zu wechseln, legten wir uns, so wie wir waren, samt den Schuhen in unsere Schlafsäcke. Dann war es wieder still um uns. Nur noch das starke Pochen meines Herzens war zu hören. Es hämmerte unentwegt, selbst noch nach einer Stunde. Von Schlaf war keine Rede, denn tausend Gedanken durcheilten meinen Kopf. Dabei wurde mir eines klar. Das Angebot des Inders war die Gelegenheit, war unsere einzige Chance, den Berg zu erklimmen. Wir mussten mit hinaufgehen, ein Verschieben bedeutete de facto ein Aufgeben. Trotz Schlafsack und Bekleidung kroch langsam und unerbittlich die Kälte herein. Der entkräftete Körper vermochte anscheinend nicht mehr die erforderliche Energie für den Wärmehaushalt zu liefern. Ich steckte meinen Kopf in den Schlafsack, zog Arme und Beine an. Es half alles nichts. Kalte Schauer durcheilten mich und ich begann, jämmerlich zu frieren. Wif ging es, wie ich nachher erfahren würde, keineswegs besser …

Pünktlich um halb eins in der Nacht des 23. August kam Bewegung in die Hütte. Ich hörte bloß jemanden so etwas rufen wie: *„Hello, boys, let's get up, the night is over …"* Hmm, richtig, die Nacht war „vorbei". Im Innern der Hütte war es stockfinster. Mühsam schälte ich mich aus dem Schlafsack. Die Bewegungen verliefen völlig mechanisch ohne Beteiligung des Gehirns. Mein Herz klopfte unvermindert stark, dazu kamen nun Kopfschmerzen und Übelkeit. Was für elende Voraussetzungen für die Besteigung eines fast sechstausend Meter hohen Berges! Hatte es überhaupt noch Sinn, mitzumachen? Schafften wir es denn bei der gegenwärtigen körperlichen Verfassung? Hatten wir uns nicht völlig übernommen, diesen Riesenberg in so kurzer Zeit zu bezwingen? Derlei Überlegungen beschäftigten mich, als ich nach dem Überziehen des letzten Reservehemdes auch noch äußerst unbeholfen versuchte, die restlichen zwei Paar Socken als Handschuhersatz zu verwenden. Alles andere blieb zurück. Lediglich die Fotoapparate sollten mit auf den Gipfel. Übelkeit und Schwäche wollten nicht weichen. Wäre es nicht besser, noch etwas zu warten? Da bot uns jemand heiße Tomatensuppe an. Ein paar Löffel bekam ich gerade noch hinunter. Dann folgte schon die Aufforderung, hinaus ins Freie zu treten. Instinktiv fühlte ich: jetzt oder nie! Also los, jedes weitere Warten würde mit Sicherheit zur Aufgabe und zum Fehlschlag führen!

Draußen empfing uns eine eisige Kälte. Die Nacht war hell und klar. Über uns hing die helle Scheibe des Mondes. Eine größere Zahl von eingemummten Gestalten stand herum und wartete. Es waren alles Inder, wie wir später erfuhren. Sie glichen eher Gespenstern in dem kalten Mondlicht. Gesichter waren keine zu erkennen. Eigentlich waren es mehr als erwartet, die auf den Gipfel wollten. Ein Gefühl, wenigstens die nächsten Stunden dieser Gemeinschaft mit gleicher Zielsetzung anzugehören, kam nicht auf. Jeder war auf sich selbst gestellt, jeder auf seine Kraft, jeder auf sein Können angewiesen. Dann hörten wir kurz das Kommando zum Aufbruch: *„Let's go."* Und ohne Erwiderung setzte sich einer nach dem anderen langsam in Bewegung.

Im Grunde genommen war der nun folgende Aufstieg zum Gipfel ein ständiger Kampf zwischen menschlicher Willenskraft und physischem Durchhaltevermögen. Deshalb wurden auch die nächsten Stunden des Anstiegs wohl zu den anstrengendsten meines Lebens. Dabei war es anfänglich noch verhältnismäßig einfach. Das Gelände hinter der Hütte stieg nur mäßig an, der feine Lavasand unter den Tritten gab vorerst nur wenig nach. Doch dies sollte sich bald ändern …

Nicht lange und die Kibohütte war aus unserem Blickfeld verschwunden, verschluckt von den Schemen der Nacht. Leise knirschte der lockere Lavasand unter unseren Schuhen. Ganz unmerklich nahm die Steigung zu, der Abstand von einer Verschnaufpause zur anderen ab. Auch das Gehen wurde zunehmend schwieriger. Bei jedem mühselig erkämpften Schritt rutschte ich unweigerlich eine ganze Schuhlänge wieder zurück. Diese ständige Trittunsicherheit kostete unwahrscheinlich viel Kraft und verlangte erhöhte Aufmerksamkeit. Der Pulsschlag raste nur so, der Atem war keuchend und auch die Knie begannen zu zittern. Ständig hatte ich den Eindruck, mein Herz würde zum Zerspringen klopfen. Da wollte ich es einfach wissen und maß meine Pulsfrequenz. Ich war entsetzt. Nach einer fünf Minuten langen Wartezeit im Stehen zählte ich noch immer 170 Schläge pro Minute! Weniger wollte es nicht werden. Dabei hörte sich dies schon fast normal an im Vergleich zur Herztätigkeit am Beginn jeder Pause, wo ich jedes Mal meinte, zu keinem weiteren Schritt mehr fähig zu sein.

Stets an der Grenze körperlicher Leistungsfähigkeit kämpften wir uns so Stunde um Stunde den steilen Hang hinauf. Und er wollte kein Ende nehmen. Der steile Pfad, von unzähligen Tritten verunstaltet, führte weiter und mit gleicher Steigung bergan. Kein Tritt war sicher, stets gab das tiefe Lavageröll nach, so als wollte der Berg mit allen Mitteln verhindern, zu ihm hinauf zu gelangen. Jeder Schritt war zermürbend, wurde letztlich zur Qual und es kostete von Pause zu Pause enorme Überwindung, nicht aufgeben zu wollen. Die Kräfte begannen nachzulassen und noch so tiefes und rasches Atmen verschaffte nicht mehr das Gefühl, genügend Luft zu erhalten.

Seit dem Abmarsch von der Hütte hatten wir kein einziges Wort gewechselt. Dafür reichte einfach die Luft nicht. Und während des gesamten Aufstieges war jeder von uns so sehr mit sich selbst beschäftigt, dass wir es gar nicht merkten, auf einmal ganz alleine auf dem Steilhang zu stehen. Wo waren sie denn, unsere wackeren Mitstreiter? Nach Stunden der erste kurze Wortwechsel, danach umgab uns wieder die Stille einsamer Bergwelt. Unsere Augen suchten die nähere Umgebung ab und tatsächlich, da krabbelte noch einer unter uns herum. Auf allen Vieren, vielleicht des Gleichgewichtes wegen? Wo aber waren die anderen geblieben? Zu mehr führten die Gedanken nicht, denn wir waren noch nicht oben und der Berg beanspruchte wieder unsere gesamte Kraft und Aufmerksamkeit.

Nicht allzu lange, da sahen wir plötzlich Schnee vor uns. Noch vielleicht zehn Höhenmeter und wir standen auf trittfestem Altschnee von körniger Konsistenz. Wir hatten die Schneegrenze erreicht. Also konnte es nicht mehr allzu weit sein bis zum Gipfel, dachte ich und siehe da, der schreckliche Steilhang begann zunehmend zu verflachen. Auch das ewige Abrutschen hatte sein Ende gefunden, denn der Schnee blieb richtig fest. Unglaublich, was die Hoffnung auf ein baldiges Ende dieses Martyriums, die Aussicht, bald oben zu sein, alles bewirken konnte. Die letzten Energiereserven wurden mobilisiert.

Dann war es so weit. Kurz nach fünf Uhr morgens standen wir am Kraterrand und atmeten erleichtert auf. Ein festes Händeschütteln, begleitet von einem knappen „Berg Heil, Berg Dank“, dann wieder nur Schweigen. Fast ungläubig sahen wir uns an. Wir waren oben, wir hatten es geschafft! Wir standen auf dem höchsten Berg des afrikanischen Kontinents! Regelrechte Euphorie erfasste uns, sie ließ für einen Moment all die Anstrengungen und Entbehrungen der letzten Stunden vergessen. Selbst die Kälte fühlten wir nicht mehr trotz der gefrorenen Tröpfchen an unseren Nasen. Langsam gewann die Landschaft um uns herum wieder an Interesse. Vor allem der Blick nach Osten, wo sich tief unter uns der Mawenzi als dunkle Silhouette gegen den rötlichen Morgenhimmel abzeichnete, begann uns zu fesseln. Von Sekunde zu Sekunde veränderten sich die Farben. Rasch wurde es heller und dann tauchte zwischen zwei Wolkenschichten die Sonne auf. Ihr gleißendes Licht ließ uns für einen Moment die Augen schließen. Doch welch ein grandioser Anblick bot sich uns, als die breitgebündelten Sonnenstrahlen die verschiedenen Wolkenschichten zu durchdringen begannen. Es entstand ein fantastisches Farbenspiel, das uns für eine Weile in seinen Bann zog.

Da tauchte, schwer atmend, ein Bergsteiger auf. Er schüttelte uns ganz erschöpft die Hand und freute sich wie wir über den Gipfelsieg. Zur Erinnerung ließen wir uns von ihm fotografieren: Wif und Rolf auf dem Kilimandscharo. Es ist gut, dass auf dem Bild die näheren Details unserer jämmerlichen Ausrüstung nicht zu erkennen sind. In der Zwischenzeit waren noch drei weitere heraufgekommen. Auch sie waren ganz außer Atem und anfänglich nicht in der Lage, ein paar Worte hervorzubringen. Dann war es vorbei, niemand folgte mehr. Wie wir später erfuhren, waren mit uns insgesamt vierzehn Inder zum Gipfel unterwegs gewesen. Nur vier von ihnen hatten es geschafft. Erschöpfung und Atemnot gehörten zu den häufigsten Ursachen für einen Abbruch der Besteigung des Kilimandscharo.

Es wurde Zeit wieder abzusteigen. Wir hatten geradezu panische Angst vor einer möglichen Schneeblindheit. Doch vorher erklommen wir noch eine felsige Anhöhe, von der wir einen letzten Blick in den weiten Krater warfen. Seine westliche Hälfte lag gut versteckt hinter einer dichten Nebelwand. Der Kraterrand, so weit wir ihn überblicken konnten, wies ungefähr die gleiche Höhe auf. Unweit von uns in nördlicher Richtung befanden sich gletscherartige Eiskaskaden mit senkrechten Wänden, die bläulich schimmerten. Nun aber war es so weit. Es ging wieder abwärts, hinunter in Zonen, in denen es sich leichter leben ließ. Was für ein Unterschied war das Abwärtsgehen im Vergleich zur vorausgegangenen Quälerei! Wir liefen, nein sprangen regelrecht in großen Sätzen hinunter. Zuerst noch über den firnartigen Altschnee, dann über das so verwünschte Lavageröll, in dem wir, tief einsinkend, weiter in übergroßen Schritten hinuntereilten. Eigenartigerweise machte uns dabei die dünne Luft kaum zu schaffen.

Knapp eine Stunde später standen wir vor der Kibohütte. Nun nicht als Zweifler, sondern von der Überzeugung beseelt, eine große Leistung vollbracht zu haben. Es ging aufwärts mit unserem Selbstwertgefühl. Doch da reklamierten auch schon unsere arg geplagten Körper den dringend erforderlichen Energienachschub. Wir holten unsere Rucksäcke aus der Hütte und fanden etwas abseits in einer kleinen Senke ein schönes Plätzchen für das wohlverdiente Frühstück. Da blieben aber einige Überraschungen nicht aus. So konnten wir ohne große Überwindung kurz den Finger in das fast kochende Teewasser stecken. Den Tee gleich nach dem Abheben vom Kocher zu schlürfen, gelang auch. Nur schmeckte er nach nichts. Und der Versuch, Nockerl zu machen, musste natürlich fehlschlagen und dieses Mal nicht wegen der Mehlqualität. In der dünnen Luft herrschten eben andere Gesetze. Also begnügten wir uns mit ein paar Broten und Spiegeleiern, die einwandfrei gelangen.

Der breite Sattel zwischen dem Kili und Mawenzi war rasch durchquert. Bevor wir den mächtigen Gipfelaufbau des Kili endgültig aus den Augen verloren, wollten wir noch ein letztes Erinnerungsfoto machen. Doch eine von Norden aufziehende dichte Wolke verhüllte hartnäckig den gesamten Gipfelbereich und wollte ihn nicht mehr freigeben. Darüber verärgert ließen wir das Foto fallen, was wir wieder einmal zu einem späteren Zeitpunkt bedauern würden. Vorbei an der letzten Wasserstelle ging es weiter flott bergab. Bald erreichten wir die Petershütte. Sofort wurden wir von einigen Hüttengästen umringt, die wissen wollten, wie es uns auf dem Berg ergangen war. Erneut großes Erstaunen darüber, dass wir ganz allein und ohne fremde Hilfe unterwegs seien. Die Zeit drängte. Ohne die Rucksäcke abgestellt zu haben, setzten wir den Abstieg fort. Doch der weitere Weg hinunter zur nächsten Hütte begann sich nun in die Länge zu ziehen. Aufkommende Müdigkeit setzte uns arg zu. Bald wurde uns klar, dass wir nicht mehr sehr weit kommen würden. So erklärten wir die Holzfällerhütte zum Tagesziel. Als sie dann endlich auftauchte, waren wir buchstäblich am Ende unserer Kräfte. Ein Tag extremer Herausforderungen ging zur Neige. Rasch wurde etwas Holz gesammelt für ein schönes Lagerfeuer und trockenes Gras als zusätzliche Unterlage auf dem nackten Betonboden ausgebreitet. Beim Einbruch der Dunkelheit entfachten wir das Feuer. Erschöpft und zu müde zum Essen krochen wir in die Schlafsäcke. Sofort umgab mich eine angenehme Wärme. Vor unseren Füßen tänzelten weiter die Flammen des Holzfeuers. Ihr warmes Licht schaffte eine Atmosphäre wohliger Geborgenheit. Nur nicht einschlafen, wir durften auf keinen Fall einen Brand riskieren. Kaum gedacht und ausgesprochen, waren wir schon im Reich der Träume.

Die Strapazen der letzten zwei Tage verlangten ihren Tribut. Als wir am nächsten Tag munter wurden, stand die Sonne bereits hoch am Himmel. Es war zehn Uhr am Vormittag. Das gesamte Holz war niedergebrannt. Die verbliebene Glut reichte gerade noch, um etwas Tee zu kochen. Dazu gab es ein paar Brote. Dann setzten wir den Abmarsch fort. Wenig später standen wir vor dem Wald, der uns zwei Tage zuvor so viel Schrecken eingejagt hatte. Wie harmlos sich doch alles ansah bei Tageslicht! Auch die bewussten Flechten waren eben nur einfache, längliche Gewächse, die überall von den Ästen herabhingen. Doch der steile Pfad hinunter durch den Bergwald war selbst bei Tag nicht ganz leicht. Es hieß schon sehr aufzupassen, um nicht das Gleichgewicht zu verlieren und im Matsch zu landen. Dass wir beim nächtlichen Anstieg kein einziges Mal gestürzt waren, war bei der großen Zahl steiler und rutschgefährdeter Passagen wirklich erstaunlich.

Vorbei an der Bismarckhütte, der wir eingedenk der erlebten Übernachtungsprobleme keinen unnötigen Blick schenken wollten, erreichten wir rasch den Bananen- und Kaffeeplantagengürtel. Zügig wurde dieser durchschritten. Als wir das untere Ende des Güterweges, den Ausgangspunkt unserer Bergtour, erreichten, waren noch keine drei Tage seit unserem Abmarsch vergangen. Ein LKW nahm uns bis hinter Hoima mit, anschließend wurden wir von einer netten amerikanischen Lehrerin in einem Ford direkt bis nach Usa River gebracht. Wenige Kilometer vor dem Ziel blickten wir noch einmal zurück. Dunkelheit herrschte bereits in der uns umgebenden Ebene. Darüber thronte die mächtige Kappe des Kilimandscharo im rot glühenden Abendlicht. Vielleicht ein letzter Gruß für uns? Rasch verebbte das intensive Leuchten und der größte Berg Afrikas verabschiedete sich in einem rosafarbenen Kleid, das bald darauf vom aufsteigenden Zwielicht des Tages verschluckt wurde.

Großes Hallo empfing uns auf der Nagy-Farm. Hurra, wir hatten es geschafft, wir waren wieder zurück nach erfolgreicher Besteigung des Kilimandscharo! Rasch nahmen wir ein angenehmes Bad. Was für ein wunderbares Gefühl nach all diesen Strapazen! Anschließend wurde nach Sitte des Hauses gepflegt gegessen. Wieder ein köstliches Abendessen, das die Entbehrungen der letzten Tage rasch vergessen half. Lange noch unterhielten wir uns mit den beiden Knapitsch-Töchtern. Vom Eindruck des Bergabenteuers und Gipfelsieges total überdreht, gingen wir trotz der Müdigkeit erst um zwei Uhr morgens ins Bett.

Die Knapitsch-Farm

Nach den anstrengenden Tagen war Ausschlafen angesagt. Deshalb saßen wir am nächsten Tag beim Frühstück auch allein am großen Tisch, was aber keineswegs unser Essvergnügen schmälerte. Beflissentlich war das Hauspersonal in weißer Kleidung sofort zur Stelle.

Trotz größter Bemühungen schafften es Koch und Gehilfe nicht, die Toastbrote nachzuliefern, wie sie von uns in rascher Folge verzehrt wurden. Wie üblich, blieb nichts, aber schon gar nichts übrig. Das Personal würde sich wohl oder übel an solche Engpässe gewöhnen müssen. Der Nachholbedarf der vergangenen Tage war einfach zu groß.

Da tauchten zwei deutsche Besucher von Herrn Nagy auf. Nicht unbedingt die sympathischsten Leute. Vermutlich betuchte Industrielle aus Deutschland, deren besonderes Interesse der Großwildjagd galt. Mit ihnen würden wir in der zweiten Tageshälfte einen kleinen Ausflug in die nähere Umgebung unternehmen. Doch vorher wurde noch im Beisein von Herrn Nagy eifrig über verschiedene Jagdthemen diskutiert. Bei dieser Gelegenheit kam Herr Nagy auch auf seine Jagdhunde zu sprechen. Insgesamt acht besaß er davon. Acht kräftig gebaute Hunde derselben Rasse, die gut trainiert nur für bestimmte Jagden eingesetzt wurden. Noch vor der Abfahrt wollte er seinen Besuchern deren Können unter Beweis stellen, wiewohl auch das besondere Verhalten eines der Hunde. Er ergriff seine Jagdflinte und ging hinaus in den Garten, gefolgt von der jaulenden Hundemeute. Dann hob er das Gewehr, zielte in eine bestimmte Richtung und gab einen Schuss ab. Mit lautem Geheul fegte die wilde Meute los, genau in die Richtung des Schusses. Bloß einer der Hunde machte nicht mit. Im Prinzip tat er zwar dasselbe und nicht minder eifrig, doch genau in die entgegengesetzte Richtung! Ein höchst belustigender Anblick, der bei allen Anwesenden sofort ein schallendes Gelächter auslöste. Bei diesem Hund gab es irgendwo im Wahrnehmungssystem einen „Schaltfehler“. Trotzdem sei es ein guter Hund, meinte Herr Nagy.

Es wurde früher Nachmittag, bis wir endlich in die nördlich von Usa River gelegene Bergregion aufbrachen. Geschickt lenkte Herr Nagy seinen Landrover die steilen und recht holprigen Pisten hinauf. Wir durchquerten sein bevorzugtes Jagdgebiet, das sich am Südostrand des Mt. Meru befand. Links und rechts der Piste begleitete uns schön gewachsener Bergwald mit hohen, schlanken Bäumen. Anschließend erfolgte ein kurzer Besuch der bereits damals über die

Landesgrenzen hinaus bekannten Momella-Lodge. In luftiger Höhe am Ostrand des Mt. Meru gelegen, passte sich die fast nur mit lokalem Baumaterial errichtete Lodge sehr harmonisch der Umgebung an. Ein Großteil des Eigenbedarfs, besonders Wasser, Strom, Gemüse und Fleisch, wurde direkt vor Ort produziert.

Berühmt geworden war die Lodge durch den ersten Besitzer, die Familie Trappe. Genau genommen durch Margarete Trappe, die Frau des Gründers der damaligen Farm. Sie war von kleiner, drahtiger Statur, eine ausgezeichnete Reiterin, von deren Unerschrockenheit und Unternehmungsgeist die ganze Region zu erzählen wusste. Als es ihr auch noch eines Tages gelang, ein Löwenjunges aus einem Bau herauszuholen und inmitten einer Herde einem Elefanten ein Schwanzhaar zu ziehen, kannte die Bewunderung für diese Frau keine Grenzen mehr. Besonders bei der afrikanischen Bevölkerung, die überzeugt war, dass Margarete Trappe über magische Kräfte verfügen müsse. Anfänglich auch begeisterte Großwildjägerin engagierte sie sich in den späteren Jahren mehr und mehr für den Tierschutz. Vor allem liebte sie Elefanten, die später auf ihrem Farmgelände sogar freien Zugang hatten. Die letzten drei Tage auf ihrem Totenbett soll laut Augenzeugenberichten eine große Herde Elefanten am nahe gelegenen Waldrand gewartet haben. Der Leitbulle sei sogar bis auf wenige Schritte an ihr Haus herangekommen und hätte dort bis zu ihrem Tod verharrt. Dann verschwand die Herde.

Weiter ging es zum Ngurdotokrater, einem schon längst erloschenen Nebenvulkan des Mt. Meru. Dichter Bergwald folgte uns hinauf bis zum Kraterrand. Etwa drei Kilometer Durchmesser maß der tief unter uns gelegene Kraterboden. Bedeckt mit dichtem, grünen Gras und kleinen Baumbeständen grasten dort unten friedlich Hunderte von Gnus, Antilopen, Büffel und auch Elefanten. Der Blick hinunter auf die vergleichsweise winzig erscheinenden Tiere war einfach grandios. Die weichen Strahlen der späten Nachmittagssonne tauchten die ganze Szenerie in ein fast unwirklich erscheinendes Licht. So mochte vielleicht das Paradies ausgesehen haben.

Dämmerlicht setzte ein. Es wurde Zeit, das Waldgebiet zu verlassen. Nun hieß es, vorsichtig zu fahren, um nicht von der schmalen

Piste abzukommen. Wir hatten gerade eine enge Kurve passiert, als plötzlich vor uns buchstäblich der Wald in Bewegung geriet. Im letzten Moment konnte Herr Nagy bremsen und den schweren Landrover knapp vor der entfesselnden Kraft der Natur zum Stehen bringen. Eine ganze Elefantenherde brach krachend aus dem dichten Gehölz, querte in nächster Nähe vor uns die Piste, um wenige Augenblicke später auf der anderen Seite wieder vom dunklen Wald verschluckt zu werden. Nur kurz währte dieses urweltlich anmutende Spektakel. Doch den Anblick dieser massigen, nur mehr als schwarze Silhouetten wahrnehmbaren Dickhäuter, die aus dem Dunkel aufgetaucht und sofort wieder verschwunden waren, hatten wir noch lange vor Augen.

Nach dem Abendessen saßen wir gemütlich vor dem knisternden Holzfeuer des Kamins. Bei Kaffee und Whisky gab Herr Nagy wieder spannende Jagdgeschichten zum Besten. Seine Jagdhunde lagen zwischen uns und um uns herum am Boden und verdauten gerade große Portionen an frischem Zebrafleisch, die sie am Nachmittag bekommen hatten. Diese kräftige Eiweißzufuhr blieb nicht ganz ohne Folgen. Zu vorgerückter Stunde kam es zu massiven Blähungen und schon bald begann sich die Natur, des inneren Druckes zu entledigen. Obwohl wir nicht in einem geschlossenen Raum saßen, breiteten sich in immer kürzeren Abständen intensive Geruchswolken aus, die selbst hartgesottene Männer aus ihren Stühlen heben konnten. Herrn Nagy blieb nichts anderes übrig, als die Hunde hinaus in den Garten zu verbannen. Ihr Versuch, sich nach einiger Zeit wieder mit gesenktem Kopf und wedelndem Schwanz ergeben zu nähern, wurde rechtzeitig abgeblockt. Danach war Ruhe.

Mehrmals schon hätten ihn die Hunde vor angreifenden Leoparden geschützt, bekamen wir von Herrn Nagy zu hören. Sie seien absolut treu, zuverlässig und hätten vor nichts Angst. Allesamt gutmütige Tiere und ausgesprochen diszipliniert. Schade, dass der eine Hund einen unerklärlichen Koordinationsfehler habe. Sonst aber gäbe es keine Probleme mit ihm.

Am darauf folgenden Tag war Besuch bei der Knapitsch-Farm angesagt. Viele Kilometer abseits des eigentlichen Straßennetzes Tanganjikas lag sie irgendwo südlich des Lake Manyara am Rande des großen Grabenbruches, mitten im Grassavannenland. Zu erreichen über eine schmale Erdpiste, die von der Hauptverbindung Arusha nach Westen am Lake Manyara nach Süden abzweigte. Dort, in schierer Abgelegenheit hatte die Familie Knapitsch ein Stück Land erstanden und es in mehreren Jahren harter Arbeit geschafft, ungenutztes Grasland in eine grüne Oase zu verwandeln.

Wir waren schon sehr gespannt, wie und unter welchen Bedingungen die Familie Knapitsch dort ihr Leben meisterte. So ganz draußen in freier Wildnis und auf sich allein gestellt. Mit einer hellblauen VW-Limousine, dem ersten Nachfolgemodell des Käfers, brachen wir auf. Mit von der Partie waren die beiden Knapitsch-Töchter Runhild und Gerhild. Herrn Nagy sollten wir erst am Abend in einem Jagdcamp treffen. Auf einer guten Asphaltstraße fuhren wir zuerst über Arusha zum Lake Manyara. Dort bogen wir nach Süden ab und ließen damit die Zivilisation hinter uns. Eine einfache Piste führte uns nun durch weites, unberührtes Savannenland. Zu beiden Seiten dichtes, goldgelbes Gras, darin, wie einzelne Mahnmale, mächtige Affenbrotbäume. Ihr gedrungener Stamm mit der silbergrauen Rinde, ihre etwas kurz geratenen, dicken Äste und die ausgeprägten knorrigen Wurzeln verliehen ihnen etwas besonderes, vielleicht sogar archaisches. Nicht umsonst wurden viele dieser Bäume von der schwarzen Bevölkerung zu heiligen Stätten, zu Fetischbäumen erklärt. Neben den Schirmakazien war der Affenbrotbaum schlechthin der klassische Vertreter unberührter afrikanischer Savannenlandschaft.

Plötzlich abruptes Bremsen. Sichtlich aufgeregt zeigte Gerhild mit ausgestrecktem Arm nach rechts. Unglaublich, unweit der Piste trotteten zwei ausgewachsene Nashörner vorbei. Sie nahmen keine Notiz von uns. Das gab ein wunderschönes Foto, direkt vom vergleichsweise sicheren Auto aus aufgenommen. Ohne Stress und ohne das übliche Fluchtszenario im Anschluss daran.

Es war später Vormittag, als uns Gerhild die baldige Ankunft an der Farm ankündigte. Noch war nichts zu sehen als weites, unberührtes Land, über dem die aufkommende Hitze des Tages zu lasten begann. Hier in dieser entlegenen Gegend sollte also die Farm liegen, wo nur ausgetrocknetes Gras und ein paar Bäume die Landschaft bestimmten. Beinahe nicht zu glauben. Doch schon kurze Zeit später tauchten sie ganz unvermittelt auf, fast einer Fata Morgana gleich, die tiefgrünen Bewässerungsfelder der Knapitsch-Farm. Dahinter stieg das Gelände jäh an. Es war die nach Osten abfallende Flanke der westlichen Begrenzung des ostafrikanischen Grabenbruches. Welch ein unglaublicher Kontrast zum völlig ausgetrockneten Umland. Die Felder begleiteten uns von der Einfahrt bis hin zu den eigentlichen Farmgebäuden. Ihr intensives Grün war eine wahre Wohltat für unsere Augen. Gleich entstand das subjektive Gefühl, als wäre es hier nicht mehr ganz so heiß.

Sonnenverbrannte Gesichter, freundliche Augen und ein fester Händedruck, so wurden wir vom Ehepaar Knapitsch empfangen. Was aber für Hände waren das! Kräftig geformt, die Innenflächen voll mit harten Schwielen von schwerer Feldarbeit. Auch die Gesichter der beiden waren gezeichnet vom harten Leben in dieser Abgeschiedenheit. Vor vier Jahren hätten sie mit dem Aufbau der Farm begonnen, neben viel Arbeit und Mühe auch alle ihre Ersparnisse hineingesteckt. Dieses Jahr habe die Farm das erste Mal etwas abgeworfen. Nun würde es laut Herrn Knapitsch endlich aufwärtsgehen. Übrigens hatte auch er an der ehemaligen Hochschule für Bodenkultur studiert, allerdings die Fachrichtung Forstwirtschaft.

Lebensgrundlage der Farm war ein kleiner Bach, der aus dem Hang des dahinter befindlichen Abhanges entsprang. Mithilfe von Motorpumpen wurde sein Wasser auf die Felder geleitet. Grüne Erbsen und Papayas stellten die Hauptkulturen dar. Sie würden gut gedeihen und auch interessante Preise erzielen, erklärte uns Herr Knapitsch. Um die laufenden Pumpkosten zu senken, war er gerade dabei, an einer etwas höher gelegenen Stelle des Bachlaufs ein kleines Stauwehr zu errichten. Von dort aus würde dann das Wasser über einen Hangkanal, nur dem freien Gefälle folgend, auf die Felder gelangen. Für künftige Kulturtechniker, wie wir es waren, eine interessante Aufgabe, weshalb uns Herr Knapitsch gleich zu einer kurzen Geländebegehung mitnahm. Mit einem alten Nivelliergerät kontrollierte er den Fortschritt der Bauarbeiten. Bewunderung entstand für einen Mann, der mit logischem Überlegen und Sachverstand Schritt für Schritt versuchte, seine Farm auf eine gesunde, wirtschaftliche Grundlage zu stellen. In dieser Abgeschiedenheit den Mut und das Durchhaltevermögen für eine derartige Aufgabe aufzubringen, stellte in der Tat eine echte Herausforderung dar. Ohne eine gehörige Portion an Pioniergeist war so etwas überhaupt nicht zu schaffen. Von der Trasse des künftigen Hauptkanals blickten wir hinunter zu der direkt am Fuß des Abhanges liegenden Farm mit ihren grünen Feldern. Jenseits davon bis an den dunstigen Horizont ebenes Land, eine von der Sonne ausgedörrte Grassavanne. Woher und wie rasch konnte Hilfe kommen, wenn sie im Notfall gebraucht würde, fragte ich mich unwillkürlich beim Betrachten der umliegenden Landschaft. Wirklich, kein einfaches Leben, das die Familie Knapitsch hier führte.

Beim Mittagessen kamen wir auch auf die Zukunftsaussichten der Farm zu sprechen. Soweit ich mich erinnere, hatte sich Herr Knapitsch berechtigte Sorgen um das weitere Geschehen gemacht. Die ersten dunklen Wolken sich verändernder politischer Prozesse brauten sich bereits am Horizont zusammen. Tendenzen in Richtung Sozialismus und Verstaatlichung aller privaten Farmen und Betriebe, besonders wenn sie Weißen gehörten, waren schon allerorts zu hören. Doch wie auch immer eine vernünftige Entwicklungspolitik gestaltet würde: Leute, die aus solchem Holz geschnitzt waren wie die Familie Knapitsch, stellten geradezu unentbehrliche Katalysatoren dar für eine ländliche Entwicklung in einem Land wie Tanganjika. Ohne sie, ohne ihr beispielhaftes Engagement und ihre Fähigkeiten, würde alles ungleich länger dauern. Nicht zu vergessen die Tatsache, dass an die vierzig Landarbeiter auf der Farm ihr regelmäßiges Einkommen hatten.

Abschied von der mutigen Familie Knapitsch, verbunden mit der Hoffnung, dass sie ihren weiteren Weg ohne allzu große Schwierigkeiten meistern würde.* All das Gesehene hatte mich schwer beein-

* Schon ein Jahr später verlangte die Regierung von Tansania (Zusammenschluss von Tanganjika und Sansibar) den der Familie zugestandenen langfristigen Entwicklungskredit zurück und entzog damit schlagartig der Farm die Lebensgrundlage. Die Farm musste aufgegeben werden und verfiel in kürzester Zeit.

druckt und nachdenklich gemacht. Eine ausgesprochen interessante, aber auch enorme Herausforderung, so aus dem Nichts eine blühende Kulturlandschaft zu schaffen. Und hier begannen in der Tat die ersten vagen Vorstellungen für meine spätere Tätigkeit in den Tropen zu keimen. Noch auf dem Farmgelände konnten wir den angeblich größten Affenbrotbaum Ostafrikas bewundern. Um diesen Giganten an der Basis zu umspannen, wurden achtzehn Männer benötigt. Daneben stehende Menschen sahen aus wie Zwerge.

Irgendwo in dieser einsamen Savannenlandschaft stand das einfache Jagdcamp, in dem wir übernachten würden. Dort trafen wir auch Herrn Nagy. Mehrere große Zelte, eine provisorische Küche und Toilette reichten für das leibliche Wohlbefinden. Als nachteilig empfanden wir die Bauart der Zelte, die an der Basis nicht geschlossen waren. Könnte sich da nicht in der Nacht eine dicke Schlange oder irgendetwas anderes hinein verkriechen, fragten wir uns etwas besorgt. Gedanken dieser Art beschäftigten uns jedenfalls bis zum Schlafengehen. Und Herrn Nagy zu fragen, ob dies nicht etwas unvorsichtig sei, wagten wir nicht. Er würde es schon wissen …

Zuweilen sollen Gedanken auch in Erfüllung gehen, wenn es die Geschicke nur wollen. Und sie wollten es. Spätestens am nächsten Morgen merkten wir nämlich, dass sich irgendetwas zwischen unseren Schlafsäcken verkrochen haben musste. Es hatte sich zumindest schon mehrmals bewegt. Etwas Böses oder Gefährliches? Wie könnte es auch anderes sein? Stets gingen die Gedanken in der Wildnis in die gleiche, also negative Richtung. Und sofort wurde auch die Erinnerung an den Tausendfüßler in Griechenland wach. Wichtig war die erste Feststellung, dass sich das Lebewesen dieses Mal nicht im Schlafsack befand. Vorsichtig krochen wir aus unseren Schlafhüllen, um ja nicht den Zustand des Verstecks zu verändern. Ganz behutsam hoben wir den einen Schlafsack hoch, sofort bereit, im Bedarfsfall entweder zurückzuspringen oder mit einem Stock zuzuschlagen. Die Spannung stieg. Richtig, ein kleines Stück graues Fell tauchte auf. Also kein beißwütiges Insekt, das war zumindest sicher. Aber was war es wirklich? Auch fellbestückte Tiere waren ja keineswegs immer friedlich. Weiter zogen wir am Schlafsack, ganz sacht, damit es nicht zu einer unüberlegten Bewegung kam. Alle Muskeln und Nerven waren angespannt. Das Stück Fell wurde größer. Etwa gar ein Raubtier? Ein Lauf wurde sichtbar, dann der zweite. Ja, was kam denn da zum Vorschein? Ein kleiner, ganz niedlicher Kaphase mit hübschen dunklen Augen. Vor Furcht völlig zusammengekauert und seine Ohren ganz fest angelegt, hoffte er wohl auf gute Behandlung. Vermutlich hatte er in der Nacht auf der Flucht vor einer Raubkatze das geringere Übel gewählt. Zudem war es zwischen den Schlafsäcken sicher wärmer als draußen in der freien Landschaft. Das dachten übrigens auch die Taranteln, wie ich es mehrmals, allerdings viele Jahre später, in Westafrika feststellen durfte. Also im vorliegenden Fall Erleichterung auf der ganzen Linie. Gut, dass wir niemanden um Hilfe gebeten hatten! Wir hätten nur Spott und Scham geerntet. Ohne eine Spur von Angst ließ sich der Hase bereitwillig hochheben und fotografieren. Der kleine Kerl passte mühelos in die geöffneten Handflächen.

Nach dem Frühstück brachen wir mit einem Landrover auf. Herr Nagy lenkte den Wagen. Dieses Mal waren wir zu fünft unterwegs mit drei Gewehren. Jagd war angesagt und bei dem in diesem Land noch vorhandenen Wildreichtum dauerte es nicht lange, bis ein größeres Rudel von Gazellen ausfindig gemacht wurde. Wir hielten und stiegen aus. Die Wahl fiel auf Gerhild, die sich ohne zu zögern mit einem Karabiner in der Hand, an das Rudel heranpirschte. Wenig später fiel ein heller, trockener Schuss. Ein schönes Exemplar von einer Thompsongazelle, in Ostafrika kurz Tommy genannt, lag mit einem präzisen Blattschuss am Boden. Herr Nagy, von dieser Leistung sichtlich angetan, brach einen Zweig von einem grünen Busch ab und legte ihn auf die Einschussstelle. So gehörte sich das in Jagdkreisen. Auf dem Weg zurück ins Jagdcamp hatten wir großes Glück. Im Geäst eines großen Baumes direkt am Pistenrand erspähten wir einen Gepard. Völlig regungslos stand er auf einem dicken Ast und blickte in die Ferne, unsere Anwesenheit völlig ignorierend.

Herr Nagy wollte noch vor der Rückfahrt nach Usa River für seinen Tierpark einen Flamingo erstehen. Deshalb hielten wir unweit des Lake Manyara in einem kleinen Massai-Dorf, das sich aus mehre-

Ostafrikanische Sonnenuntergangsstimmung

ren niedrigen, lang gestreckten Hütten zusammensetzte. Senkrechte, mit Lehm verfüllte Holzstäbe bildeten die Wände, darüber das leicht gewölbte Dach aus ähnlichem Material. In einer der dunklen Türöffnungen tauchte ein baumlanger Massai auf. Aus halb kauernder Haltung musste er sich beim Verlassen seiner niedrigen Hütte regelrecht entfalten. Die Verhandlungen mit Herrn Nagy konnten beginnen. Währenddessen fragte ich mich, weshalb bei der Größe der Massai diese länglich gebauten Hütten nur etwa eineinhalb Meter hoch waren, keinerlei Fensteröffnungen hatten und es deshalb drinnen regelrecht dunkel sein musste. Im Innern der Hütten waren die Menschen doch gezwungen, sämtliche Arbeiten nur hockend zu verrichten oder sich sitzend aufzuhalten? Und was für Arbeiten konnten in dieser Dunkelheit verrichtet werden? Irgendwie unerklärlich, diese Art von Wohnkultur. Da fiel mir ganz spontan wieder die Bemerkung jenes Engländers ein, der uns von Nairobi aus nach Süden mitgenommen hatte: „*... massai, the most stupid people ...*“ Wie immer man darüber denken mochte, das gesamte Dorf hinterließ bei uns eher einen beklagenswerten Eindruck. Weit und breit keine einzige schattige Stelle, nur grauer, von unzähligen Tierhufen fest getrampelter Lehmboden. Und alles voll mit Tierexkrementen. Wie konnte man denn hier nur so leben? Diese und ähnliche Fragen sollte ich mir bei meinen weiteren beruflichen Aufenthalten in Afrika noch öfter stellen. Am besten berief man sich auf das altbekannte Sprichwort: „Andere Länder, andere Sitten.“

Herr Nagy und der Massai wurden sich handelseinig. Ein mit seinen langen, schlaksigen Beinen heftig strampelnder Flamingo wurde kurzerhand in einen Jutesack gesteckt. Lediglich der Kopf ragte heraus. Das Tier strampelte unentwegt fort und rieb sich so seine Beingelenke an der rauen Sackwand blutig. Als Wif wenig später nur für einen Moment den Sack samt Vogel zu halten bekam, hatte sein Hemd anschließend einen Blutfleck.

Auf der Rückfahrt nach Usa River saßen wir wieder in der VW-Limousine, Herr Nagy vorneweg in seinem Landrover. Bald verloren wir ihn aus den Augen. Mit einem normalen PKW war auf dieser Piste das von ihm vorgegebene Tempo nicht zu halten. Es begann gerade zu dämmern, als plötzlich etwas mit dem Gaspedal nicht stimmte. Gerhild, die das Fahrzeug lenkte, blieb sofort stehen und nahm den Gang heraus. Doch der Motor heulte weiter mit hoher Drehzahl, dass einem angst und bange werden konnte. Gar nicht verlockend die Aussicht, vielleicht die Nacht hier im Busch verbringen zu müssen. Die Motorhaube wurde geöffnet und die systematische Fehlersuche begann. Es dauerte nicht lange und wir fanden das Übel. Ein kleines Steinchen hatte sich im Gasgestänge festgeklemmt. Erleichtert setzten wir die Fahrt fort und trafen wohlbehalten in Usa River ein.

Die Reise geht weiter

Alles Schöne geht einmal zu Ende. So auch unser Aufenthalt in Usa River. Es waren einmalige Tage voller Abwechslung und interessanter Erlebnisse. Tage der Erholung und Entspannung, aber auch Tage der Begegnung mit ausgesprochen netten und liebenswerten Menschen. Ich möchte diese Zeit in meinem Leben nicht missen. Weit, schier unendlich weit von zu Hause entfernt waren wir doch daheim gewesen. Aufgenommen von Menschen, deren Gastfreundschaft und offener Umgang uns das Gefühl von echter Geborgenheit vermittelt hatten. Und nun, von einem Tag auf den anderen, würde alles weg sein, würde unsere Zeit in Usa River auch der Vergangenheit angehören. Wir würden wieder allein auf der Straße stehen und einem ungewissen Schicksal entgegenblicken. Und damit begann sie auch wieder langsam, aber unaufhaltsam in unser Bewusstsein zu rücken: Unsere Rückreise nach Österreich, die noch völlig im Ungewissen lag.

Nach einem opulenten Frühstück waren wir am Vormittag mit den besten Wünschen aller nach Westen aufgebrochen. Es sollte ja noch kein endgültiges Adieu von Usa River sein. Auf dem Rückweg von Daressalam wollten wir nochmals vorbeischauen. Trotzdem hatte uns der Abschied mehr zugesetzt, als wir es anfänglich wahrhaben wollten. Eine herrliche, unbeschwerte Zeit war zu Ende gegangen.

Unser nächstes Ziel war der Ngoro-Ngoro-Krater, der westlich von Arusha jenseits des großen Grabenbruchs lag. Nur langsam kamen wir voran. Immer nur ein paar Kilometer, dann wieder langes Warten auf die nächste Mitfahrgelegenheit. In einem kleinen Ort schon weit hinter Arusha schenkte uns jemand Zitronen. Sie waren ungewöhnlich groß und ließen sich wie Orangen schälen. Sehr saftig und nicht allzu sauer aßen wir gleich zwei davon. Die Folgen blieben nicht aus. Heftiges Knurren im Magen sollte uns an das schon längst fällige Mittagessen erinnern. Doch wir mussten diesen Appell ignorieren, denn wegen der geringen Anzahl der an diesem Tag zurückgelegten Kilometer konnten wir uns keine zeitraubende Kochprozedur erlauben. Mto Wa Bu nannte sich übrigens dieser Ort, auf Deutsch „Fluss der vielen Mücken“. Dies würde schon seine Berechtigung haben bei den vielen, mit Wasser gefüllten Gräben und dieser üppigen Vegetation.

Wir standen am Straßenrand direkt vor einer großen Bananenpflanzung und warteten. Im Westen baute sich eine steile Wand auf. Es war die westliche Begrenzung des ostafrikanischen Grabenbruchs. Gleich südlich vom Ort Mto Wa Bu lag der Lake Manyara Nationalpark, bekannt durch seine Löwen, die sich auch auf Bäumen auszuruhen pflegten. Unbarmherzig knallte die Mittagssonne herab. Auch nicht verwunderlich. Mto Wa Bu lag nämlich am Grund des Grabenbruchs, bloß tausend Meter über dem Meeresspiegel. Und während wir nach dem nächsten Fahrzeug Ausschau hielten, kehrten immer wieder die gleichen Gedanken zurück. Wie würde wohl der weitere Verlauf unserer Reise erfolgen? Fest stand, dass wir noch hinauf wollten zum Ngoro-Ngoro-Krater, danach zurück nach Arusha und weiter nach Süden bis hinunter nach Daressalam, zur Hauptstadt von Tanganjika. Dort würden wir den südlichsten Punkt unserer Reise erreicht haben. Alles Weitere war unklar. Denn von Daressalam aus begann der lange und ungewisse Weg zurück nach Norden in Richtung Heimat. Nur wie und auf welcher Route dies erfolgen sollte, das wusste im Moment noch keiner von uns.

Es wurde vier Uhr nachmittags und wir standen noch immer am Straßenrand in Mto Wa Bu. Seit Stunden schon war kein Fahrzeug vorbeigekommen. Was tun, als sich weiter mit der näheren Umgebung zu beschäftigen? Den üppigen Plantagen nach zu schließen dürfte es hier sehr fruchtbar sein. Sämtliche Flächen im näheren Umkreis des Ortes waren dicht bepflanzt mit Baum- und Gemüsekulturen. Auch auf beiden Seiten der Straße dominierte intensives Grün. Nur ein paar Kilometer vor dem Ort hatte uns noch entlang der Straße eine ausgedörrte gelbbraune Savannenlandschaft begleitet. Schon hatten wir für heute alle Hoffnung fahren lassen und mit großer Besorgnis an die kommende Nacht in Gesellschaft der hier sicherlich recht zahlreich vertretenen Moskitoschwärme gedacht, als endlich ein Wagen auftauchte und hielt. Bis zum Abend schafften wir es noch bis nach Karatu, einer kleinen Ansiedlung etwa 60 Kilometer westlich von Mto Wa Bu. Am westlichen Horizont zeichneten sich bereits die dunklen Umrisse des Ngoro-Ngoro-Kraters ab. Angenehm kühl war es hier, lag doch Karatu wieder recht hoch, etwa 1800 Meter über dem Meer.

Nach alter Gewohnheit gingen wir gleich zur Polizeistation. Dort überraschte uns der Kommandant mit unzähligen Fragen über unsere Heimat. Geflissentlich antworteten wir, so gut es ging, obwohl wir uns viel lieber sofort zurückgezogen hätten, um gleich mit der Zubereitung unseres Abendessens zu beginnen. Der Hunger war groß, doch der Polizeioberste ließ nicht locker und alle Anzeichen sprachen für kein rasches Ende unserer Unterhaltung. Natürlich hatten wir volles Verständnis für sein Interesse, denn bei dem sicher eher monotonen Job war unsere Anwesenheit für ihn eine willkommene Abwechslung. Und unhöflich wollten wir ja auch nicht werden. Vielleicht half es, die Unterhaltung in Richtung Monolog auslaufen zu lassen. Die Methode griff, endlich kam unser Gesprächspartner auf unser Anliegen zurück und bot uns für die Übernachtung eine der Gefängniszellen an. Doch kaum die Eingangstür geöffnet, ging es schon wieder los: Ob es denn in den großen Städten Polizeistationen mit Gästezimmern gäbe? Fast spontan und etwas genervt entgegneten wir: *„Touristen wie wir sind in diesen Polizeistationen nicht willkommen, wozu also Gästezimmer bereitstellen?“* Das wollte der Gute, ein noch unverdorbener, naiver Polizeibeamter vom Land, nun gar nicht verstehen. Bevor er weitere Gedanken zu spinnen begann, fassten wir Mut und wiesen ihn auf unser Nahrungsaufnahmedefizit hin. Das Stillen von Hunger, also ein elementares Grundbedürfnis, war in Schwarzafrika nur zu gut bekannt. Die Taktik half. Etwas enttäuscht trollte er sich von dannen. Während unser kleiner Benzinkocher das uns wohlbekannte Rauschen von sich gab, sahen wir durch das Gitter des kleinen Zellenfensters die Silhouette des Ngoro-Ngoro-Kraters am erlöschenden Abendhimmel. Obwohl wir uns schon lange auf diese weltbekannte Sehenswürdigkeit gefreut hatten, wollte weder Vorfreude noch Begeisterung aufkommen. Der Abschied von Usa River drückte zu sehr auf unser Gemüt. Etwas niedergeschlagen legten wir uns nach dem Abendessen nieder. Sechzig lange Tage schon waren wir unterwegs.

Kein langes Warten am nächsten Tag. Ein Amerikaner nahm uns direkt mit hinauf zum Kraterrand und setzte uns dort ab. An einer günstigen Stelle bot sich ein unglaublicher Weitblick auf den riesigen, weit unter uns liegenden Kraterboden. Zwanzig Kilometer Durchmesser sollte der Krater haben, dessen steile Hänge dicht bewaldet waren. Mehrere große Seen und ausgedehnte Grasflächen boten dort unten ideale Lebensbedingungen für eine vielfältige Tierwelt. Doch was nützte das alles, wenn wir uns die Fahrt hinunter zum Kraterboden nicht leisten konnten. Bei einer kleinen Wanderung entlang des Kraterrandes stießen wir auf das Grab des jungen Michael Grzimek. Im Alter von 22 Jahren hatte er hier beim Absturz seines Kleinflugzeuges den Tod gefunden. Die in einer kleinen Mauerwerkspyramide eingelassene Metallplatte trug folgenden Satz: „*He gave all he possessed including his life for the wild animals of Africa.*“ Ein tragisches Schicksal, das einem sehr die Vergänglichkeit des menschlichen Daseins vor Augen führte. Sein Vater war durch die zahlreichen Appelle zum Schutz und Erhalt der Serengeti als einzigartigem Migrationsraum für die riesigen Wildherden Ostafrikas bekannt geworden. Etwas abseits der Lateritpiste versuchten wir noch einen besseren Blick hinab in den Kraterboden zu erhalten. Wir folgten einigen Spuren, die sich wenig später in mannshohem Elefantengras verloren. Da drang wieder dieser typisch scharfe Geruch von Raubkatzen in unsere Nasen. Im dichten Gras sahen wir keinen Meter weit. Die Situation riet zu rascher Umkehr.

Am Kraterrand befand sich eine hübsche Touristenlodge. Ihr rustikales Mauerwerk, das durch viele Holzelemente aufgelockert wurde, fügte sich zusammen mit dem weit herabgezogenen Reetdach recht harmonisch in das umgebende Landschaftsbild. Eine mit viel Einfallsreichtum geschaffene Gartenanlage lieferte den passenden Rahmen. Prachtvolle Blumenbeete und exotische Sträucher waren ein wahrer Blickfang, deren Blumen und Blüten in den schönsten Farben um die Aufmerksamkeit der Besucher wetteiferten. Eine gepflegte Oase inmitten der Wildnis, jedoch unerreichbar für unsere Geldbörsen.

Eher lustlos und unschlüssig standen wir wieder am Straßenrand. Hier oben weiter auszuharren hatte gar keinen Sinn. Bloß eine kalte Nacht irgendwo im Freien würde uns bevorstehen und Aussicht, den Wildreichtum im Kraterboden bewundern zu können, bestand nicht. War es nicht besser, mit der nächsten Gelegenheit wieder hinunter in wärmere Gefilde zu fahren? Und während wir geduldig auf das nächste Fahrzeug warteten, geschah auf einmal etwas merkwürdiges. Gänzlich unerwartet wurden wir beide zur gleichen Zeit von einem bis dahin unbekannten Gefühlszustand erfasst. Es dauerte eine ganze Weile, bis wir es auch wirklich begriffen hatten. Anfänglich wollte es keiner von uns so richtig eingestehen, dass es nichts anderes als Heimweh war!

Kaum zu glauben, aber es war richtiges Heimweh. Woher kam denn so plötzlich das Verlangen nach Geborgenheit, woher das Bedürfnis nach einem sicheren und verlässlichen Umfeld, woher der Wunsch nach einem vertrauten Zuhause? Die Antwort war ganz allmählich und auf leisen Sohlen in unser Bewusstsein gedrungen. Es war unser kurzer Aufenthalt in Usa River, der nach den vielen Wochen des Reisens durch ferne Lande in uns das wohl in jedem Menschen ruhende Grundbedürfnis nach Sicherheit und Verlässlichkeit wieder geweckt hatte. Und weiter gingen die Gedanken. Wer denn hatte bis zu unserer Abreise nach Afrika dieses Grundbedürfnis gewährleistet? Doch die eigene Familie, das vertraute Zuhause, schlichtweg die Heimat. Das plötzliche Bewusstwerden über das Fehlen dieses sozialen Rahmens hatte dieses Heimweh ausgelöst. Verstärkt wurde unsere fast depressive Haltung noch durch die quälende Ungewissheit über den weiteren Verlauf der Reise und die Enttäuschung, so knapp vor dem Ziel nicht hinunter in den Kraterboden gefahren zu sein. Das trübe Wetter und die Kälte in dieser Höhe taten das ihre dazu. Auch zeigte sich kein einziger Sonnenstrahl, der uns hier in dieser ungemütlichen Höhe hätte aufmuntern können.

Es war recht einsam hier oben an der schmalen Straße, die fast ausschließlich von Touristen frequentiert wurde. Unweit von uns entdeckten wir eine Bushaltestelle. Da kam auch schon, gefolgt von einer großen Staubwolke, ein vollbesetzter Bus angefahren. Sein Fahrtziel war Arusha. Die Fahrkarte dorthin würde 14 ostafrikanische Schillinge kosten. Sofort ließen wir davon ab. Schon fürchteten wir, hier in luftiger Kälte übernachten zu müssen, als ein Ford auftauchte und uns bis Arusha mitnahm. Weit wäre es nicht mehr gewesen bis nach Usa River zur Nagy-Farm. Doch wir hatten Skrupel. Kaum abgereist konnten wir nicht schon wieder anklopfen. Zudem war es bereits Nacht. Uns blieb keine andere Wahl, als bei der Polizeistation um Unterkunft zu bitten. Die diensthabenden Polizisten hatten Verständnis für unser zu später Stunde vorgebrachtes Anliegen.

Stadtausfahrt Richtung Moshi, es war früher Morgen. Bald hielt ein Wagen, drinnen ein älteres Ehepaar, das uns mitnimmt. Es waren österreichische Juden, wie wir nach kurzer Unterhaltung erfuhren. In der eigenen Muttersprache ließ es sich doch ganz anders reden und so kam es gleich zu einer angeregten Unterhaltung. Das Paar lebte schon seit Längerem in Tanganjika und schien mit seiner neuen Wahlheimat recht zufrieden zu sein. Auch unsere noch ungelösten Rückreiseprobleme kamen zur Sprache. Voller Mitgefühl wollten sie uns für ein paar Tage zu sich einladen. Im Prinzip ein willkommenes Angebot, doch der beginnende Zeitdruck und die unsichere Rückreise ließen uns keine andere Wahl, als freundlich abzusagen. In Moshi angekommen, wurden wir an der Ausfallstraße nach Süden abgesetzt. Zum Abschied gaben uns die beiden noch einen Teil ihres gerade zuvor am Markt von Arusha getätigten Einkaufs: Erdnüsse, eine Dose Thunfisch und einen Kopf Karfiol.* Eine willkommene Aufbesserung für unseren Speisezettel, auch wenn wir noch gar nicht wussten, wie der Karfiol in eine essbare Form umgewandelt werden sollte.

Von Moshi setzten wir nun die Fahrt auf der Ladefläche eines offenen LKW nach Süden fort. Nicht lange, dann war die Asphaltstraße zu Ende. Der Übergang zur einfachen Lateritpiste war nicht zu überhören. Schlagartig wurde das Fahrzeug von einem starken Dröhnen erfasst, der gesamte Aufbau auf der wellblechartigen Oberfläche der Piste in unterschiedlichste Schwingungszustände versetzt und kräftig durchgerüttelt. Besonders laut dröhnte das Blech der Fahrerkabine, an deren Rand wir uns festhielten. Eine Unterhaltung war schier unmöglich. So ging es weiter in einer hügeligen Landschaft, durch die sich das rotbraune Band der Piste schlängelte. Hinter uns folgte eine riesige, rote Staubwolke, die keine Sicht mehr nach hinten erlaubte. Langsam, aber unaufhaltsam drang der feine Staub vor, er machte auch vor uns nicht halt. Von allen Seiten kam er heran und begann, uns langsam einzuhüllen. Er begleitete uns hartnäckig bis knapp vor

* Blumenkohl.

den verschlafenen Ort Same, wo der LKW die Piste verließ. Wir kletterten von der Ladefläche. Gesicht, Haare und Kleidung waren überzogen von einer dicken, roten Staubschicht.

Das Brummen des LKW war längst verebbt. Vom Staub wieder leidlich befreit, saßen wir am Pistenrand und warteten. Um uns herum in alle Himmelsrichtungen ausgedehnte Sisalplantagen. Auf den Feldern war niemand zu sehen. Die Sisalagave lieferte reißfeste Naturfasern für die Herstellung von Säcken und Seilen. Es war schon Mittag, die Sonne stand direkt über uns und brannte mächtig herab. Wieder ein untrügliches Zeichen, dass wir im Begriff waren, die kühlen Hochlagen zu verlassen. Unweit von uns saßen ein paar Geier auf der roten Piste und äugten zu uns herüber. Worauf die wohl warteten, doch nicht etwa auf uns? Irgendwann wurde das Warten in der prallen Sonne ungemütlich. Fahrzeuge waren weder zu hören noch zu sehen, auch kein Schatten spendender Baum in Sichtweite. Wie ausgestorben erschien die ganze Gegend, alles erlahmte in der mittäglichen Hitze. Missmutig schulterten wir unsere Rucksäcke und marschierten los. Auch im Ort Same zeigte sich keine Menschenseele. Nicht ein Laut war zu hören. Selbst Hunde und das überall anzutreffende Federvieh hatten sich gut versteckt. Am südlichen Ortsende befand sich eine Polizeisperre. Es war die erste, die wir in Ostafrika antrafen. Angeblich diente sie zur Kontrolle des Reisschmuggels (?) innerhalb des Landes. Dabei war uns bislang kein einziges Reisfeld zu Gesicht gekommen. Immerhin versprachen die Polizisten, uns bei der Weiterfahrt behilflich zu sein. Doch was half die gut gemeinte Unterstützung, wenn kein Fahrzeug angefahren kam. Nur langsam verrannen die weiteren Stunden. Irgendwie kam so das Gefühl auf, als wären wir hier an die Grenze der zivilisierten Welt gelangt. Der Tag ging zur Neige, die Dunkelheit nahm von allem Besitz. Gleich neben der Sperre entfachten die Polizisten ein Feuer. Nun begann sich auch der helle Abendhimmel zu verfärben. Anfänglich nur ein schwaches Rot über den scharfen Konturen des schwarzen Horizonts, das dann von Minute zu Minute an Intensität gewann. Schließlich glühte der ganze westliche Himmel in einem feurigen Orangerot, gegen den sich die dornigen Akazien wie abstrakte Schattenrisse abhoben.

Langsam verlor das Abendglühen seine Kraft. Nur mehr der flackernde Lichtschein des kleinen Feuers erhellte die nähere Umgebung. Einer der Polizisten schenkte uns ein paar Orangen. Das gab wieder etwas Beschäftigung und vertrieb den Hunger. Endlich, so gegen 20 Uhr, kam ein alter Opel Blitz angerollt, Baujahr 1954. Vollbeladen mit allerlei undefinierbarem Schrott war er gleichfalls auf dem Weg nach Süden. Die Polizei legte ein gutes Wort für uns ein und der Fahrer, dem Aussehen nach ein Inder, sagte zu. In das Führerhaus, das für meine Begriffe bereits mehr als voll war, durfte ich mich hineinzwängen. Der arme Wif musste mit anderen Mitfahrern hinten auf der Ladefläche neben rostigem Metallgut ausharren. Die Straße wurde zusehends schlechter, es rumpelte und polterte fürchterlich. In bestimmten Abständen wurde angehalten und vom Fahrer die Frage nach dem Befinden der hinteren Mitfahrer und des Ladegutes gestellt. Droben auf der Ladefläche war es in der Zwischenzeit unangenehm kalt geworden. Von Schlafen konnte keine die Rede sein, weder draußen neben den sperrigen Metallteilen noch drinnen eingezwängt im engen Führerhaus.

Um Mitternacht erreichten wir eine kleine Stadt. Kein Lichtschein war zu sehen, überall herrschte stockdunkle Nacht. Langsam rollten wir ins Zentrum, ohne Scheinwerferlicht. Die elektrische Anlage unseres LKW war kurz vorher ausgefallen. Während der Chef des Fahrzeuges und sein Fahrer versuchten, die Panne zu beheben, unternahmen wir beide einen kleinen Rundgang durch die nächtlichen Straßen der Stadt. Gar nicht so einfach, bei der vorherrschenden Dunkelheit auf den unebenen Straßen nicht zu stolpern. Da drangen auf einmal fremdartige Klänge an unsere Ohren, begleitet von dumpf rollenden Trommelschlägen. Angezogen von dieser merkwürdigen Musik gelangten wir an ein lang gestrecktes, flaches Haus. Durch die offenen Fenster blickten wir in einen großen, schwach erhellten Raum. Nur Kinder waren zu sehen, die sich im Rhythmus der Klänge langsam hin und her wiegten. Eingehüllt in lange, weiße Gewänder befanden sie sich offensichtlich in einem tranceartigen Zustand. Obwohl es draußen dunkel war, wurden wir sofort entdeckt. Ihre verklärten Gesichter begannen zu lächeln. Es war ein unschuldiges, kindliches Lächeln, doch in einer etwas befremdenden, abwesenden Art. Einige hoben schüchtern ihre kleinen Hände und winkten uns freundlich zu. Faszination und Neugierde kamen auf. Das mussten wir uns unbedingt näher ansehen! Doch im gleichen Augenblick warnte uns ein vom Instinkt getragenes Gefühl, hier etwas zu sehen, was vielleicht nicht für Fremde bestimmt war. Noch bevor irgendein Erwachsener auf unseren unerwarteten Besuch hätte reagieren können, machten wir uns rasch aus dem Staub. Lange noch klangen die merkwürdigen Rhythmen in unseren Ohren nach. Vermutlich waren wir auf unserem Gang durch den Ort auf Initiationsriten gestoßen, die für Europäer ein klares Tabu darstellten.

Zurückgekehrt zu unserem LKW warteten bereits alle auf uns. Die Lichtanlage war wieder repariert. Wie gut und ob auch einigermaßen dauerhaft wusste wohl niemand. Sie funktionierte jedenfalls und so konnten wir wieder aufbrechen. Weiter ging es nach Süden, hinein in die dunkle, kalte Nacht. An der Stadteinfahrt von Korogwe schlug der afrikanische Pannenteufel erneut zu. Ein Hinterreifen hatte seine Luft verloren. Ein Reserverad gab es nicht. Ausgeschlossen, den Schaden mitten in der Nacht zu beheben. Mit dem letzten Quäntchen Luft und platt gewalktem Reifen erreichten wir eine Tankstelle, wo der Morgen abgewartet werden sollte. Fast mitleidsvoll zu seinem Fahrzeug blickend, meinte der Fahrer: *„My car is now tired and needs a little sleep!“* Was für sein Fahrzeug gut war, durfte auch als durchaus sinnvolle Empfehlung für den Menschen gelten. Noch dazu, wenn die Uhr zur zweiten Stunde schlug. Im weichen Gras vor der Tankstelle fanden wir eine geeignete Stelle und schliefen sofort ein. Wir wussten allerdings noch nicht, dass Grasflächen bevorzugtes Habitat für dicke, große Erdspinnen waren. So wie es Skorpione zu tun pflegen, suchten auch sie von ihren Löchern aus gerne die Nähe der darüber befindlichen Wärme. Nur wollten sie bei ihrer Kuschelprozedur wenig gestört werden.

Beim Erscheinen der ersten Sonnenstrahlen waren wir bereits auf den Beinen. Wieder eine von diesen kurzen Nächten. Die Luft war noch ausgesprochen kalt und unsere Schlafsäcke waren regelrecht nass vom Tau. Spinnen unter unserer Schlafstätte sahen wir glücklicherweise keine. Ein frugales Frühstück bestehend aus trockenem Weißbrot, einer Fischdose und ein paar Bananen trug kaum zur Verbesserung unserer etwas angeschlagenen Verfassung bei. Außerdem war das Zeug ohne Flüssigkeit kaum hinunter zu bringen. Dann erfuhren wir, dass unser LKW hier umdrehen und wieder zurückfahren würde. Auch nicht weiter schlimm in Anbetracht des liederlichen Fahrzeugzustandes. Wer wusste schon, wie viele Pannen auf dem Weg nach Daressalam noch auf uns gewartet hätten?

Unweit von uns stand ein anderer LKW mit laufendem Motor, der gerade Anstalten machte, abzufahren. Rasch liefen wir hinüber und fragten den schwarzen Fahrer um eine Mitfahrgelegenheit. *„No, I don't like white people"*, kam prompt zurück. Das überraschte uns. So etwas war uns bislang nicht widerfahren! Enttäuscht wendeten wir uns ab. Der LKW fuhr los. Nach etwa fünfzig Metern hielt er wieder, der Fahrer öffnete die Tür, blickte zurück in unsere Richtung und rief laut: *„Okay, come on!"* (???)

Die Fahrt nach Süden ging weiter. Kurz vor dem Erreichen der großen Straßenachse Daressalam – Dodoma bog der LKW in das umliegende Gelände ab. Um uns nichts als unbewohnte Buschlandschaft, kein Haus, keine Menschenseele im näheren Umkreis. Doch das Glück war uns an diesem Tag hold. Nur wenig später brachte uns ein Landrover an die in West-Ost-Richtung verlaufende Hauptstraße. Ungewöhnlich breit und mit großzügiger Trassenführung versehen, würde die neue Straße in Kürze die Hafenstadt und derzeitige Hauptstadt Daressalam mit der künftigen verbinden: die fern der Küste gerade auf dem Reißbrett entstehende Stadt Dodoma. Die letzten Kilometer bis Daressalam, dem südlichsten Punkt unserer Reise, verbrachten wir auf den schweren Mehlsäcken eines total überladenen LKW. Es regnete leicht. An der Peripherie empfing uns ein Meer von hoch gewachsenen Kokospalmen. Wie wir bald feststellen durften, waren es vor allem die Kokospalmen, die der Stadt ihren besonderen Reiz gaben.

Im Stadtzentrum angekommen galt unser erstes Interesse der Insel Sansibar. Die kleine, Daressalam vorgelagerte Gewürzinsel hatte uns schon seit Langem fasziniert. Allein schon ihr Name versprach viel Geheimnisvolles. Ehemals wichtige Anlaufstelle für alle Schiffe aus dem arabischen Raum, stand sie über mehrere Jahrhunderte unter orientalischem Einfluss. Mit ihrer geschichtsträchtigen Vergangenheit lockte die Insel zu einem Besuch, der mit einem Fährschiff von Daressalam aus leicht zu bewerkstelligen war. Dort wollten wir vor dem Rückweg nach Norden noch ein paar erholsame Tage verbringen.

Für Sansibar war ein Visum erforderlich, also wendeten wir uns gleich nach der Ankunft in der Stadt an das Immigration Office. Mindestens eine Woche würde das dauern, wurde uns mitgeteilt. Zudem gäbe es derzeit Unruhen auf der Insel. So sei es im Moment nicht ratsam, dorthin zu fahren. Osteuropäische Agenten würden gerade alles daran setzen, das bestehende Regime zu stürzen. Wiederholt war auch uns zu Ohren gekommen, dass mittelfristig die beiden erst vor Kurzem unabhängig gewordenen Länder Tanganjika und Sansibar in das östliche Ideologielager abdriften könnten.* Anlässlich dieser sich anbahnenden politischen Veränderungen schrieb ich am 1. September 1964 an meine Freundin einen Brief mit folgender Passage: *„Alle befürchten, dass über kurz oder lang ganz Ostafrika von den Kommunisten gekapert würde. Es wäre ewig schade um dieses schöne Land (Tanganjika). Das Pech der Kommunisten ist aber, dass die Schwarzen im Grunde genommen unsagbar faul sind und sich kaum für deren Ideologie mobilisieren lassen werden …“***

* Was auch tatsächlich nach dem Zusammenschluss der beiden Länder zu Tansania geschah und dem neuen Land einen drei Jahrzehnte währenden wirtschaftlichen Niedergang bescherte.

** Vierzig Jahre später kann ich über meine damals getroffene politische Einschätzung nur mit gewisser Genugtuung lächeln. Die harten Worte vom unsagbar faulen Schwarzen würde ich allerdings heute relativieren.

Enttäuscht ließen wir den Sansibar-Besuch fallen. Nächste Aufgabe war die Suche nach einer passenden Unterkunft. Die Polizei gab uns abschlägigen Bescheid, das erste Mal übrigens in Ostafrika. Da versuchten wir es bei der katholischen Mission. Dort seien pro Nacht zehn Schillinge zu bezahlen. Es folgte ein längeres Palaver, dann erhielten wir den wertvollen Hinweis, bei einer anderen Missionsstation weiter draußen am Stadtrand kostenlos schlafen zu dürfen. Also nichts wie hin, wo uns dann der verantwortliche Verwalter eine geräumige Turnkammer zur Verfügung stellte! Aussehen und Geruch erinnerten mich sofort an die gleichen Einrichtungen aus meiner Mittelschulzeit. Betten gäbe es zwar keine, dafür aber eine größere Anzahl von festen, mit dickem Leder überzogene Turnmatten als Schlafunterlage. Und dazu wurde uns noch ein eigener Schlüssel ausgehändigt! Eine gute Schlafstätte, ein sauberer Raum und ein eigener Schlüssel – und damit auch ein sorgloses Zurücklassen unseres Gepäcks – mehr hätten wir uns gar nicht wünschen können. Wir jubelten fast vor Freude. Ein Gast in einem Hotel erster Klasse hätte sich kaum besser fühlen können!

Zurück in die Stadt brachte uns ein Deutscher, den wir in der Mission kennengelernt hatten. Mit seinem Auto gelangten wir über die weitläufigen Randbezirke rasch bis ins Stadtinnere. Von Verkehr auf den gerade verlaufenden Straßen konnte kaum die Rede sein. Selbst im Stadtinnern gab es keine Hektik, alles verlief ruhig und in geregelter Form. Zudem gestalteten saubere und gut unterhaltene Straßen das Fahren sehr angenehm. Hochhäuser gab es offenbar nur wenige, der Großteil der Stadtflächen war nur locker verbaut mit vielen Grünanlagen darin. Alte, sehr hübsche und noch gut erhaltene Gebäude aus der deutschen Kolonialzeit gaben besonders dem Stadtkern ein eigenes Flair. Und die allgegenwärtigen und schön gewachsenen Kokospalmen waren untrügliches Aushängeschild für die tropische Lage der Stadt.

Obst wurde überall angeboten, vorzugsweise in kleinen Straßenläden. Es war selbst für unsere bescheidenen Geldbörsen ausgesprochen billig. Saftig aussehende Orangen weckten unsere Kauflust. Für einen ostafrikanischen Schilling (0,26 Euro) erhielten wir gleich zehn

Stück. Da wollten wir wissen, was denn Bananen kosteten. „*What costs one banana?*“, fragen wir. „*Ten cents*“, kam als Antwort. „*Okay, give us twenty for one shilling*“, ... *(?)* ... und wir erhielten sie prompt! Dabei zählte doch der Schilling nur hundert Cents, also war uns die doppelte Menge ausgehändigt worden! Wiederholt mussten wir bei unseren kleinen Einkäufen an den zahlreichen Ständen feststellen, dass die lieben Leutchen so ihre Probleme mit dem Einmaleins hatten. Sicherlich rechneten sie immer mit der Ehrlichkeit der Weißen.

Unweit des Zentrums befand sich der Hafen. Einige mittelgroße Schiffe lagen vor Anker. Im kristallklaren Wasser des Hafenbeckens tummelten sich viele Fische, kein schillernder Ölfleck tanzte auf den sanften Wellen der Oberfläche. Die Sauberkeit im gesamten Hafenbereich war sprichwörtlich mustergültig. So etwas überraschte in südlichen Breitengraden und besonders in Afrika. Unweit des eigentlichen Hafens wartete der Strand auf uns. Nicht irgendein Strand, sondern einer wie aus einem Bilderbuch! Weißer, feinkörniger Sand, warmes Wasser, blauer Himmel und sich im Wind wiegende Kokospalmen. Ein paar Einbaumsegler mit einfachem Ausleger lagen nicht weit entfernt direkt am Strand. Etwas abseits dümpelten einige kleine Segelboote in der ankommenden Dünung. Der richtige Rahmen für eine Südseeidylle. Alles keine Träumereien, sondern erlebte Wirklichkeit. Und vor uns erstreckte sich bis zum Horizont das tiefe Blau des Indischen Ozeans. Ganz unwillkürlich wurde ich in seinen Bann gezogen, vom Wunsch erfasst, da hinaus zu wollen in diese unendliche Weite, ohne ein konkretes Ziel vor Augen zu haben. Es war wiederum diese unbestimmte Sehnsucht nach Ferne, fremden Ländern und Abenteuern.

Erst nach Sonnenuntergang brachen wir auf zur Mission. Rasch setzte die Dämmerung ein. Auf dem Heimweg kauften wir noch schnell ein Pfund Karotten. Ohne die Waage zu benützen, wurde uns schon dem reinen Augenschein nach eine viel zu große Menge ausgehändigt. Etwas überrascht fragten wir den Verkäufer, ob er sich da nicht geirrt hatte. Er nahm die Karotten wieder und legte sie in die eine Waagschale und gab demonstrativ ein Pfundgewicht auf die zweite. Keinen Millimeter bewegte sich dieses nach unten. Dies veranlasste uns mit ungläubigen Gesichtern abermals zu fragen: *„It's really one pound?"* Geradezu beschwörend kam die Antwort: *„Yes, for sure, Mister, this is one pound!"* Ob es die Leute bei dieser Art von Geschäftssinn jemals zu etwas bringen würden?

Zurück in der Mission mündeten alle Gedanken in Richtung Abendessen. Wir hatten einen Bärenhunger und an diesem Abend Zeit zur Genüge. Also wurde ordentlich gekocht. Als ersten Gang gab es eine kräftige Portion Reisfleisch. Natürlich nicht mit frischem Fleisch, sondern mit Corned Beef aus der Dose, *„made in Tanganjika"*. Schließlich war wieder einmal Donnerstag und damit ein Proteingericht fällig. Anschließend machte sich Wif an die Zubereitung des am Vortag geschenkten Karfiols. Wie konnte dieser am besten verarbeitet werden? Wif hatte sich alles gut überlegt und dafür eine einfache, jedoch geniale Lösung ausgedacht. Zuerst schnitzte er zwei kleine Holzstäbchen in einer Länge, die dem Durchmesser des größten Alu-Kochtopfes entsprachen. Nun wurden sie in kreuzförmiger Anordnung auf den Boden des Topfes gelegt und Wasser hinzugefügt. Gerade so viel, dass die beiden Stäbchen bedeckt waren. Darauf wurde vorsichtig der Karfiol gelegt, etwas Salz noch hinzugefügt und der Topf mit dem Deckel auf das Feuer unseres Benzinkochers gestellt. Doch die Vorstellung, als nächsten Gang bloß im Salzwasserdunst gegarten Karfiol essen zu müssen, behagte mir gar nicht. Karfiol gab es nämlich bei meiner Mutter stets mit gerösteten Semmelbröseln zu essen. Also kam Wif meinem Wunsch nach und zerrieb hart gewordene Weißbrotscheiben zwischen zwei ineinander geschobenen Töpfen. Mit etwas heißer Butter entstanden so rasch goldbraun geröstete Bröseln, die mit dem butterweich gegarten Karfiol einen geradezu köstlich schmeckenden zweiten Gang abgaben. Anschließend tranken wir zum ersten Mal Tee ostafrikanischer Herkunft, dazu gab es ein paar Kekse. Vom Aroma dieses Tees waren wir sehr angetan. Doch als wir uns etwas später zum Schlafen niederlegten, gab es ernsthafte Probleme. Stundenlang lagen wir noch wach und so redeten wir zwangsläufig über das, was uns gerade in den Sinn kam. Hatten wir etwa zu viel gegessen? Erst im Laufe der nächsten Tage wurde uns klar, dass es dieser wohlschmeckende Tee war, der uns am

Einschlafen hinderte. Wie auch immer, seit dem Verlassen von Usa River hatten wir nicht mehr so gut und ausgiebig gegessen.

Der erste Weg am nächsten Morgen führte zur jugoslawischen Botschaft. Auch wenn noch lange nicht aktuell, so benötigten wir für die Rückreise wieder ein Visum. Wer wusste schon, wann sich die nächste Gelegenheit bot. Anschließend trennten wir uns kurz. Während ich zum Postamt ging, besorgte Wif auf dem Markt unsere Essensration für den heutigen Tag: Orangen und Bananen. Gegen 14 Uhr war Treffpunkt am Strand, wo wir dann den restlichen Nachmittag mit Baden und Faulenzen verbrachten. Stundenlang sahen wir dem unermüdlichen Spiel der Wellen zu, die von der Weite des Ozeans herangetragen sanft plätschernd am flachen Strand ausliefen. Regungslos im weichen Sand liegend beobachteten wir das geschäftige Treiben der zahllosen Krabben. Den ganzen Strand bevölkerten sie. Winzig kleine Anfänger, völlig durchsichtig und kaum wahrnehmbar für unsere Augen, aber auch solche bis zur Größe eines Handtellers, suchten unablässig den Sand nach Fressbarem ab. Die kleinste Bewegung von uns reichte und schon verschwanden sie blitzschnell im nächsten Loch. Unbeschwert genossen wir noch einmal diese Stunden am Nachmittag, denn die Zeit der Sorglosigkeit und Muße ging unweigerlich dem Ende entgegen.

Ohne geeignete Vorsichtsmaßnahmen konnte auch der schönste Strandaufenthalt böse enden. Schon am Abend war unsere Haut am Oberkörper und an den Beinen krebsrot verfärbt und begann, heftig zu brennen. Zwar hatte Wif von zu Hause ein Mittel zur Behandlung von Sonnenbrand mitgenommen, doch eines auf Alkoholbasis. Es half leider nicht, die Haut trocknete bloß noch mehr aus und unser Zustand verschlimmerte sich nur. Ergebnis unseres mußevollen Strandbesuches war jedenfalls ein schrecklicher Sonnenbrand. Wifs Rücken war derart schlimm verbrannt, dass er die nächsten Tage seinen Rucksack mit den Händen tragen musste.

Trotz dieser Malaise gab es an diesem Abend die besten Eiernockerln, die wir je auf dieser Reise gekocht hatten. Das war wohl auf die Meereshöhe zurückzuführen, denn hier in Daressalam „stimmte“

der Luftdruck. Dazu in dünne Scheiben geschnittene Tomaten, Paprika und Zwiebeln gaben dem Essen den letzten Feinschliff.

Bekanntlich lässt ein voller Magen den Menschen träge werden und soziale Verpflichtungen noch schwerer erledigen. Am südlichsten und weitesten Punkt unserer Reise war nämlich ein Lebenszeichen in Richtung Heimat fällig. Auch an jene Freunde und Verwandte, die es nie geglaubt hatten, dass wir es je bis ins ferne Ostafrika schaffen würden! Der Stapel zu schreibender Ansichtskarten wies eine beträchtliche Stärke auf, so wurden der Stunden Nachtruhe nur wenige. Nach Auslosung schrieb zuerst ich bis halb zwei Uhr, anschließend war Wif an der Reihe bis fünf Uhr morgens – in Ermangelung eines zweiten Kugelschreibers!

Wieder heimwärts

Daressalam war Wendepunkt unserer Reise. Ab hier ging es wieder zurück nach Norden in Richtung Heimat. Ob wir es wollten oder nicht, der Zeitpunkt war gekommen, nun ernsthaft über die Rückreiseroute nachzudenken, die noch immer im Ungewissen lag. Was für Möglichkeiten boten sich denn wirklich an, um wieder in heimatliche Gefilde zu gelangen? Wir rekapitulierten nochmals schnell den Stand der Dinge, der sich im Grunde genommen seit dem Verlassen des Südsudans kaum verändert hatte: Für die Heimreise die gleiche Reiseroute zu wählen, war bereits ausgeschlossen. Der Einstauvorgang am Assuanstausee hatte in der Zwischenzeit zur Einstellung der gesamten Verkehrsverbindung zwischen Ägypten und dem Sudan geführt. Somit verblieben im Prinzip nur mehr zwei große Varianten. Die erste wäre der Seeweg von Ostafrika hinüber nach Asien und von dort auf dem Landweg nach Österreich.* Mit kleinen, traditionellen Segelbooten, den aus Holz gefertigten arabischen Dhows, könnten wir von Mombasa aus kostengünstig hinauf zur arabischen Halbinsel

* Mit einem richtigen Linienschiff von Mombasa aus nach Norden zu fahren, schlossen wir aus Kostengründen von vornherein aus.

oder sogar weiter bis nach Persien segeln. Dafür würden günstige Winde benötigt, die diese altertümlichen Segelboote nach Norden blasen. Würden uns die Winde und das Schicksal bis nach Pakistan treiben, wären wir allerdings frühestens Allerheiligen zu Hause. Als zweite große Variante käme noch der Landweg über Nairobi nach Norden in Frage. Hier boten sich wieder zwei unterschiedliche Routen an. Zum einen die direkte und damit kürzere Route quer durch den Norden Kenias und das Hochland von Äthiopien. Doch auf dieser Route existierte ein schwer einschätzbares Hindernis. Das gesamte Grenzgebiet auf kenianischer Seite war zum *„restricted area"*, also zum Sperrgebiet, erklärt worden – wegen der räuberischen Shiftas aus Somalia, die die gesamte Gegend unsicher machten. Wesentlich länger, aber sicher problemlos wäre die zweite Route, die letztlich einer Wiederholung des südlichen Teils unserer Anreise gleichkäme – nur in umgekehrter Richtung, nämlich den Nil stromabwärts durch den Süden des Sudans. Doch beide Routen hatten einen großen Haken. Sie führten nur bis Port Sudan am Roten Meer, wo dann alle Wege und Straßen endeten. Alles Weitere war ungewiss.

Das war also der aktuelle Stand über die verschiedenen Rückreisemöglichkeiten zum Zeitpunkt der Abreise von Daressalam. Fest stand bloß, dass der nächste Anlaufpunkt Mombasa sein würde. Spätestens dort müssten wir die berühmte *„bridge over troubled water"* queren, nämlich die Entscheidung fällen über unseren weiteren Heimweg. Wohin würde uns das Schicksal wohl verschlagen?

Es nahm nicht Wunder, dass nach einer halb „durchschriebenen" Nacht der Großteil des nächsten Vormittags verloren ging, bis wir endlich wieder auf den Beinen standen. Rasch fuhren wir in die Stadt, gaben die Postkarten auf und versorgten uns mit Reiseproviant. Der traumhaft schöne Strand lockte und siegte. So konnte es selbst die sonnenverbrannte Haut nicht verhindern, dass wir die nächsten Stunden bis zum frühen Nachmittag wieder dort verbrachten – allerdings mit angezogenem Hemd, aufgestelltem Kragen und langer Hose. Dann aber war es so weit. Zurück in der Missionsstation packten wir unsere Rucksäcke und marschierten los. Viel Zeit verging, bis wir endlich den Stadtrand erreicht hatten. Niemand hatte uns mitnehmen wollen. Schon ziemlich weit draußen an der Peripherie hielt endlich ein Auto. Es war ein Inder, der uns zur Mitfahrt einlud. Auf Wiedersehen, ihr schönen Palmenstrände am blauen Ozean, vorbei war das herrliche Faulenzen am Strand. Der lange und beschwerliche Weg zurück in die Heimat hatte seinen Anfang genommen.

An der Abzweigung nach Korogwe setzte uns der Inder ab. Es war bereits finster und damit die Aussicht auf eine weitere Mitfahrgelegenheit gering. Hier irgendwo unter freiem Himmel zu übernachten, fanden wir beide nicht gut. Nicht ein Lichtschein im weiten Umkreis, der Hoffnung auf menschliche Anwesenheit hätte geben können. Doch nur nicht aufgeben, auch wenn es aussichtslos erschien, war in der Zwischenzeit zu unserem Leitspruch geworden. So standen wir am Straßenrand und warteten geduldig. Nichts war in dieser Dunkelheit zu sehen, dafür aber umso mehr zu hören. Geräusche unterschiedlichster Art erreichten uns von allen Seiten. Manche gar nicht so weit entfernt. Es raschelte und knackte immerzu. Wirklich ungut, so ungeschützt in dieser Finsternis zu stehen. Hier am Boden im Schlafsack zu übernachten, wäre völlig absurd gewesen. Lieber nicht daran denken, wenn auf leisen Sohlen … Da tauchte in der Ferne ein schwaches Scheinwerferlicht auf. Die Hoffnung stieg. Langsam kam es näher. Es waren zwei schlanke Strahlenbündel, die wiederholt verschwanden und manchmal auch kurz gen Himmel tanzten. Nun war auch schon deutlich der Motor zu hören. Wenig später wurden wir vom Lichtschein erfasst. Wir begannen zu winken und hofften inständig, dass das Fahrzeug auch anhalten würde. Nun war auch deutlich das Klappern einiger Karosserieteile zu hören, doch der Motor klang gut und brummte gleichmäßig vor sich hin. Zuweilen gingen Wünsche in Erfüllung, so auch dieser. Das Fahrzeug, ein Peugeot-Lieferwagen, hielt und wir wurden bis Korogwe mitgenommen, überaus glücklich, der dunklen Buschlandschaft entronnen zu sein. Zu so später Nacht blieb uns nur mehr die Polizeistation, deren Beamte uns verständnisvoll aufnahmen.

Schwarzen Tee und trockenes *„Kilimandscharo Golden Crust Bread"* in Scheiben geschnitten, mehr gab es nicht zum Frühstück. In einer abseits gelegenen Kammer der Polizeistation hatten wir etwas länger schlafen können, weshalb der Stundenzeiger der Uhr schon auf neun stand, als wir endlich aufbrachen. Nur in kleinen Etappen ging es auf der roten Lateritpiste voran, die wieder über große Strecken entlang ausgedehnter Sisalplantagen führte. Es staubte fürchterlich und die Karosserien der Fahrzeuge wurden auf der schlechten Straße brutal durcheinander gerüttelt. Endlich erreichten wir Moshi. Kein Grund, sich dort länger als unbedingt nötig aufzuhalten in Anbetracht der schlechten Erinnerungen an diese Stadt. Rasch und ohne Umschweife strebten wir dem westlichen Stadtrand zu. Im Schatten eines wunderschön rot blühenden Nandiflame-Trees begannen wir mit dem Autostoppen. Hinter uns hob sich in nordwestlicher Richtung die mächtige, schneeweiße Eiskappe des Kilimandscharo gegen den azurblauen Himmel ab. Ein wunderschöner Anblick und schon kehrten die Gedanken zurück an unsere Bergtour. Es waren keine zwei Wochen vergangen, dass wir von seinem Gipfel aus voll Stolz und Freude in die Ferne geblickt hatten.

In Usa River wurden wir ganz herzlich begrüßt, so als wären wir schon alte Bekannte. Ausführlich mussten wir von unseren Eindrücken aus Daressalam berichten, denn der Süden des Landes war allen wenig bekannt. Ganz nach der Art des Hauses folgte ein ausgezeichnetes Abendessen. Ohne es zu ahnen, würde es auf dieser Reise nur noch eine einzige Gelegenheit mehr geben, sich richtig satt zu essen. Bis spät in die Nacht saßen wir wieder am flackernden Kaminfeuer und unterhielten uns angeregt über Afrika und lokales Geschehen. Erst zu einem viel späteren Zeitpunkt stellten wir fest, dass bei den vielen Gesprächen auf der Nagy-Farm die Zukunft der Farm nie zur Sprache gekommen und auch kein kritisches Wort über die sich ankündigenden Veränderungen im Land gefallen war.

Am nächsten Morgen besorgten wir uns in Arusha ein neues Visum für Kenia. Sicher ist sicher, wer wusste schon, wozu wir es noch brauchen würden. Zurückgekehrt nach Usa River steckte uns Rosa, die Innsbrucker Köchin, zum Abschluss noch eine großzügige Wegzehrung in die Taschen. Dann aber wurde es ernst. Es hieß nun wirklich Abschied nehmen von inzwischen lieb gewonnenen Menschen. Abschied auch von diesem kleinen Paradies, wo wir uns rundherum so richtig wohl und zufrieden gefühlt hatten. Es gehört wohl zu den unausweichlichen Besonderheiten des Lebens, dieses ewige Kommen und Gehen, das Sich-Kennenlernen und Sich-wieder-Trennen. Wenig später standen wir am Ortsrand von Usa River in der Gewissheit, dass es nun wirklich das letzte Mal gewesen sein würde. Wann gab es wohl ein Wiedersehen?*

Unser nächstes Ziel war die Hafenstadt Mombasa am Indischen Ozean. Von dort mit einer arabischen Dhow irgendwohin nach Norden zu gelangen erschien uns vorerst als die leichtere Variante. Ohne Probleme erreichten wir am späten Nachmittag Moshi. Noch ein letzter flüchtiger Blick zurück zu unserem „Kili", der gerade wieder in den Wolken verschwand. Ein paar Kilometer schafften wir noch, dann brach die Dämmerung herein. In einem kleinen Ort direkt an der Hauptstraße wendeten wir uns an den Lehrer der Elementarschule. Kein Problem, wir seien herzlich willkommen. In dem einzigen Klassenzimmer der Schule könnten wir übernachten. Wenig später waren wir umringt. Sämtliche Schüler des Ortes waren auf den Beinen. Für sie waren wir eine echte Sensation, für den Lehrer eine besondere Ehre, zwei so große und erwachsene *„students from Europe"* als Gäste bei sich zu haben. Ganz konnte der Lehrer das auch nicht verstehen, dass wir noch immer Studenten seien. Schier ungläubig kam es von seinen Lippen: *„You are still students? Look, ours are so small."*

Von der Fahrt hinunter an die Küste gab es nicht viel zu berichten. Hinter Moshi verließen wir das Hochland, es wurde heiß und trocken. Die offene Grassteppe wich einem lockeren Baumbestand. Kein Hügel weit und breit, die flache Landschaft erschien wie ausgestorben. Allgegenwärtig war der rote Lateritstaub. Die vielen kahlen Bäume ließen die gesamte Landschaft noch trostloser erscheinen.

---

* Es sollten 39 lange Jahre vergehen, bis ich im Jahre 2003 am Grab des Dr. Andreas von Nagy stehen würde. Hoch oben in den bewaldeten Ausläufern des Mt. Meru, in seinem geliebten Jagdgebiet, hatte er auf einer kleinen Anhöhe seine letzte Ruhestätte gefunden. Wie gerne hätten wir ihn noch einmal gesehen. Weitere drei Jahre verstrichen, bis es nach längerem Nachforschen zu einem Treffen mit Frau Knapitsch und ihren beiden Töchtern Gerhild und Runhild in Kärnten kam.

Selbst als wir den Tsavo-Nationalpark durchquerten, ließ sich kein Tier blicken.

Gegen 17 Uhr trafen wir in Mombasa ein. Das weiß leuchtende Wahrzeichen der Stadt, riesige, nachgebildete Elefantenstoßzähne, die in gekreuzter Form die Hauptstraße umspannten, sollte an den vergangenen Reichtum des Elfenbeinhandels erinnern. Es war an der Zeit, sich um eine Unterkunft zu bemühen. Beim YMCA hatten wir kein Glück, dafür aber bei der Polizeistation im Stadtzentrum. Doch nur für eine Nacht. Rasch nutzten wir das restliche Tageslicht, um uns im Hafen nach auslaufenden Schiffen zu erkundigen. Nichts Konkretes war in Erfahrung zu bringen. Zurück im Stadtzentrum suchten und fanden wir jene Bar, die uns damals auf dem Nildampfer der Schweizer Heinz so schwärmerisch empfohlen hatte: die Rainbow-Bar. Groß waren sie nicht, unsere Erwartungen, aber zugegeben, ein wenig neugierig waren wir schon. Doch welch eine Enttäuschung erwartete uns dort. Kahle Wände, die Ausstattung nüchtern und einige weibliche Wesen hinter der Theke. Genauer gesagt, die erste Wahrnehmung bei dem gedämpften Licht beschränkte sich eher auf dunkle Konturen. So als hätten sie bloß auf uns gewartet, gesellten sich die Mädchen sofort zu uns. Irgendwelche Hemmschwellen schienen sie wohl nicht zu haben. Doch an diesen mageren Wesen konnte wirklich nichts genesen. Da war aber schon gar nichts, was unsere Aufmerksamkeit hätte erregen können. Noch bevor es anfing, peinlich zu werden, tauchte zu unserer Erleichterung und Überraschung Heinz persönlich auf. Immerhin lud er uns zu einem Bier ein. Geld hatte er ja zur Genüge, denn wir hätten uns diesen Luxus niemals erlauben können. Reichlich enttäuscht machten wir uns nach einer halben Stunde aus dem Staub. Das also war eine der besonderen Empfehlungen unseres so erfahrenen Weltenbummlers! Das soeben Erlebte untermauerte lediglich unsere Meinung, die wir bereits von ihm gewonnen hatten. Zurück in der Polizeistation, legten wir uns bald schlafen. Noch lange kreisten die Gedanken um unsere weitere Reise. Die Ungewissheit des Kommenden begann zu nagen …

Den Großteil des darauf folgenden Tages verbrachten wir im alten Hafen und den angrenzenden Küstenstreifen. Stundenlang ging es durch enge, winkelige Gassen, über unzählige alte, von Zeit und Geschehen geformte Steinstiegen hinauf und hinunter. Es gelang uns, Kontakt mit Leuten aufzunehmen, die über Fahrrouten arabischer Dhows hinüber nach Arabien Bescheid wussten. Meist waren es dunkelhäutige, etwas zwielichtig aussehende Araber, denen man besser des Nachts nicht über den Weg laufen sollte. Offensichtlich gab es der Möglichkeiten mehr als gedacht, mit diesen einfachen Segelbooten von hier wegzukommen. Doch alles war äußerst ungewiss. Es könnte Tage, vielleicht sogar Wochen dauern, bis sich eine konkrete Gelegenheit anbieten würde. Und über die Dauer einer derartigen Segeltour wollte sich keiner so richtig äußern. Alles hinge vom Wind und dem Willen Allahs ab. Während ich wieder einmal mehr zum Pessimismus neigte und zu anderen Lösungen tendierte, sah Wif den Sachverhalt insgesamt weit positiver. Das war auch gut so. Nach langem Palaver mit einem dieser Typen schien sich dann doch eine Mitfahrgelegenheit bis nach Pakistan abzuzeichnen. Sie würde über Aden, der größten Hafenstadt im Yemen führen. Allerdings brauchten wir für beide Länder Visa, die hier nicht erhältlich waren …

Auf unseren Streifzügen durch die Altstadt gelangten wir auch zum Fort Jesus. Ein alter, wuchtiger Bau, der, direkt an der felsigen Küste errichtet, für ankommende Handelsschiffe und solche mit weniger friedlichen Absichten schon von Weitem sichtbar gewesen sein musste. Meterdicke Steinmauern dienten vormals portugiesischen Seefahrern als Bollwerk gegen anstürmende Feinde. Jahrhunderte der Sonne, Hitze und des Regens hatten dem Gemäuer stark zugesetzt und die einst sicher glatten Steine sehr rau werden lassen. Dunkle Flechten an der Oberfläche der klobigen Steinquader unterstrichen noch das morbide Aussehen des Bauwerks. Hoch oben von den Zinnen und durch die schmalen Schießöffnungen boten sich schöne Blicke hinaus auf die Weite des Indischen Ozeans. Gefangen von den Eindrücken dieses Bauwerks und den Vorstellungen, was sich hier so alles vor langer Zeit hinter diesen Mauern zugetragen haben mochte, vergaßen wir für kurze Zeit die Sorgen um unsere Weiterreise.

Zurück in der Stadt trafen wir Heinz und gingen gemeinsam zur Seemannsmission schwimmen. Anschließend begann wieder die Quartiersuche. Der Sikh-Tempel wurde uns als günstige Lösung empfohlen. Also nichts wie hin. In der Tat keine Kosten, dafür harter Betonboden in einer etwas abseits gelegenen Nische und, noch nicht ahnend, geflügelte Tiere in hungriger Warteposition. Große Lust zu kochen hatte keiner von uns. So aßen wir ausnahmsweise auswärts in einem von Heinz empfohlenen Restaurant. Es war in der Tat das erste Mal, dass wir uns an Ostafrikas einheimischer Küche wagten. Doch dies bloß um günstig wegzukommen. Sogleich waren sie wach, die schlimmen Erinnerungen an Ägyptens Straßengerichte. Doch der Versuch verlief erfolgreich – weder Bauchgrimmen noch überstürzte Toilettenbesuche in den Stunden danach.

Doch die Nacht wurde in besonderer Weise gepfeffert durch die Anwesenheit einer ausgesprochen aggressiven Population stechender Geschöpfe der Gattung wirbelloser Tiere. Was konnte es wohl anderes sein als diese verd… Moskitos! Kaum auf dem Betonboden des Tempels niedergelegt, war auch schon deutlich das helle Summen ihrer Flügel zu hören. In wahren Heerscharen stürzten sie sich auf uns. Wif verkroch sich sofort unter seinen dünnen Deckenschlafsack und war damit einigermaßen in Sicherheit. Ich dagegen hielt es unter der dichten Daunenfülle meines US-Armeeschlafsackes nicht lange aus. Die Hitze wurde unerträglich. Als die ersten Schweißperlen von der Stirn zu tropfen begannen, gab ich auf und musste mich von der dicken Hülle befreien. Mehr brauchte ich nicht zu tun. Es war das Signal zum kollektiven Angriff. Ich wurde sofort willkommenes Opfer der offensichtlich total ausgehungerten, bereits wartenden Biester. Sämtliche herumschlagende Abwehrbewegungen halfen nichts gegen die anhaltende Aggressivität. In meiner Verzweiflung griff ich erneut zum Schlafsack. Wiederum Schweißperlen, Abdecken, Herumschlagen, es half alles nichts. Sie kamen von allen Seiten und waren angriffslustiger denn je! Es war wirklich zum Verzweifeln. Und wie endete sie, diese Nacht auf dem Hoheitsgebiet einer fremden Religion? Nach derartigen Nächten pflegten wir stets zu sagen: *It was again a night without sleeping!*

Ein neuer Tag brach an. Nichts sollte unversucht bleiben. Warum es nicht auch bei den Vertretungen der verschiedenen Schifffahrtslinien probieren? Doch bald wussten wir, dass es dort keine Chance gab, alle Angebote waren unerschwinglich. Die billigste Linie verlangte immer noch 44 englische Pfund (230 Euro) bis nach Suez. Entmutigt zogen wir von dannen. Immerhin hatten wir bei dieser Gelegenheit erfahren, dass es im Hafen so etwas wie eine Dhow Registration geben sollte. Dort wurde uns in Aussicht gestellt, in etwa drei bis vier Wochen nach Djibouti gelangen zu können. Das hörte sich im ersten Moment gar nicht so übel an. Djibouti war doch die kleine französische Kolonie am Roten Meer und der gleichnamige Hafen lag direkt vor den Toren Äthiopiens! Da hätten wir den gesamten unsicheren Süden bereits hinter uns. Doch vier Wochen Reisezeit! Unmöglich, das war uns zu lange und überdies zu unsicher, da keinerlei Angaben über die Route zu erhalten waren. Was passierte, wenn das Boot wegen ungünstiger Winde für längere Zeit im kommunistisch regierten Aden vor Anker gehen müsste und wir ohne Visum wären? Keine Antwort war auch eine Antwort. Die Stimmung sank. Deprimiert kehrten wir zum Sikh-Tempel zurück, kochten unser Abendessen und legten uns nieder. Eine weitere Nacht des Leidens begann, die uns nur wieder verstärkt mit dem Schicksal hadern ließ.

An diesem Tag musste sie fallen, die Entscheidung über die weitere Reiseroute. Noch länger zu warten, hatte einfach keinen Sinn. Doch sie durfte keinesfalls unter dem Druck der Gegebenheiten erfolgen. Deshalb gingen wir nach dem Frühstück nochmals hinunter zum alten Hafen, badeten ein wenig und sammelten gedankenverloren die Hüllen von Krabben, Seesternen und Muscheln. So als gäbe es überhaupt keine schwerwiegenden Probleme zu lösen. Da sprach uns ein alter arabischer Seemann an. Sein sonnenverbranntes Gesicht war vom Wind und Wetter zerfurcht, doch seine dunklen Augen leuchteten, als er zu erzählen begann. Schon bald merkten wir, dass er im Gegensatz zu den bisher kennengelernten Mittelsmännern ein aufrichtiger Vertreter seiner Zunft war. Voller Stolz zeigte er uns seine alte Dhow: ein fast ehrwürdiges Gefährt, das wie handgeschnitzt aussah. Der aus Holz gebaute Rumpf schien noch recht solide zu

Wieder ein Lebenszeichen Richtung Heimat, dieses Mal aus Mombasa

sein, auch die gesamte Segelausrüstung erweckte Vertrauen. Er würde uns mitnehmen bis nach Djibouti und dies noch dazu unentgeltlich! Allerdings nur auf dem offenem Deck. Der darunter befindliche Stauraum sei bereits gefüllt mit Kisten und Säcken. Auf unsere vorsichtige Frage, wie lange wohl die Fahrt bis dahin dauern würde, kam nach kurzem Nachdenken eine sicher ehrliche Antwort: *„Bei gutem Wind etwa eine Woche, bei schlechtem bis zu einem Monat!“* Einen Augenblick lang liebäugelten wir mit dem Angebot. So eine Art von Segeltour wäre schon ein echtes Abenteuer. Letztendlich war uns das Risiko zu hoch. Enttäuscht trennten wir uns von dem Gedanken.

Der Moment zu handeln war gekommen. Noch länger zu warten schien einfach keinen Sinn mehr zu haben! Mit gemischten Gefühlen gingen wir gegen 14 Uhr ein letztes Mal zur Dhow Registration. Keine positive Nachricht, alle Angebote scheiterten an der Dauer oder Unsicherheit. Wir gaben auf. Damit war das Kapitel Seeweg für uns beendet. Somit blieb nur mehr die Rückreise auf dem Festland. Großes Aufatmen, denn nach Tagen quälender Unsicherheit empfand ich diese Entscheidung fast wie eine Erlösung. Endlich konnte es wieder vorangehen. Doch irgendwelchen Illusionen brauchten wir uns gar nicht hingeben. Der vor uns liegende Landweg würde, sei es wie es sei, gepflastert sein mit vielen Unwägbarkeiten. Aber im Gegensatz zum Seeweg konnte er sofort begangen werden. Nairobi war nun die nächste Anlaufstelle. Bis dorthin hatten wir noch etwas Zeit zum Nachdenken. Und dann? Alles Weitere würde sich schon ergeben …

Ein paar junge Inder der dortigen *High Society* waren gerade mit ein paar Mädchen in ihrem VW unterwegs. Bloß auf einer reinen Spritztour hinaus an den Stadtrand. Gut gelaunt nahmen sie uns mit. Die Musik im Wageninneren lief auf voller Lautstärke. Bloßes Imponiergehabe? Ein nagelneues Radio samt eingebautem Plattenspieler war Quelle des überaus reichen Dezibelausstoßes. Sicherlich wollten sie damit den anwesenden Mädchen zeigen, dass sie auf dem neuesten Stand der Technik waren. Und dies dürfte sogar stimmen, denn selbst für uns war das etwas ganz Neues. Nach ungefähr 30 Meilen setzten sie uns ab und fuhren zurück in die Stadt.

Wieder standen wir am Straßenrand und warteten. In Gedanken sahen wir noch die palmenbesetzten Strände des Indischen Ozeans, die üppige Farbenwelt der feuchten Tropen, das pulsierende Leben in den engen und überfüllten Gassen der Stadt. Nun lag das bunte und turbulente Treiben der Stadt Mombasa hinter uns; vor uns die schnurgerade verlaufende Asphaltstraße nach Nairobi, nüchtern und grau. Etwa ein Omen für das Kommende? Wenn alles gut ging, würden wir früh am nächsten Tag dort eintreffen. Also gar nicht so viel Zeit bis zur nächsten Weichenstellung. Noch hatten wir keine Ahnung, was uns in Nairobi erwarten würde und keine Vorstellung, wie es hinter Nairobi weitergehen sollte, falls wir uns für die Route über Äthiopien entscheiden sollten. Der Weg zurück in die Heimat setzte seinen unsicheren Lauf fort …

Ein LKW hielt, er war unterwegs nach Nairobi. Das traf sich gut, denn die Sonne war gerade im Begriff, sich zu verabschieden. Hoch oben auf einer Ladung aus harten Kokosnüssen und stacheligen Eisennägeln fanden wir in einer Vertiefung etwas Platz. Reichlich unbequem verbrachten wir so die folgenden Stunden in luftiger Höhe. Unentwegt starkes Rütteln und heftige Stöße ließen diese Fahrt, wie schon des Öfteren erlebt, zu einer weiteren *„night without sleeping“* werden.

Die Nagy-Farm in Usa River

Unsere Unterkunft auf der Nagy-Farm mit dahinter liegendem Mt. Meru

Beeindruckende Trophäensammlung am Kamin der Nagy-Farm

Aufstieg zum Kilimandscharo

Senezien mit Mt. Mawenzi im Hintergrund

Blick vom Kraterrand des Kilimandscharo hinunter zum Mt. Mawenzi

Der stark vergletscherte Kraterrand des Kilimandscharo

Wif unf Rolf am Kraterrand des Kilimandscharo

Bergwald bei Usa River mit Mt. Meru

Dr. Nagy mit einem Flamingo für sein Naturreservat

Rolf mit Kaphasen im Jagdcamp von Dr. Nagy

Nashornbegegnung nahe des Lake Manyara Nationalparks

Gepard im Jagdgebiet von Dr. Nagy südöstlich von Usa River

Blick in den Ngorogoro-Krater

Warten auf eine Mitfahrgelegenheit in einer Sisalplantage vor Same (Tanganyika)

Auslegerboote am Strand von Daressalaam

Der Hafen von Daressalaam

Stilleben am Strand von Daressalaam (Indischer Ozean)

Wahrzeichen von Mombasa

Nun wird es ernst

Irgendwann am Vormittag trafen wir in Nairobi ein. Von hier führten, wie schon einmal erwähnt, im Prinzip zwei mögliche Routen weiter nach Norden. Beide allerdings nur bis in den nördlichen Sudan, genau genommen bis zur Hafenstadt Port Sudan am Roten Meer. Dort endeten alle landgebundenen Verkehrsmittel. Für das nördlich davon liegende unwegsame Wüstengebiet und die anschließende Strecke weiter bis nach Kairo zeichnete sich vorerst keine Lösung ab.

Ohne es direkt ausgesprochen zu haben, tendierten wir beide von Anfang an zur ersten Route, nämlich zur Durchquerung Äthiopiens. Natürlich wussten wir nur zu gut, was uns dort erwarten könnte. Diese Route würde mit Sicherheit das größere Risiko bergen. Doch die andere Route, also nochmals den gleichen Weg der Anreise zu wählen und auf dem Nil zurückzufahren, erschien uns etwas einfallslos. Es passte einfach nicht in unser „Konzept". Und nicht zu vergessen: Wer wusste schon, was uns die Sudan Railways in Juba bei der Bezahlung der Fahrscheine wieder für Bedingungen gestellt hätte.

Der erste Weg führte zur Polizei. Sie konnte uns, wie nicht anderes erwartet, selbst nach längerer Beratung keinen Passierschein für Kenias Norden ausstellen. Ja, was sollten wir denn nun tun, wenn sich gleich zu Beginn dieser Route derartige Hindernisse aufbauten? Wie schon des Öfteren war guter Rat teuer. Immerhin gab uns der Polizeichef noch den Hinweis, dass in Kürze von Nanyuki, einer Kleinstadt nördlich von Nairobi, ein LKW-Konvoi zur Nordgrenze aufbrechen würde. Einzige Bedingung für die Mitreise sei ein äthiopisches Visum in unseren Pässen. Nur dies zu erhalten dürfte, das wussten wir bereits von anderen Autostoppern, keine einfache Angelegenheit werden. In Nairobi gab es ein österreichisches Konsulat. Vielleicht konnte uns der Konsul persönlich den Weg bei der äthiopischen Botschaft ebnen? So wurden wir bei ihm vorstellig. Ein netter, älterer Herr namens Koch empfing uns, dem wir unser Anliegen vortrugen. Schon nach wenigen Sätzen begann er, langsam und bedächtig mit dem Kopf zu wiegen, dann gegen Ende unserer

Ausführungen kamen in seinem Gesicht Ungläubigkeit und Verwunderung auf. Dies war ihm auch nicht übel zu nehmen, denn nach durchfahrener Nacht auf einem LKW war allein schon unser Äußeres alles andere als repräsentativ. Schließlich endete unsere Unterhaltung mit der Empfehlung: *„Versucht es einfach und fahrt los. Ihr werdet ja sehen, ob ihr durchkommt!"* Hm, sehr viel weiter half das gerade nicht. So versuchten wir unser Glück direkt bei der äthiopischen Botschaft. Für Flugreisende ein Visum auszustellen sei gar kein Problem, wurde uns von einer sehr hübschen Vorzimmerdame mit verbindlichstem Lächeln mitgeteilt. Doch für den Landweg käme das nicht in Frage, es sei denn, die kenianischen Behörden stellten uns eine Sondergenehmigung für die Durchreise nach Norden aus. Ach, da sah man es wieder. Wie einfach alles mit einem Flug gewesen wäre. Der aber hätte viel Geld gekostet und das hatten wir nicht. Ohne Geld ging eben nichts oder nur mit einer Gratwanderung am Rande der Legalität. Also wieder zurück zur Polizei. Dort drehte sich das Karussell der Ausweglosigkeit bloß ein Stück weiter. Das Ausstellen eines Passierscheines durch den unsicheren Norden sei auf einmal ausschließlich Sache der kenianischen Regierung. Wer, wie und wo dieses Papier ausgestellt würde, wusste natürlich niemand.

Reichlich enttäuscht verließen wir das Polizeigebäude. Aber deswegen aufgeben wollten wir noch lange nicht. Wir wussten, dass Armin Schröter, ein guter Freund von Horst Halbach im Westwood Parkhotel arbeitete. Armin war Äthiopienkenner und konnte uns vielleicht weiterhelfen. Im besagten Hotel trafen wir einige seiner Freunde. Er selbst war aber nicht mehr da, er hatte gerade einen Job im Tsavo-Nationalpark angenommen. So ein Pech. Im Hotel gäbe es nämlich keine Arbeit mehr, wurde uns mitgeteilt. Tatsächlich, alle Räumlichkeiten standen leer und nirgends waren Gäste zu sehen. Das Hotel machte jedoch einen sehr gepflegten Eindruck. Weshalb also keine Gäste?

Da trafen wir eine junge Deutsche, die noch im Hotel beschäftigt war. Auf die Frage, weshalb im Hotel keine Gäste waren, kam sie ohne Umschweife auf den politischen Umbruch zu sprechen, der gerade im Land stattfand und auf die damit zusammenhängenden wirt-

Wif und Rolf gejagt von der Zeit und wilden Tieren – Ausschnitt von Wifs Aerogramm an seine Eltern

schaftlichen Folgen. *„Ob ihr es glaubt oder nicht, alles wird sich nun ändern in diesem Land und es wird nie mehr so sein wie es bisher war"*, sagte sie mit einem leichten Unterton der Enttäuschung, vielleicht sogar Verbitterung. Und weiter: *„Das alte Afrika wird es bald nicht mehr geben, die Zeiten sind ein für allemal vorbei!"* Eine Epoche würde zu Ende gehen und alles einer unsicheren Zukunft entgegensehen. Also nicht nur Einheimische europäischen Ursprungs, auch Ausländer, die erst ein paar Jahre hier waren, dachten ähnlich skeptisch.

Wir gingen kurz durch die leeren Säle und, als ob diese stellvertretend für die gesamte Situation im Lande wären, fühlten und spürten wir regelrecht, dass hier die vorausgesagten Veränderungen bereits im Gange waren. Diese großen, kahlen Räume verstärkten noch dieses merkwürdige Gefühl des Verlassenseins, das Gefühl, irgendwo im Nichts zu stehen ohne Orientierung, ohne eine Gewähr auf Fortsetzung vor Augen zu haben. Noch viele Jahre später habe ich deutlich die junge Frau vor mir gesehen. Auch sie hatte schon damals den Ernst der Lage erkannt und die schwerwiegenden Veränderungen, die das Land und vor allem die dort lebenden Weißen in den kommenden Jahren durchmachen würden, vorausgeahnt.

Ein hilfreicher Franzose lud uns zum Mittagessen ein. Anschließend holte uns die Realität wieder ein. Was tun, wie ging es weiter? Es half alles nichts, wir mussten uns nun wegen des aufkommenden Zeitdrucks zu einer Entscheidung durchringen. Anfang Oktober wollten wir spätestens zu Hause sein und wir hatten schon den neunten September! Nun trugen die bei der Polizei erfahrenen Hindernisse nicht gerade dazu bei, sich mit großer Begeisterung für die direkte Route nach Norden zu entscheiden. Vielleicht war es doch vernünftiger, wieder mit dem Nildampfer die Reise durch den Sudan nach Norden fortzusetzen. Einmal Khartum erreicht, würde sich mit Sicherheit schon etwas anbieten. Und sei es, dass wir auf dem Kamelrücken bis nach Ägypten reiten hätten müssen! Aber das waren, um ehrlich zu sein, eher halbherzige Überlegungen. Als wir dann in der sudanesischen Botschaft erfuhren, dass das nächste Schiff von Juba bereits am kommenden Samstag, also in drei Tagen, abfahren würde und damit für uns nicht mehr erreichbar war, gab es kein Zögern mehr. Wir entschieden uns für die direkte Route nach Norden über Äthiopien.

Gewiss keine leichte Entscheidung. Uns war klar, dass es der Hindernisse viele geben würde, zumal gleich die erste Hürde, nämlich die Durchquerung des Nordens von Kenia, praktisch „vor der Haustür" lag. Am nächsten Tag schon bei der Einreise in das Sperrgebiet würden wir mit diesem Problem konfrontiert werden. Und falls wir die weitere Fahrt bis zur äthiopischen Grenze unbeschadet überstehen sollten, wartete dort schon die nächste Hürde auf uns, nämlich die Grenzüberschreitung ohne Visum nach Äthiopien. Was würden wir machen, falls uns die äthiopischen Grenzbeamten nicht weiterfahren ließen? Und weiter: Gab es im Süden Äthiopiens überhaupt Verkehrsmittel, befahrbare Wege oder gar Straßen? Lauerten dort nicht hinter jedem Busch rücksichtslose Wegelagerer, die ohne Skrupel auch Menschen töten würden? Und was dann, wenn, so Gott will, wir endlich den Norden Äthiopiens durchquert und Port Sudan erreicht haben sollten? Nördlich davon gab es keine Straßen mehr, es war ein wegeloses und völlig menschenleeres Gebiet. Doch das war noch derart weit entfernt, dass es uns im Moment gar nicht beschäftigen sollte. Nach der bewährten Devise *„Let's cross the bridge over troubled water, when you are facing it"* wurden vorerst alle nicht in naher Zukunft anstehenden Dinge in den Hintergrund gedrängt. Andernfalls würden wir vor lauter Grübeln und Nachdenken zu überhaupt keiner Lösung kommen.

Mit dem Aufbruch in den Norden Kenias brach ein neuer Abschnitt an. Vor uns lag ein weiter, noch unberührter Landstrich, in dem andere Spielregeln galten. Von Straßen kaum erschlossen, befand sich dieses dünn besiedelte Gebiet außerhalb der staatlichen Ordnungsmacht. Banditen und Aufständische, unter dem Sammelbegriff „Shifta“ bekannt, hatten dort noch entsprechenden Freiraum und waren deshalb auch schwer unter Kontrolle zu bringen. Ein wildes Land der großen Freiheit, das aber auch viele Gefahren in sich barg.

Über den Norden Kenias die weitere Heimreise fortzusetzen, hieß auch Abschied nehmen von jenem Teil des anglophonen Ostafrikas, in dem einigermaßen geregelte Lebensbedingungen herrschten. Und es hieß auch, sich wieder dem Ernst des Lebens zu stellen. Nichts mehr war planbar, Zufall und Glück bestimmten das weitere Geschehen. Wir würden ein völlig fremdes Gebiet betreten, wo jeder neue Tag zu einem Abenteuer werden konnte.

Noch war es nicht ganz so weit. Noch waren wir am Stadtrand von Nairobi, als wir am Nachmittag einen „Lift“ in einem klapprigen Lieferwagen bis nach Nyeri erhielten. Es war bereits dunkel, als wir dort eintrafen. Wo wir denn übernachten würden, fragte uns leicht besorgt der kenianische Fahrer. Irgendwo im Freien, erwiderten wir ohne zu zögern, so als wäre dies das Selbstverständlichste der Welt. Dies sollten wir auf keinen Fall tun, kam postwendend zurück. Das sei viel zu gefährlich und er bot uns sein Haus an. Warum eigentlich nicht, wenn es draußen in der dunklen Nacht so ungemütlich sein sollte.

Schwaches Licht einer einfachen, von der Decke herabhängenden Glühbirne empfing uns im Inneren der nur mit dem Allernötigsten eingerichteten Hütte. Der Fußboden war nichts anderes als gestampfter Lehm, die Wände und das Dach aus einfachen Wellblechtafeln zusammengebaut. Sofort waren alle Familienmitglieder zugegen, die sich von ihrer nettesten Seite zeigten. Auf Geheiß der Eltern verschwanden die größeren Kinder. Nach knapp einer Stunde kehrten sie zurück mit einem großen Stück Weißbrot und einem Päckchen Butter. *„The best for the guests“*, hieß es anschließend. Die

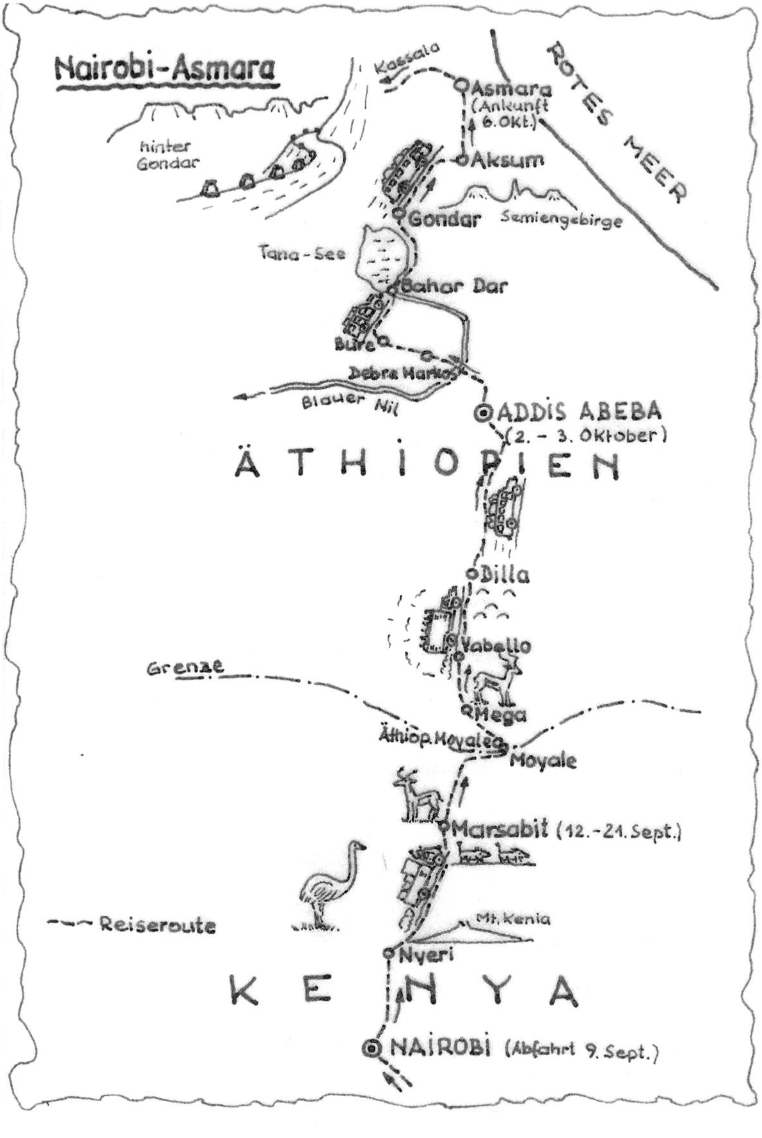

Reiseverlauf Nairobi – Addis Abeba – Asmara

Familie hingegen begnügte sich mit einer Art Maissterz, Ugali genannt, vermischt mit irgendeinem Grünzeug.

Nach dem Essen kamen wir auf unser Vorhaben zu sprechen, nämlich weiter hinauf in den Norden bis an die kenianische Grenze gelangen zu wollen. Um Gottes willen, kam postwendend mit warnender Stimme zurück, davon sei dringend abzuraten. Erst kürzlich wieder sei im Norden eine ganze LKW-Besatzung von den „Shiftas" getötet worden. Insgesamt acht Menschen. Etwas verunsichert blickten wir uns kurz an. Hm, alles andere als ermutigende Nachrichten und nicht gerade die besten Voraussetzungen für unser Vorhaben! Im Geist sahen wir schon die „Shiftas" als verwegene, rücksichtslose Kämpfer, die in den kaum kontrollierbaren Weiten der nordkenianischen Trockengebiete ihr Unwesen trieben. So schnell und unerwartet wie sie auftauchten, verschwanden sie auch wieder.

Je mehr wir uns dem Norden Kenias näherten, desto häufiger fiel bei den Gesprächen das Wort „Shifta". Wer waren denn überhaupt diese Shiftas? Waren es wirklich nur rücksichtlose Banditen, ohne jegliche Skrupel? In der Mehrzahl waren es Nomaden somalischen Ursprungs, die vom Nordosten in die menschenleeren Räume des kenianischen Nordens vorgedrungen waren. Relativ hellhäutig und hochgewachsen führten sie schon seit jeher ein ungebundenes Leben. So hatten sie die einschränkenden Auflagen staatlicher Kontrolle nie akzeptiert. Letztere hatte sich dort auch nie richtig etablieren können. Nach der Unabhängigkeit Kenias verstärkte sich noch das Fehlen einer Ordnungsmacht. Als echte Nomaden trieben die Shiftas ihr Vieh von Wasserstelle zu Wasserstelle, stets nach guten Weidegründen Ausschau haltend. Abgesehen davon scheuten sie jede Form von Handarbeit. Ebenso lehnten sie die Schwarzen aus dem Süden ab, die sie mit Geringschätzigkeit, ja sogar Verachtung betrachteten. Zu den rein politisch motivierten Shiftas scharten sich natürlich auch lichtscheue Elemente. Sie nutzten das Fehlen von Ordnungsstrukturen für ihre eigenen Interessen. Mit gezielten Überfällen nahmen sie gewaltsam fremdes Eigentum in Besitz. Dabei zeigten sie wenig Scheu, auch Hand an anderes Menschenleben zu legen.

Ein glücklicher Zufall

Die warnenden Worte unseres netten Gastgebers noch im Ohr, blieb uns aber letztlich keine andere Wahl, als die nun einmal eingeschlagene Route nach Norden weiter fortzusetzen. Wir würden schon sehen. Nach einem einfachen Frühstück, von der kenianischen Familie als kleine Morgengabe zubereitet, ging es vorerst nur in kleinen Etappen weiter. Um wieder einmal eine größere Strecke voran zu kommen, brauchte der Mensch von Zeit zu Zeit auch etwas Glück. Und dieses Glück erschien in der Gestalt des Father Giovanni Rocca, eines italienischen Missionars, der mit einem LKW älterer Bauart aus Nairobi kommend uns mitnahm. Er sei nach Norden unterwegs, genauer gesagt nach North Horr, um dort eine neue Missionsstation aufzubauen. Rasch überlegten wir. North Horr? Kannten wir nicht, da mussten wir zuerst auf der Straßenkarte nachsehen. Schon bald hatten wir es entdeckt. Ein kleines Kringelchen hoch oben im Norden Kenias, mitten im Nichts. Demnach musste es sich um ein winziges Nest in einem völlig menschenleeren Gebiet handeln. Allerdings führte die einzige Verbindung dorthin, stellten wir weiter fest, über die Kleinstadt Marsabit. Und nach Marsabit mussten auch wir auf dem Weg hinauf zur Grenze. Marsabit lag überdies, das wussten wir, bereits innerhalb des Sperrgebietes. Das war sie also, die einmalige Chance schlechthin, hinein in dieses umstrittene Gebiet und weiter nach Norden zu gelangen! Nichts Besseres hätte uns passieren können. Innerlich jubelten wir vor Freude. Gut, zugegeben, noch hatten wir nicht die Zusage von Father Giovanni, bis Marsabit mitfahren zu dürfen, und noch waren wir nicht im Sperrgebiet. Aber im Stillen hofften wir es doch.

Der kleine Ort Nanyuki war erreicht. Allzu weit sei es nicht mehr bis zum Beginn des Sperrgebietes, meinte Father Giovanni. Vorgewarnt hatte er uns bereits. Ab nun würde es mit hoher Wahrscheinlichkeit Ärger mit der Polizei geben. Und dem war auch so. Schon beim Kontrollposten in Nanyuki ging es los. Doch vorerst kein Wort vom Einreiseverbot in das Sperrgebiet, dafür wurden wir zu Spionen amerikanischer Herkunft erklärt, die sofort auszuweisen wären. Was

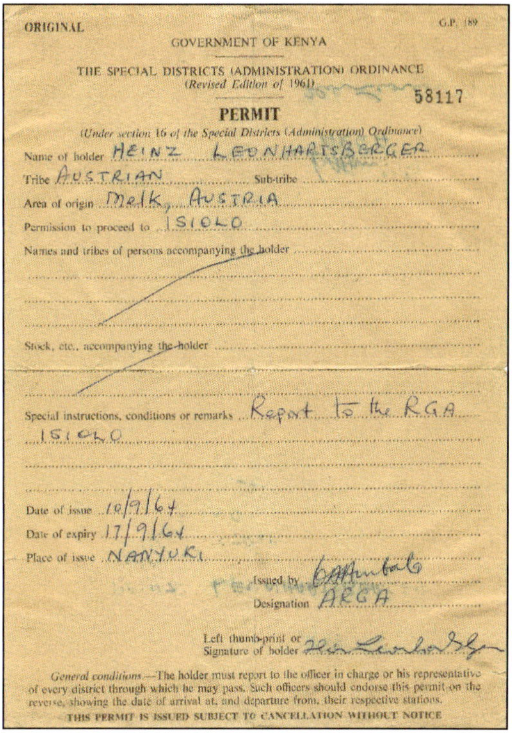
ORIGINAL G.P. 189

GOVERNMENT OF KENYA

THE SPECIAL DISTRICTS (ADMINISTRATION) ORDINANCE
(*Revised Edition of* 1961)

58117

PERMIT

(*Under section* 16 *of the Special Districts (Administration) Ordinance*)

Name of holder HEINZ LEONHARTSBERGER

Tribe AUSTRIAN Sub-tribe

Area of origin Melk, AUSTRIA

Permission to proceed to ISIOLO

Names and tribes of persons accompanying the holder

Stock, etc., accompanying the holder

Special instructions, conditions or remarks Report to the RGA ISIOLO

Date of issue 10/9/64

Date of expiry 17/9/64

Place of issue NANYUKI

Issued by

Designation ARGA

Left thumb-print or Signature of holder

General conditions.—The holder must report to the officer in charge or his representative of every district through which he may pass. Such officers should endorse this permit on the reverse, showing the date of arrival at, and departure from, their respective stations.

THIS PERMIT IS ISSUED SUBJECT TO CANCELLATION WITHOUT NOTICE

Sonderfahrerlaubnis von Nanyuki nach Isiolo

war denn das schon wieder für ein Unsinn, dachten wir, das war doch buchstäblich an den Haaren herbeigezogen! Und was sollten wir gegen eine derartige Anschuldigung tun?

Noch kannten wir nicht das Rezept, also jenen Schlüssel, mit dem im Zweifelsfall alle „Schlösser" in Afrika geöffnet werden konnten: der diskrete Wechsel von einigen Geldscheinen. Allerdings hätte uns dieses Wissen im Moment auch nicht viel geholfen mangels nötigem „Kleingeld". Zudem waren derartige Ausgabeposten in unserer Reisekasse gar nicht vorgesehen. Ein langwieriges Palaver setzte ein und ohne es zu wissen, verhielten wir uns instinktiv genau richtig. Nämlich so lange mit den schwarzen Beamten zu reden und sich dabei immer neue Argumente auszudenken, bis diese aufgaben und entmutigt das Handtuch warfen. Diese Taktik hatte letztlich Erfolg. Endlich wurde uns ein *„special permit"*, eine besondere Fahrerlaubnis, ausgestellt. Allerdings nur bis Isiolo, den nächsten, weiter im Norden liegenden Ort. Weshalb gerade bis Isiolo? Weil wir zuletzt die glorreiche Idee hatten, uns als Zoologiestudenten auszugeben, die im Umkreis von Isiolo den einmaligen Artenreichtum an Tieren näher zu untersuchen hätten. Marsabit als Untersuchungsgebiet anzugeben, hatten wir nicht gewagt. Dann wären ja unsere wahren Absichten sofort offenkundig und eine Verweigerung sicher gewesen.

Nach einigen Kilometern bog Father Giovanni von der Hauptstrecke ab. Er müsse noch schnell hinunter nach Meru fahren. Dort sei noch diverses Material für den Bau der Missionsstation in North Horr zuzuladen. Anschließend würde er die Reise nach Norden fortsetzen. Kurzes Zögern, dann zogen wir es vor, doch abzusteigen. Vielleicht könnten wir in der Zwischenzeit mit einer anderen Mitfahrgelegenheit etwas weiter vorankommen? Doch was würde uns dies letztlich helfen, von hier aus gab es sowieso nur mehr eine einzige Straßenverbindung hinauf nach Marsabit. Sei es wie es sei, Father Giovanni versicherte jedenfalls, uns nach seiner Rückkehr wieder mitzunehmen. Vermutlich wusste er, dass wir nicht sehr weit kommen würden.

Als der Motorenlärm des LKW verebbte, umgab uns die Stille afrikanischer Steppenlandschaft. Wir standen am Rand der Schotterpiste, auf beiden Seiten nichts als weite, unberührte Grasflächen, durchsetzt von Akazien und Dornbüschen. Nirgends ein Anzeichen menschlicher Ansiedlung. Unweit von uns tauchten die Köpfe von einigen Gazellen aus dem gelben Grasmeer auf, um gleich darauf wieder zu verschwinden. Hielten sie etwa Ausschau nach potenziellen Feinden? Keineswegs ausgeschlossen, dass sich in dem hohen Gras auch Raubtiere aufhielten. Obwohl alles andere als erbaulich, löste diese Vorstellung eigenartigerweise keine Alarmzustände bei uns aus. Ganz im Gegenteil, nach einer Weile begannen wir in aller Gemütsruhe frische Erdnüsse zu rösten. So als Zeitvertreib und willkommene Zugabe für den ewig hungrigen Magen. Mit etwas Salz schmeckten sie einfach vorzüglich. Ein Fahrzeug kam vorbei, später folgte ein zweites. Auch das ließen wir vorbeifahren, denn wir zogen es vor, doch lieber auf Father Giovanni zu warten. Aus Langeweile fotografierte ich mit Wifs Kamera, wie er genüsslich im gelben Gras lag und eine Karotte verzehrte. So als gäbe es im Moment überhaupt keine Sorgen. Etwas später machten wir uns in aller Ruhe an das Abendessen, denn wer wusste schon, ob wir zu einem späteren Zeitpunkt noch dazu kommen würden. Die Zeit verging und es wurde dunkel. Da tauchte wie aus dem Nichts ein Schwarzer auf und setzte sich zu uns. Einfach so. Unglaublich, woher der wohl gekommen sein mochte? Offensichtlich gab es diese Kerle überall, selbst an entlegenen und einsamen Orten wie diesen. Der Versuch, ein paar Worte mit ihm zu wechseln, scheiterte an der Sprache. Langsam wurde es kühl, so kühl, dass unser Besucher zu frösteln begann. Wif borgte ihm seinen Anorak. Was hätte er ohne diesen gemacht? Wohl eben weiter gefroren. Nach einer Weile verschwand er wieder, so spurlos hinaus in die dunkle Nacht, wie er gekommen war. Den Anorak hatte er wortlos Wif zurückgegeben. Allmählich wurde der kalte Wind selbst für uns unangenehm. Die dünne Bekleidung schützte kaum. So baute Wif mit seinem Deckenschlafsack einen wirksamen Windschutz, hinter den wir uns verkrochen.

Nun saßen wir beide irgendwo in der Weite Nordkenias bei stockdunkler Nacht zusammengekauert am Boden, den wärmenden Deckenschlafsack auf dem Rücken und warteten. Eigentlich gar nicht so unangenehm, unsere Situation. Fast so etwas wie ein Gefühl von Sicherheit und Geborgenheit kam auf. Eile hatten wir keine, nichts drängte uns und Father Giovanni würde schon kommen. Doch bald mussten wir erkennen, dass unsere ausgesetzte Lage in dieser absoluten Finsternis nicht gerade die beste war. Und schon kam unwillkürlich der Moment, wo sie in den Vordergrund traten und es waren stets die gleichen Gedanken. Würden wir – nicht zu vergessen, wir befanden uns in Afrika, noch dazu in einem von Menschenhand kaum berührten Gebiet – nicht eine willkommene Beute für einen hungrigen Löwen abgeben? Er hätte aber keine allzu große Freude mit uns gehabt, denn die vielen Strapazen, das unstete Leben und der häufige Reisebegleiter Hunger hatten stark an unseren physischen Reserven gezehrt. Wif, von Natur aus ein schlanker und drahtiger Typ, hätte sowieso nie viel abgeben können und bei meinen 84 kg

„Startgewicht" war in der Zwischenzeit ein starker Schwund aufgetreten. Das noch Vorhandene, das unbedingt Notwendige, reichte gerade zur reinen Fortbewegung. Wie auch immer, beruhigend war dies keinesfalls, denn all diese Fakten hätten vermutlich keinen Löwen davon abgehalten, sich näher für uns zu interessieren. Besonders, wenn er hungrig war! Wiederholt beschäftigten uns derlei Gedanken, doch was hätten wir in unserer Lage tun können? Nur das eine: Die nächste Mitfahrgelegenheit als ernst zu nehmende Chance anzusehen, um dieses unsichere Gebiet so schnell wie möglich zu verlassen.

Gegen 22 Uhr schreckte uns Motorenlärm auf. Durch das nicht sehr dicht stehende Gras sahen wir gerade noch die hellen Scheinwerfer eines Fahrzeugs vorbeiziehen. Kein Zweifel, wir hatten in der Zwischenzeit geschlafen, tief und fest inmitten dieser weiten Wildnis. Allen eventuell herumstreifenden Löwen zum Trotz! Beruhigend festzuhalten, dass es kein LKW war, also konnte es auch nicht Father Giovanni gewesen sein. Doch um von hier wegzukommen, war es wieder einmal zu spät. Eine weitere Chance verpasst. Der Motorenlärm verstummte. Nichts war zu hören außer dem leisen Rascheln trockenen Grases, durch das der kalte Wind strich. Jetzt aber hieß es besser Acht geben. Wir durften auf keinen Fall die nächste Gelegenheit verpassen. Ob zu so später Stunde überhaupt noch ein weiteres Fahrzeug auftauchen würde? Unglaublich, es kam vorbei, allerdings erst gegen 2 Uhr morgens in Form eines Landrovers. Wir wurden bis Isiolo mitgenommen.

Ein strahlendblauer Himmel hieß unsere müden Augen willkommen. Äußerst kurz war sie wieder gewesen, diese Nacht auf einer überdachten Betonfläche direkt am Ortsrand von Isiolo. Vor uns einige tiefe Fahrzeugspuren im Sand. Es war die „Haupteinfahrt" von Süden, hier mussten alle Fahrzeuge vorbeikommen. Beiderseits der sandigen Piste standen ein paar Hütten aus Holz mit Wellblechdach, dazwischen einige schüttere, dornenbewehrte Sträucher und viel Sand. Wortlos standen auf der gegenüberliegenden Seite unter dem einfachen Vordach einer Hütte einige Männer und wärmten sich in der frühen Morgensonne. Die Luft war ausgesprochen kühl.

Keine Spur von dem Konvoi, der laut Aussage der Polizei in Nairobi von Nanyuki aus losgefahren und eigentlich schon hier eingetroffen sein müsste. Auch keine Neuigkeiten von Father Giovannis LKW. Ein kleiner Rundgang durch den Ort Isiolo sollte die Wartezeit überbrücken. Viel gab es nicht zu sehen: ein paar einfache, mit groben Holzbrettern zusammengenagelte Häuser, umgeben von dürftigen Hecken aus trockenresistenten Sträuchern, sonst nur Sand. Die Abstände zwischen den einzelnen Gehöften waren beträchtlich. Wir waren gerade im Begriff umzukehren, als ganz unvermittelt vor uns hinter einer der Hecken vier hagere und sehr verwegen aussehende Männer auftauchten. Rasch kamen sie näher. Lange Speere, fest umklammert in der rechten Hand, und finstere Gesichter verliehen ihnen ein martialisches Aussehen. Außer einem einfachen Lendenschurz trugen sie noch dicke, weiße Ringe an den Beinen. Mehr war es nicht. Nur noch wenige Meter von uns entfernt zückten sie plötzlich ihre Speere und kamen mit wilden Drohgebärden auf uns zu. Im ersten Moment durchfuhr uns ein gehöriger Schreck. Zeit zum Nachdenken blieb keine. Umkehren und sofort die Flucht ergreifen wäre eigentlich die logische Reaktion auf ein derartiges Verhalten. Doch nur ruhig Blut, auch wenn die Speerspitzen knapp vor unseren Augen alles andere als Friedfertigkeit widerspiegelten. Die würden uns doch nicht gleich ins Jenseits befördern, noch dazu in aller Öffentlichkeit! Dem war auch dann so. Gut, dass wir Ruhe bewahrt und keinerlei Angstgefühl gezeigt hatten. Das ganze Manöver entpuppte sich letztlich als reine Schauspielerei. Schon nach kurzem Verhandeln ließen sie sich sogar bereitwillig fotografieren. Nun gab es auch Gelegenheit, die vier aus unmittelbarer Nähe zu betrachten. Beinahe pechschwarz war ihre Hautfarbe, alle von sehniger Statur. Zwei von ihnen waren wirklich baumlange Kerle. So wie man sich eben ausdauernde Steppenbewohner vorstellte, die von Horizont zu Horizont eilten. Besonders auffallend waren die großen, weißen Ohrringe, die Radfelgen gleich in die stark überdehnten Ohrläppchen eingearbeitet waren. Bunte Perlenketten zierten Hals und Arme. Einer trug sogar fein geflochtene und nach hinten zusammengebundene Zöpfchen als Haartracht, zusätzlich einen seitlich über dem linken Ohr befestigten kurzen Holzstab. Alles wohl nur zur Erhöhung des Sexappeals des Trägers. Doch das war nicht alles. Diese vier männlichen Vertreter der lokalen Bevölkerung waren umgeben von einer intensiven Geruchsaura, mit der wir in den nächsten Wochen noch des Öfteren Bekanntschaft machten. Es roch nach ranzigem Fett, abgestandenen Milchprodukten und Rauch. Ein unverkennbares Merkmal aller nomadisierenden Bewohner afrikanischer Trockengebiete. Höchst befremdlich und sehr gewöhnungsbedürftig stieß diese Geruchskomposition bei uns auf wenig Begeisterung. Wie auch immer, trotz des friedlichen Ausgangs dieser Begegnung mussten wir schon eingestehen, dass diese Vertreter Nordkenias recht furchteinflößend ausgesehen hatten.

Isiolo hatte eigenartigerweise keine Polizeistation, also gab es auch keine Kontrolle. Ein Problem weniger. Irgendwelche Weiterfahrmöglichkeiten waren in dem kleinen Ort nicht zu entdecken. Für uns keineswegs beunruhigend, denn noch hatten wir Father Giovanni, der unsere ganze Hoffnung darstellte. Wir setzten uns in den dürftigen Schatten eines schütteren Baumes und warteten. Was sollten wir denn sonst tun in einer Gegend, die fast ausschließlich aus Sand bestand? Endlich, nach geraumer Zeit, vernahmen wir Motorenlärm, der langsam näher kam. Ein hoch beladener LKW tauchte auf. Schwerfällig mahlten sich seine Räder durch den tiefen Sand. Wir waren erleichtert, denn in der Fahrerkabine saß Father Giovanni und lenkte das Fahrzeug. Erste Zweifel an seinem Versprechen hatten sich bereits eingestellt, doch nun war alles wieder im Lot. Meterhoch hatte er Baumaterial und Gerät geladen, dazu einen riesigen Stahltank, der als Hochbehälter für die geplante Wasserversorgung seiner neuen Missionsstation in North Horr dienen sollte. Auch war Father Giovanni nicht mehr allein im LKW. Mehrere schwarze Mitfahrer befanden sich in und auf der Fahrerkabine. Dies machte nichts, irgendwo auf dem Ladegut würde sich schon ein Plätzchen für uns finden. Und so war es auch, wenngleich reichlich abenteuerlich und nicht ganz ungefährlich so zwischen dem Wassertank und knapp vor der seitlichen Ladewand. Und das in etwa vier Metern Höhe! Aber

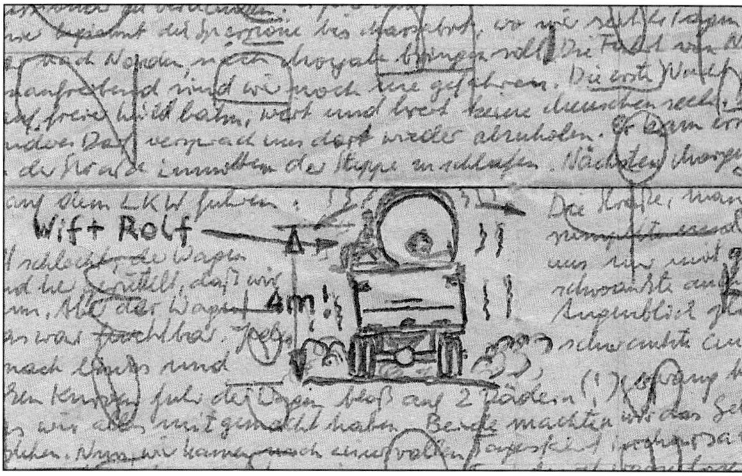

Ausschnitt aus einem Brief: Wif und Rolf auf dem LKW durch das Sperrgebiet

der Weiterfahrt nach Norden in Richtung Marsabit stand nun offenbar nichts mehr im Wege. So zumindest meinten wir.

Vor uns erstreckte sich ein weites, völlig wasserloses Gebiet. Bis Marsabit gab es keine einzige Wasserstelle mehr. Was passierte, wenn unser LKW wegen Motorschadens in dieser Einsamkeit liegen blieb? Könnten wir mit Hilfe rechnen, würde uns jemand aus der misslichen Lage befreien? Wir vertrauten Father Giovannis Erfahrung und seinen Fahrkünsten. Nur keine Sorge, es würde schon schiefgehen!

Archer's Post war erreicht. Der letzte Polizeiposten vor dem Sperrgebiet. Hier wurde wieder kontrolliert und wie befürchtet, verweigerte uns die Polizei die Weiterreise. Dieses Mal halfen keine noch so geschickt vorgebrachten Erklärungen, die Beamten blieben hart. Schöne Bescherung! Die Lage wurde kritisch. Einerseits wollten wir Father Giovanni keine Unannehmlichkeiten bereiten, andererseits nun aufzugeben, widerstrebte uns sehr. So weit in den Norden Kenias waren wir schon vorgedrungen und nun sollten wir wegen dieser vielleicht letzten Kontrolle umkehren? Einen Moment waren wir ratlos, dann aber fiel uns etwas ein. Etwas abseits und außerhalb der Hörweite der Polizisten schlugen wir Father Giovanni vor, doch wieder ein kurzes Stück zurückzufahren. Der Polizei sollte er bloß vorgeben, auf dem letzten Streckenabschnitt etwas von seiner Ausrüstung verloren zu haben. Und wir würden diese Gelegenheit gleich für die Fahrt zurück in den Süden nutzen. Alles Weitere, wenn wir außerhalb der Sichtweite der Station waren. Einige Runzeln bildeten sich auf seiner Stirn. Doch nach kurzem Zögern willigte er ein. Er sprach kurz mit den Polizisten, wendete den LKW und fuhr los. Nach einer guten Viertelstunde hielt er an. Der Polizeiposten war längst hinter einer Geländeerhebung verschwunden. Nun unterbreiteten wir Father Giovanni unsere Idee. Wieder einiges Stirnrunzeln, dann lachte er laut auf. Was hatten wir wieder ausgeheckt? Also, für die erneute Vorbeifahrt am Kontrollposten würden wir uns ganz einfach in dem großen Stahltank verstecken. Dort nachzusehen würde mit Sicherheit niemandem einfallen. Als wir uns gerade anschickten, das Ladegut zu erklimmen, hörten wir ein Fahrzeug nähern. Zu unserer Überraschung kam ein Landrover angefahren, aus der Richtung der Polizeistation, und hielt. Ob wir denn ein Problem hätten, fragte der Fahrer. Nein, nein, alles sei in Ordnung, antwortete Father Giovanni, nur eine technische Kontrolle. Er fügte ein kurzes Dankeschön hinzu und schon setzte der Landrover seine Fahrt fort. Ausgezeichnet, etwas Besseres hätte uns gar nicht widerfahren können, war sofort die einhellige Meinung von uns dreien. Das passte genau zu unserem geplanten Vorhaben. Kaum war der Landrover außer Sichtweite, kletterten wir auf den LKW, öffneten den schweren Deckel an der Stirnseite des liegenden Tanks und ließen uns, einer nach dem anderen, langsam hinunter in die schwarze Öffnung. Es war ein Gefühl, als stiegen wir hinab in die Unterwelt. Am Boden des Tanks stehend sahen wir halb über uns die helle kreisrunde Öffnung und darin den Kopf des grinsenden Father Giovanni. Er wünschte uns noch alles Gute, dann fiel mit einem dumpfen Knall der schwere Deckel zu. Es dröhnte regelrecht in den Ohren. Für die Außenwelt waren wir nicht mehr existent. Um uns herrschte absolute Finsternis. Der LKW wendete und rollte wieder in Richtung Kontrollposten. Kaum losgefahren entfaltete sich im Inneren des Tanks ein Höllenlärm, der eine Verständigung so gut wie ausschloss. Eingesperrt in diesen dunklen Behälter, verloren wir rasch jegliches Gefühl der Orientierung. Nach einiger Zeit wurde der LKW langsamer und hielt. Wir mussten wohl wieder beim Polizeiposten angelangt sein. Father Giovanni stellte den Motor ab. Welch eine Erleichterung für unsere armen Ohren! Doch nun ja kein verdächtiges Geräusch, das uns verraten könnte. Für uns wäre es das sichere Ende der Fahrt, für Father Giovanni ein enormer Vertrauensverlust bei der Polizei. Wir kauerten am Boden des Tanks und verhielten uns absolut still. Nicht auszudenken, falls jetzt einer von uns niesen müsste. Dann wäre alles umsonst gewesen. Einige Stimmen waren zu hören, kurz darauf ganz deutlich die Worte eines der Polizisten. Wie zu erwarten, erkundigte er sich nach dem Verbleib der beiden „*Austrians*". Treuherzig beteuerte Father Giovanni, die beiden seien mit dem vorhin angetroffenen Landrover wieder zurückgefahren. An der Stelle, wo er glücklicherweise das verlorene Teil wieder gefunden habe, seien sie auf den Landrover umgestiegen. Sie versuchten zurück nach Nanyuki zu gelangen, um sich dort ein „*permit*" zu besorgen. Doch irgendwie schien der Polizist der Sache nicht ganz zu trauen. Er begann sich für die Zuladung zu interessieren. Da gäbe es nichts Besonderes, meinte Father Giovanni, nur Baumaterial für die neue Missionsstation. Doch der Polizist blieb hartnäckig. Wir bekamen alles mit und wurden langsam unruhig. Ich merkte, wie sich auf meiner Stirn die ersten Schweißperlen bildeten. War das nun aufkommende Nervosität oder die Hitze im Tankinnern? Hatte uns vielleicht jemand aus der Ferne doch beobachtet, als wir in den Tank geklettert waren und dies der Polizei geflüstert? Immer wieder insistierte der Polizist nach dem Inhalt der Ladung und vor allem, was da oben in dem großen Tank sei! Anscheinend durfte er es doch wissen, dass wir uns irgendwo im LKW versteckt hielten. Wir waren mucksmäuschenstill und hofften inständig, dass keiner auf die Idee kam, auch noch heraufzusteigen und nachzusehen. Weitere Wortwechsel folgten, dann endlich ließ der Polizist von einer Durchsuchung ab und gab die Weiterfahrt frei. Da hinauf bis zum Tank zu klettern, hätte ja echte Arbeit bedeutet. Und es entspräche keinesfalls der Würde eines kenianischen Polizeibeamten, auf einem total verstaubten LKW herumzuturnen! Ein Riesenstein fiel uns vom Herzen. Der Motor startete und langsam setzte sich unser Gefährt in Bewegung. Wieder dröhnte es ganz fürchterlich im Innern des Tanks. Nach einiger Zeit hielt Father Giovanni und öffnete den schweren Deckel. Tageslicht drang in das finstere Innere des Tanks. Erwartungsvoll blickten wir hinauf. Für einen Moment mussten wir die Augen schließen. Zu grell war das Licht in der kreisrunden Öffnung. Dann sahen wir das lachende Antlitz Father Giovannis. Noch ganz benommen vom Lärm und halb geblendet, kletterten wir, uns gegenseitig helfend, ins Freie. Was für ein wunderbares Gefühl, wieder frische Luft einatmen, wieder Sonnenlicht und die Farben dieser Welt erblicken zu dürfen! Doch zu mehr Gedanken verblieb keine Zeit. Wir hatten schon viel Zeit verloren und Father Giovanni hatte es eilig. Er wollte unbedingt noch an diesem Tag Marsabit erreichen. Vor uns lagen noch viele Kilometer schlechter Piste durch einsames und unsicheres Steppenland. Rasch nahmen wir wieder zwischen dem Tank und der Bordwand unsere Plätze ein und die Reise ging weiter.

Keine Rede von einem angenehmen Sitzen da oben. Nirgends war eine nachgiebige Unterlage zu erblicken, die gesamte Ladung bestand aus harten, kantigen Gegenständen. Dazu wurde das gesamte Gefährt von der miserablen Piste stark durchgerüttelt. Es rumpelte, polterte und krachte unentwegt. Doch als Ausgleich durften wir hoch oben den herrlichen Ausblick auf die endlosen Weiten der Grassteppe genießen. Die Luft war glasklar und es bot sich eine traumhafte Sicht bis an den Horizont, der im Westen von blauen Bergkuppen begrenzt wurde. Überall war Wild zu sehen, zuweilen ganze Herden von Straußen, Antilopen, Gazellen und Zebras, auch vereinzelt Giraffen und sogar einige Elefanten konnten wir ausmachen. Bei ein paar einfachen Hütten wurde kurz gehalten. Wie verloren erschienen diese Zeugnisse menschlicher Anwesenheit in der weiten, leeren Landschaft. Wir waren schon wieder eine Weile unterwegs, als Wif zu seinem Schrecken feststellte, seine Kamera nicht mehr bei sich zu haben. Vermutlich hatte er sie beim letzten Stopp irgendwo liegen gelassen. Wo genau, wusste er selbst nicht mehr. Einen Moment lang überlegten wir, doch wir mussten einsehen, dass es für eine Umkehr bereits zu spät war. Dies wollten und konnten wir Father Giovanni nicht mehr zumuten, da wir merkten, wie sehr er unter Zeitdruck stand. Der Tag war bereits weit fortgeschritten und der Weg nach Marsabit noch weit. Es folgten noch ein paar Kontrollen, doch niemand stellte mehr Fragen. Offensichtlich befanden wir uns schon so weit in dem Sperrgebiet, dass jeder, der es bis hierher geschafft hatte, wohl eine Durchreisegenehmigung haben musste!

Später wechselten wir hinüber auf das Führerhaus. Dort dürfte es etwas bequemer zu sitzen sein. Zumindest meinten wir das. Doch kein Vorteil ohne Nachteil. Auf dem glatten und leicht nach oben gewölbten Blech gab es keinen Halt. So bestand bei der argen Rüttelei dauernd Gefahr, herunter zu rutschen. Einzige Möglichkeit, sich irgendwo krampfhaft festzuhalten, waren die schmalen Regenrinnen an der Umrandung des Führerhauses. Nicht lange und schon drückte der dünne Blechrand auf die Handballen und die Finger suchten vergebens nach einer besseren Halteposition. So wurde selbst das schlichte Mitfahren auf die Dauer etwas anstrengend. Doch all diesen Begleiterscheinungen zum Trotz genossen wir weiterhin den Fahrtwind um unsere Nasen und ließen die eindrucksvollen Weiten an uns vorüberziehen. Unbeirrt folgte unser Fahrzeug dem rotbraunen Band der Piste, das einem dünnen Faden gleich irgendwo in der Ferne verschwand. Einfach verschluckt von dieser weitläufigen Landschaft. So rollten wir immer weiter stets gen Norden durch ein Meer aus goldgelbem Gras, darüber das intensive Blau der Himmelskuppel. Alles war so weit, so hoch, so grenzenlos. Ein wunderbares Gefühl von absoluter Freiheit kam auf.

Father Giovanni hatte es wirklich eilig. Er kannte die Strecke und war sich der großen Distanz bewusst, die noch vor uns lag. Wohl aus diesem Grund ging er bis an die Grenze des Machbaren. So kamen wir zwar zügig voran, doch zuweilen erweckte sein Fahrstil den Eindruck, als sei der Teufel hinter seiner Seele her. Bei dem schlechten Zustand der Piste wurden Fahrzeug und Zuladung einem regelrechten Haltbarkeitsdauertest unterzogen. Nur gut, dass auch das geladene Gut aus massivem Material bestand. Immer wieder verließ der LKW für kurze Zeit die tiefen Fahrspuren, um dann mit einem plötzlichen seitlichen Ruck wieder zurückzuspringen. In manchen

Kurven neigte sich das Fahrzeug derart bedenklich zur Seite, dass das Gefühl entstand, es könnte jeden Moment mit Mann und Maus umkippen. Bei uns, hoch oben auf dem schwankenden Gefährt, wollten die Adrenalinausschüttungen kein Ende nehmen.

Vor einer kleinen Holzbrücke hielten wir. An einigen Stellen der einfachen Konstruktion klafften größere Lücken. Alle stiegen ab und packten an. Die noch soliden Holzbohlen wurden zusammen geschoben und, so gut es ging, gegen seitliches Verrutschen gesichert. Dabei gab es reichlich Gelegenheit für Blicke in das direkt unter uns befindliche ausgetrocknete Bachbett. Die Vorstellung, dort unten zu landen, erzeugte etwas Unbehagen. Dann wurden die querliegenden Bretter ordentlich aneinandergereiht. Nägel und Bolzen gab es offenbar keine mehr. Es musste auch so halten. Alsbald fand Father Giovanni die Arbeit in Ordnung und setzte seinen LKW in Gang. Vorsichtshalber sahen wir dem Manöver vom sicheren Boden aus zu. Mit Spannung beobachteten wir, wie Meter für Meter das schwere Fahrzeug langsam über die knarrende und ächzende Brücke rollte. Manche der Holzbretter bogen sich bedenklich stark durch. Auch einige der in Längsrichtung liegenden Bohlen gaben nach und begannen, seitlich wegzurutschen. Hoffentlich hielt die Brücke, dies war in diesem Moment der Wunsch aller. Noch ein paar Meter, dann hatte unser LKW unbeschadet die andere Seite des ausgetrockneten Bachlaufes erreicht. Alles war gut gegangen. Und schon war die Sorge um die Haltbarkeit dieser Brücke nicht mehr unser Problem. Alles stieg auf und weiter es ging in flotter Fahrt nach Norden.

Mitunter hatten wilde Tiere die Gewohnheit, über größere Strecken neben oder vor dem Fahrzeug herzulaufen. Sie brauchten doch bloß stehen zu bleiben oder einfach von der Piste abzuschwenken! Weshalb sie dies nicht taten, war uns unerklärlich. Regelrecht dramatisch wurde so die Situation für ein Warzenschwein, das direkt vor uns auf der Piste lief. Es kam partout nicht auf die Idee, diese zu verlassen. In dem unfairen Wettlauf zwischen Tier und Maschine rückte letztere unerbittlich näher. Immer rascher lief das Schwein. Nur noch kurze Zeit und es würde unter die Räder kommen. Mit größter Begeisterung verfolgten die afrikanischen Beifahrer im Führerhaus diese Hetzjagd. Schon sahen sie den saftigen Warzenschweinbraten in sicheren Händen. Oben auf dem Führerhaus sitzend wurden wir ungewollt direkte Zeugen dieses Verfolgungsdramas. Ach, warum war denn das Schwein so blöd und verließ die Piste nicht einfach? Schweine sollten doch recht intelligente Geschöpfe sein! Nur noch ein, vielleicht zwei Meter, dann war die Jagd ausgestanden. Auch die oben bei uns sitzenden schwarzen Mitfahrer wurden vom Jagdfieber erfasst. Begeistert riefen sie sich etwas in ihrer Sprache zu. Da, wahrlich im letzten Augenblick, machte das Tier den rettenden Sprung zur Seite und war damit dem sicheren Tod entgangen. Sehr zum Leidwesen aller Mitreisenden, die sich zu früh auf ein gutes Abendessen gefreut hatten. Wenig später drohte einem kleinen Wüstenfuchs das gleiche Schicksal. Verzweifelt versuchte er, dem brummenden Monster zu entkommen. Je näher der LKW rückte, desto länger und niedriger wurde der Fuchs, seine Sprünge unter Aufbietung aller Kräfte immer größer. Wiederum im allerletzten Moment schlug er einen Haken nach rechts und war damit gerettet.

Lange bevor wir ihn erreichten, sahen wir ihn. Einen recht markanten Geländepunkt, der aus der Ebene hervortrat. Es war ein größerer Hügel mit einem mächtigen, vorn aufragenden Felssporn. Steil, fast senkrecht waren seine Wände mit oben leicht abgerundeter Kuppe. Die Piste führte schnurstracks darauf zu und offensichtlich direkt am Fuße dieser Erhebung vorbei. Könnten dort nicht diese Shiftas verborgen sein und auf vorbeifahrende Autos lauern? Die Spannung stieg, als wir näher kamen. Schon waren einzelne Bäume und große Felsblöcke am Fuß dieses Hügels zu erkennen. Unzählige Verstecke, auf die wir zurollten. Ein geradezu idealer Hinterhalt für Überfälle. Regelrecht drohend bauten sich vor uns die steilen Granitwände des Felssporns auf. Weiße Kleckse an unerreichbaren Stellen verrieten die darüber im Fels versteckten Adlerhorste. Deutlich hob sich das Weiß von dem umgebenden rotbraunen Gestein ab. Das rötlichgelbe Licht der späten Nachmittagssonne ließ die steilen Felswände noch dramatischer erscheinen. Überall verstreut lagen riesige Felsblöcke am Fuß und auf den flach abfallenden Flanken des Hügels. Dazwischen standen Bäume und dichtes Buschwerk. Wir konnten gar nicht anders als nur mehr an Hinterhalte denken. Nun begann zu unserem Bedauern auch noch der LKW sein Tempo zu verringern, gerade auf der Höhe des Hügels. Der schlechte Zustand der Piste erlaubte hier kein schnelleres Fahren. So waren wir der Gefahr eines möglichen Hinterhaltes noch stärker ausgesetzt.

Auf das Äußerste angespannt hefteten sich unsere Augen an alles, was verdächtig erscheinen könnte. Wenn nötig, waren wir jederzeit bereit, sofort Father Giovanni zu alarmieren. Der hatte in der Zwischenzeit seinen Karabiner griffbereit neben sich an seinen Sitz gelehnt, zeigte aber nicht die geringste Besorgnis hinsichtlich der Gefahr eines Überfalls. Vielleicht kannten die Shiftas den LKW und wussten von der Wehrbereitschaft unseres Missionars. Vielleicht wussten sie auch, dass er nichts Böses im Schilde führte und ließen ihn deshalb in Ruhe! So fuhren wir, besser gesagt, rumpelten und schaukelten wir an dem Hügel mit seinen unzähligen Hinterhalten langsam vorbei. Und es tat sich nichts. Große Erleichterung, das war wieder einmal gut gegangen.

Weiter rollten wir auf der Piste, die uns immer weiter hinauf nach Norden brachte. Der flächendeckende Grasbewuchs war mittlerweile verschwunden. An seine Stelle war schüttere Vegetation getreten, kleine Sträucher und widerstandsfähiges Gestrüpp mit winzigen Blättern. Kaum wahrnehmbar begann die Landschaft anzusteigen. Flache Vulkankegel tauchten vor uns auf und kündigten das Ziel unserer heutigen Fahrt an. Dahinter musste irgendwo versteckt der Ort Marsabit liegen. Als wir näher kamen, trauten wir unseren Augen nicht. Auf den ansteigenden Hangflächen wuchsen große Bäume. Überall, wohin wir blickten, gab es Bäume, voll behangen mit langen, zottigen Bartflechten. Wieso auch noch Bartflechten an den Ästen dieser Bäume? Das passte doch ganz und gar nicht in das Bild dieser extrem trockenen Landschaft. Im letzten Licht der Abendsonne leuchtete das Gelbgrün der Flechten besonders intensiv und verlieh diesen Wäldern ein befremdliches, fast geisterhaftes Aussehen. Welch ein Kontrast zur vorhergegangenen Landschaft! Kaum zu glauben, dass hier mitten in dieser Halbwüste eine derart üppige

Vegetation gedeihen konnte. Es waren in der Tat Regenwälder, die bedingt durch die Höhenlage ausreichend Feuchtigkeit erhielten.

In zahlreichen Kurven schlängelte sich die Piste zwischen den bewaldeten Hügeln hindurch. Endlich, bei Einbruch der Dunkelheit waren wir am Ziel. Marsabit war erreicht. Unsere Kleidung, Haare und Gesicht waren über und über mit rotem Staub bedeckt. An der Missionsstation angekommen, kletterten wir etwas steif und schwerfällig vom LKW. Was war das für ein langer und anstrengender Tag gewesen! Kaum hatten wir den sicheren Boden erreicht, wurden wir sofort an begangene Versäumnisse erinnert: Durst! Unsere Kehlen waren buchstäblich ausgedörrt. Ohne Mühe verschwanden zwei Liter Wasser und ein wenig später noch ein Liter Milch. Dann ging es uns wieder besser. Aus unerklärlichen Gründen hatten wir nämlich völlig vergessen, in Isiolo unsere Trinkwasserflaschen aufzufüllen. So war der vorhandene Vorrat rasch aufgebraucht und wir mussten den ganzen restlichen Tag ohne Wasser durchhalten. Eigentlich nicht weiter schlimm, drängten doch die unzähligen Eindrücke, vor allem aber die ständige Anspannung in der zweiten Tageshälfte wegen eines möglichen Überfalls durch die Shiftas sämtliche Durstgefühle in den Hintergrund. Erst als im sicheren Marsabit der psychische Druck wich, wurden wir sofort an unser Versäumnis erinnert.

Neben dem Magazin der Missionsstation stand ein kleiner Wellblechschuppen. Darin dürften wir, so Father Giovanni, die kommenden Tage hausen. Gar nichts gab es in diesem Schuppen, lediglich einen gestampften Lehmboden, darüber ein einfaches Wellblechdach. Die Seitenwände sowie die Eingangstür waren gleichfalls mit Blech verkleidet. Aber das alles konnte uns ja egal sein. Hauptsache, wir hatten ein Dach über dem Kopf und konnten bei Bedarf unser Gepäck zurücklassen. Ohne etwas zu essen, legten wir uns nieder und schliefen sofort ein. Nachts hatte keiner austreten müssen. So groß war der Flüssigkeitsverlust gewesen!

Marsabit, eine kleine, etwas verschlafene Stadt, lag direkt am Rand des Regenhochwaldes in etwa 1500 m über dem Meer. Vulkanische Tätigkeit hatte im Laufe der Zeit das gesamte umliegende Gebiet so stark angehoben, dass hier ein eigenes Mikroklima entstehen konnte. Deshalb auch der Regenhochwald, in dem es Seen und viel Wild geben sollte, selbst Elefanten!* Eine wahrhaft grüne Insel inmitten dieser ausgedehnten Steppen- und Wüstenlandschaft Nordkenias. Hier endete unsere abenteuerliche Fahrt mit Father Giovanni. Zwar würde er spätestens übermorgen weiter gen Nordwesten fahren. Allerdings nur bis nach North Horr, wo das Baumaterial für die neue Missionsstation abzuliefern war. Eine Weiterfahrt von dort nach Norden an die äthiopische Grenze war ausgeschlossen. Die einzige Möglichkeit an die äthiopische Grenze zu gelangen führte von Marsabit über Sololo nach Moyale. Die Suche nach einer weiteren Mitfahrgelegenheit konnte beginnen. Sie sollte keine einfache werden.

Gut ausgeruht sah die Welt am nächsten Morgen gleich anders aus. Doch bevor wir irgendeinen Beschluss fassen konnten, kündigte sich kräftiger Hunger an. Keineswegs verwunderlich, hatten wir doch den gestrigen Tag kaum etwas gegessen. So gab es zum Frühstück das erste Mal eine ordentliche Portion Eiernockerl. Das Brot war uns ausgegangen und es würde über längere Zeit auch keines mehr zu finden sein. Dazu tranken wir, wie gewohnt, schwarzen Tee. Gestärkt ließen sich auch unangenehme Dinge besser angehen und so führte unser erster Weg gleich zum Polizeigebäude.

Dort gab es, wie nicht anders zu erwarten, entsprechenden Ärger. Zuerst löste unser Erscheinen höchstes Erstaunen, dann ein größeres Palaver unter den schwarzen Beamten aus. Der Chef, noch ein Engländer, musste sich sehr beherrschen, um nicht einen Tobsuchtsanfall zu bekommen. Wie war es überhaupt möglich, dass

---

* In diesem Biotop lebte auch der berühmte Elefant Achmed. Er stand unter dem persönlichen Schutz des damaligen kenianischen Präsidenten Jomo Kenyatta. Achmed besaß mit Abstand die größten Stoßzähne, die jemals bei einem Elefanten gesehen wurden.

gleich zwei Europäer hier auftauchten? Der Weg hierher war doch mit zahllosen Kontrollstationen hermetisch abgeriegelt! Wieso waren die Kontrollposten nicht ihrer Aufgabe nachgekommen? Zudem konnten die beiden „Eindringlinge“ nichts, aber schon gar nichts an gültigen Papieren vorweisen, um ihre Anwesenheit in Marsabit in irgendeiner Weise zu rechtfertigen. In der Tat war unsere Situation so außergewöhnlich, dass jeder beflissene Polizeibeamte unweigerlich seine Schwierigkeiten damit haben musste: Wir hatten weder eine Einreise- noch Durchreiseerlaubnis für die an sich gesperrte Nordregion Kenias. Unsere Visa für Kenia waren in der Zwischenzeit wieder abgelaufen. Für die Weiterfahrt nach Äthiopien besaßen wir kein Visum und letztlich verfügten wir nicht über jenen Geldbetrag, der von Touristen für einen ordentlichen Aufenthalt in Kenia abverlangt wurde. Für den englischen Polizeichef bestand kein Zweifel: Diese beiden Fremden mussten so schnell wie möglich nach Norden an die äthiopische Grenze abgeschoben werden. Eine Absicht, die ganz und gar unsere unausgesprochene Zustimmung fand. Mehr konnten und wollten wir auch nicht an „Unterstützung“ seitens der Behörden erwarten.

Obgleich die Ansicht des Polizeiobersten ganz in unserem Sinne war, erschien die nahe Zukunft völlig im Ungewissen zu liegen. Wann würde denn eine Gelegenheit kommen, mit der wir weiter nach Norden bis an die Grenze gelangen können? Diese Frage blieb vorläufig unbeantwortet. Nur eines war sicher: Wir saßen hier fest und mussten warten. Im ersten Moment traf uns diese Erkenntnis nicht sonderlich, doch insgeheim begann diese Ungewissheit schon zu nagen. Zumindest in mir, der sich von Mal zu Mal mehr Sorgen machte, dass spätestens in drei Wochen die Vorlesungen an der Uni beginnen würden. Eigentlich ein völlig absurder Gedanke in Anbetracht unserer Situation hier vor Ort und in einer Gegend derart fern jeglicher Zivilisation. So unendlich weit weg und unerreichbar erschien uns unser Zuhause, dass derartige Überlegungen beinahe virtuellen Charakter erhielten. Doch sie bildeten immerhin eine Art innere Triebfeder, alle Anstrengungen zu unternehmen, um möglichst schnell von hier wegzukommen.

So hatten wir vorerst Zeit, sehr viel Zeit zum Nachdenken. Dabei kehrten auch wiederholt unsere Gedanken zurück nach Hause zu unseren Familien, zu den Freunden und Studienkollegen. Ja, konnte sich denn einer von den letzteren überhaupt vorstellen, in welch unglaublicher Situation wir uns gerade befanden? Die meisten von ihnen hielten sich wohl gerade im schönen Österreich auf, wo Hunger, Durst, Hitze und Entbehrungen gänzlich unbekannt waren. Das kannte man nur aus Abenteuerromanen. Zudem herrschte in Österreich gerade Spätsommer. Der Wein war am Heranreifen und es war die schönste Zeit, die milden Nachmittage beim Heurigen zu genießen. Ja, sie alle befanden sich in einer Welt, wo das gesamte Geschehen in geordneten Bahnen verlief. Dort war alles geregelt und niemand brauchte sich um den weiteren Verlauf der nächsten Tage und Wochen den Kopf zu zerbrechen. Einfach unfassbar, dass wir alle den gleichen Zeitpunkt auf diesem Erdball erleben durften und uns doch in so völlig anders gelagerten Welten befanden. All diese Gedanken kreisten mir reichlich unkontrolliert durch den Kopf, ließen aber gleichzeitig wieder erste Zweifel ob der Machbarkeit unserer weiteren Rückreise aufkommen.

Über den Nordosten Afrikas besaßen wir keinerlei Unterlagen. Unsere Kenntnisse beschränkten sich auf vage mündliche Erzählungen von unterwegs getroffenen Autostoppern. Alles war offen und unsere weitere Reiseroute würde sich mehr den Gegebenheiten und Zufällen anpassen müssen als irgendeiner Planung. Mehr denn je wurde uns bewusst, welch langer und beschwerlicher Weg noch vor uns liegen würde! Allein der Gedanke an das uns völlig fremde Nachbarland Äthiopien löste erhebliche Sorgen aus. So reizvoll auch die Aussicht wäre, ein neues, noch völlig unbekanntes Land kennen zu lernen, so sehr lastete im Unterbewusstsein die Vorstellung von weglosen Landstrichen mit ständiger Bedrohung durch Räuber und Banditen. In dem unkontrollierten Hochland könnten sie zu jedem nur möglichen Zeitpunkt die gesamte Weiterfahrt in Frage stellen.

Noch waren wir nicht vor das Problem gestellt, noch trennten uns einige hundert Kilometer von der Grenze. Aber der Zeitpunkt der Grenzüberschreitung rückte immer näher. Außerdem hatten wir ja keine Wahl mehr, denn dic Weichen für diese Route waren bereits in Nairobi gestellt worden. Vielleicht wäre es besser, nicht immer daran zu denken. Und vielleicht würde alles gar nicht so schlimm werden …

Es war Sonntag, der 13. September 1964. Father Giovanni lud uns zur Messe ein. Wie lange schon waren wir nicht mehr in einer Kirche gewesen? Fast peinlich berührt mussten wir zur Kenntnis nehmen, dass es schon einige Jahre zurücklag. Doch kaum hatten wir nach dem Gottesdienst der Kirche den Rücken gekehrt, nahm uns der weltliche Alltag mit seinen Sorgen wieder ganz in Anspruch. Unsere Anfrage bei der Polizei nach einem Konvoi in Richtung Norden erbrachte nichts Neues und so kehrten wir etwas enttäuscht zur Missionsstation zurück. So als ob er unseren Seelenzustand erahnen würde, ermunterte uns Father Giovanni zu einem Besuch der Marsabitlodge. Nur eine gute Stunde zu Fuß von Marsabit entfernt, liege sie mitten im Regenwald an einem kleinen See. Früher ein beliebter Ausflugsort für Touristen, um am Abend bei flackerndem Kaminfeuer die zur Tränke kommenden Tiere zu beobachten. Doch heute sei sie völlig verlassen – wegen der Shifta-Gefahr! Die Idee faszinierte uns. Von so einer Möglichkeit, die Tiere aus nächster Nähe und in aller Ruhe zu beobachten, hatten wir schon immer geschwärmt. Endlich wieder Gelegenheit, etwas aus eigener Kraft zu unternehmen!

So stiefelten wir los, ganz ohne Ausrüstung, um vorerst die Lodge in Augenschein zu nehmen. Dann würden wir zurückkehren, um mit der notwendigen Ausrüstung versehen, erneut loszumarschieren. Wir waren noch keine zehn Minuten im Wald unterwegs, als uns auf einmal der Ernst der Lage bewusst wurde. Was ist denn, wenn … Beiderseits des schmalen Fahrweges, der eher einem Hohlweg glich, nichts als zwei grüne, undurchdringliche Wände. Schon war er wieder da, dieser unverkennbare, leicht scharfe Geruch von Raubkatzen. Nur einige Meter abseits der Piste könnte doch ein Leopard lauern und uns in aller Gemütsruhe verfolgen. Allein der Gedanke ließ uns höchst unruhig werden. Wäre es nicht besser, wieder umzukehren? Doch die Aussichten auf Entlohnung am Ende dieses Marsches waren letztlich stärker als die Bedenken und ließen uns weitergehen.

Alte Rezepte der gegenseitigen Sicherung wurden ausgekramt. Die aufgeklappte große Klinge des Schweizer Messers in der rechten Hand, in jeder Hosentasche ein paar griffige Steine und die ständige Ausschau nach geeigneten Fluchtbäumen für den Bedarfsfall. Wieder reichlich naiv, wie wir, im Nachhinein betrachtet, feststellen mussten! Nach geraumer Zeit begann sich der Wald vor uns zu lichten. Das kräftige Blau eines kleinen Waldsees kündigte das nahe Ende unseres Fußmarsches an. Seine flachen Ufer waren von dichtem Röhricht eingesäumt. Gleich dahinter auf allen Seiten, wie eine Wand, die hohen Bäume des Regenwaldes. Was für ein traumhafter Anblick, welch eine Welt des Friedens inmitten unberührter Natur! Wenig später entdeckten wir die Lodge. Reichlich heruntergekommen war sie. Doch kein Grund, sich davon abschrecken zu lassen. Alles in bester Ordnung. Sofort fassten wir den Entschluss, an diesen romantischen Ort zurückzukehren. Und zwar noch an diesem Tag, um in der Lodge zu übernachten.

Bepackt mit Kocher, Geschirr, etwas Proviant und zwei Schlafsäcken machten wir uns erneut auf den Weg. Merkwürdig, auf dem Rückweg nach Marsabit war die Angst vor der Begegnung mit wilden Tieren gar nicht so präsent gewesen. Doch kaum den engen Hohlweg erreicht, standen wir wieder vor dem gleichen Problem. Erneut diese unterschwellige Angst, denn objektiv betrachtet gab es kaum eine Fluchtmöglichkeit! Und wieder war es die Aussicht, in Ufernähe des lieblichen Waldsees sitzen zu dürfen, wo sich am Abend unzählige Tiere zur Tränke einfinden würden, die die besorgniserfüllten Gedanken auf Distanz hielten. Wir stießen auf frische Hinterlassenschaften größerer Tiere. Sie mussten wohl erst vorhin den Weg gequert haben!

Büffeldung erinnerte stark an Kuhfladen und minderte so im ersten Moment das Gefühl akuter Gefahr. Welch gravierende Unterschätzung der Wirklichkeit, denn Büffel zählen zu den gefährlichsten Tieren Afrikas. Dagegen wirkten die großen, aufgehäuften Kugeln Elefantenmist schon eher Respekt einflößend. Jedes Knacken oder Rascheln im nahen Unterholz rief sofort höchste Alarmbereitschaft hervor, begleitet von einem rasanten Anstieg der Herztätigkeit.

Wir hielten Ausschau nach Fluchtbäumen. Einer war für die linke, der andere für die rechte Seite zuständig. Ob wir im Bedarfsfall diese Bäume auch rasch genug hätten hochklettern können? Konkret hatten wir uns diese Frage nie gestellt und auch keinen Versuch unternommen. Denn spätestens dann wäre die Einsicht gekommen, dass die Umkehr die einzig sinnvolle Antwort auf diese ständige Gefahr gewesen wäre!

Nun, die Natur meinte es nicht nur gut mit uns, sondern versöhnte uns sogar noch mit dem Anblick einer ausgesprochen hübschen Blume, die Wif unweit des Weges entdeckte. Am Ende ihres langen, glatten Stiels befand sich ein feuerroter, kugelartig geformter Blütenstand aus vielen kleinen sternförmig angeordneten Einzelblüten. Wohl eine Verwandte der Liliengewächse?*

An der Lodge angekommen stellten wir fest, dass alle Türen und Fenster gut verriegelt waren. Kein Hindernis für Leute mit etwas technischem Verständnis und einem Schweizer Messer in der Hand. Bald waren wir im Innern. Sehr ernüchternd, was uns da erwartete. Ein paar flüchtig zusammen geschobene Tische und Stühle bildeten das gesamte Inventar. Überall eine dicke Staubschicht, es war mit Sicherheit schon jahrelang niemand mehr hier gewesen! Dichte Spinnweben an den Fenstern und im Dachgebälk bestätigten die Abwesenheit und Vergänglichkeit menschlichen Wirkens. Doch davon abgesehen stellten wir fest, dass die Lodge einen geradezu fantastischen Ausblick auf den nahen See bot. Rasch waren die Gedanken an das betrübliche Umfeld verdrängt. Wir begannen, Holz zu sammeln, stapelten es vor dem Kamin und sahen uns schon in Gedanken vor dem flackernden Feuer sitzen, als plötzlich Motorengeräusch zu vernehmen war. Rasch kam es näher. Shiftas, durchfuhr es uns blitzartig! Gewiss, das konnten doch nur Shiftas sein, die sich hier im Wald versteckt hielten. Mein Gott, was sollten wir tun, guter Rat war teuer. In Windeseile verschlossen wir den einen Fensterflügel, durch den wir eingestiegen waren, kippten zum Sichtschutz zwei Tische zur Seite und stellten sie

* 40 Jahre später entdeckte ich diese Blume abgebildet in einem Bergsteigermagazin über Ostafrika. Wir hatten richtig getippt: Es war eine Feuerball-Lilie.

zusammen mit den Stühlen an die von der Tür abgewandte Seite des Raums. Dahinter versteckten wir uns. Das Fahrzeug, dem Motorengeräusch nach ein Landrover, blieb vor der Lodge stehen. Der Motor verstummte, Stimmen waren zu hören. Dann plötzlich rief jemand ganz deutlich. Wir verhielten uns mucksmäuschenstill und warteten ab. Vielleicht dachten sie, dass einer ihrer Mitstreiter hier sei. Dann hörten wir, wie jemand mit einem Schlüssel die Eingangstür öffnete. Jetzt ging es uns an den Kragen. Es war nur zu bekannt, dass die Shiftas mit ihren Gefangenen kurzen Prozess machten. Mein Herz klopfte zum Bersten. Vor Angst begann ich, am ganzen Körper zu schwitzen. Sollte nun hier unsere Reise ihr klägliches Ende finden? Sollte es wirklich aus sein mit uns? Nein, das durfte nicht sein. Trotz mancher Widrigkeiten war bisher alles gut verlaufen. Und außerdem musste es doch so etwas wie eine universelle Gerechtigkeit geben, denn wir hatten uns wirklich nichts zu Schulden kommen lassen!

Mit einem kräftigen Ruck wurde die Tür aufgestoßen. Das Ende nahte. Was würden sie mit uns machen? Hinter den Tischen und Stühlen kauernd riskierte ich vorsichtig einen kurzen Blick durch den schmalen Spalt zwischen den beiden gekippten Tischen. Im Türrahmen erschien … die Gestalt jener Person, die auf ihren Routinekontrollen gegen die Shiftas hier regelmäßig vorbeikam. Es war der Polizeichef von Marsabit höchst persönlich! Was für eine Erleichterung. Da hatten wir wieder einmal Glück gehabt. Er betrat das Innere der Lodge, zwei schwarze Polizisten folgten. Es hatte wohl keinen Sinn mehr, sich weiter versteckt zu halten. Äußerst verlegen krochen wir aus unserem Verbau hervor. Die gerade erlebte Erleichterung kaum ausgekostet, befanden wir uns erneut in einer ausgesprochen peinlichen Lage. Einen Augenblick herrschte Ruhe. Die drei Besucher waren sprachlos. Damit hatte wohl keiner gerechnet. Dann aber folgte ein Donnerwetter, wie ich es schon seit Jahren nicht mehr gehört hatte. Vom Polizeiofficer hatten wir doch die strikte Anweisung erhalten, Marsabit unter keinen Umständen zu verlassen. Wie zwei kleine Schulbuben kamen wir uns vor, die gerade bei der Durchführung eines Lausbubenstreiches vom Lehrer erwischt worden waren. Doch um ehrlich zu sein: Das Gepolter des Polizeichefs war allemal zu ertragen im Vergleich zu dem, was hätte passieren können. Er brüllte – und das mit Recht – etwas von bodenlosem Leichtsinn und Verantwortungslosigkeit. Die Shiftas wären mit Sicherheit vom brennenden Feuer angelockt worden und dann wäre es eben aus gewesen mit uns! Gar kein Zweifel, innerlich mussten wir unsere Schuld eingestehen und insgeheim froh sein, dass unser Vorhaben fehlgeschlagen war. Aber damit war er endgültig ausgeträumt, der Traum vom Kaminfeuer und der Aussicht, Elefanten, Büffel, Antilopen und Raubtiere in friedlichem Nebeneinander an dieser romantischen Waldtränke zu beobachten. Für uns war es, so zumindest vermuteten wir, auch die letzte Chance gewesen, Tiere in freier Wildbahn zu sehen.

Auf der harten Ladefläche des Polizei-Landrovers polterten wir zurück nach Marsabit. Nach einer abermaligen Verwarnung in der Polizeistation wurden wir auf freien Fuß gesetzt. Adieu du schöne Tierwelt, es hatte eben nicht sein sollen. Total frustriert kehrten wir zurück zur Missionsstation. Father Giovanni war nicht da. Er war bereits unterwegs, um sein Baumaterial weiter nach North Horr zu bringen.

Weshalb wir uns gerade am Ende dieses Tages zur nun folgenden Tat haben hinreißen lassen, wussten wir selbst nicht mehr. Wir hatten nämlich in der Zwischenzeit in Erfahrung gebracht, dass sich in dem gut verschlossenen Magazin neben unserer Hütte ein Lebensmittellager der Mission befand. Eine interessante Gewissheit und Gelegenheit, vielleicht etwas gegen den ständigen Hunger unternehmen zu können. So war vermutlich er die eigentliche Triebfeder für unsere Tat gewesen. Das Lager war natürlich fest verschlossen und die Schlüssel in sicheren Händen. Also blieb nichts anderes übrig, als sich den Zutritt ohne legale Mittel zu verschaffen. Ohne weiter darüber nachzudenken, erfolgte er beinahe automatisch, der obligate Griff nach unserem Allzweckwerkzeug, dem Schweizer Messer. Flugs entstand mit dem Dosenöffner in wenigen Minuten ein ausreichend großes Loch im unteren Bereich der einen Seitenwand aus Wellblech. Groß genug, um hineinblicken zu können.

Schon ein kurzer Blick ließ unsere Augen groß werden. Es war, als hätten wir ein geheimes Versteck entdeckt, ein Versteck voll mit lauter guten Dingen! Neben großen Konservendosen lag ein beachtlicher Vorrat an Säcken herum, fein säuberlich gestapelt nach unterschiedlicher Größe. Ein wahrer Schatz in solch karger Umgebung! Ein kurzes Abwägen genügte. Bei der vorhandenen Diskrepanz zwischen unserem mageren Lebensmittelvorrat und diesem vor uns liegenden „Reichtum“ brauchten wir eigentlich keine Skrupel mehr an den Tag zu legen. Die Entscheidung fiel und schon erfolgte ein „Besitzstandswechsel“ vertretbaren Umfangs. Drei 1,5 kg schwere Trockenmilchpulversäcke, die in leicht erreichbarer Nähe unseres Lochs waren, fischten wir aus dem Lager. Rasch und sehr sorgfältig verschlossen wir die Öffnung in der Seitenwand des Magazins. Die untere, direkt entlang dem Boden angelegte Schnittlinie wurde noch zusätzlich mit dem daneben befindlichen Erdreich so gut getarnt, dass nur beim näheren Hinblicken jemand etwas entdecken würde. Father Giovanni möge uns diesen Fehlgriff verzeihen. Aber so waren wir in unserer Not endlich in der Lage, unseren äußerst kargen Kalorienhaushalt regelmäßig aufzubessern. Auf den Säcken der Trockenmilch war in großen Lettern zu lesen: *„Donated by the people of America for the poor people of Africa“*, und wir ergänzten sogleich im Stillen: *„... for the Austrian people suffering in Africa.“* An diesem Abend führten wir unser künftiges Standardmenü ein: Zwiebelnockerl mit Trockenmilchtee, eine Geschmackskombination, die gar nicht so schlecht passte und wie wir bald erfahren würden, problemlos über mehrere Tage vertragen werden konnte, ohne dagegen Sturm zu laufen. Besonders dann, wenn Schmalhans Küchenmeister war. Die notwendigen Zutaten Mehl, Zwiebeln, Zucker und Kimbo-Fett in Dosen waren vor Ort käuflich. Viel mehr gab auch der Markt von Marsabit nicht her. Ergänzt mit unserem wertvollen Vorrat an Trockenmilch würden wir so die nächste Zeit überbrücken müssen.

Die weiteren Tage des Wartens in Marsabit waren vom Ablauf her alle sehr ähnlich. Mit einem deftigen Frühstück aus Zwiebelnockerln und Trockenmilchtee wurde der neue Tag eingeleitet. Am Vormittag erfolgte der Routinegang zur Polizei, die wir stets mit der gleichen Frage nach dem lange angekündigten Konvoi belästigten. Anschließend ging es, sofern erforderlich, zum Markt oder zur *main road* von Marsabit, der einzigen geraden und mit kleinen Läden eingesäumten Straße der Stadt, um Einkäufe zu tätigen. Immerhin hatte wenigstens dort jemand daran gedacht, Bäume gegen das intensive Sonnenlicht zu pflanzen. Ihr grünes Blätterdach bildete einen interessanten farblichen Kontrast zur rotbraunen Lateritdecke der Straße. Das Mittagessen hatten wir aus praktischen Überlegungen bis auf Weiteres ausfallen lassen. Dafür vertrieben wir uns die Zeit bis zum Abend mit einem selbst gebastelten Mühle-Spiel und versenkten „Schiffe". Doch auch anspruchsvollere Aufgaben sollten zur Aufmunterung unserer grauen Gehirnzellen beitragen. Da war z. B. Wifs Mathematik-Maturabeispiel: Gegeben ist eine Kugel mit dem Radius a. Dieser Kugel ist die inhaltsgrößte Pyramide einzuschreiben, deren Grundfläche ein gleichseitiges Dreieck ist. Zusätzlich ist dieser Kugel die inhaltskleinste Pyramide zu umschreiben, deren Grundfläche ebenfalls ein gleichseitiges Dreieck ist. Gesucht ist das Volumenverhältnis der größeren Pyramide zur Kugel sowie zur kleineren Pyramide. Auf kleinen Kalenderzetteln gekritzelt hatten wir am zweiten Tag die Lösung gefunden. Für Interessierte: Die von Wif im Jahr 2012 abermals ausgearbeitete Lösung befindet sich im Anhang. Oder eine andere Aufgabe: Erbringe den Nachweis des Pendelgesetzes, das besagt, dass das Zeitintervall eines Pendelausschlages unabhängig ist vom Gewicht und von der Ausschlagsgröße des Pendels. Schließlich basiert die Ganggenauigkeit aller Pendeluhren auf diesem Prinzip. Zum Abschluss noch eine weitere, allerdings anders gelagerte Aufgabe: Wer schafft es in kürzester Zeit alle Bundesstaaten der USA samt den zugehörigen Hauptstädten aufzuschreiben. Zum Ausklang des Tages gab es wieder Zwiebelnockerln mit Trockenmilchtee.

Zugegeben, zweimal gab es Ausnahmen im Menüablauf der Marsabit-Tage. Einmal geschah es beim Frühstück, als Wif nämlich zur Abwechslung mit dem letzten Reisvorrat Milchreis kochte. Ob ich es nun gewollt hatte oder nicht, wurden bei mir sofort alte Kindheitserinnerungen wach. Erinnerungen an den widerlichen Milchreis, der uns damals nach dem Krieg im Kinderheim vorgesetzt worden war. Selbst nach so vielen Jahren war diese Abneigung noch derart präsent, dass ich den Zwiebelnockerln treu blieb. Eines

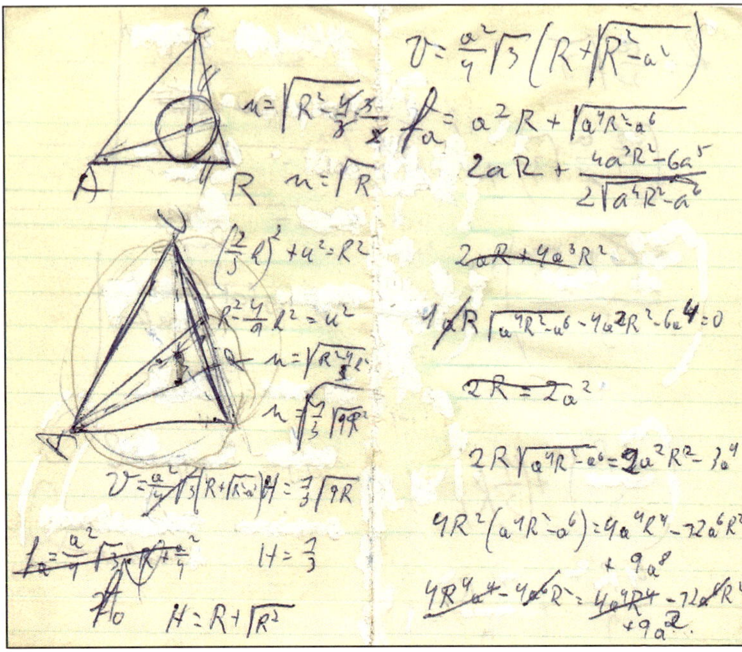

Maturabeispiel von Wif: Kugel mit zwei Pyramiden

Abends erfolgte dann die zweite Ausnahme. Wif war wieder einmal erfinderisch. Um eben nicht immer Zwiebelnockerl essen zu müssen, sollte es Bröselnudel geben. Brösel gab es natürlich im Umkreis von Hunderten von Kilometern nicht zu kaufen. Also wurden sie nach bewährtem Rezept wieder selbst hergestellt. Aus unseren Rucksäcken kramten wir die kläglichen Überreste moderner Zivilisation hervor. Es waren ein paar Scheiben des total eingetrockneten Weißbrotes der Marke „Kilimandjaro Golden Crust Bread“, das wir noch knapp vor der Abreise in Nairobi gekauft hatten. Von goldbrauner Farbe und knusprigem Zustand war natürlich schon lange nichts mehr zu bemerken. Für die Herstellung von Bröseln auch völlig egal. Als Wif dann mithilfe von zwei ineinander geschobenen Töpfen unseres Alu-Kochgeschirrs die Brotscheiben mit drehenden Bewegungen und unter Druck in Brösel umwandelte, nahmen diese einen leicht silbergrauen Grundton an. Keine Frage, das ist metallischer Abrieb als Folge uneben gewordener Topfböden. Skepsis begann sich in unseren Gesichtern auszubreiten, doch der nach dem Anrösten mit Kimbo-Fett verstärkt zutage getretene braune Farbton stimmte uns wieder versöhnlich. Aus Mehl, Salz sowie etwas Trockenmilch wurde Teig zubereitet und anschließend daraus Nudeln geformt. Das Ergebnis waren etwas grob und unförmig geratene Exemplare, die dann im heißen Wasser landeten. Anschließend wurden sie in den Bröseln gewälzt. Wie üblich war der Hunger groß, also konnte das Ganze nur vorzüglich schmecken. Dazu gab es natürlich – wie hätte es auch anders sein können – feinsten Trockenmilchtee!

Am Vormittag des 15. September kursierte das erste Mal die Nachricht, dass der Konvoi gegen 15 Uhr eintreffen und weiter nach Moyale fahren würde. Das brachte seelischen Aufwind, denn auch wir wollten dorthin. Der kleine Ort Moyale lag bereits direkt an der äthiopischen Grenze. Aber wie so oft in diesen Tagen in Marsabit war wieder alles vergebens. Es blieb beim Gerücht.

Vier Tage schon warteten wir auf den Konvoi. Nun wurde zu allem Übel beim letzten Routinebesuch in der Polizeistation auf einmal die besorgniserregende Frage aufgeworfen, ob denn unsere Mitfahrt mit einem von der Polizei geführten Konvoi überhaupt gestattet sei. Leider war es der Polizeichef selbst, der sich querzustellen begann. Noch lag von ihm kein endgültiges Nein vor, nur es verstärkte eben die Sorgen um die weitere Reise nach Norden. Was würden wir denn hier machen am Ende der Welt, wenn uns tatsächlich die Mitfahrt nach Norden verweigert würde? Der in der Zwischenzeit aus North Horr zurückgekehrte Father Giovanni wusste dazu eine sehr pragmatische Empfehlung: Wer viel fragt, riskiert viele dumme und unpassende Antworten.* Einfach mitfahren, wenn sich die nächste Gelegenheit bieten würde. Auch ohne Erlaubnis. Und ja keine weiteren Fragen mehr stellen. Zudem sollten wir uns genau in der Art weiter verhalten, wie wir es bis jetzt recht erfolgreich gemacht hätten. Nun gut, in der Zwischenzeit hatten auch wir dazu gelernt, dass in Afrika Planung und Umsetzung häufig auseinanderklafften und dass – fast

* Übrigens nicht nur eine goldene Regel für den vorliegenden Fall!

alles – in der einen oder anderen Form umgangen werden konnte. Somit sollte das Problem der Weiterfahrt vorerst kein weiteres Kopfzerbrechen mehr darstellen.

Am Abend des vierten Tages hatte ich Pech. Durch einen unglücklichen Umstand trat ich beim Schlafengehen im Finstern der Hütte auf meine Brille. Bilanz der Unachtsamkeit: Brillengestell und rechtes Glas waren zerbrochen. Natürlich hatte ich keine Reservebrille mit. Daran hatte ich weder gedacht noch Geld dafür gehabt. An eine fachgerechte Reparatur der Brille war nicht zu denken. Der nächste Optiker war mit Sicherheit mehrere Tagesreisen von hier entfernt und damit unerreichbar. Also flickte ich, so gut ich konnte, das Brillengestell mit etwas Leukoplast. Auf ähnliche Weise versuchte ich auch, die größeren Glaselemente an der Einfassung festzukleben. Mit dieser Behelfskonstruktion kam ich mir zwar vor wie ein Mensch zweiter Klasse und schämte mich anfänglich ob meines doch etwas eigenwilligen Aussehens. Doch andererseits liefen hier Gestalten herum, mit denen ich, was das Aussehen betraf, keinen Vergleich zu scheuen brauchte. Außerdem heilt – wie heißt es doch so schön – die Zeit alle Wunden und so hatte auch ich mich langsam an mein Aussehen gewöhnt.

In den nächsten zwei Wochen gingen nach und nach selbst die angehefteten Glaselemente verloren, was dann beim normalen Durchblicken zu erheblichen Ermüdungserscheinungen führte. Und ganz ohne Brille wäre ich doch nur ein halber Mensch gewesen, dem dann viel Interessantes entgangen wäre. Also verklebte ich einfach die gesamte Brillenöffnung. So war zwar eine gewisse Parallele zu Moshe Dayan* entstanden, nur mit dem Unterschied, dass ich noch viel mehr Haare hatte als er. Die Schwierigkeiten der richtigen Entfernungseinschätzung blieben jedoch bis zum Schluss der Reise.

Gegen Ende des fünften Tages in Marsabit, also am 16. September, traf endlich der lang ersehnte Konvoi ein. Die Freude war fast unbeschreiblich. Endlich konnte es weitergehen. Das ewige und unsichere Warten hatte nun ein Ende gefunden. Doch genauso groß

* Erfolgreicher israelischer General.

war die Enttäuschung, als wir etwas später erfuhren, dass der Konvoi wieder zurück nach Isiolo fahren würde. Im gleichen Augenblick kam uns eine fast erschreckende Idee in den Sinn: Könnte dies nicht eine willkommene Gelegenheit sein, uns wieder zurück in den Süden abzuschieben? Glücklicherweise waren wir die Einzigen, die Derartiges in Erwägung zogen. Ein anderer Konvoi würde kommen, hieß es bald darauf, allerdings erst in vier Tagen. Völlig deprimiert und mit hängenden Köpfen kehrten wir zu unserem Domizil zurück.

Am darauf folgenden Abend geschah dann etwas äußerst Unangenehmes, das für mich langfristige Folgen haben sollte. Wir saßen nach dem Essen noch am Boden vor unserer Hütte und redeten über Gott und die Welt. Marsabit schlief bereits, um uns herrschte eine wunderbare Stille. Der helle Mondschein nahm unserer Umgebung etwas von ihrer physischen Nüchternheit. Plötzlich verspürte ich einen heftigen Stich an der linken Seite des Halses. Reflexartig griff ich an die Stelle und bekam zwischen den Fingern etwas Kleines, Festes und Kugelförmiges zu fassen. Doch bevor ich richtig zudrücken konnte, entwischte es mir. So rasch wie der Schmerz nachgelassen hatte, war der Vorfall auch vergessen. Wir saßen weiter auf dem Boden, da stach mich nach einer guten Viertelstunde erneut etwas. Und wieder genau an der gleichen Stelle des Halses wie vorher. Dieses Mal war es ein regelrecht durchdringender Schmerz, der zudem eine elektrisierende Wirkung in Richtung Schulterblatt auslöste. Blitzschnell langte ich hin und hielt das gleiche kugelförmige Objekt zwischen den Fingern. Sofort drückte ich zu. Doch wieder gelang es ihm, auf ganz unerklärliche Weise zu entkommen. Nun sprangen wir auf und suchten im Licht der Taschenlampe den ganzen umliegenden Bereich am Boden ab. Vergebens, es war nichts zu entdecken. Der Verdacht kam auf, dass das nur ein Insekt gewesen sein könnte. Um nicht noch ein weiteres Mal gestochen zu werden, zogen wir uns in die Hütte zurück und legten uns schlafen. Der Schmerz im Halsbereich klang ab und so verdrängte ich bis auf Weiteres den Vorfall.

Der 18. September war trüb und kalt. Es nieselte fast unentwegt. An den umliegenden Hügeln stiegen dichte Nebelschwaden empor. Die tiefliegende Wolkendecke gab uns das Gefühl, dem Himmel sehr nahe zu sein. Keine Vogelstimme war zu hören, nur das sanfte Rauschen der auf das Wellblechdach fallenden feinen Regentropfen. Die Menschen blieben in ihren Behausungen und warteten. Die Straßen waren leer und wirkten verlassen. Selbst die Hunde hatten sich irgendwohin verkrochen. Also kein Grund früh aufzustehen. So war es letztlich nur der Hunger, der uns am späten Vormittag aus den Schlafsäcken trieb. Ich freute mich schon sehr auf die Zwiebelnockerl und war etwas erstaunt, als Wif sie nach dem Untermischen der angerösteten Zwiebel im Aluminiumtopf servierte. Wie immer war der Geruch einladend, doch der ungewöhnliche Farbton der Nockerln irritierte mich etwas. Anstatt der normalerweise leicht beigen Farbe waren sie dieses Mal rosarot! Hm, rosarote Nockerl, das wollte bei mir nicht gleich in den Sinn. Woher mochte wohl diese merkwürdige Farbe kommen, überlegte ich und sah Wif mit fragender Miene an. Dieser hatte, stets im Bestreben, unserem recht einseitig gehaltenen Speisezettel etwas Abwechslung zu verleihen, die Idee gehabt, dem Nockerlteig eine gute Portion fein zerstoßenes Pili-Pili* beizumengen. Das hatte dem gesamten Essen neben der sicher etwas ungewöhnlichen Farbe auch etwas Pfiff gegeben. Der Tag blieb trüb und nasskalt. Wir führten große „Seeschlachten" und versenkten ganze Armaden von Schiffen. Mensch und Natur warteten geduldig auf Sonnenschein …

Beim Abendessen kehrte der kulinarische Alltag wieder zurück, es gab nämlich wieder Zwiebelnockerl in gewohnter Farbe und Geschmack. Draußen war es weiterhin kühl und nass, also kein Grund länger als unbedingt nötig aufzubleiben. Nach einem Becher schwarzen Tees machte ich es mir im Schlafsack gemütlich. Doch kaum in horizontaler Lage, da setzten sie auf einmal ein. Starke Schmerzen im linken Hals- und Schulterbereich, die die ganze Nacht über anhielten. Ich lag wach und konnte bis zum Morgen kein Auge schließen. Wieder auf den Beinen, verschwanden die Schmerzen spurlos wie ein schlimmer Albtraum. Was mochte wohl die Ursache gewesen sein, fragte ich mich, ohne vorerst eine Antwort zu finden. Eine begin-

* Eine Art von Chili-Schoten.

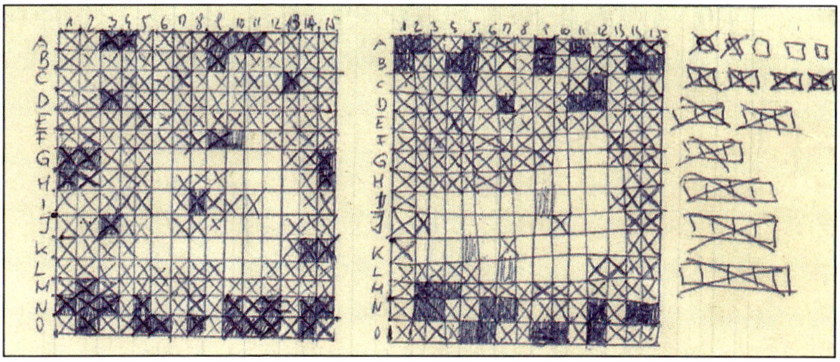

Schiffsschlachten

nende Tropenkrankheit oder eine Infektion? Dies sollte sich noch eine ganze Woche wiederholen. Erst dann würden die Schmerzen nachlassen und schließlich ganz aufhören.

Ein neuer Tag begann, ein Tag genährt von Hoffungen, aber auch geplagt von Zweifeln. Bei der Zubereitung des Tees für das Frühstück ging der Kocher aus. Kein Benzin war mehr vorhanden und auch die Benzinflasche wollte keinen Tropfen mehr hergeben. Ohne Benzin lief unser Kocher nicht und ohne Kocher gab es keine warme Mahlzeit. Auch keinen Tee. Also begaben wir uns auf die Suche nach dieser kostbaren Flüssigkeit. Benzin war nämlich in dieser Gegend ein ausgesprochen rares Gut. Alle Fahrzeuge hier, waren es LKWs oder die paar Geländewagen, verwendeten ausschließlich Dieselkraftstoff. Die größte Chance Benzin zu finden, war wohl auf dem Markt. Fast wollten wir schon aufgeben, als wir etwas abseits vom Markt fündig wurden. Ein von Sonne, Wind und Wetter verblasstes rotgelbes Shell-Zeichen an der Stirnseite eines kleinen Lehmhäuschens verriet die „Tankstelle". Davor stand ein einfacher Betonsockel mit darauf montierter Handpumpe, die mit zwei trüben Glaszylindern ausgestattet war. Abwechselnd wurden diese mit Treibstoff gefüllt und geleert. Der Boden herum war schwarz, getränkt von ausgelaufenem Dieselöl. Ob hier auch Benzin verkauft wurde? Tatsächlich, auf unsere vorsichtige Frage nickte der Tankwart zustimmend. Doch so einfach wurde der Kauf nicht, denn der Tankwart war nicht bereit, weniger als zwei Liter abzugeben. Wegen der Messgenauigkeit, wie er sagte. Unsere Benzinflasche fasste aber nur einen Dreiviertelliter. Ein langes Palaver folgte. Wir mussten unbedingt in den Besitz dieses Brennstoffes gelangen. Ohne Benzin gab es kein Kochen und damit kein Weiterkommen. Es ging eine Weile hin und her, dann endlich zeigte sich der Tankwart kompromissbereit. Wir durften unsere Flasche füllen und mussten dafür einen Liter bezahlen.

Auf dem Heimweg vom Markt wurde uns an der Polizeistation versichert, dass am nächsten Tag der nächste Konvoi erwartet würde. Tags darauf ginge es gleich weiter nach Norden. Diese Nachricht gab uns, ob nun zutreffend oder nicht, wieder Zuversicht und ließ die Stimmung steigen. Doch im Unterbewusstsein schlummerte sie weiterhin, die Skepsis, denn schon oft in den letzten Tagen war uns etwas zugesagt worden, dass sich anschließend wie blauer Rauch wieder aufgelöst hatte!

Am Nachmittag bestiegen wir einen kleinen Hügel, der direkt am Stadtrand lag. Marsabit hatte mehrere davon. Von dort bot sich ein recht guter Ausblick nach Norden und auf einen Teil der Stadt. Diese kleinen Erhebungen waren nichts anderes als Reste ehemaliger Vulkankegel, die sich einst auf dieser Hochfläche gebildet hatten. Auf der Kuppe angekommen nahmen wir Platz. Wunderbar still war es um uns. Bloß das leise Säuseln einer sanften Brise war zu hören, die die kurzen ausgetrockneten Grashalme hin- und hertänzeln ließ. Wortlos saßen wir da und blickten gedankenverloren in die Ferne. Dort irgendwo musste ja die Straße weiter nach Norden in Richtung Grenze führen. Doch wann war es endlich so weit, wann würden wir endlich diesen Ort verlassen dürfen? Irgendwie schien doch alles so aussichtslos zu sein, auch dieses Nerven zermürbende Warten auf den Konvoi, der nicht kommen wollte. Da unterbrachen auf einmal fürchterlich anmutende Laute die Stille. So, als würde ein lebendes Wesen sich mit letzter Kraft gegen ein unvermeidliches Schicksal aufbäumen. Gewiss, schon mehrmals auf dieser Reise hatten wir derartige akustische Ausbrüche gehört, doch weder Urheber noch Ursache feststellen können. Es waren wirklich sehr eigenwillige Laute, die aus einem unten am Fuß des Hügels befindlichen Kral zu uns heraufdrangen. Ungeschulte menschliche Ohren würden diese rasch auf- und abschwellende Lautfolge als Ausdruck höchster Bedrängnis empfinden. Und schon wieder erreichten sie uns, dieses Mal noch stärker. Das ließ uns keine Ruhe. Wir mussten der Ursache nachgehen. Wenig später standen wir vor jenem Kral, von dem diese fürchterlichen Laute ausgegangen waren. Des Rätsels Lösung stand unweit vor uns, völlig friedfertig und regungslos, abgesehen von den langen Ohren, mit denen gerade lästige Fliegen vertrieben wurden. Es war nichts anderes als ein Grautier, ein schlichter Esel, der lautstark seinen Gleichgearteten eine Botschaft übermittelt hatte. Unglaublich, wie derart durchdringende und regelrecht besorgniserregende Geräusche auf so harmlosen Ursachen beruhen konnten. Die Dunkelheit brach herein und wir machten uns auf den Heimweg. Früh legten wir uns nieder. Die ganze Nacht quälten mich starke Schmerzen.

Nach dem genüsslichen Verzehr unseres Standardmenüs zum Frühstück – was konnte es denn anderes sein als Zwiebelnockerl mit Trockenmilchtee – gingen wir gleich zur Polizei. Entgegen dem gestrigen Versprechen gab es auf einmal keine Neuigkeiten. Das ließ uns keine Ruhe, denn nach dem Stand unserer Informationen müsste ein Konvoi längst unterwegs sein. So konnten wir uns nicht verkneifen, kurz nach Mittag noch ein zweites Mal unsere Nasen in das Ordnungshüterquartier zu stecken. Sie musste doch endlich eintreffen, die Bestätigung über den herannahenden Konvoi. Doch auch dieser Tag ging zur Neige, ohne unsere Hoffnungen stärken zu können.

Dennoch waren wir guter Dinge. Weshalb wusste keiner von uns beiden. Vielleicht war es eine Art Telepathie, die uns unbewusst Positives vorausahnen ließ. So kam am frühen Nachmittag ganz spontan der Entschluss, im Hinblick auf das – hoffentlich – nahende Ende unseres Marsabit-Aufenthaltes ein Festessen zu veranstalten. Es sollte Fleisch mit Reis geben. Welch ein unfassbarer Luxus nach so vielen Tagen rein vegetarischer Klimmzüge! Richtiges, echtes Rindfleisch von frei lebenden Rindern aus den Marsabit-Bergen. Gar nicht zu glauben, wie allein schon der bloße Gedanke daran den Mund wässrig machen konnte. Alle Zutaten dafür besorgten wir uns auf dem lokalen Markt: ein Stück mehr oder minder frisches Rindfleisch, Kimbo-Fett aus der Blechdose, lokal hergestelltes Mehl zum Eindicken der Soße, Zwiebeln zur Geschmacksverbesserung und Reis als Beilage. Das mit dem Reis wäre beinahe schiefgegangen, denn der Verkäufer im Laden meinte mit treuherziger Miene, dass der letzte Reissack vorhin geleert worden wäre. Das wollten wir ihm nicht ganz glauben und stülpten den groben Jutesack einfach um. Und siehe da, ein paar Handvoll gelblicher Körner kamen noch zum Vorschein. Das reichte und damit war unser Festessen gerettet. Wif kochte mit Hingabe und so wurde es ein wahres Essvergnügen in doppeltem Sinne. Nicht nur, dass es vortrefflich schmeckte, auch hatten wir uns wieder einmal richtig satt essen können. Wie wunderbar zufrieden doch der Mensch gestimmt wird, wenn sein Magen gefüllt ist. Zur Verdauung gab es schwarzen Tee der Marke „Simba-Chai".

Zuweilen geschahen noch Zeichen und Wunder. Gegen 20 Uhr hörten wir herannahenden Motorenlärm. Der kam aber keinesfalls nur von einem einzigen Fahrzeug. Und richtig. Kurz darauf traf er ein, der lang ersehnte Konvoi, der nach Norden weiterfahren sollte. Nach zehn langen Tagen des Wartens war es endlich so weit! Unsere Freude kannte keine Grenzen. Das „Gefangenendasein" war zu Ende. Etwas später gesellte sich ein Schwarzer zu uns. Aus seinem kleinen Radioapparat servierte er uns richtige Schlagermusik. Wir gerieten in echte Hochstimmung. Ach, wie schön doch das Leben sein konnte! Seit Tagen war es das erste Mal, dass ich trotz der aufgekommenen Schmerzen wieder einigermaßen schlafen konnte.

Endlich geht es weiter

Voller Unternehmungsgeist und bepackt mit unseren Rucksäcken marschierten wir gleich nach dem Frühstück los. In flottem Schritt ging es direkt ins Stadtzentrum. Meine Schmerzen im Schulterbereich spürte ich kaum – einfach verdrängt von der freudigen Erwartung, dass es nun endlich weiterging.

Der Konvoi war schon von Weitem zu sehen. Auf der *main road* von Marsabit standen sie da: fein säuberlich hintereinander gereiht auf der linken Seite der Straße, alles Mercedes-LKWs, alle vom gleichen Typ und zwölf an der Zahl. Da kursierte auf einmal das Gerücht, der Konvoi würde nach Isiolo fahren. Nein, das durfte doch nicht wahr sein! Das bedeutete doch wieder zurück in den Süden. Eine vernichtende Nachricht, die uns im ersten Augenblick wie ein Keulenschlag traf. Unser gesamtes Inneres wehrte sich dagegen, wir wollten es einfach nicht glauben. Waren sie wieder umsonst gewesen, die vielen, unendlich langen Tage des Wartens? Doch bald klärte sich das Missverständnis. Auf die Frage nämlich, wohin denn ein Auto fahre, gaben die meisten Leute in Afrika nicht das Ziel, sondern den nächsten Ort auf dem Weg dorthin, an. In unserem Fall war es Sololo. Undeutlich ausgesprochen hörte es sich an wie Isiolo. Sololo lag nördlich von Marsabit, also direkt auf dem Weg nach Moyale, und war eine kleine, auf keiner Karte eingezeichnete Ansammlung von einfachen Behausungen, wie wir bald erfuhren. Demnach stimmte die Richtung. Wir aber wollten ganz sicher gehen und fragten noch zwei der anwesenden Fahrer. Keine Sorge, der Konvoi würde weiter bis nach Moyale fahren. So war alles wieder im Lot.

Hoch oben auf der Ladung des ersten LKW der Kolonne durften wir Platz nehmen. Gleich hinter dem Führerhaus. Welch eine Ehre, denn unmittelbar vor uns befand sich die wehrhafteste Einrichtung des gesamten Konvois: ein mit aufgeklapptem Zweibein auf dem Dach des Führerhauses in Position gebrachtes Maschinengewehr, links und rechts zwei Soldaten in kakifarbenen Uniformen. Ihre Schirmkappen mit Nackenschutz gegen die Sonne erinnerten stark an die französische Fremdenlegion. Im Ernstfall war ihr Auftrag klar.

Bald waren die letzten Häuser unseren Augen entschwunden. Marsabit, das uns zehn Tage Unterschlupf gewährt hatte, war wie vom Erdboden verschluckt. Vor uns breiteten sich schier endlose Ebenen aus, bedeckt mit schwarz glänzendem Lavakies. Goldgelbe Flecken aus schütteren Grasbüscheln lockerten diese dunklen Flächen auf. Vorbei führte die steinige Piste an flachen, kilometerbreiten Kratern. Für kurze Zeit unterbrachen diese stummen Zeugen vergangener vulkanischer Tätigkeit die weitläufige Landschaft. Von der Sonne ausgebleichte Tiergerippe ermahnten zur Vorsicht. Wassermangel in dieser Gegend konnte zu einem raschen Ende führen.

Kleine, völlig kahle und einsam dastehende Hügel unterstrichen lediglich den wüstenhaften Charakter dieser Gegend. Doch zu unserer großen Überraschung war dieser scheinbar lebensfeindliche Landstrich voller Leben. Auffallend war zuerst die große Zahl von Geiern, die ja von irgendetwas leben mussten. Die Antwort ließ nicht lange auf sich warten. Trotz harter Lebensbedingungen herrschte hier in diesen ariden Weiten ein unerwarteter Artenreichtum. Sie alle hatten sich den harschen Bedingungen dieses Landstriches gut anpassen müssen. Anfänglich bedauerten wir es, so lange untätig in Marsabit ausgeharrt zu haben, denn diese im ersten Moment abweisende und doch irgendwie faszinierende Landschaft mit ihrer noch unberührten Tierwelt lag bloß wenige Kilometer vor den Toren der Stadt! Die nach Norden zu marschieren wäre für uns gar kein Problem gewesen. Doch da fiel uns wieder die strikte Anweisung der Polizei ein, die Ortsgrenze von Marsabit keinesfalls verlassen zu dürfen – der Shiftas wegen. Richtig, unser gescheiterter Besuch in der Marsabitlodge erinnerte sogleich wieder an die bestehende Auflage.

Interessante Steppenvögel bekamen wir zu Gesicht. So auch die Riesentrappen, die sich beim Nähern unserer Fahrzeuge mit schwerfälligem Flügelschlag in sichere Entfernung begaben. Unwahrscheinlich viele Gazellen und Antilopen waren zu sehen, darunter auch die bereits selten gewordenen Oryxantilopen mit ihrem schwarzweiß gezeichneten Fell und dem langen, leicht nach hinten gebogenem Gehörn. Selbst einige Zebras konnten wir entdecken, die uns aus größerer Distanz seelenruhig betrachteten. Und wiederholt trabten braun gefärbte Schakale in eigenwilligem Schritt von dannen.

Der Fahrweg bestand nur aus zwei parallel verlaufenden LKW-Spuren, die häufig von steinigen Passagen unterbrochen wurden. Trotz dieser rauen Fahrbedingungen gestaltete sich das Reisen in luftiger Höhe und auf gut gefüllten Getreidesäcken recht angenehm. Mit unserem Kommandofahrzeug an der Spitze des Konvois gab es auch wenig Staub zu schlucken. Stundenlang rollten wir so durch diese Weiten, die kein Ende zu nehmen schienen. Mit steigendem Sonnenstand wurde es langsam heiß und auch der Staub begann sich überall einzunisten. Wiederholt machten wir Halt, um auf die

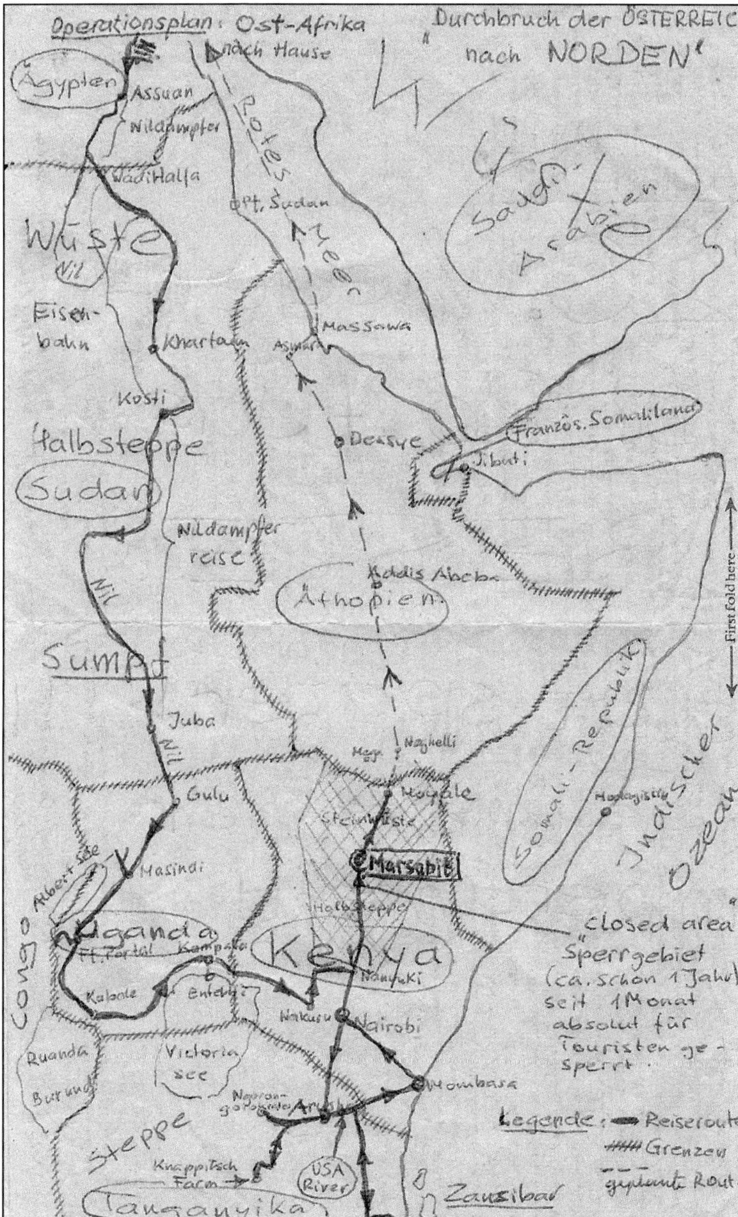

Briefausschnitt: Geplante Reiseroute von Marsabit nach Norden

anderen Fahrzeuge zu warten. Zeitweise war unser Vorsprung zum nächsten Fahrzeug so groß, dass wir es vorübergehend aus den Augen verloren hatten. Schwachstellen hätte es also zur Genüge gegeben für angriffslustige Banditen.

Gegen Abend erreichten wir die kleine Ortschaft Sololo. Von hier waren es noch 55 Meilen bis nach Moyale, demnach noch 55 Meilen bis an die Grenze. Der Konvoi hielt direkt an der Polizeistation, die zu einer wehrhaften Anlage umgebaut worden war. Ein regelrechter Wall aus dichtem Dornengestrüpp umgab das Gebäude. Aufgetürmte Sandsäcke und einige Maschinengewehrstellungen sollten Schutz vor den Angriffen der unberechenbaren Shiftas bieten. Eigenartigerweise beeindruckten uns diese Zeugnisse recht unsicherer Lebensweise kaum. Es war, als ob dies alles zum Alltag dieser Gegend gehörte. Das würde aber mit Sicherheit eine gelungene Kulisse für einen Abenteuerfilm abgeben. Nach einem eher kärglich geratenen Abendessen legten wir uns unter ein paar Borassuspalmen in den alles einnehmenden Sand, gleich neben dem Polizeigebäude. Bald wurde es ruhig. Unbekannte Tierlaute und das unverkennbare helle Kichern von Hyänen unterbrachen mehrmals die Stille der Nacht. Der Lautstärke nach streunten sie nicht weit von unserem Lager herum. Gut geschützt im Innern dieser Wüstenfestung fühlten wir uns recht sicher. Die Nacht wurde sehr heiß. Wieder aufkommende Schmerzen im linken Schulterbereich ließen mich kaum schlafen.

Lautes Brummen unterbrach die Stille des nordkenianischen Morgens. Kräftig rüttelten die noch kalten Motoren der LKWs an Karosserie und Fahrgestell. Es war an der Zeit, die Fahrt zur Grenze fortzusetzen. Noch vor Sonnenaufgang erfolgte die Abfahrt. Wieder hoch oben auf dem Kommando-LKW sitzend, verließen wir in langer Kolonne langsam die kleine Ansiedlung. Schwer mahlten die großen Räder im tiefen Sand.

Langsam begann sich die aride Landschaft zu verändern. Waren es bisher ausschließlich dornenbewehrte Sträucher gewesen, so tauchten jetzt die ersten Akazien auf. Mit dem Erscheinen höherer Vegetation verschwanden eigenartigerweise die Tiere. Waren es vielleicht gar äthiopische Wilderer, die hier ganze Arbeit geleistet hatten? Zur

Grenze nach Äthiopien war es nicht mehr weit. Da tauchten linker Hand im Gelände mehrere Meter hohe, schlotartig geformte Gebilde auf. Weithin leuchtete ihre rotbraune Farbe. Es waren Termitenhügel, wie wir kurze Zeit später erfuhren. Einen davon fotografierte ich, dann war mein Film, der letzte übrigens, zu Ende. Bis auf Weiteres würde es keine Bilder mehr von unserer Reise geben. Weiter hinten am Horizont waren die blauen Umrisse eines Bergzuges zu erkennen. Immer mehr Bäume und Buschgruppen prägten das Bild einer dichter werdenden Vegetation. Ein Zeichen, dass hier der Niederschlag wieder im Zunehmen war. Die Piste drehte nach Osten und ihr Zustand wurde etwas besser – Grund für die LKW-Fahrer, sofort das Fahrtempo zu erhöhen. Ganz unerwartet wichen auf einmal die uns begleitenden Dornenbüsche und unweit der Piste erschien auf der linken Seite eine kleine, sehr gepflegte Parkanlage. Wir trauten unseren Augen nicht. Große Bäume, dazwischen blühende Sträucher. Ganz nach englischer Art. Ein Park in dieser abgelegenen Wildnis? Wer hatte den hier wohl angelegt und für welchen Zweck?

Kurze Zeit später tauchten Häuser auf. Kenia-Moyale war endlich erreicht. Im Ortszentrum wurde angehalten. Unsere Fahrt war hier zu Ende. Wir kletterten vom Fahrzeug, klopften den Staub von unseren Kleidern und verabschiedeten uns von der LKW-Besatzung. Unser Weg führte direkt zum kenianischen Immigration Office. Anstandslos wurde die Ausreise in den Pass eingetragen, obwohl unsere Visa bereits abgelaufen waren. Hier in dieser Abgeschiedenheit war so ein Fauxpas kaum Anlass für unangenehme Fragen. Hauptsache, wir verließen das Land und damit hatte es sich. Mit dem Stempel und der Unterschrift im Pass waren wir offiziell ausgereist. In diesem Augenblick kam mir ganz plötzlich in den Sinn: Was würde passieren, wenn wir nicht nach Äthiopien einreisen dürften? Zurück nach Kenia konnten wir nicht mehr, der Riegel war vorgeschoben, endgültig. Es war wohl besser, diesen Gedanken nicht zu Ende zu spinnen. Stets positiv dem Kommenden gegenüberstehen.

Eine schwerwiegende Hürde tut sich auf

Zwischen Kenia-Moyale und dem etwas nördlich davon gelegenen äthiopischen Moyale befand sich eine weite Talsenke. Es war Niemandsland und irgendwo in der Mitte musste wohl die Grenze verlaufen. Wie zwei mittelalterliche Bastionen lagen sich diese beiden Orte gegenüber. Von der einen Seite konnten ganz deutlich die Fahrzeuge auf der anderen Seite, sofern überhaupt eines fuhr, beobachtet werden. Ein flaues Gefühl im Magen begleitete mich, als wir zu Fuß aufbrachen und die Senke hinüber nach Äthiopien querten. Gar keine freudige Erwartungshaltung, dabei bestand doch jetzt die Möglichkeit, wieder ein neues Land kennenzulernen. Was also bedrückte mich so? War es der endgültige Abschied von Ostafrika, war es die auf uns zukommende Ungewissheit des damals noch völlig unbekannten Landes Äthiopien oder der Umstand, dass wir für die Einreise gar kein Visum hatten? Wie auch immer, dieses belastende Gefühl verstärkte sich mit jedem Schritt, den wir dem neuen Land näher kamen.

Im Niemandsland waren wir auch die einzigen, die um diese Tageszeit den Streifen ohne staatliche Oberhoheit durchschritten. Nach etwa einem halbstündigen Marsch trafen wir im anderen Moyale ein. Im ersten Augenblick wollten wir es gar nicht wahrhaben, was sich da unseren Augen offenbarte. Welch ein unglaublicher Unterschied zu Kenia! Nur heruntergekommene, recht primitiv gebaute Häuser mit Mauern aus lehmverschmiertem Astgeflecht und rostigen Wellblechdächern. Kein Farbfleck weit und breit, an dem sich das Auge hätte erfreuen können. Überall nur erdbraune, rissige und abbröckelnde Außenflächen. Ein Bild der Armut und des Jammers. Selbst die Verwaltungsgebäude hatten schon jahrelang keinen Malerpinsel mehr gesehen. Von Verkehrswegen konnte keine Rede sein. Schlammige, unbefestigte Straßen, tiefe Radspuren und wassergefüllte Pfützen vom letzten Regen. Kein Wunder, dass hier keine Autos zu sehen waren – nur Esel, Hunde und ein paar Rinder. Die paar Bewohner, zumindest die wir nach einiger Zeit entdeckten, standen regungslos an den dunklen Eingängen der Häuser und beobachteten uns verstohlen oder schlichen sich, das Gesicht halb verdeckt mit einem weißen Tuch, des Weges, so als hätten sie ein schlechtes Gewissen. Ein reichlich merkwürdiges Verhalten. Insgesamt alles andere als einladend, dieses Äthiopien. So zumindest empfanden wir unsere ersten Schritte durch den Grenzort Moyale, der eher die Bezeichnung „Stätte der Traurigkeit" verdiente.

Versteckte Blicke verfolgten uns auf dem Weg zur Polizeistation. Was würde mit uns geschehen, wenn die dort feststellten, dass wir gar kein Visum hatten? Ein unscheinbares Schild kennzeichnete das schlichte Gebäude. Zwei junge Polizisten empfingen uns. Etwas erstaunt über unser Erscheinen nahmen sie unsere Pässe entgegen. Noch bevor ein vergebenes Blättern im Pass nach dem nicht existenten Visum einsetzte, griffen wir aktiv in das Geschehen ein. Mit entwaffnender Ehrlichkeit erklärten wir den Beamten, weshalb es müßig sei, nach dem Einreisevisum zu suchen. Nichts passierte. Einer der beiden nahm einen Kugelschreiber und trug, ohne ein Wort zu verlieren, einen Vermerk in die Pässe ein. Der ganze Vorgang kam eher einer Art von Kritzelei gleich als einer Amtshandlung. So wurde ein Teil der Eintragungen wieder gestrichen. Darunter folgte dann ein Stempel. Wenig später hielten wir wieder die Pässe in der Händen. Reichlich verdutzt sahen wir uns an. Das sollte alles gewesen sein? Damit hatten wir wirklich nicht gerechnet. So einfach war also die Einreise nach Äthiopien, wo noch ein Kaiser oberster Herrscher war! Und weiter: Wir hatten soeben festgestellt, in ein Land eingereist zu sein, das eigene Schriftzeichen verwendete. Für uns völlig unleserlich. So, als ob wir es mit Hieroglyphen zu tun hätten. Außer den Ziffern war nichts, aber schon gar nichts zu entschlüsseln. Zudem mussten wir zur Kenntnis nehmen, dass dieses merkwürdige Land einen anderen Kalender führte, der etwa sieben Jahre hinter dem unseren lag. Selbst die Uhrzeit wich vom international üblichen System ab. Der Tag begann dort mit der Stunde Null, wenn es bei uns sechs Uhr früh war. Und nach zwölf Stunden, also um 6 Uhr abends, begann alles wieder von vorn.

Wie sehr hatten wir uns vor dieser Grenzüberschreitung gefürchtet, wie oft hatten wir uns über das „Wenn" und „Aber" den

Kopf zerbrochen. Und nun hatte sich herausgestellt, dass offensichtlich nichts einfacher war, als die Grenze nach Äthiopien zu überschreiten. Nicht einmal gefragt hatten sie, weshalb wir denn kein Visum hatten. Also hatte Wif wieder einmal Recht gehabt mit seiner Philosophie, stets die Dinge in aller Ruhe auf sich zukommen zu lassen. Danach war immer noch Zeit, sich im Bedarfsfall damit auseinanderzusetzen.

Grünes Licht für die Weiterfahrt nach Norden hatten wir in den Händen. Alles in bester Ordnung, dachten wir jedenfalls, und sahen uns, geradezu beseelt von dieser erfolgreichen Grenzüberquerung, nach einer Mitfahrgelegenheit um. Doch davon war im Moment nichts zu sehen. Angeblich würde alle ein bis zwei Tage ein LKW nach Mega, der nächsten im Nordwesten gelegenen Ansiedlung fahren. Sonst gäbe es nichts. Die Piste nach Mega war übrigens auch die einzige Verbindung, die von hier nach Norden führte. Uns blieb vorerst keine andere Wahl, als zu warten. Erste Handlung in Äthiopien: Wir tauschten unser gesamtes kenianisches Geld in äthiopische Dollar. Schmuddeliges, stark zerknittertes Papier erhielten wir als Ersatz. Durch wie viele Hände mochten die Scheine schon gewandert sein, war mein erster Gedanke. Mit leicht gerümpfter Nase drehten und wendeten wir die abstoßend wirkenden Lappen, deren Äußeres eben genau das signalisierte, was wir später an Gegenwert bekommen würden, nämlich nur wenig.

Dann wiederum nur warten. Es gab hier einfach nichts anderes zu tun, als zu warten. Dabei drängte die Zeit sehr und der Gewissensdruck stieg. In knapp zwei Wochen begannen die Vorlesungen an der Uni und wir saßen hier fest, die Hände in den Schoß gelegt und mussten warten. Viele tausend Kilometer von zu Hause entfernt ohne die Möglichkeit zu haben, schneller voranzukommen. Doch weshalb dieses stille Klagen? Immerhin waren wir in Äthiopien eingereist, dem Land der Berge, der Schluchten und unberührten Weiten, aber auch ein Land, wo noch Wegelagerer für unerwartete Überraschungen sorgen konnten. Zudem waren wir mit der erfolgreichen Überquerung der Grenze wieder ein Stück der Heimat näher gekommen. Somit bestand wirklich kein Grund, die Köpfe hängen zu lassen. Am nächsten Tag oder spätestens am übernächsten würde es weiter nach Norden gehen.

Wir hatten jedoch die Rechnung ohne den Wirt gemacht. Unser kleines Glück, rasch und unglimpflich in Äthiopien eingereist zu sein, währte nämlich nur für kurze Zeit. So am Rande der verschlammten Hauptstraße in diesem heruntergekommenen äthiopischen Pendant von Kenia-Moyale sitzend und im Stillen hoffend, dass sich bald eine Weiterfahrt fand, tauchte unerwartet der Chef der Polizei auf, leicht zu erkennen an den Spiegeln am Revers, den Schulterklappen und der Art des Auftretens. Ohne zu grüßen verlangte er in forscher Art nach unseren Pässen. Wir ahnten Schlimmes. Natürlich, sie hatte auch gleich kommen müssen, die in gleichem scharfen Ton gestellte Frage nach unseren Visa. Nun, was sollten wir noch groß erklären? Das Spiel war aus. Der Polizeichef bekam einen regelrechten Wutanfall. Wohl zum Teil auch deshalb, weil seine Untergebenen uns auf so unordnungsgemäße Weise hatten einreisen lassen wollen. Voller Aggression strich er mit mehreren fahrigen Strichen seines roten Kugelschreibers die für uns so kostbaren Eintragungen samt Stempel im Pass durch. Für die Art seines Benehmens blieb für uns nur eine Erklärung. Der hatte sicher etwas gegen Europäer oder gar gegen alle Weißen. Dann erklärte er mit entschlossener Stimme den gesamten Vorgang für ungültig. Keine weitere Diskussion. Ohne Visum gäbe es keine Einreise nach Äthiopien! Ja, wie sollten wir denn hier (am A… der Welt, eigene Anmerkung) an ein Visum gelangen, ent-

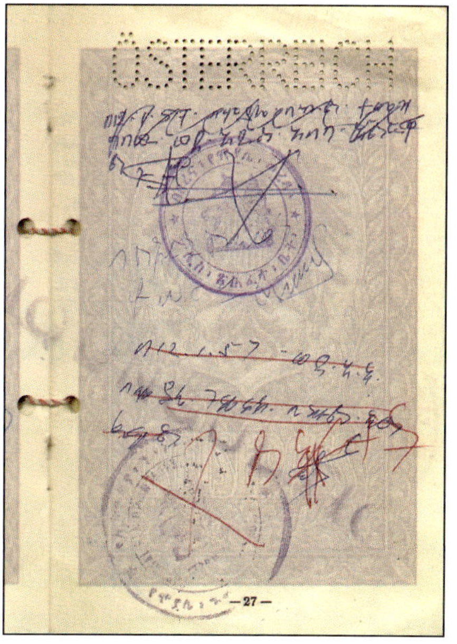

Erstes Visum, das kurz darauf wieder annulliert wurde (mit rotem Kugelschreiber)

gegneten wir mit etwas hilfloser Miene. Dies sei nicht seine Angelegenheit, kam barsch zurück. Er behielt unsere Pässe ein und zog von dannen. Zurück blieben wir beide am Straßenrand, zurück inmitten eines virtuellen Scherbenhaufens. In wenigen Augenblicken hatte sich in unserem Inneren ein wahrer Sturzflug ereignet, hinunter in tiefste Abgründe seelischer Verzweiflung. Doch gleich kam sie, die Stimme, die zur Ruhe und Gelassenheit mahnte. Noch war ja nicht alles verloren. Auf alle Fälle gab es keinen Grund zur Panik. Wie oft schon waren wir auf dieser Reise in einer scheinbar aussichtslosen Lage gewesen …

Der Tag war schon fortgeschritten und unsere Mägen knurrten heftig. Seit dem Abend zuvor hatten wir nichts mehr gegessen. Jemand zeigte uns eine Stelle, wo es Brot zu kaufen gab. Kleine, länglich geformte Weckerl, die gerade ganz frisch aus der Dorfbäckerei angeliefert worden waren. Sie dufteten hervorragend. Bei dem vorhandenen Hunger konnte keiner von uns beiden länger widerstehen. Einmal kräftig hinein gebissen in das noch warme Gebäck. Gar nicht so übel war der erste Eindruck. Geschmack und Konsistenz stimmten. Doch ein kurzer prüfender Blick auf die abgebissene Stelle trübte rasch die aufgekommenen Sinnesfreuden. Dort zog sofort ein kleines, schwarzes Etwas meine Aufmerksamkeit auf sich. Wif machte prompt die gleiche Entdeckung. Kein Zweifel, stabile Deckflügel und sechs Beine waren untrügliche Merkmale der Insektengattung Käfer. Bei jedem von uns also ein mitgebackener Käfer, der, wie wir nach weiterer Inspektion sofort feststellen mussten, beileibe nicht allein im Gebäck war. Mit vielen anderen Artgenossen hatte er sein Schicksal teilen müssen. Immerhin dürften sie bis zu ihrem schrecklichen Ende wie in einem Schlaraffenland gelebt haben. Trotz des Hungers blieb mir der Bissen sofort im Hals stecken. Doch der bloße Gedanke, kleine Käfer mitessen zu müssen, war eigentlich gar nicht so abstoßend im Vergleich zu dem, was wir beim näheren Hinsehen noch entdecken mussten. Überall gut verteilt im Inneren gab es auch unzählige Exemplare aus einem offensichtlich anderen Entwicklungsstadium. Ihre gelblich weißen Körper mit den vorne befindlichen schwarzen Fresswerkzeugen waren beim besten Willen nicht mit der

Vorstellung, etwas Verzehrbares vor sich zu haben, in Einklang zu bringen. So überzeugend diese Weckerl im ersten Moment auch geduftet hatten, so befremdend war der Geruch, der ihrem Inneren entwich. Angewidert vom Inhalt und Geruch war der Appetit so gut wie weg. Missmutig versuchten wir, noch ein paar essbare Brocken aus dem Gebäck heraus zu brechen, mussten aber die Idee – es waren der Käfer und Maden zu viele – bald verwerfen. Auch ein weiterer Versuch, die aufgebrochenen Weckerl über dem Benzinkocher zu erhitzen, um wenigstens die Bruchflächen etwas zu behandeln, schlug fehl. Damit war das Abendessen gelaufen. Es begann zu dämmern. Enttäuscht vom bisher Erlebten erkundigten wir uns bei der Polizei nach einer billigen Unterkunft. Unweit des Bäckerladens wurde uns etwas angeboten. Erster Gedanke beim Betreten: Da konnte ja jeder Schweinestall in Europa mithalten. Einziges Trostpflaster war die unentgeltliche Bereitstellung dieser „Herberge“.

Alles andere als behaglich war es im dunklen Inneren der ärmlichen Lehmhütte. Gut, dass wir nicht mehr alles so genau sehen konnten. Auch der gestampfte Lehmboden hätte etwas ebener sein können. Die düsteren Gedanken ließen nicht locker und beschäftigten mich noch lange nach dem Niederlegen. Die Erfahrungen des ersten Tages deuteten darauf hin, dass es wirklich nicht sehr einfach sein würde, sich in diesem Land durchzuschlagen. Natürlich waren wir nicht gänzlich unvorbereitet. Wir hatten im Laufe der Zeit nicht wenig über Äthiopien erfahren, wenngleich es sich ausschließlich um mündliche Informationen von anderen Autostoppern und Reisenden handelte. Und was unsere derzeitige Lage betraf, so hielt sich letztlich im Stillen die Hoffnung, dass es immer einen Ausweg geben, sich erfahrungsgemäß früher oder später immer eine Lösung anbahnen würde. Selbst wenn aktuelle Umstände eher dagegen sprachen. Hilfe von außen konnten wir hier keine erwarten. Keinem einzigen freundlichen Menschen waren wir in diesem Ort begegnet. Kalt, distanziert und wenig vertrauenserweckend erschienen uns die Dorfbewohner in dem arg heruntergekommenen und ärmlichen Umfeld. Hundert Jahre in der Entwicklung hinter Kenia war die erste Bilanz!

Das waren, zusammengefasst, die ersten Eindrücke von diesem uns noch gänzlich unbekannten Land.

Die unbequeme Nacht auf hart gestampftem Lehmboden war ausgestanden. Auch am Abend zuvor hatte ich vor dem Einschlafen Schmerzen gehabt, doch nicht mehr so stark wie die vorausgegangenen Tage. Irgendwie eine erste Ankündigung, dass es nun mit meinem unbekannten Leiden aufwärtsgehen würde. Nochmals wurden wir bei der Polizei vorstellig. Keine Änderung in der Haltung, das war alles, was wir feststellen durften. Wir sollten doch ein schriftliches Ansuchen beim Bürgermeister stellen. Vielleicht würde sich dann etwas machen lassen. Uns sollte jeder Versuch recht sein, dachten wir, solange er half, eine Einreiseerlaubnis zu erhalten. Doch da stellte sich gleich die nächste Frage. Wie kamen wir denn in diesem Ort an ein Stück weißes Papier, auf dem dann in einer fremden Sprache ein richtig formuliertes Ansuchen zu erstellen wäre? Mit unseren mageren Englischkenntnissen quälten wir uns jedenfalls lange herum. Endlich war es geschafft, unser Anliegen lag schwarz auf weiß vor. Doch auch diesem Aufwand blieb kein Erfolg beschieden. Die Art und Weise, wie mit dem mühselig abgefassten Papier umgegangen wurde, rief in uns Ablehnung, ja fast Protest hervor. Das reichte. Wir begannen, die gesamte Prozedur als verlorene Zeit zu empfinden. Sollten sie uns gefälligst gleich reinen Wein einschenken und uns nicht zeitraubende und sinnlose Anträge formulieren lassen. Vielleicht war das alles nur ein taktisches Manöver, um uns gleich von vornherein von der Einreise abzuschrecken? Wir erhielten jedenfalls unsere Pässe ausgehändigt, begleitet vom lapidaren Hinweis, uns für die Einreise doch ein Visum zu besorgen. Auf die erneute Anfrage unsererseits über das „Wie“ erhielten wir immerhin den Hinweis, doch die telegrafische Zustimmung von der äthiopischen Botschaft in Nairobi einzuholen. Damit war der Fall für die äthiopischen Grenzbeamten erledigt.

Wir hielten kurz „Kriegsrat“ und rekapitulierten. Die äthiopische Botschaft hatte uns während unseres letzten Aufenthaltes in Nairobi mit dem Argument des unpassierbaren Nordens von Kenia einen ablehnenden Bescheid erteilt. Jetzt aber war unsere Lage doch eine völlig andere. Wir befanden uns direkt an der Grenze, das unsichere Gebiet der Shiftas hatten wir bereits hinter uns gebracht. Im Grunde genommen sprach eigentlich gar nichts mehr gegen eine Einreise und damit nichts gegen die Erteilung eines Visums! Diese Erkenntnis erschien uns auf einmal so überzeugend, dass wir kurzerhand zur Telegrafenstation aufbrachen. Diese befand sich allerdings in Kenia-Moyale, also auf der anderen Seite der Grenze. Auf dem Weg durchs Niemandsland hinüber nach Kenia kam kurz die Idee auf, ob es vielleicht nicht besser wäre, wieder zurück nach Nairobi zu fahren. Direktes Verhandeln war oft erfolgreicher als ein Schriftwechsel oder gar der Austausch von knapp gehaltenen Telegrammnachrichten. Alles richtige Überlegungen, aber dann wäre unser Argument, das Shifta-Gebiet bereits hinter uns gebracht zu haben, wieder hinfällig gewesen. Außerdem hätte die Fahrt vom Zeitaufwand her mehrere Wochen gekostet! Nicht immer sind Gedanken von Anfang an logisch.

An der kenianischen Grenze geschah genau das, was wir befürchtet hatten. Uns wurde die Einreise verweigert, wir brauchten dafür wieder ein Visum. Ja, was sollten wir nun tun, war eine gute Frage. Zurück nach Nairobi zu fahren wäre also auch nicht mehr möglich gewesen.

Nun erst wurde uns die fatale Lage, in die wir geraten waren, in ihrem ganzen Ausmaß voll bewusst. Wir waren gefangen im Niemandsland zwischen zwei Grenzen, es gab kein Vorwärts und auch kein Zurück mehr. Sollten wir etwa den Rest unseres Lebens hier verbringen? Oder nachts vom Niemandsland aus das äthiopische Moyale großräumig umgehen, um dann weiter im Norden an der Piste den nächsten LKW abzuwarten? Die sichtliche Verzweiflung in unseren Gesichtern ließ die kenianischen Grenzbeamten erweichen. Wir erhielten wegen der vor Ort nicht lösbaren Problematik die Erlaubnis, ein Funktelegramm nach Nairobi aufzugeben. An der kenianischen Telegrafenstation, einer einfachen, in Leichtbauweise errichteten Holzhütte mit zwei Räumen, lernten wir David Kitoo kennen, den stets gut aufgelegten Radiooperator. Er war etwa Mitte vierzig und wie wir bald feststellen durften, nicht nur uns, sondern auch ganz besonders dem Alkohol zugetan. Diese besondere Neigung sollte sich schon recht bald als äußerst nützlich erweisen.

David hatte von Anfang an volles Verständnis für unsere verzweifelte Lage und half uns sogleich, den Text des Telegramms zu formulieren. Die Nachricht würden wir aber besser an den österreichischen Konsul in Nairobi senden in der Hoffnung, mit seiner Unterstützung schneller die Visa zu erhalten. Der kurze Text lautete: *„We are stranded in Moyale. Could you arrange a visa for us via Ethiopian embassy. Rolf Steingruber and Heinz Leonhartsberger.“* Dann wurden die Worte mithilfe des Morsealphabets abgesetzt. David machte dies schon seit vielen Jahren. Sehr geschickt bediente er die Morsetaste. Tik, tik, tik klickte es, manchmal in rascher Aufeinanderfolge, dann wieder langsam. So wurden die Buchstaben als Funkimpulse in den Äther gesendet, bis die ganze Nachricht abgesetzt war. David strahlte über das ganze Gesicht. Das war also erledigt. Jetzt brauchten wir nur noch zu warten. Für diesen kurzen Funkspruch mussten wir allerdings 22 Kenia-Schillinge bezahlen, viel Geld für uns, das wir ausnahmsweise in äthiopischer Währung begleichen durften. Nun, wenn es zu einer positiven Antwort führte, dann sollte es eben den Aufwand wert gewesen sein! Es war der einzige Hoffnungsschimmer, den wir hatten, wenngleich uns beiden klar war, dass wenig Aussicht auf Erfolg bestand.

Zu Mittag zog sich David zurück. Es sei Zeit, sich etwas auszuruhen. Gelegenheit für uns, den Ort zu besichtigen, in dem es auch nicht viel zu sehen gab. Doch er war ungleich ansprechender als das äthiopische Gegenüber. Zeit war genügend vorhanden, also besuchten wir noch die kleine, am Ortsrand gelegene Parkanlage, die wir tags zuvor knapp vor der Ankunft in Moyale gesehen hatten. Es war, wie sich bald herausstellen sollte, ein Gedächtnisgarten, der vor einigen Jahren anlässlich eines hohen Besuches angelegt worden war. In der Mitte dieser recht ansprechend gestalteten Anlage mit schönen Bäumen und Büschen befand sich ein großer Naturstein mit einer darauf befestigten Metalltafel, die an den Besucher erinnerte: Königin Elisabeth II. von England. In dem Park gab es hübsche pflanzliche Vertreter der Trockensavanne. Einer davon, ein strauchartiger Baum, glich mit seiner silbergrauen Rinde und seinem sich rasch verjüngenden Stamm eher einem kleinen Baobab, also einem Affenbrotbaum. Es war jedoch ein Adenium obesum, ein „Elefantenfuß", dessen wunderschöne, in einem kräftigen Altrosa gehaltene Blüten unsere besondere Aufmerksamkeit erregten. Wie schaffte es bloß die Natur, unter derart harten klimatischen Bedingungen so kleine Wunderwerke zu produzieren? Die sternförmig angeordneten, fleischigen Blütenblätter waren in geradezu idealer Weise an dieses extrem trockene Klima angepasst. Ohne Zweifel, dieser kleine Park war mit viel gärtnerischer Liebe so ganz nach englischer Art angelegt worden. Ein Ort des Friedens und der Beschaulichkeit. Ein kleines Stück zivilisatorischen Wirkens in dieser weltentlegenen Ferne. Was für ein Gegensatz zur umliegenden, bereits von Menschenhand stark beanspruchten Naturlandschaft! Wie lange noch würde es diese Anlage geben, kam mir unwillkürlich in den Sinn. Vermutlich würde auch sie eines Tages das gleiche Schicksal erleiden wie eine langsam in Vergessenheit geratene Grabanlage in fernen Landen!

Zurückgekehrt in den Ort, schauten wir noch einmal bei der Telegrafenstation vorbei. Nichts Neues aus dem Süden. Anschließend suchten wir nach einem gewissen Mister Phillips, für den wir von Father Giovanni ein Empfehlungsschreiben mithatten. Darin war u. a. zu lesen: *„… please help those poor people to cross the border."* Dies war doch richtig rührend von ihm, nicht wahr? Doch leider wusste Mister Phillips auch keinen Ausweg. Immerhin erhielten wir die Erlaubnis, bei der Polizei zu schlafen. Eine erstaunliche Geste in Anbetracht dessen, dass wir uns eigentlich illegal in diesem Land aufhielten. Natürlich gab es zum Abendbrot – wie konnte es denn anders sein – Zwiebelnockerl mit gutem Trockenmilchtee.

Erste erfreuliche Nachricht am nächsten Morgen: Die Nacht war schmerzfrei verlaufen und ich hatte das erste Mal seit einer Woche durchschlafen können. Nun hatte ich berechtigte Hoffnung, dass diese merkwürdige „Krankheit" endlich ausgestanden war.* Zweite positive Nachricht: Tomatenreis zum Frühstück unterbrach unseren monotonen Speisezettel. Wo hatte denn Wif die Tomaten herbeigezaubert? Es sollte eben eine Überraschung sein, meinte er kurz darauf lachend.

Nach dem Frühstück erfuhren wir mehr durch Zufall von der Polizei, dass letzte Nacht Sololo von somalischen Banditen eingekreist und beschossen worden sei. Auf weitere Nachricht wurde gewartet. Ein unwahrscheinliches Glück für uns, nicht mehr dort gewesen zu sein! Diese Art von Bedrohung lag nun endgültig hinter uns, meinten wir wieder einmal. Dafür standen wir zum „Ausgleich" seit vorgestern vor einer neuen Hürde, die sicher nicht leicht zu überwinden sein würde. Mit vagen Hoffnungen gingen wir zur Telegrafenstation und warteten. Von hier aus konnte problemlos über die

---

* Viele Wochen später zu Hause in Österreich wollte ich an einem kalten und regnerischen Novembertag mit dem linken Arm meinen schweren Wintermantel in der Garderobe unseres Studentenheimes aufhängen. Ich schaffte es nicht. Die Kraft reichte nicht, ihn auf den Haken zu heben. Die Sache machte mich stutzig. Mit dem rechten Arm dagegen ging es problemlos. Merkwürdig, merkwürdig, was konnte das wohl sein? So sehr ich mir auch darüber den Kopf zerbrach, ich kam zu keinem Ergebnis. Dann, etwa zwei Wochen später, machte mich meine Mutter auf eine ausgeprägte Vertiefung in der linken Schulterpartie aufmerksam. Da fehlten offensichtlich die normalerweise dort befindlichen Muskeln. Nun begannen die Alarmglocken zu läuten. Es folgten langwierige Untersuchungen im Krankenhaus. Schließlich hörte ich die Diagnose: Drei Schultermuskeln, der Infraspinatus, der Supraspinatus und der Latissimus seien in der linken Schulterpartie ausgefallen! Die zu diesen Muskeln führenden Nervenstränge würden kaum mehr reagieren. Deshalb seien diese Muskeln bereits stark atrophiert. Wie konnte nur so etwas eingetreten sein, was war die Ursache gewesen? Große Ratlosigkeit herrschte unter den Ärzten. Da fiel mir die Geschichte mit dem Insektenbiss in Nordkenia ein. Mittlerweile hatte sich nämlich an der Bissstelle am Hals ein kleiner Knoten direkt unter der Haut gebildet. Genau dort, wo auch die Nervenstränge hinunter zu den ausgefallenen Muskeln führen. Mit diesem Hinweis kam alsbald eine plausible Erklärung für mein Problem. Durch den Insektenstich sind mutmaßlich Parasiten in meinen Körper gelangt. Langsam, aber stetig, haben sie die Trennung der im Stichbereich befindlichen Nervenverbindung ausgelöst. Eine gute Woche hatte dieser Vorgang gedauert. Eine Woche starker Schmerzen im Schulterbereich, dann war das „Werk" vollendet. Die Verbindung war unterbrochen. So konnte es anschließend auch keine Schmerzen mehr geben. Wie sich so manches eines Tages erklären lässt!

Senke hinweg das andere Moyale eingesehen werden. Kurz nach 10 Uhr brach dort drüben ein LKW nach Nordwesten auf. Deutlich war das schwer beladene Fahrzeug zu beobachten, wie es langsam den Ort verließ und hinter den Bäumen verschwand. Ja, auf diesem LKW hätten auch wir sitzen und weiter in Richtung Heimat fahren können. Diese Chance hatten wir verpasst. Und wieder nichts als Nerven zermürbendes Warten auf eine Nachricht aus Nairobi. Unsere Stimmung sank. Trotz aller freundlichen Gesten seitens des Radiooperators kamen wir uns wie gefangen vor. Regelrecht hilflos den Entscheidungen anderer Menschen ausgeliefert. Es wurde wieder Nachmittag und wir warteten immer noch, den Funktelegrafen stets im Auge behaltend. Selbst Wif, sonst immer voller Optimismus, begann langsam mit unserem Schicksal zu hadern. Wenn es im Tempo der letzten drei Wochen weiterging, dann würde es noch Monate dauern, bis wir zu Hause waren! Wieder einmal rückte unser Zuhause in schier unerreichbare Ferne. Und mit jedem Tag Verzug würden voraussichtlich auch die Probleme mit der Uni größer. Würde es wenigstens meinem Studienfreund Wolfgang gelingen, für mich die Inskription des Wintersemesters zu erledigen? Andernfalls wäre ein ganzes Semester verloren. Dies und die völlig ungewisse Weiterreise belasteten stark mein Gemüt. Die Stunden verrannen und das Funkgerät blieb stumm. Warum begann es nicht für uns zu ticken?

Um 16 Uhr 30 wurde die Station gesperrt. Beendet war damit auch jeglicher Funkverkehr. Funker David sah unseren Weltenschmerz und versuchte, uns Gutes zu tun. So lud er uns zu sich ein. Er wohnte gleich nebenan und so folgten wir ihm hinüber zu seinem Haus. Vor dem Eingang drehte er sich zu uns um und da erschien auch schon, wie gerufen, seine sechszehnjährige Frau in der Türöffnung. Die Hände leicht angehoben mit nach oben gedrehten Innenflächen und den Kopf leicht zur Seite geneigt, hieß uns David mit folgenden Worten willkommen: *„This is my house, this is my wife, I kill one hen for you“*, was also im Klartext „Essen in seinem Haus“ bedeutete. Es waren eben jene drei Begriffe, die aus afrikanischer Sicht die wichtigsten Dinge im Leben darstellten. Wir konnten gar nicht so rasch folgen, da fehlte dem armen Tier schon der Kopf und wenig später nagten wir an den Hühnerknochen. Dazu offerierte uns David Kekse. Etwas ungewöhnlich für uns, doch für ihn etwas ganz Besonderes. Ohne dass wir es so richtig wahrnahmen, nahm in kürzester Zeit sein Alkoholspiegel bedenkliche Werte an. Er trank kräftig Bier und dazu irgendeine klare Flüssigkeit, so ganz nebenbei. Doch er bemühte sich weiterhin, so gut er es noch vermochte, nett zu sein. Bald übermannte uns alle die Müdigkeit. David zog sich mit seiner Frau in das Nachbargemach zurück. Die geöffnete Tür gab für einen Moment den Blick in den Raum frei, den eine Petroleumlampe mehr schlecht als recht erleuchtete. Er war praktisch leer bis auf ein einziges „Mobiliar“: eine quer durch den Raum gespannte Schnur, die für ihn und seine Frau als Kleiderschrank diente. Wir überlegten nicht lange und legten uns im Wohnraum einfach auf den harten Betonboden. Mit uns schliefen seine Hühner. Sie wurden für die Nacht in eine gleich neben unserer Schlafstätte befindliche Teertonne gesteckt.

Not macht erfinderisch

Wir hatten so tief und fest – auch ohne Alkohol – geschlafen, dass wir von den Ereignissen der vergangenen Nacht nichts mitbekommen hatten. David dagegen wusste am nächsten Morgen eine Menge zu berichten. In der Nacht sei es im Ort zu einer wilden Schießerei zwischen Polizei und angreifenden somalischen Banditen gekommen. Demnach läge das Shifta-Problem noch nicht ganz hinter uns, kam mir sogleich in den Sinn. David, unser großer Held, sei vom Lärm aufgewacht, habe sofort sein Gewehr ergriffen und sei in Abwehrbereitschaft gegangen. Schließlich habe er doch eine große Verantwortung übernommen mit unserem Besuch. Seine Frau erwähnte er nicht. Wiederholt schilderte er mit rollenden Augen in sehr dramatischer Weise, wie er den Banditen den Garaus gemacht hätte. Was für ein Glück, dachten wir sofort, dass sie nicht bis zur Telegrafenstation vorgedrungen waren. Etwas später berichtete David, dass die Angreifer dieses Mal die Weißen auf dem Korn gehabt hätten und ganz besonders die Engländer. Woher die Betroffenen das wohl wussten?

Eigenartigerweise berührte uns diese Nachricht nicht mehr als irgendeine Radiomeldung über Unruhen in einer fernen Region.

Der neue Tag nahm seinen Lauf und mit ihm erwachten wieder die Sorgen um die Fortsetzung unserer Reise. Warum konnte denn nicht endlich die so sehnlich erwartete Nachricht eintreffen? Und was geschah, falls die Antwort aus Nairobi negativ ausfallen würde? Noch konnte jeder von uns etwa eintausend Schillinge, also knapp 73 Euro, sein Eigen nennen. Damit könnten wir drei, vielleicht noch vier Wochen durchhalten. Aber was dann? So begannen wir, verschiedene Alternativen für die weitere Reise nach Norden zu entwickeln. Da erschien uns zum einen der Marsch durch das Niemandsland unter weiträumiger, westlicher Umgehung der äthiopischen Behörden am ehesten durchführbar. Das wäre eine erste Alternative. Irgendwo jenseits des anderen Moyale würden wir schon auf die Piste nach Mega treffen. Und weiter? Ohne Visum im Pass auf öffentlichen Verkehrswegen zu reisen, wäre das nicht etwas zu riskant? Wäre es nicht besser, wenigstens irgendein Papier in der Hand zu haben, das unsere Einreise nach Äthiopien als legal deklarierte? Die Gedanken rissen nicht ab. Lange zerbrachen wir uns den Kopf. So entwickelten wir in kleinen Schritten die zweite Alternative und die dafür notwendige Strategie. Reichlich raffiniert war diese Alternative, wie wir meinten, aber nicht minder riskant. Dazu noch abhängig von mehreren Begleitmaßnahmen. Würde eine ausfallen, fiele alles ins Wasser. David würde dabei eine gewichtige Rolle spielen müssen. Allerdings rechneten wir fest damit, dass er im entscheidenden Moment unter Alkoholeinfluss stehen und damit so gut wie nichts vom Geschehen um ihn herum mitbekommen würde. Diese Annahme war von entscheidender Wichtigkeit für den gesamten Ablauf. Wie dem auch sei, die zweite Alternative war nicht nur riskant, sondern auch kompliziert, aber mit ein bisschen Glück durchaus machbar. Doch davon später. Warum kam denn nicht endlich die Antwort aus Nairobi?

Es wurde Mittag. Die Sonne schien kräftig herab. Mensch und Tier zogen sich in schattige Bereiche zurück. Wir saßen auf einer unbequemen Holzbank in der Telegrafenstation und dösten vor uns hin. Da begann auf einmal der Funktelegraf zu ticken. Wie elektrisiert sprangen wir auf und stürzten zum Apparat. In ruckartigen Bewegungen spuckte er einen weißen Streifen aus, versehen mit Morsezeichen. Punkt, Strich, Strich, Punkt. David hörte wohl auch das Ticken und kam an den Apparat. Sein Gang war leicht schwankend. Hoffentlich war er noch in der Lage, die Zeichenfolge richtig zu entziffern. Er nahm einen Kugelschreiber und begann, die Strich-Punkt-Abfolge auf einem Telegrammformular festzuhalten. Langsam reihte sich in etwas ungelenker Schrift Buchstabe an Buchstabe.

„Ethiopian embassy unable to grant a visa",

war die lapidare Antwort des österreichischen Konsuls aus Nairobi. David unterschrieb und händigte uns das Telegrammformular aus. Schier ungläubig starrten wir auf das Stück Papier. Obwohl die Nachricht nicht gänzlich unerwartet eintraf, kam sie doch einem Schlag in die Magengrube gleich. Ihr Inhalt ließ den letzten Hauch von Hoffnung schwinden, der sich in den beiden letzten Tagen aufgebaut hatte. Damit aber der gesamte Aufwand, bis hierher an die Grenze Äthiopiens gekommen zu sein, und das lange Warten nicht ganz umsonst gewesen waren, hieß es jetzt, klaren Kopf zu bewahren und keinen Fehler zu begehen. Unser Plan, genau genommen die zweite Alternative, begann nun ihren Lauf …

David, das wussten wir, befand sich ab Mittag meist im Alkoholdunst. Zu unserem Glück war er es auch an diesem denkwürdigen Tag. So dürfte er, obwohl er uns höchstpersönlich die gerade eingetroffene Nachricht geschrieben und vorgelesen hatte, ihren Inhalt gar nicht begriffen haben! Zuweilen brauchte es nur wenig Glück im Leben, zuweilen etwas mehr und manchmal sogar viel, so wie gerade in diesem Moment! Und darauf baute auch unsere Strategie.

Den Ablauf für das nun folgende Theater hatten wir bereits mehrere Male im Geist durchgespielt. Jeder wusste, was er zu tun hatte. Ohne lange zu überlegen, steckten wir das soeben von David beschriebene Telegrammformular weg und brachen in ein regelrechtes Freudengeheul aus. Hoch erfreut jubelten wir: *„We have got them, we have got our visas. Now we can continue our journey …"* In Wirklichkeit war uns natürlich hundeelend zumute, weshalb wir uns zu diesen Gefühlskundgebungen regelrecht zwingen mussten. Doch Schauspieler hätten es kaum besser machen können. David verstand bloß, dass offensichtlich alles in Ordnung sei und freute sich mit uns wie ein kleines Kind. In einem unbemerkten Moment ließen wir auch noch den Morsestreifen verschwinden. Damit waren in der Station keine Unterlagen mehr über diesen Funkspruch vorhanden. Dieses war der erste Streich unserer Alternative gewesen und der zweite – frei nach Wilhelm Busch – folgte sogleich.

Wir standen vor der nächsten Aufgabenstellung, einer besonders wichtigen, ja sogar entscheidenden. Die negative Nachricht musste für die weitere Verwendung bei den äthiopischen Behörden in eine positive umgewandelt werden. Dazu benötigten wir ein unbeschriebenes Telegrammformular der Radiostation. Die Zeit eilte. Das Ganze musste so rasch wie möglich, also noch heute, erledigt werden. Auch das nun folgende Geschehen hatten wir bereits mehrere Male theoretisch durchgespielt und dabei alle Eventualitäten berücksichtigt.

So erfolgte nun der zweite Streich. Die Telegrammformulare befanden sich in einer der Schubladen von Davids Schreibtisch. Sicherheitshalber brauchten wir zwei Exemplare. Das zweite für den Fall, dass wir uns verschreiben sollten. In einem günstigen Moment durchwühlten wir in größter Hektik den besagten Schreibtisch und fanden sie. Damit alles seinen amtlichen Charakter erhielt, benötigten wir noch den Stempel der Station. Ein Telegramm ohne entsprechende Stampiglie war, nicht nur in Kenia, halb so viel wert. Wo allerdings dieser Stempel versteckt war, wussten wir nicht. Da gab es lediglich Vermutungen. Die Ausstattung des Büros war ausgesprochen spartanisch, so durfte nach menschlichem Ermessen der nächste Suchvorgang nicht allzu lange dauern. Doch um dies zu bewerkstelligen, würden wir nicht umhin kommen, David für eine bestimmte Zeit abzulenken.

Kurz nach der Mittagspause schien der ideale Zeitpunkt gekommen. Das Ablenkungsmanöver konnte beginnen. Wir betraten Davids Büro. Pflichtbewusst saß er wieder vor seinem Schreibtisch, den

Kopf in seine Hände gestützt und las etwas. Zumindest glaubten wir es. Nach vielleicht zehn Minuten verließ Wif den Raum unter dem Vorwand, eine Zigarette rauchen zu wollen. Wenig später gab ich vor, krampfartige Bauchbeschwerden zu bekommen. Mit schmerzverzerrtem Gesicht bat ich David, mich doch zur Stätte der Erleichterung zu begleiten. Ganz dringend müsse ich diese aufsuchen. Und allein sei ich zu schwach dafür. Ich spielte diese Rolle derart gut, dass David sich tatsächlich gemüßigt fühlte, mich am Arm haltend, zum abseits gelegenen Örtchen zu begleiten. Dort angekommen möge er doch warten, bis ich fertig sei, denn wer wusste schon, was mir noch alles zustoßen könnte. Da wartete eben unser David geduldig draußen vor der Tür, während ich im Inneren allerlei beängstigende Geräusche so echt von mir gab, dass er sich sogar veranlasst sah, mich wiederholt nach meinem Wohlbefinden zu fragen.

In der Zwischenzeit war längst der Moment für Wif gekommen. Kaum hatten David und ich das Büro der Telegrafenstation verlassen, begann er in Windeseile eine Schublade nach der anderen zu öffnen. Wo konnte denn dieser verflixte Stempel sein? Nicht sofort zu finden bei dem üblichen Chaos, das in afrikanischen Schubladen herrschte. Wohl entdeckte er eine Vielzahl unterschiedlichster Schriftstücke, auch unbeschriebenes Papier, diverse Belege und andere Unterlagen, doch keinen Stempel. Höchste Eile war geboten, denn niemand konnte voraussagen, wie lange es mir noch gelingen würde, David abzulenken.

Im letzten Moment wurde Wif fündig. Rasch versah er jedes der beiden Telegrammformulare mit einer Stampiglie und retournierte den Stempel in seine Schublade. Keine Sekunde zu früh, denn schon kehrten David und ich zurück. Ein breites Grinsen von Wif signalisierte den erfolgreichen Verlauf dieses zweiten Streiches.

Mittlerweile ging es mir schon langsam „besser" und so verließen wir recht zufrieden ob des bisherigen Erfolges die Station. Es galt nun in Davids Haus den dritten Streich auszuführen: die Anfertigung eines Telegramms mit einem von uns abgeänderten, positiven Text. In der Abänderung der Nachricht sah ich gar keine Schwierigkeiten. Es war beileibe nicht das erste Mal, dass ich eine Schrift imitieren musste. Überdies verfasste David alle Meldungen in Blockschrift, zwar zugegeben in etwas eigenwilliger Form, aber relativ leicht nachzuahmen. Nicht lange und wir hatten folgenden Text formuliert und mit Davids eigenen Schriftzeichen auf dem Telegrammformular festgehalten:

> *„For the two Austrian students Heinz Leonhartsberger and Rolf Steingruber, visas are to be granted under the registration numbers 119/64 and 120/64. Embassy of Ethiopia/Nairobi.“*

Die Schrift war in der Tat nicht von der des Radiooperators zu unterscheiden. Auch seine Unterschrift konnte ich nach kurzem Üben fast perfekt nachmachen. Mit dem so selbst erstellten Telegramm gingen wir sogleich zum Postoffice. Es bedurfte noch der Stampiglie dieses Amtes, um dem ganzen Vorgang auch den formalen Rahmen zu geben.

Den Vorstand kannten wir bereits. Er war von unserem Missgeschick bereits unterrichtet und hatte uns zwei Tage zuvor bereits sehr bedauert. Die Telegrammnachricht in der Hand betraten wir mit strahlenden Gesichtern sein Büro. Auch das musste nun gut gespielt werden. Unsere Freude versuchten wir in einfachen Worten zum Ausdruck zu bringen: *„Now we are glad, Sir, look, we have got the visas.“* Er zögerte keinen Augenblick. Die Nachricht wurde in einen passenden Umschlag gesteckt, in einen ganz echten der kenianischen Post- und Telegrafenverwaltung, verschlossen und außen mit einer weiteren Stampiglie versehen. Glaubwürdiger hätte auch kein echtes Telegramm aussehen können! Mit diesem „offiziellen“ Umschlag erschienen wir nochmals bei David. Bereitwillig griff er zu seinem eigenen Stempel und knallte noch einen Abdruck vorne auf den Umschlag. Damit war das Dokument aus bürokratischer Sicht makellos.

Abschied von David. Ein ganz herzliches Adieu unserem freundlichen Mitstreiter und Helfer in der Not. Was hätten wir ohne ihn mit seiner Vorliebe für geistige Getränke nur gemacht? Rasch schultern wir unsere Rucksäcke und hinüber ging es in flotten Schritten zur anderen Grenze. Auf dem Weg durch die flache Senke im Niemandsland befiel uns wieder klammheimlich ein mulmiges Gefühl. Was würde geschehen, falls jemand den Schwindel aufdecken sollte? Doch es hatte wenig Sinn, sich jetzt den Kopf darüber zu zerbrechen. Dazu war es zu spät. Es gab kein Zurück mehr. Wir wollten ja bloß wieder nach Hause kommen. Und das bedeutete nichts anderes, als diesen unseligen Ort an Äthiopiens Südgrenze so schnell wie möglich zu verlassen.

So als hätte er es gewusst, wartete an der äthiopischen Polizeistation der unsympathische Chef der Polizei auf uns. Unaufgefordert zeigten wir ihm unseren Umschlag, natürlich mit strahlender Miene. Hoffentlich merkte er nicht unsere Unsicherheit. Wir taten unser Bestes, so selbstsicher wie möglich zu wirken. Schließlich verfügten wir nun über eine offizielle Zusage zur Erteilung eines Visums. Er öffnete den Umschlag und las lange, eigentlich zu lange den kurzen Text. Erste Nervosität begann sich bei uns einzustellen. Hatte er etwa bereits alles durchschaut und wusste Bescheid, dass wir eine Absage erhalten haben? Dann schüttelte er den Kopf und brach mit hochgezogenen Augenbrauen das Schweigen. Das sei ja alles gut und schön, legte er los, aber wo war denn die Unterschrift des Botschafters? Die würde doch auf dem Dokument fehlen. Du lieber Himmel, das auch noch! Da entgegnete ich geistesgegenwärtig: Per Funk könne doch keine Unterschrift übertragen werden! Er überlegte kurz, nickte leicht anerkennend mit dem Kopf, murmelte etwas Unverständliches, drehte sich um und verschwand im Gebäude. Nach geraumer Zeit erschien er wieder und forderte uns auf, mit ihm und dem Immigration Officer zum Bürgermeister zu fahren. Wahrscheinlich würde nun dieses Triumvirat über unser weiteres Schicksal beraten. Welcher der drei würde mit erhobenem Daumen für uns plädieren? Dort vergingen bange Minuten. Dann verlangten sie nach unseren Pässen. Wie denn unsere weitere Reiseroute sei und die voraussichtliche Dauer unseres Aufenthaltes in Äthiopien? Wiederum längeres Warten. Was würden die drei nun wieder aushecken? Meine Hände waren ganz feucht vor Aufregung.

Endlich erschien der Polizeichef. Mit unbewegtem Gesicht überreichte er uns die Pässe. Es sei alles erledigt. Wir dürften die Reise fortsetzen. Dem Himmel sei tausend Mal gedankt! Doch wir ließen uns nichts anmerken. Wir taten so, als sei dieser administrative Beschluss der äthiopischen Behörden etwas ganz Selbstverständliches gewesen. Welch unbeschreibliche Erleichterung, als wir das Gebäude verließen. Wir schwebten mehr, als dass wir gingen. Kaum außer Sichtweite des Bürgermeisteramtes konnten wir uns es nicht mehr verkneifen und blätterten hastig in unseren Pässen. Da waren tatsächlich auf einer ganzen Seite in amharischer Schrift alle unseren Angaben – wie wir zu einem späteren Zeitpunkt erfahren haben – peinlich genau festgehalten. Ein ganzer Roman stand da drinnen, für uns völlig unleserlich. Aber das war im Moment auch Nebensache.

„Sonderausgabe“ eines äthiopischen Visums

Wenig später sahen wir den Polizeichef mit seinem Landrover hinüber zur kenianischen Seite fahren. Hinter ihm eine große Staubwolke, die das Fahrzeug völlig verdeckte. War dies sein normaler Fahrstil oder ärgerte er sich, weil er unseren Schwindel nicht hatte aufdecken können? Sicherlich würde er sich beim kenianischen Postamt nach der Echtheit unseres Telegramms erkundigen. Dort, das wussten wir, war uns der Vorstand sicher wohlgesinnt. Von ihm hatten wir nichts zu befürchten. Oder wollte er sich vielleicht gar bei der Botschaft persönlich vergewissern und ein Funktelegramm absetzen? Wieder begann die Spannung zu steigen …

Im Ort erfuhren wir, dass im Laufe des nächsten Tages ein LKW nach Mega fahren würde. Das passte, denn Mega war die nächste Ansiedlung in Richtung Nordwesten auf dem Weg nach Addis Abeba.

Eine weitere Nacht in einer schmuddeligen äthiopischen Hütte wollten wir nicht verbringen. Da gingen wir lieber wieder hinüber nach Kenia-Moyale, um noch einmal bei unserem Freund und Radiooperator David zu übernachten. Dort war es in jeder Hinsicht besser. Längst hatte David in der Zwischenzeit alles vergessen. Es wurde eine unruhige Nacht. Wir schliefen kaum. Zu viele Gedanken schwirrten durch den Kopf. Wir waren zwar im Besitz einer Art Ersatzvisum, doch solange wir nicht den äthiopischen Grenzort verlassen hatten, war die Weiterreise nicht gesichert. Es könnte ja durchaus sein, dass noch vor unserer Abfahrt eine Nachricht von der äthiopischen Botschaft eintraf. Dann wären mit Sicherheit alle Chancen verspielt.

Am nächsten Tag würden wir Kenia endgültig verlassen und damit auch Ostafrika, das Ziel unserer Reise. Dieses Kapitel war damit beendet. Und obwohl uns noch ein langer Weg bevorstand, betrachtete ich die Reise bereits als „abgeschlossen". Bloß noch weg von hier und so schnell wie möglich nach Hause gelangen, um von dem in Kürze beginnenden Semester nicht allzu viel zu versäumen – alles andere interessierte mich nicht mehr. Mit dieser Gefühlsstimmung setzte ich die weitere Reise nach Norden fort. Wiederum ein schwerwiegender Fehler, wie ich nach dem Ende der Reise feststellen musste. Denn ohne es im Vorhinein erahnen zu können, sollte unser Aufenthalt in Äthiopien zu einem ausgesprochen interessanten Erlebnis werden, wenngleich die menschlichen Kontakte eher nüchtern und oberflächlich blieben. Äthiopien war und ist bis heute ein Land von unglaublicher Vielfalt. Atemberaubende Landschaften im Norden und damals noch völlig unberührte Weiten im Süden, die dem Reisenden das Gefühl vermittelten, sich noch inmitten ursprünglicher afrikanischer Wildnis zu befinden.

Ein letzter Nervenkitzel

Mitten im Ort stand ein schwer beladener LKW, bereit zur Abfahrt nach Mega. Gut drei Meter hoch türmten sich Säcke und allerlei anderes Zeug auf der Ladefläche. Um das Fahrzeug herum stand eine regelrechte Horde verwegen aussehender Gestalten männlichen Geschlechts, alle eingehüllt in weiße Umhänge und heftig diskutierend. Offensichtlich wollten auch alle mitfahren. War denn bei der großen Anzahl Mitreisewilliger oben auf dem Ladegut überhaupt noch ein Plätzchen frei für uns? Darum zu kämpfen und sich mit diesen Vertretern noch wenig zivilisierter Landstriche anzulegen, erschien fast aussichtslos. Zumal wir schon bald feststellen mussten, dass alle Männer ausnahmslos Stich- und Schusswaffen bei sich trugen. Und wo staatliche Ordnungsmacht fehlte, galt seit jeher das Gesetz des Stärkeren.

Bereits um 9 Uhr morgens waren wir im äthiopischen Moyale eingetroffen und entdeckten sofort den abfahrbereiten LKW. Sicherheitshalber bezahlten wir gleich den „Fahrpreis". Zehn äthiopische Dollar oder einhundert österreichische Schillinge für uns beide kostete die Fahrt bis nach Mega. Das schlug ein ordentliches Loch in unsere Reisekasse. Unentgeltliches Mitfahren in dieser abgelegenen Gegend war nämlich so gut wie ausgeschlossen. Wenig später erfuhren wir auch von einem anderen LKW, der tags darauf sogar bis nach Negelli fahren würde. Dieser Ort lag noch weiter im Norden. Doch unser Bestreben war seit der Erteilung unserer handgeschriebenen Visa klar: keine Minute länger als unbedingt notwendig in diesem unsympathischen Ort zu verbringen, denn die Macht und Willkür der lokalen Behörden lastete weiter wie ein Damoklesschwert über uns.

Der Fahrer des LKW machte keinerlei Anstalten abzufahren. Überhaupt wies nichts auf die bevorstehende Abreise hin. Deshalb wohl war auch noch niemand hinauf auf die Ladefläche gestiegen. Ein junger, sehr selbstbewusster Student sprach uns an. Auch er sei unterwegs nach Addis Abeba, zu seinem Studienplatz, wie er uns mitteilte. Er war wie eine Klette und war auch in den nächsten Tagen nicht abzuschütteln.

Ohne sichtliche Aufforderung kam auf einmal Bewegung in das herumstehende Volk. Es begann in recht behänder Weise die meterhohen, senkrechten Bordwände des Fahrzeugs hinaufzuklettern. Dieser ungeordnete Vorgang glich eher dem Entern eines Schiffes durch

Piraten, zumal auch das Aussehen dieser Leute problemlos diesem Vergleich standhielt. Ohne lange zu überlegen, folgten wir. Sicher war sicher. Die Zahl der potenziellen Mitreisenden erschien uns weit größer als das verfügbare Lade- bzw. Sitzflächenangebot hoch oben auf dem LKW. Es brauchte schon eine gute Portion an akrobatischem Geschick, um mit den Rucksäcken an den senkrechten Außenwänden hochzuklettern. Welch angenehme Überraschung! Alles prallgefüllte Getreidesäcke, auf denen wir landeten. Nahe der Bordwand nahmen wir Platz und versuchten sofort mit den Rucksäcken, etwas Freiraum für die kommende Fahrt zu gewinnen. Dieser würde aber nicht leicht zu halten sein, das wussten wir aus Erfahrung. Auch gut zu wissen, dass die luftige Höhe voll beladener LKWs eine hervorragende Aussicht nach allen Himmelsrichtungen bot. Mit steigender Besorgnis beobachteten wir, wie am oberen Rand der Bordwand immer mehr Köpfe von Mitfahrern auftauchten. Und die Zahl der Reisewilligen wollte kein Ende nehmen. Unaufhörlich kamen sie von drei Seiten über die Bordwände heraufgeklettert. Rasch schwanden die letzten freien Plätze und damit die Bewegungsfreiheit.

Jetzt hatten wir endlich Zeit und Gelegenheit, unsere Mitfahrer etwas näher anzusehen. Was war das für ein wildes Volk, das auf diesem LKW mitfahren wollte! Solche Menschen hatten wir bislang noch nicht gesehen – alle von dunkelbrauner Hautfarbe, mit scharf geschnittenen Gesichtszügen, schmalen Lippen und dunklen, tief liegenden, ja fast stechenden Augen. Bei manchen mit geringerem Augenabstand entstand fast der Eindruck, in die dunklen, kreisrunden Öffnungen einer doppelläufigen Schrotflinte zu blicken. Es waren in der Tat nur finstere, ja fast verschlagene Gesichter zu sehen. Es wäre sicher nicht ratsam, einem dieser Männer irgendwo in der Nacht zu begegnen.

Hier oben auf dem LKW trug nun jeder reichlich ungeniert seine Waffen zur Schau. Halbautomatische Gewehre oder sichtbar geladene Revolver, die rasch gezogen werden konnten. Einige hatten sogar richtige Patronengurte kreuz und quer über die Schultern gehängt, die beim Lüften der weißen Umhänge sichtbar wurden, voll gefüllt bis auf die letzte Schlaufe mit Patronen, deren Messinghülsen im

Sonnenlicht aufblitzten. Eine visuelle Demonstration von Stärke und Gefährlichkeit! Es sollte wohl die Botschaft aussenden: *„Mit mir ist nicht gut Kirschen essen.“* Diese dunklen Gestalten würden uns jetzt tagelang durch einsame Landstriche begleiten. Weitab jeglicher Hilfe im Falle einer Bedrohung. Wenn das nur gut ging! Aber vielleicht konnte diese Wehrhaftigkeit auch ganz nützlich sein gegen Andersdenkende entlang der einsamen Strecken?

Wie auch immer, das, was wir hier als erste „Kostprobe“ äthiopischer Landsleute zu Gesicht bekamen, war ein gänzlich anderer Menschenschlag als jene Menschen, die wir bisher in ganz Ostafrika kennengelernt hatten! Obgleich die meisten auch von dunkelbrauner Hautfarbe waren, hatten sie keine negroiden Gesichtszüge. Kein Wunder, denn die Bewohner Äthiopiens stammten, abgesehen vom äußersten Südwesten, aus dem nördlichen Afrika. Ein Jahrhunderte währendes Kommen und Gehen unterschiedlichster Völker aus dem nördlichen Sudan und Ägypten, aber auch Arabien und selbst aus dem fernen Indien hatten ihre Spuren hinterlassen. Kontakte zu Schwarzafrika waren dagegen nur sehr beschränkt. Noch erschienen uns diese Leute sehr wesensfremd im Gegensatz zu denen in Ostafrika. Wie umgänglich, wie entgegenkommend und fast immer freundlich sie dort waren!

Noch immer kamen mit unglaublicher Geschicklichkeit Gestalten in wallenden Gewändern hochgeklettert. Das Gedränge, begleitet von an- und abschwellenden Wortgefechten, wurde immer unangenehmer. Der übliche Kampf um jedes Quäntchen Freiraum hatte eingesetzt. Obwohl wir kein Wort verstanden, war das Verhalten der Leute ziemlich eindeutig. Dagegen anzugehen war keineswegs ratsam, mussten wir doch mit ihnen auf Gedeih und Verderb die nächsten Stunden, vielleicht sogar die nächsten Tage verbringen. Allein schon der Anblick dieser „Banditengesichter“* ließ bei uns ganz unwillkürlich ein gewisses Unbehagen aufkommen. Möglichst mit allen in Frieden leben, würde nun eine weise Devise sein. Also nur nicht unangenehm auffallen.

---

* Ich komme nicht umhin, dies wohl als die treffendste Bezeichnung zu wählen.

Endlich hatte sich das Umfeld beruhigt. Auch unsere Sitzplätze schienen gesichert. Der anfänglich getroffenen Vorkehrungen schrittweise beraubt, saßen wir nun dicht gedrängt und regelrecht eingekeilt inmitten dieser abenteuerlichen Gestalten, gerade so viel Freiraum, um wenigstens noch die Rucksäcke neben uns liegen lassen zu können. Darauf ließ es sich wenigstens gut abstützen. Doch wir kannten das Problem nur zu gut. Klammheimlich versuchten die unmittelbaren Nachbarn weiterhin, uns den mühselig erkämpften Freiraum streitig zu machen. Höllisch Acht geben hieß es, dass nicht unerwartet irgendein fremdes Gepäckstück auf unseren Rucksäcken landete.

Das Gerangel an Bord des LKW und die vielen Eindrücke von dem mitfahrenden Volk hatten vorübergehend unser Problem mit dem Polizeichef in den Hintergrund treten lassen. Nun aber begann es uns erneut zu beschäftigen. Vielleicht hatte er doch in der Zwischenzeit einen Funkspruch aufgegeben? Was geschah, falls noch vor unserer Abfahrt eine Antwort eintreffen sollte, die alles aufdecken würde? Dann wären alle unsere so listig eingefädelten Handlungen umsonst gewesen. Gar nicht auszumalen, die möglichen Folgen. Dunkelhaft in einem dreckigen, ungezieferverseuchten äthiopischen Gefängnis und dort bis zum Sanktnimmerleinstag ausharren? Ein Albtraum! Wer würde uns denn hier herausholen, so fern ab jeglicher Hilfe von außen? Langsam und ganz unmerklich begann die Nervosität wieder zu steigen.

Die Zeit verstrich. Der Fahrer des LKW machte noch immer keine Anstalten abzufahren. Alle Mitreisenden waren doch an Bord, warum zum Kuckuck fuhr er nicht los? Wie doch dieses unnütze Warten an unseren Nerven zerrte! Solange wir uns an diesem Ort befanden, war keine Gewähr für eine Abreise gegeben. Und als ob dieses quälende Warten nicht allein schon ausreichte, erschien zu allem Überfluss plötzlich der Polizeichef am Eingang seines Amtsgebäudes – unweit unseres LKW. Ein paar schnelle Schritte, dann sprang er regelrecht in seinen davor geparkten Landrover und raste, wieder in eine große Staubwolke gehüllt, hinüber zur kenianischen Grenze. Weshalb fuhr er schon wieder so schnell? Wir blickten uns beide an und dachten genau das Gleiche. Verdammt, der hatte wohl irgendeine Nachricht erhalten. Jetzt ging es uns wirklich an den Kragen … warum konnte denn dieser verdammte LKW nicht endlich losfahren? Es schien so, als ob der Fahrer genau wüsste, dass noch eine Nachricht von der anderen Seite abzuwarten sei. In unserer Panik überlegten wir schon, ob es nicht besser wäre, einfach vom LKW herunter zu springen und zu Fuß zu türmen. Doch wohin sollten wir mit unseren Rucksäcken? In kürzester Zeit hätten sie uns eingeholt. Deutlich sahen wir, wie der Wagen des Polizeichefs drüben in Kenia-Moyale auf die Telegrafenstation zusteuerte und davor hielt. Schreckliche Minuten vergingen. Dann sahen wir ihn wieder losfahren. Mit gleicher Geschwindigkeit durchquerte er die Talsenke und steuerte direkt auf uns zu. Jetzt war er wohl im Besitz einer Nachricht, die unseren Schwindel aufgedeckt hatte. Unser Spiel war aus! Wohin sollten wir denn abhauen? Wir waren doch hier im weiten Umkreis die einzigen Fremden. Man würde uns überall sofort entdecken. Rasch näherte sich der Wagen und wir sahen schon das Ende nahen. Schweiß stand auf der Stirn, die Spannung war zum Bersten. Wie gebannt starrten wir auf das herannahende Fahrzeug. Niemand auf dem LKW ahnte, was für eine Nervenqual wir gerade durchstehen mussten. Der Landrover hielt genau auf uns zu. Nur noch wenige Sekunden, dann waren wir entlarvt. Da, auf der Höhe des Polizeigebäudes machte er eine abrupte Linkskurve und hielt. Dichter Staub verhinderte für einen Augenblick jegliche Sicht. Die Silhouette des Polizeichefs tauchte auf und wir sahen ihn raschen Schrittes im Gebäude verschwinden. Kein auch noch so kurzer Blick in unsere Richtung. Offenbar hatte er nichts erhalten. Da rumpelte es wieder kräftig in uns. Ein großer Stein, nein, dieses Mal war es ein ganzes Gebirge, das uns vom Herzen fiel. Wieder einmal war das Schicksal uns gnädig gewesen.

Noch ganz unter dem Eindruck des gerade Geschehenen kam endlich Bewegung in die Szene. Der Motor des LKW begann zu brummen und langsam, ganz langsam setzte sich das träge Gefährt in Bewegung. Hoch oben auf den Säcken war nichts von den Stößen zu verspüren, die das Fahrgestell erschütterten. Es war eher ein sanftes Wiegen, überlagert von leichten Vibrationen. Bald lagen die letzten

Häuser hinter uns. Mit jedem Kilometer von Moyale entfernt stieg unsere Hoffnung, nicht umkehren zu müssen. Selbst wenn nun doch eine negative Nachricht aus Nairobi käme, würde uns bei dem chronischen Treibstoffmangel der hiesigen Administration wohl niemand folgen können. Aber vielleicht verfügte die Polizei über Funkgeräte? Und schon kamen sie wieder auf, diese schrecklichen Zweifel. Sie würden uns die nächsten Tage nicht loslassen.

Land in biblischen Zeiten

Um uns herum leicht welliges Gras- und Buschland. Eine Straße oder selbst Piste im üblichen Sinne gab es nicht. Nur tiefe Spurrinnen, die ein mehrere hundert Meter breites Geländeband beanspruchten. So rumpelten oder besser gesagt, schaukelten wir gemächlich dahin, kaum schneller als im Schritttempo. Aber es ging immerhin vorwärts, so bescheiden waren wir mittlerweile geworden. Stunden vergingen, keine Spur von menschlichen Ansiedlungen, nur unberührte Landschaft. Wiederholt suchten Antilopen in großen Sprüngen das Weite. Auffallend war, dass sich zu den oft im tiefen Gras stehenden Akazien im Laufe der Zeit immer mehr Kandelabereuphorbien hinzugesellten. Das Volk auf dem LKW, dicht gedrängt und nebeneinander hockend, war verstummt und döste vor sich hin. Mitten drinnen saßen wir und wechselten kaum ein Wort.

Eine kleine Ansammlung von einfachen Hütten tauchte auf. An einer lang gestreckten Mauer aus Lehmziegeln hielt unser LKW. Nun erkannten wir, dass diese Mauer einen riesigen Marktplatz umgab. Von unserer erhöhten Lage auf dem LKW konnten wir problemlos in das Innere dieser weiträumigen Umfriedung sehen. Was sich da unseren Augen offenbarte, waren Bilder und Szenen aus biblischen Zeiten. Wahrlich, hier schien die Zeit wirklich stehen geblieben zu sein! In diesem Ort hatte sich vermutlich seit vielen Hunderten von Jahren nichts verändert. Es war gerade Viehmarkt. Unzählige Kamele, Pferde, Esel, Schafe und Ziegen standen in nicht erkennbarer Zuordnung auf dem riesigen Platz. Davor und auch mittendrin spielte sich ein unwahrscheinliches Leben und Treiben ab. Menschliche Rufe und unterschiedlichste Tierlaute bildeten eine nicht wieder zu gebende Geräuschkulisse. Überall standen, hockten oder palaverten sie in kleinen Gruppen, die abenteuerlichsten Gestalten in weißen, wallenden Umhängen, wie sie nur in der äußerst blühenden Fantasie vorstellbar waren. Dazwischen wurden unzählige Güter in Säcken, Bündeln, Schüsseln und Rollen feilgeboten, Federvieh dagegen in einfach geflochtenen Käfigen. Abladen, Verschnüren und Beladen von erstandenem Gut auf den mit Geduld wartenden Transporttieren liefen gleichzeitig ab. Abgesehen von unserem LKW war auf diesem weitläufigen Marktplatz nicht das geringste Anzeichen von moderner Welt zu sehen. Ausschließlich vor Ort hergestelltes Gerät war auszumachen. Sättel, Zaumzeug, Befestigungsgurte und Behältnisse waren aus Leder, Holz, Seilen und Kalebassen gefertigt. Immerhin waren die wenigen Befestigungsringe aus grob geschmiedetem Eisen ein Hinweis, dass hier schon die Eisenzeit Einzug gehalten haben musste. Weder Pferdewagen noch Handkarren kamen zur Anwendung. Sämtlicher Transport erfolgte offenbar noch auf dem Kamel-, Pferde- oder Eselrücken. Trotz so manch lauter Rufe des Erstaunens oder der Unwilligkeit ruhte insgesamt auf dem weiten Platz eine ausgeglichene Atmosphäre, in der alle Geschäfte nach bekannten Regeln friedvoll verliefen. Was wäre das für eine einzigartige Gelegenheit gewesen, einmalige Fotos aus noch alten Zeiten schießen zu dürfen!

Nach etwa dreistündigem Aufenthalt setzte sich unser LKW wieder in Bewegung. Am Ortsausgang befand sich zu unserer Überraschung eine kleine Polizeistation. Von außen kaum erkennbar. Rasch verbargen wir unsere Gesichter. Keineswegs wollten wir auffallen. Es hätte eventuell zu dummen Fragen kommen können. Und wer wusste schon, ob es vielleicht hier gut versteckt eine Funkanlage gab. Nein, doch nicht, dann hätten wir zumindest irgendeine Antenne sehen müssen. Schon beschäftigten uns wieder Gedanken über eine mögliche Verhaftung. Doch wo hätten sie uns hier überhaupt festhalten können? Die Station war nichts anderes als eine kleine Hütte mit Lehmwänden in üblicher Bauweise und einem dünnen Strohdach darauf gesetzt. Von dort auszubrechen wäre sicher kein Problem gewesen. Ohne anzuhalten, passierte der LKW im Schritttempo das unscheinbare Gebäude, das bald unseren Augen entschwand. Damit waren unsere Ängste und Sorgen vorerst wieder einmal ins Abseits geschoben.

Langsam wurde es dunkel. Das schwache Licht der Scheinwerfer erhellte nur mit Mühe das unmittelbar vor uns befindliche Gelände. Es bedurfte schon einiger Erfahrung, um stets die richtigen und sich häufig nur schwach abzeichnenden Fahrspuren zu finden. Nach geraumer Zeit tauchte vor uns im Dunkel der Nacht ein kleiner Lichtschein auf. Wie weit mochte dieser wohl entfernt sein? Regelrecht fasziniert, ließen wir ihn nicht mehr aus den Augen. Unsere Piste führte offenbar genau auf ihn zu. Immer kräftiger wurde das Licht. Und es flackerte überhaupt nicht. Als wir näher noch kamen, gab es keinen Zweifel mehr. Es war elektrisches Licht! Also musste es da vorn wenigstens eine Spur von Zivilisation geben. Vermutlich war es Mega, die erste größere Ortschaft nach der Grenze. Aber wie konnte es in einer derart unberührten Wildnis elektrisches Licht geben? Woher sollte es denn kommen? Zweifel kamen wieder auf. Sicher hatten wir uns getäuscht.

Vor uns tauchte im Halbdunkel der Scheinwerfer eine kleine Anhöhe auf. Der LKW hielt. Alle wurden aufgefordert, abzusteigen. „*Touristpolice*" hörten wir plötzlich jemanden sagen und sofort durchzuckte es uns. Das konnte ja nur uns gelten! Wir waren, und da gab es keine Zweifel, die einzigen Touristen auf dem LKW. Jetzt hatten sie uns doch erwischt. Panik und wildes Herzklopfen kamen auf. Die Angst, verhaftet zu werden, steckte tief in uns. Doch alsbald stellte sich das Ganze als unbegründet heraus. Absteigen mussten wir alle deshalb, weil die Polizei bei schwer beladenen LKW nicht auch noch so viele Mitreisende duldete. Das zumindest war die Erklärung unseres äthiopischen Studenten. Hoffentlich hatte er Recht. So folgten wir zu Fuß der leicht bergan führenden Piste hinauf zu einer kleinen Anhöhe. Dort oben befand sich auf der linken Seite das Polizeigebäude. Kaum zu erkennen in dieser Finsternis. Die einzige Petroleumlampe erhellte gerade den Wachposten vor dem Gebäude. Unter seinem strengen Auge trabte das ganze mitfahrende Volk schön brav am

Gebäude vorbei. Wir mittendrin. In gebührendem Abstand folgte im Schritttempo unser LKW. Was war denn das schon wieder für ein durchsichtiges Manöver! Von woher sonst hätten solche Scharen von „Wanderern“ so ganz ohne Gepäck aus dunkler Nacht auf einmal auftauchen sollen? Und noch dazu knapp gefolgt von einem LKW. Wieder eine typische Farce afrikanischer Prägung.

Gleich hinter der Polizeistation durften wir wieder aufsteigen und wenig später waren im Scheinwerferlicht die ersten Häuser zu erkennen. Schemenhaft und düster waren ihre Fassaden. Alles war stockdunkel, nirgends war ein Licht zu sehen, auch keine Menschenseele mehr auf den Straßen. Alles glich eher einer Geisterstadt. Auf einem freien Platz wurde gehalten. Die heutige Fahrt war hier zu Ende, teilte uns der äthiopische Student mit. Müde kletterten wir die hohen Bordwände hinunter. Immerhin konnten wir noch in Erfahrung bringen, dass der LKW am kommenden Tag weiter bis nach Yabello, also bis zur nächsten größeren Ansiedlung, fahren würde.

Da entdeckten wir ihn wieder: etwas abseits der Ortsmitte, den hellen Lichtschein. Kein Zweifel, es war das Licht von vorhin und es war tatsächlich elektrisches Licht! Wohl das einzige im Ort. Magisch angezogen von dieser Lichtquelle wie die Motten vom Licht, stapften wir los durch die dunklen Gassen und stets auf der Hut, nicht zu stolpern. Bald standen wir am Eingang einer Umzäunung. Es war die norwegische Missionsstation von Mega, deren Generator dieses weithin sichtbare Licht produzierte. Eine gute Orientierung für alle, die nachts in dieser abgeschiedenen Gegend unterwegs waren. Uns wurde von einem lokalen Bediensteten eine Schulklasse zugewiesen. Ihr sauberer Betonboden lud mit gewissem Wohlbehagen zum Schlafen ein. Vorher wurde noch schnell etwas Einfaches gekocht: trockener Reis mit Zwiebeln und einem Ei, dazu schwarzen Tee, den wir auch dem nicht mehr von unserer Seite weichenden äthiopischen Studenten anboten. Dabei mussten wir mit Unbehagen etwas feststellen, was uns die kommenden Tage weiter beschäftigen würde. Während wir uns mit einem Teelöffel voll Zucker pro Häferl*

* Trinkbecher mit Henkel.

begnügten, schien unser brauner Freund da keine Grenzen zu sehen. Fünf, sechs, nein, bis zu acht Löffel Zucker gab er in jeden seiner Becher. Noch dazu alle gut gehäuft. Ein reichlich unverschämtes und fast rücksichtsloses Verhalten, waren unsere ersten Gedanken. Wie konnte dieser Kerl nur unseren bescheidenen, noch von Marsabit stammenden Zuckervorrat so beanspruchen, wo wir doch begonnen hatten, ihn zu rationieren? Im äthiopischen Moyale hatte es nämlich keinen Zucker gegeben und Mega schien auch nicht viel besser zu sein. Und wer wusste, wann es wieder welchen geben würde?

Brot gäbe es in diesem Ort nicht zu kaufen, so zumindest war am nächsten Morgen die Auskunft auf der Missionsstation. Eingedenk der unangenehmen Erfahrung mit der Brotqualität in Moyale bedauerten wir keineswegs den Verzicht auf Brotgenuss. Natürlich hätten wir liebend gerne wieder einmal frisches und wohl riechendes Brot gegessen. Doch bei dem äußeren Erscheinungsbild von Mega brauchten wir nicht weiter überlegen. Mit den gleichen verschlammten Straßen und ärmlichen Behausungen wäre die Erfahrung mit der lokalen Backkunst kaum eine bessere gewesen. Als Ersatz gab es zum Frühstück wiederum trockenen Reis, dazu den obligaten Trockenmilchtee. Besser als gar nichts. Und wieder wanderten unzählige gut gehäufte Löffel voll Zucker in den Becher unseres Begleiters. Langsam war es an der Zeit, über Maßnahmen zum Bremsen seines Zuckergenusses nachzudenken. Sonst wären wir mit unserem Zucker bald am Ende.

Kurz vor unserem Abmarsch lernten wir noch den norwegischen Missionar kennen. Ein freundlicher, jedoch eher zurückhaltender Mann aus der Hafenstadt Stavanger. Mit seinen besten Wünschen für eine problemlose Weiterreise ging es in Richtung Ortsmitte, wo wir unseren LKW vermuteten. Regelrecht einsam und verlassen stand er da auf einem kleinen Platz. Ein Fahrer war keiner zu sehen, auch kein Hinweis auf baldigen Aufbruch. So bot sich die Gelegenheit, vielleicht vorher noch ein paar Nahrungsmittel zu erstehen. Nach längerem Suchen konnten wir ein Geschäft ausfindig machen. Ein Schild als Hinweis an der Außenseite des Hauses gab es nicht. Für Ortskundige auch nicht nötig. So karg und unansprechend das äußere Bild dieses Ladens, so spärlich war auch die Auswahl im Innern. Zudem fanden wir die Artikel unverschämt teuer, denn in Moyale hatten wir bloß 2,5 äthiopische Dollar für einen US-Dollar erhalten. Da verschoben wir unsere Kaufabsichten vorerst auf die nächste Gelegenheit.

Auch von Mega aus gab es keine unentgeltliche Weiterfahrmöglichkeit. Es würde uns nicht erspart bleiben, erneut in die mageren Geldbörsen zu greifen. Vom Fahrer des LKW war noch immer nichts zu sehen und Auskunft über die Weiterfahrt des abgestellten Fahrzeuges konnte auch keiner geben. Niemand schien also an eine Abfahrt zu denken. Verschoben wohl für unbestimmte Zeit. Und Zeit gab es hier offensichtlich in Hülle und Fülle. Sie kostete nichts und war schier unerschöpflich. Wohl das bestimmende Element für alle Abläufe im Süden Äthiopiens. Dennoch war es ratsam, den LKW nicht aus den Augen zu lassen.

Der offene, verandaartige Vorbau eines Hauses bot sich zum Hinsetzen an. Von hier aus ließ sich das nähere Umfeld recht gut beobachten. Viel war nicht los auf diesem Platz im Ortszentrum, außer dem LKW nur ein paar mit gesenktem Kopf langsam dahinstapfende Fußgänger und einige Grüppchen palavernder Bewohner, alle ausnahmslos in weiße, fast bis zum Boden reichende Gewänder gehüllt. Dazu kam eine weitere Beobachtung, die sich seit der Grenze immer wieder bestätigte und weiter bestätigen würde. Kein Äthiopier trat in die Öffentlichkeit ohne seinen obligaten Stock. Für ihn war dieser Stock ein Mehrzweckgegenstand: eine Stütze beim Gehen oder für längeres Stehen, Letzteres erfolgte meist mit einem angezogenen Bein, oder der Stock wurde quer über die Schulter gelegt als bequeme Ablage für Hände und Arme, mitunter auch zum Tragen von kleinen Bündeln. Die großen blieben den Frauen überlassen. Und im Bedarfsfall kam der Stock auch als Waffe zum Einsatz, zur Verteidigung oder zum Durchsetzen des eigenen Willens. Allenthalben war zu hören, dass ein gut gezielter Stockhieb dem Gegner schon den Schädel eingeschlagen haben sollte.

Die Oberfläche des vor uns befindlichen Platzes war stark zertreten von Fuß- und abertausenden Hufspuren. Gar nicht einladend für eine kleine Spazierrunde, zumal der Boden vom letzten Regen noch stark aufgeweicht war und in jeder Vertiefung Wasser stand. Doch es war bloß eine Frage der Zeit, bis uns die harte Sitzunterlage und Langeweile von der Veranda forttreiben würde. Unweit des LKW-Standplatzes entdeckten wir eine Bar. Wie sah denn in Mega so eine Bar von innen aus? Durch einen notdürftig zusammen genagelten Türrahmen betraten wir das düstere Innere. Fenster gab es keine. Nur sehr gedämpft drang etwas Tageslicht durch die Eingangstür ins Innere. Offensichtlich liebten es die Äthiopier, im Dunklen ihr Bier zu trinken und sich zu unterhalten. Außerdem wurden sie da nicht gleich gesehen. Und was gab es sonst zu sehen? Dünne Wände aus Astgeflecht, die Hohlräume grob mit Lehm verschmiert, darüber ein Wellblechdach. Der Innenputz der einst weiß getünchten Wände folgte langsam, aber sicher bröckelnd der irdischen Schwerkraft. Unterlage des gesamten Innenlebens bildete ein grob gestampfter Lehmboden, auf dem zwangsläufig alle Einrichtungsgegenstände mit vier Beinen wackeln mussten. Bei den Tischen wurden zuweilen Gegenmaßnahmen ergriffen. Darunter geschobene Kronenkorken, bei Bedarf auch doppelt genommen, bildeten jedoch nur vorübergehenden Ausgleich, denn bei jedem unabsichtlichen Anstoßen rutschte das betreffende Bein weg und musste neu gerichtet werden. Bis es dem Personal zu dumm wurde. Dann wackelte eben der Tisch weiter bis zum nächsten Besucher. Sollte er doch. Die primitiv zusammengezimmerten Holzstühle litten unter der gleichen Krankheit. Außer unserem Tisch stellten noch zwei weitere Tische mit entsprechenden Stühlen das gesamte Inventar dieser Bar dar. Sie alle konnten den gleichen Hersteller nicht verleugnen. In der Ecke standen noch ein paar halbvolle Bierkisten. Weshalb wir uns unter diesen wenig einladenden Umständen eine Flasche Bier, die erste seit ewigen Zeiten, aufschwatzen ließen, ist im Nachhinein nicht mehr rekonstruierbar. Durst hatten wir sicher keinen gehabt, denn die Nächte waren kühl und auch tagsüber hielten sich die Temperaturen in Grenzen. Also mussten es wohl die ersten Anzeichen einer beginnenden Gleichgültigkeit gewesen sein. Wenig später kam Hunger auf. Unser mageres Reisfrühstück hatte nicht lange vorgehalten. Geldknappheit und fehlende Einkaufsmöglichkciten ließen uns keine andere Wahl, als sich mit der Lokalkost näher zu beschäftigen. Kaum bestellt, wurde uns schon eine Art Fladenbrot serviert, das an allen Seiten über den Tellerrand hing. Dies war auch gut so, denn wie wir bald feststellen durften, war der Blechteller mit seinen ausgebrochenen Emailstücken nicht gerade ein Stück vom Feinsten. Im ersten Moment erinnerte das Äußere der Fladen mit seinen zahllosen kreisrunden Löchern sehr an die Mageninnenwände von Wiederkäuern, die schwammartige Konsistenz an ein Wettex-Tuch* in aufgeweichtem Zustand. Dieser wenig ansprechende „Lappen“ war nichts anderes als Injera, das Nationalbrot, ohne das ein richtiger Äthiopier gar nicht leben konnte. Morgens Injera, mittags Injera und am Abend fehlte es auch nicht. Allein schon die graue Farbe konnte bei mir kaum seelische Freudensprünge hervorrufen. Dazu serviert wurden zwei fein säuberlich platzierte Häufchen aus pulverartigen Substanzen. Sollten das etwa Gewürze sein? Dann waren diese Pulverkegel, verglichen mit der Menge an serviertem Fladenbrot, doch etwas groß geraten. Ungewöhnlich war auch deren Farbe. Der eine war grau-olivgrün, der andere ging in Richtung rötlich-violett, um nicht zu sagen, fast nur violett. Derartige Farbtöne in den Zusammenhang mit Essbarem zu bringen, wäre mir nicht einmal im Traum eingefallen. Jedenfalls saßen wir so vor unseren Tellern und betrachteten mit etwas Ratlosigkeit und Skepsis das Angebotene. Das blieb dem Serviermädchen nicht verborgen. Sofort sah es sich veranlasst, darauf hinzuweisen, dass es sich tatsächlich um lokale Gewürze handelte, die zusammen mit dem Brot verzehrt wurden. Kaum eine Mahlzeit ohne diese eigenwilligen Pulverhaufen, klärte sie uns auf. Und wir sollten bald die Erfahrung machen, dass dieses Gericht mit Hingabe im ganzen Land gegessen wurde. Bis hinauf in den hohen Norden Äthiopiens würden uns das Schlabberbrot und seine eigenwilligen Gewürzkegel begleiten. Also nur Mut und nicht zögern. Wie sonst konnte man sich ein eigenes Urteil über fremde Speisen bilden. Besteck gab es

* Ein in Österreich gebräuchliches, stark saugfähiges Tuch zum Reinigen der Küche.

nicht. Wasser zum Reinigen der ungewaschenen Finger auch nicht. Offensichtlich eine Mangelware in diesem Ort. Die Äthiopier aßen das Injera mit ihren Fingern, also blieb uns nichts anderes übrig, als es ihnen nachzutun. Vom groblöcherigen und sich gummiartig anfühlenden Fladenbrot wurde ein Stück abgerissen, anschließend vorsichtig auf einen der Gewürzhaufen gelegt und mit Daumen und Zeigefinger zusammengedrückt. Je nach Lust und Geschicklichkeit wurde so eine bestimmte Menge von dem einen Pulverhäufchen aufgenommen – oder vom anderen. Das Ganze dann einfach in den Mund gesteckt. Und? Um ehrlich zu sein, vom Hocker riss es uns nicht gerade. Schon sehr gewöhnungsbedürftig, dieses Essen, aber ganz so übel schmeckte es auch nicht. Der Verzehr von größeren Mengen dieser fremdartigen Gewürze hatte uns gänzlich von unseren ersten Bedenken abgelenkt. Wurden denn in diesem Fladenbrot keine schwarzen Kleinlebewesen mitgeliefert? Mehrere Kontrollen führten zur Entwarnung. Augenscheinlich passten die Leute auf ihr lokales Brot besser auf oder hatte sein säuerlicher Geschmack eine Insekten abweisende Wirkung? Wie auch immer, der säuerliche Geschmack von Injera und diese olivgrünen und violetten Pulversorten würden unsere Begeisterung für äthiopische Verzehrgewohnheiten sehr in Grenzen halten.

Es wurde Mittag, bis sich endlich unser LKW in Bewegung setzte. An Bord waren wiederum nur Männer. Frauen reisten offenbar nicht oder hatten sie einfach kein Geld dafür? Knapp vor der Abfahrt, beim Bezahlen des Fahrpreises, stellten wir mit Verwunderung und gewisser Entrüstung fest, dass die Leute unglaublich viel Geld bei sich hatten. Dicke Bündel total verdreckter und zerknitterter Geldscheine kamen aus den unterschiedlichen Falten der meist weiten Umhänge zum Vorschein. Beim Anblick dieser Mengen an Geld schämten wir uns fast wegen der lächerlichen paar Scheine, die wir unser eigen nannten. Irgendetwas konnte da beim besten Willen nicht stimmen, sonst müssten hier die meisten Leute recht wohlhabend sein! Diesen Eindruck wiederum vermittelten sie gar nicht. Wahrscheinlich war das Geld weit weniger wert, als wir annahmen. Vermutlich war bei unserem Umtausch in die Landeswährung ein viel zu niedriger

Kurs angesetzt worden, der keinesfalls die tatsächliche Kaufkraft berücksichtigte. Zähneknirschend bezahlten wir den Fahrpreis, der uns unverhältnismäßig hoch erschien. Dann erkletterten wir die luftigen Höhen des schwer beladenen LKW und erkämpften uns mit Ellbogentechnik und unsanften Schüben den nötigen Freiraum.

Träge rollte der schwere LKW auf dem unebenen Fahrweg Richtung Norden dahin. Die gesamte Ladung schwankte hin und her und wir oben mit ihr. Seekranken Menschen war angeraten, derartige Transporteinrichtungen lieber vom festen Boden aus zu bewundern. Bald waren die letzten Hütten von Mega unseren Augen entschwunden. Um uns wieder die weitläufige Grassavannenlandschaft Nordostafrikas. Weiterhin war das Land dünn besiedelt, nur hier und da waren ganz vereinzelt einfache Rundhütten mit Strohdächern zu sehen, umgeben von dichtem Dornengestrüpp zum Schutz vor wilden Tieren und vermutlich auch gegen weniger wohlgesinnte Artgenossen. Unverändert schlecht war der Zustand unserer Piste. Dementsprechend langsam auch das Tempo unseres Fahrzeuges, das sich mühselig durch die weite Landschaft kämpfte. Zuweilen mehr schaukelnd als fahrend. Eigentlich waren diese Fahrwege nichts anderes als breitgetretene Viehpfade, denen der LKW folgte. Von einer befestigten Fahrunterlage konnte also keine Rede sein. Langgestreckte, mit gelbem Gras bedeckte Hügel, auf denen Kandelabereuphorbien, Akazien und andere Dornengewächse standen, zogen gemächlich an uns vorbei. Alles in allem eine eher karge Gegend, in der es ganz offensichtlich an Niederschlag mangelte, vielleicht nicht gerade um diese Jahreszeit, denn es begann wiederholt, leicht zu nieseln.

Mitten im Nirgendwo hielt der LKW. Die Beifahrer sprangen aus der Fahrerkabine und versammelten sich laut palavernd am linken Hinterrad des Fahrzeugs. Was war nun wieder passiert? Leider keine gute Nachricht: Das größte Element der Blattfeder war gebrochen. Eine schöne Bescherung so weit abseits jeglicher Reparaturmöglichkeiten! Nun würden wir liegen bleiben, inmitten der Wildnis, denn diesen Schaden konnte doch hier kein Mensch beheben. Auch war weit und breit niemand, der uns helfen konnte. Bevor wir uns noch mehr Gedanken darüber machen konnten, wurden wir nun Augenzeugen einer Pannenbehebung nach ganz Afrika eigener Art. Mit Macheten in der Hand gingen die Beifahrer zielstrebig ins Gelände auf die nächstpassende Akazie zu. Sie durfte nicht zu dick sein, sonst würde die Angelegenheit zu mühselig. Rasch wurde sie gefällt. Ihr hartes Holz war genau das, was nun gebraucht wurde. Aus dem Stamm wurde mit geschickten Hieben ein kräftiger Holzkeil herausgearbeitet, dieser dann mit grobem Draht an der abgebrochenen Blattfeder fest verrödelt und alles wieder in die richtige Position gebracht. Fertig war die Pannenbehebung. Die Fahrt konnte weitergehen bis zum nächsten Halt, wenn nämlich der eingebaute Holzkeil zerrieben war. So wurde in Abständen von etwa einer Stunde angehalten, eine weitere Akazie gefällt und ein neuer Keil an der Feder befestigt. Beim Zusehen dieser Prozedur fragte sich wieder einmal der Beobachter aus fernen Ländern, weshalb der restliche, noch gut verwertbare Stamm der gefällten Akazie nicht in passende Stücke gehackt, aufgeladen und bei nächster Gelegenheit weiter verwertet wurde? Wir schafften es nicht, den Leuten unsere Idee zu vermitteln. So würde dies, wie so vieles andere auch, ein äthiopisches Geheimnis bleiben. Nicht ungenützt blieben die technischen Aufenthalte für die Schusswaffen besitzenden Mitfahrer. Dazu gehörten außer uns alle. Die Wiederauffrischung ihrer Schießkünste war ganz offensichtlich eine willkommene Beschäftigung. Von erhöhter Position aus erfolgte ein wildes Geballere auf leere Blechdosen. Die Trefferquoten waren eher bescheiden oder die Schießprügel zu ungenau justiert. Einige unter ihnen zielten und schossen jedoch ganz gut. Also war doch Vorsicht angebracht!

Wieder unterwegs tauchte links vor uns eine kleine Karawane auf. Es waren fünfzehn, vielleicht auch zwanzig Kamele. Auf ihnen saßen gut gekleidete Menschen in weißen, wallenden Gewändern, meist ältere Männer mit grauen Bärten. Einige schützten sich mit aufgespannten weißen oder farbigen Schirmen gegen die starken Strahlen der Sonne. Beim Anblick unseres LKW veränderten sie kaum ihre Kopfhaltung. Auch kein Wort kam von ihren Lippen, nur ein paar langsame, geradezu würdevolle Handbewegungen als Zeichen des Grußes. So zogen sie an uns vorbei, völlig lautlos und waren kurze

Zeit später verschluckt von den riesigen Bäumen, die hier das Landschaftsbild prägten. Wahrhaftig, wiederum eine Szene wie aus biblischen Zeiten!

Wenig später stießen wir auf einen großen LKW. Ein elektrisches Gebrechen hinderte ihn an der Weiterfahrt. Erneut ein willkommener Anlass zu einem längeren Palaver. Vom Fahrer des liegen gebliebenen LKW erhielten wir beide das Angebot, unentgeltlich mitfahren zu dürfen, sofern wir die Panne beheben könnten. Schade, da fehlte uns einfach der nötige Sachverstand. So setzten wir die Fahrt auf unserem Fahrzeug fort.

Weiter führte unser Weg nach Norden, weiter in Richtung Heimat. Mit jedem Kilometer kamen wir ihr ein Stück näher. Doch wie viele tausend Kilometer waren es noch bis nach Hause? Wie unendlich weit entfernt sie uns auf einmal erschien, schier unerreichbar weit bei diesem Fahrtempo. Wenn das so weiterging, würde es noch eine Ewigkeit dauern! Gewiss, wir kamen voran, doch nur sehr langsam, sodass in mir das unbestimmte Gefühl entstand, hier gefangen zu sein. Dieser Landstrich schien uns gar nicht loslassen zu wollen. Dabei war es doch nur dieser langsame Reisefortschritt, der mir von Mal zu Mal mehr zu schaffen machte. Wif dagegen ertrug alles mit stoischer Ruhe und nahm die Dinge hin, wie sie eben waren. Im Nachhinein betrachtet, hatte er mit dieser Haltung Recht. Relativ unbeschwert und ohne den Zeitdruck im Nacken zu verspüren, konnte er so dem Umfeld mehr Aufmerksamkeit schenken und dem Erlebten mehr abgewinnen als ich, der von einer inneren Unruhe geplagt unablässig an das Kommende dachte …

Es war irgendwann am Nachmittag. Die Sonne knallte unbarmherzig herab. Selbst in luftiger Höhe auf dem LKW war vom Fahrtwind kaum etwas zu spüren, der etwas Kühlung hätte bringen können. Unser Fahrzeug quälte sich gerade einen lang gezogenen Höhenrücken hinauf, als ein paar Passagiere es gut mit uns meinten. Sie boten jedem von uns einen Brocken „Fleisch“ zum Essen an. Vermutlich deshalb, weil sie festgestellt hatten, dass wir den ganzen Tag über gar nichts zu uns genommen hatten. Beim näheren Betrachten des unförmigen Stückes aus Fett, Gekröse und Bindegewebe

Auf dem LKW durch Südäthiopien

konnte ich auch einige Fasern Fleisch entdecken. Dann würde ich eben höflichkeitshalber an dieser Stelle etwas herumnagen. Doch als ich das Stück vorsichtig zum Mund führte, stieg unverwechselbarer Geruch von Verwesung in meine Nase. Entsetzlich, widerlich, wie konnten die Leute nur so etwas essen! Das schaffte ich beim besten Willen nicht. Wif ging es nicht besser. Ich verharrte kurz und überlegte. Mit Sicherheit wurde hierzulande eine Ablehnung derartiger Zuteilungen als Affront gewertet. Nun nur keinen Fehler machen, denn ich bemerkte genau, dass ich beobachtet wurde. Falsches Verhalten hätte Anlass zu unliebsamen Zwischenfällen geben können. So blieb mir keine andere Wahl, als wenigstens so zu tun. Doch es ging einfach nicht, der Geruch war wirklich Ekel erregend. Wiederholt führte ich das widerliche Stück an den Mund. Doch allein schon der Gedanke, nur einen winzigen Bissen nehmen zu müssen, wurde umgehend durch unverkennbare Signale entschlossener Ablehnung aus der Magengegend quittiert. Verzweifelt versuchte ich, den Brocken unbemerkt loszuwerden. Aber wie, ohne gesehen zu werden? Da kam mir das Schicksal zu Hilfe. Am linken Rand der Piste stand eine große Akazie, der sich unser LKW langsam näherte. Ein Ast hing tief und würde alle oben befindlichen Passagiere zum raschen Niederkauern und Einziehen der Köpfe zwingen. Die langen, nadelartigen Dornen der Akazie konnten schmerzhafte Stiche und blutige Kratzer hervorrufen. Just auf der Höhe des über uns hinweg streichenden Astes war die Gelegenheit günstig. Mit einer geschickten Handbewegung warf ich das eklige Zeug von Bord. Anschließend kaute ich noch längere Zeit langsam und hingebungsvoll als Beweis für die zielgerechte Verwertung dieses wenig appetitlichen, doch vielleicht nahrhaften Geschenks. Kaum hörte ich mit dem „Scheinkauen" auf, wurde mir schon das nächste, nicht minder üble Stück angeboten. Doch dieses Mal war ich standhaft. Mit dem verbindlichsten Lächeln tiefster Dankbarkeit lehnte ich tapfer die milde Gabe gleichen Ursprungs ab. Denn was hätte ich bloß getan, falls keine Akazie mehr mit tief hängenden Ästen gekommen wäre?

Es begann zu dämmern und wenig später war alles von der Dunkelheit verschluckt. Weiter rollte der LKW, seine schwachen Scheinwerferstrahlen tasteten unruhig das vor uns liegende Gelände ab. Zuweilen waren die Fahrspuren nicht mehr zu erkennen, einfach verschluckt vom hohen Gras, das beiderseits der Piste und auch zwischen den Spuren wuchs. Wie viele Kilometer hatten wir denn heute zurückgelegt? Waren es hundert oder gar zweihundert? Wir hatten nicht die geringste Vorstellung. Und ein Ende der Fahrt war nicht abzusehen, die uns heute geradezu endlos erschien. Schon seit Stunden saßen wir unbeweglich und eingezwängt zwischen den Mitfahrern. Die Möglichkeit, seine Position zu verändern, bestand nicht. Da wurde mit der Zeit selbst das Sitzen zum Problem. Langsam, aber sicher begannen die eng angewinkelten Beine einzuschlafen. Eigentlich höchste Zeit für einen Stopp, um sich wieder einmal die Füße zu vertreten.

Gegen 21 Uhr tauchten im Scheinwerferlicht ein paar Häuser auf. Es war die Ortschaft Yabello. Endlich hatten wir unser heutiges Ziel erreicht. Gerade noch rechtzeitig, bevor das Sitzen auf dem LKW zur regelrechten Qual geworden wäre. Wie nicht anders zu erwarten, war alles stockfinster und die Straßen verlassen. Etwas abseits vom Ortszentrum entdeckten wir auch hier einen hellen Lichtschein. Es war kaum zu glauben, aber es zog uns erneut mit der gleichen magischen Kraft in seinen Bann wie tags zuvor. Gut versteckt hinter einigen Reihen von Eukalyptusbäumen entdeckten wir mehrere flache und lang gestreckte Häuser. Wieder war es eine norwegische Mission, in der wir unentgeltlich Unterschlupf fanden. Die Frau des Missionars schenkte uns zum Abendessen sogar selbstgebackenes Brot. Welch eine Köstlichkeit und wie herrlich es duftete! Und dabei auch keinen Gedanken an fremde Eiweißträger verlieren zu müssen! Mit von der Partie war natürlich der äthiopische Student, der uns wie ein Schatten folgte. Er schlief im gleichen Zimmer und schmälerte anlässlich unseres abendlichen Teezeremoniells wieder einmal ganz erheblich unseren als sehr wertvoll erachteten Zuckerbestand.

Weiter Richtung Norden

Trockenmilchtee und etwas Brot von der Mission gab es zum Frühstück. Noch ein aufrichtiges Dankeschön für die freundliche Aufnahme, dann gingen wir hinein in den Ort zu jener Stelle, wo uns der LKW am Abend zuvor abgesetzt hatte. Er stand noch da, allerdings etwas weiter vorn. Nicht lange und der Fahrer tauchte auf. Ob der LKW heute noch weiter nach Agre Mariam fahre, erkundigten wir uns. Er nickte. Und das Problem mit der Blattfeder? Wurde heute Nacht behoben, meinten wir zu verstehen. Na, dann war ja alles in bester Ordnung.

Gegen 9 Uhr erfolgte die Abfahrt. Noch war es angenehm kühl, doch schon bald begannen die Temperaturen wieder zu steigen. Streckenweise war die Piste so miserabel, dass es nur im Schritttempo voranging. Manchmal waren nur noch vage erkennbare Spuren einziger

Hinweis einer nach Norden existierenden Nabelschnur. Wenn schon dieser Verkehrsweg wegen seines Zustandes jeder Beschreibung spottete, so gab es wenigstens Zeit und Muße, sich an den Schönheiten der Natur zu erfreuen. Schön gewachsene Schirmakazien, jene unverwechselbaren Wahrzeichen der ostafrikanischen Baumsavanne, waren mit ihren charakteristischen Kronenformen schon von Weitem zu erkennen. Oder die wilden Kamele, die neugierig dem vorbeirumpelnden Laster nachblickten. Zu unserer großen Überraschung erspähten wir auch prächtige Exemplare der Oryxantilopen, die in diesen weitläufigen Trockengebieten beheimatet waren. Selbst für uns leicht zu entdecken durch ihr schwarzweiß gefärbtes Fell, das sich deutlich vom gelben Gras abhob. Beim Annähern unseres LKW galoppierten sie auf und davon und hielten erst in sicherer Entfernung. Den Kopf in unsere Richtung gedreht und mit dem pferdeähnlichen Schwanz wedelnd, wussten sie schon weshalb. Der zahlreichen potenziellen Jäger gab es zu viele an Bord. Einfache Strohhüttendörfer unterbrachen nur für kurze Zeit das Bild einer kein Ende nehmenden Wildnis. Ganz unmerklich tauchten immer öfters riesige Bäume auf. Ihre mächtigen Stämme mit gewundenen und weit ausladenden Ästen gaben ihnen ein urwüchsiges Aussehen, so in der Art eines Affenbrotbaumes.

Weiter zog ganz langsam die von Menschenhand noch unberührte Landschaft an unseren Augen vorbei. Doch wie lange würde sie noch so bleiben in ihrer ganzen Erhabenheit? Denn schon rückte sie unerbittlich heran, die Zivilisation mit ihren großen Baumaschinen. Lärmend und dröhnend näherten sie sich von Norden her. Bereits südlich der Stadt Dilla sollten sie sein. Schon bald würde sich ein schwarzes Asphaltband von Addis Abeba aus bis hinunter an die kenianische Grenze erstrecken. In wenigen Stunden würden dann mit den großen LKWs die entlegensten Winkel erreicht, durch fremden Einfluss rasch die traditionellen Lebensformen aufgeweicht und verdrängt. Viele der Bewohner würden die tief greifenden Veränderungen nicht verkraften und straucheln. Natürlich hatten wir das damals nicht so empfunden. Für uns war der ganze Süden Äthiopiens mit seiner unterentwickelten Infrastruktur rückständig und somit minderwertig. Zudem hatten wir vordergründig nur das Eine im Sinn, nämlich so schnell wie möglich nach Hause zu gelangen. Alles andere erschien uns damals nebensächlich. Und nur so war es auch zu erklären, dass letztlich der enorme Zeitdruck, unter dem ich ständig litt, ausschlaggebend war für meine zunehmend passive Anteilnahme an dem Geschehen um uns herum. Stets waren meine Gedanken irgendwo voraus in der Hoffnung, dass es bald wieder rascher vorangehen würde. So war es auch kein Wunder, dass ich damals das einmalige Erlebnis einer derart abenteuerlichen Fahrt durch die unberührten Weiten südäthiopischer Trockensavannen nicht so genießen konnte.

Unsere Vermutungen wurden bestätigt. Die zahlreichen, kräftig gewachsenen Vertreter holzartiger Gewächse waren ein deutlicher Hinweis für die zunehmende Niederschlagstätigkeit in diesem Landstrich. Woher sonst käme auch das weite Hochmoor, das wir gegen ein Uhr am Nachmittag ganz überraschend queren mussten? Wenige hundert Meter später versackten wir bis zu den Achsen im weichen Untergrund. Weshalb hatte denn der Fahrer kein schnelleres Fahrtempo vorgelegt? Unnötige Frage, jetzt hieß es absteigen und zupacken. Alle Mann mussten Äste und Zweige heran schleppen, um den LKW wieder frei zu bekommen. Dies gelang erst, als auch noch ein Teil der schweren Säcke abgeladen wurde. Eine ziemliche Plackerei, diese anschließend wieder hoch zu hieven. Und weiter fuhren wir über das weitläufige Moor. Etwas später durchquerten wir richtige Wälder, deren Bäume mit dichten, bartartigen Flechten behangen waren. So wie wir sie zuletzt in Marsabit gesehen hatten. Auch ein weiteres Zeichen für mehr Regen. Oder waren wir etwa, ohne es zu merken, in höhere Regionen gelangt, wo ständig kondensierende Luftmassen für hohe Luftfeuchtigkeit sorgten? Auch die Beschaffenheit der Piste begann sich zu verändern. Der schwarze Untergrund glänzte vor Feuchtigkeit und war wiederholt über längere Strecken etwas matschig. Mehrmals begann der LKW zu schlingern und zu schlittern. Hoffentlich kippte er nicht bei der hohen Beladung. Eine Sorge, die offensichtlich nur wir hatten. Alle anderen Mitreisenden ertrugen das starke Schwanken und Schlingern der Ladung mit Geduld und sichtlicher Gleichgültigkeit. Ein weiteres Moor tauchte auf.

Wieder kein Grund für den Fahrer, etwas schneller zu fahren. So blieben die Folgen nicht aus. Wir versackten – und dieses Mal gründlich. Unser LKW saß so tief fest, dass es wohl Stunden dauern würde, ihn frei zu bekommen.

Wir beschlossen gerade, den Weg zu Fuß fortzusetzen, als hinter uns ein Landrover auftauchte. Ohne große Überredungskünste nahm uns der Fahrer, ein Verwaltungsbeamter, mit, so auch den äthiopischen Studenten. Der Fahrer fragte nicht einmal nach dem landesüblichen Obolus für die Mitfahrt. Allerdings wurden wir schon nach ein paar Kilometern im nächsten Ort abgesetzt. Es war Agre Mariam. Feiner Regen setzte ein. Kaum eine Chance, bei diesem Wetter und der inzwischen vorgerückten Tageszeit noch voranzukommen. So als ob es schon fast zur Gewohnheit geworden war, wendeten wir uns gleich an die Missionsstation. Wieder von Norwegern geführt, wurden wir sehr warmherzig mit belegten Broten und heißem Tee empfangen. Eine schöne Überraschung nach den vielen Tagen äußerst spartanischer Lebensweise! Der Abend wurde angenehm kühl. Eine weitere Überraschung wartete auf uns. Wir durften seit Langem wieder wohlbehütet in richtigen Betten schlafen.

Heißer Trockenmilchtee weckte unsere Lebensgeister. Dieses kraftvolle Getränk hatte sich seit Marsabit als Standardfrühstück etabliert. Selten nämlich war in der Früh genügend Zeit vorhanden für eine richtige Mahlzeit. Rasch und einfach zuzubereiten ließ sich unser Spezialtee, der mit einer kräftigen Dosis an Trockenmilch und etwas mehr Zucker als gewöhnlich die notwendigen Kalorien für die erste Tageshälfte abdeckte. Warum aber musste der äthiopische Student selbst schon am frühen Morgen seinen Tee, den wir ihm natürlich anbieten mussten, so stark süßen? Weiterhin kippte er acht Teelöffel in seinen Becher und dies trotz auffälligen Räusperns und finsterer Mienen unsererseits. Störte es ihn in keiner Weise oder merkte er es etwa gar nicht? Waren es etwa bei ihm die gleichen Überlegungen in Richtung ausreichender Kalorienzufuhr oder bloß eine Neigung, die offensichtlich alle Schwarzafrikaner teilten? Wir jedenfalls waren sehr um unseren Zuckerbestand besorgt, der rapide zur Neige ging. Einzige Lösung: Wir mussten den Studenten loswerden, nur wie?

Selbst gemachte, ofenfrische Semmeln drückte uns beim Aufbruch das Missionarsehepaar noch in die Hand. Das ergab heute ein wohlschmeckendes Mittagessen ohne Überraschungseinlagen! Von dem Paar erfuhren wir auch, dass nach weiteren siebzig Kilometern die gute Straße beginnen würde. Eine mit einer richtigen Asphaltdecke! Wir mussten ganz ungläubig dreingeblickt haben. Eine Asphaltstraße in dieser Gegend? Einfach nicht zu glauben! Wie allerdings die siebzig Kilometer bis dorthin beschaffen waren, interessierte uns vorerst gar nicht. Im schlimmsten Fall gingen wir einfach zu Fuß. Ab der Stadt Dilla, dem Beginn der Asphaltstraße, gäbe es dann eine richtige Busverbindung nach Norden bis nach Addis Abeba. Das hörte sich im ersten Moment an wie ein Märchen. Da sollte es also tatsächlich so etwas wie eine moderne Straße geben, die bis zur Hauptstadt dieses Landes führte! Dann wäre das langsame und mühselige Vorwärtskommen endlich ausgestanden. In zügiger Fahrt könnte es dann weiter nach Norden in Richtung Heimat gehen. Richtig, und da wären wir wieder beim Hauptproblem angekommen. In wenigen Tagen begannen doch die Vorlesungen an der Uni. Und wir befanden uns noch immer weit ab jeglicher Zivilisation in einer gottverlassenen Gegend, einfach *„in the middle of nowhere"*. Und vorerst bestand nicht die geringste Chance, schneller voranzukommen. Laut ursprünglicher Zeitplanung sollten wir längst zu Hause sein! Dazu die Ungewissheit des Kommenden, denn selbst, wenn wir Äthiopien erfolgreich durchquert und verlassen haben sollten, würde schon die nächste Hürde auf uns warten. So wollte dieser innere Druck nicht nachlassen.

Noch an diesem Tag sollte ein Landrover der Mission nach Dilla fahren. Wunderbar, das Ende dieses Leidensweges rückte in greifbare Nähe. Erneut wurde uns bestätigt, dass es wirklich nur noch siebzig Kilometer bis zur Autostraße seien. Doch was für siebzig Kilometer warteten da auf uns! Dieses letzte Stück bis zum Erreichen der Zivilisation würde das Schlimmste sein, was je unter dem Begriff einer Verkehrsverbindung vorstellbar war. Im Grunde genommen unpassierbar für sämtliche Kraftfahrzeuge. Weit schwieriger und Kräfte verschleißender als alles, was wir bisher auf dieser Reise gesehen und erlebt hatten. Eigentlich kaum vorstellbar, aber lassen wir uns überraschen.

An der Ortsausfahrt von Agre Mariam warteten wir auf den Landrover. Hier begann auch die einzige Verbindung nach Norden. Den äthiopischen Studenten waren wir los. Er hatte es vorgezogen, auf den LKW zu warten, und würde dann auf ihm weiterfahren. Sehr zu unserer Freude, denn mit dieser unerwarteten Lösung lag nun das Zuckerproblem hinter uns. Beim Marsch durch den Ort hatten wir festgestellt, dass es außer der Missionsstation keine weiteren fest gemauerten Gebäude gab. Alles in allem war Agre Mariam nichts anderes als eine regellos zusammengewürfelte Ansammlung einfachster Lehmhütten mit Wellblechdächern. Diese waren ausnahmslos mehr oder minder verrostet. Wenigstens hatten die meisten Häuser entlang der Hauptstraße überdachte Veranden. Einfache Vorbauten aus krummem Stangenholz und Strohmatten, die vor Sonne und Regen schützen sollten. So war Agre Mariam vom Gesamteindruck her um nichts besser als die vorausgegangenen Siedlungen. Wohin man blickte, nichts als aufgewühlte Erdstraßen, knöcheltiefer Schlamm und Pfützen zwischen den ärmlichen Hütten. Wie musste es hier bei großer Hitze wohl „dampfen"? Doch vermutlich gab es diese gar nicht hier, lag doch Agre Mariam in einer Höhenlage um 2.500 m.

Auf der rechten Seite des Ortsausganges standen große Eukalyptusbäume, gegenüber auf der linken Seite befanden sich ein paar große Steinblöcke. Dort hatten wir unsere Rucksäcke abgestellt. Vor uns Richtung Norden war nur unberührtes Buschland zu sehen, in dem die schmale Piste rasch hinter einer Biegung verschwand. Weiter hinten schien das Gelände langsam anzusteigen, Hügel bauten sich auf, alle überzogen von einem dichten, intensiven Grün.

Um dem Nichtstun zu entgehen, setzten wir uns auf die Steine und begannen, Briefe nach Hause zu schreiben. Langsam kam Leben und Treiben im Ort auf. Von unserem Standort aus konnten wir mühelos auf den nicht sehr weit entfernten Hauptplatz von Agre Mariam sehen, wo sich in der Zwischenzeit eine größere Menschenmenge angesammelt hatte. Plötzlich löste sich aus ihr ein Fahrzeug heraus. Es war der Landrover der Mission. Wir waren erleichtert. Nun konnte es endlich weitergehen. Das langsam heranrollende Fahrzeug schien völlig überladen zu sein. Die schwere Zuladung drückte den Fahrzeugaufbau im hinteren Bereich derart stark nach unten, dass der Eindruck entstand, als würden die Hinterräder bereits an der Innenseite der Karosserie streifen. Erwartungsvoll standen wir am Pistenrand, die Rucksäcke geschultert. Doch es irrt der Mensch, solange er strebt. Das Fahrzeug hielt nicht. Im Vorbeifahren rief uns noch der Missionar zu, dass ein weiteres Fahrzeug folgen würde. Einerseits verständlich bei dieser Zuladung, doch in diesen entlegenen Breitengraden galt eigentlich die ungeschriebene Regel, jede erdenkliche Chance einer Mitfahrgelegenheit wahrzunehmen. Wer wusste denn schon, wann und vor allem ob das nächste Fahrzeug vorbeikommen würde. Zähneknirschend beobachteten wir die an der Außenwand des Fahrzeuges hängenden Menschen. Mit Sicherheit hatte es keiner von ihnen so eilig wie wir. Wie gerne wären wir doch mitgefahren. Enttäuscht sahen wir den Landrover hinter der Biegung verschwinden. Wir waren wieder allein und warteten.

Etwas später rollte ein LKW langsam von der anderen Seite auf den Hauptplatz zu. Es war „unser" LKW, den wir gestern im Morast zurückgelassen hatten. Kaum angehalten begannen die Leute, Ameisen gleich, von oben herunterzuklettern. Dabei war es immer wieder faszinierend zu beobachten, was für eine Menge von Menschen so ein LKW neben dem Ladegut noch zu transportieren vermochte und wie diese im Nu das gesamte Umfeld bevölkern konnten. Hätten wir im Sumpfloch mit ausgeharrt, wäre die letzte Nacht eine äußerst feuchtkalte ohne Bett geworden. Wif ging zum Hauptplatz und versuchte, wenigstens einen Teil des Geldes zurückzufordern. Wegen nicht erbrachter Transportleistungen. Rasch musste er feststellen, dass ein derartiges Ansinnen völlig außerhalb der lokalen Gepflogenheiten lag.

Es trat ein, was wir vorausgeahnt hatten. Der Tag verging und der angekündigte, zweite Landrover erschien nicht. Wir warteten noch, bis es dunkel wurde. Dann schulterten wir unsere Rucksäcke und wanderten enttäuscht zurück zur Mission. Dort wurden wir versöhnt mit heißem Tee und frischgebackenen Broten zum Abendessen. Außerdem die Aussicht, noch ein weiteres Mal in den schönen Betten schlafen zu dürfen. Wer wusste schon, wann dies das nächste Mal der Fall sein würde? Wir genossen unseren allabendlichen Schwarztee ohne unseren äthiopischen Studenten. Er war zu unserer Erleichterung nicht mehr aufgetaucht.

Ein Schlammbad der schlimmsten Sorte

Noch vor Sonnenaufgang waren wir auf den Beinen und kochten unseren Trockenmilchtee. Als Morgenzugabe gab es kleine Brote von der Mission. Bald darauf standen wir wieder am Ortsausgang und warteten. Der Tag begann seinen Lauf. Ein weiterer von vielen, die sich hier wohl alle glichen. Und Zeit spielte in diesem Ort wohl keine Rolle. So kam es, dass genügend Muße vorhanden war, um jede unserer Handlungen aus der Distanz sehr genau zu beobachten. Eigentlich nicht ganz verwunderlich: Denn wie oft standen hier zwei Vertreter Europas am Straßenrand, die anscheinend nichts anderes zu tun hatten, als zu warten?

Gegen 9 Uhr kam wieder der Landrover der Mission vorbei. Vollbesetzt wie tags zuvor blieb er nicht stehen. Er musste irgendwann in der Nacht von seiner gestrigen Fahrt zurückgekehrt sein. Kurze Zeit später tauchte ein weiteres Fahrzeug auf. Was war das auf einmal für ein Verkehr! Wieder ein Landrover, dieses Mal ein Vermessungswagen der Highway Authority. Ein Vorbote des herannahenden Straßenbaus. Kein Autostopper durfte mitgenommen werden, wurde uns in knappen Worten mitgeteilt. Eine Auflage von der Direktion, sagte der Beifahrer und deutete halb entschuldigend mit dem Finger nach oben. Ja, die Leute von der Mission dürften Recht gehabt haben. Eine Mitfahrgelegenheit von hier nach Norden zu erhalten, dürfte wohl schwierig werden. So fassten wir wenig später den Entschluss, loszumarschieren. Siebzig Kilometer zu Fuß mit einem nicht gerade leichten Rucksack waren alles andere als ein Sonntagsspaziergang, zumal die Strecke durch hohes Bergland führte. Aber auch siebzig Kilometer hatten einmal ein Ende!

Nicht lange und wir waren völlig allein. Agre Mariam war wie vom Erdboden verschluckt. Um uns nur grünes Buschland. Kein Lufthauch war zu spüren, kein Blatt bewegte sich und auch kein Vogellaut unterbrach die Stille der uns umgebenden Natur. Nur das leichte Knirschen unserer Schuhsohlen auf dem sandigen Kies der Piste drang an unsere Ohren. Nach etwa einer Stunde trafen wir auf ein kleines Bächlein, das sanft über den Fahrweg plätscherte. Mehrere Frauen waren gerade dabei, in dem glasklaren Wasser ihre Wäsche zu waschen. Sie waren nicht weniger überrascht als wir. Sofort hielten sie inne und blickten gebannt in unsere Richtung. Ob sie jemals einen Weißen auf dieser einsamen Piste hatten marschieren sehen? Ihr Gesichtsausdruck spiegelte Erstaunen und Ungläubigkeit wider. Sie schwiegen und dachten wohl alle dasselbe: Was hatten diese beiden Fremden mit ihren großen Rucksäcken hier verloren und wohin wollten sie gar gehen? Wir dagegen stellten uns die unausgesprochene Frage, woher wohl die Frauen gekommen waren und wo sie denn ihr Zuhause hatten. Nirgends waren Anzeichen einer menschlichen Behausung in dieser grünen Wildnis zu entdecken. Für einen Moment hielten wir inne. Was für ein friedvoller Anblick, diese am Boden knieenden Frauen zwischen den bunten Flecken ihrer ausgebreiteten Wäsche. Wirklich, ein Bild der Idylle am Rande dieses klaren Bächleins inmitten Gottes freier Natur. Schweigend hoben wir kurz die Hand zum Gruß und waren wenig später wieder allein. Wir hatten noch ganz das Bild der waschenden Frauen vor Augen, als am rechten Straßenrand die zahlreichen gelben Früchte eines Limonenbaumes unsere Aufmerksamkeit weckten. Der Saft der Früchte könnte doch unser brühwarmes Wasser etwas wohlschmeckender machen. Doch kaum waren einige Tropfen Limonensaft in unseren Flaschen gelandet, begann das Wasser heftig zu perlen. Merkwürdig, merkwürdig, dachten wir kopfschüttelnd. Vorsichtig probierten wir einen Schluck. Das Wasser schmeckte eigenartig, ganz nach vergorenem Limonensaft. Zu dumm, dass wir gleichzeitig den Saft in beide Flaschen geträufelt hatten. Völlig verunsichert leerten wir unsere Flaschen. Zu trinken hatten wir nun nichts mehr!

Fast unmerklich begann die Piste anzusteigen. Links vor uns baute sich eine Hügelkette auf, rechts ein ziemlich steiler Hang. Als wir näher gekommen waren, sahen wir, dass sich die Piste nun schräg diesen Hang hinauf zu schlängeln begann. Und wie steil sie auf einmal wurde. Schon nach wenigen Windungen war nichts mehr von ihr zu sehen. So wie die Piste an Höhe gewann, tauchten hinter jeder größeren Biegung auch auf der gegenüberliegenden Talseite weitere, etwas höhere Hügel auf. Endloses Grün bedeckte die steil abfallenden Hänge. In der Zwischenzeit war es ziemlich heiß geworden. Die Sonne stand schon hoch am Himmel und brannte unbarmherzig herab. Dazu war es ungemein feucht, wohl noch vom letzten Regen. Schwer lasteten die Rucksäcke auf unseren Schultern und Schatten gab es keinen. Eher lustlos marschierten wir langsamen Schrittes weiter auf dieser holprigen Piste, die unentwegt bergan führte. Irgendwann musste doch die Steigung aufhören und es wieder abwärts gehen! Aber davon war vorerst nichts zu merken. Eine unbestimmte Vorahnung sagte uns, dass die Piste sicher hinauf bis zum höchsten Punkt dieser Hügel führen würde. So wurde ein unausgesprochener Wunsch immer größer: Konnte denn in dieser Einsamkeit nicht endlich ein Fahrzeug auftauchen und uns mitnehmen? Die Chancen waren, das wussten wir, sehr gering. Und hier im Nichts stehen zu bleiben und zu warten, hatte auch wenig Sinn. Also marschierten wir weiter.

Erste Müdigkeit stellte sich ein. Die Rucksäcke drückten schwer und schienen immer schwerer zu werden. Ohne sie abzunehmen, lehnten wir uns bei jeder Rast einfach an die steile, bergseitige Böschung. Das brachte wenigstens für kurze Zeit etwas Entlastung. Unvermindert ging es bergan. Lang gezogene Kehren folgten und weiter stieg die Piste an. Sie machte nicht die geringsten Anstalten, etwas flacher zu werden. Kein Ende dieses mühevollen Anstieges war in Sicht. Irgendwie hatte es den Anschein, als könnte es bis in alle Ewigkeit so weitergehen. Langsam aber sicher wurde uns die Schwierigkeit unseres Unterfangens bewusst. Dabei lag erst ein verschwindend kleiner Teil der siebzig Kilometer langen Strecke hinter uns und wer wusste, was uns noch alles erwarten würde? Wann hörte denn diese verd… Piste endlich auf anzusteigen? Weshalb musste gerade heute an diesem schwierigen Wegstück die Sonne so herunterbrennen? Und diese schlimmen Gedanken an leere Trinkwasserflaschen. Wieder rasteten wir in einer engen Kurve und blickten zurück hinunter in das lang gestreckte Tal, das wir heraufgekommen waren. Wir hatten schon beträchtlich an Höhe gewonnen. Dort hinten irgendwo, im fernen Dunst in einer Niederung versteckt, musste Agre Mariam liegen. Die meisten Kuppen der beiderseits des Tales verlaufenden Hügelketten lagen bereits tiefer als wir. Doch der Blick in die andere Richtung lehrte uns eines Besseren. Dort stieg das Gelände unablässig an und mit ihm die Piste …

In dieser weiten Einsamkeit warteten und hofften zwei ziemlich entmutigte Menschenkinder auf ein Zeichen der zivilisierten Welt. Bloß auf ein einziges, schwaches Motorengeräusch aus der richtigen Richtung. Doch nichts tat sich und weiter lastete die Hitze des Tages schwer auf Mensch und Natur. Zunehmend machte uns nun der aufkommende Durst zu schaffen. Auf einmal, wir wollten unseren Ohren kaum trauen, war ein schwaches, mahlendes Geräusch zu vernehmen. Es verstummte und tauchte wenig später wieder auf. Angestrengt horchten wir in die Richtung, aus der diese Hoffnung bringenden Signale der Zivilisation eintrafen. Ganz ohne Zweifel, sie kamen von unten herauf, direkt aus dem Tal. Langsam wurde dieses Mahlen stärker. Und dann sahen wir auch schon weit unter uns ein Fahrzeug langsam die Piste heraufkriechen. Es war ein Unimog. Der Motor drehte ziemlich hoch. Sicher hatte der Fahrer den Allrad und die Untersetzung eingeschaltet. Wir waren nahe daran, ein Freudengeschrei auszustoßen. Beinahe unfassbar, die Erlösung nahte! Doch gleich darauf kamen wieder die Zweifel. Würde das Fahrzeug überhaupt anhalten und uns mitnehmen? Gar nicht auszudenken, falls dies nicht der Fall sein sollte! Ganz ungläubig sahen wir dem schweren Geländewagen zu, wie er unter uns langsam Kehre für Kehre nahm. Vor Aufregung begann mein Herz zu klopfen. Ein richtiges Auto kam da angefahren und mit ihm die inständige, von inneren Zweifeln geplagte Hoffnung, mitfahren zu dürfen. Nach Stunden des Marschierens und Wartens war die Erlösung zum Greifen nah!

Der Unimog hielt, die hohe Motordrehzahl sank. Es war wieder ein Vermessungsfahrzeug der Highway Authority. Erste Ernüchterung setzte ein. Der Chef der Wagenbesatzung zeigte kein Mitleid für unsere Situation. Wir kannten sein Argument bereits: Es sei strengstens untersagt, betriebsfremde Leute mitzunehmen. Wir waren regelrecht verzweifelt. Er konnte doch in dieser Abgeschiedenheit nicht derart strenge Maßstäbe ansetzen. Wir ließen nicht locker. Schließlich willigte er ein. Doch nur bis zum nächsten Ort und nicht weiter. Immerhin etwas. Vielleicht hatte ihn unser Hilfe suchender Gesichtsausdruck erweicht? Rasch kletterten wir hinten auf die geräumige Ladefläche, die mit einer Plane gegen Staub und Regen geschützt war. Dort saß bereits an der linken Bordwand ein Passagier. Also nahmen wir gegenüber Platz. Beinhart waren die Sitzflächen und Rückenlehnen. Alles blanke, unnachgiebige Metallflächen. Doch das war im Moment nebensächlich. Wichtig war, wir kamen voran und mussten nicht mehr gehen. Kaum angefahren, da begann unser Gegenüber, ein junger Äthiopier, mit verbalen Avancen besonderer Art: *„I have dreamed to meet two European boys …“* Es wurde eine recht ungemütliche Fahrt. Wir hatten nämlich gänzlich andere Sorgen im Kopf, als auf seine plumpen Annäherungsversuche einzugehen. Sämtliche thematischen Ablenkungsmanöver halfen nur kurz. Beharrlich kehrte er immer wieder zu seinem Anliegen zurück. Mangels irgendwelcher Zuneigungen unsererseits begann er, seine Taktik zu ändern. Plötzlich hielt er einen Revolver in der Hand und begann, damit in dem hin- und herschaukelnden Auto herumzuspielen. So in der Art eines Filmrevolverhelden. Sollte das als erstes Einschüchterungsmanöver zu werten sein? War die Waffe denn überhaupt geladen? Dies war leider so nicht festzustellen. Die Situation wurde kritisch, denn auf einmal begann der Typ, mit der Waffe direkt auf uns zu zielen. Wenn das nur gut ging! Ich musste ein paar Mal kräftig schlucken. Das heftige Schaukeln und Rütteln des Wagens ließ unschwer die Vorstellung eines ungewollt ausgelösten Schusses aufkommen. Aus allernächster Entfernung in dieses kreisrunde, schwarze Loch der Laufmündung blicken zu müssen, war schon eine Erfahrung besonderer Art. Noch dazu bei der Gewissheit, dass der Finger dieses „Möchtegern“-Revolverhelden am Abzug lag. Schon bereuten wir es, mitgefahren zu sein. Doch angesichts der fast aussichtslosen Bedingungen, hier in dieser gottverlassenen Gegend voranzukommen, blieb uns nichts anderes übrig, als durchzuhalten. Wenn das nur gut ging. Wohl oder übel ließen wir diese primitiven Drohgebärden über uns ergehen. Wieder folgte ein Versuch der Annäherung. Sanft berührte er die Oberschenkel von Wif. Wenn es nicht mehr war, dachte Wif und ließ ihn ruhig gewähren. Entscheidend war doch, endlich nicht mehr gehen und den Rucksack tragen zu müssen. Und der positive Nebeneffekt dieser Stillhaltetaktik? Zu unserer Erleichterung ließ unser Cowboy seine Waffe sinken und nahm vorübergehend Abstand von seinen Drohungen. Schließlich beruhigte er sich ganz und steckte die Waffe weg. Danke, Wif!

Das Fahrzeug hielt. Aufforderung zum Aussteigen. Etwas verblüfft sahen wir uns nach allen Seiten um. Kein Haus im näheren Umkreis, bloß in einiger Entfernung vor uns ein kleines Dorf. Niemand dürfte sehen, dass wir mitgefahren seien, hieß es. Wegen des bestehenden Verbotes, keine fremden Personen mitnehmen zu dürfen. Nun, wenn es weiter nichts war, dann marschierten wir eben das letzte Stück zu Fuß.

In der Zwischenzeit hatte das Wetter umgeschlagen. Kühl und regnerisch war es geworden und die dichten Wolken waren zum Greifen nahe – wohl auch der Höhenlage wegen, die wir inzwischen erreicht hatten. Kurz gaben die vorüberziehenden Wolken den Blick nach Norden frei. Weiterhin nur grüne Hügelketten, die im fernen Dunst verschwammen. Etwas Richtung Westen und bedeutend tiefer gelegen schimmerten im schwachen Nachmittagslicht silberfarbene Flächen. Das mussten die Seen sein, die im afrikanischen Grabenbruch lagen. Nach einer guten Viertelstunde hatten wir den Ort erreicht, dessen Name ich vergessen habe. Ein paar unscheinbar aussehende Lehmhäuser, zu mehr hatte es dieses einsame Bergdorf nicht gebracht. Erdbraun war der niedergetrampelte Boden im gesamten Dorfbereich, erdbraun auch die Wände der Hütten. Der sich langsam verabschiedende Tag verbreitete eine düstere Stimmung. Kein Mensch war zu sehen. Kaum in der Mitte der Behausungen angelangt, tauchte schon wieder der zudringliche Revolverheld auf. Er lud uns zu saurer Milch, Bohnengemüse und, wie konnte es in Äthiopien auch anders sein, zu grauem Injera ein. Zum Abschluss gab es noch für die *„European boys"* Anisschnaps und ein Glas „Tätsch", eine äthiopische Form von Honigwein. Ob dieses süßliche Getränk einem Weinliebhaber zu Gaumenfreuden verhelfen würde, sei dahingestellt. Wir jedenfalls hatten es mehr unter dem Aspekt der Energiezufuhr konsumiert. Es war, wie so manches aus der kulinarischen Welt Äthiopiens, sicher gewöhnungsbedürftig. Wichtigster Effekt dieser Einladung: Einmal mehr war der größte Hunger wieder unter Kontrolle.

Im Ort standen noch zwei weitere Fahrzeuge: ein Unimog gleichen Typs wie vorhin und ein Landrover. Alles Fahrzeuge der Highway Authority. Heute noch würden die drei Autos weiter nach Norden Richtung Dilla fahren. Doch so sehr wir uns auch bemühten, keine der Fahrzeugbesatzungen war bereit, uns mitzunehmen. Langsam ging der Tag zur Neige, die Dunkelheit brach herein. Dichte Nebel zogen auf. Die feuchte Kälte drang in unsere leichte Kleidung und ließ ein leichtes Schaudern aufkommen. Eine Übernachtung im Freien war unter derartigen Witterungsbedingungen ausgeschlossen. Und Herbergen gab es hier nicht. So musste es uns unter allen Umständen gelingen, mit einem dieser Fahrzeuge weiterzufahren. Aber wie, das wussten wir im Moment noch nicht. Am Ortsausgang sondierten wir die Lage. Nur mit Mühe ließ sich die nähere Umgebung erkennen, die Häuser hinter uns waren längst von der Dunkelheit verschluckt. Noch ein kurzes Stück weiter erreichten wir eine Stelle, wo unsere Überlegungen greifen könnten. Zustand und Verlauf der Piste zwangen hier zum Langsamfahren. Eine scharfe Linkskurve und gleich dahinter stieg es stark an. Außerdem begünstigten einige verstreut auf der Fahrbahn liegende größere Gesteinsbrocken unser Vorhaben. Spätestens hier mussten die Fahrzeuge ihr Tempo stark verringern. An dieser Stelle lag unsere Chance, hier mussten wir handeln! Schafften wir es nicht, auf diesem kurzen Stück in eines der Fahrzeuge zu klettern, dann sah es schlecht für uns aus.

Alles war gut durchdacht. Wir ließen uns neben der Piste nieder und warteten. Unerbittlich kroch die Kälte in unsere Glieder. Wir begannen zu frösteln. Endlich, gegen 21 Uhr, tauchte im Nebel das erste Scheinwerferpaar auf. Knapp dahinter folgten die beiden anderen Fahrzeuge. Langen Fingern gleich tasteten die grellen Strahlen die Piste und das benachbarte Gelände ab. Die drei Fahrzeuge kamen näher. Wir versteckten uns gut hinter einem Busch nahe der Piste. Dort konnte uns niemand sehen. Die Spannung stieg. Das erste Fahrzeug, ein Unimog, rollte an uns vorbei, gefolgt von dem Landrover. Den Abschluss bildete der zweite Unimog. Kaum war dieser an uns vorbeigefahren, sprangen wir hinter dem Busch hervor und liefen ihm nach. Er passierte gerade im Schritttempo die schwierige Stelle. Rasch hatten wir ihn erreicht und versuchten aufzuspringen. Doch welch ein Pech! Die Ladefläche hinten war fest verzurrt. An diese Möglichkeit hatten wir nicht gedacht. Um aufzusteigen, musste vorher die Plane geöffnet werden. Jetzt hieß es rasch handeln, bevor das Fahrzeug wieder zu beschleunigen begann. In der Dunkelheit und unter Zeitdruck eine gut verzurrte Plane rasch zu öffnen, war wahrlich keine einfache Aufgabe. Dies noch dazu im Laufen und mit einem schweren Rucksack auf dem Rücken! Irgendwie gelang es uns, mit wenigen Handgriffen die Plane zu lockern. Gerade so weit, dass durch die entstandene Öffnung eine Person schlüpfen konnte. Das reichte. Ein Glück, dass nicht einer von uns während dieser Aktion über einen der auf der Piste herumliegenden Gesteinsbrocken gestolpert war! Rasch reichte mir Wif seinen Rucksack, um leichter aufspringen zu können. Es war allerhöchste Zeit, denn das Fahrzeug begann zu beschleunigen. Kaum war Wif im Fahrzeug, da warf ich ihm hintereinander unsere Rucksäcke zu. Dann ergriff ich die Oberkante der hinteren Ladeklappe und versuchte, mich hochzuziehen. Das Fahrzeug wurde schneller. Meine Beine hatte ich kaum mehr unter Kontrolle. Ein letztes verzweifeltes Abstoßen. Dann verlor ich den Boden unter den Füßen und hing frei am Fahrzeug. Krampfhaft hielt ich mich an der Ladeklappe fest. Wif packte mich am Anorak und zog, so fest er konnte. Mit vereinten Kräften gelangte ich Stück für Stück höher, um dann kopfüber hinein auf die harte Ladefläche zu purzeln. Das machte nichts. Hauptsache, wir befanden uns beide samt den Rucksäcken auf dem Fahrzeug. Dank der starken Motorengeräusche hatte keiner der Wagenbesatzung etwas gemerkt. Zum Glück war auch sonst niemand auf der Ladefläche. Rasch wurde die Plane von innen verzurrt. Niemand sollte von draußen den Verdacht schöpfen, dass sich unerlaubte Mitfahrer an Bord befanden.

Mit so manch schlechter Piste hatten wir auf dieser Reise Bekanntschaft gemacht. Doch was sich nun in den nächsten Stunden abspielen würde, spottete in der Tat jeder Beschreibung. Etwas Schlimmeres an Fahrwegen konnte es gar nicht mehr geben! Schon kurz nach dem Aufsteigen stellte sich die Frage, ob wir uns überhaupt noch auf einer befahrbaren Piste befanden. Ununterbrochen wurden wir wild hin- und hergeschüttelt. Zuweilen bockte das Fahrzeug auf und nieder. Für einen Augenblick verloren wir den Kontakt zum Fahrzeug und knallten gleich darauf hart auf die Ladefläche. So gut es ging, verspreizten wir uns mit den Schultern und Füßen zwischen den beiden Bordwänden. Zusätzlich klammerten wir uns an die senkrechten Planenbügel, um nicht im Wageninneren herumgeschleudert zu werden. Nicht immer gelang das. Unkontrollierte, oft ruckartige Fahrzeugbewegungen übten derart starke Kräfte aus, dass wir förmlich aus unserer „Verankerung" gerissen wurden. Glücklicherweise hielten die Wagen in bestimmten Abständen für kurze Zeit. Für uns wahre Erholungspausen zur Entkrampfung der Arme und Beine. Die Fahrzeugbesatzungen wechselten dann einige Worte und es ging weiter. Zwischenzeitlich hatte unser Unimog die Führung übernommen.

Die Fahrt begann sich in die Länge zu ziehen. Zu allem Überfluss setzte nun heftiger Regen ein. Schließlich goss es in Strömen. Die Fahrzeuge kämpften sich im wahrsten Sinn des Wortes von einem tiefen Schlammloch zum anderen. Die Räder mahlten, drehten durch, die Motoren heulten stark auf. Mehr schlitternd als fahrend ging es durch den Morast langsam voran. Wiederholt brach unser Wagen aus und stellte sich quer zur Fahrtrichtung. Aus Neugier lockerte ich kurz die Plane und lugte hinaus. Im Scheinwerferlicht des dahinter befindlichen Landrovers sah ich nur ein Gewirr von tiefen, wassergefüllten Furchen und Löchern. Schon über längere Zeit wurde er von unserem Unimog gezogen. Die gesamte Piste glich eher

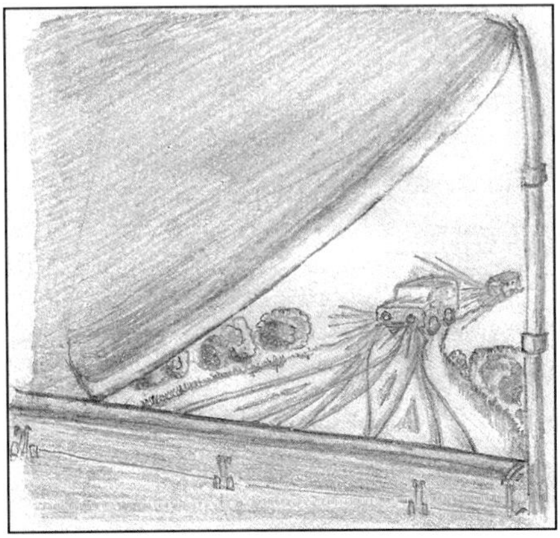

Blick aus dem Unimog nach hinten zu den anderen Fahrzeugen

einer Schlammwüste als einem Verkehrsweg. Weiter kämpfte sich unser Unimog tapfer durch den Schlamm, mahlte, blieb vorübergehend stecken und befreite sich wieder. Sein Fahrgestell stöhnte und ächzte aus allen Fugen. Aber wir kamen voran, wenn auch nur im Schritttempo. Zuweilen hingen die beiden Unimogs abwechselnd so tief im Schlamm, dass sie sich gegenseitig herausziehen mussten. Irgendwann musste es dann passiert sein. Wir waren vor Erschöpfung eingeschlafen. Wie lange diese dramatische Fahrt schließlich gedauert haben mochte, wussten wir nicht. Uns jedenfalls kam es einer Ewigkeit gleich.

Zurück in der Zivilisation

Ich öffnete kurz die Augen. Der Wagen stand, der Motor war abgestellt und keine Stimmen waren zu hören. Eine größere Panne oder waren wir etwa gar am Ziel angelangt? Und an welchem? Dies war im Moment auch nebensächlich. Meine Armbanduhr zeigte 5 Uhr morgens. Und schon glitt ich wieder weg, ins Reich der Träume, trotz harter Ladefläche.

Leises Stimmengewirr näherte sich. Noch völlig verschlafen, hob ich leicht den Kopf und sah gerade, wie die hintere Plane unseres Fahrzeugs nach oben geklappt wurde. Helles Licht drang in den Laderaum. Die schwarzen Umrisse einer Person erschienen in der Öffnung, wohl der Fahrer unseres Fahrzeugs. Mit einem freundlichen *„Good morning, sir"* versuchten wir, seiner eventuell aufkommenden

Entrüstung vorzubeugen. Verblüfft blickte er uns an, drehte sich ohne ein Wort zu sagen um, und verschwand. Etwas ratlos blieben wir zurück. Jetzt würde es bestimmt Ärger geben. Gewiss ging nun die Meldung an seinen Vorgesetzten. Wie gerädert kletterten wir mit steifen Gliedern aus dem Fahrzeug. Uns tat alles weh. Wohltuend empfingen uns die ersten Strahlen der aufgehenden Sonne. Nach einiger Zeit kehrte der Fahrer zurück. Jetzt aber würde es an Vorwürfen hageln. Doch nein, in der einen Hand hielt er eine heiße Teekanne, in der anderen Kartoffelbrot und Käse. Kein Wort des Tadels über unsere Frechheit, unerlaubt mitgefahren zu sein. Er ignorierte den Tatbestand einfach. Wir waren überrascht. In knappen Worten erklärte er, dass wir uns in einem Straßenbaucamp befänden. Wenige Kilometer südlich der Stadt Dilla. Das Camp habe man zum Schutz vor wilden und gefährlichen Tieren mit einem dichten Dornengestrüpp umgeben. Tatsächlich, ein undurchdringlicher, über zwei Meter hoher Wall aus trockenen dornigen Ästen und Zweigen weckte durchaus ein Gefühl von Sicherheit. Doch wilde Tiere, noch dazu gefährliche, gab es die hier überhaupt noch? Etwas ungläubig sahen wir den Fahrer an. Ab Dilla war doch alles bis hinauf in den Norden Äthiopiens dichtest besiedelt. Aber unabhängig davon hätten wir gerne noch einmal wilde Tiere gesehen. Damit war es nun endgültig vorbei.

Abschied vom Straßenbaucamp. Acht Kilometer seien es bis nach Dilla. In Erinnerung an die Worte unseres Zucker konsumierenden Studenten war Dilla *„a very comfortable and modern town"*. Dort gäbe es Restaurants, Hotels und auch einen Autobusanschluss nach Addis Abeba. Somit schien das Schlimmste überstanden zu sein. Trotz der harten Nacht war unsere Laune überraschend gut und so machten wir uns zu Fuß auf den Weg nach Dilla. Bis in die Stadt existierte bereits der Unterbau einer modernen Straße. Kaum ein paar hundert Meter unterwegs machten wir erste Bekanntschaft mit den Folgen dicht besiedelter Gebiete Äthiopiens. Eine Horde Kinder und Jugendlicher hatte uns entdeckt. Hartnäckig folgten sie uns auf der halbfertigen Straße nach Dilla. Sie loszuwerden war schlichtweg unmöglich. Tausend lästige Fragen, ein ununterbrochenes Gejohle und Gelächter. Daran änderte auch nichts unser Versuch, hinter einem am Straßenrand befindlichen Busch zu verschwinden, um dringend Notwendiges zu verrichten. Hartnäckig verfolgte uns die neugierige Schar. Wie machten das wohl die Weißen, pardon, die Rosafarbenen?* Schließlich wurde der Drang ins Freie größer als die anerzogene Scham vor ungebetenen Dritten. Wir ignorierten das anwesende Volk und ließen den Dingen freien Lauf. Für die ungebetenen Zuschauer ein echter Anlass zu schallendem Gelächter. Uns war das in dieser Situation wirklich sch…egal. Anschließend setzten wir unseren Marsch fort. Nach etwa drei Kilometern hielt ein Fahrzeug. Wir durften das restliche Stück mitfahren und waren so die lästige Meute endlos los.

Dilla war jene Stadt, deren Ruf uns schon Tage zuvor erreicht hatte. Doch was war das wieder für ein trauriges und vor allem dreckiges Nest! Die Häuser, selbst die gemauerten mit zwei Etagen, machten allesamt einen schäbigen, halbfertigen Eindruck. Kein Verputz, keine Farbe, nur graue Betonziegel und überall knöcheltiefer Matsch in den Straßen. Da gab es sogar Straßenzüge mit recht interessanten Verbotszeichen in der Art eines Verkehrsschildes. Kreisrund mit rotem Außenring, darin auf weißem Untergrund ein schwarz abgebildetes Gewehr, das mit einem roten schrägen Balken übermalt war. Will heißen, dass hier das Schießen in der Öffentlichkeit verboten war. Sicher gedacht für jene wilden Gesellen aus dem unberührten Süden, die Konflikte noch vorzugsweise mit Feuerwaffen regelten. Hoffentlich war für sie diese Form von Botschaft auch verständlich. Übrigens war dies das erste Verbotsschild seit der Grenzüberschreitung.

In Dilla konnte uns wahrlich nichts halten. Mit ein paar Bananen als Wegzehrung stellten wir uns neben einer Bar auf die Straße und warteten. Ein äthiopischer LKW-Fahrer kam vorbei und lud uns ein zum Frühstück. Er kannte sein Land und riet uns, einmal Addis erreicht, nur über Gondar weiter nach Norden zu fahren. Die andere, weiter östlich liegende Straßenverbindung sei zu unsicher. Gegen 15 Uhr kam dann das erste Fahrzeug vorbei. Es war der uns bekannte

* Aus Sicht der Hochlandäthiopier waren wir rosarot, also die Rosafarbenen. Das wurde uns mehrfach zu verstehen gegeben. Sie, die Äthiopier, seien dagegen die Weißen! Nun, jeder, der einmal einen Äthiopier zu Gesicht bekommen hat, würde damit auf Verständnisprobleme stoßen.

Straßenbau-Unimog. Natürlich blieb er nicht stehen. Dies störte uns wenig, wohl wissend, dass er nur im Nahbereich verkehren würde. Vielleicht hatten wir mehr Chancen etwas weiter draußen am Stadtrand? Doch auch dort erlitten wir das gleiche Schicksal.

Enttäuscht kehrten wir in die Stadt zurück. Wegen knapper Kasse blieb uns keine andere Wahl, als irgendwo im Freien zu schlafen. Doch wo in dieser Stadt mit völlig durchweichtem Erdreich und Schlamm auf allen Straßen und Plätzen? Der Zufall wollte es, dass wir abermals den LKW-Fahrer trafen. In der gleichen Bar erzählten wir ihm mehr von unseren Erlebnissen. Auch von den anstehenden Problemen unserer Weiterreise. Dies hörte ein am Nebentisch sitzender Grieche. Daraufhin schenkte dieser uns zwanzig äthiopische Dollar für die Busfahrt nach Addis, lud uns zum Abendessen ein und bezahlte überdies noch unser Quartier. Es wurde ein richtig netter Abend. Sogar das Essen schmeckte uns. Vermutlich auch deshalb, weil bekanntlich Hunger der beste Koch war. Dazu gab es wieder „Tätsch“, den in ganz Äthiopien geschätzten Honigwein. Wir erfuhren viel aus dem Leben eines Griechen, der seit seiner Jugend in Äthiopien lebte.

Pünktlich um 8 Uhr 30 fuhr der Bus nach Addis. Die Fahrt kostete knapp 15 äthiopische Dollar für zwei Personen. Eigentlich nicht viel Geld für die 340 km lange Strecke und besonders günstig im Vergleich zu den Tarifen im Süden. Die Schotterstraße führte durch dicht besiedeltes Hügelland nach Norden. In den größeren Orten wurde angehalten, wo es an den Bushaltestellen von Menschen nur so wimmelte. Vorwiegend waren es Männer, die unterwegs waren – hagere Typen in langen, weißen Gewändern, die mit knöcherner Hand fest umspannt lange, dünne Stöcke hielten. Nur ernste, vom Wind und Wetter gezeichnete Gesichter waren zu sehen, deren dunkle Augen finstere Blicke aussendeten. Freundlichkeit schien hier wohl ein Fremdwort zu sein! Dem Gefühl nach war es ratsam, ihnen gegenüber vorsichtig zu sein. Schwer zu beurteilen, ob sie vertrauenswürdiger waren als das zwielichtige Volk, das hier an allen Ecken und Enden in zerlumpter Kleidung am Boden herumlungerte. Wohin man blickte, war alles schrecklich schmuddelig. Armut und mangelnde Hygiene waren wohl die entscheidenden Faktoren für den Gesundheitszustand dieser Menschen. Erschreckend viele Schwerstbehinderte waren zu sehen. Gestützt auf knorrige Stöcke oder halb am Boden kriechend, bewegten sie sich fort. Auch Fälle von Elephantiasis waren häufig zu beobachten, worunter anscheinend in erster Linie Frauen litten. Wo immer wir auch in Ostafrika gewesen waren, eine derartige Krankheit hatten wir nie zu Gesicht bekommen. Sie führte in den Beinen zur Verstopfung der Lymphbahnen. Im fortgeschrittenen Stadium kam es zu unförmig angeschwollenen Unterschenkeln und Füßen („Elefantentreter"). Zum ersten Mal sahen wir Albinos. Menschen also, denen von Geburt an die dunklen Hautpigmente fehlten. Leicht zu erkennen am rötlichen Kraushaar und den weißroten Gesichtern mit unreiner Haut. Sonnenlicht vertrugen sie überhaupt nicht. Dies galt auch für die Augen, die bei Tageslicht eher Schlitzen mit angeschwollenen Lidern glichen. Albinos waren uns anfangs völlig fremd gewesen. Wir dachten, es sei eine besondere „Art" von Mischlingen.

Bei all diesen belastenden Erscheinungsbildern war mir besonders ein Mann in Erinnerung geblieben, der nach einem Unfall gewiss keinen Arzt gesehen haben dürfte. Beim Gehen knickte unter Belastung das eine Bein geradezu gelenkartig zusammen, einer Ziehharmonika gleich. Bei der anschließenden Entlastung streckte es sich wieder. Ein mehrfacher Bruch also, der offensichtlich nie richtig verheilt war. Dass dieses ständige Zusammenknicken und wieder Strecken ein anscheinend schmerzfreies Fortbewegen ermöglichte, ohne Entzündungen hervorzurufen, wird mir immer ein Rätsel bleiben! Alles schlimme Zustände und negative Eindrücke aus einer Region, für die es damals keine oder nur völlig unzureichende ärztliche Versorgung gab. Mit 25.000 Menschen je Arzt bildete Äthiopien damals auf der Länderliste Afrikas das traurige Schlusslicht.

Ab Yrgaalem war die Straße asphaltiert und so ging die Fahrt zügig weiter. Der Bus durchfuhr weite, sehr flache und in Nord-Süd-Richtung verlaufende Täler mit großen Seen vor dahinter aufsteigenden, blau schimmernden Bergketten. Es war die nördliche Fortsetzung des ostafrikanischen Grabenbruches. Eine recht hübsche Landschaft, die jedoch in Anbetracht der steten Sorgen um die Weiterreise ohne große Anteilnahme an mir vorbeizog. Richtung Hauptstadt nahm die Besiedlungsdichte weiter zu. Die Bushaltestellen waren wahre Zentren öffentlichen Lebens. Zudem waren sie Umschlagplätze für kleinere Handelsgüter und voll quirligem Leben und Treiben. Dennoch war für uns nicht ganz verständlich, weshalb sich gerade an den Haltestellen derart viele Menschen einfanden. Ein Großteil stand doch nur herum und palaverte. Oder war es vielleicht die Gelegenheit, von den Ankommenden die letzten Neuigkeiten zu erfahren?

Bis auf den letzten Platz war unser Bus besetzt. Die aus der Gegenrichtung waren es nicht minder. Ein Glück, dass wir unsere Plätze hatten und nicht an solchen überfüllten Haltestellen zusteigen mussten. Gegen 16 Uhr war es so weit. Wir hatten endlich ein lang ersehntes Ziel erreicht: Addis Abeba, die Hauptstadt des Kaiserreiches Äthiopien.

Addis Abeba, die „Neue Blume" des äthiopischen Hochlandes

Von den warmen Quellen angezogen, ließ sich Ende des vorletzten Jahrhunderts die Kaiserin Taytu dort nieder und gründete damit Addis Abeba. Auf Amharisch, der wichtigsten Landessprache, bedeutet dies „Neue Blume". Der Name geht auf die schönen Blumen zurück, die damals an den Quellen wuchsen. Ob diese wohl noch heute zu sehen sind?

Uns jedenfalls präsentierte sich die Stadt, nun abgesehen vom eigentlichen Zentrum und einigen großen Straßenachsen, als eine chaotische Ansammlung von schmuddeligen, unansehlichen Behausungen, die einmal gebaut wohl nie mehr ordentlich instand gehalten wurden. Ausgehend von den in der Stadtmitte liegenden warmen Quellen erstreckte sich ein unvorstellbar großes Wellblechmeer bis an die im Norden und Westen liegenden Berge. Und welchen Eindruck hatten die Menschen in Addis auf uns gemacht? Da erlaube ich mir wieder kurz eine kleine Passage aus einem Brief zu zitieren, den ich am Tag der Ankunft in Addis, also am 2. Oktober, an meine

Brief von Addis nach Hause

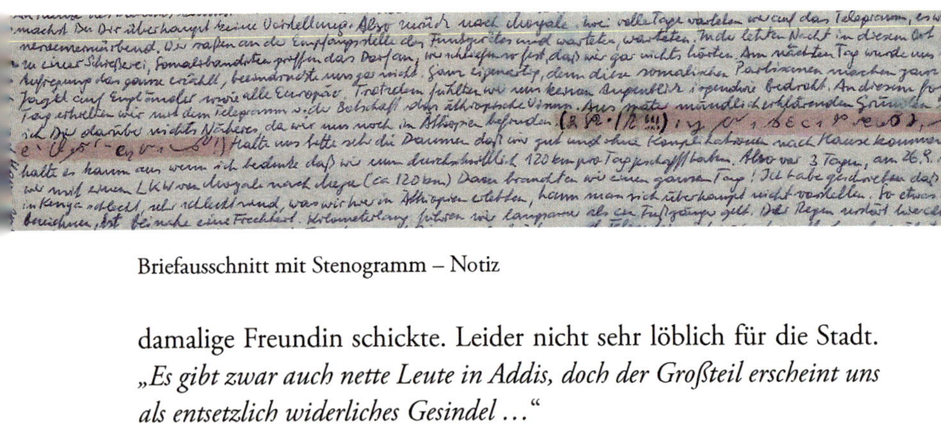

machst Du Dir überhaupt keine Vorstellung. Also weiter nach Moyale. Zwei volle Tage warteten wir auf das Telegramm, es w
nervenaufreibend. Wir saßen an der Empfangsstelle des Funkgerätes und warteten, warteten. In der letzten Nacht in diesem Ort
zu einer Schießerei, Somalibanditen griffen das Dorf an, wir schliefen so fest, daß wir gar nichts hörten. Am nächsten Tag wurde uns
Aufregung das ganze erzählt, beeindruckte uns gar nicht. Ganz eigenartig, denn diese somalischen Partisanen machen ganz
Jagd auf Engländer wie alle Europäer. Trotzdem fühlten wir uns keinen Augenblick irgendwie bedroht. An diesem
Tag erhielten wir mit dem Telegramm die Botschaft des äthiopischen Visums. Aus später mündlich erklärenden Gründen
ich Dir darüber nichts Näheres, da wir uns noch in Äthiopien befinden.
Halte uns bitte sehr die Daumen daß wir gut und ohne Komplikationen nach Hause kommen
halte es kaum aus wenn ich bedenke daß wir einen durchschnittlich 120 km pro Tag geschafft haben. Also vor 3 Tagen, am 26.9.
wir mit einem LKW von Moyale nach Mega (ca 120 km). Dazu brauchten wir einen ganzen Tag! Ich habe geschrieben daß
in Kenya schlecht, sehr schlecht waren, was wir hier in Äthiopien erlebten, kann man sich überhaupt nicht vorstellen. So etwas
bezeichnen, ist beinahe eine Frechheit. Kilometerlang fuhren wir langsamer als ein Fußgänger geht. Der Regen

Briefausschnitt mit Stenogramm – Notiz

damalige Freundin schickte. Leider nicht sehr löblich für die Stadt. *„Es gibt zwar auch nette Leute in Addis, doch der Großteil erscheint uns als entsetzlich widerliches Gesindel …“*

Unser erster Weg führte zur Post. Endlich wieder Nachrichten von zu Hause und für uns nach drei Wochen die erste Gelegenheit, einen Brief nach Hause aufgeben zu können. Aus Angst vor den äthiopischen Kontrollbehörden, es könnte vielleicht doch jemand unsere Briefe lesen, teilte ich mit einem kurzen Stenogramm meiner Freundin mit, dass unsere Visa nicht echt waren (siehe unterlegte Passage im Briefausschnitt).

Die Gedanken an die Heimat ließen sofort wieder unsere missliche Lage ins Bewusstsein rücken. In drei Tagen war Vorlesungsbeginn an der Uni. Wir dagegen steckten noch immer viele tausend Kilometer entfernt mitten in Schwarzafrika. Sicher, seit Dilla war es recht zügig vorangegangen. Doch wie sollte nun die Reise weitergehen? Die nächste kritische Phase unseres Heimweges rückte langsam näher. Einmal Äthiopien erfolgreich hinter uns gebracht, wartete ab Port Sudan der unwegsame Wüstengürtel auf uns. Oder dessen Umschiffung auf dem Roten Meer.

In einem nahe der Post gelegenen Fotogeschäft erstanden wir einen Diafilm. Mehr ließ unser klägliches Budget nicht zu. So würden wir wenigstens von der kommenden Strecke nach Norden ein paar Bilder heimbringen können. Ein Student sprach uns an. Er könnte uns behilflich sein, auch bei der Einholung von Informationen für eine Schiffsverbindung vom nordäthiopischen Hafen Massawa am Roten Meer nach Suez. Wieder scheiterte es an den Kosten. Nun hatten wir einen Begleiter, der nicht mehr von unserer Seite wich. Ein redseliger Typ, der uns schon bald erzählte, ein aktiver Untergrundkämpfer zu sein. Es gelte den alten Kaiser Haile Selassie zu stürzen. Unter ihm würde nichts mehr vorangehen, seine Beamtenschaft sei zu Untätigkeit erstarrt. Frischer Wind unter einer neuen Führung sei dringend erforderlich. Dies mochte durchaus stimmen, dachte ich, nur wer gab in Afrika schon die Garantie, dass es nach einem Umsturz auch wirklich besser werden würde?*

Einen äthiopischen Dollar kostete die Nacht in einer Billigunterkunft unweit des Busbahnhofes, die unser Begleiter zu fortgeschrittener Stunde für uns ausfindig gemacht hatte. Einen weiteren Dollar das „Mädchen“, das vor der Unterkunft auf uns warten würde. Für seine Dienstbarkeit natürlich, denn die sei im Zimmerpreis

* Zehn Jahre sollten noch vergehen, bis die Untergrundbewegung ihr Ziel erreicht hatte. Kaiser Haile Selassie wurde 1974 ermordet und Äthiopien in eine tiefe Krise gestürzt. Es folgte eine Militärdiktatur, die gesamte Wirtschaft wurde verstaatlicht, das Land um Jahrzehnte in seiner Entwicklung zurückgeworfen. Hätte unser engagierter Student damals gewusst, was seinem Land nach der Ermordung des Kaisers und seiner Familie an Hungersnöten, Krieg und Elend widerfahren würde mit hunderttausenden toten und entwurzelten Menschen, dann hätte er vielleicht liebend gerne den alten Haile Selassie weiter auf dem Thron gesehen. Doch das Rad der Geschichte lässt sich nicht mehr zurückdrehen.

nicht inbegriffen, erklärte uns der Student mit breitem Grinsen. Über ein Winkelwerk an grob gepflasterten Gassen gingen wir zur angebotenen Schlafstätte. Eine fast halsbrecherische Angelegenheit bei der Dunkelheit. Bloß nicht in ein tiefes Loch fallen oder auf den glatten Steinen ausrutschen. Das Preisniveau der Unterkunft und dieser holprige Weg dorthin ließen keine allzu hohen Erwartungen aufkommen. Doch im ersten Moment schluckten wir leicht beim Anblick dieser Massenunterkünfte, die eher lang gestreckten Stallungen glichen. In der Zwischenzeit etwas an die Dunkelheit gewöhnt, erkannten wir, dass diese langen ebenerdigen Gebäude nichts anderes waren als dicht aneinander gereihte Wellblechhütten. Jede Hütte hatte ein einziges Zimmer von 2 x 1 m Größe! Ein schmales Bett und ein Stuhl stellten das gesamte Mobiliar dar. Mehr hätte auch nicht Platz gehabt. Vor dem Eingang des Zimmers stand eine mit Wasser gefüllte Öltonne, an der sich gerade eine Schöne wusch. Und sie schien es wirklich zu sein, soweit wir es in der Dunkelheit beurteilen konnten. War das etwa schon die für uns Bestimmte? Nur ein ermunterndes Nicken seitens unseres Begleiters. Dann verabschiedete er sich. Etwas betreten standen wir vor dem Mädchen und wussten im ersten Augenblick nicht weiter. Trotz schummriger Lichtverhältnisse waren unschwer ihre äußeren Qualitäten zu erkennen. Doch wir hatten im Moment ganz andere Sorgen im Kopf, als uns um die Schöne der Nacht zu kümmern. Mittlerweile war uns auch zu Ohren gekommen, dass über siebzig Prozent der Frauen in Addis an Syphilis leiden sollten. Vermutlich weit übertrieben, doch keineswegs dazu angetan, uns in diesen Belangen noch Mut zuzusprechen. In der Tat war „unsere" Schöne wirklich ein anmutiges Geschöpf, sehr hübsch und wohlgeformt. Doch das gesamte Umfeld, die miserablen Hygienezustände, die Müdigkeit und unser physischer Zustand waren – vielleicht zum Glück – alles andere als die Versuchung fördernde Umstände. Alle Versuche, mit der Kleinen ins Gespräch zu kommen, scheiterten kläglich. Sie sprach kein Wort Englisch, wir verstanden kein Wort Amharisch. So blieb uns nur aufwändiges Gestikulieren. Unser hübsches Gegenüber brach in Tränen aus, als ihr unser abschlägiger Bescheid endlich bewusst wurde. Hatte das Mädchen etwa für diese Nacht gar keine Unterkunft? Wir schafften es nicht, die Arme zu trösten. Dabei war sie wirklich ein in jeder Beziehung die Sinnesfreuden stimulierendes Wesen. Da klickte es auf einmal bei uns. Unsere Ablehnung würde ja Verdienstausfall bedeuten! Natürlich drückte das auf die Tränendrüsen. Uns blieb nichts anderes übrig, als einen äthiopischen Dollar zu opfern, so als Trostpflaster. Da huschte ein schwaches Lächeln über ihr Gesicht. Die Welt schien wieder in Ordnung zu sein. Na, wenigstens etwas.

Den ganzen Tag hatte es nichts Vernünftiges zu essen gegeben. Nur Bananen und Erdnüsse. Es wurde Zeit, etwas Warmes in den Magen zu bekommen. So genossen wir vor dem Schlafengehen zu später Stunde ein Gericht von jenen Kochkünsten, die die Italiener während ihrer kurzen Anwesenheit im damaligen Abessinien zurückgelassen hatten. Zwei ordentliche Portionen Spaghetti mit Tomatensoße, sie schmeckten einfach himmlisch! Dazu gab es schwarzen Tee. Nach einer Coca-Cola in einer Bar legten wir uns um halb zwei schlafen.

Die Straße der nächtlichen Plagegeister

Von Addis aus führten, wie schon einmal erwähnt, zwei große Straßenachsen nach Norden. Beide Verkehrsverbindungen waren noch während der italienischen Kolonialzeit gebaut worden. Wahre Meisterwerke der Straßenbaukunst, wie wir später erfahren würden. Der Empfehlung des äthiopischen LKW-Fahrers folgend, wählten wir aus Sicherheitsgründen die westliche Achse, die über Bahir Dar und Gondar führte.

Empfindlich kühl war der Morgen des 3. Oktober. Es sollte nicht vergessen werden, dass Addis Abeba im Mittel 2.400 Meter über dem Meer lag! In einem bis zum letzten Platz besetzten Bus ging unsere Reise nach Norden weiter. Dichte Nebelschwaden lagen über der Stadt, die gerade am Erwachen war. Zurückblieb das Wellblechhüttenmeer mit seinen ungelösten Problemen. Nun rollten wir durch das zentraläthiopische Hochland, eine um diese Jahreszeit fast frühlingshaft anmutende Landschaft. Erfrischendes, zartes Grün in den Niederungen und auf den Hängen. Dazwischen verstreut einzelne Hütten und Gehöfte, die sich von diesem grünen Teppich aus Gras wie braune Farbtupfen abhoben. Wald gab es keinen, nur hier und da kleine Haine mit Eukalyptusbäumen, nirgends waren Büsche zu sehen. Im Gegensatz zur südlich von Addis gelegenen Region erschien die Landschaft leer und nur dünn besiedelt.

Nach einigen Stunden Fahrt und kurzen Stopps in luftiger Höhe näherten wir uns dem tief eingeschnittenen Tal des Blauen Nil. In weiten Kurven führte die gut ausgebaute Straße über tausend Meter hinab in die Tiefe. Gespannt blickten wir nach vorn. Bald überquerten wir einen der größten und wildesten Ströme Afrikas, der mit reißender Kraft vom Hochland hinunter in die tiefer liegenden Ebenen des mittleren Sudan floss. Jahr für Jahr beförderte er seine abermillionen tonnenschwere Schwebstofffracht aus abgespültem Boden „kostenlos" in den Sudan und weiter nach Ägypten. Dort stellte der fruchtbare Schlamm schon seit Jahrtausenden einen willkommenen Dünger für die ausgelaugten Böden Unterägyptens dar. Bis schließlich der Bau zweier großer Staudämme, der Roseiresdamm im Sudan und der Assuandamm im südlichen Ägypten, diesen uralten Zyklus unterbrach …

Dann sahen wir ihn endlich. Eingezwängt zwischen steilen Felsufern war er gar nicht so groß wie erwartet. Und wild reißend erschien er auch nicht – zumindest nicht in dem Bereich, der einsehbar war. Eher träge wälzten sich die rotbraunen und mit viel Schwebstoffen beladenen Wassermassen zu Tal, alles fruchtbarer Boden, der auf diese Weise das Land verließ. Der natürliche Abtragungsprozess, Erosion genannt, wurde durch den Einfluss des Menschen noch verstärkt. Auch in Äthiopien wuchs die Bevölkerung mit beängstigender Geschwindigkeit. Gleichzeitig nahm der Bestand an Haustieren zu. Der Kampf um den verfügbaren Boden hatte längst eingesetzt. So wurde in zunehmendem Maße auf steile Hanglagen ausgewichen. Bodenbearbeitung und Überweidung beschleunigten die Erosion. Erhöhter Brennholzbedarf trug über die verstärkte Abholzung zum gleichen Phänomen bei. Ob die lokalen Verantwortlichen das Problem erkennen und dagegen ankämpfen würden?*

Im Schritttempo überquerte der Bus den Fluss. Die von den Italienern in den dreißiger Jahren erbaute Brücke war wirklich imposant. Ohne Pfeiler überspannte sie die Nilschlucht. Auf kühnen, bogenförmigen Scheiben gelagert, führte so die Straße hinüber zum nördlichen Ufer. Dort ging es abermals in langen Steigungen und weiten Kurven hinauf zur Hochfläche.

Im Gegensatz zum fast menschenleeren Niltal und dem südlich davon gelegenen Landesteil wimmelte es an den nächsten Bushaltestellen wieder nur so von Menschen. Sicherheitshalber verließen wir den Bus an keiner Haltestelle, denn nur so bestand die Gewähr, bei dem starken Andrang von Reisenden den Sitzplatz zu behalten. Weiße – pardon: Rosarote – gehörten auch hier nicht zum alltäglichen Erscheinungsbild. Regelrecht erstaunt ob unserer Anwesenheit ließen unzählige dunkle Augenpaare nicht von uns ab. Äußerst kritisch wurden wir gemustert. Langsam konnten wir uns des Eindrucks nicht erwehren, dass die lieben Leutchen hier offensichtlich nicht allzu viel zu tun hatten. Sichtlich gelangweilt auf ihre dünnen Stöcke gestützt wurde palavert oder schweigend dem Treiben zugesehen. Dem Herrgott den lieben Tag stehlen, könnte eine andere Art der Beschreibung dieser Tätigkeit sein. Frauen waren kaum zu sehen. Irgendjemand musste ja die tägliche Arbeit verrichten und wer sonst würde es wohl tun? Menschliche Ansammlungen in Schwarzafrika wären ohne fröhliche Farben kaum vorstellbar. Hier dagegen herrschte ein einheitliches, nüchternes Weiß. Im ersten Moment vielleicht etwas einfallslos, doch zugegeben, beim längeren Betrachten hatte auch der Anblick dieser Menschen und ihr Treiben einen gewissen Reiz. Da waren zum einen die jüngeren Männer mit scharf geschnittenen Gesichtszügen, dunklen, stechenden Augen und schwarzem Haar. Sie standen in Gruppen herum, diskutierten oder musterten andere Leute. Zum anderen die älteren Jahrgänge, von der Last des

---

* Während meines vier Jahrzehnte später erfolgten dreijährigen Aufenthaltes in Äthiopien waren diese Zusammenhänge von der Regierung noch immer nicht als zentrales Entwicklungsproblem erkannt worden.

Lebens gebeugt, das ehrwürdige Antlitz von einem weißen Kinnbart umrahmt. Meist allein oder zu zweit waren sie mehr passive Teilnehmer des Treibens. Alle Männer waren ausnahmslos mit einem Stock ausgerüstet, stützten sich darauf oder hatten ihn über die Schulter gelegt. Die wenigen Frauen, von Kopf bis Fuß gleichfalls ganz in Weiß, waren im Menschengewirr leicht zu erkennen. Häufig ohne Begleitung oder in kleinen Grüppchen hatten sie meist irgendwelche Bündel oder kleinere Säcke bei sich. Nirgends war eine Spur von Hektik zu entdecken, nirgends übermäßige Laute zu hören. Beim Anblick all dieser schlanken Menschen mit ihren langen, weißen Umhängen, ihren würdevollen Handbewegungen und Gesten musste sich unwillkürlich jeder Betrachter in biblische Zeiten zurückversetzt fühlen.

In Debre Marcos war die Fahrt zu Ende. Es gäbe nicht genügend Passagiere, wie es hieß. Kein weiterer Kommentar. Einfach aussteigen und damit hatte es sich. Restgeld gab es natürlich keines zurück. Noch war dieser Tag nicht zu Ende. Angetrieben vom Wunsch, möglichst rasch voranzukommen, suchten wir nach einer weiteren Mitfahrgelegenheit. Mit etwas Glück erhaschten wir einen Kleinbus bis Burghe. Dann aber war endgültig Schluss. Mit dem Einbruch der Dunkelheit erlahmte jeglicher Autoverkehr. Von unseren schwachen Geldbörsen geleitet, fanden wir ein „preisgünstiges" Hotel in unmittelbarer Nähe der Bushaltestelle. Schmale, winkelige Gänge, kleine Zimmer und ein alle hygienische Grundsätze missachtender Standard erwarteten uns. Dies überraschte uns aber keineswegs, denn das waren wir ja mittlerweile schon gewöhnt. Ohne etwas zu essen, legten wir uns sofort schlafen. Die Nacht wurde unruhig. Ich konnte kaum schlafen, drehte mich ständig herum und hatte regelrechte Albträume. Irgendetwas hatte mir die ganze Nacht über keine Ruhe gelassen. Aber was?

Beim Morgengrauen stiegen wir aus den Betten. Ich fühlte mich wie gerädert. Besonders mein rechter Arm bereitete mir Schwierigkeiten. Ich konnte ihn nur mit Mühe bewegen. Beim näheren Hinsehen entdeckte ich eine Reihe weißer, kreisrunder Schwellungen in der Größe von Einschilling-Münzen, gut verteilt auf dem Oberarm. Und wie weh diese Schwellungen taten! Es bestand kein Zweifel. Irgendetwas musste mich in der Nacht „besucht“ haben. Also waren wir in unserem Zimmer nicht allein gewesen. Doch was für „Mitbewohner“ waren es und wo waren sie? Wir drehten und wendeten die Betttücher und Decken. Nichts war zu sehen. Also keine weitere Aufregung, es würde schon wieder, sagten wir uns. Alles war doch nur eine Frage der Zeit. So nahmen wir diesen Vorfall als eine unvermeidbare Begleiterscheinung äthiopischer Billig-Hotellerie hin. Diese offensichtlich fortgeschrittene Abgestumpftheit bei uns, nämlich einen solchen Vorfall vorerst gar nicht weiter zu beachten, war aus rückblickender Sicht geradezu besorgniserregend.*

Was war in der letzten Nacht wirklich vorgefallen? Natürlich hatte es „Besucher“ gegeben. Unerwünschte natürlich, wie sollte es auch anderes gewesen sein. Bis zur gerade überstandenen Übernachtung im Hotel in Burghe hatten wir mit ihnen noch keinen Kontakt gehabt, deshalb auch unsere Arglosigkeit. Erst in der kommenden Nacht wurde uns das alles so richtig bewusst. Davon aber später.

An diesem Morgen aßen wir nichts. Die gesamte Umgebung, die Innenwände der Räume und besonders die Toilette waren derart verkommen, dass einem jeglicher Appetit verging. Der einzig erfreuliche Anblick inmitten dieser Stätte starrenden Schmutzes war eine junge, sehr hübsche Frau, die sich allen Blicken ausgesetzt seelenruhig im engen Innenhof am Brunnen wusch …

Wir standen am Ortsrand und versuchten es mit Autostopp. Die vielen seit der Grenze mit barer Münze zu bezahlenden Transportmittel hatten mächtig an unserem immer dünner werdenden Budget gezehrt. Wir hatten Glück. Ein Vermessungswagen nahm uns mit bis nach Dangla. Dort aber schien wieder einmal jeglicher Individualverkehr zu Ende zu sein. Wohl oder übel mussten wir gegen 13 Uhr den Kleinbus nach Bahir Dar nehmen, wollten wir noch am gleichen Tag ein gutes Stück weiterkommen. So ging es auf stark kurvenreicher Straße weiter durch grünes, dicht bewaldetes Hügelland. Insgesamt

* Heutzutage würde mich bei all der inzwischen gemachten Erfahrung sofort die schiere Panik packen in böser Vorahnung möglicher Langzeitfolgen. So ahnte ich damals auch nicht im Geringsten, dass als Folge des Insektenbisses in Marsabit bei mir bereits irreversible Muskelschäden im Entstehen waren.

23 Personen waren in dem Bus, die dicht gedrängt nebeneinander saßen. Dabei ließ so mancher großzügig herumgewickelte Umhang keine klare Trennung zwischen Mein und Dein zu. Zumindest nicht für Flöhe. Also eine ideale Gelegenheit, bei Bedarf rasch den Gast zu wechseln, um einmal eine andere Blutgruppe zu kosten oder um eine neue biologische Nische zu erkunden. Und das alles war im Fahrpreis inbegriffen! Dieses Gedankenspiel kaum zu Ende gedacht, juckte und zwickte es schon in der Hose. Deutlich spürte ich, wie sich ein Floh an meinem Bauch langsam voranarbeitete. Keine Chance an ihn heranzukommen. Zu eng waren die Verhältnisse im Bus. Wenn das Krabbeln aufhörte, wusste ich Bescheid. Nicht lange und schon war ein feiner Stich zu spüren. So als würde eine Stecknadel in die Haut eindringen. Einzige Abwehrmöglichkeit war ein kurzes, heftiges Kratzen an der betreffenden Stelle. Natürlich ohne Erfolg. Der freche Kerl setzte seelenruhig sein Werk an einer anderen Stelle fort. Reichlich ärgerlich, dem Ganzen so hilflos ausgeliefert zu sein. Doch diese Bisse waren leicht zu verkraften im Vergleich zu dem, was uns vergangene Nacht widerfahren war. Gar nicht in den Sinn kam uns die Übertragungsgefahr an Krankheiten, die bei diesem regen Wirtswechsel vielleicht gegeben war! Vielleicht auch gut so. Wie hätten wir dem auch entgehen können?

Es begann zu regnen. Kein Grund für den Busfahrer, auf der kurvenreichen Straße etwas langsamer zu fahren. Ein Glück, dass es so gut wie keinen Verkehr gab. Erst knapp vor der Stadt Bahir Dar riss die Wolkendecke wieder auf. Der Himmel zeigte sich in einem klaren, pastellfarbenen Blau. In der Nachmittagssonne entfaltete sich vor uns eine Art Gartenlandschaft in ihren schönsten Farben. Alles blühte und grünte. Zahllose Blumen, darunter eine, die besonders intensiv gelb blühte,* verliehen der Landschaft einen besonderen Reiz. Geradezu unwirklich schön war es hier. Im milden Licht der

* Erst viele Jahre später habe ich erfahren, dass es Meskel-Blumen (Meskel-Flowers) waren. Die Meskel-Blume ist die Nationalblume Äthiopiens. Anlässlich des jedes Jahr stattfindenden Meskel-Festes werden diese wohlriechenden Blumen in großen Mengen geschnitten und zum Schmücken von Hauseingängen und öffentlichen Einrichtungen verwendet.

schräg einfallenden Sonnenstrahlen mutete die Gegend beinahe paradiesisch an. Vielleicht wäre sie es ja auch, gäbe es da nicht diese elenden Plagegeister als Folge fehlenden Hygienebewusstseins! Wir erreichten den Tanasee. Seine blaue Wasseroberfläche erstreckte sich bis an den Horizont.

In Bahir Dar warteten wir auf die nächste Mitfahrgelegenheit. Öffentliche Verkehrsmittel gab es zu fortgeschrittener Stunde am Nachmittag keine mehr. Wir sahen uns schon irgendeines dieser schmuddeligen Hotels ansteuern, als völlig unerwartet doch ein Fahrzeug hielt. Zu unserer Überraschung war es ein Engländer, der uns in seinem voll beladenen Landrover mitnahm. Bis nach Gondar, zur nächst größeren Stadt, würde er noch heute fahren. Wunderbar, damit gewannen wir einen ganzen Reisetag und sparten überdies noch zehn äthiopische Dollar an Fahrtkosten!

Der Tag war bereits weit fortgeschritten, als wir kurz nach dem Verlassen der Stadt auf einer ziemlich langen und niedrigen Brücke einen großen Fluss überquerten. Zwischen den zahlreichen Pfeilern strömte braunes, mit Schwebstoffen stark beladenes Wasser. Es sei der Blaue Nil, teilte uns der englische Fahrer in knappen Worten mit.* Langsam ging der Tag zur Neige. Auch diese Fahrt wurde keineswegs angenehm. Eingezwängt zwischen all den harten und zum Teil recht sperrigen Gegenständen im hinteren Wagenbereich wurde auf Dauer selbst das Sitzen unbequem. Aber nicht zu vergessen: Schlecht gefahren war immer noch besser als gut gelaufen! Der Lärm im Fahrzeug unterband jegliche Unterhaltung. Schon ein gutes Stück gefahren, drehte sich der Fahrer kurz um und bot uns Zigaretten an. Es waren Rothmanns, Wifs erklärte Lieblingsmarke seit seinem Raucherlebnis in Ft. Portal. Schon Wochen hatte er keine Zigarette mehr gehabt und vermutlich stillschweigend darunter gelitten. Sein lobenswerter Vorsatz, während der Reise nicht mehr zu rauchen, begann nun beim Anblick der geöffneten Packung zu schwanken. Schließlich konnte er dem Angebot mit der Bemerkung, es ginge

* An dieser Stelle tritt der Blaue Nil, nachdem er den Tanasee verlassen hat, seinen langen und stromschnellenreichen Weg zum Meer an.

ja nicht zu Lasten unserer Reisekasse, nicht widerstehen. Nach so langer Enthaltsamkeit genoss er sichtlich die Qualitätszigarette und bekam etwas später noch eine zweite angeboten. Ein wahres *„Highlight“* für einen überzeugten Raucher, meinte Wif und zog kräftig daran. Und dieses Erlebnis untermauerte nur noch seine in Uganda getroffene Entscheidung. Für ihn war und blieb die Rothmanns der Inbegriff des Rauchvergnügens.

Bei völliger Dunkelheit trafen wir in Gondar ein. Es war bereits nach 20 Uhr. Zu spät, um am Straßenrand noch etwas Essbares zu erstehen. Noch wichtiger war es, bei der gerade herrschenden Kälte und Feuchtigkeit rasch eine kostengünstige Schlafgelegenheit zu finden. Gar nicht so einfach in einer völlig fremden Stadt, noch dazu bei Nacht. Vermutlich ermuntert von unserer Hilflosigkeit, sprach uns wieder ein Student an. Es dauerte nicht allzu lange und wir standen vor einer Billigunterkunft. Es handelte es sich um einen hohen, unförmigen Wellblechschuppen von der Größe einer Turnhalle. So ungewöhnlich sein Aussehen war, so belastend würden auch die Folgen seiner „Zusatzausstattung“ sein, von der wir natürlich noch nichts ahnten. Drinnen war er ausgebaut mit halbhohen Trennwänden aus Blech- und Holzverschlägen, die auf diese Weise eine große Zahl von Einzelkojen bildeten – ganz nach der Art eines Pferdestalls. Bloß, dass in den Kojen eine einfach zusammengezimmerte Holzliege samt Hocker auf menschlichen Gebrauch schließen ließ. Die Nachfrage war überraschend groß. Fast alle Schlafstätten waren belegt. In der Mehrzahl von paarungswilligen Besuchern, die offenbar das Hauptklientel darstellten. Das war ja unglaublich. Wohl die schlimmste Art von öffentlicher Beherbergung, die uns bislang begegnet war! Dafür sollten wir auch noch bezahlen. Vor dem Schuppen gab es etwas abseits, aber von allen Seiten einsehbar, eine primitive Waschgelegenheit. Knöcheltiefer Schlamm trennte uns von ihr. Also entfiel wieder einmal das Waschen. Ob es da auch noch so etwas Ähnliches wie Toiletten gab? Doch allein der Anblick der Waschstelle hatte allen weiteren Überlegungen jeglichen Mut genommen, denn erfahrungsgemäß war es um die stillen Örtchen viel schlimmer bestellt. Überall wuselten im Halbdunkel Menschen herum. Keine unserer Bewegungen blieb unbeobachtet. Nicht ein Minimum an Privatsphäre war gegeben. Selbst noch in den Schlafkojen hatte ich das Gefühl, der Allgemeinheit ausgeliefert zu sein. Wif zog es vor, lieber auf dem nackten Betonboden zu liegen. So nahm ich eben die Holzliege mit ihrer etwas suspekten und völlig durchgelegenen Matratze. Rund um uns mehrten sich unterschiedlichste Geräusche von Menschen, die sich und ihrem Partner vor dem Einschlafen noch etwas Gutes tun wollten. Es war in der Tat eine äußerst skurrile Situation. Irgendwann erlosch das Deckenlicht. Eine Art von Notbeleuchtung blieb, die weiter schummriges Licht verbreitete. Gerade so viel, dass in der Koje die Orientierung nicht verloren ging. Langsam kehrte Ruhe ein in dem geräumigen, mit hunderten von Menschen gefüllten Schuppen. Erste Bedenken um die Sicherheit unserer mageren Habe kamen auf, denn ein Absperren unseres Verschlages war nicht möglich. Doch schon bald würde sich dieses vermeintliche Übel relativieren. Ein gänzlich anderes sollte uns weit mehr beschäftigen. So begann sie, diese Nacht im kühlen Gondar, die zur schlimmsten auf unserer gesamten Reise werden sollte.

Langsam wurden auch wir schläfrig. Es dauerte nicht lange, da hörte ich etwas auf meinen Schlafsack fallen. So, als ob jemand einen kleinen Gegenstand von der Größe eines Kirschkernes über die Trennwand herübergeworfen hätte. Kurz schaltete Wif die Taschenlampe ein, doch es war nichts zu entdecken. Vielleicht war es nur eine Täuschung gewesen? Schnell war das Ganze vergessen, bis es erneut einen schwachen, aber deutlich hörbaren Aufschlag gab. Wieder auf meinem Schlafsack. Schoss da jemand wirklich mit irgendwelchen Kernen oder kleinen Steinchen umher, dachte ich im ersten Moment. „Patsch", machte es schon wieder, dieses Mal auf Wifs Schlafsack. Verflixt, was war denn da los? Erneut schaltete Wif die Taschenlampe ein. Leicht beunruhigt suchten wir in dem schwachen Licht nach den heruntergefallenen Objekten, konnten aber nichts Verdächtiges auf den Schlafsäcken erkennen. Reichlich merkwürdig, diese Geräusche. Was konnte das bloß wieder gewesen sein? Ich drehte mich auf die Seite, um so vielleicht besser einschlafen zu können. Trotz Müdigkeit machte uns wieder der Hunger zu schaffen. Und während mir allerlei Gedanken durch den Kopf gingen, spürte ich auf einmal am Hals irgendetwas entlang krabbeln. Wie elektrisiert war ich sofort hellwach. In der Vorahnung des Bösen griff ich rasch an die Stelle, wo es sich gerade bewegte. Prompt hatte ich etwas zwischen den Fingern. Fest zupackend – ganz in Erinnerung an Marsabit – bat ich Wif, doch schnell die Taschenlampe anzudrehen. Verflixt, die wollte auf einmal nicht mehr. Also musste in der Not das Feuerzeug herhalten. Ja, und was sah ich da Schönes zwischen meinen Fingern? Ein großes, flaches und dunkelbraunes Etwas von rautenartiger Form. Etwa einen Zentimeter groß! Noch nie hatte ich vorher so ein merkwürdiges Tier gesehen. Instinktiv versuchte ich sofort, es zu zerdrücken. Das war aber alles andere als einfach. So fest ich auch die Fingerkuppen zusammenpresste, es begann sofort wieder zu krabbeln, wenn der Druck nachließ. So als wäre nichts gewesen. Unglaublich, welche Festigkeit dieses Wesen besaß. Zu seiner Liquidation brauchten wir eine unnachgiebige Unterlage. Das Ablagebrett am oberen Ende der Liege erschien dafür geeignet. Vorsichtig legte ich das flache Tier darauf und drückte mit dem Fingernagel fest darauf. Solange bis es deutlich knackste. Nun war der feste Chitinpanzer geborsten und damit war es vorbei. Ekelerregender Geruch drang in unsere Nasen. Ja, dieser Geruch war mir gar nicht so unbekannt. Nur hatte ich bis zu diesem Augenblick nicht gewusst, dass er von dieser Tierart stammte. Ohne sich weiter den Kopf zu zerbrechen, war damit für uns der Fall erledigt. Kaum hatten wir uns niedergelegt, als ich schon wieder ein Krabbeln verspürte – dieses Mal am Oberkörper. Wie von einer Tarantel gestochen, sprang ich aus dem Bett und bat Wif, der auch nicht schlafen konnte, nochmals das Feuerzeug anzudrehen. Rasch hatte ich das dunkelbraune Tier lokalisiert und hielt es zwischen meinen zusammengedrückten Fingern. Wieder das gleiche Knacken am Bettrand, wieder der gleiche Gestank. Nun entdeckte ich im Flackerschein des Feuerzeugs noch weitere Exemplare, die sich bereits in meinem Schlafsack eingenistet hatten. Und erst jetzt begann es uns zu dämmern. Natürlich, das konnten doch nur Wanzen sein! Alles gut entwickelte Prachtexemplare vom äthiopischen Hochland. Vermutlich waren es auch sie gewesen, die mich die Nacht zuvor so traktiert hatten. Nun wurde auch Wif aktiv. Ihn allerdings liebten die Biester nicht so sehr wie mich. So hielt sich bei ihm die Invasion in Grenzen. Nach mehrmaligem Hin- und Herdrehen der Schlafsäcke und Überprüfung der Schlafunterlage hatten wir sämtliche Plagegeister entdeckt und liquidiert. Sichtlich zufrieden ob der getanen Arbeit legten wir uns wieder hin. Weiterhin lauschten wir angestrengt, doch dieses Mal blieb es ruhig in unserer Koje. Offensichtlich hatten wir ganze Arbeit geleistet. Um uns herum gab es immer noch ab und zu Geräusche in den Nachbarkojen, die auf Fortpflanzungsübungen von Primaten schließen ließen. Von starker Müdigkeit übermannt und nichts ahnend des Kommenden, schliefen wir letztendlich ein.

Von schweren Träumen geplagt, wachte ich am nächsten Morgen auf und gleich kam die schreckliche Gewissheit. Die nächtliche Besuchertätigkeit war keineswegs zu Ende gewesen! Wann sie wieder eingesetzt hatte, war eigentlich ziemlich uninteressant in Anbetracht der Folgen, die deutlich zu sehen und zu spüren waren. Ich war buchstäblich von Bissen übersät. Allein die Vorstellung, dass diese verfluchten, widerlichen Biester ihre dreckigen Beißwerkzeuge tief in meine Haut getrieben hatten, um an mein Blut zu gelangen, ließ sofort die Gänsehaut aufkommen. Mühsam erhob ich mich von meiner Liegestatt. Ich fühlte mich total gerädert. Was für eine entsetzliche Nacht war das wieder gewesen! Beide Oberarme waren bedeckt mit großen, weißlichen Schwellungen, die bis zum Hals reichten. Und ich konnte die Arme kaum bewegen. Sie gehorchten einfach nicht. So als hätte ich eine muskellähmende Injektion erhalten. Selbst die Finger wollten nicht so recht. Und bei jeder Bewegung entstand ein eigenartig ziehender und lang anhaltender Schmerz, der nur ganz langsam nachließ. Verdammt, wie ich diese Biester hasste! Regelrecht sadistische Gedanken kamen in mir hoch. Wenn ich nur eines von ihnen erwischte, jedes Bein würde ich ihm einzeln ausreißen. Und jede Wanze würde ich künftig lebendig auf eine Nadel aufspießen und in die Flamme unseres Feuerzeuges halten. Bloß damit sie noch vor dem Abgang möglichst viel Schmerz zu erleiden hatte. Meine sadistischen Absichten konnte ich leider nicht mehr ausleben. Längst hatten sich diese Quälgeister in ihre Verstecke verzogen und waren nirgends mehr zu sehen.

Ja, diese Erlebnisse dieser beiden letzten Nächte bedürfen noch ein paar Anmerkungen. Ohne Zweifel gehören Wanzen zu den widerlichsten Parasiten, die den Menschen befallen können. Im Normalfall nähern sie sich völlig lautlos ihren schlafenden Opfern. Häufig lassen sie sich auch von erhöhter Stelle herabfallen, so wie es damals in Gondar der Fall gewesen war. Mit hoher Wahrscheinlichkeit dürften diese Parasiten besonders im Norden Äthiopiens in allen öffentlichen Unterkünften der niedrigsten Preisklasse einquartiert gewesen sein. Zu allem Übel ist diese äthiopische Hochlandwanze von besonders peinigender Art. Wenn ich zurück an die schmerzhaften Bisse, die großen, kreisrunden Schwellungen und anschließenden Lähmungserscheinungen denke, dann hätte einem Reisenden in diesen Landstrichen kaum etwas Schlimmeres widerfahren können. Bei Tagesanbruch waren diese Plagegeister wie vom Erdboden verschluckt. Zurückgezogen in die Falten und Ritzen der Matratzen und Bettunterlagen warteten sie gut gesättigt auf die nächsten Gäste. Gewiss, Elend und Armut im damaligen Äthiopien waren schon deprimierend. Doch die Begegnung mit diesen widerwärtigen nachtaktiven Sechsfüßlern samt ihrer ausgefeilten Beiß- und Saugtechnik hatte mich ganz besonders belastet. Ungeziefer ist eine unmittelbare Folge mangelnder Hygiene und Sauberkeit und keine Frage des Geldes. Im Mittelalter dürfte es bei uns in Europa kaum schlimmer gewesen sein!

Doch alles im Leben erreicht einmal seinen Höhepunkt. So auch die Nächte mit den äthiopischen Blutsaugern. Mit dieser fürchterlichen Nacht in Gondar war aber nicht nur der „Höhepunkt" nächtlicher Besucherinvasion erreicht, sondern gleichzeitig auch ihr Ende. Von nun an gab es zu unserer großen Erleichterung keine Wanzen verseuchten Unterkünfte mehr. Nur noch fallweise Flöhe, deren Bisse zwar auch gehörig juckten, doch sie verschwanden rasch und waren bald vergessen. Die äthiopischen Wanzenerlebnisse dagegen hinterließen bei mir ein regelrechtes Trauma, das ich nicht mehr vergessen werde. Dies war der Grund, weshalb ich bei späteren Reisen extrem allergisch und vielleicht auch etwas überzogen reagiert habe, wenn nur der bloße Verdacht auf das Vorhandensein von Wanzen auftauchte.

Als wir ins Freie traten, atmete ich tief durch. Die frische Morgenluft tat gut. Ohne uns auch nur einmal umzudrehen, verließen wir diese parasitenverseuchte Schlafstätte und marschierten schnurstracks zur Busstation. Im geräumigen Bus gab es kein Drängeln, es war genügend Platz für alle da. Kaum hatten wir die Sitzplätze eingenommen, meldete sich ganz ungestüm der Hunger. Gestern hatte es außer ein paar Früchten den ganzen Tag nichts gegeben und nun saßen wir zwar in einem bequemen Bus, hatten aber wieder nichts zu beißen. Der Motor des Busses lief bereits, als wir noch rasch durch das Fenster ein paar Bananen und zwei Handvoll Erdnüsse erstanden. Wir waren die einzigen Weißen im Bus. Hinter dem Fahrer blieben die beiden ersten Reihen unbesetzt. Und sie blieben es bis kurz nach Debark. Weshalb, erfuhren wir erst später.

Wildes Bergland und tiefe Abgründe

Langsam setzte sich der Bus in Bewegung. Nun wurde es spannend. Vor uns lag nämlich ein Straßenabschnitt, der durch hohes und stark zerklüftetes Bergland führen sollte. Und in der Tat wurde diese Fahrt zu einem einmaligen Ereignis, wie ich es bis dahin noch nicht erlebt hatte. Doch vorerst wand sich die gut ausgebaute Piste in zahlreichen Kurven entlang steiler, bewaldeter Hügel, später durch sanftes, waldloses Hügelland mit saftigen Wiesen und Weiden. Im Hintergrund gen Nordwesten ragten am Horizont immer wieder sehr eigenwillig geformte und bizarr wirkende blaue Bergspitzen heraus. Es waren die ersten Vorboten einer geradezu grandiosen, von Vulkanismus und Erosion geformten Landschaft. Kurz nach dem Passieren des kleinen Ortes Debark blieb der Bus abermals stehen. Keine Haltestelle war zu sehen, nur eine Frau mit Baby im Arm stieg zu und setzte sich in die erste Reihe. Für sie also war der Platz freigehalten worden. Und die zweite unbesetzte Reihe? Die hielt den erforderlichen Abstand zum gemeinen Volk. Die Frau, eine bildhübsche Amharin in ihren besten Jahren, war nämlich Angehörige der Hocharistokratie und ihr sozialer Status verlangte eben diese Trennung von den übrigen Fahrgästen. Allein schon an ihrem Benehmen war ihre vornehme Herkunft zu erkennen. Sie gab sich ungemein würdevoll. Alle ihre Bewegungen waren wohl überlegt und wurden mit Bedacht ausgeführt. Insgesamt eine äußerst gepflegte Erscheinung. Mit ihrem wunderschönen blauen Kleid, das bis zu den Knöcheln reichte, war sie auch schon von Weitem zu sehen gewesen. Die mit Henna bräunlich-rot gefärbten Handinnenflächen waren ein weiteres Zeichen ihrer vornehmen Herkunft. Im Gegensatz zu den anderen Mitreisenden würdigte sie uns keines Blickes. Recht hatte sie. Was dachte sie wohl von uns, den beiden Weißen in den hinteren Sitzreihen? In ungewaschener, abgetragener Kleidung alles andere als würdevolle Vertreter ihres Kontinents.

Kaum hatte der Bus wieder Fahrt aufgenommen, gelangten wir ohne Übergang in eine fast unwirkliche Welt. Unvermittelt brach vor uns das Gelände ab, nein, vor uns taten sich wahre Abgründe auf. Erster Gedanke: Wie konnte da überhaupt noch unsere Straße weiterführen? Das war schlechthin unmöglich! Doch sie führte weiter. Sich regelrecht an die grünen Steilhänge klebend, stürzte sich die Straße in unzähligen Kurven und Serpentinen in die Tiefe. Vor uns taten sich Blicke auf, die fast den Atem zum Stillstand brachten. Was war das für eine fantastische, wilde, noch unberührte Landschaft! Gleich hinter den kunstvoll behauenen Randsteinen der Straße brach das Gelände hunderte Meter steil ab. Gähnende Abgründe taten sich auf. Hinter jeder Kehre schwindelerregende Blicke in die Tiefe, hinunter in enge Schluchten und Gräben. Vor uns entfaltete sich ein Geländerelief gewaltigen Ausmaßes. Und jeder noch so steile Berghang war überzogen von einer intensiv grünen Pflanzendecke. Jenseits dieser Abgründe ebenso steile Bergflanken, die rasch zu den gleichen Höhen anstiegen. Und dahinter ragten weitere Gebirgsketten auf, die den Blick in die Ferne verwehrten. Mitten durch diese grüne Wildnis wand sich unsere Straße in nicht enden wollenden Abfolgen von Kurven und kunstvoll angelegten Kehren vom kühlen Hochland langsam hinunter in tiefere Lagen mit deutlich höheren Temperatu-

Skizze im Reisekalender: Fahrt durchs Semiengebirge

ren. Einfach unfassbar, was für ein technisches Wunderwerk hier die italienischen Straßenbauer in der nur kurz währenden Kolonialzeit vollbracht hatten. Es bedurfte schon echten Könnens, durch diese unwegsame Bergwelt mit ihren Steilhängen und tiefen Schluchten eine moderne Verkehrsverbindung zu bauen!

Ebenso viel Geschick und Erfahrung waren vonnöten, um diese Straße mit einem größeren Bus zu befahren. Und beides hatte unser Busfahrer, da gab es nicht die geringsten Zweifel. Souverän schaltete er mit den zwei Ganghebeln in rascher Aufeinanderfolge das Getriebe rauf und runter. Gekonnt gab er vor dem Runterschalten Zwischengas und veränderte auch in kritischen Passagen nur wenig seinen Fahrstil. Die ersten Kurven begleitete uns noch ein gewisses Unbehagen. Es brauchte doch bloß die Bremse zu versagen, ein Reifen zu platzen oder in einem ungünstigen Moment eine Achse zu brechen. Unweigerlich wäre der Bus samt Mann und Maus in die Tiefe gestürzt. Aber je länger wir dem Fahrer zuschauten, desto mehr gewannen wir die Überzeugung, dass er ganz vortrefflich sein Handwerk beherrschte. Und dies stellte er auch immer wieder unter Beweis, besonders dann, wenn unvorhergesehene Straßenhindernisse in Form vierbeiniger Sturschädel auftauchten. Es waren Esel, die es häufig schafften, den Verkehr an den unmöglichsten Stellen zu behindern. Da nützte auch kein intensives Hupen. Es wurde allenfalls mit einem kurzen Wackeln der langen Ohren beantwortet. Keinen Millimeter rührten sie sich von der Stelle. Und so dürften diese Grautiere mit ihrem eigenwilligen Verhalten zu besonderen Zielobjekten unseres Busfahrers geworden sein. War also so ein Esel unbedingt der Meinung, die halbe Straße versperren zu müssen und trotz wiederholtem Hupen nicht bereit, etwas zur Seite zu gehen, dann sah es schlecht für ihn aus. Unser Fahrer griff dann zu einer sehr wirkungsvollen „Vertreibungsmethode", die er ganz offensichtlich schon häufig mit Erfolg praktiziert haben musste. Geschickt peilte er den Vierbeiner an, fuhr zuerst ganz knapp an ihm entlang, lenkte auf halber Höhe den Bus kurz vor das Tier, um gleich darauf mit raschen Lenkbewegungen den Bus wieder zurück in Fahrtrichtung zu drehen. Durch dieses Manöver scherte das lange Fahrzeug am hinteren, ausladenden Ende aus und zwar genau in jene Richtung, wo das Grautier stand. Die Folgen waren durchschlagend, ja zuweilen fatal. Ein dumpfer Schlag am hinteren Ende der Karosserie und der Sturschädel wurde buchstäblich gleich mehrere Meter von der Straße weg durch die Luft befördert. Und falls es das Schicksal wollte, gleich direkt hinunter in den Abgrund. Jede erfolgreiche Beendigung eines solchen Manövers quittierte der Fahrer mit einem fast bübischen Lächeln. Zwischendurch aß und trank er in aller Gemütsruhe, um sich anschließend mit einem aufgebissenen Holzstückchen der Reinigung seiner Zahnlücken zu widmen. Kein noch so steiler Abgrund, keine noch so enge Kehre konnte in ihm auch nur das leiseste Gefühl von Unsicherheit hervorrufen. Stets guten Mutes war er wirklich ein wahrer Meister seiner Zunft.

Weiter ging es in unzähligen Kurven hinunter. Tief unten in einem Tal querten wir auf einer schmalen, stählernen Brücke einen Fluss. Und schon ging es ohne Übergang gleich bergauf, in endlosen Kehren, bis wir nach längerer Fahrt in einem kleinen Ort hielten. Es war Adi Arkay. Malerische Rundhütten aus Lehmziegeln mit gelben Strohdächern standen beiderseits der Straße. Auch einige aus festem Stein gemauerte Häuser mit Wellblech waren zu sehen, die an italienische Bergdörfer erinnerten. Erstaunlich wenige Leute waren auf der Straße. Fast etwas befremdlich in Anbetracht der überfüllten Märkte und Plätze der südlich gelegenen Regionen. Hinter dem Dorf in östlicher Richtung erhob sich eine beeindruckende Bergwelt. Tafelartige, aber auch steil aufragende, dolomitenähnliche Gebirgsstöcke bildeten eine grandiose Kulisse. Dort im Hintergrund befanden sich die höchsten Berge Äthiopiens, die mit dem Ras Daschan über 4.500 Meter erreichten.

Gleich am Ortsausgang von Adi Arkay ging es erneut in wilden Kurven bergab, ein kleines Tal wurde gequert, dann ging es anschließend in beschwerlicher Fahrt bergan. So steuerte unser Fahrer mit großem Geschick das lange Fahrzeug stundenlang durch diese unwegsame Bergwelt auf einer Straße, die nur aus Kurven bestand. Menschliche Ansiedlungen waren kaum zu sehen. Gar nicht verwunderlich, denn bei derart extremen Geländeverhältnissen waren Bodenbebauung und Wegeverhältnisse ausgesprochen mühselig. Erst der Bau dieser Straße hatte es überhaupt ermöglicht, in relativ kurzer Zeit diese entlegenen Täler und weiter auch den Norden des Landes zu erreichen. Nie und nimmer würde irgendjemand vermuten, dass durch diese Landschaft eine so hervorragend angelegte Straßenverbindung führen könnte. Im wahrsten Sinne des Wortes eine bewundernswerte technische Meisterleistung, die hier vor vielen Jahren vollbracht worden war.

Wir erreichten eine Hochfläche und meinten, dass nun die endlose Kurvenfahrt ein Ende habe. Doch weit gefehlt. Nicht allzu lange und schon öffnete sich vor uns erneut ein mächtiges und tief eingeschnittenes Tal, an dessen Grund ein großer Fluss zu sehen war. Es war der Tekeze, dessen braune Fluten Richtung Sudan flossen und dort direkt in den Nil mündeten. Wiederum stürzte sich die Straße in engen Kehren mehr als tausend Meter in die Tiefe. Rasch verloren wir an Höhe, gleichzeitig nahm die Lufttemperatur spürbar zu. Affenbrotbäume und mächtige Kandelabereuphorbien, die im Talbodenbereich an den steilen Hängen standen, waren offenkundige Zeugen der klimatischen Veränderung.

In gemächlichem Tempo rollte unser Bus auf einer langen, schmalen Stahlbrücke über den großen Fluss. Kaum das andere Ufer erreicht, ging es sofort wieder in lang gestreckten Kurven hinauf, bis wir die nördlich des Tales befindliche Hochebene erreicht hatten. Nun aber schien das wilde Bergland hinter uns zu bleiben. Kaum mehr Kurven und so erlaubte der relativ geradlinige Straßenverlauf ein rasches Fahren. Gegen Abend erreichten wir den kleinen Ort Enda Selassie. Hier hielt der Bus. Sein Tagespensum war erreicht.

Wir übernachteten in einem kleinen Hotel mit weißgetünchten Außenwänden. Anfänglich hatten wir Bedenken eingedenk der schlechten Erfahrungen der letzten beiden Tage. Doch die schlicht eingerichteten Zimmer waren sauber. Eine gezielt durchgeführte Kontrolle der Matratzen und Betteinlagen führte zu keinen beunruhigenden Feststellungen. Der Preis pro Bett für die Übernachtung, ganze 50 Cents, kam unseren schwindenden Beständen sehr entgegen. Endlich hatten wir Zeit und Muße, uns wenigstens ein einfaches Abendessen zuzubereiten. Gleichzeitig nahmen wir auch den gesamten Innenraum näher unter die Lupe. Ei, was ragte denn da Schwarzes an der Decke unter einem der quer verlaufenden Holzbretter hervor? Trotz vorgerückter Stunde weckte diese Entdeckung in uns das Jagdfieber. Wer wusste schon, was sich dahinter verbergen vermochte? Wenig später hielten wir einen kleinen schwarzen Skorpion im Gewahrsam. „Den nehmen wir mit“, war unser gleicher Gedanke – als Andenken an unsere Zeit in Afrika. Und den Zuhausegebliebenen konnten wir wenigstens ein Exemplar von der interessanten Tierwelt dieses Kontinents zeigen. Eine Streichholzschachtel mit einigen rasch gebohrten Luftlöchern sollte für die nächste Zeit eine sichere Bleibe werden.

Abends wurde es empfindlich kalt im Zimmer. Nichts Ungewöhnliches in einer Höhe um dreitausend Meter über dem Meer. Einen Ofen oder Kamin gab es nicht. Richtig, wir hatten nirgends an den Dächern der Häuser einen Rauchfang gesehen. Das Kochen erfolgte irgendwo in den Hinterhöfen bei offenem Feuer oder mit Holzkohle, die Wohn- und Schlafräume blieben kalt. Mit unseren

Schlafsäcken kein Problem. Zudem endlich eine wohlverdiente Nacht ohne unliebsame Besucher.

Früh waren wir auf den Beinen, um ja nicht unseren Bus zu verpassen. Der Hotelbesitzerin überreichten wir nur 50 Cent. Etwas erstaunt wies sie darauf hin, dass wir doch zwei Personen seien, also einen Dollar zu bezahlen hätten. Um einer unnötigen Diskussion zu entgehen, zeigten wir ihr unser Schlafzimmer. Nur eines der Betten war verwendet worden. Wif hatte wieder, dieses Mal um Kosten zu sparen, auf dem Boden geschlafen. Den Kopf schüttelnd und etwas enttäuscht, steckte die erstaunte Frau die 50 Cent weg.

Enda Selassie lag in luftiger Höhe. Das kühle Klima zwang zum Bau von gemauerten Häusern mit festem Wellblechdach. Die nach allen vier Seiten flach abfallenden Dächer waren ein architektonisches Erbe aus italienischer Zeit. Auf Holzständern befestigte Vordächer schützten den Eingangsbereich der Häuser. Im Ort gab es nur unbefestigte Erdstraßen. Eukalyptusbäume und Filaos, eine Baumart mit Nadeln, die sich aus einzelnen Segmenten zusammensetzten, säumten die Straßenränder. Ein inzwischen vertraut gewordener Anblick in fast allen Hochlandsiedlungen.

Hinter Enda Selassie durchquerte der Bus eine leicht hügelige Hochfläche. Das Relief begann sich zu beruhigen. Das ständige Auf und Ab des Vortages schien nun tatsächlich vorbei zu sein, auch das zeitraubende Kurvenfahren. Gleichzeitig verblasste langsam das üppige, intensive Grün der Pflanzenwelt. Braun- und Gelbtöne mischten sich langsam bei. Der Baumbestand wurde schütterer, dornige Vertreter trockener Gebiete tauchten auf. Ein untrügliches Zeichen nachlassender Niederschläge.

Nur kurz war der Aufenthalt in Axum, dann setzte der Bus die Fahrt nach Adua fort. Von der historischen Bedeutung beider Städte wussten wir so gut wie nichts. Doch selbst, wenn es der Fall gewesen wäre, hätte es wenig genützt. Eine Fahrtunterbrechung hätten wir uns in Anbetracht der bereits aufgelaufenen Verspätung in unserem Reiseverlauf keinesfalls erlauben können. Knapp vor Mittag trafen wir in Adua ein. Aussteigen und warten auf den Bus nach Asmara. An der Bushaltestelle sprachen uns einige Studenten an. Wie wir denn Äthiopien fänden? Unserer Meinung nach sei es das schönste Land Afrikas, kam, ohne lang zu zögern. Unsere Aussage mochte vielleicht etwas voreilig getroffen worden sein, denn bislang hatten wir von diesem Kontinent erst sechs Länder gesehen. Doch noch ganz überwältigt von den Eindrücken der letzten Tage sollte es bei dieser Feststellung bleiben. Hoch erfreute und zufriedene Gesichter machten sich breit. Wer hörte denn nicht gerne so etwas über sein eigenes Land? Über andere, weniger erfreuliche Aspekte Äthiopiens schwiegen wir höflichkeitshalber.

Von Adua aus führte die von den Italienern gebaute Straße direkt nach Asmara. Weite Hochflächen folgten, unterbrochen von kleinen Erhebungen. Gelbe, sonnenverbrannte Grassavannen lösten die üppig grüne Baum- und Buschlandschaft der letzten zwei Tage ab. Die Straße war überraschend gut und erlaubte ein zügiges Vorankommen. Höchst überrascht trafen wir schon gegen 14 Uhr in Asmara ein, der größten Stadt in der nördlichen Provinz Eritrea. Welch ein Unterschied zu Addis Abeba! Kein Wellblechhüttenmeer, sondern viele mehrstöckige und modern wirkende Häuser beeindruckten uns im inneren Stadtbereich. Die meisten stammten noch aus der italienischen Kolonialzeit. Schließlich war Asmara während der kolonialen Besetzung Eritreas auch Hauptstadt. Weiß getünchte Fassaden und schnurgerade verlaufende Palmenalleen entlang der größeren Straßenzüge verliehen der Stadt ein mediterranes Flair. Doch wieder erdrückend viele Menschen, die sich überall herumtrieben. Auch hier konnten wir uns des Eindrucks nicht erwehren, dass sich darunter viele befanden, die nur auf „ihre Stunde" warteten. Nicht umsonst hatte uns die Polizei am Stadteingang eindringlich vor Dieben gewarnt.

Mit geschultertem Rucksack machten wir uns gleich auf den Weg zu den Schifffahrtsagenturen. Vielleicht existierte doch noch eine Chance, von Massawa aus, dem einzigen, am Roten Meer gelegenen Hafen Äthiopiens, weiter nach Norden bis Ägypten zu gelangen. Überaus hilfreich erwiesen sich dabei meine bruchstückhaften Italienischkenntnisse. Doch nach Vorsprache bei mehreren Agenturen mussten wir erkennen, dass alle Mühe und Hoffnung vergebens waren. Wir hatten einfach keine Chance. Der Seeweg war zu teuer oder die Verbindungen kamen aus terminlichen Gründen nicht in Frage. So fassten wir kurzerhand den Entschluss, die Weiterfahrt über den Sudan zu wagen, wohlwissend, dass spätestens in Port Sudan die Reise auf dem Landweg zu Ende sein würde. Und was dann?

Wieder musste die Devise lauten: „Warten wir doch den weiteren Verlauf der Dinge ab." In Port Sudan angekommen, würde es noch früh genug sein, sich über die Weiterfahrt Gedanken zu machen. So ganz nach Wifs bewährter Verdrängungstaktik. Schon mehrmals auf dieser Reise bewährt, war es im Grunde genommen ein von fatalistischen Zügen geprägtes Verhalten, das wir uns im Laufe der Zeit als „Überlebensstrategie" angeeignet hatten. Und es bestätigte sich immer wieder: Sich im Vorhinein schon über nicht lösbare Probleme aufzuregen, brachte überhaupt nichts. Auch wenn es im Innern noch so nagte. Der Entschluss, über den Sudan weiter nach Norden zu fahren, bedingte bereits den nächsten Schritt. Für die Einreise benötigten wir ein Visum, doch würden wir überhaupt eines bekommen? Erinnerungen an die langwierige Prozedur in Kairo wurden wach. Da sprach uns ein junger Äthiopier an. Er würde sich gut in der Stadt auskennen und könnte uns mit Sicherheit weiterhelfen. Natürlich wusste er auch, wo sich das sudanesische Konsulat befand. Also vertrauten wir uns ihm an. Der Wettlauf gegen die Zeit begann, denn schon morgen früh würde ein Bus Richtung sudanesische Grenze abfahren. Kurze Zeit später waren wir im Konsulat. Keine langen Fragen, wir könnten sofort ein Visum erhalten, meinte die Empfangsdame. Allerdings würden für die Ausstellung zwei Passfotos benötigt. Ja, was tun, wenn jeder von uns nur mehr ein einziges Exemplar hatte? Dann musste eben ein Ausweis daran glauben, einer, der uns am ehesten entbehrlich erschien: der Studentenausweis. Oh Schreck, meiner befand sich im Rucksack, den ich wohlbehütet bei der zuletzt aufgesuchten Schifffahrtsagentur zurückgelassen hatte. Jetzt wurde die Zeit knapp. Es war kurz vor Amtsschluss. Während ich mit dem Ausfüllen unserer Antragsformulare den Konsul hinhielt, unternahm Wif einen regelrechten Dauerlauf zur Schifffahrtsagentur. In buchstäblich letzter Minute reichten wir die Anträge mit den zwei Fotos

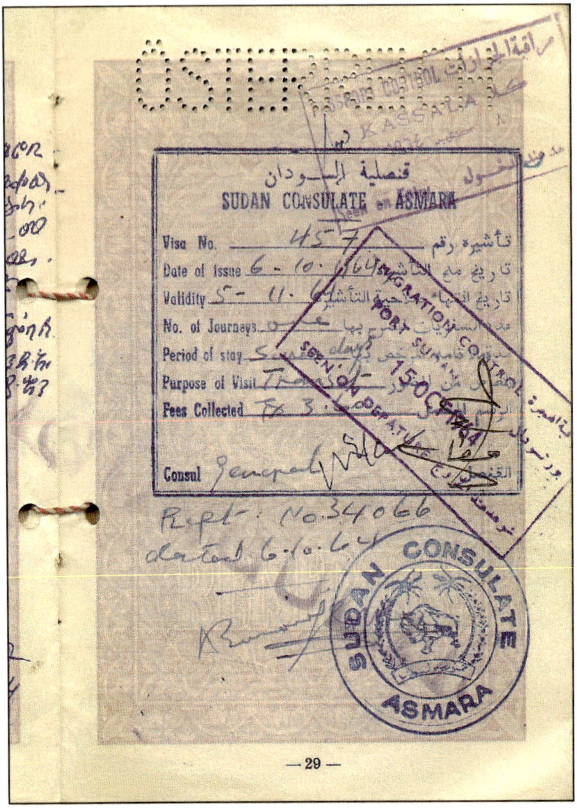

Sudanesisches Visum in Asmara

ein. Sie waren völlig unterschiedlich im Aussehen und Form, eines von meinen noch dazu stark ramponiert. Aber sie wurden als Nachweis unserer Identität akzeptiert. So einfach und schnell war auch ein sudanesisches Visum zu erhalten, wenn die Götter und Bürokratie es wollten. Besonderen Gefallen fanden wir an dem großen Rundstempel des Visums mit stilisierter Palme und Büffel,* ein Symbol für Ferne, fremde Welt und Abenteuer.

Damit war der Weg in den Sudan frei. Doch vorher mussten wir die äthiopische Grenzstation passieren. Dort könnte ja schon …

* Auch wenn dieser eher einem amerikanischen Bison glich.

nichts war unmöglich … die Meldung über zwei Österreicher mit ungültigem Visum vorliegen? Und vielleicht dazu noch ein Haftbefehl! Kein Ende der unruhigen Zeiten, so zumindest erschien es uns. Was würden wir froh sein und erleichtert aufatmen, wenn dieses Äthiopien endgültig hinter uns lag! Sicher war eines unbestreitbar: Wir hatten dieses Land unerlaubt betreten und bereist. Doch keinesfalls in böswilliger Absicht, sondern nur, um einem legitimen Wunsch nachzukommen. Wir wollten doch bloß nach Hause und zwar so rasch wie möglich. Nichts weiter! Alles Gedanken, die uns nach dem Verlassen des Konsulats wieder einmal beschäftigten. Letztlich siegte der Optimismus. Was sollte uns denn schon passieren an der Grenze? Jetzt, nachdem wir bereits so viel erfolgreich gemeistert hatten. Es würde schon schiefgehen …

Die „macchina“* würde morgen sehr zeitig losfahren. Deshalb sei es ratsam, schon heute die Fahrkarten zu kaufen, meinte unser Begleiter. Dies machten wir. Fünf äthiopische Dollar kostete die Fahrt bis nach Tessenei, dem letzten Ort vor der sudanesischen Grenze. Nach einem äußerst kargen Abendessen durften wir im Kinderspielraum der Missionsstation schlafen. Es wurde angenehm kühl am Abend in dieser, auf über zweitausend Meter Höhe gelegenen Stadt, deren Bauwerke insgesamt ein architektonisches Spiegelbild aller dort aufeinander treffenden Kulturen aus unterschiedlichen Epochen darstellten. Die Gedanken an den nächsten Grenzübergang und die Weiterreise ließen mich lange nicht los. Würden die äthiopischen Grenzbeamten über unser Kommen informiert sein? Doch dann gewann die Müdigkeit Oberhand.

---

* Das italienische Wort für Auto wurde mangels einer fehlenden Bezeichnung von den äthiopischen Lokalsprachen übernommen. Im vorliegenden Fall war der Bus gemeint.

Innenstadt von Nairobi

Baumsavanne bei Nanyuki mit Mt. Kenia

Wif auf dem Missions-LKW vor Nanyuki (N-Kenia)

Bewaffnete Nomaden in Isiolo

Schwere Sandpiste hinter Archer's Post (N-Kenia)

Wellblech-Piste durch weites Land vor Marsabit (N-Kenia)

Wanderung zur Marsabit-Lodge im gleichnamigen Nationalpark

Zubereitung von Zwiebelnockerln vor unserer Hütte an der Missionsstation von Marsabit

Main road von Marsabit

Abfahrt von Marsabit mit bewaffnetem Konvoi

Wüstenhafte Landschaft nördlich von Marsabit

Auf dem Kommandofahrzeug durch das Sperrgebiet im Norden Kenias

Eigenwillig geformte Termitenhügel bei Moyala

Beeindruckende Talquerung am Blauen Nil

Frühlingshafte Landschaft nördl. von Gondar (N-Äthiopien)

Abenteuerliche Straße hinter dem Wolkefitpass im Hochland von Semien

Wilde Berglandschaft hinter dem Wolkefit-Pass

Der Ort Adi Arkai im Semien-Gebirge

Kleines Straßendorf im Hochland von Semien

Wir schrieben den 7. Oktober, der ein ganz besonderer Tag war. Einhundert Tage waren wir bereits unterwegs. Darauf müsste eigentlich angestoßen werden. Und die bisherige Bilanz? Zweifelsohne eine Zeit voll interessanter, schier unglaublicher Erlebnisse und neuer Erkenntnisse, aber auch Tage der Entbehrungen. Viel Neues hatten wir dazu gelernt. Doch wir mussten auch eines eingestehen. Mit etwas mehr Geld wäre so manches leichter zu schaffen gewesen und hätte zuweilen das Leben erträglicher gemacht. Und die bisher aufgelaufene Verspätung hinsichtlich der bereits begonnenen Vorlesungen an der Uni? Bislang noch nicht allzu schlimm, aber der Weg nach Hause war noch weit!

Enttäuscht zog der junge Äthiopier am Busbahnhof von dannen. Ein paar Bananen und eine Packung billiger Zigaretten hatte er als „Trinkgeld" für seine erbrachten Dienste erhalten. Zu wenig für einen ganzen Tag harter Arbeit, hatten wir uns vorwurfsvoll anhören müssen. „Harte" Arbeit – wie sehr sich doch dieser Begriff in unserer Welt unterscheiden konnte. Und Arbeit für einen ganzen Tag, wo es doch eindeutig nur ein halber gewesen war? Aber bei bestem Willen konnten wir ihm nicht mehr geben, denn wir hatten ja selbst kaum noch etwas.

Wie üblich war unser Bus bis zum letzten Platz voll. Seit wir die Stadt verlassen hatten, führte die Straße ständig bergab. Es wurde zunehmend trockener, die Vegetation spärlicher. Ab und zu standen wie verloren einzelne Strohhütten in der baumlosen Landschaft. Menschen waren keine zu sehen. Dafür nahmen Steine überhand. Überall nichts als Steine. Ackerbau dürfte hier sehr schwierig gewesen sein, denn Felder waren so gut wie keine zu sehen.

In langgezogenen Kurven führte die staubige Straße durch das steinige Land, dessen wüstenhafter Charakter stetig zunahm. Und weiter fiel das Gelände ab. Wir waren im Begriff, das Dach Afrikas zu verlassen. Vor uns lag der nördliche Sudan mit seinen unermesslichen Weiten und sonnendurchglühten Ebenen. Doch noch war es

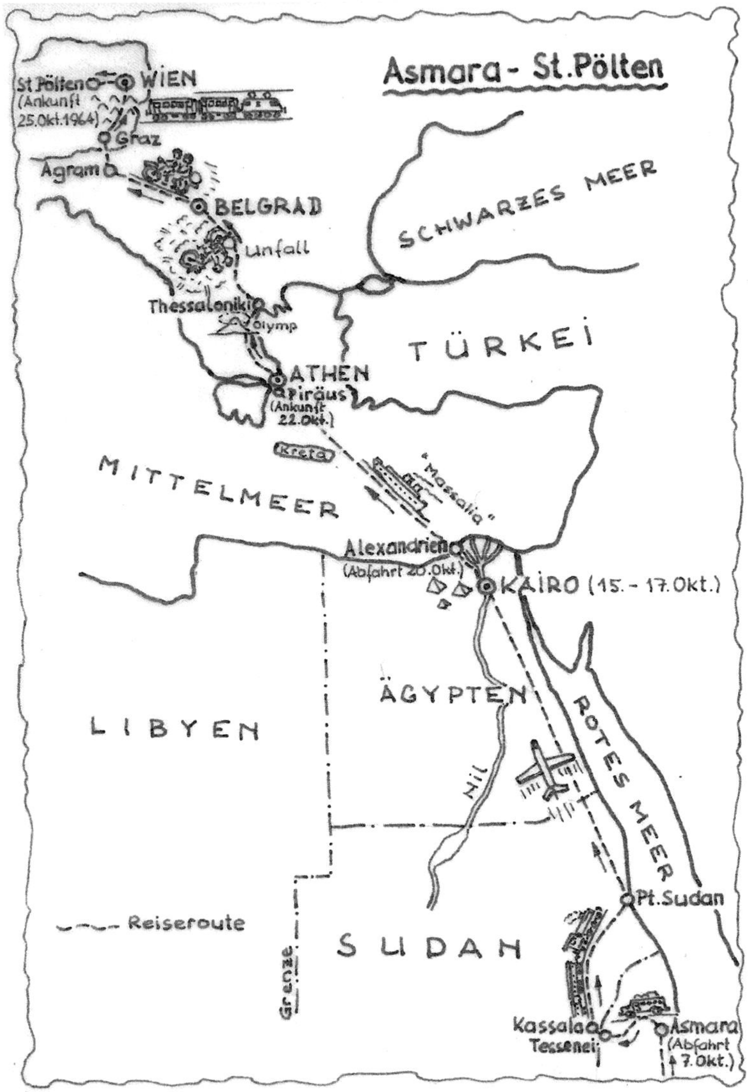

Reiseverlauf Asmara – St. Pölten

nicht so weit. Auch bis zum Grenzort Tessenei waren es noch einige Stunden Busfahrt.

Selbst ein fahrender Bus schützte nicht immer vor Bettlern. Zumindest war dies nicht der Fall bei unserem Bus auf dem Weg zur Grenze. Ohne dass wie es bemerkt hatten, waren sie irgendwo zugestiegen. In verschmutzte Laken gehüllt, gingen sie nun von Sitzreihe zu Sitzreihe und streckten den Reisenden ihre dürren Hände entgegen. Ihr Anliegen wurde begleitet von einem Simsalabim unverständlichen Inhalts. Sicher hatten sie irgendwelche Heilige um Beistand und Dank angerufen. Doch auch wir hatten nichts mehr, wir waren finanziell am Ende. Konnten sie das denn nicht begreifen? Nein, woher denn auch. Im Vergleich zu diesem Bettlervolk waren wir vermutlich noch immer recht vermögend. Außerdem waren Weiße immer vermögend. Allein schon, wenn ich an meinen Fotoapparat dachte.

Kurz hinter Akordat hielt der Bus. Mehrere bewaffnete Leute standen am Straßenrand. Ob das wohl Banditen oder Wegelagerer waren? Oder gar erste Anfänge der Unabhängigkeitsbewegung Eritreas? Vorsichtshalber versteckte ich meinen Fotoapparat. Zwei der Leute stiegen in den Bus und begannen ein kurzes, aber heftiges Palaver mit dem Fahrer. Dann drang die Meldung zu uns nach hinten, dass alle Insassen auf Waffen durchsucht würden. Wollten die uns etwa um unsere Schweizer Messer erleichtern? Dagegen hätten wir etwas gehabt. Ohne diese wunderbaren Werkzeuge kämen wir uns regelrecht hilflos vor. Die Kontrolle begann. Keine leichte Aufgabe, die vielen Passagiere bei der im Bus herrschenden Platznot gründlich zu untersuchen. Die langen, wallenden Gewänder erschwerten zudem die gesamte Prozedur. Glücklicherweise verlief alles friedlich. Schusswaffen wurden keine gefunden. Dafür kam eine respektable Anzahl von unterschiedlichsten Schneid-, Hieb- und Stichwaffen zum Vorschein, die die Leute sehr geschickt in den weiten Umhängen verborgen gehalten hatten. Doch das Interesse dieser Kontrolleure in Zivil galt nur militärischen, also automatischen Waffen, von denen keine an Bord waren.

Die Fahrt führte weiter durch halbarides Gebiet. Wir hatten endgültig das Bergland verlassen. Das Gelände verflachte zunehmend, die Täler wurden breiter. Nur noch trockenresistente Gräser und niedrige Sträucher begleiteten uns. An den Straßenrändern standen auf einmal einzelne Gestalten oder auch kleine Gruppen. Wo kamen die denn her, fragten wir uns sofort, denn nirgends waren in dieser offenen Landschaft Hütten zu entdecken. Mitunter waren auch Frauen dabei, in weite, mehrfarbige Gewänder gehüllt, die Nasen geschmückt mit kleinen, dicken Messingringen. Die Männer dagegen sahen alle sehr verwegen aus. Ja, zum Teil waren es regelrecht grimmig aussehende Typen mit dunklem Teint und finsterem Blick, denen jede Tat zuzutrauen gewesen wäre. Wahrhaft abenteuerlich aussehende Gestalten, genauso wie sie Karl May in seinen Romanen zur Genüge beschrieben hatte. Hochgewachsen und von schlanker, fast dürrer Statur trugen sie alle bis zu den Knien reichende Umhänge. Das einstige Weiß war mittlerweile einem schmutzigen Grau gewichen. Ausnahmslos hielt jeder den üblichen Stock in der Hand. Gut geeignet als alternatives Standbein für das viele Herumstehen. Unter den Männern mehrten sich nun solche mit einer ganz eigenwilligen Haartracht. Mit irgendeiner Substanz gefestigt, stand das lang gewachsene Kraushaar buchstäblich nach allen Richtungen weg. Dem Struwwelpeter hätten sie problemlos Konkurrenz machen können. Ich dachte, das wäre wohl die treffendste Beschreibung ihres Aussehens. Doch im Gegensatz zum harmlosen Kindernegativbeispiel waren sie alle mit riesigen Schwertern bewaffnet, die von ihren Gürteln herabbaumelten.

Je weiter wir in tiefere Lagen kamen, desto mehr nahm das offene Land wüstenhaften Charakter an. Auch die Temperaturen waren mittlerweile kräftig gestiegen. Vorbei waren die Zeiten kühler Hochlandluft! Immer geradeaus führte nun die staubige Erdstraße durch einen fast vegetationslosen Landstrich. Sämtliche Wasserläufe waren ausgetrocknet. Leben gab es bloß an jenen Stellen, wo die Bachbetten eine größere Tiefe aufwiesen. So vor allem unterhalb von wehrartigen Absturzbauwerken, die früher einmal Bewässerungszwecken gedient haben mochten. Dort hatten sich kleine Tümpel gebildet, um die sich nun das einzige Leben in dieser trostlosen Landschaft scharte, nämlich Wasservögel. Mit ihrem weißen Federkleid waren diese Vogelansammlungen schon von Weitem zu erkennen. Wie die wohl in dieser lebensfeindlichen Landschaft überleben konnten? Neben einigen Reihern und Störchen war der Marabu auffälligster Vertreter dieser Vogelwelt – leicht erkennbar an seiner steifen Haltung, dem langen, kräftigen Schnabel und typischen Halsbeutel. Völlig regungslos, in Stein gehauenen Figuren gleich, standen sie herum wie Wächter an einer unbekannten Grabstätte. Sie waren von Natur aus „Totengräber" und konnten nirgends besser hinpassen als in diese abweisende Einöde.

Manche dieser Wasserlöcher waren von Dum-Palmen eingesäumt, leicht zu erkennen an den meist gabelförmig nach oben gespreizten, leicht geschwungenen Stämmen. Mit ihren pinselartigen, grünen Kronen lockerten sie die gesamte Szene etwas auf. In Trockengebieten ein typischer Standortanzeiger für oberflächennahes Grundwasser. Deshalb standen sie auch hier im Nahbereich dieser kleinen, lebensspendenden Wasserlöcher. Alles Bilder einer rauen Wirklichkeit, die gemischte Gefühle auslösten. Zum einen waren es fast idyllisch anmutende Flecken, wo inmitten dieser leblosen Weiten Wasser, Vogelwelt und Palmen ein intensives Leben darstellten. Zum anderen aber gaben diese unbeweglich dastehenden Leichenbestatter, die Marabus, mit ihren nackten, faltigen Hälsen der Szene eine fast makabre Note. Eben das untrügliche Abbild, sich im Grenzbereich zwischen Leben und Tod zu befinden. Vielleicht spiegelte dieser gefühlsmäßige Gegensatz auch inhaltlich einen typischen Wesenszug des Orients wider, wo üppiges Leben und Jenseits knapp nebeneinander lagen.

Vor uns tauchten am Horizont die schwachgrauen Umrisse von Häusern auf. Es war Tessenei, der Ort mit der äthiopischen Grenzstation. Mit bangem Gefühl näherten wir uns der Ansiedlung. Keiner der Insassen im Bus ahnte etwas von unseren sorgenvollen Gedanken. Wartete schon der Haftbefehl auf uns und die anschließende Verbannung in irgendeines dieser halborientalischen Verließe? Nicht auszudenken. An ein paar ebenerdigen Gebäuden wurde gehalten. Alles aussteigen, hier endete unsere Busfahrt. Deutlich kündete das

Schild über einer Tür mit der Aufschrift „Immigration Office“ in englischer Sprache und in amharischen Lettern an, wohin wir uns zu wenden hatten. Hier formierten sich alle Reisenden in langer Schlange. Nicht lange und wir waren an der Reihe. Mit klopfendem Herzen sahen wir zu, wie der äthiopische Beamte lang und andächtig unser Sondervisum studierte. So etwas hatte er wohl noch nie in seinem ganzen Leben gesehen. Ganz offensichtlich wusste er nichts damit anzufangen. Sehr beruhigend und zudem der Beweis, dass über uns nichts eingetroffen sein konnte. Und richtig. Alle unsere ausgestandenen Ängste erwiesen sich als unnötig. Mit einem kräftigen Stempel in dcn Pass war die Sache abgetan. Selbst bei aufgekommenem Zweifel hätte der Beamte zur Erkenntnis gelangen müssen, dass wir ja beide im Begriff waren, sein Land zu verlassen. Da ging er kein Risiko mehr ein. Wieder einmal rollte ein Riesenstein von unseren Herzen.

Weiter ging es zum Custom Officer. Der schien zumindest etwas von Österreich zu kennen. Mit den Worten *„Ah, Austria, Johann Strauss, Vienna, the town of music“* empfing er uns mit einem Ausdruck sichtlicher Begeisterung. Vienna, Austria, wie klangen diese Worte in unseren Ohren. Im Moment für uns zwei Worte, zwei Begriffe aus einer fast unwirklich gewordenen Welt. Würden wir dieses Land, das noch immer so weit, so unfassbar weit entfernt war, je wiedersehen? Für einen Augenblick kamen in mir wieder diese pessimistischen Gedanken hoch. Und dies trotz eines uns wohlgesinnten äthiopischen Zollbeamten in dieser Weltabgeschiedenheit. Doch wir mussten uns schon eingestehen: Insgesamt hatten wir wieder einmal Glück gehabt an dieser Grenze und mit dem Land Äthiopien überhaupt!

An eine Weiterfahrt war an diesem Tag nicht mehr zu denken. Der uns wohl gesonnene Zollbeamte zeigte uns eine vor dem Zollgebäude befindliche Betonplatte, auf der wir übernachten durften. Am einen Ende der Fläche befand sich ein richtiger Wasserhahn, aus dem sogar klares Wasser floss. Welch ein Luxus! Gleich fühlten wir uns in den Himmel gehoben nach all diesen bangen Stunden vor der Grenze. Und so kam es, dass wir uns seit Marsabit (!) – wie lange lag es schon zurück – wieder das erste Mal richtig waschen konnten. Wie gut das tat, noch dazu bei dieser Hitze.

Nach dem Abendessen richteten wir unser Nachtlager her. Bereits im Schlafsack direkt auf dem Betonboden liegend, musterte ich noch einmal das nähere Umfeld. Da entdeckte ich im Lichtkegel der unweit des Wasserhahnes befindlichen Leuchte einige Störenfriede, die uns Unbehagen bereiteten. Es waren keineswegs die zahlreichen Kröten, die sich rings um den Wasserhahn auf dem feuchten Boden scharten. Gleichfalls angelockt durch das grelle Licht entdeckten wir nämlich zwischen ihnen noch andere Tiere von ungewöhnlich hässlichem Aussehen, die blitzschnell hin und her liefen. Es waren fast handtellergroße spinnenartige Tiere. Mit ihren merkwürdigen, leicht stielartigen Augen hatten sie fast das Aussehen von großen Krabben. Doch hunderte Kilometer vom Meer entfernt konnten hier Krabben in diesen Trockenzonen niemals überleben. Auch liefen diese Biester nicht seitwärts. Es mussten wohl Spinnen oder zumindest Spinnentiere sein, die um uns herum und – siehe da – auch zwischen uns mit großer Geschwindigkeit hindurch flitzten. Sie waren zu groß und zu schnell für die Kröten. Und sie waren gleichfalls auf Futtersuche. Nichts gegen diese durchaus positive Tätigkeit, die überall herumkrabbelnden kleineren Insekten zu verzehren. Doch die Vorstellung, eine Spinne würde im Eifer des Gefechts über unser Gesicht laufen, ließ uns keine Ruhe. Äußerst unangenehm die bloße Vorstellung, die feinen krallenartigen Fortsätze am Ende der langen Beine eines solchen Biestes im Gesicht zu verspüren! Also musste Abhilfe geschaffen werden. Wie würde denn ein durchschnittlicher Mitteleuropäer auf so eine Konfrontation reagieren? Allein schon der Anblick dieser Tiere würde vermutlich panikartige Zustände auslösen. Höchst sensibilisiert würde er mit einer Gänsehaut auf dem Rücken sofort vom Boden hochschnellen und auf Distanz gehen. Und was machten wir? Unwillig ob dieser widerlichen Störenfriede griffen wir träge nach unseren Schuhen und schlugen einfach darauf, wenn diese Schnellläufer in Reichweite gelangten. Es knirschte und knackte jedes Mal unter den Sohlen. Doch sie waren sehr stabil gebaut, diese langbeinigen Spinnentiere von grünlich-bläulicher Farbe. Ein einfaches Zuschlagen reichte nicht. Um sicher zu gehen, dass sich dieses undefinierbare Gebilde aus gebrochenem Chitinpanzer und austretender gelblicher Flüssigkeit nicht doch wieder auf den Weg machen konnte, schlugen wir zur Sicherheit ein zweites Mal zu. Nicht lange und das nähere Umfeld unserer Schlafstätte war mit platt gedrückten Spinnenleichen markiert. Nun schienen auch die noch lebenden Artgenossen die Gefährlichkeit des Terrains in unserer Nähe erkannt zu haben und hielten respektvollen Abstand. Ruhe kehrte ein. Nur die träge herumtapsenden Kröten duldeten wir weiter als unmittelbare Nachbarn. Die würden schon nicht auf unseren Gesichtern landen, schließlich gingen sie mit jedem Sprung sehr bedächtig um. Nach dieser erfolgreichen Abgrenzung unseres Schlafbereiches folgte eine recht angenehme Nacht unter freiem Himmel. War doch keiner besonderen Aufregung wert gewesen, dieser abendliche Zwischenfall, oder?

Noch vor Sonnenaufgang waren wir auf den Beinen. Wir wollten keine Mitfahrgelegenheit nach Kassala verpassen. Unweit der Grenze gelegen, war Kassala die erste Stadt im Nachbarland Sudan. Von hier führte eine Eisenbahnlinie hinauf nach Port Sudan. Grenzüberschreitender öffentlicher Verkehr war noch rar in Schwarzafrika. So auch hier vor den Toren des Sudan, des flächengrößten Landes Afrikas. Doch das Glück war uns wieder einmal hold. Ein schwerer, mit großen Säcken beladener LKW war im Begriff abzufahren. Ein paar Worte mit dem Fahrer gewechselt und schon ließ er uns aufsteigen. Noch gut in Erinnerung, wie das Besteigen hoher Bordwände funktionierte, kletterten wir rasch hinauf und schon setzte sich das Fahrzeug langsam in Bewegung. Hoch oben auf den Säcken sitzend, genossen wir wieder diese besondere Art des Reisens. Keine harten Stöße von der unebenen Piste, nur ein sanftes Wiegen. Die Masse der unter uns befindlichen Getreidesäcke fing alles ab. Auch Platz gab es jede Menge, um sich halb sitzend, halb liegend in alle Richtungen ausstrecken zu können. Und die große Höhe über dem Gelände bot auch vortreffliche Aussicht auf die an uns vorüberziehende Landschaft. So rollten wir langsam dahin, durch eine weite, baumlose Ebene, umgeben von einem Meer aus schütterem, goldgelbem Gras, das von der Morgenbrise leicht durchgekämmt wurde. In der Ferne begleiteten uns kahle, blassblaue Hügelketten. Die frische

Morgenluft tat gut. Es roch nach getrocknetem Gras. Konnte es eine schönere Art der Fortbewegung geben?

Äthiopien lag hinter uns. Wir waren sehr erleichtert über den guten Ausgang, hatte doch die ganze Zeit über das manipulierte Visum für innere Unsicherheit gesorgt. So hatten wir letztendlich erhobenen Hauptes das Land des Kaisers mit seinen stolzen Untertanen verlassen können. Noch dazu ganz ordnungsgemäß und ohne zusätzliche „Klimmzüge". Andererseits wurde uns nun mehr denn je bewusst, dass wir mit dem Verlassen Äthiopiens endgültig vom Dach Afrikas Abschied genommen hatten. Neue, unbekannte Herausforderungen erwarteten uns. Gleichzeitig rücktte das uns fast schon vertraut gewordene Ostafrika in immer weitere Ferne. Wann würde es ein Wiedersehen geben mit dem Kilimandscharo, mit den Murchisonfällen, mit den nie enden wollenden Weiten unter einem hohen, blauen Himmel? Wann würden wir sie wiedersehen, die mit Schirmakazien besetzten Ebenen und ihre einmalige Tierwelt? Und die netten Leute, die wir kennen und schätzen gelernt hatten? All das lag schon weit hinter uns und entfernte sich unaufhaltsam mit jedem weiteren Kilometer, den wir auf dieser Piste rollten.

Im Wechselbad der Gefühle holte uns die Gegenwart wieder ein. Rasch vertrieb sie die gerade noch gehegten Erinnerungen an vergangene Erlebnisse. Wir befanden uns hier im Grenzland zwischen Äthiopien und Sudan. Unvorstellbar weit war noch das Zuhause entfernt. Dort saßen bereits aufmerksam unsere Studienkollegen in den Hörsälen und wurden mit neuem Lehrstoff berieselt. Wir dagegen schaukelten hoch zu Ross – pardon: hoch zu LKW – in diesen menschenleeren Weiten der Stadt Kassala entgegen. Welch unglaubliche Fähigkeit unseres Vorstellungsvermögens, sich in Gedanken mühelos die beiden Szenarien so dicht nebeneinander zu vergegenwärtigen. In Wirklichkeit lagen doch viele tausend Kilometer dazwischen!

Kurzer Aufenthalt an der sudanesischen Grenze. Die Einreise verlief problemlos. Bald darauf erreichten wir Kassala. Hier war die reizvolle Fahrt auf dem „Rücken" des LKW zu Ende. Bepackt mit unseren Rucksäcken marschierten wir zügig in Richtung Bahnhof. Deutlich spürbar schon die zunehmende Hitze des Tages. Nach einigen Irrwegen fanden wir ihn endlich. Erst am Abend des nächsten Tages fuhr ein Zug nach Port Sudan. Dort angekommen erwartete uns, einer unüberwindbaren Barriere gleich, das nächste Problem. Und wir hatten nicht die geringste Ahnung, wie es dann weitergehen sollte. Doch nur nicht daran denken. Wir hatten von hier aus sowieso keine Möglichkeit, irgendetwas zu unternehmen.

Ziellos wanderten wir durch die staubigen Straßen der Stadt, vorbei an unzähligen kleinen Ständen, die Essbares und verlockende Getränke anboten. Ach, wie schön wäre es, wenn wir bloß ein paar Piaster mehr in der Tasche hätten. Als habe er unsere Gedanken lesen können, sprach uns ein Inder an. Wenig später hielten wir ein Glas mit einem wahrhaft köstlichen Fruchtsaftgemisch aus Mango, Grapefruit und Banane in unseren Händen. Eisgekühlt serviert schmeckte das Getränk einfach umwerfend gut. Gewiss, auch ohne den großen Durst würde es dies tun. Nach einer kurzen Konversation ging unser Inder vorsichtig einen Schritt weiter. Etwas besorgt über den Zustand unserer Haare meinte er in sehr wohlwollender Form, dass da wohl ein kleiner Eingriff fällig sei. Stimmt, seit unserer Abreise aus Österreich hatten sich die Haare ungehindert entfalten dürfen. Kurze Zeit später war unsere Haarpracht wieder auf Normalmaß getrimmt. Zu Lasten des Inders, ausgeführt natürlich auch bei einem Inder. Anschließend zeigte er uns ein Hotel, ebenfalls in indischen Händen. Hier konnten wir bis am nächsten Tag, also bis zu unserer Abfahrt nach Port Sudan, wohnen. Wiederum auf seine Kosten. Diese Großzügigkeit überraschte uns. Niemals hätten wir das von einem Inder erwartet. Bekannt für ein ausgeprägtes Zusammengehörigkeitsgefühl unter ihresgleichen galten sie als äußerst zurückhaltend gegenüber Fremden. Zwischendurch versuchte der indische Freund, uns in die

Geheimnisse und Besonderheiten des Hinduismus einzuweihen. Ehrlich gesagt, ein ziemlich aussichtsloses Unterfangen. Nicht nur, dass wir von der uns völlig unbekannten Materie nur wenig verstanden, sondern vielleicht auch gar nicht verstehen wollten.

Nach vielen Wochen gab es nun endlich Gelegenheit im Hotel unsere Kleidung zu waschen. Hosen, Hemden, Unterwäsche und die Socken vor allem. Die Bilanz war sehr ernüchternd. Ich stellte fest, dass bei der Unterwäsche der *„point of no return"* überschritten worden war. Trotz mehrmaligen intensiven Waschens blieb meine einstmals weiße Unterwäsche grau. Nun, im Prinzip war das auch ganz egal. Hauptsache, die Wäsche erlaubte es wieder, sich ohne Hemmungen in die Nähe zivilisierter Menschen zu begeben. Besonders mitgenommen sahen meine Socken aus. Genau genommen waren es nur mehr zwei an einer einzigen Stelle zusammenhängende schmale „Röhren". Die eine stammte vom Oberteil, die andere war der Rest dessen, was normalerweise den Fuß umhüllte. Alles andere war mittlerweile dem Verschleiß erlegen und somit verschwunden! Immerhin hinterließ die obere, etwas breitere der beiden „Röhren" den Eindruck, ganz normale Socken angezogen zu haben, und erfüllte damit weiterhin ihren Zweck.

Mitten im Waschgang tauchte unser Inder auf. Verschwitzt und nur mit Unterhose bekleidet, blickten wir ihn etwas überrascht an. Doch unbeeindruckt von unserem Äußeren kam er gleich zum Punkt. Wir wären zu einer größeren Feier eingeladen. Sie würde aber schon in einer halben Stunde beginnen und Anwesenheit sei besonders zu Beginn verpflichtend. Wir sagten nicht nur der Höflichkeit wegen zu, sondern weil damit auch schon das kommende Abendessen gesichert sein durfte. So blieb uns keine andere Wahl als Hemd und Hose in tropfnassem Zustand anzuziehen. Hitze und Trockenheit taten ihr Bestes. Beim indischen Fest angekommen, war unsere gesamte Kleidung wieder knochentrocken!

Alle geladenen Gäste trugen Kleider vom Feinsten, wir aber nicht und so kamen wir uns schon etwas deplatziert vor. Um den Zustand unserer Bekleidung nicht auf den ersten Blick zu erkennen, nahmen wir im Bereich gedämpften Lichtes Platz. Das Fest nahm seinen

Gang, so manches war für uns ungewöhnlich, besonders die vielen exotischen Darbietungen, deren Sinn wir leider nicht zu deuten wussten. Bunt und kitschig fanden wir die Ausgestaltung des großen Raumes, der Geruch von Räucherstäbchen verfolgte uns auf Schritt und Tritt und auch die dargebotenen indischen Gaumenfreuden empfanden wir als gewöhnungsbedürftig. Immerhin schafften wir es, damit den Hunger zu vertreiben. Wie dem auch sei, für dieses Fest traf mit Sicherheit das Sprichwort zu: Andere Länder, andere Sitten.

Bis heute erinnere ich mich noch gut an ein Gesprächsdetail, das die etwas gespaltene Lebenseinstellung dieser Menschen in Bezug auf die Tierwelt aufzeigen soll. Wir unterhielten uns mit einer dieser feinen Damen, als ganz unvermittelt von ihr die Frage kam, ob wir denn auch Fleisch essen und Tiere töten könnten? Unsere Antwort folgte, ohne zu überlegen, vielleicht auch etwas zu spontan: *„Yes, if necessary we could do it! Why not, if you are hungry? But fleas, lice and other bugs we kill for sheer fun.“* Mehr brauchte es nicht, zumal wir besonders die letzten Worte mit viel Nachdruck hervorgebracht hatten. In ihren weit geöffneten Augen spiegelte sich zuerst großes Erstaunen, dann blankes Entsetzen wider. Kein Wort mehr kam über ihre Lippen. Unsere Konversation fand damit ein vorzeitiges Ende. Mit derartigen Barbaren und Rohlingen noch weitere Worte zu wechseln, lag ihr wohl nicht. Dem gegenüber hatten wir während unserer Unterhaltung feststellen müssen, dass die äußerst vornehme Dame mit ihrem Fächer und begleitet von einem Gesichtsausdruck tiefster Verachtung jedes auch noch so kleine Insekt sofort energisch vertrieben hatte, das sich in ihre Reichweite wagte. Doch zugegeben: Uns war im Nachhinein schon bewusst geworden, dass wir ein wenig mehr an kulturellem Einfühlungsvermögen in den Dialog hätten einbringen sollen.

Früh am nächsten Morgen war unser Inder schon zur Stelle. Er würde uns gerne irgendeine Sehenswürdigkeit der Stadt Kassala zeigen. Damit könnten wir die Wartezeit bis zur Abfahrt des Zuges am Abend leichter überbrücken. Wieder ausgesprochen entgegenkommend von ihm, zumal wir nach der verbalen Entgleisung am vergangenen Abend gar nicht mehr auf weiteres Entgegenkommen hatten hoffen dürfen. Da gäbe es in Stadtrandnähe ein felsiges Hügelland aus rotem Granit, das wir besuchen könnten, schlug unser Gastgeber vor. Von dort übrigens bezog die Stadt auch ihr Trinkwasser. Wir brachen auf. Zuerst mit einem Wagen bis zum Beginn der Felsformationen. Dann ging es zu Fuß weiter. Mittlerweile war es ungemein heiß geworden. Zwischen den völlig kahlen und stark angewitterten Granitkuppen stand nur so die Hitze. Kein Lufthauch bewegte sich. Niemand von uns hatte daran gedacht, Wasser mitzunehmen. Doch das Überklettern der einzelnen Kuppen mit ihren rauen und griffigen Oberflächen machte richtig Spaß. Da stießen wir völlig unerwartet auf eine Pavianherde, die partout nicht weichen wollte. Na, das wollten wir einmal sehen und schon hagelte es Steine in ihre Richtung. Doch dieses Mal ging unsere Rechnung nicht auf. Die Paviane wichen nicht zurück. Ganz im Gegenteil. Sie gruppierten sich und gebärdeten sich regelrecht aggressiv. Ihr Anführer, ein kräftig gebautes Männchen mit zottigem Fell, zeigte sehr herausfordernd seine langen Fangzähne. Die Wirkung blieb nicht aus. Es war wohl besser, vor dieser zahlenmäßigen Übermacht das Weite zu suchen! Gedacht, ausgesprochen und schon liefen wir, die gesamte Herde hinter uns her. Völlig erschöpft und mit ausgetrocknetem Mund erreichten wir den Wagen. Selten wohl waren Leute so schnell abgefahren. Hinter uns blieb eine siegreiche Pavianherde, die wieder einmal erfolgreich ihr Territorium verteidigt hatte.

Zurück im Hotel beschäftigte uns nur ein einziger Gedanke: Wasser. Selbst der Inder hatte nicht daran gedacht, für den Ausflug zu den Felsen eine Flasche mitzunehmen. Anschließend wurden uns Fladenbrot, Oliven und, gut gemeint, ein widerlich schmeckender Schafskäse mit Orangenmarmelade angeboten. Da traf die Meldung ein, dass unser Zug voraussichtlich sechs Stunden Verspätung haben würde. Für unseren Inder sofort ein Anlass, uns noch einmal am Abend zum gleichen Fest einzuladen. Beim Abschied dann zu später Stunde händigte er uns noch eine Adresse von einem Bekannten in Port Sudan aus. Dieser Bekannte könnte uns bei allfälligen Problemen weiterhelfen.

Gegen Mitternacht marschierten wir zum Bahnhof, wo uns spärliches Licht empfing. Nachtruhe herrschte im gesamten Gebäude.

Überall auf dem Boden kauerten oder lagen dunkle Gestalten. Fest eingehüllt in Tücher und Decken hatten sie die Eingangshalle und den gesamten Bahnsteig in Schlafsäle verwandelt. Hier zu schlafen erschien uns zu riskant. So versuchten wir, trotz großer Müdigkeit, mit Unterhaltung gegen den Schlaf anzukämpfen.

Endstation am Roten Meer

Gegen vier Uhr früh rollte der Zug in den Bahnhof ein, begleitet von mächtigem Rumpeln und fürchterlichem Quietschen. Rasch stiegen wir ein und besetzten zwei Plätze in einem Abteil. Wieder hieß es warten, ohne irgendeine Information zu haben über die beabsichtigte Abfahrtszeit. Dann, es war kurz nach sechs Uhr, ging ein kräftiger Ruck durch die Waggons. Wir fuhren ab mit einer Verspätung von insgesamt elf Stunden. Doch was waren lächerliche elf Stunden hier in Afrika. Zeit spielte doch überhaupt keine Rolle! Mit Sicherheit waren wir die einzigen Reisenden, die diese Verspätung als beklagenswert empfanden. Das mitfahrende Volk ertrug alles mit stoischer Ruhe. Keinerlei Unmutsäußerungen waren zu hören. Wahrscheinlich waren alle heilfroh, dass der Zug überhaupt gekommen und wieder abgefahren war. Alles andere war doch Nebensache!

Doch in welchem Zug waren wir wieder gelandet? Von den Sudan Railways waren wir ja schon einiges gewöhnt. Es sei nur an unsere Durchquerung der Nubischen Wüste erinnert. Was uns jedoch hier geboten wurde, schlug buchstäblich dem Fass den Boden aus. Kurz nach der Abfahrt mussten wir feststellen, in der dritten Klasse gelandet zu sein. Also Aufbruch zu den Waggons der vierten Klasse gemäß dem von uns gelösten Fahrschein. Die Waggons der vierten Klasse hatten auf dieser Strecke überhaupt keine Fenster, auch keine Bänke, sondern nur auf dem Boden ausgebreitetes Stroh. Darauf lagerten alle und breiteten sich, so es die Situation erlaubte, auch aus. Uns blieb nichts anderes übrig, als den anderen zu folgen. Eben so wie Tiere in einem Stall bei uns zu Hause. Gewiss, im Grunde genommen war die Idee mit dem Stroh gar nicht so dumm. Unsere Mitreisenden ließen nämlich alles nur Erdenkliche an essbaren Überresten, aber auch an Ausscheidungen, in dieser Strohlage verschwinden. Toiletten gab es in dem Zug keine. Und wenn es je welche gegeben hätte, dann wären die erfahrungsgemäß bis zum Überquellen „gefüllt" und damit verstopft gewesen.

Langsam wurde es Tag. Noch etwas schläfrig erschien uns das Umfeld düster und trüb. Im Halbdunkel des Waggoninneren erblickten wir nur fahlgraue Gesichter. Erst später stellten wir fest, dass die Luft im Innern des Waggons von feinem Staub erfüllt war. Deshalb diese Grautöne. Der allgegenwärtige Staub löste bei so manchem Mitreisenden heftigen Hustenreiz aus. Wir dagegen hatten uns bald an diese unwirtliche Umgebung gewöhnt und dösten vor uns hin, halb am Boden liegend, den Kopf auf den Rucksack gelehnt. Das monotone Klopfen der Räder an den Schienenstößen ließ uns immer wieder einnicken. Doch irgendwann gegen Mittag kam Neugier auf. Wie sah denn hier im Osten die Nubische Wüste aus? Nicht viel anderes als weiter drüben im Westen entlang der dort führenden Eisenbahnlinie. Übrigens, diese „Luxusfahrt" in der vierten Klasse durch die Wüste bis nach Port Sudan kostete 1,05 sudanesische Pfund. Für uns arme Schlucker war das eine Menge Geld, denn nach offiziellem Kurs entsprach das immerhin 72 österreichischen Schillingen!*

Der Tag verging und die nächste Nacht brach herein. Wir hatten nicht die geringste Vorstellung, wo wir uns gerade befanden. Jegliches Gefühl für die Ortsbestimmung war uns abhanden gekommen. Licht gab es natürlich keines in der vierten Klasse. Es war besser, dort zu bleiben, wo wir uns gerade befanden. Denn bei dem immerwährenden Gedränge am Boden hätte auch nur jedes kurzfristige Entfernen zum unweigerlichen Verlust der verlassenen Liegefläche geführt. Dichter Staub, vermischt mit allerlei Gerüchen und Düften ferner Länder, umgab uns in stockdunkler Nacht …

Merkwürdig ruhig war es um uns. Kein Rattern mehr der Räder, kein Rütteln der Waggonwände. Erste Stimmen wurden laut. Wir hatten Port Sudan erreicht. Es war halb 2 Uhr früh. Total verstaubt

* Oder 5,24 Euro.

und reichlich angeschlagen stiegen wir aus. Auf dem Bahnhof trieben sich verwegen aussehende Gestalten herum. So war Vorsicht angesagt. Die Nacht war noch lange nicht vorüber. Also machten wir uns auf die Suche nach einem sicheren Plätzchen, um den unterbrochenen Schlaf fortzusetzen. Das war unter diesen Umständen leichter gesagt als getan. Schließlich fanden wir etwas abseits am Bahnhof eine Ecke, wo wir den offenen, ungeschützten Bereich ohne allzu große Umstände abriegeln konnten. Eine einfache Barrikade aus herumliegenden Blechteilen, Bruchstücken von Betonziegeln und dünnem Draht sollte lästige Besucher abhalten. Zur Sicherheit verbanden wir auch noch unsere Rucksäcke mit der großen Zehe. Jedes Verheddern in den kaum sichtbaren Drähten, jedes Anstoßen an den Blechteilen hätte Lärm ausgelöst und uns mit Sicherheit sofort geweckt wie auch jeder Versuch, unsere Rucksäcke zu klauen. Selbst wenn es im Tiefschlaf passiert wäre.

Keine ungebetenen Besucher störten unsere kurze Nachtruhe. Auch kein Muezzin am frühen Morgen. Kaum war es hell, waren wir schon auf den Beinen, nur um festzustellen, dass wir beileibe nicht die Einzigen waren. Die halbe Stadt war bereits unterwegs. Ohne irgendeinen Anhaltspunkt marschierten wir lange durch das Gewirr von Straßen und Gassen. Überall mehrstöckige Häuserblöcke mit weißgetünchten Fassaden und lang gestreckten Arkaden, die tagsüber Schutz vor der Sonne boten. Endlich fanden wir eine Telefonzelle. Überraschend schnell war der Kontakt zu jenen Indern hergestellt, die uns in Kassala als Anlaufstelle empfohlen worden waren. Kurze Zeit später wurden wir von einem Inder abgeholt und zu seiner Arbeitsstätte, einer Bank, gebracht.

Port Sudan war Endstation der Sudanrailways und auch das Ende aller landgebundenen Verkehrswege nach Norden. Schließlich war Port Sudan der nördlichste, auf dem Landweg mit öffentlichen Verkehrsmitteln erreichbare Ort des Sudans.* Ab hier bis zur Grenze nach Ägypten erstreckten sich nur weite Flächen unwegsamen Wüsten-

* Nach dem Einstellen des Eisenbahnverkehrs durch die Nubische Wüste hinauf nach Wadi Halfa.

geländes, das fallweise von einsamen Kamelkarawanen durchzogen wurde. Für uns stellte die Stadt wieder eine Art Weichenstellung dar. Wie ging es nun weiter? Der Landweg war de facto ausgeschlossen. Also blieb uns nur mehr der Seeweg. Und was tun, falls es auch hier keine Schiffspassagen für unsere mageren Geldbörsen geben sollte? Eine gute Frage, auf die wir im Moment keine Antwort fanden. Sich etwa als blinder Passagier die Weiterfahrt erschleichen? Wenn alle Stricke rissen, warum eigentlich nicht?

Der Ernst des Lebens hatte wieder begonnen. Auf Empfehlung des Inders wendeten wir uns an eine nahe der Bank gelegene Schifffahrtsagentur. Die Weiterfahrt mit einem Schiff erschien uns am wahrscheinlichsten. Doch hier ereilte uns das gleiche Schicksal wie in Asmara. Sämtliche Angebote waren unerschwinglich. Derart hohe Ausgaben konnten wir uns nicht leisten! Da schlug uns jemand vor, es doch mit dem Flugzeug nach Kairo zu versuchen. Doch selbst bei einem Nachlass von 50 % (!) waren wir nicht in der Lage, die Flugscheine zu bezahlen. Jetzt waren wir mit unserem Latein am Ende. Reichlich entmutigt zogen wir von dannen. Erneut rückte unser Zuhause in schier unerreichbare Ferne.

Bei der katholischen Mission erhielten wir eine Kleinigkeit für das leibliche Wohl. Anschließend suchten wir nochmals in der Stadt nach Weiterreisemöglichkeiten. Abermals kein Erfolg. Abends in die Mission zurückgekehrt, lernten wir den evangelischen Pastor, den Reverend Francis Green, kennen. Er war uns wohlgesonnen. Bis auf weiteres könnten wir auch bei ihm im Seemannsheim übernachten. Ein Angebot, das wir ohne zu zögern annahmen. Zu unserer Überraschung gab es dort ein Schwimmbad und von der Dachterrasse aus eröffnete sich ein wunderbarer Blick auf das Rote Meer. Ein idealer Platz als Schlafstätte für die nächsten Tage. Die Nacht wurde ausgesprochen mild. Über uns funkelten tausende Sterne am tiefschwarzen Firmament …

Heute änderten wir unser Vorgehen beim Suchen. Im Hafen lagen mehrere Schiffe vor Anker. Warum nicht von Schiff zu Schiff gehen, um direkt mit dem jeweiligen Kapitän zu verhandeln? Keineswegs wollten wir unentgeltlich mitfahren, sondern uns die Schiffspassage nach Norden mit irgendwelchen Arbeiten auf Deck verdienen. Wieder kein Erfolg. Es war zum Verzweifeln. Stets die gleiche, stereotype Antwort von irgendwelchen strengen Vorschriften. Für die Mitfahrt sei das Einholen einer Bewilligung vom Heimathafen der Reederei notwendig. Da entdeckten wir auf unserem Streifzug durch den Hafen auch einen deutschen Dampfer. Die Hoffnung wuchs wieder. Ohne die übliche Sprachbarriere konnten wir dort noch am ehesten unsere missliche Lage darlegen und somit auf mehr Verständnis hoffen als auf fremdländischen Kähnen. Und siehe da, der Kapitän hätte nichts gegen eine Mitfahrt gehabt. Doch auch er bräuchte eine Zustimmung von seiner Heimatreederei. Bereitwillig händigte er uns die Telexanschrift aus. Dann fügte er noch hinzu, dass seine Reederei mit Sicherheit zustimmen würde, wären wir doch keineswegs der erste Fall dieser Art. Endlich ein erster Hoffnungsschimmer. Das hörte sich alles recht Erfolg versprechend an! Unsere Moral stieg. Schon sahen wir uns neuen Horizonten zustreben, zumal das deutsche Schiff bereits am nächsten Tag nach Ägypten weiterfahren würde.

Bei der Verabschiedung lernten wir noch den alten Maschinisten Siegfried Ditloff kennen. Ein sehr netter, verständnisvoller Mann, der uns, so seine Aussage, problemlos als blinde Passagiere hätte mitnehmen können. Doch nachdem wir bereits beim Kapitän vorstellig gewesen waren, sei für ihn das Risiko zu groß. Als Trostpflaster lud er uns zum Abendessen ein.

Wir verließen das Schiff und überprüften unsere Finanzen. Was war, wenn die Reederei unsere Telexanfrage ablehnen sollte? Dann stünden wir recht dumm da bei den für unsere Verhältnisse doch hohen Telexgebühren nach Deutschland. Unschlüssig vorerst eine Entscheidung zu fällen, zogen wir es vor, erst einmal die einmalige Gelegenheit zu einem Bad im Roten Meer zu nutzen. Mit Badehose und Wanderschuhen standen wir bald darauf am nahe dem Seemannsheim gelegenen Strand. Der Himmel war wolkenlos, vor uns erstreckte sich das tiefblaue Meer. Weit draußen, am Korallenriff, war ein weißer Streifen zu sehen. Es war die Gischt der Brandung am Übergang zum tiefen Meer. Bis dorthin, so Reverend Green, könnten wir sorglos gehen und auch baden. Der seichte Küstenstreifen sei haifischsicher. Einer eindringlichen Warnung folgend, ließen wir auch sicherheitshalber unsere Schuhe an als Schutz vor den Stacheln der Seeigel und anderem Getier. Sich einen solchen Stachel einzutreten sei eine äußerst schmerzhafte Angelegenheit. Nicht nur sofort abbrechen würde der glasharte Stachel, sondern auch nur sehr langsam ausheilen. Und der Meeresboden war voll von diesen schwarzen Seeigeln. Mit Vorliebe saßen sie in den Vertiefungen der scharfkantigen Korallenstöcke, die spitzen Stacheln zur Seite und nach oben gerichtet. Ohne schützende Sohle wäre demnach ein Begehen des seichten Meeresbodens eine leichtsinnige Angelegenheit. Bald standen wir bis zur Hüfte im lauwarmen Wasser. Die Neugierde trieb uns immer weiter hinaus bis zur Brandung. Dort aber wechselte das Meer schlagartig seine Farbe. Ein tiefes Dunkelblau hinter den kleinen Schaumkronen kündigte den Steilabbruch an. Bis hierher und keinen Schritt weiter. Hier begann nämlich das Reich der Haie. Für Taucher mit spezieller Ausrüstung vielleicht eine interessante Herausforderung. Doch nicht für uns. Wir kehrten lieber um und hielten uns weiter im seichten Wasser auf. Unseren Entschluss sollten wir keine Sekunde bereuen. Beim näheren Hinsehen entdeckten wir im Wasser eine unglaubliche Vielzahl an Meerestieren. Da gab es unzählige Schnecken und interessant gezeichnete Muscheln, die eine glasurartige Oberfläche mit schwarzen Punkten besaßen. Im Wasser wimmelte es nur so von Fischen. Einige farbenprächtige Exemplare erregten unsere besondere Aufmerksamkeit. Am schönsten fand ich einen kleinen, sehr flinken Fisch, dessen dunkler Körper mit kreisrunden, intensiv blau leuchtenden Flecken besetzt war.

Die Stunden vergingen. In dem lauwarmen Wasser verloren wir jegliches Zeitgefühl. Auch vergaßen wir völlig die Sonne. Gegen Abend erhielten wir die Rechnung: ein richtiger Sonnenbrand, wie er im Buche stand. Und wir waren noch stolz darauf. Denn nach unserer Rückkehr im späten Oktober sollte jeder zu Hause sofort an unserer Gesichtsfarbe erkennen, dass wir nicht bloß vom Gänsehäufl*

* Ein Wiener Badestrand an der Donau.

Asiatische Bieretiketten

gekommen waren! Was für ein schwachsinniger Gedanke (eigene Anmerkung).

Abends auf dem deutschen Dampfer empfing uns Maschinist Siegfried Ditloff in seiner Kajüte mit einem gut gekühlten chinesischen Bier. Weitere vier, ebenso asiatischer Herkunft, sollten noch im Laufe des Abends folgen. Zu gegebener Zeit wurde das Abendessen serviert, ganz stilgerecht vom Schiffsstewart. Es wurde ein wirklich gemütlicher Abend mit angeregter, interessanter Unterhaltung. Wie lange war es schon her, dass wir uns für kurze Zeit wieder so wohl gefühlt hatten. Inspiriert vom Geist des Alkohols begann Siegfried Ditloff zu fortgeschrittener Stunde aus seiner Seemannsjugend zu erzählen. Die Geschichte von der Äquatortaufe in den zwanziger Jahren haben wir bis heute nicht vergessen.

Damals herrschten noch wahrhaft raue Sitten auf Deck. Jeder Neuling in der Mannschaft musste bei seiner ersten Überquerung des Äquators diese Taufe über sich ergehen lassen. In der Tat eine

Härteprobe besonderer Art, die wirklich nicht ganz ohne war. Auf den Schiffen zu dieser Zeit gab es den so genannten „Schittsack". Eigentlich war es mehr ein langer Schlauch, der während der Liegezeiten im Hafen außen an der Bordwand der Schiffe befestigt wurde und als „Mülleimer" diente. Sämtliche Küchenabfälle landeten dort und auch die Kohlenschlacke vom Heizkessel. Hatte das Schiff wieder das offene Meer erreicht, wurde das untere Ende des vollen Sackes geöffnet und der gesamte Abfall rutschte ins Meer. Nur selten wurde er gereinigt. So bildete sich im Laufe der Zeit auf der Innenseite dieses länglichen Sackes eine widerliche, teils schleimige, teils krustige Dreckschicht, die ganz fürchterlich stank. Stand eine Äquatortaufe an, wurde der Sack in leerem Zustand horizontal auf Deck befestigt und schön gespannt. Direkt auf der Höhe der Schiffsplanken entstand so eine regelrechte Röhre. Mit entblößtem Oberkörper musste nun der Täufling den stinkenden Sack möglichst rasch durchkriechen, der vielleicht einen Durchmesser von einem guten halben Meter hatte. Und jetzt kommt das Besondere, denn sonst wäre diese Aufgabe zu einfach gewesen. Auf der anderen Seite der Röhre wurde nämlich gleichzeitig ein Schwein, damals noch der übliche Lebendproviant auf den Schiffen, mit kräftigen Fußtritten in den Sack getrieben. Irgendwo in der Mitte trafen sich Mann und Schwein. Damit der Vorgang nicht ins Stocken geriet, wurde mit Stöcken auf das arme Schwein eingedroschen. Vor Angst und Schmerz laut quiekend setzte es unerbittlich seinen Weg fort. Und es wurde so lange zugeschlagen, bis das Schwein in dem engen Schlauch den Täufling hinter sich hatte. Laut Siegfried Ditloff seien wohl die meisten Schweine mit ihren spitzen Klauen einfach über ihre Opfer hinweg getrampelt. Und zum „Ausgleich" für den erlittenen Schmerz durch die Schläge wurde der Täufling auch noch kräftig gebissen. Unschwer vorzustellen, wer bei diesem Vorgang die schlechteren Karten gezogen hatte. Völlig verschmiert mit übel riechendem Schmutz und nicht unerheblichen Blessuren kroch der arme Täufling am anderen Ende wieder heraus. Das war also die Äquatortaufe anno dazumal. Nach mehreren Bieren hörte sich das alles gar nicht so schlimm an, wenngleich es in Wirklichkeit eine üble Sache gewesen sein muss!

So wurde dieser Abend bei Siegfried Ditloff zu einem Erlebnis besonderer Art. Am Roten Meer, wo vor nicht allzu langer Zeit noch Segelschiffe aus Ostafrika mit schwarzen Sklaven an Bord verkehrt und Seeräuber ihr Unwesen getrieben hatten, saßen wir in einer gemütlichen Schiffskabine, tranken gekühltes Bier aus dem fernen China und durften ungewöhnlichen Geschichten zuhören! Dies ließ für kurze Zeit vergessen, dass sich unsere Lage bislang um keinen Deut verbessert hatte. Leicht angeheitert kehrten wir zurück ins Seemannsheim.

Der große Sprung nach Norden

Tags darauf verließ das deutsche Schiff den Hafen von Port Sudan. Ohne uns. Wir mussten zurückbleiben. Kurz vor dem Ablegen hatten wir nochmals den Kapitän gesprochen. Beinahe vorwurfsvoll hörte es sich an, weshalb wir nicht ein Telex an seine Reederei geschickt hatten. Mit Sicherheit wäre unsere Mitfahrt bis nach Ägypten bewilligt worden. Also eine einmalige Chance verpasst. Nach so vielen Enttäuschungen hatten wir einfach nicht an die Zuverlässigkeit seines Angebotes geglaubt.

Lange noch sahen wir dem Schiff nach, das langsam kleiner werdend am Horizont verschwand. Erneut ein seelischer Tiefpunkt. Wir machten uns Vorwürfe, nicht anders gehandelt zu haben. Uns blieb nichts anderes übrig, als die Suche fortzusetzen. Zwischendurch lernten wir über unseren indischen Bekannten einen Bankbeamten kennen, natürlich auch einen Inder. Er gab uns Tipps, wie im Bedarfsfall günstig an Schwarzgeld zu kommen sei. Dieser Hinweis würde uns schon bald eine große Hilfe sein. Den restlichen Tag verbrachten wir wieder im Hafen. Neue Schiffe waren eingelaufen, doch nirgends war eine Zusage zu erhalten. Müde und reichlich deprimiert kehrten wir am Abend ins Seemannsheim zurück. Also mit den Schiffen schien es nichts mehr zu werden.

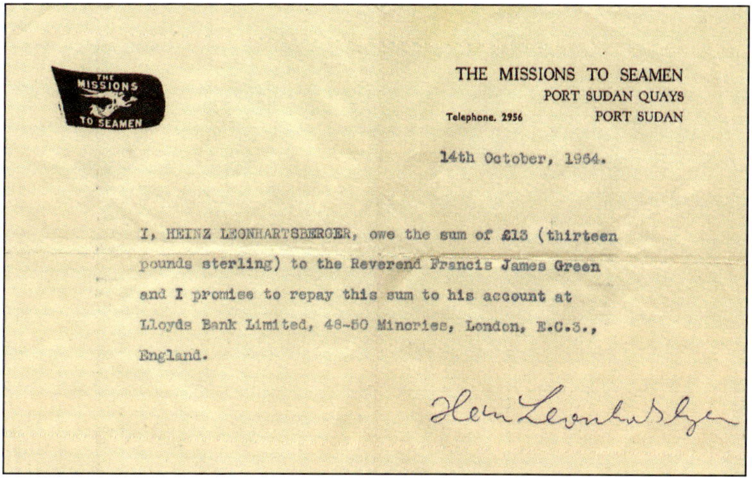

THE MISSIONS TO SEAMEN
PORT SUDAN QUAYS
Telephone. 2956 PORT SUDAN

14th October, 1954.

I, HEINZ LEONHARTSBERGER, owe the sum of £13 (thirteen pounds sterling) to the Reverend Francis James Green and I promise to repay this sum to his account at Lloyds Bank Limited, 48-50 Minories, London, E.C.3., England.

„Schuldschein“ von Wif an Reverend Francis Green

In einer Anwandlung von Mitleid schenkte uns am darauf folgenden Vormittag der indische Bankangestellte dreizehn US-Dollar.* Da sah sich Reverend Green veranlasst, uns weitere dreizehn Dollar zu leihen. Beide Beträge zusammengelegt müssten seiner Meinung nach für zwei Flugscheine bis nach Kairo reichen. Doch leider ging die Rechnung nicht auf. Die Dollars mit offiziellem Wechselkurs eingetauscht waren für den Kauf der Flugscheine nicht ausreichend. Wieder war guter Rat teuer. Wir wendeten uns an den Bürgermeister der Stadt in der Hoffnung, er würde für uns bei der Fluglinie ein gutes Wort einlegen. Seine Hilfe erschöpfte sich rasch mit einigen schönen, nichtssagenden Worten bei Kaffee und einigen Keksen aus pulverartiger Substanz.

Nun hatten wir alle „Register“ gezogen und standen noch immer ratlos da. Keine Aussicht auf eine Lösung? So zwang uns die scheinbar ausweglose Situation wieder einmal bis an den Rand der Legalität zu gehen. Nur noch der Schwarzmarkt konnte uns aus der Patsche helfen. Gedacht, getan. Mit Hilfe des indischen Bankbeamten wur-

* Beim damaligen Umrechnungskurs von 24 öS für einen US-Dollar wären dies heute 22,70 Euro!

Mein Flugschein von Port Sudan nach Kairo

den in einer etwas abseits gelegenen, dunklen Bude unsere Dollars eingetauscht. Als Gegenwert erhielten wir immerhin 47 sudanesische Pfund, alles stark abgegriffene Scheine, doch gut genug und ausreichend für den Kauf der beiden Flugscheine. Zum Glück gab es im Sudan keine Devisenbewirtschaftung. Deshalb auch bei den Sudan Airways keine Frage nach einer Eintauschbescheinigung. Anstandslos wurde das lokale Geld entgegengenommen und bald darauf hielten wir, noch ganz ungläubig, zwei Flugscheine in der Hand. Hurra, mit diesen einfachen Scheinen war die letzte große Hürde für die Weiterreise nach Norden beseitigt. Am Vormittag des nächsten Tages würden wir in kürzester Zeit mit einem gewaltigen Sprung dieses menschenleere Gebiet zwischen dem Sudan und Ägypten überqueren. Was für ein unerwarteter Zeitgewinn auf dem Weg zurück nach Hause!

Gut gelaunt kehrten wir zur katholischen Mission zurück und wurden dort zum Mittagessen eingeladen. Am Ende des Tages luden wir Reverend Green im Seemannsheim zum Abendessen ein – als Dank für seine Hilfe. Wir kochten Reis mit einer gut gewürzten Fleischsoße. Lange noch saßen wir beisammen und plauderten bis in die späte Nacht. Bei Gelegenheit kamen wir auch auf den kleinen schwarzen Skorpion zu sprechen, den wir in Äthiopien gefangen und in einer Streichholzschachtel wohlbehalten bis hierher mitgebracht hatten. Natürlich wollte Reverend Green unser lebendes Andenken aus Äthiopien gerne sehen. Doch als wir die in einem Plastikbeutel gut eingewickelte Schachtel vor ihm vorsichtig öffneten, war sie praktisch leer. Die Enttäuschung war groß. Nur noch der schwarze Schwanzstachel erinnerte an das Tier. Alles andere war auf unerklärliche Weise verschwunden. Gegen ein Uhr morgens gingen wir schlafen. Vorher händigte uns der Reverend noch 6 kg Reis sowie ein Glas Marmelade aus. Zur Aufbesserung unseres Reiseproviants, fügte er schmunzelnd hinzu.

Das rätselhafte Verschwinden des Skorpions ließ uns keine Ruhe. Noch eine ganze Weile vor dem Einschlafen beschäftigte uns die Sache. Sein Körper konnte sich doch nicht in Luft aufgelöst haben! Da klickte es auf einmal. Wir entsannen uns der Ameisenstraße, die gestern den ganzen Tag über direkt zu Wifs Rucksack geführt hatte. Beide Rucksäcke hatten nämlich die ganze Zeit über in einer Ecke der Dachterrasse gestanden. Da mussten wohl die Ameisen auf irgendeine Weise Witterung bekommen und einen erfolgreichen Feldzug gestartet haben. Der arme Skorpion. In dieser engen Schachtel hatte er sich gegen diese Armada gar nicht wehren können! Nach üblicher „Ameisenart" war das getötete Tier in kleinste Einzelteile zerlegt und anschließend wohl über die Luftlöcher der Streichholzschachtel und durch die zahlreichen Windungen des Plastikbeutels ins Freie transportiert worden. Bei dem harten Stachel aus Chitin dürfte das Vorhaben gescheitert sein. Den zu zerlegen hatten sie nicht geschafft. So war er als trauriges Überbleibsel in der Streichholzschachtel zurückgeblieben. Wir nahmen den Stachel mit als Erinnerung an unsere Begegnung mit dem kleinen, schwarzen Skorpion aus dem kühlen Hochland von Äthiopien.

Um 8 Uhr 30 standen wir in der Abflughalle des Flughafens. Die Spannung war ungemein groß. Es würde für uns beide der erste Flug in unserem Leben sein! Vorsichtshalber hatten wir noch unsere Wasserflaschen gefüllt. Für den Fall einer Notlandung irgendwo mitten in der Wüste. Denn auf der Flugstrecke bis Kairo gab es keinen grünen Fleck, keine menschliche Ansiedlung, nur weite Sandmeere und schroffe, unwirtliche Gebirgszüge ohne einen Tropfen Wasser. Bei einer Notlandung, so dachten wir, würde uns die mitgenommene Wasserreserve eine echte Überlebenschance geben. Die anderen Fluggäste hatten mit Sicherheit nicht daran gedacht. Inspiriert worden zu dieser Vorkehrung waren wir durch ein Erlebnis des berühmten französischen Postfliegers Antoine de Saint-Exupéry. Auf einem seiner Flüge über der Sahara hatte er notlanden müssen und wäre aus Wassermangel beinahe elendiglich verdurstet. Alles, was er in seinem Flugzeug noch fand, waren ein Becher schwarzen Kaffees in seiner Thermosflasche und eine Orange im Ablagefach. So einem bitteren Schicksal hatten wir auf alle Fälle vorbeugen wollen. Ja, was sollte im Nachhinein dazu an kritischen Worten fallen? Zwar gut gemeint, diese Vorkehrung, aber reichlich naiv, denn im Vergleich zum damaligen Erlebnis von Saint-Exupéry gab es wohl einen fundamentalen Unterschied, an den wir nicht gedacht hatten: Das kleine Postflugzeug des Franzosen verfügte über gute Gleit- bzw. Segeleigenschaften und konnte mit niedriger Geschwindigkeit auf kleinsten Flächen aufsetzen. Moderne Großflugzeuge konnten dies nicht. Bei einer Notlandung in der Wüste hätten wir also kaum größere Überlebenschancen gehabt als alle anderen Insassen!

Der Aufruf zum Einsteigen erfolgte und bald darauf hob das Turbopropellerflugzeug von der Piste ab, eine große Staubwolke hinter sich aufwirbelnd. Rasch verschwand Port Sudan aus unserem Blickfeld. Unter uns nichts als gelbe Sandflächen, unterbrochen von den dunklen Flecken felsiger Bereiche. Etwas später überflogen wir völlig vegetationslose Tafelberge, die von Steilabbrüchen und unzähligen Erosionsrinnen eingesäumt waren. In weiterer Folge wurde die menschenleere Landschaft ausgesprochen gebirgig. Kahle Bergkämme und tief eingeschnittene Täler wechselten sich ab. Dass es hier keine Straßen gab, wunderte nicht. Da klopfte uns der Stewart auf die Schulter und servierte uns ein kaltes Huhn. Anfänglich zögerten wir etwas, doch der Stewart verstand sofort. Es war ein unentgeltlicher Service der Fluggesellschaft. Mit so einer Dienstbarkeit hatten wir überhaupt nicht gerechnet. Außerdem schmeckte das Dargebotene wirklich vortrefflich. Nie wieder habe ich zu einem späteren Anlass so ein Essvergnügen in einem Flugzeug gehabt, allerdings bin ich auch nie wieder so hungrig in ein Flugzeug gestiegen!

Alles „anschnallen" ertönte aus dem Lautsprecher. Schon sahen wir erste Anzeichen menschlichen Wirkens. Lang gezogene Baracken und ein Gewirr von schnurgerade verlaufenden Pisten. Auf den dunklen Asphaltflächen standen in Reih und Glied viele Fahrzeuge. Offensichtlich überflogen wir gerade militärisches Gelände! Da tauchte links vor uns im Dunst ein riesiges Häusermeer auf und wenig später setzte das Flugzeug auf. Wir waren in Kairo gelandet. Alles war gut überstanden. Noch ganz ungläubig und etwas verdattert stiegen wir aus. Unter uns fester Boden, waren wir denn wirklich schon in Ägyptens Hauptstadt? So einfach und mühelos war also das Reisen mit einem Flugzeug. Und noch dazu in so kurzer Zeit eine derart große Strecke hinter sich zu bringen, war einfach nicht zu fassen!

Wiedersehen mit Ägyptens Metropole

Kaum hatten wir mit den Schuhen den Betonboden berührt, entfaltete sich um uns schlagartig eine gänzlich andere Welt. Viel Beton und Glas, alles sehr modern und steril wirkend. Lautsprecheransagen und zahlreiche Menschen, die es eilig hatten. Unruhe und Anonymität, in der der Einzelne unterging. Gleich nach der Erledigung der Einreiseformalitäten nahmen wir einen Bus bis zum Bahnhof. Durch das Fenster sah ich die Zeugnisse menschlichen Wirkens vorbeiziehen. Langgestreckte Gebäude und Hallen, dazwischen ärmliche Hütten, dann wieder Betonwohnblöcke und Villen. Weite Flächen folgten, total verbaut mit niedrigen Häusern, teilweise halbfertig oder nie fertig. „Allerweltsarchitektur“, ging mir sofort durch den Kopf. Wiederholt ertappte ich mich, dass meine Gedanken noch gar nicht richtig Fuß gefasst hatten. Sie befanden sich noch irgendwo in dem unbewohnten Wüstengebiet zwischen Port Sudan und Kairo.

Ohne Zweifel hatten wir mit diesem Flug eine erhebliche Etappe unserer Reise hinter uns gebracht. Grob überschlagen 1.400 km in so kurzer Zeit! Damit hatten wir in unserem Zeitplan mächtig aufgeholt. Gut zur Verringerung unserer Verspätung, gut für die baldige Wiederaufnahme des Studiums. Doch andererseits „fehlte“ uns nun diese Strecke als erdgebundenes Reiseerlebnis. Wie lange hätte es auf dem Landweg gedauert? Sicher mehrere Tage, eine ganze Woche oder noch länger? Mit dem Flugzeug dagegen waren es bloß gute zwei Stunden. Dies und nicht mehr blieb als „Entfernungsgefühl“ in uns haften für die unglaublich weite Strecke über ausgedehnte Sandmeere und wild zerklüftetes Bergland von Port Sudan nach Kairo. Irgendwie doch schade.

In einem in Bahnhofsnähe gelegenen Reisebüro erfuhren wir, dass unser Schiff erst in fünf Tagen Alexandria in Richtung Piräus verlassen würde. So war kein Grund zu Eile gegeben. Ein kurzer Anruf bei unserer Bekannten Eva Sixt, die zufällig im Stadtzentrum weilte und wenig später wurden wir von ihr zur Jugendherberge gebracht. Im Gegensatz zu unserem Aufenthalt im Juli waren dieses Mal viele Unternehmungslustige da. Alles Jugendliche in einem Alter, in dem Sorgen noch keine Sorgen waren. Die meisten wollten im Nahen Osten bleiben, doch einige auch nach Süden weiterreisen. Sie alle waren erst kurze Zeit unterwegs und so gab es niemanden, der auch nur annähernd so viel zu berichten wusste wie wir. Ein enormer Rollentausch hatte binnen weniger Monate stattgefunden. Nun waren wir die Erfahrenen, die bereits ein großes Stück dieser weiten Welt gesehen hatten und mit schier unglaublichen Erlebnissen aufwarten konnten. Verglichen damit hörten sich die Erzählungen der anderen reichlich harmlos an. Vier junge Frauen wollten, nachdem sie von unseren Abenteuern erfahren hatten, partout auch nach Äthiopien reisen.

Aus unserer Sicht ein großer Leichtsinn. Doch die vier ließen sich nicht davon abbringen. Sie bettelten so lange, bis wir ihnen schweren Herzens sogar unsere Äthiopienkarte überließen. Irgendjemand hatte sie uns irgendwann irgendwo überlassen. Straßenkarten von Äthiopien waren damals so gut wie nicht zu erhalten. Neben dem Skorpionstachel wäre diese Karte für uns das einzige Erinnerungsstück gewesen an dieses noch kaum erschlossene Land Afrikas.

Der nächste Vormittag war dem ägyptischen Museum gewidmet. Archäologische Raritäten wie die Mumien einiger ägyptischer Königinnen und Könige in ihren Sarkophagen wurden unter strenger Bewachung zur Schau gestellt. Schon beeindruckend, was hier geboten wurde. Doch der muffige Geruch, die halbdunklen Räume und die allgegenwärtigen Überreste vormals großer Zeiten und menschlicher Größen ließen ganz unwillkürlich in mir das beklemmende Gefühl aufkommen, als befände ich mich in einer Totenstätte. Alles erstarrte Relikte längst vergangener Epochen, die die Bedeutungslosigkeit und Vergänglichkeit des einzelnen Menschen im großen Kontext des Weltgeschehens deutlich vor Augen führten. Auch diese vormals unvorstellbar mächtigen Gottkönige des Niltales, die gleichzeitig Herrscher über Leben und Tod waren, unterlagen wie alle irdische Wesen den gleichen unabänderlichen, natürlichen Gesetzmäßigkeiten. Auch ihr Tod bedeutete sofort das Ende von Macht und Einfluss. Kein noch so gigantisches Monument, keine noch so kunstvoll angefertigte Mumifizierung konnte daran etwas ändern. Irgendwie war ich froh, als mich nach dieser etwas bedrückenden Atmosphäre des Museums das Sonnenlicht empfing und das quirlige Leben und Treiben der Riesenstadt wieder auf andere Gedanken brachte.

Den restlichen Tag verbrachten wir bei Eva Sixt in Heluan. Viel gab es zu erzählen aus unserem Erlebnisschatz der vergangenen Monate. Natürlich kamen wir auch auf unsere missliche Finanzlage zu sprechen. Daraufhin schenkte uns Eva zwei ägyptische Pfund und einhundert österreichische Schillinge. Besonders die Schillinge sollten uns auf dem letzten Stück unserer Reise sehr dienlich sein.

Zurück in der Jugendherberge gingen wir mit zwei inzwischen angefreundeten Burschen, einem Wiener und einem Deutschen, essen. Es gab Reis mit etwas Saft für zwei Piaster. Gar nicht übel im Geschmack und es hatte, obwohl nicht gerade reichlich, wieder einmal den Magen gefüllt. Gut gelaunt und etwas übermütig ärgerten wir auf dem Heimweg einen Polizisten, der sich an einer Straßenecke stehend sichtlich langweilte. Unter anderem stellten wir ihm die Frage, ob er denn der Kaiser von China (?) sei. Und siehe da, er reagierte stereotypisch. Mit überzeugter Miene zeigte er sofort in eine bestimmte Richtung! Weshalb wohl? Aus Erfahrung wusste er, dass Touristen fast immer nach einem Ziel fragten. Doch im vorliegenden Fall hatte er ganz offensichtlich die Frage nicht verstanden. Oder vielleicht nur schlecht? Wie auch immer, genau genommen müsste er nun fragen. Fragen hieß aber, etwas nicht zu wissen. Und das konnte er sich als Amtsperson nicht erlauben. Es wäre unter seiner Würde, denn nichts zu wissen war schlecht und keine Antwort nicht minder. Also kam irgendeine Antwort, selbst wenn sie falsch war, nur um keine schuldig zu bleiben.

Bis zuletzt war der Polizist unsicher, ob das, was wir ihm alles erzählt hatten, Wahrheit war oder nur blanker Unsinn. Gewiss, so etwas tat man nicht und schon gar nicht in der Ferne. Vielleicht würde er sich beim nächsten Touristen rächen, der in seine Obhut geriet.

Ein ungewöhnlicher Wettlauf

Vor der Abreise stand noch ein echtes Muss auf dem Programm: Die Besteigung einer der Pyramiden. Wenn wir es schon nicht beim ersten Besuch Kairos geschafft hatten, so musste es uns jetzt gelingen. Die Zeichen für dieses Vorhaben standen günstig. Die Temperaturen waren jetzt im Oktober erträglich, eine im Laufe der Reise angeeignete Ausdauer war uns nicht abzusprechen und auch die Durchfallquote hielt sich dieses Mal in tragbaren Grenzen.

Gewaltig erhob sich vor uns der Koloss der Cheopspyramide, als wir nur wenige Meter vor ihr standen. Nun bemerkten wir, wie hoch auch die einzelnen Steinstufen waren, aus denen sich das Bauwerk zusammensetzte. Von der Ferne sahen diese Stufen eher klein und relativ einfach zu überwinden aus. Wohl unschwer unsere Gedanken beim Betrachten des stufenförmigen Aufbaus dieses Jahrtausende alten Monuments zu erraten, näherte sich schon ein Führer in weißem Kaftan und bot seine Dienste an. Er wüsste ganz genau, wie es hinaufginge. Wir allein würden riskieren, uns beim Aufstieg zu verirren. Im ersten Augenblick meinten wir, nicht richtig zu hören. Wieso verirren, das Hinaufklettern war doch ein Kinderspiel! Aber er sollte nicht ganz Unrecht haben. Es gab tatsächlich so etwas wie einen Weg des geringsten Kraftaufwandes hinauf zur Spitze. Und weiter: Er würde uns die Kosten zurückerstatten, falls wir eher oben auf der Spitze seien als er. Übermütig und von der langen Reise mit einer guten Portion Selbstsicherheit ausgestattet, nahmen wir ohne zu zögern seine Herausforderung an. Wir fühlten uns gut in Form und so meinten wir, dass uns der kleine drahtige Kerl mit seinem flatternden Umhang kaum abhängen könnte. Dabei wurde uns schon bewusst, dass es sicher nicht leicht sein würde, diese bis zu achtzig Zentimeter hohen Steinstufen in zügiger Kletterei zu überwinden. Und das ganze 137 Meter hoch!

Es ging los. Der Führer in seinem losen, wallenden Kaftan legte ein mächtiges Tempo vor. Wir folgten ihm hart und beobachteten genau jeden seiner Handgriffe, jeden seiner Tritte. Uns war klar, dass dieses Wissen um die optimale Route hinauf eine seiner Stärken war, die er unter Minimierung seines Kräfteeinsatzes ausspielte. Er kannte alle Ausbrüche an den Steinstufen, die ein Überklettern erleichterten. Gleich zu Beginn gelang es ihm, einen geringfügigen Vorsprung zu erhaschen. Trotz aller Anstrengungen schafften wir es nicht, diese behände Gestalt einzuholen. Mit äußerster Gewandtheit und Geschicklichkeit arbeitete sie sich von Stufe zu Stufe hinauf. Aber es gelang ihr auch nicht, den kleinen Vorsprung zu vergrößern. So leicht waren wir nicht abzuhängen. Das würden wir diesem flatterigen Wichtelzwerg schon zeigen und setzten natürlich unseren ganzen Ehrgeiz daran. Vielleicht hätten wir ihn mit etwas Training doch eingeholt! Schließlich erreichte er als Erster die Spitze der Pyramide und behielt somit sein Geld. Die paar Piaster hatte er sich redlich verdient. Nun standen auch wir auf dem höchsten Punkt, völlig außer

Atem und mit stark pochendem Herzen. Der Führer, gleichfalls fest atmend, gratulierte uns. Wir seien unter acht Minuten unterwegs gewesen. Dies sei hervorragend. Der Rekord liege bei knapp 7 Minuten bis zur Spitze.

Die einstige Spitze der Pyramide gab es schon lange nicht mehr. Wer sie abgetragen hatte, wusste auch unser Führer nicht. Jedenfalls fehlten die obersten Steine, wodurch eine kleine viereckige Plattform entstanden war, die Platz für ein paar Besucher bot. Schwindelerregend steil erschienen von oben die vier abfallenden Flanken des mächtigen Bauwerkes. Doch einmal daran gewöhnt, bot der luftige Standort einen einzigartigen Ausblick in alle vier Himmelsrichtungen. Im Osten breitete sich das riesige Häusermeer Kairos aus, dessen Randbereiche sich im Dunst auflösten. Fast zum Greifen nahe stand uns gegenüber in südlicher Richtung die beinahe gleich große Chefrenpyramide. Weiter hinten war noch die dritte, wesentlich kleinere Pyramide zu sehen. Schauten wir hinunter, so lag zu unseren Füßen die in Sandstein gehauene Sphinx. All diese eindrucksvollen Zeugnisse einer Hochkultur waren zu einer Zeit entstanden, als unsere Vorfahren in Europa noch mit Bärenfellen bekleidet auf Wildschweinjagd gingen und ihren Feinden mit geschwungenen Tierhörnern akustischen Schrecken einjagten. Enorm eindrucksvoll, schon fast Ehrfurcht einflößend, was diese Menschen hier vor tausenden von Jahren vollbracht hatten. Ob damals auch schon die Wüste ihre Finger nach den Bauwerken ausgestreckt hatte? Aus westlicher Richtung kommend war ihre Nähe nicht zu übersehen.

Unzählige Namen waren in der relativ weichen Oberfläche der Sandsteinquader des Spitzenaufbaus eingraviert. Dies inspirierte auch uns, ein Zeichen unserer Anwesenheit zu hinterlassen. Lange suchten wir, bis wir eine kleine, noch freie Stelle fanden. Auf der Kairo zugewandten Seite begannen wir mit dem Schweizer Messer unser Werk. An der vierten Stufe von oben war nach einiger Zeit zu lesen: Wif und Rolf 1964. Vielleicht würden eines Tages unsere Nachfahren, sofern die inzwischen untersagte Besteigung wieder möglich sein würde, diese Leistung mit nötigem Respekt und Anerkennung nachempfinden können.

Hinabgestiegen auf den Boden der Gegenwart, besuchten wir noch das düstere Innere der Pyramide. Nur in gebückter Haltung waren die niedrigen und winkeligen Gänge mit ihren völlig kahlen Steinwänden zu begehen. Außer der schieren Beengtheit ist mir nichts in Erinnerung geblieben.

Die letzten Tage in Afrika

Nach Kairo zurückgekehrt, holten wir unsere Rucksäcke von der Jugendherberge und begannen an der Ausfallstraße nach Alexandria zu stoppen. Es gab nur wenig Verkehr nach Nordwesten und niemand wollte stehen bleiben. Gleich neben der Straße verliefen die Gleise einer Eisenbahntrasse. Die Zeit verstrich und der Tag begann sich zu verabschieden. Da rollte knapp vor Einbruch der Dunkelheit ein Zug heran. Vorneweg die fauchende Lok, dahinter laut rumpelnde Waggons. Eigentlich nichts Besonderes, doch der Anblick dieses sich langsam nähernden Dampfrosses mit den dahinter gekoppelten Waggons würde ich nicht so schnell vergessen. Afrika hatte uns schon viel Ungewöhnliches geboten bezüglich Belastbarkeit von Transporteinrichtungen. Doch was da angerollt kam, war wirklich nicht mehr zu überbieten. Dass die Waggons bis zum Bersten voll waren und an den Trittbrettern wahre Trauben von Menschen hingen, war offenbar ein Normalzustand in diesem Land. Auch dass sich die Leute an jede sich nur bietende Möglichkeit an den Außenwänden der Waggons klammerten, gehörte hierzulande wohl zur kostengünstigen Art des Reisens. Damit aber sollte nach menschlichem Ermessen die Transportkapazität des Zuges ausgelastet sein, nicht wahr? Mitnichten. Der Blick auf die Dächer der Waggons lehrte sofort eines Besseren. Dort oben hockte und saß nochmals die gleiche Menge von Mitfahrern. Ob das alles zahlende Fahrgäste waren, kam einem unwillkürlich in den Sinn. Sehr unwahrscheinlich, denn bei dem total überfüllten Zug würde auch ein Schaffner selbst unter Ausübung all seiner akrobatischen Fähigkeiten in der Menge stecken bleiben! Zudem müsste er eine gute Portion Lebensmüdigkeit mitbringen, wollte er an alle besetzten Stellen des Zuges gelangen. Aber das war beileibe noch nicht alles. Sogar auf der Lok saßen sie. Besonders Wagemutige rittlings auf dem großen Dampfkessel, die uns freundlich zuwinkten. Doch selbst diese recht ungewöhnliche Platzbelegung wurde noch überboten von einigen wahren *„bravehearts"*, also von ganz besonders Unerschütterlichen. Diese nahmen sogar die beiden vorderen Puffer und großen Scheinwerfer als Sitzgelegenheit in Anspruch. Sich ihrer unsicheren Lage wohl bewusst, klammerten sie sich zusätzlich an hervorstehenden Metallteilen fest und waren diese noch so klein. Ein unglaublicher Anblick, dessen Wirkung noch durch den visuellen Kontrast verstärkt wurde, den die weißen Umhänge der Mitfahrenden vor dem dunklen Hintergrund des Stahlrosses und seinen Waggons hervorriefen. Beinahe ein gespenstisches Bild, diese weiß-schwarze Szene des vorbeifahrenden Zuges.

Noch ganz beeindruckt von dem Gesehenen, blieb unerwartet ein LKW stehen und nahm uns mit. Er würde nach Alexandria fahren. Wunderbar, das passte ja hervorragend. Leider war nichts mehr von der Landschaft zu sehen, die einbrechende Dunkelheit verschluckte alle Einzelheiten. Nur mehr die Straßenleuchten in manchen Ortschaften waren wahrzunehmen, die über uns hinweghuschten. In Alexandria angekommen, wurde nicht lange überlegt. Warum nicht gleich oben auf dem LKW den Rest der Nacht verbringen? Niemand erhob Einspruch. Die geladenen Säcke boten eine recht bequeme Schlafunterlage. Und in dieser Höhe blieben wir auch von den fliegenden Quälgeistern einigermaßen verschont.

Blauer Himmel über uns, als wir die Augen öffneten. Es war schon taghell. Noch schützte uns der Schatten eines Nachbargebäudes vor dem grellen Sonnenlicht. Etwas verschlafen blickten wir neugierig um uns. Unser LKW stand mitten in einem großen Innenhof, wo noch weitere geparkt waren. Unweit von uns befand sich eine Gruppe von Männern, die eifrig diskutierten. Noch ziemlich ungelenk von der Nachtruhe kletterten wir die Bordwand hinunter. Nun löste sich jemand aus der Gruppe, kam in raschen Schritten zu uns herüber und gab sich als der Eigentümer des LKW zu erkennen. Ein freundlicher, älterer Herr mit weißem Haar, ganz in der Nationaltracht Ägyptens gekleidet. Gleich wurden wir zum Tee eingeladen und dann kam sein Angebot, bei ihm bleiben zu dürfen. Damit wäre bis auf Weiteres das Unterkunftsproblem gelöst.

Ein mehrstöckiges Gebäude nannte er sein Eigen. Im zugehörigen großen Garten standen einige Dattelpalmen, deren gelb leuchtende Fruchtstände einen schönen farblichen Kontrast zum blauen Himmel bildeten. Überraschend war die Aussicht vom ersten Stock. Nur ein paar Häuser trennten uns vom Mittelmeer. So nach und nach stellte sich heraus, dass unser netter Gastgeber eine Papierfabrik, eine Frau, die offensichtlich von steter Unzufriedenheit geplagt wurde sowie drei Töchter im heiratsfähigen Alter „besaß“. Beim Mittagessen lernten wir sie alle kennen. Er selbst war strenggläubiger Muselman, der in regelmäßigen Abständen gen Osten betete. So wie es der Koran vorschrieb. Doch frei und modern war seine Gesinnung. Frei, weil es für ihn es gänzlich unwichtig war, ob jemand zum Gott der Christen, Moslems oder Juden betete. Es sei doch alles der gleiche Gott, nur mit anderem Namen. Modern, weil er seinen Töchtern nicht nur erlaubte, mit uns offen zu reden, sondern sie nach dem Essen sogar aufforderte, doch mit uns schwimmen zu gehen.

So durften wir am frühen Nachmittag gänzlich unerwartete Badefreuden im Mittelmeer erleben. Und die Töchter unseres Gastgebers erschienen in richtig schicker Badekleidung! Erstaunlich viele Gäste bevölkerten den breiten Strand. Doch nur wenige waren im Wasser. Die Mehrzahl zog es vor, im Sand zu liegen und zu faulenzen. Auch nicht verwunderlich, denn das Wasser war erfrischend kühl. Gerade richtig zum sportlichen Schwimmen. So gehörten wir zu den wenigen, die sich um diese Jahreszeit noch ins Wasser wagten. Trotz dieses angenehmen Zeitvertreibs waren unsere Gedanken unstet. Immer wieder tasteten unsere Blicke das Meer ab. Dort, irgendwo im Nordwesten, jenseits des blauen Horizontes, musste unser nächstes Ziel, Athen, liegen. Am übernächsten Tag würde es losgehen.

Langsam verfärbte sich die Sonne, die Kraft ihrer wärmenden Strahlen ließ nach. Es wurde Zeit, wieder zum Haus zuzurückkehren. Keiner von uns beiden hatte große Lust zum Kochen. So gab es an diesem Abend nur Fladenbrot mit etwas Tee. Anschließend wies uns der Gastgeber persönlich ein geräumiges Appartement zu. Es war ganz für uns allein bestimmt. Welch ein Vergnügen, wieder einmal in eigenen vier Wänden ungestört und in vernünftigen Betten schlafen zu dürfen. Lange noch sah ich im Geiste die sanften Wellen des Meeres an den Strand plätschern, auf ihnen das Spiegelbild der untergehenden Sonne auf und ab tanzend …

Seit Tagen schon war unser Speisezettel eine recht einseitige Angelegenheit. Zeit zur Aufbesserung, aber auch Zeit an Vitamine zu denken. Salat und frisches Gemüse kamen aus verständlichem Grund nicht in Frage. Aber wie wäre es mit Früchten? So hielten wir nach einem ausgiebigen Frühstück Ausschau nach frischem Obst. Es wurde überall entlang der Straßen an kleinen Ständen feilgeboten. Eine bunte Vielfalt an unterschiedlichsten Sorten und dazu in erstaunlich großen Mengen. Wer sollte denn das alles kaufen und verzehren? Granatäpfel, so groß wie zwei zusammengeballte Fäuste, weckten unser Interesse. Sie waren gerade um diese Jahreszeit reif. Für uns eine Neuentdeckung. Sie sollten hervorragend schmecken, also wurden gleich zwei Kilo gekauft. So gut es ging, klemmten wir uns die großen Früchte unter die Arme und kehrten zurück in unser Appartement. Auf dem kleinen Balkon begannen wir, in liebevoller Kleinarbeit die tiefrot leuchtenden Fruchtkerne aus dem zellartig aufgebauten Apfelinneren herauszulösen. Wunderbar im Geschmack wurden diese Äpfel rasch zu einem willkommenen Zeitvertreib. Erholsame Stunden vergingen, die das Mittagessen entfallen ließen. Mit einem ausgedehnten Bummel durch die umliegenden Gassen dieses Stadtviertels ging auch dieser Tag langsam zur Neige. Angenehm festzustellen, dass die Bewohner hier mehr Wert auf ein ordentliches Umfeld legten als ihre Landsleute in der benachbarten Hauptstadt Kairo. Abends gab es eine ordentliche Portion Risotto. Kaum das Essen beendet, tauchten auch schon die Töchter unseres Gastgebers auf und hinderten uns sehr erfolgreich am Schlafengehen. Bis zwei Uhr morgens wurde geplaudert über alles Mögliche aus der Welt des Orients und Okzidents. Zwischendurch versuchte eine der Töchter, und dies reichlich vergebens, uns in die Geheimnisse ägyptischer Tanzkunst einzuführen. Sie konnte es ganz hervorragend mit einem kunstvoll um die Hüften gebundenem Tuch und wiegenden Tanzbewegungen. Uns dagegen fehlte ganz offensichtlich das Talent dazu. Am Ende dieses etwas lang gewordenen, aber recht amüsanten Abends zogen wir erstaunt Bilanz. In einem Land, in dem noch der Koran den Rahmen für den Tagesablauf und einen Großteil der Lebensinhalte vorgab, hatten wir Bekanntschaft gemacht mit drei sehr selbstbewussten Vertreterinnen der weiblichen Jugend. Wohl das Ergebnis der freien Erziehung ihres Vaters?

Es war so weit. Der Tag des Abschieds war gekommen. Abschied vom schwarzen Kontinent, auf dem wir uns nun schon über drei Monate befanden. Eine Zeit voller Abenteuer ging zu Ende. Dass alles so gut verlaufen war, hatten wir mehr dem Glück als Verstand und Können zu verdanken. Und Wif würde in seiner unbeschwerten Art ergänzen wollen: *„Glück auf die Dauer hat nur der Tüchtige."* Trotz der Fülle unvergesslicher Erlebnisse wurden wir keineswegs von einer sentimentalen Stimmung erfasst. Zu sehr lastete auf uns das schlechte Gewissen, ausgelöst durch den in der Zwischenzeit entstandenen Zeitdruck. Die Fahrscheine für die Rückfahrt nach Griechenland hatten wir bereits in unseren Händen. Gut, dass wir sie gleich zu Beginn unserer Reise bezahlt hatten! Denn die Frage, ob wir jetzt noch genügend Geld dafür gehabt hätten, war durchaus berechtigt. So durften wir einmal richtig unbeschwert einen Abschnitt der Rückreise antreten ohne Sorgen wegen zu hoher Kosten oder ungewisser Fortsetzung.

Unsere ägyptischen Bekannten brachten uns zum nahegelegenen Hafen. Dort lag bereits unser Schiff, die Massalia, abfahrbereit vor Anker. Ein erstes, lang gezogenes Signal entwich dem Schiffshorn: Aufforderung an alle Passagiere, nach den Abfertigungsformalitäten an Bord zu gehen. Nach einem kurzen, aber herzlichen Abschied von der gastfreundlichen Familie begannen wir mit dem Ausfüllen der Ausreisepapiere. Kaum begonnen, durchfuhr mich ein gehöriger Schreck. Meine Kamera, ich hatte sie im Haus liegen gelassen. Noch war es nicht zu spät. In größter Eile ging es mit einem der Begleiter zurück zum Haus. Wif nutzte derweil die Zeit, um mit den letzten, verbliebenen Piastern etwas Essbares für die Überfahrt zu erstehen.

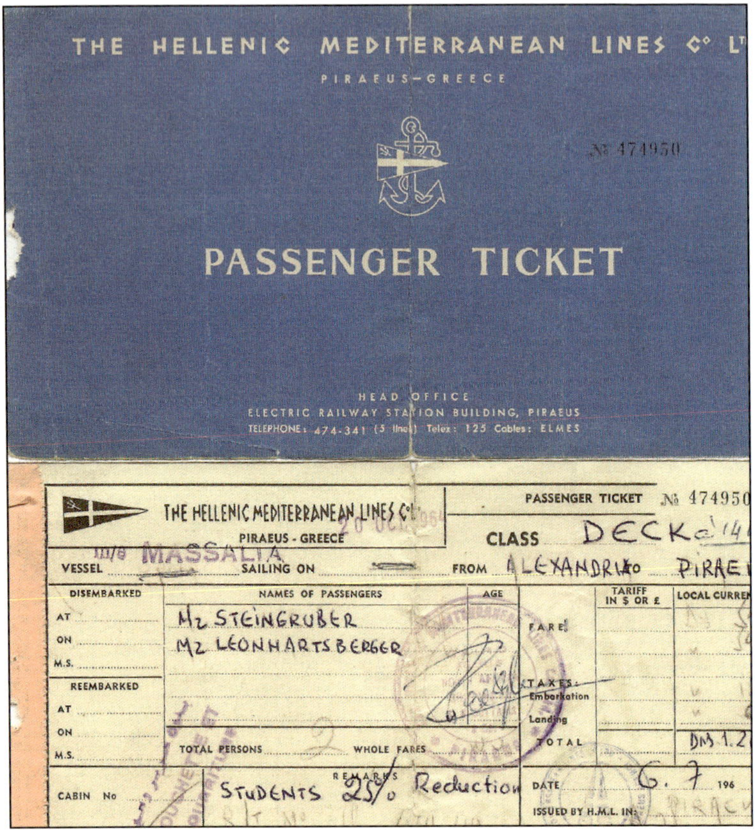

THE HELLENIC MEDITERRANEAN LINES C° L[illegible]
PIRAEUS–GREECE

№ 474950

PASSENGER TICKET

HEAD OFFICE
ELECTRIC RAILWAY STATION BUILDING, PIRAEUS
TELEPHONE: 474-341 (5 lines) Telex: 125 Cables: ELMES

THE HELLENIC MEDITERRANEAN LINES C° L[illegible]
PIRAEUS - GREECE

PASSENGER TICKET № 47495[illegible]

CLASS DECK

VESSEL M/S MASSALIA SAILING ON FROM ALEXANDRIA TO PIRAE[illegible]

DISEMBARKED	NAMES OF PASSENGERS	AGE		TARIFF IN $ OR £	LOCAL CURRE[illegible]
AT	Mr STEINGRUBER		FARE		
ON	Mr LEONHARTSBERGER				
M.S.					
REEMBARKED			TAXES: Embarkation		
AT			Landing		
ON					
M.S.	TOTAL PERSONS 2 WHOLE FARES		TOTAL		DM 1.2[illegible]

CABIN No | REMARKS STUDENTS 25% Reduction | DATE 6. 7 196 | ISSUED BY H.M.L. IN: PIRAEUS

Schiffspassage Alexandria – Piräus

Viel war es nicht, was er noch an Geld übrig hatte. Es reichte gerade für zwei Fladenbrote. Und was war mit dem vielen, guten Obst, das überall in Hülle und Fülle angeboten wurde? Da würde sich Wif etwas einfallen lassen müssen. Und richtig. Mit den Fladenbroten als „Arbeitshilfe" müsste es schon funktionieren, dachte er sich und zwar so: An einem der nahe gelegenen Verkaufsstände legte er die Fladenbrote vorsichtig auf das dort ausgestellte Obst. Natürlich auf jenes, das ihn besonders interessierte. Die neugierige Begutachtung des gesamten Angebots und ein paar Fragen nach den Preisen dienten lediglich als simples Ablenkungsmanöver. Danach nahm Wif wieder seine Fladenbrote, verabschiedete sich höflich vom Verkäufer und zog von dannen. Und? Natürlich nicht ohne die gewünschte Frucht, die dank geschickter Fingerfertigkeit unter dem Fladenbrot „hängen" blieb. Die Methode habe sich, so Wif, bestens bewährt, wie ich es später an Hand der von ihm vorgeführten Orangen nur bestätigen konnte. Zu welchen Schritten gegriffen werden musste, wenn selbst das nötige Kleingeld fehlte!

Zurückgekehrt zum Hafen traf ich Wif vor der Passkontrolle. Ein kurzer Blick in den Pass und wir durften weitergehen. Anschließend erfolgte die Zollkontrolle. Vor dem Beamten lag ein großes, dickes Buch auf dem Tisch. Nach kurzer Überprüfung unserer Pässe begann er in dem Buch zu blättern. Weshalb blätterte er darin? Ganz offensichtlich suchte er etwas. Aber was wohl? Auf einmal schwante es uns. Natürlich, das dürfte nichts anderes als ein Fahndungsbuch sein, in dem alle unlauteren Dinge drinnen standen, die in der letzten Zeit auf dem ägyptischen Hoheitsgebiet vorgefallen waren. Und damit war die Sache klar. Der Beamte prüfte, ob wir nicht etwa auch zu den Gesetzesübertretern zählten. Während er weiter eifrig in dem Buch blätterte und mit dem Zeigefinger systematisch von oben nach unten über die Spalte mit den Namen fuhr, begannen wir, leicht vor Nervosität zu schwitzen. Beinahe schon verdrängt, kam sie uns plötzlich wieder in den Sinn: die Fälschung der Bankdeklaration in Kairo vor der Abfahrt in den Süden. Verflixt, wenn diese in dem Buch festgehalten war, stünde es schlecht um uns. Auf Devisenvergehen gab es hier empfindliche Haftstrafen. Doch andererseits, wieso sollten gerade die hier in Alexandria davon Kenntnis erhalten haben, wo es so viele Grenzübergänge gab? Außerdem handelte es sich bei unserer Fälschung um einen geradezu lächerlichen Betrag. Plötzlich hielt der Beamte mit dem Umblättern inne. Zielsicher fuhr er mit seinem Zeigefinger an eine bestimmte Stelle der langen Namenskolonne. Wir beugten uns etwas vor, um besser lesen zu können. Nein, das durfte nicht wahr sein! Da stand in etwas ungelenker Schrift tatsächlich Wifs Name. Keine Chance, es war wirklich sein Name, da gab es keinen Zweifel. Auch das zugehörige Datum stimmte mit dem Tag der Fälschung überein. Der Gesichtsausdruck des Beamten verfinsterte sich. Du lieber Himmel, wer half uns jetzt aus der Patsche? Schon sah ich das Schiff ohne uns abfahren, dunkle Verließe sich auftun und Schellen an unseren Händen und Füßen befestigt. Schon vermeinte ich das hässliche Kettengerassel zu hören wie damals im fernen Südsudan. Doch da war er wieder, unser Schutzengel, so wie schon des Öfteren während dieser Reise. Er konnte wohl nicht zusehen, dass wir noch länger in Afrika blieben. Und er bestärkte uns in unserem Verhalten, so wie wir es in den letzten Monaten gut gelernt hatten, nämlich nicht so schnell aufzugeben. Zudem galt das Sprichwort: Kommt Zeit, kommt Rat. So spielten wir auf Zeit. Mit der Behauptung, dass dies alles ein Irrtum sei, wollten wir uns von der Richtigkeit des eingetragenen Namens überzeugen. Einen Moment warf uns der Vertreter des Staates einen strengen Blick über seine etwas nach vorn gerutschte Brille zu, dann nahm er das dicke Buch, drehte es herum und schob es uns zu. Nun aber kein Wort, keine falsche Geste, um unsere Glaubwürdigkeit zu wahren. Kurz die Zeile mit den Angaben von Wif überflogen, stellten wir sogleich einige, wenn auch nur geringfügige Abweichungen fest. Statt Heinz-Peter stand nur Peter und der Familienname Leonhartsberger war mit „Leonhartberg" eingetragen. Die Passnummer stimmte auch nicht ganz überein. Etwa alles Schreibfehler? Nur zum Teil. Wif hatte nämlich damals beim Geldumtausch ganz bewusst auf der Bankdeklaration nur als Vornamen Peter angeführt und auch die Passnummer leicht abgeändert. Dem Bankbeamten in Kairo war das gar nicht aufgefallen. Das war sie nun, unsere Chance, um einzuhaken und um alles in Frage zu stellen. Mit dem vollen Brustton der Überzeugung begannen wir, dass dieser Name niemals Wifs Name sein könne. Übrigens gäbe es in Österreich sehr viele Menschen, die Leonhartsberger und auch Leonhartberg hießen. Das seien ganz geläufige Namen! Und Wif hieß Heinz-Peter, so wie im Pass eingetragen, mit der Betonung auf Heinz und nicht Peter. Kein Bekannter, nicht einmal seine Eltern würden bei dem Vornamen Peter an ihren Sohn denken! Außerdem stimme die eingetragene Passnummer nicht mit der wirklichen überein. Der Beamte war sichtlich irritiert. Er sah nochmals Wifs Pass an, dann die Eintragung im Fahndungsbuch. Ja, es war richtig, unsere

Einwände stimmten. Runzeln bildeten sich auf seiner Stirn, dann schüttelte er etwas ungläubig den Kopf. Was sollte er nun machen, etwa seinen Vorgesetzten fragen? Da ertönte das zweite, lang gezogene Schiffsignal. Es war die Aufforderung, möglichst rasch an Bord zu gehen. Die Zeit drängte. Der Beamte blickte uns schweigend an. Dann setzte er eine Drohgebärde auf, die aber rasch von milden, nachsichtigen Zügen überlagert wurde. Es sei alles äußerst merkwürdig und sollte weiter geprüft werden, meinte er und atmete tief durch. Dann aber kam die Erkenntnis, dass er im Hinblick auf die bevorstehende Abfahrt ausnahmsweise die Augen zudrücken müsse. Und fügte leicht murmelnd irgendetwas von „… aber das nächste Mal …“ hinzu.

Was für ein irres Glück, dass jemandem bei der Aufzeichnung unseres Vergehens ein Schreibfehler unterlaufen war und Wif in kluger Voraussicht bei der Datenverschleierung etwas nachgeholfen hatte! Damit war nun endgültig die letzte Hürde in Richtung Europa genommen.

Noch eine kleine Ergänzung an dieser Stelle. Das mit tausenden Eintragungen gefüllte Fahndungsbuch war deutlicher Beweis für die hohe Zahl derer, die damals das zumutbare Maß an Legalität überschritten hatten. Die meisten Fälle waren wohl Verstöße gegen die bestehende Devisenbewirtschaftung, denn die hatte ganz zwangsläufig zur Entstehung eines Geldschwarzmarktes führen müssen. Vorteile daraus gezogen hatten nicht nur die ausländischen Reisenden, sondern auch die einheimischen Geldwechsler. Ob unsere Manipulation zu einer besseren Kontrolle des Devisenflusses geführt hatte? Zweifel bleiben.

Wieder auf See

Die vorletzte Etappe unserer Reise begann. Raschen Schrittes gingen wir über die Landungsbrücke auf das Schiff. Kurz darauf ertönte das dritte Signal und wenig später legten wir ab. Es war kurz vor sechs Uhr abends. Die Sonne stand schon recht tief und würde in Kürze hinter dem Horizont verschwinden. Wir standen an der Reling und sahen zu, wie das Schiff langsam den Hafen verließ. Die Häuser wurden kleiner, bald war die Küste nur mehr als dunkler Streifen in der Ferne zu erkennen. Dann verschwand auch dieser im Dunst des letzten Abendlichtes. Afrika, das uns mehr als drei Monate lang ein recht abwechslungsreiches Leben beschert hatte, war auf einmal nur mehr in unserer Erinnerung vorhanden. Lange noch schauten wir in die gleiche Richtung, so als wollten wir die Gedanken nicht loslassen. Wir begannen zu frösteln. Die Wirklichkeit hatte uns wieder eingeholt.

Es war Zeit, eine Schlafgelegenheit zu suchen. Unser Fahrschein gewährte nur eine Übernachtung auf Deck. Bald hatten wir ein windstilles Plätzchen entdeckt, wo wir unsere Rucksäcke abstellen konnten. Wir sahen uns noch etwas um und trafen deutsche und auch österreichische Touristen, die gerade auf einer Mittelmeerreise unterwegs waren. Sie hatten viel zu erzählen. Für sie war Ägypten mit seinem morgenländischen Erscheinungsbild und dem chaotischen Verkehr schon das Nonplusultra an Erlebnisreichtum. Wenn die bloß wüssten, von woher wir gerade kamen …

In dem vorhin entdeckten Winkel an Deck verkrochen wir uns in die Schlafsäcke. Bald war es im Innern wohlig warm. Ganz langsam bewegte sich über uns der Sternenhimmel hin und her, ausgelöst durch die sanften Bewegungen unseres Schiffes. Hart und ziemlich unbequem fühlten sich die sauber geschrubbten Holzplanken des Schiffsdecks an. Dazu ein knurrender Magen. Außer ein paar schwarzen Oliven, die uns der ägyptische Gastgeber mit auf die Reise gegeben hatte und einem brüderlich geteilten Fladenbrot hatten wir nichts gegessen. Wir wollten doch den in Alexandria gekauften Proviant nicht gleich zur Gänze aufbrauchen.

Ein neuer Tag begann. Der Himmel hatte viel von seinem kräftigen Blau verloren. Wolkenschleier und Zirruswolken kündigten wohl eine Wetteränderung an. Dabei brauchten wir von Athen aus noch mindestens zwei einigermaßen stabile, genauer gesagt, regenfreie Tage bis nach Österreich. Noch war das Meer völlig glatt und unser Schiff strebte zügig gen Nordwesten.

Mit einem leeren Magen reiste es sich nicht gut, auch nicht auf Schiff. Gewiss, es war keineswegs das erste Mal, dass wir auf einem Schiff nichts zu essen hatten. Doch dieses Mal war es nicht mangelnde Vorausschau, sondern schlicht das fehlende Geld. So aßen wir lediglich ein paar von den Orangen, die Wif noch rasch in Alexandria „erstanden" hatte. Einige der Touristen boten uns etwas Brot an. Das stillte wenigstens für eine gewisse Zeit den Hunger. Irgendwann im Laufe des Tages tauchte die graublaue Silhouette von Kreta auf, dann wieder nur noch Wasser um uns herum. Es ergab sich, dass wir erneut mit den Touristen ins Gespräch kamen. Da blieb auch die Frage nicht aus, von woher wir denn kamen. Die Reaktion war nur mehr ungläubiges Staunen. Diese beiden Typen, die wahrlich nichts mehr hatten als ein paar heruntergekommene Kleidungsstücke am Leib mit Rucksäcken so zerschlissen, dass sie jedem Landstreicher zur Ehre gereicht hätten, diese beiden sollten tatsächlich am Äquator und auf dem Kilimandscharo gewesen sein? Keine weiteren Fragen mehr, sondern nur noch verständnisloses Kopfschütteln. Sicher, aus der Sicht eines Durchschnittseuropäers hörten sich unsere Erzählungen reichlich unwahrscheinlich an. Bestimmt, so dachten sich wohl die meisten, würden die beiden übertreiben und nicht die Wahrheit sagen. So gänzlich mittellos sei es vollkommen ausgeschlossen, sich so eine lange und teure Reise leisten zu können.

In der zweiten Tageshälfte verdichteten sich die Wolken. Wellen kamen auf und ließen das Schiff leicht schwanken. Ob das Wetter noch etwas halten würde, fragten wir uns besorgt. Der Tag verging ohne besondere Vorkommnisse. Noch am Nachmittag konnten wir der Versuchung nicht widerstehen. Das zweite und letzte ägyptische Fladenbrot wurde zur wahren Gaumenfreude, gefolgt von den letzten Orangen gleicher Herkunft. Eine weitere Nacht mit hungrigem Magen begann …

Wiedersehen mit Europa

Der Himmel war voll dichter grauer Wolken. Desgleichen grau in grau war auch die Küste, der wir uns näherten. Glücklicherweise regnete es nicht. Kein erleichterndes Gefühl, keine Begeisterung kam auf, als wir wieder europäischen Boden betraten. Jetzt hatten wir ja „nur" noch 2.000 km Straße vor uns bis nach Hause. Es war eben der schon seit Wochen auf uns lastende Zeitdruck, der kein bisschen Freude aufkommen ließ. Hinzu gesellten sich sorgenvolle Gedanken um unser Motorrad. War es denn überhaupt noch da und wenn, würden nicht einige wichtige Teile fehlen? Andererseits: Wer interessierte sich denn schon für eine über zehn Jahre alte Maschine, von der mit hoher Wahrscheinlichkeit kein zweites Modell in ganz Griechenland lief? Ohne Zeit zu verlieren, gingen wir gleich nach der Landung schnurstracks zur Garage, wo seit über drei Monaten unser Zweirad geparkt stand. Unsere Befürchtungen erwiesen sich als grundlos. Stark verstaubt stand sie da, unsere treue TF, allerdings mit abgebrochenem Fußraster. Einen Augenblick kamen regelrecht sentimentale Gefühle auf, so als hätten wir nach langer Zeit einen liebenswerten Freund wieder getroffen. Doch für mehr an Gefühlen war jetzt keine Zeit. Wir hatten es sehr eilig. Rasch aufzubrechen und die Stadt so schnell wie möglich zu verlassen, waren die einzigen Gedanken. Doch vorher musste der Fußraster angeschweißt, die völlig leere Batterie etwas aufgeladen und Zweitaktöl nachgefüllt werden. Dann kam die Stunde der Ernüchterung für den Garagenbesitzer. Nicht nur, dass wir uns standhaft weigerten, die nicht von uns verschuldete Fußrasterreparatur zu begleichen. Auch die noch fällige Garagenmiete für weitere 15 Tage würden wir nicht bezahlen. Einhundert Tage hätten wir ja gleich zu Beginn bezahlt. Das würde reichen für eine Unterbringung in dieser lausigen Garage mit zerschlagenen Fensterscheiben. Doch der Garagenbesitzer bestand weiter auf dem noch ausstehenden Betrag. Von woher nehmen, wenn nichts mehr vorhanden war, kam postwendend zurück. Natürlich hatten wir noch eine kleine Reserve. Zusammen mit den von Frau Sixt erhaltenen einhundert Schillingen hatten wir noch insgesamt zweihundertfünfzig Schillinge zur Verfügung. Das reichte gerade für die siebzig Liter Benzin, die wir für die zweitausend Kilometer lange Strecke bis nach Hause brauchten. Falls es nicht reichen sollte, müssten wir im Notfall von irgendeinem geparkten Wagen heimlich etwas Benzin abzapfen. Wie auch immer, unter solchen Bedingungen war es völlig ausgeschlossen, auch nur einen einzigen Groschen für so unnötige Dinge wie Schweißarbeiten und zusätzliche Garagenmiete auszugeben. Wir mobilisierten all unsere Überredungskünste, um unsere Problematik dem Garagenbesitzer klarzumachen. Dabei war es wahrlich nicht leicht, fehlendes Vokabular durch überzeugende Mimik und unterstützendes Gestikulieren auszugleichen. Der Wortwechsel wurde immer heftiger, unser Gegenüber immer unnachgiebiger. Schließlich fasste er den Entschluss, uns zur Polizei zu schleppen. In der Amtsstube erhielt er als Erster das Wort. Schon bald stellten wir fest, dass er ganz offensichtlich ein falsches Metier gewählt haben dürfte. Denn so sehr er als Garagenbesitzer eine schlechte Figur abgab, so sehr war er Meister südländischer Schauspielkunst. Mit großem theatralischem Geschick schilderte er sein schlimmes Schicksal, das ihm mit diesen beiden unseriösen Österreichern widerfahren sei. Kein Wort verstanden wir, doch wohl den Inhalt seiner Worte. Er habe alles getan, um unser Motorrad in bester Obhut zu bewahren. Und jetzt würden wir für seine erbrachte Leistung partout nicht zahlen wollen. Gut gekonnt lief da vor unseren Augen ein Stück griechischer Alltagspraxis ab. Dann waren wir an der Reihe. Mit entwaffnender Offenheit legten wir unsere miserable finanzielle Lage dar. Es sei keineswegs so, dass wir nicht bezahlen wollten. Aber falls wir wegen Benzinmangel irgendwo in Griechenland liegen blieben, wäre das sicher keine Auszeichnung für das Land. Daher müssten wir das wenige, was wir noch hatten, ausschließlich für die Treibstoffausgaben bereithalten. Keinesfalls wollten wir dem griechischen Staat zur Last fallen. Geduldig hörte sich der Polizeibeamte alles an. Sehr überzeugend waren unsere Argumente, die durch sein mehrmaliges Kopfnicken bestätigt wurden. Die beiden dürften wirklich in der Klemme stecken. Er lehnte sich zurück, dann fällte er den weisen Spruch: *„Wer kein Geld in der Tasche hat, dem könne man auch nichts wegneh-*

men!“ Ganz erleichtert ob dieser profunden Weisheit verließen wir mit einem höflichen Dankeschön rasch die Amtsstube. Der Garagenbesitzer begann zu toben. „*Grande bandidoooo ...*“, hörten wir ihn noch lange hinter uns schreien. Zumindest hörte es sich so an.

Zielsicher strebten wir der nördlichen Stadtausfahrt zu. Schon bald lag diese unendliche Ansammlung von grauen Häusern hinter uns. Es war ziemlich kühl, sehr zur besonderen Freude unseres Motorrades, das ganz zufrieden dahin brummte. Allerdings wurde unser zügiges Vorankommen behindert. Seit Kairo plagten uns nämlich wieder Durchfälle mit den üblichen kurzen Vorwarnzeiten. Dies hatte zur Folge, dass der Fahrer zuweilen heftig auf die Bremse treten musste, um dem Betroffenen, ob nun Beifahrer oder Fahrer, die Möglichkeit zu geben, rasch vom Fahrzeug in den Straßengraben zu springen. Anschließend war wieder für ein Weilchen Ruhe, bis sich der nächste Schmerz krampfartig ankündigte. Ärgerlich war bloß die Tatsache, dass diese Belastungen nicht zum gleichen Zeitpunkt bei uns beiden eintraten. Kostbare Zeit ging so verloren. Aus gegebenem Anlass fragten wir uns, woher denn dieser Drang ins Freie stammte, hatten wir doch schon seit drei Tagen kaum mehr richtig gegessen.

Seit unserer Anreise vor fast vier Monaten waren in Mittelgriechenland große Teilstücke der neuen Autobahn dem Verkehr übergeben worden. Dem Personal an den notdürftig fertiggestellten Mautstellen fehlte es noch an Routine im Umgang mit widerspenstigen Verkehrsteilnehmern. So half uns selbstbewusstes Auftreten, die verlangte Autobahnmaut regelmäßig zu umgehen. Schon beim ersten Stopp wurde uns ein kleiner Schein ausgehändigt. Wif, der gerade fuhr, blickte kurz darauf und retournierte ihn dem Bediensteten mit den entschlossenen Worten: „*We don't need it.*“ Als dieser darauf bestand, doch den Schein für die Weiterfahrt zu behalten, kam von uns prompt die zweite abweisende Antwort: „*Students don't pay highway fees in Austria.*“ Unvorbereitet für derartige Aussagen war das Autobahnpersonal außerstande, uns gleich Paroli zu bieten. Ein Glück für uns. Dieses „Spiel“ wiederholte sich viermal. Erst an der fünften Mautstelle stießen wir auf harten Widerstand. Ein ziemlich energischer Typ wollte unsere Behauptung gar nicht akzeptieren. Zuerst flüchtete er in eine administrative Nische, in dem er akribisch alle unsere Personaldaten festhielt, so ganz nach der Art einer Amtsperson. Doch gegen unsere schon fast entwaffnende Aussage *„Sorry, we have neither money for food, nor for accomodation, but for petrol only"* kam er nicht an und gab letztlich auf. Natürlich hätte es eine gebührenfreie Alternative gegeben, nämlich die Benutzung des normalen, sehr zeitraubenden Straßennetzes.

Das Ende des letzten ausgebauten Autobahnteilstückes war erreicht, als die Dunkelheit hereinbrach. Nun wurde das weitere Fahren äußerst anstrengend. Unser Scheinwerfer schaffte keine fünfzig Meter und entgegenkommende Fahrzeuge mit schlecht eingestellten Scheinwerfern ließen die Straße vor uns im grellen Lichtschein verschwinden. Wenn da auf unserer Seite ein unbeleuchtetes Fahrzeug stünde, wäre es um uns schlecht bestellt! Häufig wechselten wir uns ab, da die unzulänglichen Fahrverhältnisse höchste Konzentration abverlangten.

Kurz hinter Thessaloniki machten wir Rast. Es wurde einstimmig der Beschluss gefasst, uns ein letztes Mal noch etwas Gutes zu tun. Danach würde es bis nach Hause nichts mehr geben. Alle noch vorhandenen Essensreste wurden hervorgekramt. Ein paar Zwiebeln fein geschnitten, drei Eier* darüber geschlagen und die große Überraschung des Abends, eine in den Tiefen des Gepäcks unerwartet entdeckte letzte Dose Corned Beef ließen direkt am Straßenrand ein herrlich duftendes und wohlschmeckendes Essen entstehen. Unglaublich, wie gut das tat und uns wieder Auftrieb gab. Gestärkt fuhren wir weiter, jedoch eingeschränkt durch die erneut einsetzende Darmtätigkeit, die Nachschub erhalten hatte. Irgendwann gegen Mitternacht erreichten wir die jugoslawische Grenze. Zwei nicht mehr ganz taufrische Grenzbeamte kontrollierten unsere Pässe. Das in Daressalam ausgestellte Visum sorgte im ersten Moment für Aufsehen, wurde aber dann für gut befunden. Wir stiegen auf und fuhren weiter. Nun waren wir bereits in einem Nachbarland Österreichs!

* Die Eier stammten noch von ägyptischen Hühnern, da auf dem Schiff das Kochen auf Deck verboten war.

Nur mehr ein Katzensprung bis nach Hause. Doch um Haaresbreite hätten wir es nicht erreicht …

Tausend Schutzengel begleiten uns

Stündlich wechselten wir uns mit dem Fahren ab. Damit gelang es uns, die aufkommende Müdigkeit und das Schlafbedürfnis einigermaßen abzuwehren. So fuhren wir weiter hinein in die stockdunkle Nacht, immer weiter in Richtung Heimat. Vor unseren Augen war nichts zu sehen als ein kurzes Stück schwach ausgeleuchteter Straße. Dieses monotone Bild des dunklen Asphaltbandes zeigte aber auf die Dauer seine Wirkung. Langsam begann die Konzentration nachzulassen. Unerbittlich nahm auch das Verlangen nach Ruhe und Schlaf zu. In der Zwischenzeit hatte sich in den Senken dichter Nebel gebildet. Beim Durchfahren verschwanden wir jedes Mal in einem milchiges Weiß, das zu heftigem Bremsen zwang. Die Sicht betrug dann nur wenige Meter. Da geschah etwas sehr Merkwürdiges. Auf den freien Strecken der Straße tauchten vor uns zum ersten Mal ganz unerwartet seltsame Figuren auf. Nur ganz kurz und schemenhaft, wie ein Spuk. So schnell wie sie aufgetaucht waren, verschwanden sie auch wieder. Alles nur ephemere Bilder, die von uns nicht mehr richtig verarbeitet wurden. Und eine Warnung, die wir nicht verstanden.

Vor uns auf der Straße bewegte sich etwas. Wif, der gerade fuhr, reagierte nicht. Rasch kamen wir näher. Ich stieß ihn fest in die Seite und schrie ihm laut ins Ohr: *„Aufpassen, da vorne sind Kinder.“* Mitten in der Nacht, dachte ich im gleichen Moment, das konnte doch gar nicht wahr sein! Beim Näherkommen lösten sie sich einfach in Luft auf. Abermals eine Warnung, die missachtet wurde. Und weiter ging es durch das dunkle, kalte Nichts, ohne Unterbrechung, ohne Pause, nur getrieben vom Willen, so rasch wie möglich nach Hause zu kommen.

Dunkelheit, Nebel und diese Schemen der Nacht schafften eine Stimmung, die an eine Ballade erinnerten, deren Strophen wir als Schulkinder auswendig lernen mussten: Der Erlkönig. Und so war es auch bei uns. Es herrschte in der Tat eine richtige Erlkönigstimmung. „Wer reitet so spät durch Nacht und Wind …“ und ohne es zu ahnen oder zu fühlen, ritt jemand mit uns, genauso wie beim Erlkönig. Wir waren im Begriff, wohl die größte Dummheit, den größten Fehler dieser Reise zu begehen: total übermüdet, ausgezehrt und physisch geschwächt auf einem Motorrad, dessen Licht gerade die nächsten Meter Straße ausleuchtete, stundenlang durch die dunkle Nacht zu fahren.

Wieder einmal saß ich vorn und lenkte. Da tauchten sie schon wieder auf, diese merkwürdigen Gebilde. Zuerst waren es riesige, unförmige Pilze, die aus der Straße wuchsen. Dann „gingen“ Bäume auf der Fahrbahn, nein, sie schwebten regelrecht darüber. Beim Näherkommen lösten sie sich wie von Geisterhand auf. Nur mit Mühe hielt ich die Maschine in der Straßenmitte und folgte, so gut es ging, dem hellen Mittelstreifen. So hatte ich zu beiden Straßenrändern den gleichen Abstand, also auch die gleiche Reaktionszeit zur Verfügung, falls von der Seite her ein unerwartetes Hindernis auftauchen sollte. Dann kam er wieder, dieser verdammte Nebel und nicht nur in den Senken. Die Sichtweite sank auf wenige Meter. Jetzt wurde das Fahren zur regelrechten Qual. Für kurze Augenblicke sah ich einfach gar nichts mehr. Und kaum war der Nebel für einen Moment verschwunden, waren sie wieder da, diese merkwürdigen Gebilde. Regelrecht dreist tauchten sie einfach mitten auf der Straße auf und manchmal so knapp vor mir, dass ich reflexartig heftig die Bremsen betätigte. So gut es ging, versuchte ich, mich zu konzentrieren. Doch ich merkte, wie alle Mühe vergebens war, wie meine Aufmerksamkeit trotz aller Anstrengungen nachzulassen begann. Dabei versuchte ich, mir ständig einzureden: „Jetzt nur nicht einschlafen, es sind doch nur mehr wenige Kilometer, dann haben wir alles überstanden.“ Doch trotz aller Versuche und Bemühungen, mich wach zu halten, konnte ich immer weniger der biologischen Forderung nach Schlaf widerstehen.

Seit Wochen schon gab es diese innere Stimme, die nun erneut wegen der inzwischen angelaufenen Verspätung zum Weiterfahren drängte. Doch wie lange würde ich dieser extremen Belastung noch standhalten können? Hatte es überhaupt Sinn, nur wegen ein paar gewonnener Stunden dieses Risiko auf sich zu nehmen? Im Nachhinein war die Antwort klar. In solchen Situationen darf es keine Kompromisse geben. Sofort stehen bleiben und zumindest eine Weile schlafen, ist die einzig richtige Antwort. Und sei es im Straßengraben. Doch besessen von der Idee, auf raschestem Wege die Heimat zu erreichen, trieb es mich immer weiter. Ich war überzeugt, dass unter Aufgebot allen Willens diese körperliche Schwäche schon überwunden werden könnte. Außerdem befanden wir uns dieses Mal in einer Situation, wo das Vorankommen nur mehr von uns allein, von uns ganz allein abhängig war. Also lag es an uns, alles daran zu setzen, dass es ohne Verzug weiterging. Und dies ungeachtet aller physiologischen Warnsignale, die die Grenzen der Wahrnehmung und des eigenen Könnens mit aller Deutlichkeit ankündigten. Eine törichte und geradezu unverantwortliche Einstellung.

So fuhren wir unablässig weiter, Kilometer für Kilometer, dem Unheil entgegen. Über tausend Kilometer lagen schon hinter uns seit der Abfahrt aus Athen. Unablässig sausten sie ruckartig unter mir hinweg, die weißen Striche des Mittelstreifens. Sie waren der einzige Bezug, die einzige Orientierungshilfe im nächtlichen Umfeld. Und trotz Aufgebot aller Energie und entschlossenen Willens, die Müdigkeit zu überwinden, war letztlich die Natur stärker.

Irgendwo im Süden Jugoslawiens geschah dann das Unvermeidliche. Die Morgendämmerung hatte bereits eingesetzt, als wir nach einer lang gezogenen Kurve ein gerades Straßenstück erreichten. Unsere Geschwindigkeit betrug etwa 80 km/h. Aus der Ferne näherte sich ein PKW, der erste nach vielen Stunden. Ich sah noch, wie die beiden Scheinwerfer langsam näher kamen. Wir passierten einen Kilometerstein aus Beton, wenig später eine kleine Brücke, allerdings ohne sie mehr wahrzunehmen. Ich musste kurz vorher eingeschlafen sein. Wif hinter mir ebenfalls. Langsam zog die Maschine zur Straßenmitte hin. Knapp vor dem entgegenkommenden PKW querten wir die linke Fahrbahn und sausten wenige Meter vor dem nächsten Kilometerstein die Böschung hinunter. Ein mächtiger Schlag, gefolgt von starken Erschütterungen, weckte mich. Vor mir die braune Erde eines Ackers, der vor Kurzem umgepflügt worden war. Instinktiv versuchte ich noch, mit aller Kraft die Maschine zu halten. Doch es war vergebens. Wir drehten uns im Kreis, jede Wahrnehmung geriet außer Kontrolle. Statt klar umrissener Gegenstände sah ich nur noch verwischende Konturen, ein Gewirr von herumwirbelnden und ineinander stürzenden Bildfetzen. Ich wusste nicht mehr, wo oben und unten war. Wir stürzten, das Vorderrad und der rechte Fußraster wühlten sich in das Erdreich. Feuchtnasse Erde wirbelte hoch. Dann war es vorbei. Am Boden liegend, die Maschine halb auf uns, begann der Motor stark aufzuheulen. Auch der Gasgriff steckte tief in der weichen Erde. Halb benommen gelang es mir, den Zündschlüssel herauszuziehen. Der Motorlärm verebbte. Sofort wurde es um uns beklemmend still. Ohne auch nur ein Wort zu wechseln, ob es dem anderen auch gut ging, drückten wir mit vereinten Kräften das schwere Motorrad samt all dem Gepäck hoch und kletterten nacheinander hervor. Dann richteten wir es auf. Außer einem stark verbogenen Fußraster konnten wir nichts Besorgniserregendes entdecken. Total verstört sahen wir uns an. Offenbar war keinem etwas passiert. Keine gebrochenen Knochen, keine Wunden, alle Gliedmaßen ließen sich bewegen. Kein Laut kam von unseren Lippen. Was für ein unglaubliches Glück! Da ließ uns ein Motorengeräusch aufblicken. Das Auto, das uns entgegengekommen war, hatte kurz angehalten. Nachdem wir aufrecht neben dem Motorrad standen, fuhr es wieder los. Nicht ein Zeichen der Anteilnahme, nicht ein einziger Zuruf. Dies machte auch weiter nichts. Wortlos schoben wir die schwere Maschine über die Furchen an den Rand des Ackers und weiter die steile Böschung hinauf zur Straße. Alles erfolgte ganz mechanisch, so als wäre dies das Selbstverständlichste auf dieser Welt. Oben an der Fahrbahn angelangt, entfernten wir die überall am Fahrzeug haftende Erde. Noch immer fiel kein Wort. Wozu denn auch. Uns beiden war klar, was passiert war und damit hatte es sich. Noch irgendwelche Probleme? Doch keine, alles war wieder in Ordnung! Eigentlich die ideale Gelegenheit, um Tee zu kochen. Wir beide hatten im gleichen Augenblick denselben Gedanken. Die erforderlichen Utensilien aus der Gepäckstasche herausholen, Kocher anzünden, Wasser aufsetzen und ein paar Minuten später den kärglichen Rest schwarzen Tees ins kochende Wasser geben. Der heiße Tee ließ unsere Lebensgeister wieder aufleben. Als ich die Maschine startete, sprang der Motor sofort an. Sein uns wohlbekanntes Brummen gab uns wieder Zuversicht. Dieses treue Gefährt, beinahe hätten wir es zu Schrott gefahren! Aber es ließ uns nicht im Stich. Wir stiegen auf und fuhren los, so als wäre überhaupt nichts geschehen ... Wäre das uns entgegenkommende Auto bloß etwas schneller gefahren oder unser Motorrad noch vor der Brücke in das tief gelegene Bachbett gestürzt oder gar in das Brückengeländer gerast, dann hätten wir vermutlich keine Chance gehabt. Nicht auszudenken, was alles hätte passieren können! Nicht einer, eine ganze Schar von Schutzengeln musste über uns geschwebt haben!

Kälte, Regen und Schnee

Der Himmel war bleigrau, dichte Wolken zogen über uns hinweg. Jeden Augenblick drohte es zu regnen. So erreichten wir am späten Vormittag Belgrad. Nichts ist mir von der Stadtdurchfahrt in Erinnerung geblieben. Bald war die Westausfahrt erreicht und ohne Pause ging es gleich weiter auf der stark degradierten „Autoput“. Wieder die regelmäßigen Schläge beim Überfahren der stark abgenutzten Ränder der einzelnen Betonplatten, mitunter kippten sie sogar leicht. Immer geradeaus führte die Autostraße und mit jedem Kilometer kamen wir ein kleines Stück der Heimat näher. Nichts besonderes ereignete sich auf dieser langweiligen Strecke. Trübes Wetter, kahle Bäume, verlassene Äcker und Weiden. Bald dämmerte es und wieder ging das Drama los mit unserem schlechten Licht. Ein LKW holte langsam auf und überholte uns. Da klemmten wir uns einfach hinter ihn und hofften, dass er dieses Tempo beibehalten würde. Einigermaßen geschützt vor dem Fahrtwind und in der Annahme, dass der Fahrer etwas mehr sehen würde als wir, kamen wir auf diese Weise recht zügig voran. Nebel kam auf, es begann zu regnen. Zuerst ganz fein, dann immer stärker. Sinnlos unter derartigen Bedingungen weiterzufahren. Knapp vor Zagreb fuhren wir zu einer Tankstelle und legten uns an einer etwas geschützten Stelle auf den nassen Betonboden. Kälte und Hunger begleiteten uns die ganze Nacht.

Die kläglichen Überreste eines hart gewordenen ägyptischen Fladenbrotes stellten unser ganzes Frühstück dar. Dann erfolgte der Aufbruch. Wif fuhr. Es regnete unablässig, die Sicht war extrem schlecht. Bei Zagreb verließen wir die Autoput und fuhren Richtung Marburg. Langsam begann die Nässe überall einzudringen. Regensichere Schutzkleidung hatten wir keine. Als Wif wieder einmal schalten wollte, gelang es ihm nicht. Wiederholt versuchte er es, jedoch ohne Erfolg. Er fuhr rechts an den Straßenrand und hielt. Du lieber Schreck, der Schalthebel fehlte! Wir mussten ihn irgendwo verloren haben. Eine schöne Bescherung! Seit wie vielen Kilometern fuhren wir denn schon ohne diesen Hebel? Uns blieb keine andere Wahl, als umzudrehen, in der vagen Hoffnung, ihn irgendwo wieder zu finden. Glücklicherweise war Wif wegen des Regens und der schlechten Sicht nur im zweiten Gang gefahren. So gelang es ihm, ohne größere Umstände mit stark schleifender Kupplung anzufahren. Auch denjenigen, die nicht aufgaben, war das Glück hold. Schon nach wenigen Kilometern sahen wir etwas Helles auf der nassen Fahrbahn liegen. Es war unser Schalthebel! Allerdings fehlte die Befestigungsschraube. Deshalb also hatten wir ihn verloren. Rasch wurde er mit etwas Draht notdürftig an der Schaltwelle befestigt, dann drehten wir um und fuhren erneut in Richtung Grenze weiter. Es regnete ununterbrochen, die Kälte setzte besonders Wif zu, der noch dazu ohne Handschuhe fuhr. Plötzlich hatte er einen glänzenden Einfall. Noch bevor er völlig durchnässt und total durchfroren war, holte er aus seinem Rucksack das Colobusaffenfell, das er bei den Pygmäen an der ugandisch-kongolesischen Grenze erstanden hatte. Vorne unter seinen klitschnassen Anorak geschoben erwies es sich als wirkungsvoller Schutz gegen Nässe und Kälte. Auf dem Soziussitz in Wifs Windschatten ging es mir da etwas besser.

In Marburg, also knapp vor der österreichischen Grenze, ereignete sich noch ein weiterer kleiner Zwischenfall. Eigentlich einer zum Lachen, wäre die Situation nicht so trist gewesen. Während der

Stadtdurchfahrt suchten wir vergebens nach einem Wegweiser, der uns die Richtung nach Österreich gezeigt hätte. So hielten wir am Straßenrand, ich stieg ab und fragte den nächsten Passanten nach dem weiteren Weg. Zum Motorrad zurückgekehrt, rückte ich vor dem Aufsteigen noch schnell das etwas schief sitzende, hintere Gepäck zurecht. Wif, vor Nässe und Kälte ganz steif, drehte sich nicht um und nahm an, dass ich gerade im Begriff war, auf den hinteren Sitz zu steigen. Kaum war das Zurechtrücken beendet, gab er Gas und fuhr los. Im ersten Moment total verblüfft und sprachlos vor Erstaunen, begann ich, laut zu rufen. Doch Wif war bereits außer Hörweite. Wenig später war das Motorrad meinen Blicken entschwunden. Halb durchfroren vor Nässe stand ich allein auf dem Gehsteig, schüttelte den Kopf und dachte bloß: „So ein Blödsinn, hat das auch noch passieren müssen." Und Wif? Nicht lange, da erreichte er nach etwa einem guten Kilometer eine Straßengabelung. Er rief zurück: *„Links oder rechts?"* Keine Antwort. Leicht aggressiv wiederholte er mit größerer Lautstärke: *„Links oder rechts?"* Wiederum nur Schweigen. Jetzt wurde es ihm zu bunt. Obwohl er steif vor Kälte war, gelang es ihm, sich etwas umzudrehen. Gerade ausreichend für die Feststellung: Kein Rolf war da! Beschämt über seine kurz aufgekommene Aggressivität drehte er um und fuhr zurück.

Jämmerlich frierend und bis auf die Haut durchnässt erreichten wir die österreichische Grenze. Ein kaum nachvollziehbares, geradezu wunderschönes Gefühl erfasste mich, als ich den rotweißroten Schlagbaum und das Wappen erblickte. Endlich, nach fast viermonatiger Abwesenheit, hatten wir es geschafft. Wir waren wieder zu Hause! Hier waren wir in Sicherheit. Nun konnte ja wirklich nichts mehr passieren. Kurzfristig ließen die aufgekommenen Emotionen unseren traurigen Gesamtzustand vergessen. Doch den „Empfang" zu Hause hatten wir uns ganz anderes vorgestellt. Denn nach dem Aushändigen unserer Pässe folgte kein herzliches Willkommen. Stattdessen musterte uns der Grenzbeamte, ein Gendarm in blaugrauer Uniform, äußerst kritisch. Ob wir nicht etwa Rauschgift bei uns hätten, waren seine ersten Worte. Zugegeben, unser Äußeres war wirklich nicht sehr ansprechend. Doch ganz in Euphorie, endlich wieder auf österreichischem Boden zu sein, reagierten wir vermutlich nicht so, wie es der neugierige Beamte erwartet hätte. Der hatte ja nicht die geringste Vorstellung, was es hieß, nach vier langen Monaten voller Abenteuer und Entbehrungen in fernen Ländern endlich wieder heimatlichen Boden zu verspüren! Rauschgift sollten wir also haben, so als ob wir in unserer Verfassung und nach all dem, was wir erlebt hatten, keine anderen Sorgen hätten! Da zog Wif ganz demonstrativ eine Marlboro aus seiner Hemdtasche. Aber das total aufgeweichte und abgeknickte Etwas, das er in seiner Hand hielt, hatte nur mehr wenig mit einer Zigarette gemeinsam. Ein Bild echten Jammers und geradezu unmöglich, dieses verformte Ding anzuzünden. Spätestens jetzt müsste der Beamte reagieren und ihm wenigstens eine anbieten. Doch von diesem kam nichts. Das konnte also niemals ein Raucher sein, dachte Wif ganz enttäuscht. Stattdessen begann der Staatshüter, wieder von Rauschgift zu reden. Und was wir an verzollbaren Gütern in unseren Rucksäcken und Außentaschen versteckt hielten. Stumm schüttelten wir nur unsere Köpfe. Dabei fiel eine größere Menge an Wassertropfen in leichtem Bogen von den hochgeschobenen Motorradbrillen herab. Einige davon trafen ganz unabsichtlich den Beamten. Glücklicherweise deutete er dies nicht als Amtsbeleidigung und begann nun, unsere Pässe durchzublättern. Nur noch Kopfschütteln. So etwas habe er noch nie gesehen! Wie hatten wir es denn geschafft, so heil und unbeschädigt durch all diese Länder zu reisen und noch im Besitz all unserer Habe zu sein? Unsere Habe? Außer dem Motorrad hatten wir noch zwei Reisepässe, einen Fotoapparat und schmutzige Wäsche. Das war es und nicht mehr! Neugierde trieb nun den Beamten zu weiteren Fragen. Waren wir denn nie Gefahr gelaufen, von den Wilden umgebracht und verspeist zu werden? Nur Unverständnis und Unwissen spiegelten sich in seinen weiteren Fragen wider, die wir alle nur mit Kopfbewegungen beantworteten. Wie auch immer, im Moment beschäftigten uns wahrhaft andere Sorgen. Von unserer Unschuld überzeugt, gab er endlich den Weg frei. Wirklich, so hatten wir uns den Empfang an der heimatlichen Grenze beileibe nicht vorgestellt. Ein verächtlicher Blick unsererseits beendete die einseitige Konversation. Wir fuhren weiter. So ein Heini, der hatte ja nicht die geringste Ahnung von der weiten Welt. Und im Übrigen brachten echte Drogendealer ihr Material auf ausgeklügeltere Weise ins Land.

Unvermindert hielt der Regen an. Wif konnte kaum mehr die Finger bewegen, alles war klamm und steif vor Kälte. Da setzte zu allem Überfluss noch der Motor aus. Offensichtlich war irgendwo Wasser in die Elektrik gelangt. Mit größter Mühe bekamen wir die Maschine wieder flott, mit klammen Fingern keine leichte Sache. Dazu diese widerlich kalte und klitschnasse Kleidung auf dem ganzen Körper! Endlich trafen wir in Graz ein. Schon an der Grenze hatten wir gehört, dass auf den Bergen und allen Pässen Schnee liege. Diese Information wurde am Bahnhof bestätigt und nahm uns den letzten Mut. Unter solchen Bedingungen überhaupt noch an eine Weiterfahrt zu denken, wäre heller Wahnsinn gewesen.

Ein ganz banales Ende

Mit dem letzten Papiergeld kauften wir uns Fahrkarten. Es reichte gerade bis Wiener Neustadt* und nicht weiter. Zwar hatten wir noch ein paar Münzen, doch die hoben wir lieber auf, so als letzte Reserve. Unsere Maschine mussten wir unfrei bis nach Melk, Wifs Heimatstadt, aufgeben. Auf dem Weg durch die Bahnhofshalle musterten uns wiederholt die Leute mit fast verächtlicher Miene. Manche schüttelten sogar den Kopf. Unverständliche, wohl etwas abfällige Kommentare waren zu hören. Eigentlich gar nicht verwunderlich. In unserer völlig durchnässten und zerschlissenen Kleidung sahen wir ja wirklich gotterbärmlich aus. Doch das war es keineswegs, was zu Unmutsäußerungen Anlass gegeben hatte. Schon bald entdeckte ich den wahren Grund. Der schwarze Schwanz des Colobusaffenfells, das Wif zum Kälteschutz vor die Brust geschoben hatte, war aus dem Anorak gerutscht und baumelte nun bei jedem Schritt zwischen seinen Beinen hin und her …

* Für Nichtösterreicher: Eine Stadt etwa 40 km vor Wien.

Ein mitfühlender Eisenbahner sah uns und sprach uns an: „*Hallo Bursch'n, woher kummt's Ihr denn?*“* Nachdem er von unserer abenteuerlichen Reise erfahren hatte, ergänzte er: „*I woa a in mana Jugand ois Autostoppa untawegs. I koann Eich guat vastehn. I spendier an jedn von Eich a Kassemml und a hasse Müch.*“** Wie wunderbar doch diese erste Kostprobe auf heimatlichem Boden schmeckte! Ein echtes Vergnügen, das durch den großen Hunger noch verstärkt wurde.

Im Zug suchten wir uns sofort ein leeres Abteil – mit Absicht, denn wir wollten mit unserem Aussehen niemanden zu nahe treten. Sofort drehten wir die Heizung auf volle Stärke. Alles am Körper war bis auf die Haut nass, selbst der Inhalt unserer Rucksäcke war völlig durchweicht. Bis auf die Badehosen. Die hatten wir nämlich stets in einem Plastiksackerl getrennt aufbewahrt. Wie gut sich diese trockenen Hosen anfühlten. Wir sehnten uns regelrecht nach etwas Trockenem, Warmem. Da kam uns die Idee. Raus aus diesen widerlich nassen Klamotten. So gut es ging, wurden sie im ganzen Abteil zum Trocknen ausgebreitet. Kurze Zeit später saßen wir im Abteil, nichts am Körper als unsere Badehosen und in der Hoffnung, dass bis zum Ende der Fahrt die Sachen wieder einigermaßen trocken wären. Ein leichter Ruck ging durch den Waggon. Der Zug fuhr ab.

Bald war es dunkel. Von Zeit zu Zeit huschten helle Lichter am Fenster vorbei. Die gleichmäßigen Fahrgeräusche wirkten einschläfernd. Langsam kehrte wieder etwas Wärme in den Körper. Plötzlich ging die Tür auf und der Schaffner erschien in der Öffnung. Sein perplexes Gesicht sehe ich noch heute vor mir. Augen und Mund vor Erstaunen leicht geöffnet, betrachtete er für einen Augenblick die recht ungewöhnliche Szene. Er war sprachlos. So etwas war ihm wohl in seiner ganzen Dienstzeit noch nicht widerfahren! Nicht zu vergessen, es war Ende Oktober und draußen regnerisch kalt! Und da saßen zwei fast nackte Gestalten inmitten eines wüsten Sammelsuriums von Kleidung und Ausrüstungsgegenständen. Jeder Haken, jede Ablage war beschlagnahmt, um die Wäsche möglichst rasch

* Hallo Burschen, woher kommt ihr denn?

** Ich war auch in meiner Jugend als Autostopper unterwegs. Ich kann Euch gut verstehen. Ich spendiere jedem von Euch eine Käsesemmel und eine heiße Milch.

zum Trocknen zu bringen. Eine Wäsche, die schon wochenlang kein Waschmittel mehr gesehen hatte und überdies noch mit einigen Wohlgerüchen des Orients behaftet war. Den Mund noch immer leicht geöffnet, rang er sichtlich nach geeigneten Worten. Wir zeigten ihm unsere Fahrkarten. *„Aha, bis Wiener Neustadt wollt Ihr also fahren!"* Noch bevor er fortsetzen konnte, ergriffen wir die Initiative und schilderten ihm unsere missliche Lage. In der Überzeugung, mit der Wahrheit stets am weitesten zu kommen, fielen wir gleich noch mit der Tür ins Haus. Ob wir denn nicht mit unseren, nur bis Wiener Neustadt bezahlten Fahrkarten weiter bis nach Wien fahren dürften? Ganz spontan erfolgte eine salomonische Antwort, die wir von ihm, einem sicherlich eher einfachen Durchschnittsbürger unseres Landes, nicht erwartet hätten: *„Mitfahrerlaubnis bis Wien kann ich Euch keine geben. Aber wenn ich bis Wien nicht mehr vorbeikomme und ihr weiterfährt, dann kann ich eben auch nichts machen."*

Es war Mitternacht, als wir am Südbahnhof in Wien eintrafen. Unsere wichtigsten Kleidungsstücke waren in der Zwischenzeit einigermaßen trocken. Ein Sandler* sprach uns an und spendete uns aus einem Automaten eine warme Suppe. Das tat richtig gut. Anschließend wollten wir uns in der Wartehalle gemütlich zum Schlafen niederlegen. Sofort erhielten wir von Südbahnhof erfahrenen Obdachlosen den Hinweis, dass ein derartiges Verhalten den Rauswurf auslösen würde. Ach richtig, wir waren nicht mehr in Afrika! Aber eine durchsessene Nacht in der warmen Halle war immer noch besser als ein unsicherer kalter Liegeplatz irgendwo im Freien.

Sieben österreichische Schillinge in Form von sieben Münzen stellten unser ganzes Barvermögen dar. Sechs benötigten wir für zwei Straßenbahnkarten bis nach Ober St. Veit**. Um 7 Uhr früh standen wir am Westrand von Wien und begannen zu stoppen. Der Regen hatte in der Zwischenzeit aufgehört. Ein Milchwagen hielt und nahm uns bis nach St. Pölten mit. Wif stieg an der Autobahnabfahrt aus. Er versuchte, weiter per Anhalter nach Melk zu gelangen, während

* Obdachloser.

** Letzte Stadtbahnstation (heute U-Bahn) an der Ausfallstraße nach Westen.

ich noch bis ins Stadtzentrum mitfahren konnte. Ohne aufzufallen, marschierte ich in arg mitgenommener Bekleidung und abgenutztem Rucksack das letzte Stück nach Hause in die Eybnerstraße. Dort schloss mich freudestrahlend meine Mutter in ihre Arme. *„Gott sei gedankt, da bist du ja wieder …"*

Nach 118 Tagen in der Ferne war ich wieder daheim und hatte dabei ganze 25 kg an Gewicht verloren. Schön war er gar nicht, der 25. Oktober 1964, dieser letzte Tag der wohl einzigartigsten Reise meines Lebens. Es war ein ganz gewöhnlicher nasskalter Oktobertag, eigentlich viel zu gewöhnlich für jemanden, der nach monatelanger Odyssee durch ferne Wüsten, Steppen und Urwald endlich wieder nach Hause zurückgefunden hatte.

Und wie erging es meinem Freund und Mitstreiter Wif die letzten Kilometer bis nach Hause? Geduldig wartete er an der Autobahnauffahrt Richtung Salzburg. Niemand nahm ihn mit. Auch kein Wunder. Mit dem Sturzhelm in der Hand, seinem ausgebeulten Rucksack und zerknitterten Anorak und Hose wich er zweifellos etwas von den mitteleuropäischen Bekleidungsvorstellungen ab. Andere Autostopper unweit von ihm hatten meist schon nach kurzer Wartezeit eine Mitfahrgelegenheit erhalten. Wif überlegte die ganze Zeit, ob er nicht mit der letzten Schillingmünze von der Tankstelle aus seinen Vater um Hilfe anrufen sollte. Doch da hörte er im Geiste wieder die fast verächtlichen Worte seines Vaters vor Reiseantritt: *„Nie werdet ihr so eine Reise alleine schaffen."* Wif wäre deshalb die verbleibenden 25 km nach Melk eher zu Fuß gegangen, als sich der Demut auszuliefern, für das letzte Stück elterliche Hilfe anzufordern.

Ein junger Autostopper in gepflegter bayerischer Kleidung stellte sich unweit von Wif an die Auffahrt. *„Du, bei mir bleibt niemand stehen"*, erklärte ihm Wif. *„Macht es dir etwas aus, wenn ich mich dir anschließe, falls ein Autofahrer stehen bleibt?"* Bereitwillig sagte der andere zu. Und tatsächlich, schon nach kurzer Zeit blieb ein Auto stehen. Der Bayer stieg ein, Wif lief gleichfalls zum Auto und entschuldigte sich für sein Aussehen. So konnte er bis Melk mitfahren.

Von der Autobahnabfahrt ging er zu Fuß nach Hause. Es war noch ein gutes Stück bis dahin. Mit einem Reserveschlüssel sperrte er gegen halb 11 Uhr vormittags die Garage auf und ging über den Hintereingang in die Küche. Dort saß gerade sein Vater, gebeugt über den aufgeschlagenen Atlas und studierte die Nordostafrika-Karte. Wifs letzte Ansichtskarte aus Port Sudan war nämlich soeben eingetroffen. Sein Vater hob den Kopf und sah ihn ganz entgeistert an. *„Wo kommst du denn her?“*, waren seine ersten Worte. Er hatte sich gerade überlegt, dass wir eigentlich irgendwo in Ägypten sein müssten …*

* Von unserem Glück, die schwierige Strecke Port Sudan nach Kairo per Flugzeug gemacht zu haben, konnte er natürlich nichts gewusst haben.

Anhang: Mathematik-Abituraufgabe

Eines von vier Mathematik Maturabeispielen im humanistischen Gymnasium Melk im Jahre 1961.

Gegeben ist eine Kugel mit dem Radius R.

I. Dieser Kugel ist eine Pyramide einzuschreiben, deren Grundfläche ein gleichseitiges Dreieck und deren Volumen maximal ist.

II. Dieser Kugel ist auch eine Pyramide umzuschreiben, deren Grundfläche ein gleichseitiges Dreieck und deren Volumen minimal ist.

III. Die Verhältnisse der drei Volumina – eingeschriebene Pyramide, Kugel, umgeschriebene Pyramide – sind darzustellen.

gegeben: R

gesucht: $V_{\triangle}$ max

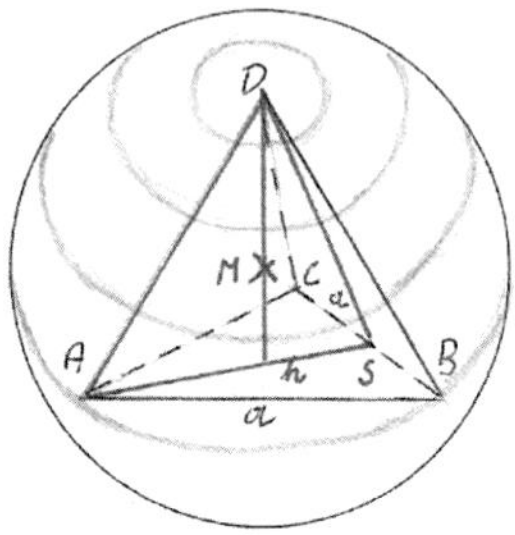

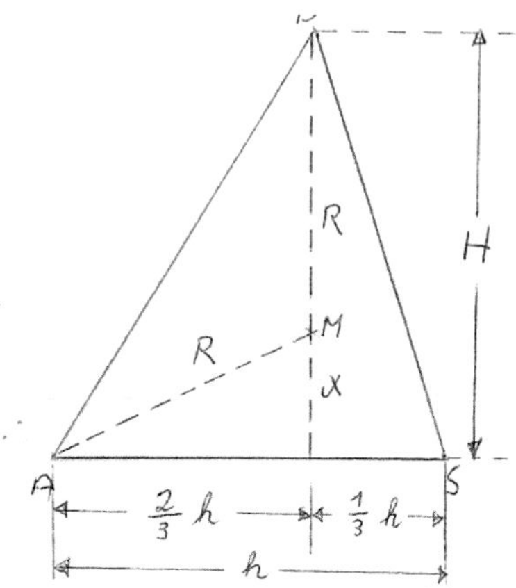

$$H = R + x \qquad h_{\triangle} = \frac{a}{2}\sqrt{3} \qquad F_{\triangle} = \frac{a^2}{4}\sqrt{3} \qquad V_{\triangle} = \frac{a^2}{4}\sqrt{3}\cdot\frac{H}{3}$$

$$\left(\frac{2}{3}h\right)^2 + x^2 = R^2$$

$$\left(\frac{2}{3}\,\frac{a}{2}\sqrt{3}\right)^2 + x^2 = R^2$$

$$\frac{3a^2}{9} + x^2 = R^2$$

$$a^2 = 3(R^2 - x^2)$$

$$H = R + x$$

$$a^2 = 3(R^2 - x^2)$$

$$V = \frac{a^2}{4}\sqrt{3}\cdot\frac{H}{3}$$

$$V = \frac{3(R^2 - x^2)\sqrt{3}}{4}\cdot\frac{R+x}{3}$$

$$V = \frac{\sqrt{3}}{4}\left(-x^3 - Rx^2 + R^2x + R^3\right)$$

$$\frac{dV}{dx} = -3x^2 - 2Rx + R^2 = 0$$

$$3x^2 + 2Rx - R^2 = 0$$

$$x_{1/2} = \frac{-2R \pm \sqrt{4R^2 + 12R^2}}{6}$$

$$x_{1/2} = \frac{-2R \pm 4R}{6}$$

$$x_1 = \frac{2R}{6} = \frac{R}{3}$$

$$(x_2 = -R)$$

$$\boxed{x = \frac{R}{3}}$$

$$H = R + x$$

$$H = R + \frac{R}{3}$$

$$H = \frac{4R}{3}$$

$$a^2 = 3(R^2 - x^2)$$

$$a^2 = 3\left(R^2 - \frac{R^2}{9}\right)$$

$$a^2 = \frac{3\cdot 8R^2}{9}$$

$$a = 2R\sqrt{\frac{2}{3}}$$

$$V_{\triangle} = \frac{a^2}{4}\sqrt{3}\cdot\frac{H}{3}$$

$$V_{\triangle} = \frac{3\cdot 8R^2\sqrt{3}}{9\cdot 4}\cdot\frac{4R}{3\cdot 3}$$

$$\boxed{V_{\triangle} = \frac{8R^3\sqrt{3}}{27}}$$

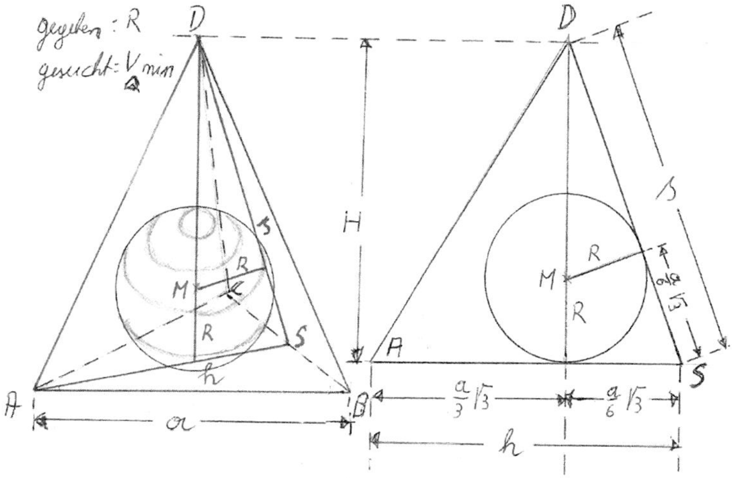

$$\text{I}: \quad \frac{H}{\frac{a}{6}\sqrt{3}} = \frac{s - \frac{a}{6}\sqrt{3}}{R}$$

$$h = \frac{a}{2}\sqrt{3}$$

$$\text{II}: \quad \frac{H-R}{s - \frac{a}{6}\sqrt{3}} = \frac{s}{H} \longrightarrow \frac{s - \frac{a}{6}\sqrt{3}}{H-R} = \frac{H}{s}$$

$$\text{IIa}: \quad s - \frac{a}{6}\sqrt{3} = \frac{H(H-R)}{s}$$

$$\text{III}: \quad s^2 = H^2 + \left(\frac{a}{6}\sqrt{3}\right)^2$$

$$s^2 = H^2 + \frac{a^2}{12}$$

$$\text{I} + \text{IIa}$$

$$\frac{H}{\frac{a}{6}\sqrt{3}} = \frac{\frac{H(H-R)}{s}}{R}$$

$$\frac{H}{\frac{a}{6}\sqrt{3}} = \frac{H\cdot(H-R)}{s\cdot R}$$

$$s \cdot R = (H-R)\left(\frac{a}{6}\sqrt{3}\right)$$

$$s = \frac{(H-R)\left(\frac{a}{6}\sqrt{3}\right)}{R}$$

$$s^2 = \frac{(H^2 - 2RH + R^2)\left(\frac{a}{6}\sqrt{3}\right)^2}{R^2}$$

$$s^2 = \frac{(H^2 - 2RH + R^2)\left(\frac{a^2}{36}\cdot 3\right)}{R^2}$$

$$s^2 = \frac{\frac{H^2 \cdot a^2}{12} - \frac{2RHa^2}{12} + \frac{R^2 \cdot a^2}{12}}{R^2}$$

$$s^2 = \frac{H^2 \cdot a^2 - 2RHa^2 + R^2a^2}{12 \cdot R}$$

$\overline{III} + (\overline{I} + \overline{II}_a)$

$$s^2 = H^2 + \frac{a^2}{12}$$

$$\frac{H^2 \cdot a^2 - 2RHa^2 + R^2a^2}{12R^2} = H^2 + \frac{a^2}{12}$$

$$H^2 \cdot a^2 - 2RHa^2 + R^2a^2 = 12R^2H^2 + a^2R^2 \quad | : H$$

$$Ha^2 - H \cdot 12R^2 = 2Ra^2$$

$$H(a^2 - 12R^2) = 2Ra^2$$

$$H = \frac{2Ra^2}{a^2 - 12R^2}$$

$$F_\triangle = \frac{a^2\sqrt{3}}{4}$$

$$V_\triangle = \frac{a^2}{4}\sqrt{3} \cdot \frac{H}{3}$$

$$V_\triangle = \frac{a^2}{4}\sqrt{3} \cdot \frac{2Ra^2}{a^2 - 12R} \cdot \frac{1}{3}$$

$$V_\triangle = \frac{R \cdot \sqrt{3}}{2 \cdot 3} \cdot \frac{a^4}{a^2 - 12R^2}$$

$$\frac{dV}{da} = \frac{4a^3(a^2 - 12R^2) - a^4 \cdot 2a}{(a^2 - 12R^2)^2}$$

$$4a^5 - 48a^3R^2 - 2a^5 = 0$$

$$2a^5 - 48a^3R^2 = 0$$

$$a^2 = 24R^2$$

$$a = 2R\sqrt{6}$$

$$a^2 = 24R^2$$

$$H = \frac{2Ra^2}{a^2 - 12R}$$

$$H = \frac{2R \cdot 24R^2}{24R^2 - 12R^2}$$

$$H = \frac{48R^3}{12R^2}$$

$$H = 4R$$

$$V_\triangle = \frac{a^2}{4}\sqrt{3} \cdot \frac{H}{3}$$

$$V_\triangle = \frac{24R^2 \cdot \sqrt{3} \cdot 4R}{4 \cdot 3}$$

$$\boxed{V_\triangle = 8R^3\sqrt{3}}$$

$$V_{\bigcirc\!\!\!\!\triangle} : V_{O} : V_{\triangle\!\!\!\!\bigcirc} = \frac{8R^3\sqrt{3}}{27} : \frac{4R^3\pi}{3} : 8R^3\sqrt{3}$$

$$V_{\bigcirc\!\!\!\!\triangle} : V_{O} : V_{\triangle\!\!\!\!\bigcirc} = 1 : \frac{4\pi}{3} \cdot \frac{27}{8 \cdot \sqrt{3}} : 27$$

$$V_{\bigcirc\!\!\!\!\triangle} : V_{O} : V_{\triangle\!\!\!\!\bigcirc} = 1 : \frac{\pi \cdot 9}{2 \cdot \sqrt{3}} : 27$$

$$V_{\bigcirc\!\!\!\!\triangle} : V_{O} : V_{\triangle\!\!\!\!\bigcirc} = 1 : \frac{\pi \cdot 9 \cdot \sqrt{3}}{2 \cdot 3} : 27$$

$$\boxed{V_{\bigcirc\!\!\!\!\triangle} : V_{O} : V_{\triangle\!\!\!\!\bigcirc} = 1 : \frac{3\sqrt{3}}{2}\pi : 27}$$

Mank im Juni 2011

[illegible]

Einige interessante Reisedaten

Reisedauer	118 Tage (30.06. bis 25.10.1964)	
Gesamtstrecke	22.100 km	
Höchster Punkt	ca. 5.750 m	(Kraterrand des Kilimandscharo)
Höchste Temperatur	+45 °C	(Assuan)
Tiefste Temperatur	ca. –10 °C	(Kraterrand des Kilimandscharo)

Anzahl der Übernachtungen	117	
davon		
– auf Betonflächen	34	(Polizeistationen, Gefängnisse, Sikhtempel, Hausdächer, Garagen, Tankstellen)
– auf bloßem Boden	21	(gestampfter Lehm, Grasnarbe, Sand)
– in richtigen Betten	19	(Missionsstationen, Nagy-Farm, Uni Nairobi)
– auf einfachen Liegen	13	(Jugendherbergen, Biwakschachtel*)
– auf Holzunterlagen	13	(Schiffsböden, Schulbänke, Dachböden)
– auf Stahlbandrostgestell	9	(Flussschiff Kosti-Juba)
– auf der Bahn	4	(Sitzbänke aus Holzlatten, Gänge)
– auf dem LKW	3	(Ladeflächen, Ladegüter)
– auf dem Motorrad	1	(nur der Sozius!)

* Notunterkunft in den Bergen, meist aus Blechtafeln zusammengebaut.

Zeitlicher Ablauf

30.06.1964	St. Pölten – Mariazell – Graz – v. Spielfeld	Motorrad
01.07.	Vor Spielfeld – Agram – Nova Gradiska	Motorrad
02.07.	Nova Gradiska – Velika Plana (v. Belgrad)	Motorrad
03.07.	Velika Plana – Belgrad – Nics – Skopje – Titov Veles	Motorrad
04.07.	Titov Veles – Larissa – Thermophylen	Motorrad
05.07.	Thermophylen – Athen – Piräus	Motorrad
06.07.	Piräus – Athen – Piräus	Motorrad
07.07.	Piräus – Abfahrt n. Alexandria – auf See	Motorrad/Schiff
08.07.	Auf See	Schiff
09.07.	Landung in Alexandria – Kairo	Schiff/Tram/PKW
10.07.–14.07.	Kairo	Fuß/Tram/Bus
15.07.	Kairo – v. Luxor	Fuß/Bahn
16.07.	Vor Luxor – Assuan – Stausee	Bahn/Schiff
17.07.	Auf dem Stausee	Schiff
18.07.	Stausee – Wadi Halfa – Nubische Wüste	Bahn
19.07.	Nubische Wüste – Abu Hamed – Atbara – Khartum	Bahn
20.07.	Khartum	Fuß
21.07.	Khartum – v. Sennar	Bahn
22.07.	Vor Sennar – Kosti – südl. v. Kosti	Bahn/Schiff
23.07.–25.07.	Südl. Kosti – Kodok – südl. v. Malakal	Schiff
26.07.–31.07.	Südl. Malakal – Adok – Bor (Sudd) – Juba	Schiff
01.08.	Juba – Nimule – Gulu	LKW
02.08.	Gulu – Karuma Falls – Masindi	PKW/LKW
03.08.	Masindi	Fuß
04.08.	Masindi – Paraa (Murchison-Nationalpark)	PKW
05.08.	Paraa – Masindi	PKW/Fuß
06.08.	Masindi – Hoima – Ft. Portal	PKW
07.08.	Ft. Portal – Bundibugyo – Ft. Portal	PKW
08.08.	Ft. Portal – Kasese – Äquator – Kigezi-Hochland – Kabale	PKW
09.08.	Kabale – Mbarara – Masaka – Kampala	PKW
10.08.	Kampala – Entebbe – Kampala	PKW
11.08.	Kampala – Jinja Falls – Tororo – Eldoret	PKW
12.08.	Eldoret – Äquator – Nakuru	PKW

13.08.	Nakuru – Nakurusee – Thompson Falls	PKW
14.08.	Thompson Falls – Nanyuki –Thika Falls – Nairobi	PKW
15.08.–18.08.	Nairobi (Stadt und Nairobi-Nationalpark)	PKW/Bus/Fuß
19.08.	Nairobi – Athi River – Grenze v. Tanganjika (Namanga) – Arusha – Usa-River	PKW
20.08.	Usa River	Fuß
21.08.	Usa River – Moshi – Aufstieg Kilimandscharo (Holzfällerhütte oberhalb Bismarckhütte)	LKW/PKW/Fuß
22.08.	Holzfällerhütte – Petershütte – Kibohütte	Fuß
23.08.	Kibohütte – oberhalb Gillmans-Point – Kibohütte – Petershütte – Holzfällerhütte	Fuß
24.08.	Holzfällerhütte – Bismarckh. – Moshi – Usa-River	Fuß/PKW
25.08.	Usa-River – Momella Lodge – Usa-River	Landrover
26.08.	Usa-River – Knapitsch Farm – Zeltlager (b. Manyara-See)	PKW
27.08.	Zeltlager – Jagdsafari – Usa River	PKW
28.08.	Usa River – Lake Manyara – Rift Valley – Karatu	PKW
29.08.	Karatu – Ngoro Ngoro-Krater – Arusha	PKW/LKW
30.08.	Arusha – Same – v. Korogwe	LKW
31.08.	Vor Korogwe – Daresalaam	LKW
01.09.	Daresalaam	Fuß
02.09.	Daresalaam – Korogwe	PKW/LKW
03.09.	Korogwe – Moshi – Usa River	PKW/LKW
04.09.	Usa River – Arusha – Usa River – hinter Moshi	PKW/LKW
05.09.	Hinter Moshi – Voi – Mombasa	PKW/LKW
06.09.–07.09.	Mombasa	Fuß
08.09.	Mombasa – Tsavo – hinter Voi	PKW/LKW
09.09.	Hinter Voi – Nairobi – Nyeri	LKW/PKW
10.09.	Nyeri – Nanyuki – Isiolo	LKW
11.09.	Isiolo – Archers Post – Marsabit	LKW
12.09.	Marsabit	Fuß
13.09.	Marsabit – Marsabit Nat.Park – Marsabit	Fuß
14.09.–20.09.	Marsabit	Fuß
21.09.	Marsabit – Sololo	LKW
22.09.	Sololo – Moyale (Kenia) – Moyale (Äthiopien)	LKW/Fuß
23.09.	Moyale (Äthiopien) – Moyale (Kenia)	Fuß

24.09.–25.09.	Moyale (Kenia)	Fuß
26.09.	Moyale (Kenia) – Moyale (Äthiopien) – Mega	Fuß/LKW
27.09.	Mega – Yabello	LKW
28.09.	Yabello – Agere Myriam (Aghremariam)	LKW/Landrover
29.09.	Agere Myriam	Fuß
30.09.	Agere Myriam – Straßenbaucamp v. Dilla	Fuß/Unimog
01.10.	Vor Dilla – Dilla	Fuß
02.10.	Dilla – Addis Abeba	Bus
03.10.	Addis Abeba – Debre Marcos – Bure	Bus
04.10.	Bure – Dangla – Bahar Dar – Gondar	Landrover/Bus
05.10.	Gondar – Ende Silase (Hochland v. Semien)	Bus
06.10.	Ende Silase – Axum – Adua – Asmara	Bus
07.10.	Asmara – Keren – Tessenei	LKW
08.10.	Tessenei – Kassala	LKW
09.10.	Kassala	Fuß/PKW
10.10.	Kassala – v. Port Sudan	Fuß/Bahn
11.10.	Vor Port Sudan – Port Sudan	Bahn
12.10.–14.10.	Port Sudan	Fuß
15.10.	Port Sudan – Kairo	Flugzeug/Tram
16.10.	Kairo – Heluan – Kairo	Bahn
17.10.	Kairo – Alexandria	Fuß/LKW
18.10.–19.10.	Alexandria	Fuß
20.10.	Alexandria – auf See	Fuß/PKW/Schiff
21.10.	Auf See	Schiff
22.10.	Auf See – Piräus – Athen – Larissa – Thessaloniki – hinter jugoslaw. Grenze	Schiff/Motorrad
23.10.	Hinter jugoslaw. Grenze – Skopje – Belgrad – v. Agram	Motorrad
24.10.	Vor Agram – Graz – Wien	Motorrad/Bahn
25.10.	Wien – St. Pölten/Melk	Milchwagen/Fuß